THE
FIFTH DISCIPLINE
THE ART AND PRACTICE OF
THE LEARNING ORGANIZATION

学習する組織

システム思考で未来を創造する

ピーター・M・センゲ
PETER M. SENGE
枝廣淳子　小田理一郎　中小路佳代子［訳］

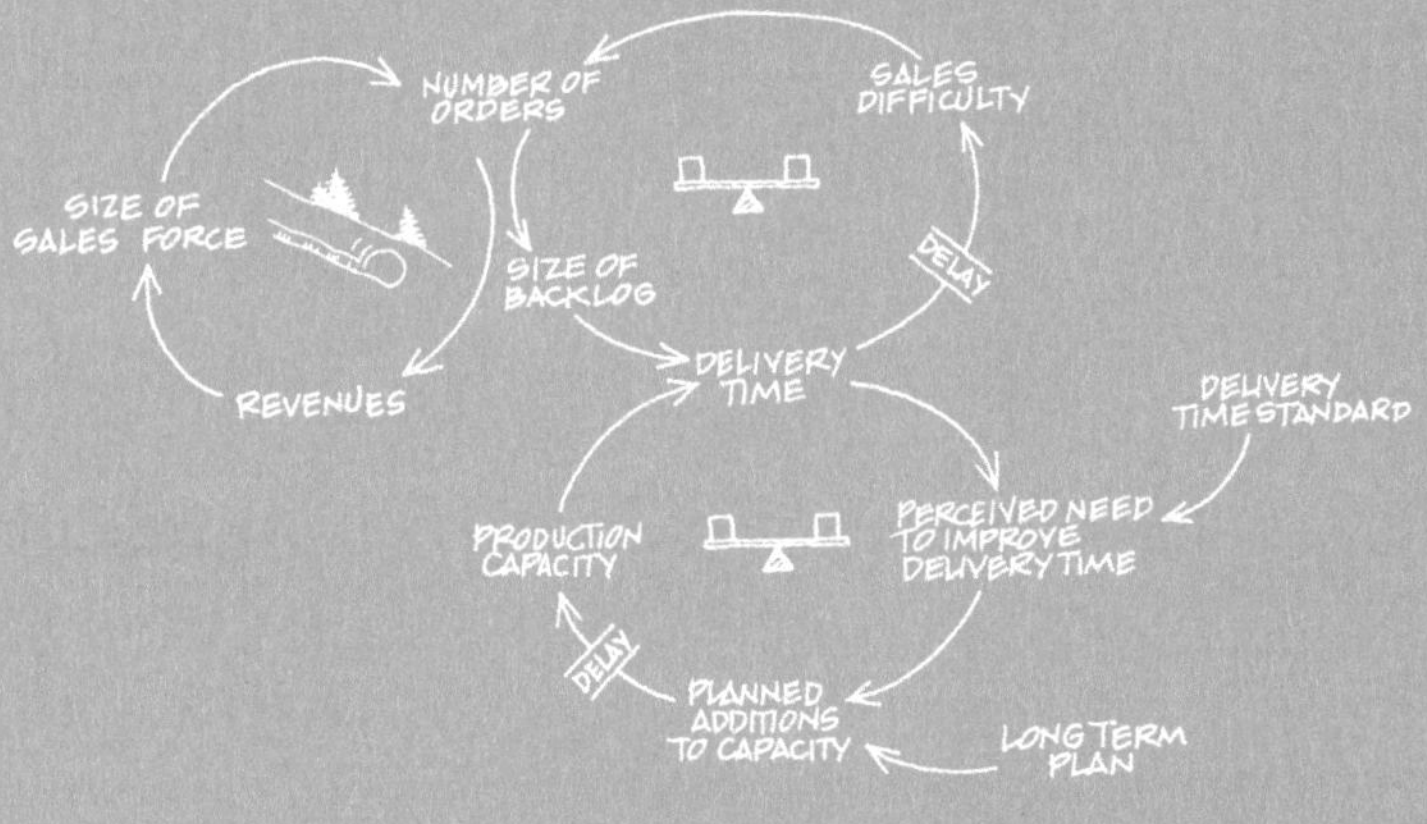

英治出版

学習する組織

システム思考で未来を創造する

The Fifth Discipline

The Art & Practice of the Learning Organization

by

Peter M. Senge

ダイアナに捧ぐ

日本語版　訳者まえがき

今ほど「学習する組織」が強く求められる時代はないであろう。学習する組織とは、目的を達成する能力を効果的に伸ばし続ける組織であり、その目的は皆が望む未来の創造である。学習する組織には唯一完全の姿があるわけではない。むしろ、変化の激しい環境下で、さまざまな衝撃に耐え、復元するしなやかさ《レジリアンス》をもつとともに、環境変化に適応し、学習し、自らをデザインして進化し続ける組織である。

二〇〇八年の金融危機、その後顕在化した多くの国家の財政危機、資源問題や食料問題、気候変動などでグローバル経済が揺れ動く中、二〇一一年三月に日本を襲った大震災と津波は、被災地だけでなく、国内外の広範な地域で生産活動や生活に多大な影響を与えている。私たちは、網の目のように紡がれたつながりの中で経済活動を行い、社会を構成し、日々暮らしていることを平時には忘れがちだ。しかし、なくなって初めて気づく前提が数多くある。そういった前提によって紡がれた網の目は、ますます複雑化し、一部で起こった衝撃がここかしこに想定もしなかったような影響を与える。私たちはかつてないほどの「相互依存」の時代を生きているのだ。

そのような複雑で変化の激しい時代には、多様な関係者が真の対話を重ね、複雑な現実を見つめ未来のビジョンを共有することで、自ら創造し、再生し続ける組織が必要だ。

学習する組織はまさに二一世紀に求められる組織像であり、ピーター・センゲ氏（英語での発音は、「センギ」のほうが近い）の先駆的な仕事は、そうした未来の組織課題や社会課題に対応するための新しい組織像を、二〇年以上前から示していたのである。

一九九〇年に本書旧版の原書が出版され、二〇〇六年に出された改訂版では、「学習する組織」の実践上の課題やそれを乗り越える数多くの事例が書き加えられた。実践からの振り返りと組織の未来への考察は、実際に組織をマネジメントする実践家への道標を提供するであろう。加えて、旧版の翻訳書『最強組織の法則』（徳間書店、一九九五年）では原書の内容が部分的に割愛されていたが、本書は改訂された原書をすべて翻訳した完全版であり、より原書に近い形でセンゲ氏の提言を読んでいただけることを期待する。

組織づくりの課題は今の日本には時宜にかなったものだ。訳者らは日本の企業、行政などの組織で、研修や組織開発を支援する機会を数多くいただいているが、本書にある他責思考や縦割り意識、当事者意識の欠如などのさまざまな学習障害は、程度の違いこそあれほとんどの組織に見受けられる。根幹にある単純な線形思考、真の対話の不足、使命感の喪失や謙虚さの欠如は、一部の欧米のマネジャーやコンサルタントだけの課題ではなく、日本の組織にとっても大きな課題なのだ。

とりわけ、なぜ理念を掲げながら、組織の多くの行動や現実が理念から離れているのかに目を向けなければならない。これは簡単な課題ではなく、一朝一夕には解決しない。「学習する組織」づくりは長い年月に及ぶ実践の積み重ねが必要であり、しばしば職業人生をかけることとなる。

本書は、理想とする組織像を理念として掲げるのみに終わるのではなく、実践に必要な理論、具体的なツールと手法、そして実践を支えるための組織インフラの改革について提示している。それぞれの組織は、事業を行うための独特の知識を持つが、今までの日本の組織では「背中を見せる」「あうん」で教える暗黙知として伝承されるものが多かった。学習する組織のツールや手法は、暗黙知として伝えられてきた職業人の知恵と技を、わかりやすく見えるように形式知化して、伝承や改善を容易にすると同時に、その暗黙知に潜む本質を失わないことの大切さを伝える。

「学習する組織」の典型的なプログラムを実施する場合、通常一〇～三〇人のチームごとに、理論やツールを二～三日の研修で導入し、そのチームで数カ月間にわたって「深い学習サイクル」による組織学習の練習を繰り返す。その練習を通じて、理論の本当に意味することについて「我がこと」として気づき、必要となる知恵と技を身につけていくのだ。このチーム単位の活動を全社的に広げるには、会社の規模や複雑さによって、二～三年からさらに長い期間を要する場合もあるだろう。

安定成長の時代には、効率改善や標準化が常套手段である。しかし、複雑に激しく変化する時代には、しなやかさ《レジリアンス》や多様性を強化することで、長期的な効率の最適化を図る。そのために、安定成長の時代に私たちの思考や行動の前提として染みついたメンタル・モデルを浮かび上がらせ、それがこれからの環境や課題状況に合ったものかを組織として精査するために、物事を多面的に見て、多様性を創造につなげる対話が欠かせないのだ。

幸い、日本においても近年、対話の慣行や文化が再び根付き始めている。皆が「何かおかしい」「このままではいけない」と声を挙げ、互いの考えに耳を傾け始めているのだ。センゲ氏の提示する「チームの中核的な学習能力の三本柱」は、こういった動きをさらに有益なものにするための示唆を与えてくれる。ただ話し合うばかりでは、皆が望む結果を出せる組織はつくれない。どんな未来をつくりたいのかの具体的なビジョンを共有し、一人ひとりがそのビジョンを自分事として創造的に取り組まなければ前進できない。共有ビジョンを描けたとしても、物理的な制約や利害関係のもつれなど、複雑な現実の構造を適切に見極めることができなければ、容易にシステムの罠に陥り、現実を効果的に変えることはできない。「内省的な対話の展開」「志の育成」「複雑性の理解」の能力と実践を、バランスよく伸ばす必要があるのだ。

　学習する組織のツールは、楽器のようなものだ。数時間から数日間使っていれば音色は出せるようになるが、上手に曲を奏でるにはもっと練習が必要だ。一人で上手に演奏できても効果は限定的で、めざすのは、組織として合奏《アンサンブル》ができることだ。とくに変化の激しい環境下においては、ジャズ・プレイヤーがその場や他の演奏者の状況を見ながら適応する「即興」が協働の質を左右するだろう。

　そしてツールの習得よりも重要なのは、そういった合奏《アンサンブル》や即興に参加する一人ひとりの意識の変容にある。知識やツール、それらを使いこなすスキルは、能力のごく表面的な部分にすぎない。大事なのは、根底にあるそれぞれの人の基本姿勢、そして、「あり方(being)」だ。この職業人としてのあり方の変容が十分に多くの人たちの間ではじまったときに、組織の潜在可能性は大きく開放される。このあり方の変容を意図的に起こそうとするならば、経験上最も確かな方法の一つは、組織学習の理論とツールを習得し、その実践を組織として繰り返すことなのだ。

「組織開発のバイブル」とも位置づけられる本書は、経営者はもちろんのこと、現場リーダーからネットワーク型リーダーまでさまざまなリーダーに役立つだろう。そして、学習する組織では職位に関係なくすべての人がそのとき、その場でリーダーとなり得るのである。今の組織や社会に対して「このままではいけない」「もっとよくしたい」と感じるすべての人に、その想いを実際に変化につなげ、未来を創造する力――真のリーダーシップを高めるきっかけとなることを願っている。

この訳書には、多くの方の支援があった。著者のピーター・センゲ氏とシステム思考の恩師であるデニス・メドウズ氏に厚くお礼を述べたい。そして、オットー・シャーマー氏、アダム・カヘン氏ら数多くの卓越した実践家たちとの出会いのきっかけとなった組織学習協会（ＳｏＬ）、日本での実践についていっしょに振り返ってくれたＳｏＬジャパンと組織開発コミュニティの仲間たち、組織開発の実践機会をくださったクライアント企業の皆さまのおかげで、本書の意味をより掘り下げ、現実の課題に引きつけて理解することができた。また、英治出版の原田英治氏、同編集担当の高野達成氏に翻訳出版の機会をいただき、小野寺春香氏、東出顕子氏に翻訳協力をいただいた。そのほかにもさまざまな方のおかげで、本書の日本語版を出すことができることに対して、感謝の念でいっぱいである。

多くの想いを紡いでお届けする本書が、この日本において、人の成長、組織の発展と、地域や国の再生に少しでも役立つことができたならば幸甚である。

二〇一一年五月　枝廣淳子・小田理一郎・中小路佳代子（㈲チェンジ・エージェント）

学習する組織◈目次

学習する組織◈目次

改訂版によせて

マネジメントの一般的体系

一九九〇年春、本書の旧版（『最強組織の法則』守部信之訳、徳間書店、一九九五年）の執筆と編集作業が終わり出版間近となった頃、発行元のダブルデイ社の担当編集者が、カバーに載せる推薦文は誰に書いてもらいたいかと聞いてきた。本を書くのが初めてだった私は、そんなことは考えてもいなかった。しばらく考えた末、何か書いてもらうとすれば、W・エドワーズ・デミング博士しかいないと思った。品質管理革命のパイオニアとして世界中で尊敬されている人である。博士ほど、マネジメントの実践に大きな影響を与えた人物はほかに知らなかった。でも博士と私は一面識もなかった。無名の著者から、しかも博士の専門とはあまり関係のない著作について推薦の依頼をしても、引き受けてはもらえないだろうと思った。だが幸運にも、フォード社にいた共通の友人を介して、原稿のコピーが博士の手に渡った。そして数週間後、驚いたことに、一通の手紙が自宅に舞い込んだのだ。

封を開けると、デミング博士が書いてくれた短い書評が入っていた。最初の一文を読んで、息をのんだ。どうしてそんなことができるのか――私が四苦八苦しながら四〇〇ページを費やして書いたことが一文で言い尽くされていたのだ。これはすごいと私は思った。晩年になると人は、これほど明晰かつ直截になれるのか（デミング博士は当時九〇歳になろうとしていた）。全体を読み進むうちに、デミング博士は私がそれまで理解していたよりも、より深い層のつながり、そしてより大きな課題を明らかにしていることが少しずつわかってきた。

私たちのマネジメントの一般的体系は職場の人たちを破壊してきた。人は生まれながらにして、内発的な動機づけ、自尊心、尊厳、学びたいという好奇心、学ぶことの喜びを備えているものだ。しかし、それらを破壊する力は、幼児期に始まり――ハロウィーンの仮装大賞、学校の成績、そして「よくできました」の金星シールなど――、大学卒業までずっと続く。職場では、人もチームも部門も、ランクづけされ、上位なら報酬がもらえ、下位なら罰が待っている。目標管理制度（ＭＢＯ）やノルマ、奨励金や事業計画は、部門ごとにばらばらに積み上げられ、わからないものやわかり得ないものまで含め、ますます多くのものが破壊されていく。

後から知ったのだが、デミング博士は「総合的品質管理（ＴＱＭまたはＴＱ）」という用語をほとんど使わなくなっていた。ツールやテクニックのうわべだけのラベルになってしまったと考えていたからだ。本当にやるべき仕事――デミング博士はシンプルに「マネジメントの一般的体系の変革」と呼んでいる――は、短期的な業績改善ばかりを求める経営者のめざすところを超越したところにあるのだ。この変革には、現代の組織ではほとんど活用されていない「深遠なる知識」が必要だとデミング博士は考えていた。この深遠なる知識を形成している要素のうち、「ばらつきに関する知識」（統計学的な理論と手法）だけが、一般的にＴＱＭとして理解されているものに関連していた。これ以外の三つの要素は、驚いたことに、学習する組織の五つの「ディシプリン★」――「システムの理解」、「知識に関する理論」（メンタル・モデルの重要性）、「心理学」、とくに「内発的動機

★　学習し修得すべき理論および技術の総体（p.45 参照）

づけ」（個人のビジョンと真摯な志の重要性）――にほぼ直接的に対応していたのである。
　これらのデミング博士の「深遠なる知識」の要素は最終的に、学習する組織の五つの領域を示す最も端的かつ今日最も広く使われている表現につながった。その表現は、本書の旧版を書き上げたときにはまだ明らかではなかった。五つの領域は、三つの中核的な学習能力――「志の育成」「内省的な会話の展開」「複雑性の理解」――を伸ばすアプローチ（理論と手法）を表している。「組織の基本的な学習単位は仕事チーム（ある結果を生み出すためにお互いを必要とする人たち）であるという旧版の考え方にもとづき、私たちはこの三つを「チームの中核的な学習能力」と呼び、それぞれの大切さを視覚的に伝えるために三本脚の丸椅子にたとえて説明するようになった――三本脚の一本でも欠ければ、椅子は倒れてしまうからだ。

　私にとってもっと重要だったのは、共通する「マネジメントの体系」が現代の組織を支配しており、とくに仕事と学校との深い結びつきを作り出しているというデミング博士の考えだった。彼はよくこう語っていた。「教育の一般的体系を変えなければ、マネジメントの一般的体系は決して変えられない。両者は同じシステムなのだ」。私の知るかぎり、この「仕事と学校のつながり」に関する洞察は彼独自のものだ。

　デミング博士がこのことに気づいたのは晩年になってからだと思う。自分が考えたとおりに「真の品質管理（ＱＭ）」を現実に実行できそうな経営者があまりにも少ないのはなぜかを理解しようとして、そう考えるようになったのではないだろうか。人々が失敗するのは、人格形成に最も影響を与える学校の体験に埋め込まれた思考・行動様式によって、社会生活に適応してきたからだと理解したのだ。「上司と部下の関係は教師と生徒の関係と同じだ」

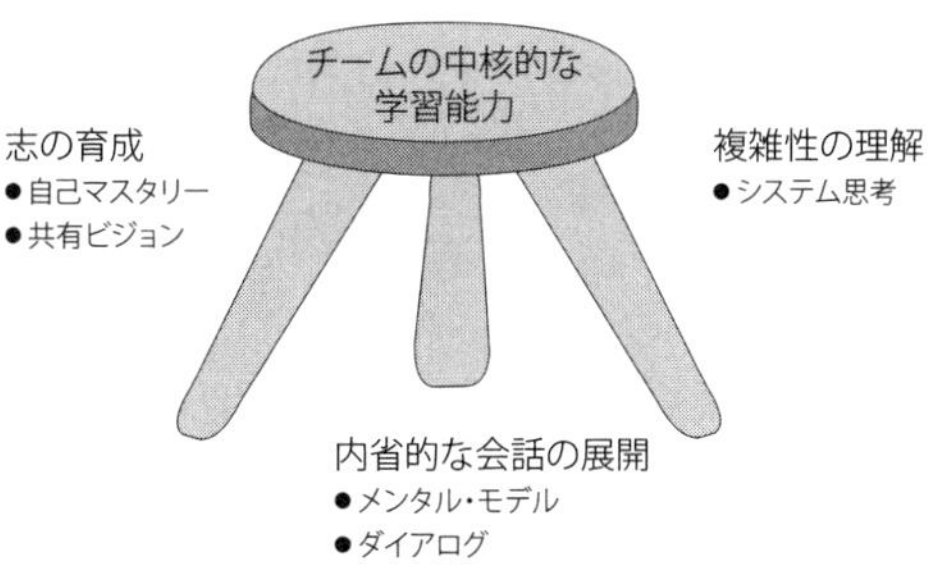

とデミング博士は述べている。教師が目標を設定し、生徒はその目標に応える。教師は答えをもっており、生徒はその答えを得ようと努力する。生徒は自分がうまくできたかどうかを、教師の評点・評価によって理解する。どんな子ども一〇歳になるまでには、学校で人より先んじ、教師を喜ばせるにはどうすればよいかを知るようになる。そしてこの教訓を、「上司を喜ばせるばかりで、顧客に役立つシステム改善には失敗する」職業人生の終わりまでずっと持ち続けるのだ。博士の言うこのマネジメントの一般的体系を作り出しているのは何だろうか。——一九九三年にデミング博士が亡くなった後、私は長年このことを考え、仲間と話し合ってきた。そして、最終的に次の八つの基本的な要素に行き着いた。(1)

評価によるマネジメント

◆短期的な指標に焦点を絞る

◆目に見えないものを低く評価する（「大事なことのうち測ることができるのはたった三％である」——W・E・デミング）

追従を基盤にした文化

◆上司を喜ばせることで出世する

◆恐怖によるマネジメント

結果の管理

◆経営陣が目標を設定する

◈社員はその目標を達成する責任を負わされる（現行システムのプロセスで達成可能かどうかにかかわらず）

「正しい答え」対「誤った答え」

◈専門的な問題解決が重視される
◈意見の分かれる（システム的な）問題は軽視される

画一性

◈相違は解消すべき問題である
◈対立は表面的な調和のために抑制される

予測とコントロールが可能であること

◈マネジメントとはコントロールすることである
◈「マネジメントの三種の神器」は計画、組織化、コントロールである

過剰な競争と不信

◈人々の間の競争は望ましい業績を達成するうえで不可欠である
◈人々の間に競争がなければイノベーションも生まれない（「私たちは競争によって裏切られてきた」――W・E・デミング）

全体性の喪失

◆断片化
◆局所的なイノベーションが広がらない

今日、「品質管理革命」といえば、大半の経営者にとってはおそらく、一九九〇年代初期に流行した組織学習のように、今日の諸課題の最前線から遠く離れた過去の話だろう。しかし、それは、私たちがデミング博士の唱えた変革を達成したからだろうか、それとも、放棄したからだろうか？

書き出したリストを見るにつけ、これらの弊害が今でもほとんどの組織を悩ませており、これほど深く植えつけられた信念と行動を変えるには何年どころか何世代もかかるだろうと感じずにはいられない。実際、私たちの多くが最もはっきりと抱く疑問は、おそらくこうだろう。「このマネジメントの体系が大きく変わることなど果たしてあるのだろうか?」未来についてのこのような根本的な問いに答えるには、今をじっくりと見つめねばならない。

逆流の時代

本書の旧版が出版されてからの一五年に、世界は大きく変化した。経済はよりいっそうグローバル化し、その結果、ビジネスもまたグローバル化している。グローバル市場で競争する企業には、コストや業績への圧力が容赦なくかかる。人が考えたり、内省したりする時間は、あったとしてもますます少なくなり、たいていの組織では、人材開発のための資源はいっそう乏しくなっている。しかし、単に変化を加速すること以上にもっと考えるべきことがある。ビジネスや産業開発のグローバル化は、多くの人々の物質的な生活水準を引き上げているが、社会や環境の持続可能性に関する山のような問題となって重大な副作用ももたらしている。社会関係資本や自然資本の犠牲のうえに金融資本が生み出されているように思えることがあまりに多い。多くの国で「持てる者」と「持たざる者」の格差が広がっている。局地的な環境への負荷はたいてい産業開発につきものだが、今ではそれと肩を並べるように、地球温暖化や気候の不安定化などのより大規模な問題も出てきている。グローバルな産業成長の擁護派がその恩恵を高らかに喧伝する一方で、世界中の人々が、伝統的な暮らしが失われることに対して、非暴力的にまたは暴力的に声をあげている——そして、このような文脈の変化は多くの企業にとっての戦略上の関心事となり始めている。

同時に、相互につながった世界は、これまでよりも強い他者への意識を生み出す。それは、文化がお互いに衝突しながらも、多くの場合は互いから学び合う、前例のない時代である。そして、真に何かを生み出す力をもつ「文明間のダイアログ」への兆しが、未来への大きな希望を抱かせる。世界中の若者たちが、これまでまったく存在しなかった網の目のようなネットワークを築いている。現代の世界観の土台となっている西洋科学の最前線が、不思議なほど先住民文化や土着文化に通ずる、「絶えず変化し、相互依存する生命のような世界」を明らかにしている。宇宙論のブライアン・スウィムの言う「宇宙における意味ある場所」を私たちが持っているということを再び示し得る世界を解明しているのだ。さらに、次に述べるように、一五年前は一握りの先駆者たちに限られていた組織学習の実践が、より深く根を下ろし、広がっているのである。

一言で言えば、それは劇的に対立する力の時代なのだ。物事は良くもなり、悪くもなっている。チェコの元大統領、ヴァーツラフ・ハヴェルが一九九〇年代半ばに米国議会に向けて発した言葉は、こうした危機の時代を的確に要約している。

多くの物事が、今日われわれは過渡期にあることを示しています。何かが廃れ、何か別のものが苦しみながら生まれようとしているように思える時代です。まるで何かがそれ自身を粉々にし、腐らせ、疲れ果てさせている一方、ほかの何かが、まだぼんやりとではあるが、瓦礫の中から生まれつつあるようです。

ハヴェルの言う、生まれつつある「ほかの何か」の姿と、そのために必要なマネジメントおよびリーダーシップ・スキルのあり方は、彼が発言して一〇年たった、今日でも相変わらずあいまいなままだ。

こうした対立する力は組織の内部でも繰り広げられ、学習能力の必要性と可能性が今までになく大きい環境を生み出している。が、学習能力を伸ばす難しさも、かつてないほど大きくなっている。一方では、変化する現実に適応し続けることができる企業を築くには、明らかに新しい考え方や経営の方法が必要である。「持続可能性《サステナビリティ》」の課題についても同じことが言える。これは多くの意味で、この時代の組織学習の典型的な課題だろう。さらに、組織はいっそうネットワーク化が進み、それが伝統的なマネジメントの階層《ヒエラルキー》を弱めて、継続的な学習やイノベーション、適応のための新しい能力を開花させる可能性がある。しかし、もう一方では、伝統的なマネジメントの体系の機能不全によって、多くの組織が絶えず目先の緊急事態への対応に追われ、イノベーションに費やす時間やエネルギーはないに等しい状況にある。この狂乱とカオスはまた、理念中心のマネジメント文化の醸成を阻害し、機に乗じて個人的な権力や富をわしづかみにする傾向をもたらしてしまう。

最前線からの声

ダブルデイ社から本書の改訂版を書いてはどうかと勧められたとき、最初は書きたいような書きたくないような心境だったが、やがて俄然やる気になった。過去一五年間の大きな喜びの一つは、数え切れないほどの有能な組織学習の実践者たち――経営者、学校長、コミュニティ・オーガナイザー、警察署長、ビジネス起業家、社会起業家、軍指導者、教師――と出会えたことだった。本書をたとえ聞いたことも読んだこともなくとも、五つのディシプリンを活かして仕事し、それらを利用する独創的な方法の数々をどうにかして見出した人々だ。旧版では、これらの人々の中でもアリー・デ・グースや最近亡くなったビル・オブライエンら、数人について目立った形で取り上げた。それ以来、組織学習協会（SoL）が世界的に拡大したおかげで、私はさらに何百人もの実践者と知り合うことができた。それぞれが独自の方法で、恐怖ではなく愛を、「正しい」答えへの固執ではなく好奇心を、コントロールではなく学習を基盤とする、従来のものに代わる新たなマネジメントの体系を創造してきたのだ。今回の改訂版は、こういった人々の多くと話をするよい口実になったのだった。

これらのインタビューと会話から、旧版を大きく書き換え、第四部「実践からの振り返り」を新しく追加することになった。インタビューから、熟練した実践者がいかにして変化を起こし、その勢いを持続するという課題に創造的に取り組むのか、新鮮な洞察を得られた。さまざまなビジネスの成功例に加え、組織学習のツールや原則を一五年前にはほとんど想像もできなかった分野に応用するという新しい可能性の数々も明らかになった。もっと環境にやさしいビジネスや産業を育成することから、暴力の防止、教育システムの改革、経済発展の促進、グローバルな食糧生産の改善、貧困緩和などの社会問題に取り組むことなどである。こうした状況のどれをとっても、何よりも変化にエネルギーを与えるのは、開放性、内省、より深い会話、自己マスタリー、共有ビジョンであり、システム全体を見て問題の原因を理解することが決定的に重要である。

これらのインタビューから、旧版の内容にもつながる根幹的な考え方も明確になった。

◆マネジメントの一般的体系よりもはるかに充足感があり、かつ生産的な協働の方法が存在する。ある企業の重役が、自分の最初の学習体験をしみじみ振り返りながら、こう語った。「組織の構造を考え直す方法として社員同士が話をするようにしただけですが、これまで仕事をしてきた中でいちばん楽しかった。そして、そこから生まれたアイディアは、一五年後の今でも会社の競争力を生み出しています」

◆組織が今動いているように動くのは、人々がどう働き、どう考え、どうやりとりするかの結果である。今後変わらなければならないのは組織だけではなく、私たち自身でもある。「決定的瞬間が訪れるのは、この学習する組織への取り組みは私たち一人ひとりの問題にほかならないと皆が気づくときです」と企業の組織学習プロジェクト歴二〇年のベテランは語る。「カギは自己マスタリーです。これらの変化の自己マスタリーの要素をきちんとすれば、ほかの物事はすべて収まるところに収まります」

◆学習する組織を築くうえで、最終目的地や最終的な状態はない。終生旅が続くのみである。「この取り組みには多くの忍耐が必要です」とグローバルなＮＧＯ（非政府組織）の代表が語る。

「けれども、メンバーが本当の意味で成長していますから、手にする結果はより持続可能なものになるでしょう。また、この取り組みは人に継続的な旅に向けての覚悟をさせてくれます。学ぶにつれ、成長するにつれ、よりシステム的な課題に取り組むにつれ、難易度が高まっていきます」

今日のマネジメントの一般的体系は、その核心において、凡庸な結果にしかつながらない。それは、チームが最高の状態で協働するときの特徴であるやる気と集合知を活用し損ねた代償として、人に「もっと働け、もっと働け」と強いるものなのだ。デミング博士は、このことをはっきり理解していた。そして今や、私たちが生きていく世界の並々ならぬ試練と可能性の中で、繁栄し貢献できる組織を育むことに取り組んでいる、ますます多くのリーダーたちも、同様に理解しているに違いない。

第Ⅰ部

How Our Actions Create Our Reality… and How We Can Change It

いかに私たち自身の行動が私たちの現実を生み出すか……
そして私たちはいかにそれを変えられるか

第1章
「われに支点を与えよ。さらば片手で世界を動かさん」

私たちは幼いころから、問題を細かく分けよ、世界を断片化せよと教えられる。分けることで複雑な課題や対象が扱いやすくなるのは明らかだが、私たちは目に見えない莫大な代償を払うことになる。自分の行動の結果がどうなっているかが見えなくなるし、本来私たちに備わっている、より大きな全体とつながっている感覚が失われてしまうのだ。そして「全体像を見よう」とするときには、その断片を頭の中で再び組み立て、すべての要素を並べて一つにまとめようとする。だが、物理学者のデヴィッド・ボームが言うように、これは無駄な作業だ――割れた鏡の破片をつなぎ合わせて真の姿をそこに映そうとするようなものだ。そのため、しばらくすると、私たちは全体を見ようとすることをすっかりあきらめてしまう。

本書で紹介されるツールや考えは、独立した、互いに関連のない力で世界が創られているという思い込みを打ち砕くためのものだ。この思い込みを捨てるとき、「学習する組織」を築き上げることができる。それは、人々が絶えず、心から望んでいる結果を生み出す能力を拡大させる組織であり、新しい発展的な思考パターンが育まれる組織、共に抱く志が解放される組織、共に学習する方法を人々が継続的に学んでいる組織である。

世界は相互のつながりをより深め、ビジネスはより複雑で動的になっていくので、仕事はさらに「学習に満ちた」ものにならなければならない。いまや、ヘンリー・フォードやアルフレッド・スローン、トム・ワトソン・ジュニア、ビル・ゲイツのように、組織のために学習する人がひとりいれば十分という時代ではない。どうすればよいかを経営トップが考え、ほかの人すべてをその「大戦略家」の命令に従わせることなど、もう不可能なのだ。将来、真に卓越した存在になる組織とは、組織内のあらゆるレベルで、人々の決意や学習する能力を引き出す方法を見つける組織だろう。

学習する組織をつくることは不可能ではない。なぜなら、私たちはみな元来、学習者であるからだ。誰も乳児に学習することを教える必要はない。実は、乳児には何も教える必要がないのだ。乳児というのは、歩き方や話し方、身の回りのことをほとんどこなす方法をひとりでに学ぶ、生まれつき好奇心旺盛な、優れた学習者である。なぜ学習する組織が可能かというと、学習が私たちのもって生まれた性分であることに加えて、私たちは学習することが大好きだからでもある。たいていの人は今までに、偉大なチーム――つまり、驚くべき形で互いに機能し合う人々の集団――の一員となったことがあるはずだ。互いに信頼し合って、互いの強みを引き立たせ合い、互いの限界を補い合い、個人の目標よりも大きな共通の目標をもち、とてつもない結果を生み出した人たちの集団である。私は、このような奥深いチームワークを――スポーツや芸能、ビジネスの分野で――経験したことのある人たちにたくさん会ってきた。そういった人たちの多くが、もう一度その経験をしたいと探し求めることに人生の大半を費やしてきたと言う。彼らが経験したものこそが学習する組織である。偉大になったチームは最初から偉大であったわけではない。いかにしてとてつもない結果を生み出すかを**学習した**のである。

世界の産業界全体が、共に学習することを学んでいて、「学習するコミュニティ」になりつつあるとも言えるだろう。かつては多くの業界が、誰もが認める最大手企業一社――ＩＢＭ一社、コダック一社、ゼロックス一社――によって支配されていたが、現在の業界には、優れた企業が数十社もある。製造業ではとくにそうだ。米国や欧州、日本の企業を中国やマレーシア、ブラジルの革新的な企業が牽引し、そしてそれらの企業を今度は韓国やインドの企業が牽引している。イタリアやオーストラリア、シンガポールの企業で飛躍的な改善が起こり、あっという間に世界中に影響を及ぼす。

また、産業界の進化の一つとして、より深い意味で、学習する組織に向かう別の動きもある。大部分の人々が物質的に豊かであることで、人々の仕事に対する姿勢は、ダニエル・ヤンケロビッチの言う、仕事を「手段」と考える見方――仕事は目的を達成するための手段である――から、仕事をより「神聖なもの」と考える見方――人々は仕事に内在する「本質的な」恩恵を追い求める――へと徐々に転換してきた(1)。ハノーバー・インシュアランスの前ＣＥＯ（最高経営責任者）であるビル・オブライエンはこう述べている。「私たちの祖父らが週に六日働いて稼いだものを、現在、大半の人は火曜日の午後まで働いただけで得ている。経営における混乱は、私たちが、衣食住を超えた、人間のより高い志とぴったりと合致した学習する組織をつくりあげるまで終わらないだろう」

そのうえ、こういった価値を共有する多くの人たちが現在、リーダーの立場にある。まだ少数派であるとはいえ、次第に多くの組織リーダーたちが、自分たちは一つの社会的機関として、仕事の本質についての根底からの進化に参加していると感じているようだ。オフィス家具メーカーであるハーマンミラー社の前社長エドワード・サイモンは「なぜ私たちは仕事で善いことができないのか？」と言ったが、私は今日、これと同じ意見をしばしば耳にする。国連のコフィー・アナン事務総長★1は、「グローバル・コンパクト」の発足に際し、労働権や社会的・環境的責任の国際基準を向

★1　コフィー・アナンは2006年12月で事務総長を引退

上させる「学習するコミュニティ」を築くため、世界中の企業に参加を呼びかけた。

なぜ学習する組織をつくるのか。その最たる理由はおそらく、そのような組織がもたなければならない能力を、私たちはいまやっと理解し始めたばかりだということである。学習する組織をつくるためのスキルや知識分野、道筋が知られるようになるまで、長い間、学習する組織をつくる取り組みは暗中模索の状態だった。学習する組織と、従来の権威主義的な「コントロールを基盤とする組織」との根本的な違いは、ある基本ディシプリン★2を身につけているかどうかだろう。だからこそ、「学習する組織のディシプリン」がきわめて重要なのである。

学習する組織のディシプリン

一九〇三年一二月の寒く晴れた朝、ノースカロライナ州キティ・ホークで、ウィルバー・ライトとオービル・ライトの兄弟の手による華奢なつくりの飛行機によって、動力飛行が可能であることが証明された。こうして飛行機は発明されたが、一般の人々が商業航空を利用できるようになるまでにはそれから三〇年以上の歳月を要することになる。

技術者たちは、実験室で新しいアイディアがうまくいくことがわかったとき、アイディアが「発明された」と言う。そのアイディアが、現実的なコストで本格的な規模の複製を行えたときに初めて、「イノベーション」になる。それが、電話やデジタル・コンピュータや商業用航空機などのように、重要度が十分に高いアイディアである場合、それは「基本的なイノベーション」と呼ばれ、新たな産業を創り出したり、既存の産業の形をがらりと変えたりする。その意味で、学習する組織は、発明はされたけれども、まだイノベーションにはなっていない。

★2　学習し修得すべき理論および技術の総体（p.45 参照）

工学技術の場合、あるアイディアが発明からイノベーションへと移り変わるとき、さまざまな「要素技術」が一体となる。こういった要素が次第に、別々の研究分野での個別の開発から生み出され、互いの成功に不可欠な技術の集合体を形成するようになるのだ。そのアイディアは、この集合体が形成されるまでは、実験室では可能であっても、実用上の可能性を実現しない(2)。

ライト兄弟は動力飛行が可能であることを証明したが、商業用飛行の時代の到来を告げたのは、一九三五年に導入されたマクドネル・ダグラス社のDC-3型機であった。DC-3型機は、空気力学的にも経済的にも自立して飛ぶことのできた最初の飛行機だった。その間の三〇年間（基本的イノベーションが生まれるまでにかかる標準的な期間）は、何万回もの商業用飛行の試みが失敗に終わったのだ。学習する組織の初期の試みと同じように、初期の飛行機は信頼性が低く、適切な規模でのコスト効率も低かった。

DC-3型機がそれまでで初めて、五つの要素技術を全体としてうまく機能する一つの集合体にまとめあげたのである。その五つとは、可変ピッチ・プロペラ、引き込み式降着装置、「モノコック」と呼ばれる軽量化されたボディ構造、空冷星型エンジン、翼のフラップだ。DC-3型機が成功するためには、この五つすべてが必要であり、四つでは足りなかった。一年前に、翼のフラップを除く四つの技術をすべて備えたボーイング247型機が導入された。翼のフラップがなかったゆえに航空機が離着陸時に安定性を欠き、ボーイング社の技術者たちはエンジンを小型化せざるを得なかった。

今日、新たなる「五つの要素技術」が徐々に一体化し、学習する組織をイノベーションにしつつあると考えている。それぞれが別々に生まれたものだが、あらゆる集合体がそうであるように、どの要素も他の四つがうまく機能するためには不可欠なものであることが明らかになるだろう。真に

「学習する」ことができ、自らの最高の志を実現する能力を継続的に高めることができる組織を築き上げるうえでは、五つの一つ一つが不可欠な特質となる。

システム思考

雲が立ちこめ、空が暗くなり、木の葉が風に巻き上げられると、もうすぐ雨が降るとわかる。また、豪雨で流れていく水が何キロメートルも離れたところの地下水に流れ込むことも、明日には空が晴れることも、私たちは知っている。こういった出来事はすべて、時間的にも地理的にも離れているが、すべて同一のパターンの中でつながっている。それぞれがほかのものに影響――たいていは目に見えない影響――を与えている。豪雨のシステムは、その全体を考えることで初めて理解できるのであり、どこであろうとパターンの一部分を見ることでは理解できない。

ビジネスや人間によるそのほかの企てもまたシステムである。それらも相互に関連する行動が織り成す、目に見えない構造でつながっており、互いへの影響が完全に現われるまでには何年もかかる場合も多い。私たち自身がそのレース細工の一部として織り込まれているため、変化のパターン全体を見ることは二重に難しいのだ。そこで、システムの全体ではなく、他と切り離された部分のスナップショットに焦点を当てて、自分たちの最も深刻な問題がまったく解決しそうにないのはなぜなのだろうかと考えがちだ。システム思考は、パターンの全体を明らかにして、それを効果的に変える方法を見つけるための概念的枠組みであり、過去五〇年間にわたって開発されてきた一連の知識とツールである。

このツールは新しいものだが、その根底にある世界観はきわめて直観的なものである。実験によれば、幼い子どもたちはシステム思考を非常にすばやく学習することが明らかになっている。

自己マスタリー

「マスタリー」というと、人々や物事に対する優位性を得ることを想起するかもしれない。だがマスタリーには、特別なレベルの熟達という意味もある。工芸の名人《マスター・クラフツマン》は陶芸や織物を支配するわけではない。高いレベルの自己マスタリーを得た人たちは、自分たちにとって最も重要である結果をつねに実現することができる――要するに、芸術家が作品に取り組むがごとくに人生に向き合う。自身の生涯を通じた学習に身を投じることによってそれを実現するのである。

自己マスタリーというディシプリンは、継続的に私たちの個人のビジョンを明確にし、それを深めることであり、エネルギーを集中させること、忍耐力を身につけること、そして、現実を客観的に見ることである。したがって、自己マスタリーは学習する組織の欠かすことのできない要――学習する組織の精神的基盤――である。組織がどのくらい学習に対してしっかり取り組み、学習できるかは、構成するメンバーの取り組みや学習能力よりも高くはなり得ない。このディシプリンの起源は東洋と西洋の両方の宗教的伝統にあり、非宗教的な伝統にも起源がある。

だが、このようにして人々の成長を促す組織はほとんどない。これによって、莫大な数の人材が未開発のままになっているのだ。ハノーバー・インシュアランスのオブライエンはこう言っている。「初めて仕事に就くとき、人々は頭脳明晰で、高い教育を受けていて力強く、世の中をよくしようというエネルギーと願望に満ちている。三〇歳になる頃には、ごく一部の人たちは出世街道をひた走るが、残りの人たちは、週末に自分にとって大事なことをやるために『時間を費やしている』。そういう人たちは意欲をなくし、使命感も、仕事に就いたときの胸躍る気持ちも失っているのだ。エネルギーもほとんど感じられないし、まったくと言っていいほど気迫がない」

そして驚いたことに、自分自身の自己マスタリーをしっかりと確立させるために努力する大人はほとんどいない。人生に何を求めるかと尋ねると、たいていの大人は往々にして、まず、何から逃れたいかを語る。「義母に出て行ってもらいたい」とか、「背中の痛みが治ってほしい」などと言うのだ。自己マスタリーのディシプリンは、まず私たちにとって本当に大切なことを明確にし、自分の最高の志に仕える人生を生きることである。

ここで私が最も関心があるのは、個人の学習と組織の学習との間の関係であり、個人と組織との間の相互の献身や、学習者から成る企業の特別な熱意である。

メンタル・モデル

メンタル・モデルとは、私たちがどのように世界を理解し、どのように行動するかに影響を及ぼす、深く染み込んだ前提、一般概念であり、あるいは想像やイメージでもある。私たちは自分のメンタル・モデルや、それが自分の行動に及ぼす影響に意識的に気づいてはいない場合が非常に多い。たとえば、ある同僚が上品な服装をしていると感じると、「彼女は上流階級の出身だ」と心の中で思うかもしれない。みすぼらしい服装の人のことは、「彼は他人からどう思われるかを気にしない人だ」と思うかもしれない。さまざまな経営環境で何ができ、何ができないかについても、やはりメンタル・モデルが深く刻み込まれている。たとえ新しい市場や時代遅れの組織慣行について洞察をもっていてもその多くが実践に移されないのは、強力な潜在的メンタル・モデルと対立するからである。

たとえば、一九七〇年代前半、ロイヤル・ダッチ・シェルは、隠れたメンタル・モデルの影響がいかに広範囲に及ぶかを最初に理解した大組織の一つとなった。世界の石油ビジネスにおける前例のない変化の時代――石油輸出国機構（ＯＰＥＣ）の設立、原油の価格や供給力の極端な変動、ついに起こったソビエト連邦の崩壊――にあった一九七〇年代から八〇年代にかけてのシェルの成功（七大石油会社の中で最も弱小な企業から、エクソンと並ぶ最大手へと上り詰めた）は、変化の準備をするためのディシプリンとして、マネジャーのメンタル・モデルを浮かび上がらせ、それに立ち向かう方法を学習したことに負うところが大きい。八〇年代にシェルのグループ・プランニング・コーディネーターであったアリー・デ・グースは、変化し続けるビジネス環境において継続的に適応し成長できるか否かは、組織としての学習にかかっていると言った。「組織としての学習とは、経営陣が会社や市場、競合企業について自分たちが共有するメンタル・モデルを変えるプロセスである。それゆえ、私たちは計画を学習と考え、企業計画を組織としての学習と考えるのだ(3)」

メンタル・モデルに働きかけるというディシプリンの第一歩は、鏡を内面に向けることである。つまり、私たちの内面の世界観を掘り起こし、それを浮かび上がらせ、厳しく精査できるように保持するのだ。また、このディシプリンには、探求と主張のバランスがとれた「学習に満ちた」会話を続ける能力も含まれる。そのような会話では、人々は自分自身の考えを効果的に表出させ、その考えが他の人の影響を受け入れるようにする。

共有ビジョン

リーダーシップの分野で何千年にもわたって組織に刺激を与え続ける考えがあるとしたら、それは、私たちが創り出そうとする未来の共通像を掲げる力である。組織全体で深く共有されるようになる目標や価値観や使命なくして、偉大さを維持し続けている組織は、ほとんど思いあたらない。IBMには「サービス」があったし、ポラロイドには「インスタント写真」、フォードには「大衆のための交通機関」、アップルには「取り残された私たちのためのコンピュータ」があった[4]。内容や種類はまったく異なるが、こういった組織はどれも、ある共通のアイデンティティや使命感を中心にして人々をまとめることを成し遂げてきたのである。

（おなじみの「ビジョン・ステートメント」ではなく）真のビジョンがあると、人々は卓越し、学習する。そうするように言われるからではなく、そうしたいと思うからだ。だが、多くのリーダーは、組織を活性化する共有ビジョンにはつなげられないままに終わる個人のビジョンしか持っていない。たいていの場合、企業の共有ビジョンは、リーダーのカリスマ性や、一時的に全員を活性化する危機にもとづいている。だが選べるものなら、大部分の人は、危機のときだけでなくどんなときでも、高い目標を追求することを選択する。これまで欠けていたのは、個人のビジョンを共有ビジョンにつなげるためのディシプリン——つまり、「料理のレシピ」ではなく、一連の原則や基本理念——だ。

共有ビジョンの実践には、追従よりも真のコミットメントと参画を育む共通の「将来像」を掘り起こすスキルも含まれる。このディシプリンを習得するとき、リーダーは、ビジョンについて指図することは、たとえそれが心からの行為であったとしても、逆効果であることを学ぶ。

チーム学習

個々の知能指数（ＩＱ）が一二〇を超える献身的なマネジャーの集まるチームが全体としてはＩＱ六三になってしまう、ということがどうすれば起こり得るのだろうか？　チーム学習のディシプリンはこの矛盾に対峙する。チームが学習できることを私たちは知っている。スポーツや芸能、科学、ときにはビジネスにも、チームの英知がチーム内の個人の英知に勝ることや、チームによって協調的行動の驚くべき能力が生み出されることを示すめざましい例が存在する。チームが真に学習するとき、チームとして驚くべき結果を生み出すだけでなく、個々のメンバーも、チーム学習がなかったら起こり得ないような急激な成長を見せる。

チーム学習というディシプリンは「ダイアログ〔dialogue〕」で始まる。それは、チームのメンバーが、前提を保留して本当の意味で「共に考える」能力である。ギリシャ人にとって、「ディアロゴス〔*dia-logos*〕」は、「個人では得ることのできない洞察をグループとして発見することを可能にするような、グループ全体に自由に広がる意味の流れ」を意味した。興味深いことに、ダイアログという習慣は、アメリカ・インディアンの文化のような、多くの「原始的な」文化の中で守られてきたが、現代社会ではほぼ完全に失われている。今日、ダイアログの原則と習慣が再発見され、現代の状況に適用されている（ダイアログは、より一般的な言葉である「ディスカッション」とは異なる。「ディスカッション」は、「叩打《パーカッション》」や「衝撃《コンカッション》」を語源としていて、文字どおり、勝者がすべてを得る競争の中で考えを互いにぶつけ合うことである）。

ダイアログのディシプリンには、学習を阻害するチーム内の相互作用のパターンに気づく方法を学ぶことも含まれる。防御のパターンが、チームが機能する仕組みの中にしばしば深く根づいている。それに気づかないでいると、学習が阻害される。それに気づき、創造的に浮かび上がらせれば、学習を加速することができるのだ。

チーム学習はきわめて重要である。なぜなら、現代の組織における学習の基本単位は個人ではなくチームであるからだ。肝心なのはここである。チームが学習できなければ、組織は学習し得ない。

学習する組織が、航空機やパソコンなどの工学技術のイノベーションであったなら、その要素は「技術」と呼べるだろう。人間の挙動におけるイノベーションの場合、その要素となるのは**ディシプリン**だと考える必要がある。「ディシプリン」というのは、「強制的な命令」という意味でも「処罰の手段」という意味でもなく、実践するために勉強し、習得しなければならない理論と手法の体系である。ディシプリン（discipline：「学習する」という意味のラテン語「ディシプリナ〔*disciplina*〕」が語源）は、あるスキルや能力を手に入れるための発達上の経路である。ピアノの演奏から電気工学に至るまでのどのようなディシプリンもそうであるように、天賦の才をもつ人もいる一方、誰でも実践によって熟達度を高めることができる。

ディシプリンを実践することは、一生涯学習者になることだ。目的地に到達することは決してない。生涯をかけてディシプリンを習得するのである。「私は見識ある人間である」とは言い切れないのと同様、「われわれは学習する組織である」と言い切ることは決してできない。学習すればするほど、自分の無知をより強く感じるようになるだろう。したがって企業は、恒久的な卓越性に到達したという意味での「卓越した」企業にはなり得ない。つねに、学習のディシプリンを実践している状態、良くなったり悪くなったりしている状態にあるのだ。ディシプリンが組織にとって有益だという考え方はまったく新しいものではない。何しろ会計など経営のディシプリンには長い歴史がある。だが、学習の五つのディシプリンは、それらが個人のディシプリンであるという点で、よりなじみ深い経営のディシプリンとは異なっている。学習の各ディシプリンは、私たちがどのように考え、どのように相互に作用し合って学習するのかということを扱うものなのだ。その意味では、従来の経営のディシプリンよりもむしろ芸術のディシプリンに近い。さらに、会計は「数字を記録する」のには最適である一方で、私たちはこれまで、新しいディシプリンを吸収することによって、「組織を築く」、「組織の能力を高めてイノベーションや創造性を生み出す」、「戦略を練り上げ、方針や構造を設計する」といった、よりとらえにくい課題には取り組んでこなかった。おそらくそのために、えてして偉大な組織は、颯爽と現れ、栄光の瞬間を享受していたと思ったら、いつの間にか平凡な組織に成り下がってしまうのだろう。

ディシプリンを実践することとは手本に倣うこととは違う。新しい経営のイノベーションがいわゆる大手企業の「ベスト・プラクティス」という形で説明されることが非常に多い。私が思うに、基準となるベスト・プラクティスは、「何ができるか」に人々の目を向けさせることはできるが、同時に、断片的に模倣したり、遅れを取り戻そうと急激な追い上げをしたりすることにつながり、益よりもむしろ害となる可能性がある。トヨタの経験豊かなある経営幹部が、視察に訪れた企業幹部たちの案内役を一〇〇回以上務めた後にこう言った。「彼らの言うことはいつも決まっている。『なるほど、ここはカンバン方式だね。わが社もそうだ。品質管理サークルか。わが社もやっている。ここの社員は標準作業内容に記入するんだな。わが社の社員も同じだ』と。彼らはみな部分を見て、その部分をまねる。彼らが目を向けないのは、すべての部分がどう連携しているかです」。ほかの組織をまねることで偉大な組織がつくりあげられたことなどないだろう。別の「偉大な人」をまねようとしても個人の偉大さを手に入れることはできないのと同じだ。

五つの要素技術が一つになってＤＣ－３型機がつくり出されたとき、商業用航空産業がスタートした。だがＤＣ－３型機はそのプロセスの終着点だったわけではない。むしろ、新しい産業の先駆けであった。同様に、学習の要素である五つのディシプリンが一つにまとまったとき、究極の「学習する組織」ができるのではなく、むしろ実験と進歩の新たなうねりを生み出すだろう。

第五のディシプリン――システム思考

五つのディシプリンが一つの集合体として展開することが非常に重要である。これは生やさしいことではない。新しいツールを一体化させるのは、単にそれらを別々に用いるよりもずっと難しいからだ。だが、その見返りは非常に大きい。だからこそ、システム思考が第五のディシプリンなのである。システム思考は、すべてのディシプリンを統合し、融合させて一貫性のある理論と実践の体系をつくるディシプリンである。各ディシプリンが、ばらばらの目新しい戦略や組織変化の最新の流行に陥らないようにするものだ。システム的な方向づけがないと、ディシプリンがどのように相互に関連し合っているのかに目を向けようとする意欲も起こらない。システム思考は、ほかの各ディシプリンも強化するので、「全体は部分の総和に勝る」ことを絶えず私たちに思い起こさせる。たとえば、システム思考なしにビジョンをもつと、現実から未来へと移行するために習得しなければならない力を深く理解しないまま、未来についてバラ色の絵を描くことになってしまうだろう。このことが理由の一つとなって、近年、「ビジョンという時流」に乗った多くの企業が高い目標だけでは会社の運命を好転させることはできないことを思い知っている。システム思考がないと、ビジョンの種は荒れた土にまかれることになる。非システム的な思考が支配的であると、「将来、自分たちのビジョンを実現できると純粋に信じる」という、ビジョンを育むための第一条件が満たされない。私たちは口では、「われわれはビジョンを実現できる」と言うかもしれない（米国のマネジャーはたいてい、こう信じるように条件づけられている）が、目の前の現実はほかの誰かがつくりだした状況だと潜在的に考えることで自分を裏切っている。

だが、システム思考がその潜在能力を発揮するためには、共有ビジョンの構築やメンタル・モデルへの対処、チーム学習、自己マスタリーというディシプリンも必要である。共有ビジョンを構築すると、長期的に全力で取り組む姿勢が育まれる。メンタル・モデルは、私たちの今の世界観にある欠点を掘り出すために必要な開放性に焦点を当てる。チーム学習は、人々の集団が、個人のものの見方を超えて、より大きな全体像を探すことができるスキルを高める。そして、自己マスタリーは、私たちの行動が自分たちの世界にどのように影響を及ぼすかを継続的に学習しようとする個人的な動機づけを育む。自己マスタリーがないと、受身的な思考回路《マインドセット》（「ほかの誰か、または何かが自分の問題を生み出している」）にどっぷりと浸かってしまい、システム的な見方をひどく恐れることになりかねない。

最後に、システム思考は、学習する組織の最もとらえにくい側面——個人が自分自身と自分の世界をとらえる新しい方法——を理解できるようにするものである。学習する組織の核心にあるのは、認識の変容である。自分自身が世界から切り離されているとする見方から、つながっているとする見方へ、問題は「外側の」誰かか何かが引き起こすものだと考えることから、いかに私たち自身の行動が自分の直面する問題を生み出しているのかに目を向けることへの変容だ。学習する組織は、「いかに私たちの行動が私たちの現実を生み出すか、そして私たちはいかにそれを変えられるか」ということを人々が継続的に発見し続ける場である。アルキメデスが「われに支点を与えよ。さらば片手で世界を動かさん」と言ったように。

メタノイア――心の転換

「偉大なチームの一員であるとはどんなことですか」と人に尋ねたとき、最も印象に残るのは、その経験の意義深さである。人々は、自分自身よりも大きな何かの一部になること、つながること、根源から創造（生成）することについて語る。多くの人にとって、真に偉大なチームの一員としての経験は、精一杯に生きた人生の一時期として、際立つものになることが明らかになる。その時期の熱意を取り戻す方法を探して残りの人生を過ごす人もいる。

西洋の文化の中で、学習する組織に起こることを最も正確に言い表している言葉は、数百年前からあまり使われなくなっている言葉である。それは、私たちが約一〇年前から組織との仕事で使っている言葉だが、私たちはいつも、公的な場面でその言葉を用いる際は慎重になるよう、組織や自分たち自身に警告している。その言葉とは「メタノイア」であり、心の転換を意味する。メタノイア〔metanoia〕という言葉には豊かな歴史がある。ギリシャ語では、「根本的な転換または変化」を意味し、さらに文字どおりには精神（＝「ノイア」、語源は「心」を意味する*nous*）の超越（＝「メタ〔meta〕」、「～より上の、～を超えた」の意味。例：形而上学《メタフィジックス》）の意味もある。

初期の（グノーシス主義の）キリスト教文化では、この言葉は、至高の存在、つまり神についての共有の直観を目覚めさせ、それを直接知るという特別な意味を帯びた。「メタノイア」はおそらく、洗礼者ヨハネのような初期のキリスト教徒にとっては重要な言葉であっただろう。カトリックの全集の中で、「メタノイア」という言葉はやがて「後悔」と訳された。

「メタノイア」の意味をつかむことは、「学習」のより深い意味をつかむことである。なぜなら、学習も認識の根本的な転換や変化を伴うからだ。「学習する組織」について語る場合の問題点は、現代の語法において「学習」という言葉の中心的な意味が失われていることだ。たいていの人は、「学習」や「学習する組織」について語りかけられると、その目をどんよりと曇らせる。この言葉はどちらかといえば、「教室に受身の姿勢で座り、耳を傾け、指示に従い、間違えないことで先生を喜ばせる」というイメージをすぐに呼び起こす。実際、日常的な語法としての「学習」は「情報を取り込むこと」と同意語になった。「はい。昨日の研修でそのことについてはすべてを学習しました」というように。だが、「情報を取り込むこと」と、「真に学習すること」とは遠い親戚程度の関係だ。「サイクリングについてのすごくいい本を読んだところなんだ――サイクリングのことはばっちり学習したよ」という使い方はばかげている。

　真の学習は、「人間であるとはどういうことか」という意味の核心に踏み込むものだ。学習を通じて、私たちは自分自身を再形成する。学習を通じて、以前には決してできなかったことができるようになる。学習を通じて、私たちは世界の認識を新たにし、世界と自分との関係をとらえ直す。学習を通じて、私たちは、自分の中にある創造する能力や、人生の生成プロセスの一部になる能力を伸ばす。私たち一人ひとりの中に、この種の学習に対する深い渇望があるのだ。人類学者のエドワード・ホールが言っているように、「人間はずば抜けて優れた学習をする有機体である。学習したいという意欲は性的欲求と同じくらい強いが、学習意欲のほうが早くに芽生え、長く持続する[5]」

　そして、これが「学習する組織」の基本的な意味である。つまり、未来を創り出す能力を持続的に伸ばしている組織ということだ。このような組織にとっては、単に生き残るだけでは十分ではない。「生き残るための学習」――「適応学習」という名前で呼ばれることのほうが多い――は重要であるし、たしかに必要なものである。だが、学習する組織になるためには、「適応学習」は、私たちの未来を創造する力を高める学習である「生成的学習」と結びつかなければならない。

組織学習の先駆者となった数人の勇気ある人たちが方向性を示しているが、学習する組織の構築という領域は、ほとんど未開拓のままだ。本書がその開拓を加速させられることを私は何よりも望んでいる。

アイディアを実行に移す

本書の五つのディシプリンを発明したのは私だと言うつもりは毛頭ない。後述する五つのディシプリンは、何百もの人たちが試み、研究し、書き著し、考え出したものである。だが、私は長年にわたって、これらすべてのディシプリンに取り組み続け、それについての考え方を練り上げ、共同で研究し、世界中の組織に導入してきた。

マサチューセッツ工科大学（ＭＩＴ）の大学院に初めて進んだとき、すでに私は、人類が直面している問題の大部分は、ますます複雑さを増すこの世界のシステムを私たちが理解したりコントロールしたりすることができないことに関連していると確信していた。それ以来、私の考えを変えるようなことはほとんど起こっていない。今日、環境の危機や、「持てる者と持たざる者」の間の絶えることない格差とその結果生じる社会的・政治的不安定、やむことのない世界的な軍拡競争、国際的な麻薬取引、爆発的に増加する米国の財政赤字や貿易赤字とそれに伴う金融の脆弱性はどれも、世界の問題がますます複雑になり、相互に関連し合うようになっていることを証明している。ＭＩＴに進んだ当初から、私はジェイ・フォレスターの研究に引きつけられた。フォレスターはコンピュータの先駆者であったが、「システム・ダイナミクス」と自らが名づけた分野の開発に研究対象を移していた。都市の衰退から世界的な生態系の危機まで、差し迫った公共の問題の多くは、そういった問題を緩和することを目的によかれと思って策定された政策そのものに原因がある、というのがフォレスターの主張だった。このような問題は、政策立案者をだまして、根本的な原因ではなく表面的な症状に焦点を当てた介入を行わせ、短期的には利益を生み出すが、長期的には停滞をもたらし、さらに多くの対症療法的な介入を行う必要性を生む「システムとしか言いようのないもの」であった。

博士課程での研究を始めた頃、私は、システム思考について学ぶためにMITの私たちのグループを訪れる実業界のトップたちと会うようになった。この人たちは思慮深く、当時の一般的な経営手法が不完全であることを深く認識していた。大半の学者たちとは違い、彼らは実際にビジネスに携わっていて、現実離れした知識人ではなかった。そして新しいタイプの組織――ビジネスの成功だけではなく従業員の幸福と成長のために尽くす、分権的で非階層的な組織――を築こうと努力している人も多かった。中には、基本的価値観を自由と責任に置いた、思い切った企業理念を打ち立てていた人もいたし、革新的な組織設計を展開していた人もいた。どの人たちも、他のセクターには欠けていると私が感じていた、イノベーションへの決意と能力を共有していた。私は次第に、開かれた社会の中でなぜビジネス部門にこそイノベーションが起こるのかを理解するようになった。過去の考え方がビジネス・マインドにどのような支配力をもつ可能性があろうとも、民間セクターには、公共セクターや教育セクターにはない、そして往々にして非営利組織にも欠けている「実験する自由」があるのだ。また、ビジネス部門には明確な最終損益があるので、実験を客観的な基準によって評価することができる。少なくとも原則としてはそう言える。

だがなぜ彼らはシステム思考に関心があったのだろうか。たいていの場合、組織的な実験のうち最も大胆なものは失敗しつつあった。現場の裁量は、組織全体にとっては破滅的なビジネス上の意思決定を生み出した。「チームづくり」という課題は、依然としてビジネスのシステムについて概して根本的に異なるメンタル・モデルをもつ人々の間のより良い関係に焦点を当てていた。企業は、危機に瀕している間は協力し、そして景気が回復すると、インスピレーションをすべて失った。あり得る最善の意思を顧客と従業員に向け、大成功のスタートを切った企業も、気がつけば、修正しようとすればするほど悪化する下方スパイラルに陥っていた。

私が博士課程の頃や教授になって間もない頃は、私たちは皆、システム思考のツールによってこういった企業に効果をもたらすことができると信じていた。さまざまな企業と協働するにつれて、なぜシステム思考だけでは不十分なのかがわかってきた。システム思考を最大限に活かすためには、新しいタイプの経営を実行する人が必要だった。一九七〇年代半ばのその当時、そのようなマネジメントの実行者がどのような人であり得るかの姿が芽生えつつあった。だが、まだ具体的な形にはなっていなかったのだ。それは、一九八〇年頃にＭＩＴで定期的に集まるようになった「ＣＥＯグループ」の発足とともに、具体的な形になり始めたのである。そのＣＥＯグループには、ハノーバー・インシュアランスのビル・オブライエンやシェルのアリー・デ・グース、ハーマンミラーのエドワード・サイモン、アナログ・デバイセズのＣＥＯであるレイ・ステイタらがいた。このグループは一〇年以上続き、最終的にはアップルやフォード、ハーレーダビッドソン、フィリップス、ポラロイド、トラメルクローといった企業からの参加も引き出した。

また私は、二五年以上にわたって、リーダーシップ研修の開発と実施にも携わってきた。このリーダーシップ研修によって、ＭＩＴでの私たちの研究から生まれた五つのディシプリンという考え方をあらゆる階層の人々に紹介した。この考え方がまず、イノベーション・アソシエイツによる、共有ビジョンの構築と自己マスタリーについての先駆的な仕事と結びつき、現在、この研修は、世界的な組織である「組織学習協会（SoL）」が引き続き提供している。本書の旧版が出版された一九九〇年までに、四〇〇〇人以上のマネジャーがこの研修に参加した。そして、そのようなマネジャーたちが実際、同書を書く際の対象となる「ターゲット層」であった。より多くの人々がこの本を組織学習の入門書として用いていることが明らかになると、私たちは、実用的なツールや事例、ヒントを載せた本のほうが実際には入門書としてより有益だろうと考えて、一九九四年に『フィールドブック学習する組織「5つの能力」――企業変革を進める最強ツール』（柴田昌治、スコラ・コンサルト監訳、牧野元三訳、日本経済新聞社、二〇〇三年）を生み出した。こういった経験を積むうちに、もともとは企業の経営幹部に焦点を絞っていたターゲット層が広がっていった。システム思考、自己マスタリー、メンタル・モデル、チーム学習、共有ビジョンという基本的なディシプリンは、教師や公務員、政治家、学生、親にも無関係ではないことが明らかになったからだ。こういった人たちは皆、重要な指導的立場にあった。皆、未来を創造するための未開拓の可能性をもった「組織」の中にいた。また、皆、その可能性を開拓するには、自分自身の能力を開発する――つまり、学習する――必要があると感じていた。

そこで、本書は学習者、とくに集団学習の技術と実践に関心のある人たちを対象としている。マネジャー諸氏にとって、本書は、学習する組織の構築がもはや秘術ではなくなるような（技術であることに変わりはないが）具体的な実践、スキル、ディシプリンを見出すのに役立つはずである。親である皆さんにとって、本書の手助けによって、私たちが子どもたちの教師であると同様に、子どもたちを私たちの教師にすることもできるはずである。というのも、子どもたちから、生き方としての学習について、私たちは多くを学べるからだ。

市民の皆さんにとっては、なぜ現代の組織がとりわけ良い学習者ではないのかについて、そして学習する組織を築き上げるためには何が必要なのかについてダイアログを行うことによって、コミュニティや社会がより習得の早い学習者になるために必要となるツールを提示する。

第2章 あなたの組織は学習障害を抱えていないか？

大企業のほとんどは、人間の寿命の半分さえも生きられない。一九八三年、ロイヤル・ダッチ・シェルの調査によって、一九七〇年にフォーチュン五〇〇に入っていた企業の三分の一が姿を消していることがわかった[1]。シェルの推定によると、大企業の平均寿命は四〇年足らずで、人間のおよそ半分だというのだ！　それ以降、企業の寿命調査は、エレクトロニック・データ・システムズ（EDS）など複数の企業によって繰り返し行われてきたし、二〇〇一年に刊行されたジェームズ・コリンズ著『ビジョナリー・カンパニー2　飛躍の法則』（山岡洋一訳、日経BP社、二〇〇一年）での評価基準ともなった。本書の読者が、定年を迎える前に、現在勤めている会社の消滅を目の当たりにする可能性は五分五分なのだ。

経営に失敗する企業では、たいていの場合、その会社が苦境に陥っていることを示す証拠が事前に数多く見られる。だがその証拠は、個々のマネジャーが気づいているときでさえも、見過ごされる。組織全体としては、差し迫った脅威を認識できないか、その脅威の意味合いを理解できないか、あるいは、別の方法を考え出すことができないのだ。

おそらく、「適者生存」の法則の下では、このように絶えず企業が姿を消していくことは社会にとって良いことかもしれない。それは、従業員や株主にとってはつらいことかもしれないが、経済の土壌が鋤き起こされて、新しい企業や新たな文化を生み出すための資源が再分配されるだけのことだ。だが、企業の死亡率の高さが、消えゆく企業だけでなく、すべての企業を苦しめる、より深い問題の症状にすぎないとしたら、それは何を意味するだろうか？　どんなに成功している企業であっても学習が不得手で、生き残るにしても本来の組織の潜在能力にまったく及ばないとしたら？　組織のなり得る姿に照らし合わせたとき、「卓越《エクセレンス》」も実は「平凡」にすぎないとしたら？

ほとんどの組織がうまく学習できないのは偶然のことではない。組織の設計や管理の仕方や人々の仕事の定め方、そして最も重要なことだが、私たち全員がこれまで教えてこられた考え方や（組織内に限らず、もっと広い意味での）相互作用のあり様が、根本的な学習障害を生み出している。優秀で熱心な人々が最善の努力をしても、こうした障害が起こる。往々にして、問題を解決しようと懸命に努力すればするほど、結果はますます悪くなる。このような学習障害の中ではどんな学習も起こり得ない。そしてすべての組織が、程度の差はあれ、こうした状態に陥っているのだ。

子どもの学習障害は、とりわけ誰も気づいていない場合に悲劇的だ。組織の場合も、学習障害に気づかないことが多く、同じくらい悲劇的なのだ。治癒への第一歩は、七つの学習障害を認識することに始まる。

①「私の仕事は〇〇だから」

私たちは自分の職務に忠実であるように教育される――その教育が徹底しているために、私たちは職務と「自分が何者であるか」とを混同する。米国のある大手鉄鋼メーカーが一九八〇年代前半に工場を閉鎖し始めたとき、解雇される製鋼所の職工たちを対象に、新しい職に就くための職業訓練を実施した。ところが、その訓練はまったく根付かなかった。職工たちはズルズルと失業したり、半端な仕事に就くばかりだった。その理由を突き止めるために心理学者が呼ばれ、製鋼所の職工たちが深刻な自己認識の危機《アイデンティティ・クライシス》に陥っていることが判明した。「いったいどうやってほかの仕事ができるっていうんだい？」と労働者たちは言う。「おれは旋盤工**なんだから**」

職業は何かと聞かれると、たいていの人は、自分が毎日どういう職務を行っているかを話すばかりで、自分の属する事業全体の**目的**については語らない。属しているシステムに自分が影響を及ぼすことはほとんどない、あるいはまったくないと思っている人が大半だ。自分の仕事をして、時間を過ごし、自分のコントロール外の力にはただ対処するだけである。結果として、自分の責任の範囲は、自分の職務の境界までに限定されると考えがちだ。

何年も前に、デトロイトのある自動車メーカーのマネジャーたちから聞いた話だが、彼らは、ある特定の組立工程で、なぜ日本人が自分たちよりもコストをかけずに驚くべき精度と信頼性を生み出すことができるのかを理解するために、日本からの輸入車を一台解体したという。エンジン・ブロックに同じ規格のボルトが三カ所で使われていることがわかった。異なる種類の部品を取り付けるのに、三回とも同じボルトが使われていたのだ。米国車の場合、同じ組立工程に三種類のボルトが使われ、そのために、三種類のレンチと三種類の部材在庫が必要になる。それが車の組立工程にかかる時間とコストを膨らませていたのだ。なぜ米国では三種類のボルトが使われていたのだろうか？　それは、デトロイトの設計組織が、三つの技術者グループに分かれていて、各グループが「自分たちの」部品だけを担当していたからだ。日本のメーカーでは、一人の設計者がエンジン装着全体に、おそらくはもっと広範に、責任をもっていた。皮肉なことに、米国メーカーの三つの技術者グループはそれぞれが、自分たちのボルトと組立工程は問題なく機能しているゆえに、自分たちの仕事はうまくいっていると考えていたのである。

組織内の人たちが自分の職務にだけ焦点を当てていると、すべての職務が相互に作用したときに生み出される結果に対して、責任感をほとんどもたない。そのうえ、結果が期待はずれだった場合に、その理由を理解するのが非常に困難となる。「誰かがへまをした」と決めてかかることしかできないのだ。

②「悪いのはあちら」

以前にある友人が、リトル・リーグで教えている少年の話をしてくれた。ライトを守っていたその少年はフライを三回落とした後、グローブを投げ捨て、ずかずかとベンチに戻ってきて言った。「あんな最悪のグラウンドじゃ、誰だって球を捕れるわけがない」

私たち一人ひとりに、物事がうまくいかないときに、自分以外の誰かや何かのせいにする傾向がある。この傾向が長じて、「汝、外部者の責任にせよ」と掟に定める組織すらある。マーケティング部門は製造部門を責める。「売上目標の未達が続いているのは、わが社の製品の品質に競争力がないからだ」と。製造部門は技術部門を責め、技術部門はマーケティング部門を責める。「やつらが設計に口出しをするのをやめて、我々の力の限りに製品設計を任せてくれさえしたら、わが社は業界のトップになるだろうに」

「悪いのはあちら」症候群は、実は「私の仕事は○○だから」障害とそこから醸成される非システム的な世界観の副産物である。私たちが自分の職務にだけ焦点を当てていると、自分自身の行為が、その職務の境界を越えてどのように影響するかが見えなくなる。こうした行為が、跳ね返ってきて私たちに害を及ぼすような結果をもたらすと、私たちは、それは外的要因による新たな問題だと誤解するのだ。自分の影に追いかけられている人のように、私たちはその問題から逃れられない。

「悪いのはあちら」症候群は、組織内での責任転嫁に限らない。かつて大成功を収めていたピープル・エキスプレス航空★は、最後の数年間、運賃を大幅に値下げし、販売を強化して、フロンティア航空を買収した。これらはすべて、同航空の終焉の原因とされる「攻撃の手を強めていく競合他社」に必死に対抗する試みだった。だが、これらの手立てはどれ一つとして、同社の膨らみ続ける損失を抑えることもなかったし、問題の核心であるサービスの質を是正することもなかった。サービスの質があまりにも低下していたために、顧客を引き留める唯一の手立ては格安運賃だけになっていたのだ。

　何年もの間、外国の競合他社に市場シェアを奪われた米国企業は、その原因を、海外の低賃金、労働組合、規制当局や、他社製品に乗り換えて「われわれを裏切った」顧客のせいにしてきた。だが、「悪いのはあちら」というのは、ほとんどの場合、物語の一面にすぎない。通常、「あちら」と「こちら」はともに、一つのシステムの側面なのである。この学習障害のために、自分たちと「あちら」との境界をまたいだ問題に対して、「こちら」側で活用できるてこ《レバレッジ》を見つけ出すことがほぼ不可能となっているのだ。

③ 先制攻撃の幻想

「積極的になる」ことが流行っている。マネジャーたちは、しきりに「難しい問題に直面したとき

★　1981年～87年に運航していた米国の航空会社。格安路線をとったが経営が悪化、87年に現コンチネンタル航空に買収された。

には先制攻撃の必要がある」と明言する。この意味するところは概ね、「私たちは困難な問題に立ち向かい、ほかの誰かが何かをするまで待つのをやめて、その問題が危機に発展する前に解決するべきである」ということだ。とくに、積極的になることは、「受身である」こと――状況が手に負えなくなるまで待ってから行動を起こすこと――への解決策と考えられる場合が多い。だが、外部の敵に対して先制して攻撃的な行動を起こすことは、「積極的になる」ことと本当に同じ意味だろうか?

かつて、私たちがいっしょに仕事をしていた、ある大手損害保険会社の経営チームがこの「先制攻撃虫」に刺された。有能な請求担当副社長であるこのチームのリーダーは、「わが社は、損害保険金支払いの和解をねらってますます多くの訴訟を起こす弁護士たちに、これ以上好きにさせはしない」と宣言するスピーチを用意していた。同社は、法務部門の社員を増強して、より多くの訴訟を示談解決ではなく、陪審員裁判にもちこむ計画だった。

そのとき、私たちとチームのメンバーの一部は、このアイディアがもたらし得る影響――裁判で勝つ訴訟はどのくらいの割合か、負ける訴訟の規模はどれくらいか、勝敗にかかわらず直接費と間接費は一カ月当たりどのくらいか、訴訟の係争期間はどのくらいか――を、よりシステム的に検討する作業に着手した。興味深いことに、このチームのシナリオは、いずれにしても総費用が増加することを示していたのだ。大半の請求について初めに行われる審査の質を考えると、同社が、増加する訴訟の費用を相殺できるだけの数の裁判に勝つことはまったく不可能だったからだ。副社長はスピーチ原稿を破り捨てた。

たいていの場合、積極的に見えても、実は受身なのである。ビジネスであれ、政治であれ、「あちらにいる敵」と戦おうとしてより攻撃的になるとき、私たちは――私たちがそれを何と呼ぼうと出されるものなのだ。

──受身なのである。**真の積極策は、私たち自身がどのように自身の問題を引き起こしているかを理解することから生まれる。**それは、私たちの感情の状態からではなく、私たちの考え方から生み出されるものなのだ。

④ 出来事への執着

遊び場で二人の子どもがけんかを始め、それをやめさせようとあなたがやってくる。「あの子があたしのボールを取ったからぶったのよ」とルーシーが言う。「だって、ルーシーの飛行機でいっしょに遊ばせてくれないんだもん。だからボールを取ったのさ」とトミーが言う。ルーシーは、「トミーがプロペラを壊したから、もう私の飛行機は貸してあげられないの」と言う。賢明なる大人である私たちは、「さあ、さあ、子どもたち。とにかく、お互いに仲良くするんだよ」と言う。だが、実際、大人である私たち自身が陥っているいざこざを説明するときの言い草は、これとどれほど違うだろうか？　私たちは、人生を出来事の連続と考えることに慣れていて、それぞれの出来事には一つの明らかな原因があると考えている。

組織内で交わされる会話の大半を占めるのは、出来事に関する懸念だ。先月の売り上げ、新たな予算削減、前四半期の利益、誰が昇進し、誰が解雇されたか、競合他社が発表したばかりの新製品、発表されたばかりの自社新製品の発売延期、などである。メディアの報道によって、ますます短期的な出来事が重視されることになる。何しろ、二日以上前のことは「ニュース」ではなくなるのだ。出来事に焦点を当てていると、「出来事」のレベルでしか物事を考えられない。新聞は「昨日、第四・四半期の業績低調が発表されたのを受けて、今日のダウ・ジョーンズ平均株価は一六ポイント下落した」と書く。このような説明は、そのとおりかもしれないが、私たちが出来事の背後にある長期的な変化のパターンに目を向け、そのパターンの原因を理解することを妨げる。

出来事への執着は、実は私たちの進化的プログラミングの一部である。もしも原始人の生き残りのためにプログラム設計するならば、宇宙に思いを巡らす能力は、優先度の高い設計基準ではないだろう。重要なのは、鋭い牙をむいたトラが自分の左肩に襲いかかろうとしているのを察し、すばやく反応する能力だ。皮肉なことに、今日、組織にしても社会にしても、私たちが生き残るうえでの最大の脅威は、突然の出来事によってではなく、ゆっくりとした緩やかなプロセスによるものだ。軍拡競争、環境破壊、公教育制度の衰退、企業のデザイン・製品の品質低下（競合他社の品質に対する相対的な）はどれもゆっくりと緩やかに進行するプロセスである。

人々の思考が短期的な出来事に支配されていると、組織内で根源から未来を創造する生成的学習を持続させることはできない。出来事に焦点を当てている場合、できてせいぜい、事前に出来事を予測して、最適な反応をすることぐらいだ。しかし、未来を創造するための学びは起こらない。

⑤ゆでガエルの寓話

企業の失敗に関するシステム研究において、徐々に進行する脅威への不適応が非常に多いことから、「ゆでガエル」の寓話が生まれた。煮立った湯の中にカエルを入れたら、カエルは瞬時に外に飛び出そうとする。だが室温の水の中にカエルを入れ、そっとしておくと、じっとしたままだ。さて、この水の入った鍋の下に熱源を置き、温度をじわじわと上げていくと、非常に興味深いことが起こる。温度が二一度から二七度に上がっても、カエルには何の変化も起こらない。実際、愉快にすら見える。温度が次第に上がると、カエルはどんどん意識がもうろうとして、ついには鍋から脱出できなくなる。カエルを押さえつけるものは何もないにもかかわらず、カエルはそこにじっととどまり、ゆだってしまう。なぜだろうか？　それは、カエルの体内にある、生存への脅威を感知する仕組みが、環境の突然の変化には適するが、ゆっくりと徐々に起こる変化には対応していないからだ。

米国の自動車業界は、長年にわたってゆでガエルの症状を呈していた。一九六〇年代、米国の自動車メーカーは北米市場で圧倒的な強さを見せていた。それが非常に緩やかに変化し始めた。もちろん、一九六二年には、「ビッグ・スリー」と呼ばれるデトロイトの三大自動車メーカーは、日本が自分たちの生き残りを脅かす存在とは考えていなかった。その年の米国市場における日本メーカーのシェアは四％にも満たなかったのだ。シェアが一〇％足らずだった一九六七年にも、脅威とみなさなかった。一五％に満たなかった一九七四年になっても、まだ考えなかった。ビッグ・スリーが自らのビジネス慣行やその中核となる前提を批判的に見始めたのは、一九八〇年代前半、日本メーカーの米国市場シェアは二一・三％まで増えたときだった。一九九〇年、そのシェアは二五％近くに達し、二〇〇五年には四〇％に近づいた(2)。米国自動車メーカーの財務の健全性を考えると、ほかならぬこのカエルが体力を取り戻し、熱湯から脱出することができるかどうかは定かではない。

ゆっくりと徐々に進行するプロセスを見ることを学ぶには、私たちの猛烈なペースを緩めて、顕著な変化だけでなく、わずかな変化にも注意を向ける必要がある。じっと座って潮だまりをのぞきこんでいると、初めはほとんど何も起こっていないように見える。だが長い間見ていれば、一〇分もすると、潮だまりが突然活気を帯びる。美しい生き物たちの世界はつねにそこにあるのだが、動きが少し遅すぎて最初は目に見えないのだ。問題は、私たちの頭が一つの回転数に強く固定されていることだ。いうなれば、分あたり七八回転なら見えるが、三三と三分の一回転だと何も見えないような状態だ。私たちがペースを落として、繰り返し最大の脅威をもたらすこの緩やかなプロセスに目を向けない限り、ゆでガエルの運命を避けることはできないだろう。

⑥「経験から学ぶ」という妄想

最も力強い学習は直接的な経験から得られる。たしかに、私たちが食べることやハイハイをすること、歩くこと、意思を伝達することを学んだのは、直々の試行錯誤、つまり、ある行動をとり、その行動の結果を見て、新たにまた別の行動をとることによってである。だが、行動の結果を観察できないときには何が起こるだろうか？　行動の結果が現れるのが遠い先のことであったり、私たちの営みを含めた、より大きなシステムの遠く離れた部分であったりする場合はどうなるだろうか？　私たちの一人ひとりに「学習の視野」がある。つまり私たちは、時間的にも空間的にも、ある一定の幅の視界の中で自身の有効性を評価するのだ。行動の結果が自身の学習の視野を超えたところに生じるとき、直接的な経験から学ぶことが不可能になる。

ここに、組織の前に立ちはだかる学習ジレンマの核心がある。つまり、**私たちにとって最善の学習は経験を通じた学習なのだが、多くの場合最も重要な意思決定がもたらす結果を私たちが直接には経験できないのだ。**組織内の最も重大な意思決定は、システム全体に、数年あるいは数十年にもわたって続く結果をもたらす。研究開発における意思決定は、販売や製造に第一次の結果をもたらす。新しい製造設備や製造工程への投資は、少なくとも一〇年間は品質や出荷の信頼性に影響を及ぼす。適材をリーダーの地位に昇進させることで、向こう数年間の戦略や組織風土が形づくられる。これらはまさに、試行錯誤による学習の機会が最も少ない決定である。

一～二年以上のサイクルをもつ循環は、とりわけ見えにくく、それゆえ学ぶことも難しい。システム思考作家のドレイパー・カウフマン・ジュニアは、多くの人の記憶が短時間で失われることを指摘している。その著書でこう述べている。「ある特定分野での労働者の一時的な供給過剰が進むと、誰もが大幅な余剰人員について語り、若者たちはその分野から遠ざけられる。そのため、二～三年もすると労働力不足が生じ、仕事の引き受け手がいなくなる。すると今度は、若い人たちがその分野に熱烈に駆り立てられ、それが余剰人員を生む。明らかに、職業訓練を始める最適の時期は、人々が数年にわたって人員余剰について話し、その分野で就職する人が少なくなっているときである。そうすれば、人員不足が広がるときにちょうど訓練を終えるのだ(3)」

昔から、組織は細かく要素に分けることによって、意思決定が及ぼす影響の幅広さに向き合う困難を克服しようとする。人々が「理解」しやすい職務の階層を設けるのだ。だが、職務別の部門がやがて領地になり、かつては機能していた分業も、職務間の交流を断ち切る「ストーブの煙突のごとき縦割り」に変質する。その結果、会社内の最も重要な問題である、職務の境界をまたぐ複雑な課題の分析は、危険な作業となるか、あるいはまったく行われないものとなる。

⑦経営陣の神話

こうしたジレンマや障害と闘おうと足を踏み出すのが、組織のさまざまな職務や専門分野を代表し、見識も経験も豊富なマネジャーたちの集まりである「経営陣《マネジメント・チーム》」だ。経営陣は一丸となって、組織にとって重要な、職務の垣根を越えた複雑な問題を解決するはずである。しかし実際には、典型的な経営陣にこれらの学習障害を克服できるか、私たちはどれほど自信があるだろうか。

たいていの場合、企業内のチームは、縄張り争いに時間を費やし、自分たちが個人的に格好悪く見えることはすべて避け、あたかも全員がチームの全体戦略に従っているようなふりをする――「まとまったチーム」という体裁を保つのだ。そのイメージを保ち続けるために、意見の不一致をもみ消そうとする。大きな疑問を抱えた人たちは公言を避け、共同決定は、全員が容認できるように骨抜きにされた妥協案か、そうでなければひとりの意見がグループに押しつけられた案にすぎない。意見の不一致があっても、通常、他人のせいにして、意見を二極化させる形で表明され、その根底にある前提や経験の違いを、チーム全体がそこから学習できるような方法で明らかにすることができないのだ。

「たいていの経営陣は圧力を受けて崩壊する」と書くのは、経営陣における学習について長年研究を続けているハーバード大学のクリス・アージリスである。「経営陣は日常的な問題に対しては十分に機能するだろう。だが、きまりが悪かったり、脅威を感じるような複雑な問題に直面すると、『チーム精神』は荒れ果てるようだ(4)」

アージリスによれば、大半の経営者は集団での探求を本質的に脅威と感じるという。学校教育は、答えがわからないと決して認めてはならないと教えるし、大半の企業は、複雑な問題の解明に秀でた者ではなく、自分の考えの主張が上手な者に見返りを与え、この教えをさらに強化する（皆さんの組織で、誰かが目の前の問題解決ではなく、今の企業方針が抱える難題を提起して、報償を受けたのは、どれくらい昔にさかのぼることか考えてみよう）。私たちは、たとえ不確かだとか知らないと思っても、ほかの人にそう察されることの痛みから自分自身を守ることを学ぶ。そのプロセスそのものが、私たちを脅かすような、いかなる新たな理解をも遮断する。その結果が、自らを学習から遠ざけることに途方もなく堪能な人たちであふれた経営陣、アージリスの呼ぶところの「熟練した無能」となるのだ。

学習障害とディシプリン

これらの学習障害は昔から私たちにつきものだった。バーバラ・タックマンは『愚行の世界史』（大社淑子訳、中央公論新社、二〇〇九年）の中で、トロイの滅亡から米国のベトナムへの介入まで、「究極の自己利益に反して行われ[5]」、壊滅的な被害をもたらした大規模な政策の歴史をたどった。次々に語られる話の中で、指導者たちは、自分自身の生き残りがかかっていると事前に警告されていたときでさえも、自らの政策が引き起こす結果が見えないのだ。タックマンの著述の行間を読み取ると、一四世紀、フランスのヴァロア王朝の王たちは、「私の仕事は〇〇だから」の障害を患っていたことがわかる。彼らが通貨の切り下げを行ったとき、フランスの新中間階級を暴動へと追い立てていることにまったく気づいていなかった。

一七〇〇年代半ばの英国は、深刻なゆでガエルの症例であった。タックマンによれば、英国は「（米国の）植民地との対立が高まっている中、……何が関係を危うくしているのかを見極めるために……大臣を送り込むことはおろか、（英国人高官の）代表をひとりも大西洋の向こう側に差し向けることなく、丸一〇年間[6]」を過ごしたという。アメリカ革命が起こった一七七六年には、その関係は決定的な危機に陥っていた。また、タックマンは別の箇所で、一五～一六世紀のローマ・カトリック教会の枢機卿《すうききょう》★たちを取り上げている。それは、敬虔ゆえに同意をつくろわなければならない

★ カトリック教会において教皇に次ぐ地位を示す称号。教皇の補佐や選出にあたる役割。

悲劇的な「経営陣」であった。だが、陰で行われていた中傷行為（ときには文字どおり、人を刺すこともあった）が、日和見主義の教皇をもたらし、その権力濫用が宗教改革を引き起こした。

もっと最近になって、歴史家のジャレド・ダイアモンドが、崩壊につながる傲慢と盲目に関して類似のことを語っているが、ただし、ここで犠牲となったのは文明全体であった。ダイアモンドは、マヤからイースター島まで、強力で支配的だった帝国が、いかにして、あっという間に崩壊するかを示している。問題のある組織と同様、問題のある文明の中にいる大部分の人々は、あらゆることが少しおかしいと感じるのだが、彼らの本能が命じるのは、今までのやり方を疑うことではなく、――ましてや、そのやり方を変える能力を育むことではなく――そのやり方を今まで以上に強く守ることなのだ(7)。

私たちが現在生きている時代も同じくらいに危険に満ちて、同じような学習障害が根強く残り、その末路もまた現存する。学習する組織の五つのディシプリンは、こういった学習障害への解毒剤の役目を果たすと私は信じている。だがまず、学習障害をより明確に把握しなければならない。なぜなら、日常的な出来事の混乱の中では見失われてしまうことが多いからだ。

第3章 システムの呪縛か、私たち自身の考え方の呪縛か?

学習障害が実際に作用するさまを見るためには、ラボ実験から始めるのがよい。ラボ実験は、実際の組織がどう機能するかの縮図であり、自分の意思決定の結果が表れるさまを、実際の組織では見えないようなことまではっきりと目の当たりにすることができる。そのため、私たちは、一九六〇年代にMITのスローン経営学大学院で最初に開発された「ビール・ゲーム」というシミュレーション・ゲームへの参加をしばしば勧める。これは、現実そのものではなく、実際の環境を模したラボ用模型なので、学習障害とその原因を、実際の組織ででき得る以上にくっきりと際立たせることができる。このゲームによって、問題の根源は、組織の構造や施策の特性以上に、基本的な考え方や人の交流の仕方にあることが明らかになる。

ビール・ゲームではそのことを、意識されないままあまねく行きわたる、あるタイプの組織――あらゆる先進工業国で消費財や商品の生産と出荷の責任を担っている生産・流通システム――に私たちを没頭させることで明らかにする。具体的には、ある単一ブランドのビールを生産し、流通させるためのシステムである。各役割のプレーヤーはそれぞれ、賢明だと思われる意思決定をまったく自由に行える。プレーヤーがめざすのは、できるだけうまく自社を管理して、利益を最大化することのみだ(1)。

多くのゲームと同様に、ビール・ゲームの一セッションは一つの物語として語ることができる。物語には、小売業者、卸売業者、ビール工場の営業部長という三人の主要登場人物がいる(2)。ここにあるのは各プレーヤーの目を通して順番に語られる物語である。

小売業者の物語

あなたが小売業者だと想像してみよう。郊外の交差点で煌々《こうこう》と灯りをともして二四時間営業をするフランチャイズ・チェーンの店長かもしれない。または、ビクトリア朝時代のブラウン・ストーンを張った家が並ぶ通りにある家族経営の店を営んでいるのかもしれない。街から離れた、ハイウェイ沿いのディスカウント酒店の店長かもしれない。

どんな形態の店舗であろうと、また、ほかにどんな商品を売っていようと、ビールがあなたの事業の柱である。ビールは、その販売で利益を上げられるだけでなく、ポップコーンやポテトチップをついで買いしそうな上顧客を店に引き寄せる。一二種類以上のブランドのビールをそろえ、在庫を置いておく店裏の倉庫に各ブランドのビールがあと何ケースあるかを記録している。

週に一度、トラック運送業者が店の裏口にやってくる。あなたはその業者に、その週の注文数を記入した用紙を手渡す。各ブランドのビールを何ケースずつ配達してもらいたいかが書いてある。トラック運送業者は、他の店を回った後、ビールの卸売業者にあなたの注文書を渡す。卸売業者は、それから受注処理を行い、きちんとした手順に従い発注処理を行って、そろった注文をあなたの店に出荷する。こうしたあらゆる処理手続きがあるため、通常、注文には平均四週間の遅れが生じる。

つまり、ビールがあなたの店に配達されるのは、概して、発注してから約四週間後となる。

あなたと卸売業者はまず直接会話を交わさない。用紙に書かれたチェック・マークだけが意思伝達の手段である。おそらくあなたは卸売業者に会ったことがなく、知っているのはトラック運送業者だけだ。それもそのはずである。あなたの店には数百種類の製品がある。それらをあなたの店に配送する卸売業者は数十に及ぶ。一方、卸売業者は、一〇を超える市町村にある数百カ所の店への配達を扱っている。切れ目なく顧客が次々にやってくるあなたと、たくさんの注文の確認に忙しい卸売業者との間で、おしゃべりをする時間などありはしない。互いに伝える必要があるのは、一つの数字、発注量だけだ。

あなたの店で最も安定的に売れるビールの一つが「ラバーズ・ビール」というブランドだ。あなたは、そのビールが四八〇キロメートルほど離れたところにある、小さいながらも効率のよいビール工場で醸造されているのを何かで聞いたことがある。超有名ブランドというわけではない。実際、そのビール会社はまったく宣伝をしていないのだ。だが、毎朝配達される新聞のようにきっちりと、毎週四ケースのラバーズ・ビールが売れていく。たしかに、ラバーズ・ビールの顧客は若くて――大部分が二〇代の若者だ――気まぐれだが、ラバーズ・ビールを卒業してミラーやバドワイザーに移っていく顧客がいても、不思議とその妹分、弟分たちが替わってラバーズ・ビールを買うようになるのだ。

つねにラバーズ・ビールをたっぷり並べておけるように、あなたはいつでも店に一二ケースの在庫をもつようにしている。ということは、ビールのトラックがやってくる毎週月曜日に四ケースずつ発注することになる。毎週毎週、ずっと同じだ。今では四ケースの販売を当たり前に考えている。そのことが、ラバーズ・ビールの販売量のイメージとして頭の中から切り離せないほどに染みついている。あなたは発注する際には何も考えずに、「そうだな、ラバーズ・ビールは四ケース」と、決まりきった答えを自動的に繰り返すだけだ。

第二週：何の前触れもなく、一〇月のある週（この週を「第二週」と呼ぶことにしよう）に、ラバーズ・ビールの売り上げが倍増した。四ケースから八ケースへと跳ね上がったのだ。「だいじょうぶ」と、あなたは思う。「まだ店には八ケースあるから」。なぜ突然にこれほど売り上げが増えたのかはわからない。誰かがパーティーでも開いているのかもしれない。だが、この余分に売れた分を補充しようと、あなたは発注を八ケースに増やした。これであなたの在庫は通常レベルに戻るだろう。

第三週：不思議なことに、その**翌週**もまたラバーズ・ビールは八ケース売れた。まだ春の宴会シーズンでもないのに。めったにない、客の切れ目に、時折あなたはその理由をふと考える。「このビールの広告キャンペーンがあるわけではあるまい。もしあったなら、その知らせが郵便で届いているはずだ。迷子郵便になっていたり、間違って捨ててしまったのでない限り。もしかしたら、ほかの理由があるのかもしれない……」。だが、客が来店し、あなたの思考の流れは途切れてしまう。

配達業者が来た瞬間、あなたはまだラバーズ・ビールについてさして考えてはいないが、用紙に目をやると、今回、業者は四ケースしかもってきていないことに気づく（これはあなたが四週間前に発注した分なのだ）。在庫はあと四ケースしかない。ということは、売り上げが元の水準に戻らない限り、今週には、手元のラバーズ・ビールの在庫は売り切れてしまうだろう。賢明に判断するならば、売り上げに追いつくためには最低でも八ケースの注文が必要だ。大事をとって、一二ケースを発注しておこう。そうすれば在庫を積み上げできるだろう。

図 3-1　第 2 週

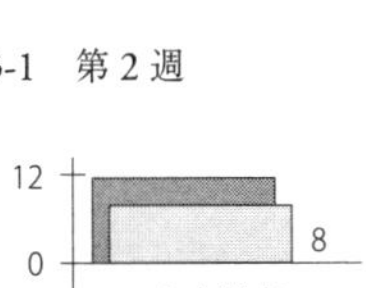

第四週：あなたは火曜日に時間を見つけて、若い客一〜二人に質問する。すると一カ月ほど前に、人気のケーブル・テレビのチャンネルで新しいミュージック・ビデオが流れ始めたことがわかった。そのビデオで「イコノクラスツ」というグループが歌っている唄のエンディングが「おれはラバーズ・ビールを飲み干し、太陽の光に向かって走って行く」という歌詞なのだという。彼らがなぜそういう歌詞にしたのかはわからないが、新しい宣伝契約を結んだのであれば、必ず卸売業者が知らせてくれるはずだ。あなたは卸売業者に電話をしようと考えたが、ポテトチップが入荷して、ラバーズ・ビールのことは忘れてしまう。

次のビールの納品では、五ケースしか入荷しなかった。在庫が一ケースだけになってしまうと、あなたはがっかりする。ほぼ売り切れの状態だ。そしてこのビデオのおかげで、需要は**さらに**伸びるかもしれない。まだ何ケースか余分に発注してあるのはわかっているが、あなたには正確にそれが何ケースなのかわからない。少なくともあと一六ケースは発注しておこうと思う。

第五週：その一ケースが月曜日の朝に売り切れてしまう。運よく、ラバーズ・ビールがあと七ケース配達されてくる（どうやら卸売業者が、あなたの発注増に対応し始めているらしい）。だが、その週の終わりにはすべて売れてしまい、在庫はまったくなくなってしまう。あなたは浮かない顔をして空っぽの棚を見つめている。あと一六ケース発注したほうがいい。人気商品のビールが品切れと評判が立っては困る。

第六週：案の定、週の初めにラバーズ・ビールを探している顧客が店にやってき始める。そのうちの二人は義理固くも、受注残としてビールを待ってくれるのだ。「入荷したらすぐに知らせてくださいね。買いにきますから」と彼らは言った。あなたはその客の名前と電話番号を書きとめる。二人は一ケースずつ買うと約束した。

図 3-2　第 4 週

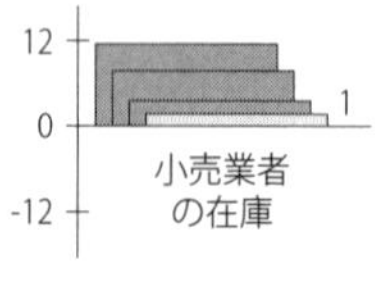

次の配達時に届いたのは六ケースだけだった。あなたは「受注残待ち」の二人の顧客に電話をする。彼らが来店して割り当て分を買っていく。残りのビールは、その週が終わる前に売り切れとなる。再び、二人の顧客が、次の入荷があり次第電話をくれるようにと、名前を書き残していく。あなたは、「在庫を週末に持ってさえいれば、あと何ケース売れただろうか？」と考える。このビールの買い占めが起こっているようで、このあたりではどこの店にもラバーズ・ビールの在庫はない。流行のビールで、どうやらこのままさらに人気が高まっていきそうだ。

二日間、干上がった状態の空っぽの棚を見つめた後では、一六ケース以上の注文をしないのは間違いであるように思える。あなたはもっと多く発注したくなるが、これまでに発注した大量のビールが間もなく届き始めるとわかっていたので自制する。だが、いつ届くのだろうか……。

第七週：今週、配達のトラックがもってきたのは五ケースだけで、つまり、また今週も棚は空っぽになるだろう。受注残を処理するとすぐにまたラバーズ・ビールは売り切れになり、今回は二日ももたないだろう。今週は、驚くべきことに五人の客が名前を残していく。あなたはさらに一六ケースを発注し、大量の注文が届き始めることを静かに祈る。そして、ポテトチップを売り損ねたことに思いを馳せる。

第八週：今では、あなたは店で売っているほかのどの商品よりもラバーズ・ビールに注目している。その落ち着かない気分は容易に理解できる。顧客がその物言わぬビールの六本パックを買っていくたびに、あなたはそれに気づく。人々はラバーズ・ビールのことを話しているみたいだ。あなたは、運送業者が期待どおりに一六ケースを運んできてくれるのを心待ちにする……。

だが届いたのは五ケースだけだった。「五ケースって、どういうことだい？」とあなたは言う。配送業者は「なんだい。そんなこと言われても私にはわからんね」と答える。「残りは受注残じゃ

図 3-3　第 8 週

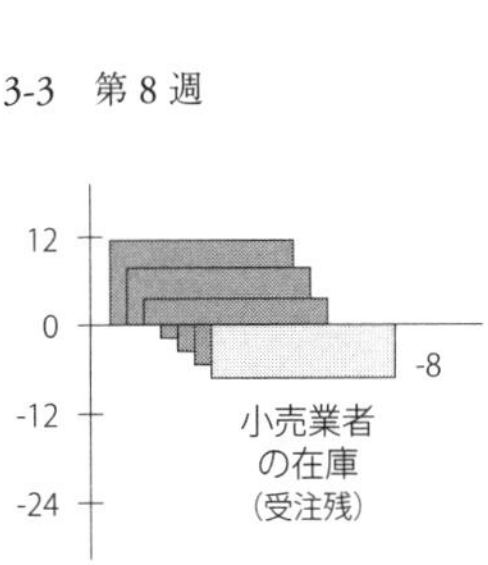

ないかい。二週間以内に届くだろうよ」。二週間だって!? 受注残待ちの顧客に電話すれば、新しく届いたビールを一ケースも売らないうちに売り切れになってしまう。これから一週間ずっと、ラバーズ・ビールを一本も棚に並べることができないのだ。そんなことでは店の評判はどうなるだろう。

あなたはさらに二四ケースを発注した——発注する予定の二倍だ。「あの卸売業者はなんてことを**してくれるんだ**」とあなたは思う。市場がどれだけラバーズ・ビールを欲しているか、わかっていないのだろうか。いったい何を考えてるんだ?

卸売業者の物語

卸売会社のマネジャーとして、ビールはあなたの命のようなものだ。あなたは小さな倉庫の一角にあるスチール机に座って日々を過ごす。そこには、ありとあらゆるブランドのビールが高く積み上げられている。ミラー、バドワイザー、クアーズ、ローリング・ロック、数多くの輸入ビール——そしてもちろん、ラバーズ・ビールなどの地ビールだ。サービスを展開しているのは、ある大都市と、近郊のいくつかの小都市、網目状の郊外住宅地、かなり離れたところにある農村地域などである。この地域で唯一のビール卸売業者というわけではないが、非常に安定した有力業者だ。ラバーズ・ビールなど、いくつかの小規模なブランドを扱っているのは、この地域ではあなたの会社だけである。

たいていの場合、あなたがビール工場と連絡をとる方法は、小売業者があなたに連絡するのと同じ方法である。毎週、運送業者に手渡す用紙に数を走り書きするのだ。平均して四週間後に、その注文を満たすビールが届く。だが、発注の単位はケースではなく、グロス（一グロス＝一二ダース）だ。一グロスで小型トラックがほぼいっぱいになるので、あなたは一グロスをトラック一台分と考えている。典型的な小売業者があなたのところにラバーズ・ビールを毎週毎週、四ケース注文するのと同じように、あなたも、毎週毎週、工場にトラック四台分のビールを発注する。そうすれば、いつでも、トラック一二台分という決まった在庫を貯めておくことができる。

第八週には、小売業者と同じくらいに苛立ちと怒りを感じるようになっていた。ラバーズ・ビールはいつも確実に安定的な売り上げのあるブランドだった。だが数週間前に――実際には第四週に――突然、このビールの注文が急激に増え始めたのだ。翌週、小売業者からの注文はさらに増加した。第八週には、ほとんどの店が通常の三〜四倍もの量を注文していた。

最初は、あなたは倉庫の中の在庫を出荷して、容易に注文の上積み分を満たしていた。そしてあなたには先見の明があった。ラバーズ・ビールが流行していることに気づき、すぐに工場への発注量を増やしたのだ。第六週に、『ビール流通ニュース』でミュージック・ビデオのことを読んだ後には、工場への発注量をさらに増やし、なんと週にトラック二〇台分とした。それは通常の五倍の発注量である。だが、それぐらい必要だった。小売店の需要から判断すると、このビールの人気は二倍、三倍、いや四倍にまでなっているのだ。

第六週には、そのビールの在庫をすべて出荷してしまい、受注残の地獄に突入した。毎週、可能な分だけ出荷し、小売店には、借用書に相当する書類を送って、残りの注文を届ける約束をした。大型チェーン店の中には、電話で、あなたがどんな優遇措置を提供できるか聞いてくるところも二、三あったが、倉庫にはラバーズ・ビールは一ケースもないのだ。少なくとも、あと二週間もすれば、あなたが発注を増やしたビールが届き始めるだろうということはわかっていた。

第八週になって、あなたは、工場に、なんとか出荷のスピードを速める方法はないか聞こうと（それと、発注量をトラック三〇台分まで増やすことを知らせようと）電話をしたところ、工場はつい二週間前になって生産量を増やしたところだと知って愕然とした。彼らは需要の増加を知ったばかりだったのだ。どうしてそんなに遅いんだ？

今は**第九週**だ。あなたはこの週トラック二〇台分のラバーズ・ビールの注文を受けているが、まだ在庫はない。先週末までに、さらにトラック二九台分の受注残があるのだ。社員たちは電話の対応に追われ、ラバーズ・ビールについての説明専用の留守番電話を設置するよう求めた。だがあなたは、今週には、一カ月前に発注したトラック二〇台分のビールがようやく届くと確信している。

しかし、届いたのはトラック六台分だけだった。どうやら工場はまだ受注に追いつかず、出荷量増強に向けての増産はいま始まったばかりなのだ。あなたはいくつかの大型チェーン店に電話して、注文を受けたビールは間もなく届けると約束する。

第一〇週は何とも腹立たしい週となる。発注を増やし、届くと期待していたビール――少なくともトラック二〇台分――は来なかった。工場はそんなに速く生産を増やせなかったのだ。少なくともあなたはそう思っている。工場が送ってきたのはトラック八台分だけだ。工場に電話をかけても誰もつかまえることはできない――きっと従業員全員、工場内でビールの醸造に駆り出されているのだろう。

一方で、小売店はどうやらものすごい勢いでビールを売っているようだ。あなたはかつてないほどの注文――今週はトラック二六台分の注文――を受けている。もしくは、**小売店**は、あなたのところからビールがまったく来ないのでこんなにたくさん注文しているのかもしれ

図 3-4　第 9 週

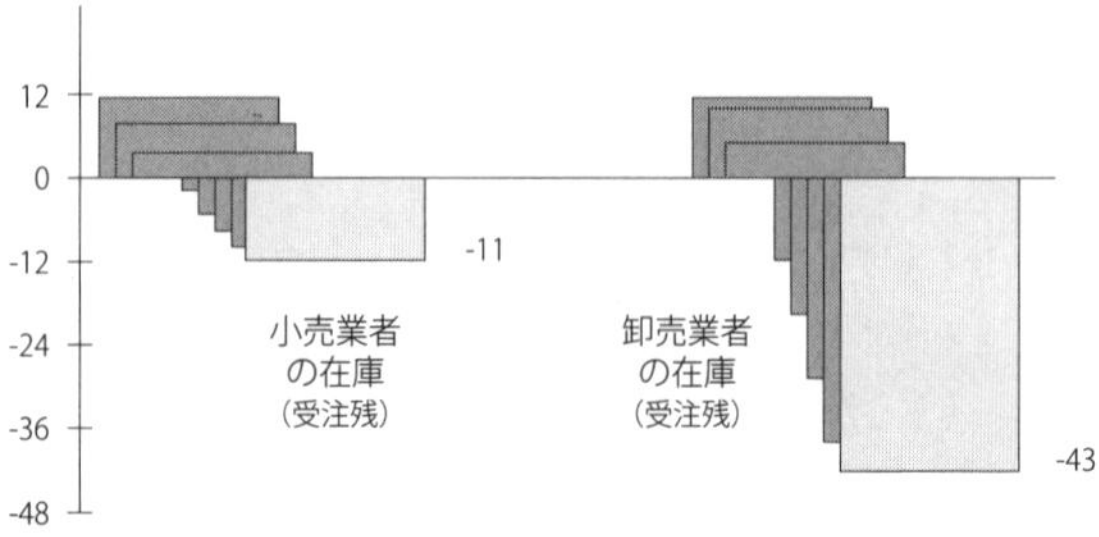

ない。どちらにしても、あなたは頑張らなければならない。もしもあなたがビールをまったく入手できずに、彼らがほかの卸売業者と取引するようになったらどうなるだろうか？

あなたは工場にトラック四〇台分を発注する。

第一一週、あなたは気がつくと、倉庫の近くにある居酒屋のカウンターでいつまでも昼食をとっていたい気分になっている。トラック**一二台分**のラバーズ・ビールしか届かなかったのだ。依然として、工場に電話しても誰も出ない。そして、あなたが遂行すべき注文はトラック**一〇〇**台分以上になっている。受注残が七七台分で、今週、小売店からさらに受けた注文が二八台分だ。これらの受注残の一部については、その費用の支払いが迫っているが、どのくらいの額になるかを会計士に言い出せずにいる。

大量のビールを入手しなければならない。あなたは**さらに**トラック四〇台分を工場に発注する。

第一二週になり、はっきりわかった。ラバーズ・ビールに対するこの新たな需要は、あなたの想像よりもはるかに大きな変化なのである。在庫を十分もってさえいればどれだけの利益を上げられたかと考えると、あきらめのため息が漏れる。工場はいったいどうしてこんなことを**してくれる**のだろうか？　なぜこんなに**急激に**需要が増えなければならなかったのか？　どうやったらこのペースについていけるというのだ？　はっきりしているのは、二度とこんな目に遭わないようにすることだ。あなたはさらにトラック六〇台分を発注する。

それから四週間、出荷必要量はあなたの供給量を上回り続ける。実際、あなたは**第一三週**にも、受注残をまったく減らすことができない。

第一四週と一五週になって、やっと工場から大量の積み荷が届き始める。同時に、小売店からの注文も少し減った。おそらくこれまでに少し注文しすぎたのだろう、とあなたは考える。今の時点では、あなたの受注残を減らすのに役立つことなら何でもありがたい息抜きだ。

そして**第一六週**の今、ようやく、四週間前の発注量にほぼ近い、トラック五五台分のビールが入荷する。週の初めに届いており、あなたは倉庫のその場所までぶらぶらと歩いていって、パレットに積まれたビールに目をやる。どの有名ブランドのビールの在庫にも負けないぐらいの量だ。だが、すぐになくなるだろう。

あなたはその週の間ずっと、小売店の注文がどんどん入ってくるのを期待して待つ。受注担当の机のところまで出向いて、注文票を一枚一枚見てみる。だがどの注文票にも、同じ数字が書かれている。ゼロ。ゼロ、ゼロ、ゼロ、ゼロ。こいつらときたら、いったいどうしたんだ？　四週間前、ビールをよこせと叫んでいたのに、今では一本も要らないなんて。

突如、あなたは寒気を覚える。ビール工場に向けて出発しようとしている運送業者を走って止めた。注文票に修正サインをして、二四台分と書いてあった注文数に取消線を入れ、自分もゼロと書き入れた。

第一七週：その翌週、さらにトラック六〇台分のラバーズ・ビールが届く。小売店の注文は依然として――ゼロだ。あなたの発注も――ゼロ。一〇九台分の在庫が倉庫にある。毎日ビール風呂に入ったって平気だろう。そうしたところでほとんど在庫は減らないだろうが。

今週こそ、小売店の注文はきっと増えるに違いない。だって、あのビデオはまだ流れているのだ。あなたはくよくよと考える頭の中で、すべての小売店を地獄の奥底へ送り込む――約束を守らない人が行く場所だからだ。

図 3-5　第 14 週

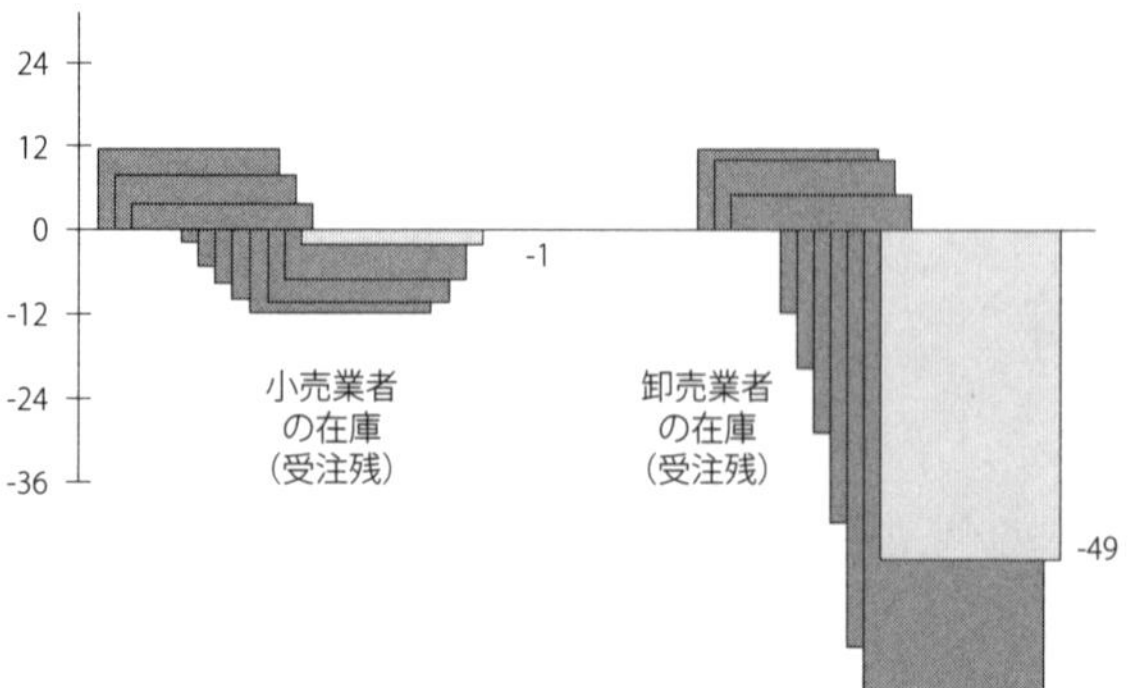

そして実際、小売店からのラバーズ・ビールの注文はまたゼロだった。あなたからビール工場への注文もゼロだ。それにもかかわらず、工場は引き続きビールを届けてくる。今週はさらに六〇台分のビールが届けられる。工場は自分に何の恨みがあるのか？　いったいこの悪夢はいつ終わるのだろうか？

ビール工場の物語

あなたは四カ月前にビール工場の流通・営業部門の部長として雇われた。その工場の主要製品はいくつかあり、ラバーズ・ビールはその一つにすぎない。そこは小さなビール工場で、マーケティング力は弱いが、品質に定評がある。だからこそあなたは雇われたのだ。

さて、明らかに、あなたはうまくやっている。なぜなら、あなたが職に就いてわずか二カ月め（このゲームの第六週）に、新規の注文が急激に増え始めたのだから。三カ月めの終わりには、あなたが雇われたときに一週間あたり四グロスだった注文が、大幅に増えて一週間あたり四〇グロスになっていることに満足感を覚えていた。そしてあなたは……なんとか、三〇グロスを出荷した。

ビール工場も受注残を抱えたからだ。ビールを醸造しようと決めたときからビールが出荷できるようになるまでに、（あなたの工場では少なくとも）二週間かかる。たしかに、あなたの工場の倉庫には二～三週間分のビールがあったのだが、それらの在庫は、注文量が増えたわずか二週間後の第七週には底をついた。その翌週、九グロスの

図 3-6　第 17 週

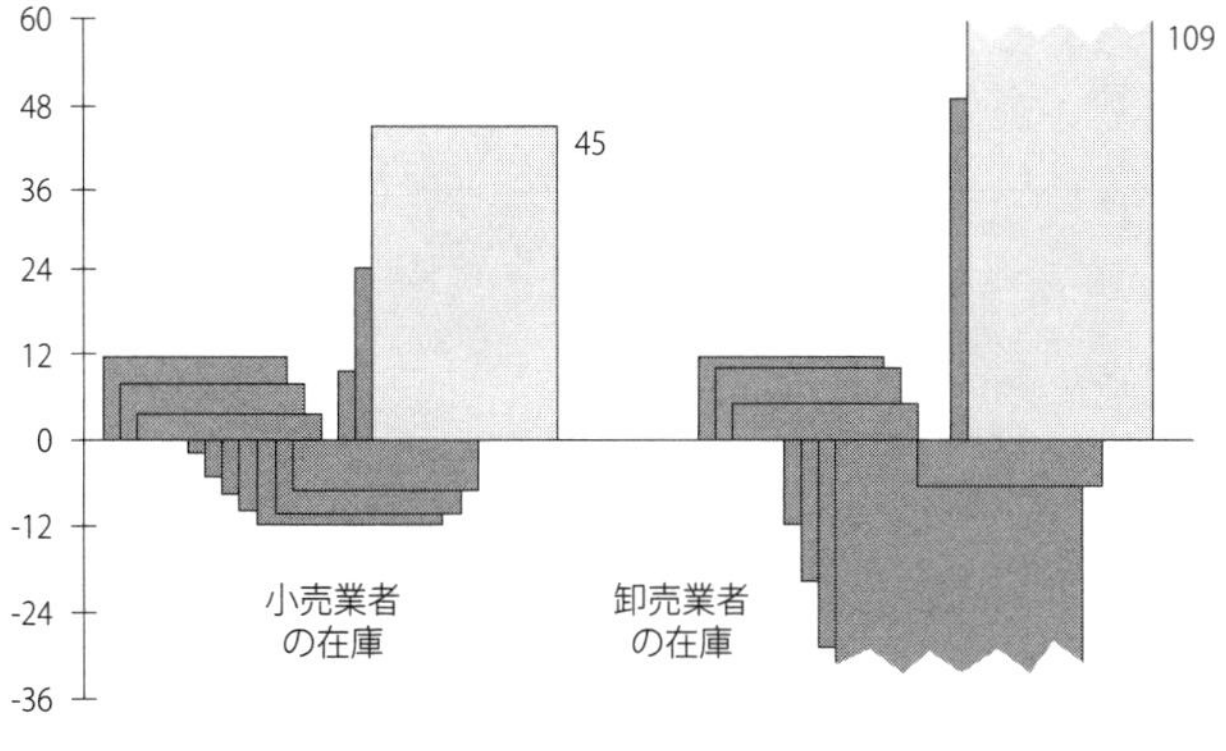

受注残があり、新たな注文が二四グロス入っていたが、あなたが出荷できたのは二二グロスだけだった。その頃までには、あなたは社内でヒーローになっていた。工場長は、全従業員に対して、二倍働くことへのインセンティブを与え、大慌てで、工場の従業員を新たに雇用するための面接を行っていた。あなたは、イコノクラスツがミュージック・ビデオの中でラバーズ・ビールの名前を出すという幸運に恵まれたのだ。あなたがそのビデオのことを――一〇代の若者たちから工場に届いた手紙によって――知ったのは第三週だった。だが、そのビデオが注文の増加という形になったのは、第六週になってからだった。

第一四週になっても、工場は**依然として**受注残に追いついていなかった。あなたはつねに七〇グロス以上醸造するよう要請していた。今年はどれほど多額のボーナスをもらえるだろうか、と考えた。利益の一％を支払ってもらうよう要求できるかもしれない――少なくとも、受注残に追いつきさえすれば。あなたは、『マーケティング・ウィーク』誌の表紙を飾っている自分の姿をぼんやりと思い描いた。

第一六週に、とうとう受注残に**追いついた**。だがその翌週、配送業者が出荷を求めてきたのは一九グロスだけだった。そして、先週、つまり**第一八週**には、ビールの注文は一グロスたりともなかった。注文票の中には、書かれた注文が線で消されているものが何枚かあった。そして今は**第一九週**である。ビールの在庫は一〇〇グロスある。そしてまたも、新たな出荷を求める注文は実質上ゼロである。ビールの出荷はゼロだ。一方で、醸造し続けているビールがどんどん積み上がっていく。あなたは、今まで恐れていた電話を上司に入れる。「一週間か二週間、生産を控えたほうがいいです」。ここであなたは、ビジネス・スクールで覚えた言葉を使って「ディスコンティニュイティ（不連続）が現れました」と言う。電話の向こう側には沈黙が流れる。「でもきっとこれは一時的なものにすぎません」とあなたは言う。

同じパターンがさらに四週間――**第二〇～二三週**まで――続く。復活するだろうというあなたの希望は次第に崩れ落ち、あなたの言い訳はますます見えすいたものに聞こえるようになる。卸売業者たちにだまされた、とあなたは言う。小売業者はビールをそれほど買わなかったじゃないか。マスコミとあのロック・ビデオがラバーズ・ビールを誇大宣伝し、みんなをうんざりさせたのだ。そもそも気まぐれな若者のことだ。忠誠心《ロイヤルティ》なんてこれっぽっちも持ち合わせていないのだ。ある月には一〇〇ケースも買って、その翌月には一本も買わないなんてことがどうしてあり得るんだ？

第二四週の初めにあなたが会社の車を借りて外出しても困る人はいない。あなたはまず卸売業者の事務所に行く。この業者と直接会うのが初めてだったばかりか、話をするのでさえ二度目だ。この危機に瀕するまで、話すことは何もなかった。互いに苦虫を噛みつぶしたような顔で挨拶を交わし、それから卸売業者が、裏手にある倉庫にあなたを連れていく。「二カ月間、おたくのビールの注文は入ってないんですよ。完全にだまされた気分だ。見てくれ！　ここにはまだトラック二二〇台分の在庫があるんだから」

あなたたち二人がともに出した結論は、需要が急激に増えて、その後、激減したに違いない、というものだった。またしても、一般市民の気まぐれだ。小売業者がそのことをきちんと把握して警告してくれれば、こんなことは起こらなかっただろうに。

あなたは、家に帰る途中、販売戦略レポートの文言を頭の中で練り直していたが、ふと思いついて、帰り道に通る一軒の小売店に立ち寄ることにする。思いがけず、店主が店にいた。あなたは自己紹介をすると、店主は突然ひきつり笑いを浮かべる。店員に店を任せて、二人は隣

図 3-7　第 21 週

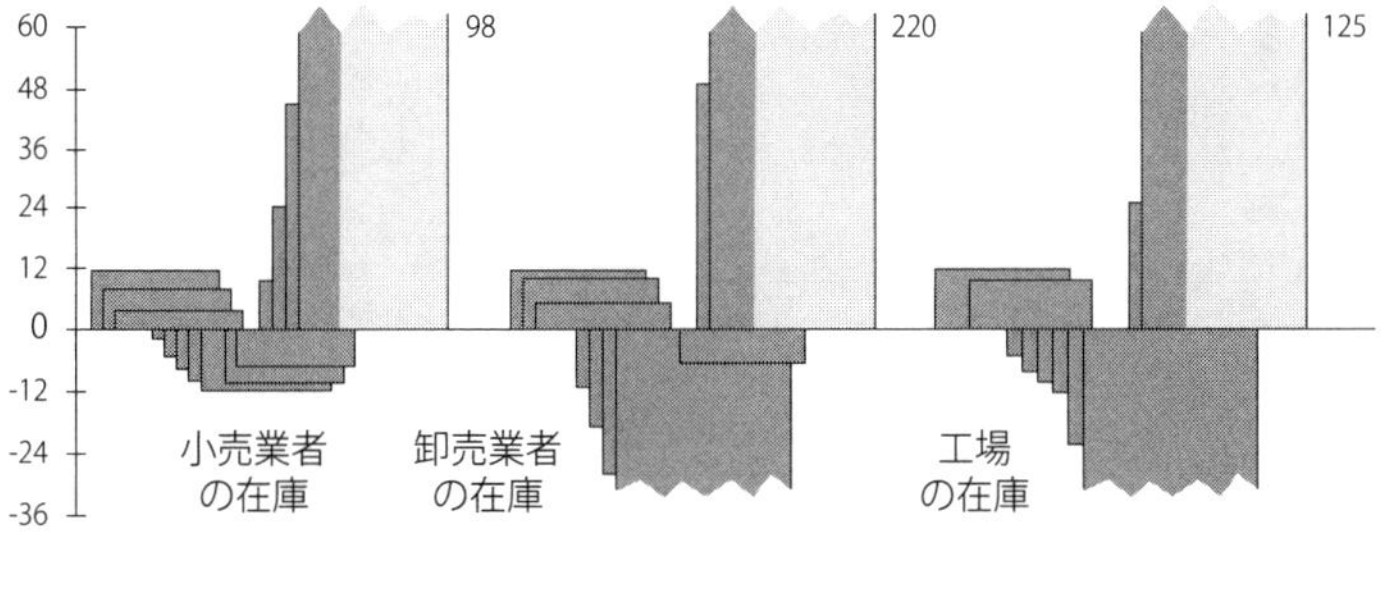

の軽食堂にコーヒーを飲みに歩いていく。

小売業者は抱えてきた店の在庫記録帳をテーブルの上に広げる。「二〜三カ月前、どれほどおたくらの首を締めたい気持ちだったか、あなたにはわからないでしょうよ」

「どうして?」とあなたは尋ねる。

「見てくださいよ——奥の部屋には九三ケースもの在庫を抱えているんだ。この調子だと、あと六週間は新たに発注することはないでしょうよ」

六週間か——と、あなたは心の中で思った。そして、ポケット電卓を取りだした。もしもこの地域の**すべての**小売業者が、これから六週間まったくビールを注文しないで、その後も週に二〜三ケースしか注文しないとしたら、卸売業者のところに眠っているトラック二二〇台分の在庫を減らすには一年以上かかるだろう。あなたは言う。「これは悲劇だ。こんな目に遭わせたのは誰だろう——どうすればこんなことが二度と起こらないようにできるだろう?」

「まあ、悪いのは**私たち**ではないですよ」。小売業者が、コーヒーを一口すすってから言った。「あのミュージック・ビデオが流れ始めるまで、私たちは四ケース売っていたんだ。その後、第二週には八ケース売れた」

「そしてその後、急激に膨れ上がったってわけだ」と、あなたは言う。「それにしても、どうしてしぼんでしまったんだ?」

「ちがうんだ。あなた、わかってないね」。小売業者が言った。「需要は急激に膨らんだわけじゃない。しぼんでもいない。私たちは**今も**八ケース売っているよ——毎週、毎週ね。だが、**あなたたちが**こっちのほしい分だけビールを届けてくれなかったじゃないか。だからこっちは、発注し続けなければならなかったんだ。客をつなぎとめられるだけの量を確保するためにね」

図3-8　第24週

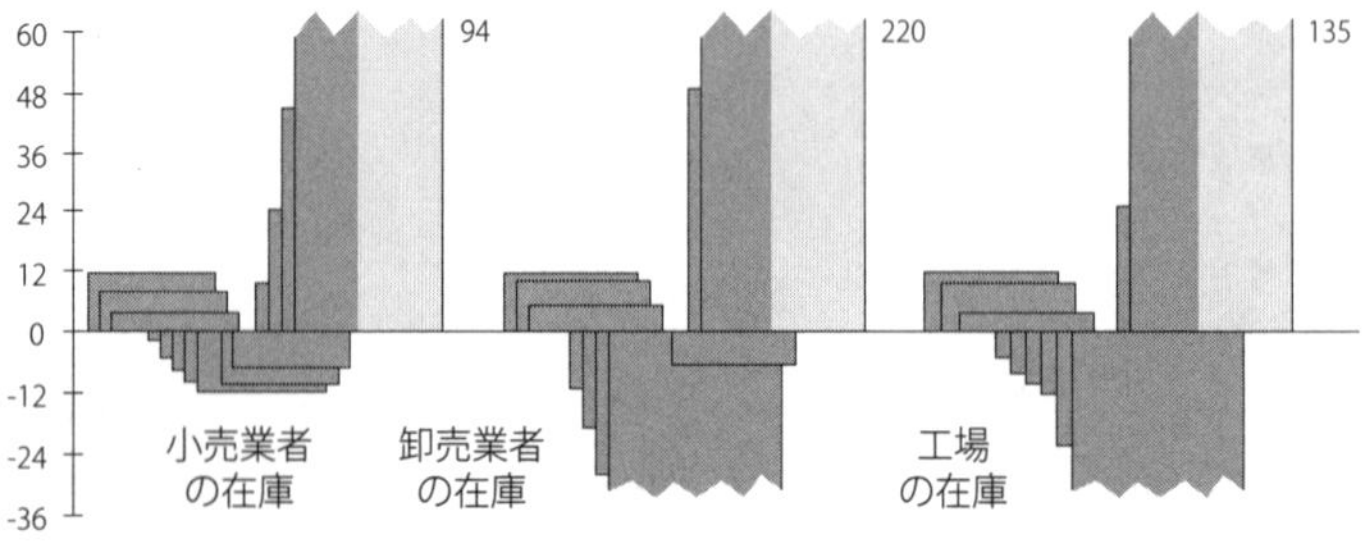

「でも、こっちは求めに応じてすぐにビールを出荷しましたよ」

「じゃあ、あの卸売業者が何らかのへまをしたのかもしれませんな」と小売業者が言った。「仕入先を変えたほうがいいかなと思ってるんだ。とにかく、クーポン券の販促か何かやってくれないかね。そうすれば、コストをいくらか取り戻せるから。この九三ケースの一部でも売り払いたいんだ」

あなたはコーヒーの伝票を手に取る。帰り道、あなたは辞表の文言を考える。どうあっても、あなたは、この危機から生じるレイオフや工場閉鎖の責任を問われるだろう。卸売業者が小売業者を責め、小売業者が卸売業者を責め、両者ともあなたを責めたがったように。少なくとも今なら、多少の威厳を保って辞めることができる。これがあなたのせいではないこと――あなたは被害者であって、犯人ではないこと――を示す説明を何か思いつくことさえできれば……。

ビール・ゲームの教訓

1 **構造が挙動に影響を与える**……人が替わっても、同一の構造の中では定性的に同じような結果を生み出す傾向がある。問題があったとき、あるいは意図したとおりの結果を出せなかったとき、誰かや何かのせいにするのは簡単だ。だが、外部の力や個人の過ちではなく、システムそのものが危機を引き起こすことが、私たちが考えている以上によくあるのだ。

2 **人間のシステムにおける構造はとらえにくい**……「構造」は個人に対する外的制約だと私たち

は考えがちだ。だが、生きている複雑なシステムにおける**構造**とは、たとえば人体における複数の「系」（循環系や筋神経系など）からなる「構造」のように、挙動を制御する基本的な相互関係のことである。人間のシステムにおける構造には、人々がどのように意思決定を行うか――認識や目標やルールや規範を行動に移す際の拠りどころにする「行動方針」――が含まれる。

3

レバレッジは往々にして新しい考え方によってもたらされる……人間のシステムの場合、人々はたいてい潜在的なレバレッジをもっているにもかかわらず、自分自身の意思決定ばかりに着目して、その決定がほかの人にどのような影響を与えるかを見ないために、そのレバレッジを行使できない。ビール・ゲームでは、プレーヤーは、つねに起こる外部の不安定性を自らの力で排除するレバレッジをもちながらも、うまく活用できない。なぜなら、そもそものようにして自分たちがその不安定性を生み出しているかを理解していないからだ。

ビジネスの世界で働く人々はヒーローが大好きだ。私たちは、目に見える成果を上げる人たちに惜しみなく称賛を贈り、昇進もさせる。一方、何かがうまくいかないとき、誰かがへまをしたに違いないと直感的に思うのだ。

ビール・ゲームには、そのような犯人はひとりもいない。誰のせいでもないのである。話に出てくる三人のプレーヤーはそれぞれが、顧客によいサービスを提供し、システムの中で製品を円滑に動かし、不利益を回避しようと、できる限り最善を尽くそうと意図していた。各プレーヤーは、十分やる気があり、何が起こり得るかについての理にかなった推測にもとづき、明確に正当化できる判断を行った。悪人はひとりもいなかった。にもかかわらず、危機は存在していた。このシステムの構造に組み込まれていた危機があったのだ。

過去二〇年間に、ビール・ゲームは学校の授業やマネジメント研修セミナーで何千回も行われてきた。五つの大陸の、あらゆる年齢層、国籍、文化的背景で、ビジネスの経歴もさまざまに異なる人たちの間で行われている。今までに「生産・流通システム」という言葉を聞いたことがない人もいたし、人生の大半をサプライ・チェーンの仕事に費やしてきた人もいた。だが、このゲームが行われるたびに、同じ危機が起こるのだ。まず、満たせないほどに需要が増加する。システム全体で注文が増えていく。在庫が底をつく。受注残がたまる。そして、大量のビールがいっせいに届くが、その一方で入ってくる注文数が突然減少する。この実験が終わる頃には、ほとんどすべてのプレーヤーが、さばくことのできない大量の在庫を抱えて座っている。たとえば、週に八ケース、または一〇ケース、一二ケースという卸売業者からの注文に対して、ビール工場の在庫レベルが数百ケースもの過剰在庫をもつことも珍しくない(3)。

きわめて多種多様の経歴をもった、文字どおり何千人というプレーヤーが皆、同じ定性的挙動パターンを生み出すのだから、その挙動の原因は個人を超えたところにあるに違いない。挙動の原因は、このゲームの構造そのものにあるはずなのだ。

また、ビール・ゲームと同様の構造は、現実の生産・流通システムにおいても同様の危機を生み出す。たとえば、一九八五年には、パソコンのメモリー・チップは安価で市場にあふれていた。需要が一八%減少する中、米国メーカーは売り上げの二五〜六〇%を失った(4)。だが一九八六年後半に、突然、品不足が生じ、その後、パニックと過剰発注によってさらに品不足が悪化した。その結果、同じチップの価格が二〜四倍に跳ね上がったのである。[5] 同様の需要の急増と急減は、一九七三〜七五年に半導体業界でも起こった。業界全体で注文の蓄積が膨れ上がり、納期の遅れが蔓延した後、需要が急減して、ほしい製品はほとんどすべて、どの仕入先からも一夜のうちに入手できるようになったのだ。シーメンス、シグネティックス、ノーザンテレコム、ハネウェル、シュルンベルジェは、それから二〜三年の内に、弱体化した半導体メーカーを買収することによってこの事業に参入していった。[6]

一九八九年半ば、ゼネラル・モーターズ（GM）、フォード、クライスラーは、五月三〇日の『ウォール・ストリート・ジャーナル』紙が報じたように、「販売量をはるかに上回る量の車を生産しており、販売店の在庫は積み増されていた……この三社はすでに、ここ数年見られなかったようなペースで工場の遊休化と労働者のレイオフを進めていた」。[7] 経済学者の言う、景気循環における「在庫の加速」理論のために、国民経済全体がこのような需要の急増と在庫の過剰調整を経験する。

同様の好況・不況の周期は、さまざまなサービス業で繰り返し起こっている。たとえば、不動産業界は循環サイクルで知られており、他の投資家を新規プロジェクトに呼び込むために価格を吊り上げる投機家によって、その循環に拍車がかかることが多い。マサチューセッツ州のマンション開発業者であるポール・クインは、一九八九年に「マクニール・レーラー・ニュースアワー」という米国のテレビ報道番組の中でこう語った。「オフィスに電話をいただいては、『この物件をどうしましょうか？　ご希望のお客様には五〇〇〇ドルの小切手を送付いただき、待ち受けリストに名前をお載せしています』とお応えしました。そうして気がつくと、一五〇枚以上の小切手が机の上に置いてありました」。しかし、その好景気の後にはすぐに市場のだぶつきが起こった。「ゆっくりと沈んでいくような感じでした」。開発されたものの売れ残った住宅団地があちこちに並ぶ海辺の町で、インタビューを受けたクインは語った。「今こそ、次の好景気に向けて建設を始める絶好機です。しかし業界は、前回の好況が残していった問題への対処に忙殺されているのです」(8)

実際、生産・流通システムにおける現実は、ビール・ゲームよりも深刻な場合が多い。現実の小売業者は、一度に三〜四社の卸売業者に発注し、最初の配送を待ってほかの注文をキャンセルすることもできる。現実の生産者は、ゲームにはなかった生産能力の限界にぶつかり、そのために流通システム全体でパニックが増幅することが多い。その後、生産者は現在の需要レベルが将来も続くと信じて、生産能力の拡充に投資するが、いったん需要が急減すると、過剰設備でがんじがらめの状況に陥る。

ビール・ゲームに見られる生産・流通システムのダイナミクスは、システム思考の第一の原則、「構造が挙動に影響を与える」を実証している。

構造が挙動に影響を与える

同じシステムの中に置かれると、どれほど異なっている人たちでも、同じような結果を生み出す傾向がある。

システムの視点は、重要な問題を理解するためには個人の間違いや不運を超えた見方をしなければならないことを私たちに教えてくれる。個人の性格や出来事を超えた見方をしなければならない。個々の行動を形づくり、ある種の出来事が起こりやすい状況を作り出している、根底にある構造に目を向けなければならないのだ。ドネラ・メドウズがそのことをこう言い表している。

真に深遠で際立った洞察は、システムそのものが挙動を引き起こすことに気づくことである。(9)

ひと昔前のシステム思考家が、一〇〇年以上も前に、これと同じ考えを述べている。レフ・トルストイは、『戦争と平和』を三分の二ほど書いたところで、ナポレオンと帝政ロシアの歴史について語るのをやめて、なぜ一般的に歴史家が歴史をうまく説明できないのかについて熟考している。

一九世紀の最初の一五年に、ヨーロッパで無数の人間の異常な動きが現れる。人々は自分のいつもの仕事を捨て、ヨーロッパの片側から別の側をめざして進み、略奪し、殺し合い、勝ち誇り、絶望し、そして、生活の流れ全体が数年にわたって変わり、緊張した動きを呈し、それが初めは高まり、やがて弱まりながら、進んで行く。この動きの原因は何か、あるいは、どんな法則によってそれは生じたのかと、人間の理性は問う。

歴史家はその問いに答えようとして、パリ市内の一つの建物に集まった数十人の者たちの行動やことばを我々に述べ、その行動やことばを革命という語で呼ぶ。それからナポレオンと彼に好意や敵意を持っていた幾人かの人物の伝記をこまかく示し、その人物たちの一部の者がほかの者に与えた影響について語り、そして、こういうことの結果、あの動きが生じたのだ、これがその法則だ、と言う。

しかし、人間の理性はこの説明を信じるのを拒否するばかりではない。この説明の方法は正しくない……と、人間の理性ははっきり言うのである。人間の気ままな意志の総和が革命も、ナポレオンも作り出したのであり、革命やナポレオンを甘受したり、破滅させたのも、この気ままな意志の総和にほかならなかった。
「しかし、侵略があるたびごとに、侵略者がいた。クー・デタがあるたびに、偉大な人物がいた」と歴史は言う。たしかに、侵略者が現れるたびごとに、戦争もあった、と人間の理性は答える。しかし、これは侵略者が戦争の原因で、戦争の法則を一人の人間の個人的行為のなかに発見することができる、という証拠にはならない[10]……。

（『戦争と平和（五）』藤沼貴訳、岩波文庫、二二一～二二三ページ）

トルストイは、より深遠な理解への望みは、根底にある「歴史の法則」――私たちが現在「システムの構造」と呼んでいるものと同意のトルストイの言葉――を理解しようとすることにのみ存在する、と主張する。

歴史の法則を研究するために、我々は観察の対象をまったく変えて、皇帝、大臣、将軍などは放置して、大衆を動かす同質の、無限小の要素を研究しなければならない。この方法で歴史法則の理解に到達することが、どの程度人間に可能なのか、だれも言うことはできない。しかし、歴史法則をとらえる可能性はこの方法にしかないこと、この方法に、人間の理性はまださまざまな皇帝、指揮官、大臣の事跡の描出や、その事跡にもとづく自分の見解の叙述に注がれた努力の百万分の一も、注いでいないことは明らかである[11]。

（『戦争と平和（五）』藤沼貴訳、岩波文庫、二一四ページ）

本書における「構造」という言葉は、慎重に展開された議論の「論理的構造」、または組織図で示される指揮命令系統の「組織構造」の意味ではない。システムの構造はむしろ、時間の経過とともに生じる挙動に影響を与える重要な相互関係にかかわるものだ。それは、人々の間の相互関係ではなく、たとえば発展途上国における「人口」、「天然資源」、「食料生産量」、またはハイテク企業における「技術者の製品のアイディア」、「技術的なノウハウ」、「経営のノウハウ」など、重要な変数の間の相互関係である。

ビール・ゲームの場合、注文量と在庫量の激しい上下動をもたらした構造には、複数の段階をもつサプライ・チェーンと各段階の間に起こる遅れ、システムの各段階で入手できる限られた情報、それぞれのビール発注量に影響を与えた目標、コスト、認知、恐れといった変数が含まれていた。だが、私たちが「システムの構造」と言うときには、それが個人の外側にある構造だけを意味するのではないと理解することが非常に重要である。人間のシステムにおける構造の特徴はとらえにくいのだ。なぜなら私たちがその構造の一部だからである。つまり、多くの場合、私たちが、自分がその役割の一部を担っている構造を変える力をもっているということだ。

しかし、たいていの場合、私たちはその力に気づかない。実のところ、私たちはふつう、構造が大きな役割を果たしていることをまったく理解していない。それどころか、**気がつくと、ある方法で行動せざるを得ないと感じているのだ**。

一九七三年、心理学者のフィリップ・ジンバルドは、スタンフォード大学の心理学棟の地下室にしつらえた模擬監獄で、大学生に囚人と看守の役割をさせる実験を行った。最初は、「囚人」が穏やかな抵抗を示し、「看守」が穏やかに自己主張していたのだが、次第にそれがエスカレートし、反抗と虐待が度を増していって、ついには「看守」が「囚人」を肉体的に虐待し始め、この実験は危険なまでにコントロール不能な状態に陥った。六日後、学生たちがうつ病や心身症になったり、とめどもなく泣いたりしたため、実験は予定より早く終了となった[12]。

私は、国際政治において構造の力をとりわけ恐ろしく示す例を決して忘れはしない。それは、ソビエト連邦がアフガニスタンに侵攻した二～三カ月後に開かれた、ソビエト大使館の高官との内々の会合でのことだった。その高官は、いかにいち早く、ソビエト連邦がアフガニスタンの建国を認めたかについて、雄弁に心をこめて語った。ソ連は、内戦や不安定が生じたときに繰り返し救助に向かった最初の国であった。一九七〇年代後半に始まった、ゲリラの党派による脅威が高まってくると、統治していた政府がソ連の援助増強を求めてきた。小規模の支援が、より広範囲の援助の必要性拡大につながったのだ。その高官が言うには「われわれは軍事侵攻するほかに選択肢がない」ところまで行き着いたという。

この話を聞きながら、私は、ビール・ゲームが終わったときに小売業者や卸売業者が「注文を増やし続ける以外に選択肢はなかったのだ」と説明する様子のことを考えずにはいられなかった。また、その一〇～一五年前に、米国の高官が、どのようにして米国がベトナムに深くかかわるようになったかを説明していたときの、同様の話を思い出した。

「構造が特定の挙動パターンを生み出す」とは、正確には何を意味しているのか？　そのような支配的な構造をいかにして認識することができるのか？　そのような知識は、私たちが複雑なシステムの中でより成功するのにいかに役立つのだろうか？

ビール・ゲームは、どのように構造が挙動に影響を与えるかを探るための実験室を提供するものだ。小売業者、卸売業者、工場の各プレーヤーは、一週間あたり一つの決定――ビールをどのくらい注文するか――しかしなかった。最初に注文を大きく増やしたのは小売業者で、第一二週頃に注文がピークに達する。その時点では、期待していたビールは予定どおりに届かない。卸売業者と工場の段階で受注残が発生しているためだ。だが小売業者は、この受注残のことを考えずに、何としてもビールを手に入れようとして注文を大幅に増やすのだ。この突然の注文増が、その後、システム全体で——まずは卸売業者によって、次に工場によって——増幅される。卸売業者の注文は最高でトラック約四〇台分、工場の生産は最高で約八〇台分に達する。

その結果が、各段階での注文の急増と急減という典型的なパターンであり、その増減の激しさは、小売業者から工場へと「上流に向かう」につれて増幅される。つまり、最終消費者から遠くなればなるほど、注文が大きく増え、減少幅も大きい。実際、工場の役をやるプレーヤーはほとんどすべて、大きな危機を経験し、一週間当たり四〇、六〇、一〇〇グロス、あるいはそれ以上を生産したわずか数週間後に、生産ペースがほぼゼロになって終わっている[13]。

このゲームにおけるもう一つの特徴的な挙動パターンは、在庫と受注残に見られる。小売業者の在庫は、第五週頃にマイナスにまで減少し始める。小売業者の受注残は数週間続けて増加し、第一二～一五週頃まで、小売業者の在庫はプラスに戻らない。同様に、卸売業者も第七週頃から第一五～一八週頃まで、工場は第九週から第一八～二〇週まで受注残を抱える。いったん在庫が蓄積し始めると、とても大きな数量（第三〇週には、小売業者は約四〇ケース、卸売業者はトラック約八〇～一二〇台分、工場は約六〇～八〇台分）に達する——これは、意図した量をはるかに上回る量だ。したがって、各段階が「最初は在庫が不足し、その後に在庫が過剰になる」という在庫－受注残サイクルを経験する。

このような、注文の行き過ぎと崩壊、在庫－受注残サイクルという特徴的パターンは、**消費者需要が安定しているにもかかわらず**起こる。実際の消費者の注文は一度変化しただけだ。第二週に、消費者の注文は、一週間あたり四ケースから八ケースへと倍増した。その後、ゲームが終わるまで、消費者の注文はずっと八ケースのままだった。

つまり、消費者の注文は一度増加した後、このシミュレーション・ゲームの間ずっと横ばいだったのだ！　当然ながら、小売業者以外のプレーヤーは誰も消費者需要のことはわからなかったし、小売業者でさえも、週ごとにしか需要がわからず、その後何が起こるかについての手掛かりは何もなかった。

ビール・ゲームの後に、私たちは卸売業者と工場の役をやったプレーヤーに、「消費者の需要はどんなパターンであったと思うか、グラフに描いてみてください」と尋ねる。たいていの人は、彼らの注文が増減したのと同じような、上がった後に下がる曲線を描く[14]。つまり、プレーヤーは、このゲームで自分への注文が急増してから急減したのであれば、それは消費者の注文が急増して急減したために違いない、と考えるのである。このように「外的要因」があると思い込むのが、非システム的な考え方の特徴である。

消費者需要に関するプレーヤーの推測から浮き彫りになるのは、私たちが心の奥底に抱いている「問題があるならば、それは誰かや何かのせいにする」必要性である。ゲーム終了後、最初は、多くの人が、悪いのは他の役割をしていたプレーヤーだと信じている。さまざまな役割を誰が受け持っているかにかかわらず、このゲームを行うといつも同じ問題が起こることがわかると、この確信は打ち砕かれる。次に、多くの人が、スケープゴートの捜索の目を、消費者へと向ける。「消費者需要に乱高下があったに違いない」と推論する。だが、消費者の注文が一定であったことを知ると、この推論もまた論破される。

中には、それによって計り知れないほどの影響を受ける人もいる。私は、トラック運送業を手がける、ある大企業の社長が、椅子に深く座って目を見開き、ビール・ゲームの記録用紙をじっと見つめていたのを決して忘れない。その後の休憩時間に、その社長は電話に走っていった。彼が戻ってきたとき、私は「どうしたんですか?」と尋ねた。

「ここに来る直前に、わが社の経営陣は、三日間にわたる業務の見直しを終えたところでした。ある事業部は、所有車両の使用に著しく不安定なばらつきがあったんです。どう見ても、その事業部長には職務の達成に必要なことがわかっていないように思えました。私たちは短絡的にその事業部長を責めました。ちょうど、この実験で私たちがビール工場のせいだと頭から決めてかかったのと同じように。私はたった今、個人ではなく構造が問題なのかもしれないとひらめいたのです。大急ぎで本社に電話をかけに行って、彼の解雇措置を取り消しました」

互いに他のプレーヤーを責めたり、顧客を責めたりすることができないとわかると、プレーヤーたちに残された頼みの綱は一つだけ――システムを責めることだ。「これは管理不能なシステムだ」「私たちが互いに話をできなかったのが問題なのだ」と言う人もいる。だが、この見解もまた支持できないものと判明する。実は、在庫や配達の遅れ、限られた情報という「物理的なシステム」を考慮に入れても、大半のチームのスコアを改善できる余地が十分にあるのだ。

影響の範囲を定義しなおす――ビール・ゲームで業績を改善する方法

改善の可能性を理解し始めるために、各プレーヤーが自分の在庫や受注残を是正する措置を何もとらなかった場合何が起こるかを考えてみよう。この「無手」戦略をとると、各プレーヤーは、単に自分が受けた注文と同じだけを新規発注することになる。これは、考え得る中で最も単純な発注方針といってよい。ビール四ケースという新規注文が入ってきたら、あなたも四ケースを発注する。

八ケースの注文が入ってきたら、八ケースを発注する。つまり、このゲームの消費者需要のパターンを考えると、毎週――最初に八ケース（または八台分）の注文を受けるまで――四ケースまたはトラック四台分の発注をするということだ。その後は八ケース（または八台分）を発注する。

三人のプレーヤー全員がこの戦略をしっかりと守ると、第一一週には、三つの業者すべてがある均衡点に落ち着く。小売業者と卸売業者は、その受注残が一向になくならない。典型的なゲームのパターンのように、注文の遂行が遅れるために、受注残は膨らんでいく。プレーヤーが受注残を是正しようという努力をいっさいしないので、受注残がずっと残り続ける――「無手」戦略の場合、受注残を是正するために、受けた注文よりも多く発注することがないからだ。

「無手」戦略はうまくいくだろうか？　おそらく、大半の人は「ノー」と答えるだろう。何しろこの戦略では、継続的な受注残を生み出すのである。このシステム内のすべての人が、自分の注文が遂行されるのを必要以上に長く待たされ続ける。現実の世界では、このような状況になれば間違いなく、競合他社がその市場に参入し、より良い配送サービスを提供することにつながるだろう。このような戦略を取り続ける可能性が高いのは、市場を独占している生産者と配送業者だけだろう。(15)

だが、この戦略をとれば、注文の蓄積と急減や、それに伴う在庫の激しい変動はなくなる。さらに、「無手」戦略においてすべての業者から発生する総コストは、このゲームを行ったチームの七五％が生み出したコストよりも低いのだ！(16)　言い換えると、このゲームのプレーヤーの大半は、その多くが経験豊富なマネジャーだが、単に自分が受けた注文と同じだけ発注した場合よりも、はるかに悪い結果を残すことになる。大部分のプレーヤーは、「何もしない」ことから生じる不均衡を是正しようとして、事態を――しばしば、大幅に――悪化させるのである。

その一方で、約二五％のプレーヤーは「無手」戦略よりも良い結果を出し、約一〇％は「無手」

に比べてはるかに良い結果を残す。つまり、成功することは可能なのだ。だがそれには、大部分のプレーヤーがものの見方を転換する必要がある。それは、このゲームについての一般的な考え方――本書で私たちの「メンタル・モデル」として後述するもの――と、このゲームが実際にどのように展開するかという現実との間にある基本的な不一致の核心に触れることを意味する。大半のプレーヤーは、自分の仕事をシステムの残りの部分と切り離して、「自分の役をうまくやること」が自分の仕事だと考える。必要なのは、その役がより大きなシステムとどのように相互作用しているかを理解することなのだ。

もしもあなたが、どの役であれ、典型的なプレーヤーならばどのように感じるかを考えてみよう。あなたは、自分自身の在庫やコスト、受注残、注文、出荷に細心の注意を払うだろう。「外部」から注文が入ってくる――たとえば卸売業者と工場の大半は、ゲーム後半の注文数の無慈悲な謎にショックを受ける。大きな数字である**はず**なのに、来る週も来る週も「ゼロ、ゼロ、ゼロ、ゼロ」である。あなたは新規の注文に応えビールを出荷するが、これらの出荷が翌週の注文にどのように影響を与えるかについてはほとんど考えない。同様に、あなたは出す注文に何が起こるかについてもあいまいな考えしかもっていない。単純に、ほどほどの期間の経過後に新規出荷として届くことを期待している。このシステムをとらえるときのあなたの視野は、図3-9の白抜き部分のようになる。

この図の状況に置かれたならば、ビールが必要な場合、発注を増やすことは理に適っている。ビールが予定どおりに届かないと、あなたはさらに発注を増やす。

図 3-9

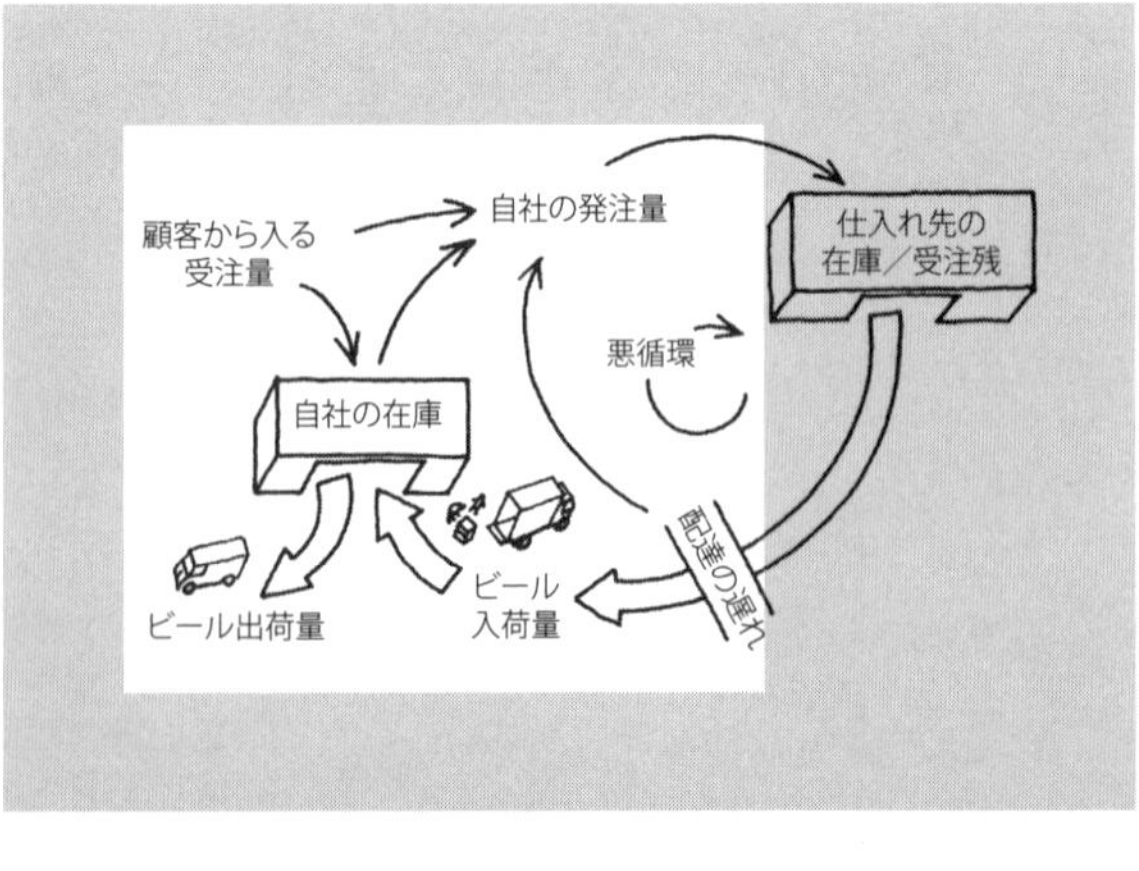

あなたの仕事は、入ってくる注文、ビールの到着、仕入先の配送の遅れという外部からのインプットの変化に対応して、自分の役をうまくこなすことである。

典型的な「自分の役をうまくこなす」式の考え方に欠けているのは、あなたの発注量が他の人の発注量と相互に作用する結果、あなたが「外的要因」ととらえている諸変数に影響を与えているという点だ。プレーヤーは、たいていの人がぼんやりとしか認識しないより大きなシステムの一部である。たとえば、大量の発注をすれば、仕入先の在庫がなくなってしまい、それによって仕入れ先の配送のさらなる遅れを引き起こすだろう。そして、それに対応して（多くの人がするように）さらに発注を増やすと、システム全体で問題を大きくする「悪循環」を生み出す。

この悪循環は、システム内のどこであっても——小売業者であろうと卸売業者であろうと——パニックに陥ったいかなるプレーヤーによっても引き起こされる可能性がある。工場でさえも、単に十分な量のビールを生産できないことで、同様の影響を生み出す可能性がある。ついには、一つの悪循環が他の悪循環を引き起こし、その結果起きるパニックがこの生産・流通システム全体のあちこちに広がる。ひとたびパニックの勢いが増すと、プレーヤーが実際の在庫の不均衡を是正するために必要な注文の二〇〜五〇倍もの注文を出すという場面に遭遇したりもする。

ビール・ゲームでの業績を改善するためには、プレーヤーは、自分が影響を与える範囲を定義し直さなければならない（図3-10）。どの役割であっても、

図 3-10

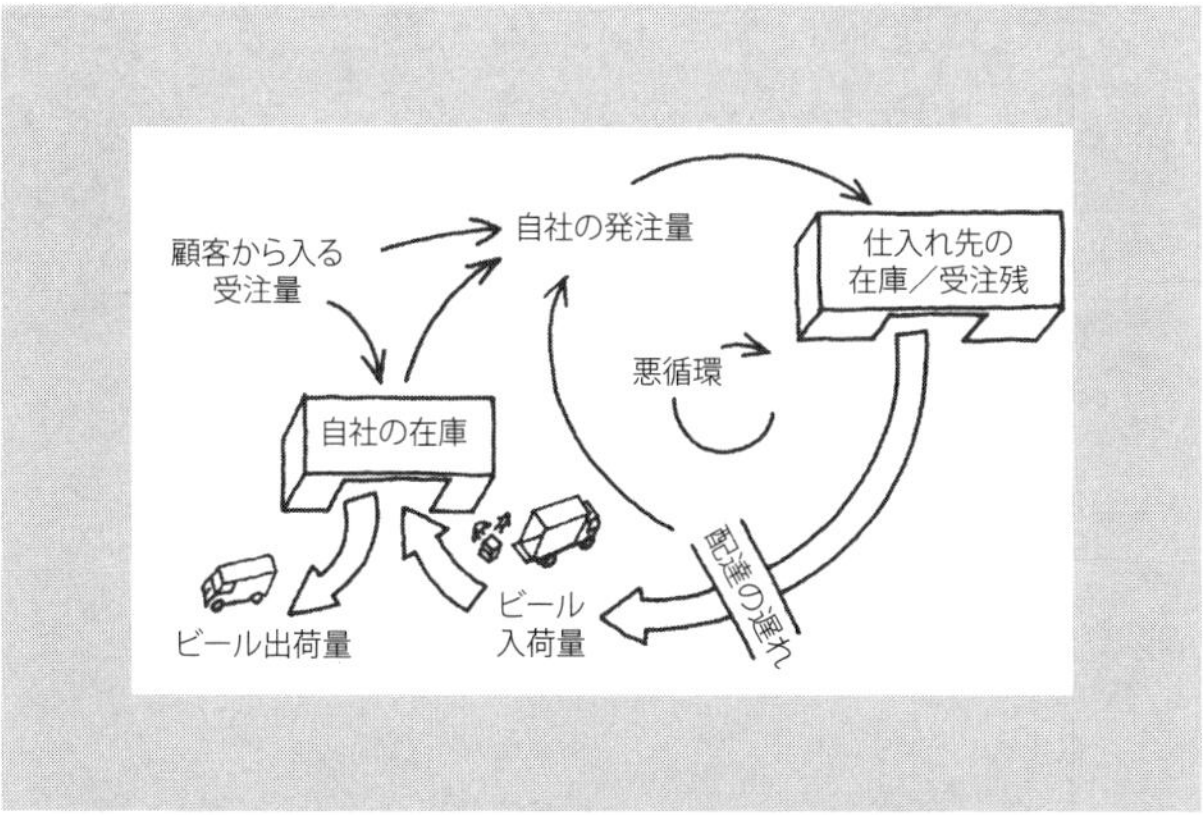

プレーヤーとしてあなたは、あなた自身の役割の境界よりも広い範囲に影響を与える。あなたが出す注文は、天空へと消えて、ビールの供給となって戻ってくるわけでは断じてない。あなたの注文はあなたの仕入先の挙動に影響を及ぼす。それが次には、さらに別の仕入先の挙動に影響を与えるだろう。言い換えれば、あなたの成功はあなたの注文によって影響を受けるだけでなく、システム内の全員の行動によって影響を受ける。たとえば、もしも工場でビールがなくなれば、間もなくほかの全員のところからビールがなくなるだろう。システム全体が機能するか、さもなければあなたの役割が機能しなくなるのだ。**おもしろいことに、ビール・ゲームや、他の多くのシステムでは、あなたが成功するためにはほかの人も成功しなければならないのだ。**また、各プレーヤーは、このシステム的な視点を共有しなければならない——というのも、どのプレーヤーであろうと、ひとりでもパニックに陥って大量の発注をする人がいたならば、システム全体でパニックが強化されがちだからだ。

このゲームのプレーヤーのための重要な指針が二つある。一つは、注文はしたものの、遅れのためにまだ届いていないビールを念頭に入れることだ。私はこれを「アスピリンを二錠飲んで待つ」ルールと呼んでいる。頭痛がするのでアスピリンを飲む必要がある場合、頭痛が消えるまで五分ごとにアスピリンを飲み続けたりはしない。アスピリンが効くのをじっと待つ。なぜなら、アスピリンが効果を表すには遅れが伴うことを知っているからだ。ところが、多くのプレーヤーは、自分の在庫の不一致が解消されるまで、毎週ビールを発注し続けてしまう。

二つ目は、パニックに陥らないこと。あなたの仕入先があなたのほしいだけのビールを、いつものようにすぐに届けられないとき、あなたがとり得る最悪の打ち手はビールの発注量を増やすことである。だが、これこそが、多くのプレーヤーがとる打ち手なのだ。受注残が蓄積していき、あなたの顧客が悲鳴をあげているとき、発注量を増やしたいという抗いがたい衝動を抑えるには、自制が必要だ。しかし、この自制がないと、あなたとほかの人全員が損害を受けることになる。

大部分のプレーヤーにはつねにこのような指針が欠けている。なぜなら、そういった指針は、異なる役割の間にある境界をまたいだ相互関係を理解して初めて、明らかになるものだからだ。「アスピリンを二錠飲んで待つ」指針は、あなたの発注量変化に対する仕入先の出荷対応に組み込まれた遅れを理解することから得られる。「パニックに陥らない」という指針は、あなたの出す注文が仕入先の配達の遅れを増幅させるときに生み出される悪循環を理解することから得られる。

プレーヤーたちがこれらの指針に従ったならば、どのくらいうまくやることができるのだろうか?

注文の行き過ぎや、在庫・受注残サイクルをすべて完全に排除することはできない。だがこういった不安定を、とても小幅なもの――ラバーズ・ビールで起こったもののほんの何分の一か――に抑えることができる。総コストは、「無手」戦略の五分の一で、典型的なチームの約一〇分の一という結果を実現できる。つまり、大きく改善することが可能なのだ。

学習障害と私たちの考え方

第二章で述べた学習障害のすべてがビール・ゲームの中で作用している。

◈人々は、「自分の役割になる」ので、自分の行動が他の役割にどのように影響を及ぼすかが見えない。

◆その結果、問題が起こると、すぐに互いのせいにし合う――「敵」はほかの役割のプレーヤーになり、顧客になることさえある。

◆プレーヤーが「積極的に」発注を増やすと、事態を悪化させることになる。

◆人々は、自分たちの注文過剰が徐々に蓄積されるために、手遅れになるまで、事態の悲惨さに気づかない。

◆一般的に、人々の行動の最も重要な結果はシステム内のほかの場所で起こるため、経験から学べずに、結局、彼らがほかの人のせいにしている問題そのものを再び生み出すことになる。[17]

◆さまざまな役を動かしている「チーム」（通常、一つの役を二～三人が担当する）は、ひたすら自分たちの問題を他のプレーヤーのせいにするようになり、互いの経験から学習する機会を排除する。[18]

こういった学習障害が複雑な状況でとり得るいくつかの考え方にどのように関連しているかを理解することから、ビール・ゲームにおける最も深い洞察が得られる。大部分の参加者にとって、このゲームを行うという経験は全体として、それがまったく受身であるために、非常に不満足なものである。だが、最終的には、ほとんどの人が受身であることの源は、自分自身が週ごとの出来事に焦点を合わせていたところにあると気づく。このゲームの参加者はたいてい、在庫の不足や、受注数の急増、新たなビールが期待どおりに配達されないことに振り回される。自分の意思決定について説明するよう求められると、古典的な「出来事の説明」をする。「私が第一一週に四〇グロス注文したのは、小売業者が三六グロスも注文してきて、うちの在庫がなくなってしまったからです」。出来事に焦点を合わせ続けている限り、受身になる運命に追い込まれる。

システム思考は、図3-11のように、どんな場合も、複雑な状況における説明には複数のレベルがあることを明らかにする。ある意味、どれも等しく「真実」なのである。だが、その効用はかなり異なる。出来事の説明――「誰が誰に何をしたか」――は、そのような説明を行う人たちを受身的な姿勢へと運命づける。前述したように、出来事の説明は現代の文化で最も一般的であり、だからこそ受身の経営が広く浸透しているのだ。

「挙動パターンの説明」は、長期的な傾向を見て、それが示す意味合いを評価することに焦点を当てる。たとえば、ビール・ゲームの場合の挙動パターンの説明は、「生産・流通システムは、循環や不安定性に陥りがちであり、それは、小売業者から遠い役割になればなるほど、より深刻になる。したがって、遅かれ早かれ、工場は深刻な危機に見舞われる可能性が高い」といったものになるだろう。挙動パターンの説明は、短期的な受身の行動の支配を断ち切り始める。少なくとも、長期にわたって私たちが傾向の転換にどのように対応することができるかを示唆する。[19]

三つ目の説明の段階である「構造の説明」は、最もまれだが、最も強力なものだ。これは「何がこの挙動パターンを引き起こしたのか」という質問に答えることに焦点を当てる。ビール・ゲームの場合、構造の説明は、発注量や出荷量、在庫がいかに相互作用して、実際に見られた不安定性や増幅のパターンを生み出すかを、新規注文の遂行における遅れの蓄積の効果や、配達の遅れが大きくなることで発注量の増加が引き起こされるときに起こる悪循環を考慮に入れて、示さなければならない。構造の説明は、まれではあるが、それが明確で広く理解されるものであれば、とても大きな影響をもつ。

このような洞察を提供するリーダーの類まれな例が、一九三三年三月一二日にラジオに出演して四日間の「銀行休業」について説明したフランクリン・ルーズベルトである。恐慌のさなかに、

図3-11

システム構造（生成的）
↓
挙動パターン（対応）
↓
出来事（受身）

ルーズベルトは穏やかな調子で、銀行のシステムがどのように機能するかを、構造的に説明した。「皆さんが銀行にお金を預けたとき、銀行はそのお金を金庫に入れるわけではない、という単純な事実を述べさせてください。銀行は皆さんのお金を数多くのさまざまな形のクレジット――債券や不動産――に投資するのです。つまり、銀行は皆さんのお金を動かして、車輪を回し続けるわけです……」。ルーズベルトは、どういうわけで銀行には準備金の保持が必要なのか、だがあちこちで預金の引き出しが行われると、どのようにしてその準備金が不十分になるのか、そして、秩序を回復するためになぜ四日間の銀行休業が必要なのかを説明した。そうすることで、ルーズベルトは、過激だがとらざるを得ない行動に対する国民の支持を生み出し、国民との対話を行う名人としての名声を手に入れたのである。[20]

なぜ構造の説明が非常に重要かというと、それをもってしか、挙動パターンそのものを**変えられる**レベルで、挙動の根底にある原因に対処することができないからだ。構造が挙動を生み出すゆえに、根底にある構造を変えることで異なる挙動パターンを生み出すことができる。この意味で、構造の説明は本質的に**生成的**（根源から創造する）である。また、人間のシステムにおける構造には、システム内の意思決定者の「行動方針」も含まれるので、私たち自身の意思決定を設計し直すことがシステムの構造を設計し直すことになる。[21]

このゲームの大部分のプレーヤーにとって、最も深い洞察を得られるのは通常、自分たちの問題**も**改善への望み**も**、自分たちの考え方と表裏一体であることに気づくときである。出来事中心の思考法が優位を占める組織の中では、生成的学習を継続することはできない。生成的学習には、「構造的な」思考法、つまりシステム思考――挙動の構造的な要因を見つける能力――の概念的な枠組みが必要になる。「私たちの未来を創り出したい」という熱意だけでは不十分なのだ。

ビール・ゲームのプレーヤーたちが、その挙動を引き起こす構造を理解するようになると、より大きなシステムで機能する注文の方針を取り入れることで、その挙動を変える自分自身の力がより明確に見えてくる。また、その昔、ウォルト・ケリーがマンガ『ポゴ』に書いた、時代を超える知恵――「われわれの目の前に敵がいる。それはわれわれ自身だ」――にも気づくことになる。

第II部

The Fifth Discipline

The Cornerstone of the Learning Organization

システム思考――「学習する組織」の要

第4章 システム思考の法則(1)

① 今日の問題は昨日の「解決策」から生まれる

昔、あるじゅうたん商人が、自分の商品の中でいちばん美しいじゅうたんの真ん中に、大きく膨らんだ部分があるのを見つけた(2)。商人はその膨らみを平らにしようとして、そこを踏みつけ――膨らみが消えた。だが、そこからあまり離れていない場所に、また新たな膨らみができた。商人はまたその膨らみの上に跳び乗った。膨らみはなくなった――が、何秒かすると、別の場所にまた膨らみが現れた。商人はいらいらして何度も跳び乗って、じゅうたんを擦り減らし、ぼろぼろにしてしまった。最後に商人がじゅうたんの隅をめくってみると、怒ったヘビが這い出てきた。

私たちは自らが抱えている問題の原因に頭を悩ませることが多い。そんなときは、過去の私たちがとった他の問題への解決策を見てみればいい。ある有名企業は、今四半期の売り上げが大きく落ち込んでいることに気づいた。なぜだろう？　前期に大成功を収めたリベート制度によって、多くの顧客が今期ではなく前期のうちに購入したからだ。ある新任マネジャーは、慢性的に大きな在庫コストの削減に取り組み、その問題を「解決」した――ただし、今では営業スタッフが、納期遅れの苦情に対応するために費やす時間が以前より二〇％増えており、残りの時間は見込み客に対して、

「どんな色でもお求めになれます。ただし、黒である限りは」というヘンリー・フォードの言葉のような説得を試みている。

警察の捜査当局は、自分たちにもこれと同じような法則があることに気づくだろう。三〇番街で麻薬密売人を逮捕すると、やがて単に犯罪の中心を四〇番街に移しただけだということに気づく。いつの間にか麻薬関連の犯罪が市全体で発生するようになったのは、麻薬の大量密輸を連邦警察当局が阻止したことの結果だとわかる。大量の密輸品の押収によって、麻薬の供給量が減って価格が上がり、何としても麻薬の常用を続けようとする中毒者によって、さらに多くの犯罪が引き起こされることになったのである。

問題を、単にシステムのある部分から別の部分へと移動させただけの解決策は、たいてい気づかれずに継続される。なぜなら、じゅうたん商人の場合と違って、最初の問題を「解決した」人と、新たな問題を引き継いだ人が異なるからだ。

② 強く押せば押すほど、システムが強く押し返してくる

ジョージ・オーウェルの『動物農場』の中で、ボクサーという馬はどんな困難にぶつかっても、必ずこう答える。「わしがもっと働くさ」。最初は、ボクサーの善意の勤勉さが皆を奮い立たせるが、次第にその努力が微妙に逆効果を及ぼし始める。ボクサーが一生懸命に働けば働くほど、やるべき仕事が増えていくのだ。農場を支配する豚たちが実は、自己利益のために皆を操っていたことにボクサーは気づいていなかった。実のところ、ボクサーの勤勉さが、豚たちの企みをほかの動物たちに気づかせない役割を果たしたのである。(3) システム思考では、こうした現象を「相殺フィードバック」★と呼ぶ。よかれと思って行った介入が、その介入の利点を相殺するような反応をシステムから

★ 一般に、バランス型フィードバック（p.142参照）が政策・施策の効果を相殺する場合の呼び方。問題解決策の効果を相殺するときには自己強化型フィードバック・ループとなってシステム原型「うまくいかない解決策」などをつくる。「システムの抵抗」とも呼ぶ。

引き出す現象である。私たちは誰もが、相殺フィードバックに直面するのはどんな感じかを知っている。押せば押すほど、システムが強く押し返してくる——つまり、物事を改善しようと努力すればするほど、さらに多くの努力が必要に思えてくるのだ。

相殺フィードバックの例は無数にある。最善の意図をもった政府介入の多くが、相殺フィードバックの犠牲になる。一九六〇年代に、米国のいくつもの都市の衰退したスラム地区で、低所得者向け住宅を建設し、職業技能を向上させるプログラムが数多くあった。気前のよい政府援助にもかかわらず、一九七〇年代、こういった地区の多くでは暮らしが悪化していた。なぜか？　理由の一つは、最高の支援政策が施されている地区に、農村部や他の都市から低所得者層が移り住んできたことであった。やがて、その新しい住宅が過密状態になり、職業訓練プログラムには申込者が殺到した。その間ずっと、地区の税収基盤は蝕まれ続け、経済的に落ち込んでいる地域でさらに多くの人々が身動きできなくなった。

同様の相殺フィードバック・プロセスは、発展途上国への食料・農業支援を妨げる働きもしてきた。入手できる食料の増加は、栄養失調による死亡者が減少することから人口の純増加が起こって、ついにはさらなる栄養失調が起こることで「相殺され」てきた。

同様に、ドル安を許容することによって米国の貿易不均衡を是正しようとする断続的な試みは、それに応じて外国の競争業者が商品価格を下げる（通貨を「ドルに連動」させている国の場合は、価格は自動的に調整される）ことによって相殺される場合が多い。現地のゲリラ兵を鎮圧しようとする外国勢力の努力は往々にして、ゲリラの大義の正当性を高めることにつながり、それによって、ゲリラの決意と支援基盤が強化され、いっそうの抵抗が引き起こされる。

多くの企業が、自社製品が突然に市場での魅力を失い始めるとき、相殺フィードバックを経験する。企業はより積極的な売り込みを推し進める——それが今までいつもうまくいっていたやり方だ。宣伝費を増やし、価格を下げるのである。こういった方法によって、一時的には顧客が戻ってくるかもしれないが、同時に会社からお金が流れ出ていくので、会社はそれを補うために経費を切り詰め、サービスの質（たとえば、納期の早さや検査の丁寧さ）が低下し始める。長期的には、会社が熱心に売り込めば売り込むほど、より多くの顧客を失うことになるのだ。

また、相殺フィードバックは大きなシステムに限られたものではない——個人に起こる例もたくさんある。たとえば、喫煙をやめたものの、体重が増えて自分のイメージが大きく損なわれたことに気づいて、そのストレスを緩和するために再び喫煙を始めてしまう。あるいは、子どもを守ろうとする母親が、幼い息子が学校の友だちと仲良くやってほしいと願うあまり、再三にわたって問題の解決に介入し、結局、不和を自分で解決することを学ばない子どもにしてしまう。あるいは、熱心な新人が、好かれたいと思うあまり、自分の仕事へのやんわりとした批判に無反応でいたところ、かえって疎まれ、「いっしょに仕事をしにくい人」というレッテルを貼られてしまう、などである。

ますます積極的に介入するにしても、生まれながらの本能を抑圧してストレスをさらに高めるにしても、より強く押すことには疲労困憊する。だが、個人としても組織としても、私たちは相殺フィードバックに巻き込まれるだけでなく、その結果として起こる苦しみを美化することも多い。私たちの当初の努力が、長く続く改善を生み出すことができなかったとき、私たちは——ボクサーと同じように、一生懸命に努力すればあらゆる障害は乗り越えられるという信条に忠実に——より強く押し続け、その間ずっと、いかに自分自身がその障害の原因になっているかに気づかずにいるのだ。

③ 挙動は、悪くなる前に良くなる

多くの介入は短期的にはうまくいくことが多い。この現実がなかったならば、レバレッジの低い介入は、それほど選ばれることはなかっただろう。新築住宅が建設される。失業者が訓練される。飢えた子どもたちが救われる。低迷している注文が上向きになる。喫煙をやめ、子どもたちのストレスを軽減し、新しい同僚との対立を避ける。相殺フィードバックには通常、「遅れ」が伴う。短期的な利益と長期的な不利益との間の時間的なずれだ。『ニューヨーカー』誌が以前に掲載したあるマンガでは、一人の男の人が肘掛け椅子に座っていて、その左側にあって邪魔になっている巨大なドミノを押し倒す。男の人は「これでやっとくつろげる」と独り言を言っているようだ。もちろん、この人には、そのドミノが次のドミノを倒して、それがまたその次のドミノ、それがまた……と次々にドミノが倒れていく様子は見えていない。自分の背後にずっとつながっているドミノが、最終的に自分の椅子のまわりをぐるりと回って、右側から自分の上に倒れてくることになろうとは夢にも思っていないのだ。

多くのマネジメントの介入に対して起こる、この「悪くなる前に良くなる」反応こそが、政治的意思決定をきわめて非生産的なものにする。「政治的意思決定」とは、行動の代替案がもつ本質的価値以外の要素——自分自身の権力基盤を構築することや、「格好よく見える」こと、「上司を喜ばせる」ことなど——が重要性をもつような意思決定を指す。複雑な人間のシステムでは、短期的に物事をよく見せる方法がつねに数多くある。後になって初めて、戻ってくる相殺フィードバックに悩まされることになるのだ。

キーワードは「後に」だ。たとえば、ドミノの輪における遅れは、システムの問題を認識するのがなぜそんなに難しいのかを説明してくれる。典型的な解決策は、それが当初症状を改善したときには、すばらしいものに思える。前よりも良くなる、または、問題がなくなることすらあるかもしれない。問題が戻ってきたり、新たな、もっと深刻な問題が現れたりするには、二年か三年、あるいは四年かかることもある。大半の人がどれだけ早く部署や会社を変わるかを考えると、その頃には、新しい誰かが椅子に座っているだろう。

④安易な出口はたいてい元の場所への入口に通ずる

古代のスーフィーの物語の現代版では、ある人が通りすがりに、街灯の下で四つん這いになっている酔っ払いに出会う。「手伝いましょうか」と申し出て、その酔っ払いが家の鍵を探していることがわかる。数分してから、「どこで鍵を落としたのですか?」と聞く。酔っ払いは、家の玄関の前で落としたと答える。「じゃあ、なぜここで探しているのですか?」と、その人は尋ねる。すると「だって、うちの戸口の近くには灯りがないからさ」と酔っ払いは答えるのである。

私たちは皆、気がつくと、問題に対して見慣れた解決策を当てはめることに安らぎを覚え、自分が最もよく知っていることに固執している。鍵が本当に街灯の下にある場合もあるが、暗闇の中にある場合がきわめて多い。解決策が見えやすかったり、誰にとっても明らかであったりするならば、おそらくすでに見つかっているだろうからだ。根本的な問題がそのまま、あるいは悪化しているのに、見慣れた解決策をますます強く押し進めるのは、非システム的な考え方を示す確かな指標である。私たちはよくこれを「より大きな金槌を求める」症候群と呼ぶ。

⑤治療が病気よりも手に負えないこともある

安易な、または見慣れた解決策は効果がないだけでなく、ときとして中毒を引き起こし、危険なことさえある。たとえばアルコール依存症は、単なるつきあいの酒――自尊心の低さや職場のストレスという問題の解決策――がきっかけとなるかもしれない。次第にその治療は病気よりも深刻なものになっていく。とくに自尊心やストレスは、飲酒によって最初の状態よりもさらに悪化する。

非システム的な解決策を適用すると、長期的には、まったく気がつかないうちに、いっそう多くの解決策を打つ必要性が高まる。だからこそ、構想に難のある政府介入は効果がないだけでなく、地方の人々の依存心を増大させ、自分たちの問題を解決する能力の減退を助長するという意味で、「中毒性がある」のだ。長期的な依存につながる短期的な改善は非常によく見られる現象で、システム思考家の間では「介入者への問題のすり替わり」と呼ばれている。「介入者」は、連邦政府による市への支援かもしれないし、食糧援助機関や福祉制度かもしれない。どれも、主となるシステムの「助け」になるが、結果的には、以前に比べてそのシステムを根本的に弱体化させ、いっそうの助けをさらに必要とさせるばかりだ。

政府の介入に限らない。天然資源の専門家であり、ジャーナリストのドネラ・メドウズが言うように、介入者への問題のすり替わりの例を見つけるのは「簡単で、おもしろく、ときに恐ろしい」(4)。私たちは、自分の算数の知識によって単純な計算をするという負担を、電卓への依存にすり替える。祖父母から孫までがいっしょに住む大家族をやめて、高齢者の世話という負担を高齢者福祉施設に転嫁している。都市では、多様な地域社会からくる負担を、公共住宅供給計画に転嫁している。冷戦は、交渉による平和に対する責任を、軍備へとすり替え、その結果、軍事関連産業を強化した。ビジネスでは、私たちは問題を、自分たちで問題を解決できるようにクライアント企業のマネジャーを訓練するのではなく、その会社を自分たちに依存させるようにするコンサルタントやその他の「援助者」に負担を転嫁する。そのうちに、介入者の力は――麻薬が人に及ぼす力であろうと、軍事予算が経済や、対外援助機関の規模や範囲、または組織的な「救援機関」の予算を支配する力であろうと――次第に大きくなっていくのである。

「問題のすり替わり」の構造によって明らかになるのは、どの分野であれ長期的な解決策は、ドネラ・メドウズが言うように、「システムがそれ自身の問題を引き受ける能力を強める」ものでなければならないということだ。それは難しいときもあれば、驚くほど容易なときもある。自分の人事的な問題という責任を人事のスペシャリストに転嫁したマネジャーは、難題はその責任を引き取る決心をすることだと気づくだろう。ひとたびそう気づけば、人々とうまくつきあう方法を学ぶのは、どれだけの時間と決意をもって全力を傾けるかの問題となる。

⑥ 急がば回れ

これもよく知られた物語である。カメは歩くのは遅いかもしれないが、競走には勝つ。米国のたいていのビジネス関係者にとって、最も望ましい成長率は、「速く、より速く、最も速く」だ。だが、生態系から動物、組織まで、ほぼすべての自然のシステムには、本質的に最適な成長率というものがある。最適な成長率は、可能な限り最速の成長率よりもはるかに小さい。成長が――ガンがそうであるように――過度になると、システムそのものは、減速することによって相殺しようとする。そして、おそらくはその過程で、組織の生き残りが危うくなる。ピープル・エキスプレス航空の話は、速いことがいかに長期的には遅いこと――または完全な停止――につながるかを示す良い例となっている。

有名な生物学者でエッセイストでもあるルイス・トマスは、複雑なシステムのこういった性質を観察して、次のように述べている。「都市であれハムスターであれ、複雑な社会システムで、あなたが不満を感じ、何としても解決したいことに対して、なんとかしようと首を突っ込み、解決を期して着手しても、うまくいきはしない。この気づきは、私たちの時代の最大の落胆の一つである」[5]

マネジャーたちは自分たちの得意とする解決策の多くがいかにシステムの法則によって妨げられてきたかに初めて気づいたとき、落胆し、希望を失うだろう。システムの法則は、不作為——期待はずれに終わる可能性がある、または事態を悪化させる可能性さえある行動をとるぐらいなら何もしないこと——の言い訳になる可能性さえある。これは、「生兵法は怪我のもと」の典型例だ。だが、システム的な考え方が真に意味するのは、不作為ではなく、新しい考え方に根ざした新しいタイプの行動である——システム思考は、私たちの通常の問題対処法に比べて、より困難であると同時に、より希望がもてるものなのだ。

⑦原因と結果は、時間的にも空間的にも近くにあるわけではない

前述の問題すべての根本には、複雑な人間のシステムの基本的な性質がある。つまり、原因と結果は、時間的にも空間的にも近くにあるわけではないということだ。ここで「結果」は、問題があることを示す明らかな症状を意味する。薬物の乱用、失業、飢餓に苦しむ子どもたち、受注量の減少、利益の低下などだ。「原因」とは、その症状の発生に最も大きな責任がある、根底にあるシステムの相互作用のことであり、これが認識されれば、持続的な改善を生み出す変化を引き起こす可能性がある。なぜこのことが難題なのだろうか？　私たちはたいてい、この二つが近くにあると思い込んでいる——私たちの多くが、ほとんどの場合、原因と結果は時間的にも空間的にも近くにあると考えているからである。

子どもの時代の遊びでは、問題と解決策が遠く離れていたりはしない——少なくとも、ひとかた

まりのおもちゃだけで遊んでいる限りはそうだ。何年もたって、マネジャーになった私たちは、世界が同じように機能していると信じがちである。生産ラインに問題があると、生産ラインの中で原因を探す。営業スタッフが目標を達成できない場合、新たな販売奨励策か販促キャンペーンが必要だと考える。住宅供給が不十分だと、さらに住宅を建設する。食料が不足している場合、その解決策は食料増産に決まっている。

第三章に書いたビール・ゲームのプレーヤーが最後に気づくように、私たちが直面する困難の根源は、手に負えない問題でもなければ、邪悪な敵でもない――それは、私たち自身なのである。複雑なシステムにおける現実の性質と、その現実についての私たちのごく一般的な考え方の間には、根本的なずれがある。そのずれを修正する第一歩は、原因と結果が時間的にも空間的にも近くにあるという考えを手放すことだ。

⑧ 小さな変化が大きな結果を生み出す可能性がある――が、最もレバレッジの高いところは往々にして最もわかりにくい

システム思考を「新たな陰気な学問」と呼んだ人もいる。なぜなら、システム思考では、最も目につきやすい解決策は役に立たない――せいぜい短期的には事態を改善するものの、長期的には悪化させるだけ――と教えるからだ。だが、この話には別の一面がある。システム思考は、小さな、的を絞った行動を正しい場所で行えば、持続的で大きな改善を生み出すこともあり得ることを示しているのだ。システム思考家はこの原則を「レバレッジ」と呼ぶ。

難題に取り組むということは、高いレバレッジがある場所、つまり最小限の努力で、持続的に大きな改善を引き起こすであろう変化を見つけることである場合が多い。

唯一の問題は、レバレッジの高い変化は通常、システム内にいる大部分の参加者にとって非常に見えにくいことである。そのような変化は、明らかな問題症状と「時間的にも空間的にも近い」ところにあるわけではない。このことが人生をおもしろくさせているのだ。

バックミンスター・フラー★は、レバレッジの原則をうまく言い表したすばらしい例を挙げた――「トリム・タブ」である。トリム・タブは、船の「舵についた小さな舵」で、舵全体のほんの一部分の大きさしかない。その機能は、舵の方向を変えやすくし、それによって船の方向を変えやすくすることである。船が大きければ大きいほど、舵の周りを流れる大量の水によって舵の方向を変えにくくなることがあるため、トリム・タブがより重要になる。

だが、トリム・タブを、レバレッジの見事な比喩《メタファー》にしているのは、その効果だけではなく、その見えにくさでもある。あなたが流体力学について何一つ知らなかったとしたら、外洋を進む大型石油タンカーの針路を左に向けたいときどこを押すだろうか？　おそらく船首に行き、そこを左に押そうとするだろう。一五ノットの速さで進んでいるタンカーの船首を押して針路を変えるのにどれほどの力が必要か想像がつくだろうか？　船首を左に向けるのであれば、レバレッジは、タンカーの船尾に行って、そこを右に押すことだ。言うまでもなくこれが舵の役目だ。だが、船尾を右に向けさせるために、舵はどの方向を向くのだろうか。もちろん左である。

つまり、船尾が「吸い寄せられて」船は向きを変えるのだ。流れてくる水に向かって舵の向きを変えることで、舵が水流を圧縮し、水圧差が生まれる。舵の向きが変えられると、この水圧差が船尾を反対方向に引っ張るのだ。これは、飛行機が飛ぶのとまったく同じ仕組みである。飛行機の翼が気圧の差を生み、飛行機は上方向に「吸い上げられる」のだ。

トリム・タブ――非常に小さなこの装置が巨大な船に大きな効果を及ぼす――も舵に対して同じ

★　1895～1983。米国の建築家・デザイナー・思想家ほか、多彩な業績を残す。持続可能性が生涯を通じたテーマであり、「宇宙船地球号」という概念を広めた。

ことをする。トリム・タブが左右のどちらかに動くと、舵の周りの水流を圧縮して、小さな水圧差が生まれ、この水圧差が望む方向に「舵を吸い寄せる」のだ。だが、舵を左に向けたいときには、トリム・タブをどちらの方向に向けるのか？——当然、右である。

このシステム全体——船、舵、トリム・タブ——は、レバレッジの原則を利用したすばらしい設計になっている。だが、流体力学の力を理解していなければ、その機能はまったく見えない。

人間のシステムにおける高レバレッジの変化も、そのシステムの中で働いている力を私たちが理解して**初めて**見えてくるのである。

高レバレッジの変化を見つけるための単純な法則はないが、見つける可能性を高める考え方がある。出来事ではなく、根底にある構造を見ることを学ぶのがその第一歩だ。後述する各システム原型は、高レバレッジの変化と低レバレッジの変化がどこにあるかを示唆するものである。

もう一つは、スナップショットで考えるのではなく、変化のプロセスの点から考えることだ。

⑨ケーキを持っていることもできるし、食べることもできる——が、今すぐではない

最も厄介なジレンマが、システム的な視点から見ればまったくジレンマではないこともある。ジレンマは、「プロセス」の思考ではなく、「スナップショット」が作り出すものであり、ひとたび長期間の変化を意識的に考えるようになれば、まったく新しい見え方に変わる。

たとえば、長い間、米国の製造業者は、低コストか高品質かのどちらかを選ばなければならないと思っていた。「高品質の製品は製造コストが高い。組み立てにかかる時間も長いし、必要な原材料や部品の価格も高く、より広範囲の品質管理が必要になる」と考えていたのだ。彼らが考えなかったのは、長期的に品質の向上とコストの削減を両立させる術だ。仕事のプロセスにおいて基本

的な改善をすることで、いかに補修や品質検査に割く人数、顧客の苦情、品質保証コストを減らし、顧客の忠誠心《ロイヤルティ》を高め、広告費や販売促進費を削減することができるかを検討しなかったのだ。一方の目標に主眼を置きながらも、もう一方の目標を待つ意志があれば、両方の目標をもつことは可能である、ということを理解していなかった。品質向上に責任を負うすべての人を参加させるための新たな方法も含め、組み立ての新たなスキルや方法に時間とお金を投資し開発することは、前払いの「コスト」である。当初数カ月間は、品質も向上するが、コストも上昇するだろう。一部のコスト削減（リワークの減少など）はかなり早くに達成できるかもしれないが、全体的なコスト削減を実現するには数年かかる場合もある。

中央からのコントロールか現場でのコントロールか、幸せで熱心な従業員か競争力のある労働コストか、個人の実績に報いるか評価されているという実感を全員に持たせるか、など、一見ジレンマと思われるものの多くは、静態的思考の副産物である。これらが融通の利かない「二者択一」であるようにしか思えないのは、私たちが、ある固定された時点で何が可能かを考えるからだ。翌月のことを考えるならどちらか一方を選ばなければならないかもしれないが、真のレバレッジは、長期にわたっていかに両方を改善できるかを見ることにある(6)。

⑩ 一頭のゾウを半分に分けても、二頭の小さなゾウにはならない

生きているシステムには全体性がある。その性質は、全体によって決まる。組織にも同じことが言える。最も困難な経営上の問題を理解するためには、その問題を生み出しているシステム全体を見る必要がある。

この法則の要点を説明しているのが、また別のスーフィーの物語である。三人の盲人が一頭のゾ

ウに出くわしたとき、それぞれが口ぐちに叫んだ。一人目の盲人は、ゾウの片耳をつかんでこう言った。「これは大きくて、ザラザラしていて、じゅうたんのように、幅広なものだ」。二人目の盲人は鼻をつかんで「私こそが真実を知っている。これはまっすぐで、中が空洞のパイプだ」と言った。そして三人目は前足をつかんで言った。「これは大きくてしっかりとした、柱のようなものだ」。この三人の盲人は、多くの会社の製造部門、販売部門、研究部門の責任者と同じではないだろうか？　それぞれに会社の問題ははっきりと見えているが、自部門の施策が他部門といかに相互に作用し合っているかが見えている人はいない。おもしろいことに、このスーフィーの物語は、「三人の〝知る〟方法では、ゾウとは何であるかが決してわからない」と結ばれている。

「ゾウ全体」を見るということは、組織全体を見るだけですべての組織的な問題を理解できるということではない。中には、製造、販売、研究などの主な部門がいかに相互に作用し合っているかを見るだけで理解**できる**問題もある。だが、ある職務分野内で重要なシステム的な力が生じる問題もあれば、業界全体のダイナミクスを考慮しなければならない問題もある。「システム境界の原則」と呼ばれる基本原理は、偏狭な組織の境界に**制約されることなく**、眼下の問題にとって最も重要な相互作用を観察しなければならない、というものである。

　この原則の実践を難しくするのは、人々が重要な相互作用を見ることを妨げるように設計された組織のあり方だ。明白な例の一つは、販売、製造、研究などの部門間の問いかけを妨げる、厳格な内部区分を強要する組織運営だ。別の例は、問題を放置して、ほかの誰かに後始末をさせる組織運営である。欧州の都市の多くが、数多くの米国大都市中心部を悩ませる、犯罪や根深い貧困、無力感といった問題を回避してこられたのは、健全な都市部が保つべきバランスに正面から取り組むように自分たちに強いてきたからだ。とられた方法の一つは、都市の周囲に広大な「グリーンベルト」

を維持して、郊外が拡大したり、都市で働いて郊外に住む通勤者が増大したりしないようにしたことだ。それに対して、米国の都市の多くは、郊外地域の着実な拡大を促し、絶えずより裕福な住民が都市中心部から離れたところへ移住できるように、そして都市の抱える問題からも離れられるようにしてきたのである（ニューヨークのハーレムやボストンのロックスベリーなどの貧困地域はもともと上流階級の住む郊外地域だった）。企業も同じで、絶えず新たな企業を買収したり、「成熟」と判定した事業から「収穫」を図るばかりで、それら「成熟」事業への再投資は行ってこなかったのだ。

ところで、ときとして無謀にもゾウを半分に分ける人がいる。そうしても、二頭の小さなゾウにはならない。ただ混乱が残るだけだ。「混乱」とは、レバレッジを見つけることができなくなった複雑な問題のことである。レバレッジは相互作用の中に見つかるのであり、自分の手の内にある断片だけ見てもその相互作用は見えないからだ。

⑪ 誰も悪くはない

私たちは、自分たちの問題をほかの誰か――競合企業、マスコミ、市場の気まぐれ、政府――のせいにしがちである。システム思考は、切り離された「他者」などいないということを示してくれる。あなたも、ほかの誰かも、一つのシステムの一部なのである。解決策は、あなたとあなたの「敵」との関係の中にあるのだ。

第5章 意識の変容

世界を新たな視点から見る

誰でも、パズルを組み立てる——つまり、全体像が現れるのを目にする——のが好きなものだ。人や花や詩の美しさは、そのすべてを見ることにある。おもしろいことに、英語の whole（全体）と health（健康）は語源が同じだ（古英語の *hal* で、「元気のよい」という意味）。したがって、今日、私たちの世界の不健全性が、私たちが世界を全体としてとらえることができないことに正比例していることは、驚くに当たらない。

システム思考は全体を見るためのディシプリンである。物事ではなく、相互関係を見るため、そして静態的な「スナップショット」ではなく変化のパターンを見るための枠組みだ。システム思考は、二〇世紀の間に精製された、自然科学、社会科学、工学、経営といった多様な分野にまたがる一連の一般原則である。また、二本の糸に端を発する、一連の独自のツールと手法でもある。その一本はサイバネティックスの「フィードバック」概念であり、もう一本は一九世紀に起源をもつ「サーボ機構」工学理論だ。過去三〇年の間、これらのツールは、企業、都市、地域、経済、政治、生態系、さらには生理学にいたるまでの幅広いシステムに対する私たちの理解を助けるために利用されてきた(1)。そしてシステム思考は、生きているシステムに固有の性質を与える、とらえにくい相互関連性をとらえるための知覚能力である。

今日、私たちは複雑性に圧倒されるようになりつつあって、システム思考がかつてないほどに必要とされている。おそらく歴史上初めて、人類は、誰もとても吸収できないほどの情報を生み出し、誰もとても対応できないほどの相互依存性を育み、誰もついていけないほどの速さの変化を加速する能力をもっている。間違いなく、この複雑性の規模は前例がない。いたるところに、「システム全般における機能不全」の例——地球温暖化（気候変動）、国際的な麻薬取引、米国の貿易赤字と財政赤字などの問題——があり、それらの原因は単純で局所的なものではない。同様に、組織もまた、個人の優れた才能や革新的な製品にもかかわらず衰弱している。それは、組織が、多様な機能や才能から生産的な全体をつくり出すことができていないからだ。

複雑性のために自信や責任はいとも簡単に損なわれる。たとえば、「それは私にはあまりにも複雑すぎる」「私にできることは何もない。そういうシステムなんだ」と頻繁に繰り返し言われている。システム思考は、私たちが「相互依存性の時代」に入るにつれて多くの人が感じる、この無力感に対する解毒剤だ。システム思考は、複雑な状況の根底にある「構造」を見るための、そしてレバレッジの低い変化と高い変化を見分けるためのディシプリンである。つまり、全体を見ることによって、私たちは健全性を育む方法を学ぶのだ。そのために、システム思考は、まず私たちの考え方を再構築させる言語を提供する。

私はシステム思考を第五のディシプリンと呼ぶ。なぜなら、それが、本書の五つの学習のディシプリンすべての土台となる概念上の基盤であるからだ。すべてのディシプリンは、部分を見ることから全体を見ることへ、人々を「無力な反応者」と見ることから「現実を形づくることへの積極的な参加者」と見ることへ、そして、現在に対処することから未来を創り出すことへの認識の転換と関連している。システム思考がなければ、ひとたび学習のディシプリンが実行に移されたときに、それを統合する誘因も手段もない。第五のディシプリンであるシステム思考は、学習する組織が自分たちの世界についてどのように考えるかについての要なのだ。

本書旧版には、当時、システム思考の必要性を示す最も「切実な例」であった米ソ軍拡競争の分析が含まれていた。米ソ軍拡競争は「誰も行きたくないところに誰が最も速く行きつけるかを争う競争」だった。私は、この悲劇的な「競争」が「米国経済を枯渇させ、ソビエト経済に壊滅的な打撃を与えた」と書き、最後に、対立する両国のうちのどちらかがもうこれ以上「競争に参加する気がない」という結論を出さない限り、それが変わることはないだろうと見解を述べた。皮肉にも、そう書いてから一年もしないうちに、ソビエト連邦の崩壊が、悲惨な米ソ軍拡競争に突然の終焉をもたらした。だが今日、米国と世界の多くの地域は、誰も行きたくない場所に向かっているように思える新たな競争に巻き込まれている。いわゆる「対テロ戦争」だ。

米ソ軍拡競争と同様、対テロ戦争の根源は、対立する政治的イデオロギーにあるのでも、特定の兵器にあるのでもなく、両者が共有していた考え方にある。たとえば米国の指導者層は、基本的に以下のような見方に支配されてきた。

テロリストの攻撃→米国人への脅威→軍事的な反応の必要性

テロリストから見た自分たちの状況は以下のとおりである。

米国の軍事活動→認識される米国の攻撃性→テロリスト要員補充

米国人の視点から見れば、アル・カーイダのようなテロリスト組織[2]は侵略者であり、米国軍の拡大はその脅威に対する防衛反応であった。テロリストの視点から見れば、米国は経済的にも軍事的にも侵略者であり、テロリスト補強の拡大は、多くの人がこの視点を共有していることを物語っている。

だがこの二つの直線は環になる。この対立する両者の個々がもつ「線形の」つまり非システム的な視点が相互に作用して、一連の変数が互いに影響を与え合う「システム」をつくり出すのだ（図5-1）。

対テロ戦争をシステム的な視点で見ると、終わりのない攻撃性の繰り返しであることがわかる。米国は、米国人への脅威と認識されるものに対して反応し、米国の軍事活動を増やす。それが、テロリストに認識される米国の攻撃性を増大させ、テロリスト要員補充につながり、そのことがやがて、テロリストの活動を増加させ、米国にとっての脅威の高まりにつながる。それがさらなる米国の軍事活動を引き起こし、それによってさらにテロリスト要員が増加して、それが……というように続いていく。それぞれの視点からすれば、それぞれが短期的な目標に焦点を当てている。どちら側も、認識される脅威に対して反応する。だが、そういった行動が結局エスカレートし、すべての人にとっての危険を生み出すことになる。ここでは、多くのシステムでそうであるように、明白なことをすれば明白な望ましい結果が生じるわけではないのだ。それぞれの側の努力が長期的にもたらす結果は、すべての人の不安感の高まりである。

図 5-1

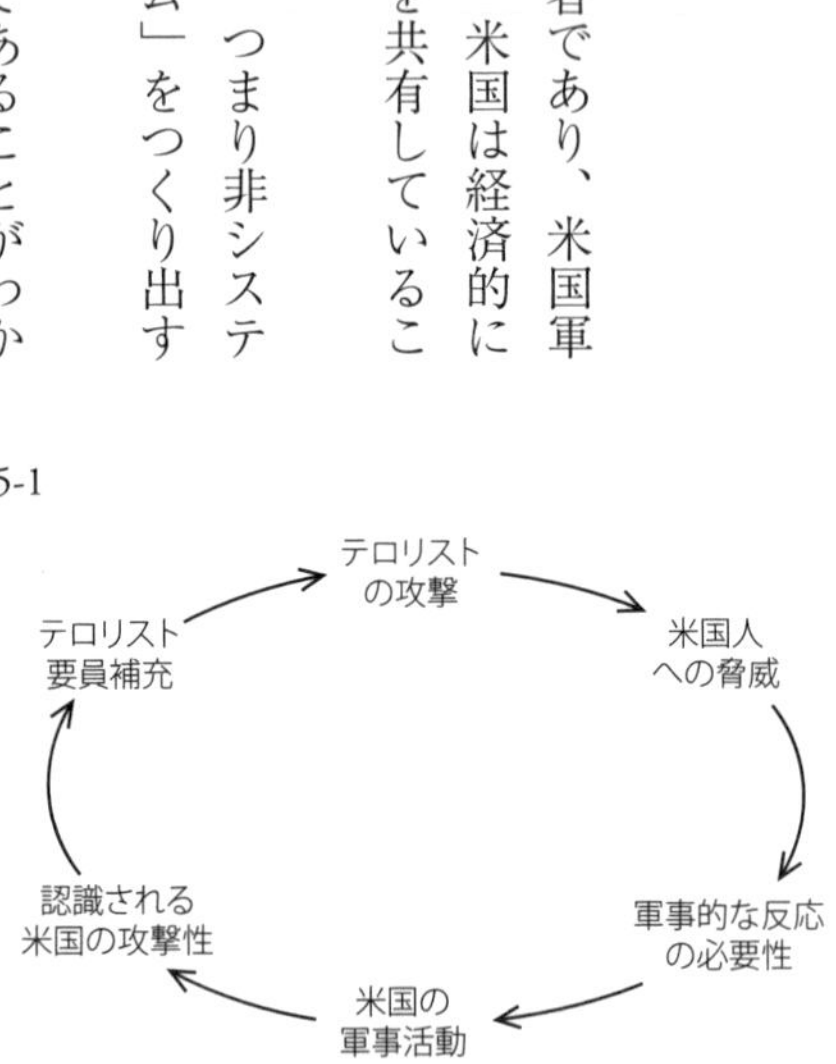

興味深いことに、とくに米国は、テロリストの武器や資源、複雑なコンピュータ・シミュレーションを含む最新の情報工学を研究する「システム・アナリスト」を多数抱えていたにもかかわらず、真のシステム的な見方をすることができなかった[3]。複雑性に対処するはずのこういったツールは、なぜ私たちに、対テロ戦争という不合理を回避する力を与えてくれなかったのだろうか？

その答えは、事業経営者にとって細密な戦略計画も、最新の予測ツールや経営分析も、たいていは劇的なブレイクスルーを生み出すことができない理由と同じである。そういったツールはどれも、多くの変数があるタイプの複雑性――**種類による複雑性**――を扱うように設計されている。**だが、もう一つのタイプの複雑性がある。**二つ目のタイプは**ダイナミック（動的）な複雑性**であり、この状況では、原因と結果がとらえにくく、相互作用が長期に及ぼす効果が明らかではない。従来の予測・計画・分析方法は、ダイナミックな複雑性を扱う機能を備えていない。複雑な一連の指示に従って機械を組み立てることには、ディスカウント・ストアで在庫を把握することと同様に、種類による複雑性が伴う。しかし、こういった状況のどれにも、とりたててダイナミックな複雑性はない。

同じ行動が短期と長期で大きく異なる影響を及ぼす場合は、ダイナミックな複雑性がある。ある行動が、ある部分においては、ある一連の結果をもたらし、システムの別の部分ではまったく異なる結果をもたらすという場合、ダイナミックな複雑性がある。明らかな介入が自明ではない結果を生み出す場合、ダイナミックな複雑性がある。ジャイロスコープはダイナミックな複雑性をもった機械だ。一辺を下方向に押すと、左に動く。別の辺を左に押すと、上に動く。だが、企業の複雑なダイナミクスに比べれば、ジャイロスコープは、なんとつまらないほど単純なものだろうか。企業の場合、何かを作り出すには数日かかり、新たな販促キャンペーンを開発するのに数週間かかり、新しい人を雇って訓練するのに数カ月かかり、新製品を開発し、経営の能力を育み、品質の評判を確立するのに数年かかる──そして、こういったプロセスはすべて絶えず相互に作用し合っている。

大半の経営の状況における真のレバレッジは、種類による複雑性ではなく、ダイナミックな複雑性を理解することにある。市場の成長と生産能力拡大とのバランスをとることは、ダイナミックな問題だ。市場での強固な地位を確立するような、収益性の高い価格・製品（またはサービス）の質・設計・入手しやすさの構成を開発することは、ダイナミックな問題である。持続可能な方法で質を向上させ、総コストを引き下げ、顧客を満足させることは、ダイナミックな問題である。

残念ながら、大半のシステム分析は、ダイナミックな複雑性ではなく、種類による複雑性に焦点を当てている。何千もの変数や、複雑多岐にわたる詳細要素を伴うシミュレーションは実のところ、私たちがパターンや主な相互関係に目を向けるのを妨げる可能性がある。実際、不幸にも、大部分の人にとって「システム思考」とは、ますます「複雑」（本当はこれを「詳細」と呼ぶべきである）化する問題に対して、ますます「複雑」化する解決法を考え出して、「複雑性をもって複雑性と格闘すること」を意味している。実は、これは真のシステム思考と正反対なのだ。

対テロ戦争の最も根本にあるのは、ダイナミックな複雑性の問題である。原因や打てる解決法を見抜くには、より安全を求める米国の行動と、他者に攻撃的であると認識されるイメージとの間の相互関係に目を向ける必要がある。それには、軍事介入を行うという米国の決定と、テロリスト要員の増加との間にある遅れなど、行動と結果との間にある遅れに目を向ける必要がある。そして、単なるスナップショットではなく、エスカレートなどの継続的な変化のパターンに目を向ける必要がある。

問題の根底にある主要な相互関係に目を向けることが、可能な打ち手についての新たな洞察につながる。対テロ戦争の場合、エスカレートするダイナミクスではいつもそうだが、問うべきことは、「悪循環を逆転させることができるのか？」、「対テロ戦争を逆向きに動かして、ゆっくりとした安全保障構築のサイクルを作り出すことはできるのか？」だ。当然ながら、世界や中東の地政学システムにおいて、この単純なダイナミクスに影響を与える要因はほかにもたくさんある。だが真の発展は間違いなく、その地域の人々自身（潜在的なテロ要員やテロ支援者も含む）が、安全保障や、発展と開発への心からの願望をどのようにとらえているかというはるかに深い洞察にかかっている。単に、発展についての外部の考え方――とくに、紛争における侵略者と考えられている側によって広められた考え方――を押しつけても、認識される脅威を減らすことはできない。

システム思考のディシプリンの本質は、意識の変容にある。

- 線形の因果関係の連なりよりも、相互関係に目を向ける。
- スナップショットよりも、変化のプロセスに目を向ける。

システム思考を実践するには、まず、行動がどのように互いを強めたり、打ち消したり（バランスをとったり）するかを示す、「フィードバック」と呼ばれるごく単純な概念を理解することだ。**これが、何度も繰り返し生じる「構造」の型を見ることを学ぶ基礎となるのだ。**軍拡競争は、エスカレートの一般的、典型的なパターンであり、本質的には、街の二つのギャング間の縄張り争いや、婚姻の崩壊、または市場シェアをめぐって価格競争を繰り広げる二社の広告合戦と同じだ。そして次第に、システム思考は、実に多くの相互関係や変化のパターンを説明するための豊かな語彙を形成するようになる。最終的に、システム思考は、出来事や詳細の背後にある、より深いパターンに私たちが目を向けられるようにすることによって、人生をシンプルにする。

どんな言語を学習するにも、最初は大変なものだ。だが基本を習得し始めると、だんだん簡単になっていく。幼い子どもたちを対象にした研究によって、子どもたちの多くがシステム思考を驚くほど速く習得することが明らかになっている。[4] 私たちは、システム思考家としての潜在的な技能をもちあわせているのだが、その技能は未発達で、線形の思考にどっぷりと浸かった学校教育によって抑圧さえされているようだ。以下に記すことが、そういった潜在的な技能の一部を再発見し、私たち一人ひとりの中にいるシステム思考家を表面に浮かび上がらせる一助となることを願う。

因果関係の環に目を向ける[5]

現実は環状になっているのに、私たちが目にするのは直線である。ここに、システム思考家としての私たちの限界の始まりがある。私たちの思考にこのような分裂が起こる原因の一つは、私たちの言語だ。言語が認知を形成する。私たちに何が見えるのかは、何を見る用意ができているかによって決まる。西欧の言語は、主語－動詞－目的語という構造になっており、線形の考え方に偏っている。[6] システム全体の相互関係を見たいのであれば、相互関係の言語――つまり、環状になっている言語が必要だ。そのような言語がないと、私たちの習慣的な世界の見方は、対テロ戦争で意思決定者にもたらされたような、分裂した考え方と逆効果を招く行動を生み出す。ダイナミックな複雑性をもった問題や戦略的な選択に直面した場合、とくに個人やチーム、組織が出来事を超えて、変化を形づくる力を見抜く必要があるときは、環状の言語が重要である。

この新しい言語の基本を説明するために、「コップに水を満たす」という非常に単純なシステムを考えてみよう。「そんなのはシステムではない。単純すぎる」と思うかもしれない。だが、考え直してもらいたい。

線形の視点から言えば、「私はコップに水を満たしている」ということになる。私たちの大部分が考えるのは、図5-2の絵とほぼ同じような様子だ。

だが実際には、私たちはコップに水を注ぎながら水位の上昇を見ている。水位と自分の目標――望ましい水位――との「乖離」を観察するのだ。水の量がその目標水位に近づくと、私たちは蛇口の開閉度を調整して、流水量を緩め、やがてコップが満たされると水を止める。実は、コップに水を満たすとき、私たちは、五つの変数を含む水量調節システムの中で動く。その変数とは、私たちの目標水位、コップの現在の水位、その二つの乖離、蛇口の開閉度、流水量である。これらの変数が、「フィードバック・プロセス」と呼ばれる、因果関係のループ(環)を構成している。そのプロセスが絶えず動いて、水位を目標水位に到達させるのだ。

私たちはフィードバックという言葉を、やや違った意味――自分の行った行為についての意見を集めること――で用いる場合が多いため、フィードバックについて混乱する。「ビール工場の意思決定についてフィードバックをください。私の対処方法についてどう思いますか?」といった使い方をするだろう。この文脈だと、「正《ポジティブ》のフィードバック」といえば、勇気づけられるような意見を意味するし、「負《ネガティブ》のフィードバック」といえば、否定的な情報を意味する。だが、システム思考では、「フィードバック」とはもっと広い概念である。相互に与え合う影響の流れを意味するのだ。システム思考では、すべての影響には**原因**の作用もあるし**結果**の作用もあることは自明の理である。一方的に影響を受けるだけのものは一つもない。

図 5-2

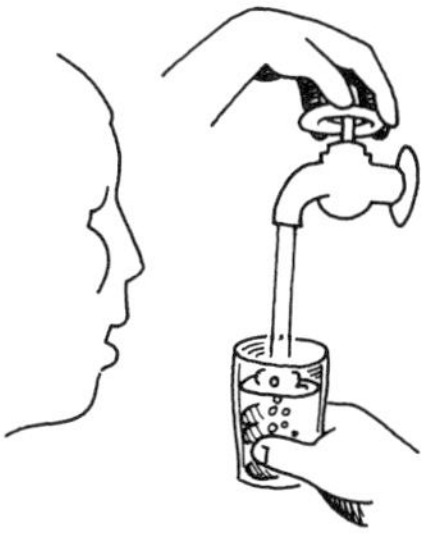

図 5-3

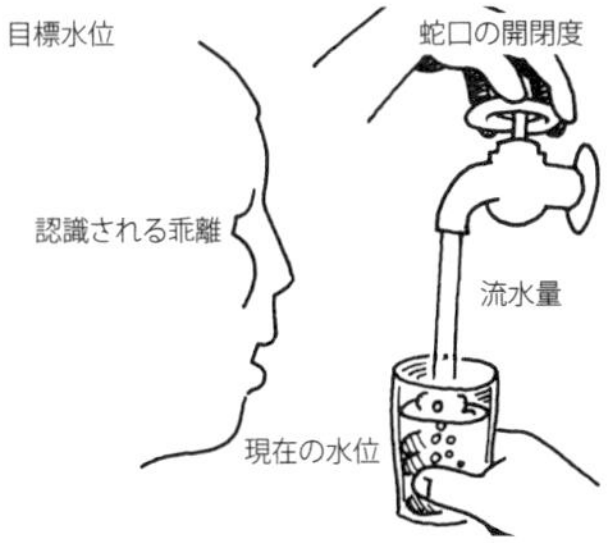

システム図の読み方

現実を全体的に見るためのカギは、線形ではなく環状の、影響が循環するループに目を向けることだ。これが、「線形」の思考をしている限り避けられない受身的なマインドセットから抜け出すための第一歩である。どのループにも物語がある。影響の流れをたどることで、何度も何度も繰り返し起こって、状況を改善したりも悪化させたりもするパターンに目を向けることができる。

ある状況のどの要素からも、別の要素への影響を表す矢印をたどることができる。図5-4では、蛇口の開閉度から出た矢印は流水量へと向かっている。蛇口の開閉度をどのように変化させても、流水量は変化するだろう。だが、矢印が単独で存在することは決してない。

物語の筋を追うためには、どの要素から始めてもよく、その結果として起こる行動を観察し、ぐるりと回る。おもちゃの線路を走る電車が同じところを何度も回り続けるように。スタート地点に適しているのは、意思決定者によって行われている行動だ。

私が蛇口の開閉度を定めると、それによって流水量が調整され、それによって水位が変わる。水位が変わると、認識される（現在の水位と目標水位との間の）乖離幅が変わる。その乖離幅が変わると、蛇口に載せた私の手の位置が再び変わる。そしてまた……（図5-5）

フィードバック・ループ図を読んでいるときの重要なスキルは、ループ図が語る物語——その構造がどのようにして、ある特定の挙動パターンを生み出すか（または、複雑

図 5-4

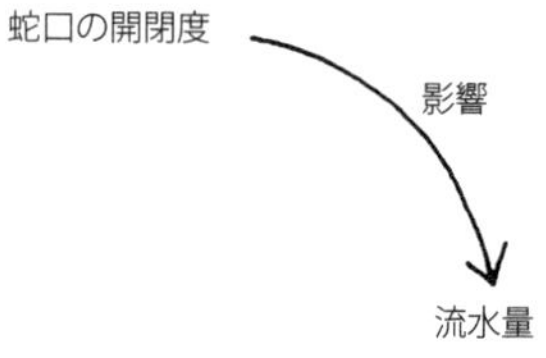

図 5-5

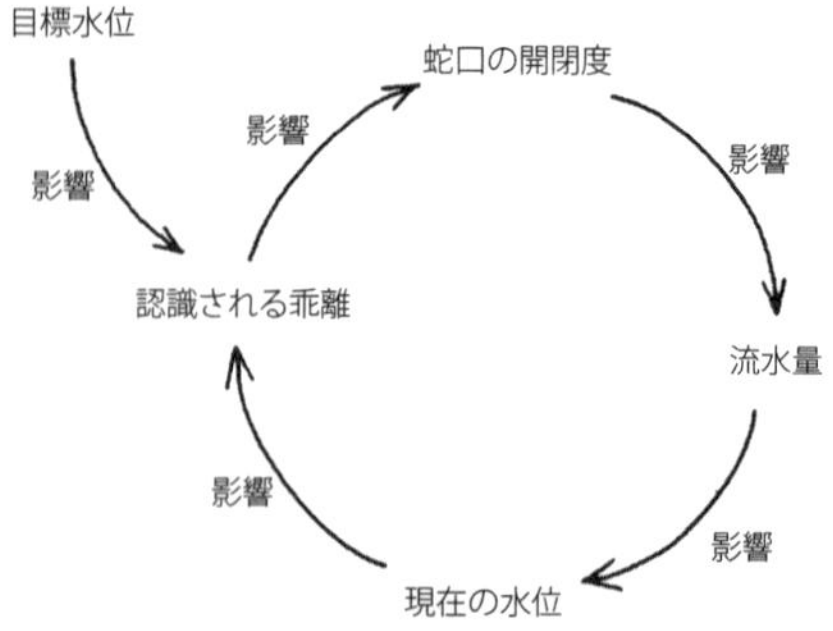

な構造の場合、複数の挙動パターンを生み出すか）、そしてそのパターンがどのように影響を受ける可能性があるか——を理解することだ。ここでの物語は、コップに水を注ぎ、コップに水が満たされるにつれて、次第に蛇口を閉める、というものである。

概念は単純だが、このフィードバック・ループは、私たちの因果関係などに関する深く根づいた考えを覆す。私たちが日常的な会話で「コップに水を満たしている」と言うとき、あまりよく考えずに、一方向の因果関係——「私は水位の上昇を引き起こしている」——を意味している。もっと正確に言えば、「蛇口に載せた私の手が、コップに入る水の流量を調節している」である。この説明は明らかに、このフィードバック・プロセスの半分、つまり蛇口の開閉度→流水量→水位というつながりしか言い表していない（図5-6）。だが、このプロセスのもう半分を言い表す「コップの水位が私の手を調節している」という説明も同じように真実であろう（図5-7）。

二つの説明はいずれも同じように不完全だ。因果関係をより完全に説明するとこうなる。コップに水を満たそうという私の意図が、水位が低いときには水を注ぎ、コップが満たされたら水流を止める。つまり、構造が挙動を引き起こし、私の意図と行動によって構造が作用し始めるのだ。これは重要な違いだ。なぜなら、第三章のビール・ゲームで目にしたように、複雑な状況で私たちが無力であることの根源には、個々の行為だけを見て、その行為の根底にある構造を見逃していることがあるからだ。

実は、日常の会話で行われているあらゆる原因帰属は大いに疑わしいのだ！　その大部分

図 5-6

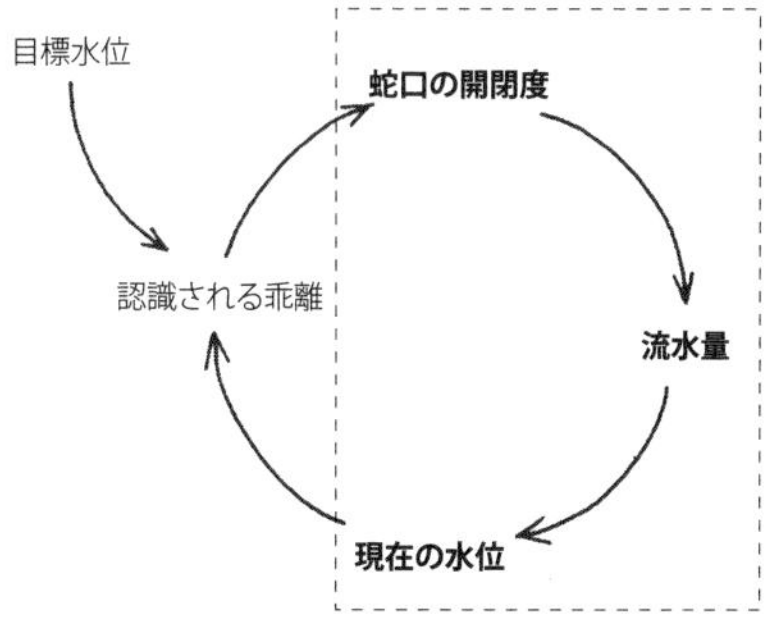

図 5-7

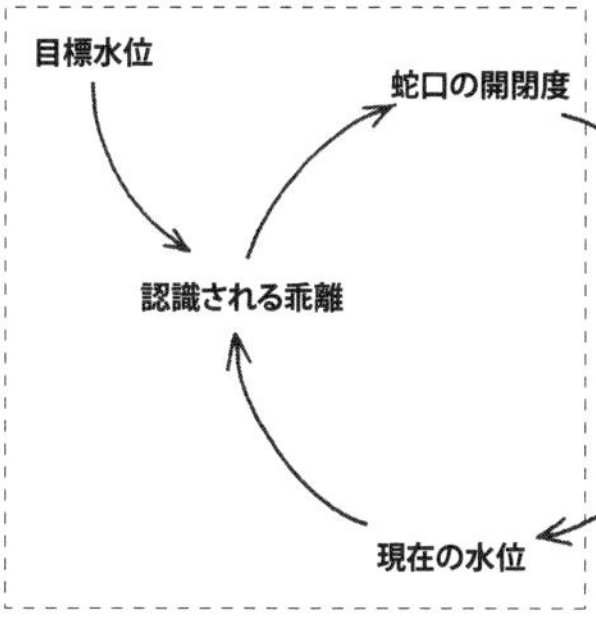

は線形の見方に根ざしたものである。せいぜい部分的に正しいというだけで、相互に関係し合うプロセスの全体ではなく一部を説明することにそもそも偏っている。

フィードバックという見方によって覆されるもう一つの考えは、人間中心主義――私たち自身を行動の中心と考えること――である。「私はコップに水を満たしている」という単純な記述は、人間の動作主が行動の中心に立って、無生物の現実に影響を与えている世界を示唆するものだ。**システム思考では、人間の動作主はフィードバック・プロセスの一部であり、そのプロセスから独立した存在というわけではない。これは、認識の大いなる変容を意味する。**それによって私たちは、いかにして自分たちが絶えず現実に影響を受け、影響を与えているかに目を向けることができる。私たちが「自分たちは自然の一部であって、自然から切り離されてはいない」と考えることは、生態学者が声を大にして非常に熱心に主張する認識の変容である。これは、世界の偉大な哲学システムの多くが認める認識の変容である。たとえば、『バガヴァッド・ギーター★』にはこうある。

すべての行動は自然の性質のみによって形作られる。自己は、利己主義に惑わされ、「私が行為者である」と考える。(7)

さらに、フィードバックの概念は、責任という倫理的な問題を複雑にする。対テロ戦争は、誰の責任だろうか？　それぞれの側の線形の視点からすれば、責任は明らかに相手側にある。「われわれに報復をさせているのは彼らの攻撃的な行動だ」。線形の視点が示唆する責任の所在はつねに単純である。物事がうまくいかないとき、悪いのは二者のうちのどちらかだ。「彼（彼女、それ）がやった（悪い）」と非難するか、「私がやった」と自分を責める。深いレベルでは、非難と自責

★　インドの宗教書

には違いがない。両方とも線形の認識から生まれるものだからだ。線形の視点から、私たちはいつも、責任があるに違いない誰かや何かを探している――それは私たち自身の中にある隠れた要因に向けられることさえある。私の息子が四歳のとき、野菜を食べるのを拒んでよくこう言った。「ぼくのおなかが食べちゃだめだって言うんだよ」。おかしくて笑ってしまうかもしれないが、息子の責任の押しつけは、「神経症のせいで私は人が信用できない」と言う大人とどれほど違っているだろうか。

システム思考を習得する際、私たちは、責任のある個人がいる（または、責任のある個人の要因がある）という前提を捨てる。フィードバックという見方は、**システムによって生み出される問題に対しては全員が責任を共有する**ことを意味するのだ。これは必ずしも、そのシステムを変えることにおいて、かかわっている人すべてが等しいレバレッジを行使できるということではない。

だが、スケープゴートの捜索――米国のような個人主義的な文化においてはとくに魅力的な気晴らし――をしても行き詰まるだけだということを意味する。

最後に、フィードバックの概念は、私たちの言語の限界を浮き彫りにする。コップに水を満たすというような非常に単純なシステムであっても、それを言葉で言い表そうとすると、とてもぎこちなくなる。「コップに水を満たすときには、フィードバック・プロセスがあって、それが私に蛇口の開閉度を調整させ、その開閉度が流水量を調整し、水位を変えるようにフィードバックする。このプロセスの目的は水位を私の目標水位まで上げることである」となる。だからこそ、システムを言い表すための新たな言語が必要なのだ。コップに水を満たすというような単純なシステムを言い表すのがこれほどぎこちないものだとしたら、**日常の言語を用いて、組織内にある複数のフィードバック・プロセスを説明するのがどれほど困難かを想像してみてほしい。**

こういったことに慣れるには少し時間がかかる。私たちには、自分の経験を言い表すための線形の言語が深く染み込んでいる。因果関係や責任についての単純な説明になじみがあり、それが快適なのだ。あなたがフランス語を学ぶために英語を捨てたりしないのと同じように、そういった単純な説明を捨てる必要はない。単純な線形の説明で十分であり、フィードバック・プロセスを探すのは時間の無駄であると思われる状況も数多くある。だが、ダイナミックな複雑性の問題に対処する場合はそうはいかない。

自己強化型およびバランス型のフィードバックと遅れ——システム思考の基本構成要素

フィードバック・プロセス★には、自己強化型とバランス型という二つの異なった型がある。**自己強化型**（**増強型**）フィードバック・プロセス（またはループ）は、成長の原動力である。物事が成長している状況にあるときはいつも、自己強化型フィードバックが働いていると思って間違いない。自己強化型フィードバックは、加速する衰退——金融恐慌が起こるときの銀行資産の縮小のように、小さな下落が増強されて、ますます大きな下落になる衰退のパターン——を生み出すこともある。

目標を指向する挙動があるときはいつも、**バランス型**（**平衡型**）のフィードバック・プロセス（またはループ）が働いている。目的が「動かないこと」ならば、バランス型フィードバックは、車のブレーキと同じように作動する。もしも目的が時速約一〇〇キロメートルで動き続けることならば、バランス型フィードバックは、あなたが一〇〇キロメートルまでは加速するものの、それ以上は速くならないようにさせるだろう。会社が目標の市場シェアを追求するときのように、目的は明白な目標である場合もあるし、やめようと思ってもやめられない悪習慣のように、暗黙の目標である場

★ フィードバック・プロセスは、「フィードバック」「プロセス」「システム」「ループ」などさまざまな言い方に置き換えられるが、すべて相互関係の構造を指している。「パターン」ならばシステムの変数の時系列変化すなわち挙動を指す。

合もある。

さらに、多くのフィードバック・プロセスには「**遅れ**」が伴い、徐々に行動の結果をもたらす「影響の流れ」を中断させる。

ちょうど英語の文が名詞や動詞から成るように、システム思考の言語におけるあらゆる考えは、これらの要素からできている。いったんその基本構成要素を学んでしまえば、物語——次章のシステム原型——を組み立て始めることができる。

自己強化型フィードバック——いかに小さな変化が大きくなり得るかを見つける

自己強化型のフィードバック・システムの中にいる場合、いかに小さな変化が——良くも悪くも——大きな結果になり得るかがまったく見えないかもしれない。だがシステムを見ることによって、多くの場合、その機能の仕方に影響を与えることができる。

たとえば、マネジャーは往々にして、自分自身の期待が部下の成果に与える影響の大きさを的確に評価できない。もしもある人が高い潜在能力をもっているとわかったら、自分はその潜在能力を引き出すようとくに注意を払う。その人が開花したら、自分独自の評価が正しかったと感じ、その人をさらに支援する。逆に、潜在能力が低いと自分がみなした人たちは、無関心と軽視の中で無気力になり、気乗りのしないふるまいをして、「彼らに関心を払わなかったことが正しかった」と自分を納得させる。

心理学者のロバート・マートンは、この現象を初めて見出し、「自己達成予言」と名付けた[8]。これは、ジョージ・バーナード・ショウの有名な戯曲（のちに『マイ・フェア・レディ』として映画化された）にちなんで、「ピグマリオン効果」としても知られている。そしてショウもまたこのタイトルを、ギリシャおよびローマ神話の登場人物であるピュグマリオンからとったのである。ピュグマリオンは、自分の彫った彫像の美しさを強く信じていたために、その彫像に生命が与えられた。

ピグマリオン効果は、さまざまな状況で働くことがわかっている。[9] 一つの例は学校であり、ある生徒についての教師の評価がその生徒の挙動に影響を与える。ジェーンは内気で、新しい学校に入った最初の学期はとくに成績が振るわない（なぜなら、ジェーンの両親はけんかばかりしているからだ）。これによって、担任の教師は、ジェーンはやる気がないと評価をする。次の学期、教師はジェーンに関心を払わなくなり、ジェーンはさらに閉じこもって、またも成績が振るわない。そのうちにジェーンは、閉じこもり、成績不振、教師によるレッテル、無関心、さらなる閉じこもりという、悪化の一途をたどる悪循環にはまっていく。このように、生徒たちは無自覚に、大人の関心が向けられることで、自分の能力について高い自己イメージをもつように「誘導」されたり、あるいは、どんどん悪化していく悪循環の中で、勉強の不振が強化されると、低い自己イメージをもつように「誘導」されたりする。

ピグマリオン効果のような**自己強化型のプロセス**では、一つの小さな変化が、それ自身を基に増強していく。どちらの向きの変化が起ころうとも、その変化が増強され、同じ方向にさらなる変化を生み出す。銀行預金が複利で増え続けていくように、ある小さな行動が、同一のものを、さらに、またさらにと増やしていって、雪だるま式に増大するのである。自己強化型（増強型）のプロセスの中には、「悪循環」もあり、その場合は、物事が悪い方向に動き出して、さらに悪化していく。「ガソリン危機」は典型的な例だ。いったん「ガソリンが不足気味」という噂が伝わると、地域のガソリン・スタンドに車がどっと給油に押し寄せる。車の行列を目にし始めると、人々はガソリン危機がきたのだと確信する。そして、パニックと買いだめが始まる。そのうちに、誰もが、ガソリン・スタンドが品切れになったときに出かけられない状況を避けるため、ガソリン・タンクの四分の一を使っただけで「満タン」にするようになる。大きな嵐の前や、停電や日常の物資が品切れを人々が予想したときに、食料や水の買いだめが起こるのも同じである。もう一つの例が銀行の取り付けであり、ある種の株の価格が下がっているという話が伝わるとその株を売ろうとするパニックが起こるのも同じだ。どれも、望ましくない方向への小さな動きが自己強化型の悪循環を引き起こす、エスカレートの構造である。

だが、自己強化型プロセスは、本質的に悪いものと決まっているわけではない。好循環──望ましい方向に強化するプロセス──もあるのだ。たとえば、運動は自己強化型の好循環につながる可能性がある。気持ちがよくなるので、さらに運動する。そうするとさらに気持ちがよくなるという見返りがあり、さらに運動を行う。対テロ戦争を逆方向に動かした場合、それが持続できれば、これも好循環になるだろう。新製品の成長にも自己強化型の好循環が働いている。たとえば、多くの製品が「口コミ」によって成長する。製品についての口コミは、(フォルクスワーゲン・ビートルやｉＰｏｄに起こったように) 雪だるま式に増加する需要を強化することができる。なぜなら、満足した顧客がほかの人たちに伝え、その人たちが今度は満足した顧客となり、さらにほかの人に伝えるからだ。今日のネットワーク・デバイスを用いれば、情報(または楽曲)を共有するという物理的行為もまた自己強化型のダイナミクスの例だ。いったん一人がデバイスを持つと、同じデバイスを持つ人とのみ情報を共有することができるので、そのデバイスがさらに選択されるのだ。

売り上げや満足の増加の原動力となる肯定的な口コミのプロセスを図にすると、図５−８のようになる。

自己強化型ループ図の読み方

製品のことを互いに伝え合う顧客によって引き起こされる、売り上げの自己強化型プロセス

図5-8が示すのは、行動が雪だるま式に増加する自己強化型のフィードバック・プロセスである。もう一度、ループをぐるりとたどって、このプロセスを追ってみよう。

よい製品である場合、売り上げが増えると満足している顧客の数も増え、それによって肯定的な口コミも増える。そうなれば、さらに売り上げが増加することになり、それによって口コミがさらに広がる……というように続く。一方、欠陥のある製品の場合、この好循環が悪循環になる。売り上げ減少は、満足している顧客の数の減少につながり、それが肯定的な口コミを減少させ、ひいては売り上げを減少させる。これが、肯定的な口コミのさらなる減少、そして売り上げの減少へとつながる。

自己強化型ループによって起こる挙動は、加速的な成長か加速的な衰退である。たとえば、核兵器開発競争は過去半世紀にわたって、武器備蓄の加速的な増加を生み出してきた（図5-9）。一方、銀行の取り付けは、銀行預金残高の加速的な縮小を生み出す。

民衆の知恵は、自己強化型ループのことを「雪だるま式効果」、「バンドワゴン効果」または「悪循環」などと言い表したり、特定のシステムを表現して「金持ちはさらに金持ちになり、貧乏人はさらに貧乏になる」と言ったりする。ビジネスでは、新製品やできたばかりの組織へ

図 5-8

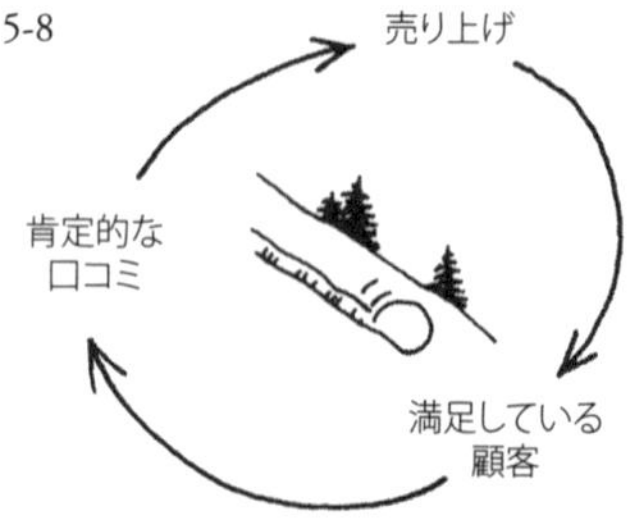

★ループ内に雪玉が斜面を転がる図があるのは「自己強化型ループ」である

図 5-9

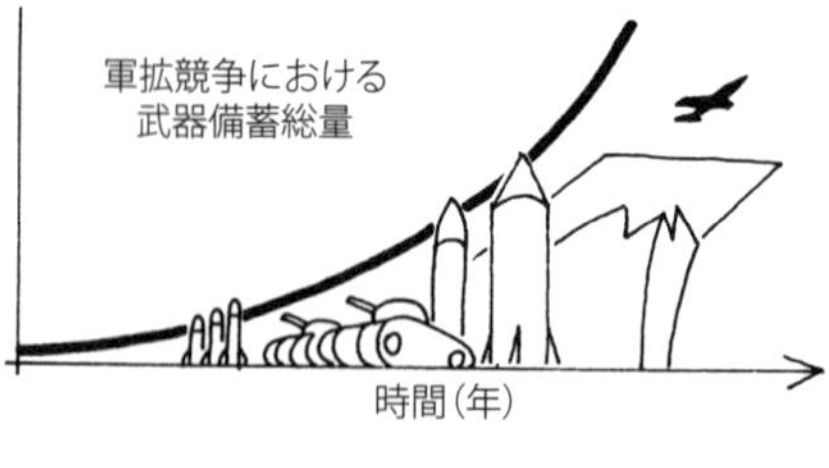

の信頼醸成においては、「勢いがすべてである」ことを知っている。また、悪い方へ向かう自己強化型の悪循環のことも知っている。「ネズミたちが船から飛び降りようとしている」という表現は、数人が自信を失うとたちまち、その人たちの逃避が、自信喪失の悪循環にはまって他の人の逃避を引き起こす状況を示している。口コミが反対方向に動くことも大いにあり得ることで、（毒物を盛られた市販薬に起こったように）市場の惨事を生み出すこともある。

良いニュースでも悪いニュースでも、その自己強化型ループは非常に急激に加速するので、人々を驚かせることが多い。フランスの学校で繰り返し教えられる話がこのプロセスを如実に表している。ある池の隅にスイレンの葉が一枚だけある。だが、その葉の数は毎日二倍に増える。池いっぱいを覆い尽くすには三〇日かかるが、二八日目までは誰も気づきさえしない。二九日目になって突然、池の半分がスイレンで覆われ、村人たちは状況を憂慮した。だがこの時には、打てる手はほとんどなくなっている。翌日、彼らが最も恐れていたことが現実となる。だからこそ、環境の危機は非常に厄介なのである。自己強化型のパターンをたどるものはとくにそうだ。問題に注意が向けられたときには手遅れの可能性があるのだ。種の絶滅は往々にして、長期間にわたって減少がゆっくりと次第に加速していき、急激に崩壊するというパターンをたどる。企業の崩壊も同じだ。

だが、現実には、純然たる加速的な成長または衰退が抑制されないまま続くことはめったにない。なぜなら、自己強化型のプロセスが孤立して起こることはほとんどないからだ。いつかは限界にぶつかり、それによって成長の速度が遅くなったり、成長が止まったり、一進一退となったり、成長が逆転することさえある。スイレンの葉でさえも、池の周囲という限界にぶつかったときには成長が止まる。こういった限界は、**バランス型フィードバック**の一形態である。このバランス型フィードバックが、自己強化型プロセスに続く、システム思考の二つ目の基本構成要素である。

バランス型フィードバック——安定と抵抗の源を見つける

あなたがバランス型のシステムの中にいるとしたら、それは安定を求めるシステムの中にいるということだ。そのシステムのめざすものが自分にとって良いものなら、幸せな結果になるだろう。そうでない場合、物事を変えようとするあなたの努力はどれも——自分の目的を変えるか、フィードバックの影響を弱めるかのどちらかができない限り——うまく進まないだろう。

自然はバランスを愛する——が、多くの場合、意思決定者は、こういったバランスに反した行動をとり、その代償を払う。たとえば、予算面での制約を受けているマネジャーは、コストを削減しようと人員を削減することが多いが、結局、残ったスタッフが残業していて、コストはまったく減っていないことに気づく。残りの仕事をコンサルタントに外注し、あるいは残業代が削減分を相殺したためである。コストが抑制されないのは、**システムには、システム自身がめざすところがあるからだ。**暗黙の目標——表には出てこないが、まさに真の目標——は、やるべきだと期待されている仕事量である。

バランス型（均衡型）のシステムには、何らかの目標または目的を維持しようとする自己補正能力がある。コップに水を満たす行為は、「水がいっぱいに入ったコップ」という目標をもったバランス型プロセスだ。従業員の新規雇用は、「人員規模の目標数または目標増加数」という目標をもったバランス型プロセスである。車のハンドル操作や、自転車に乗ってバランスをとる行為も、バランス型プロセスの例で、その目標は望んでいる方向に進むことだ。

バランス型のフィードバック・プロセスはいたるところにある。目標を指向するあらゆる挙動の根底にあるのだ。人体などの複雑な有機体には、体温やバランスを維持したり、傷を癒したり、光の量に合わせて視力を調節したり、脅威に対する注意を私たちに喚起したりする、何千ものバランス型のフィードバック・プロセスが含まれている。生物学者ならば、こういったプロセスはすべて、私たちの身体が**恒常性**《ホメオスタシス》――変化を続ける環境の中で生き残るための条件を維持する能力――を得るための仕組みであると言うだろう。バランス型フィードバックは、私たちが食べ物を必要としているときには食べるように促し、休養を必要としているときには眠るように、寒いときにはセーターを着るように促す（図5-10）。

すべてのバランス型プロセスにおいてそうであるように、重要な要素――たとえば体温――はその望ましいレベルに向かって徐々に適応していく。

組織や社会は、同じくバランス型フィードバック・プロセスが無数にあるという点で、複雑な有機体と似ている。企業の場合、製造や材料発注のプロセスは、入ってくる注文の変化に応じて、つねに調節を行っている。短期的な価格（割引価格）や長期的な価格（表示価格）は、需要や競合他社の価格の変化に応じて調節される。そして、借り入れは、現金残高や資金ニーズの変化に合わせて調節される（図5-11）。

計画は、長期的なバランス型プロセスを生み出す。人事計画は、予想されるニーズに合わせて、社員数や社員の能力プロフィールの長期的な成長目標を定める。市場調査や研究開発の計画は、新製品の開発を策定したり、競争上の優位を確立するための社員や技術、資本設備への投資を決定したりする。

図 5-10

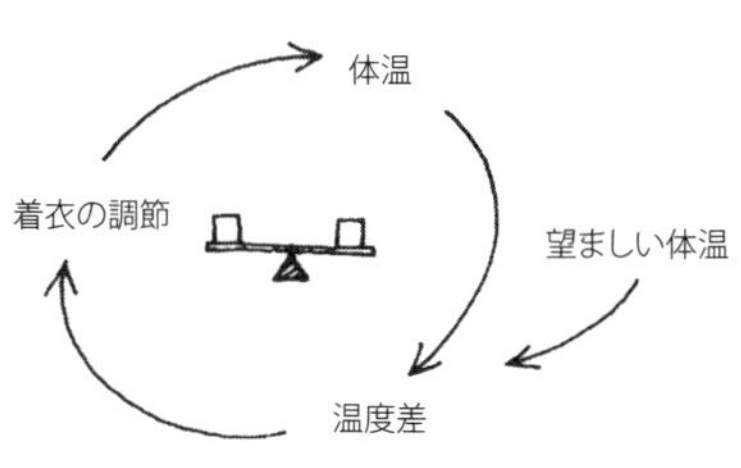

図 5-11

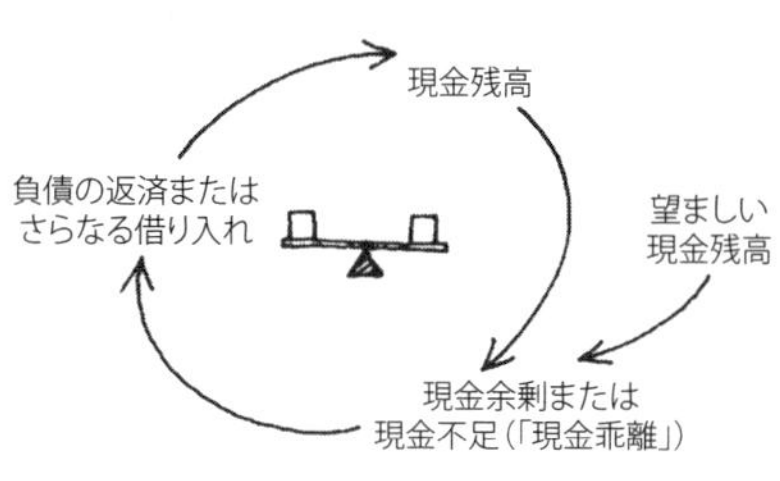

★ループ内にシーソーのあるのは「バランス型ループ」である

マネジメントにおいてバランス型プロセスを非常に難しくしているのは、目標が暗黙のものである場合が多いことと、誰もそのバランス型プロセスが存在することを認識していないことである。ある仲の良い友人が、急速に成長していた教育研修事業で、専門家の燃え尽き症候群を減らそうと実りのない努力をしていたことを思い起こす。この友人は、社内にメモを回覧し、就業時間を短縮したりしたうえ、オフィスを閉めて施錠する時間を早めることまでした。すべては社員の残業をやめさせるためだ。だが、こういった行動はすべて帳消しになった。社員は回覧を無視し、短縮された就業時間には従わず、オフィスが閉められると仕事を家に持ち帰った。なぜだろうか？　それは、その組織の不文律は、真の英雄、つまり本当に組織を愛し、出世した人は週に七〇時間働いた人だったからである。これは、私の友人自身が、自分の並はずれたエネルギーと長時間労働によって確立した基準だったのだ（図5-12、13）。

　有機体がどのように機能するかを理解するためには、そのバランス型プロセス――明白なものと暗黙のものの**両方**――を理解しなければならない。私たちは、多くの身体の部分や器官、骨、静脈、血管については十分に理解できるかもしれないが、身体がどのように機能するかについては、筋神経系がどのようにバランスを保ち、循環系がどのように血圧と酸素レベルを保つのかを理解しない限り、理解することはできないだろう。社会制度を再設計しようとする試みの多くが失敗するのはこのためだ。国が統制する経済は、自由市場のシステムで働く複数の自己補正プロセスを分断してしまうため、うまくいかない[10]。これが、企業合併が往々にして失敗する理由でもある。ボストンにあった二つの病院――ともに患者のケアについては抜群の伝統があった――が数年前に合併し

図 5-12

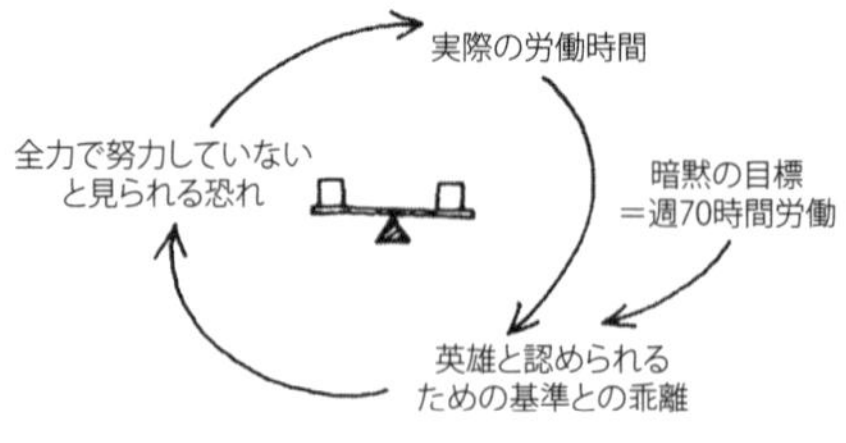

図 5-13

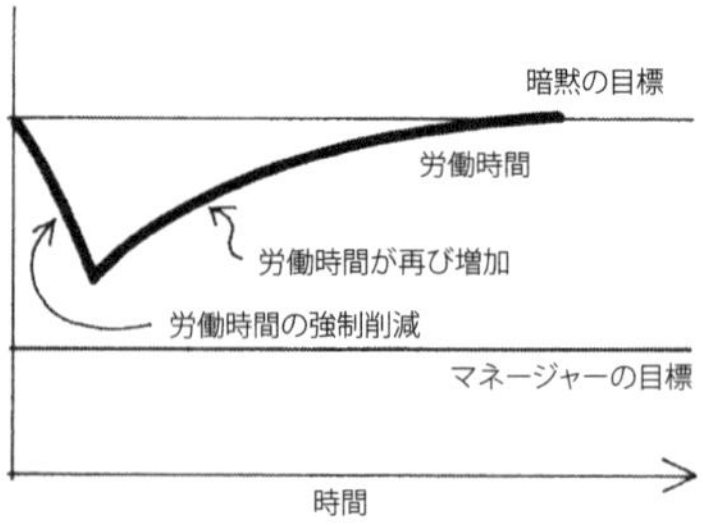

た際、より大きくなった新病院は最新式の設備を備えていたが、元の病院の特徴であった「個人のケアと従業員の忠誠」の精神を失った。合併した病院では、以前の病院にあった、質に気を配り、職員のニーズに関心を払い、患者との友好的な関係を保っていた微妙なバランス型プロセスが、新しい管理の体制と手順によって乱されたのである。

バランス型プロセスは、概念は単純であるが、気づかずにいると驚くべき問題行動を生み出す可能性がある。

一般に、バランス型ループは、何も起こっていないように**見える**場合が多いため、自己強化型よりも気づきにくい。売り上げや営業費用、核兵器やハスの葉が急激に増加したりすることはない。それどころか、バランス型プロセスは、すべての関係者が変化を望んでいるときでさえ、現状を維持する。ルイス・キャロルの『鏡の国のアリス』に登場する赤の女王が言うように、「同じところにいるために、全力で走らなければならない」感覚があるとしたら、バランス型ループがすぐ近くにあるに違いない。

組織を変えようとするリーダーたちは、気がつくと無意識のうちにバランス型プロセスに陥っていることがよくある。リーダーたちには、自分たちの努力が、どこからともなく現れたかに思える突然の抵抗と衝突しているように見える。実際には、私の友人が燃え尽き症候群を減らそうとしたときに見出したのと同じように、この抵抗は、暗黙の目標を維持しようとする、システムの反応なのだ。この暗黙の目標が認識されない限り、変化の努力は失敗する運命にある。リーダーが模範であり続ける間は、リーダーの仕事のやり方が基準となるであろう。リーダーが仕事のやり方を変えるか、異なる新しい模範を確立するか、そのどちらかをしなければならない。

変化に対する抵抗があるときはいつでも、一つ以上の「隠れた」バランス型プロセスがあると言ってよいだろう。変化への抵抗は、気まぐれでも不可解でもない。それは必ずと言っていいほど、従来の規範ややり方への脅威から生じるのだ。多くの場合、こういった規範は、確立された力関係の編み目の中に組み込まれている。権限や支配の分布は固定化しているため、規範も固定化しているのだ。術策に富んだリーダーならば、変化に対する抵抗に打ち克とうとさらに強く押すのではなく、抵抗の源を見つける。暗黙の規範や、その規範が組み込まれている力関係に直接焦点を当てる。

バランス型ループ図の読み方

現金余剰または現金不足に応じて現金残高を調節するバランス型プロセス

図5-14はバランス型のフィードバック・プロセスを示している。

このプロセスを自分でたどっていくには、通常、望ましい姿と現実との乖離から始めるのがいちばん簡単である。

ここでは、キャッシュフローのニーズに対して、手元現金が不足している（つまり、望ましい現金残高と現実の現金残高の間に乖離がある）。

次に、その乖離を是正するためにとられている行動を見よう。

借り入れをすると、現金残高が増え、乖離が小さくなる。

この図は、バランス型プロセスがつねに、望ましい姿と現実との間にある乖離を小さくするために働いていることを示している。さらに、望ましい現金残高などの目標は、時間がたつうちに、事業の成長や衰退に伴って変化する。それにもかかわらず、このバランス型プロセスは、

図 5-14

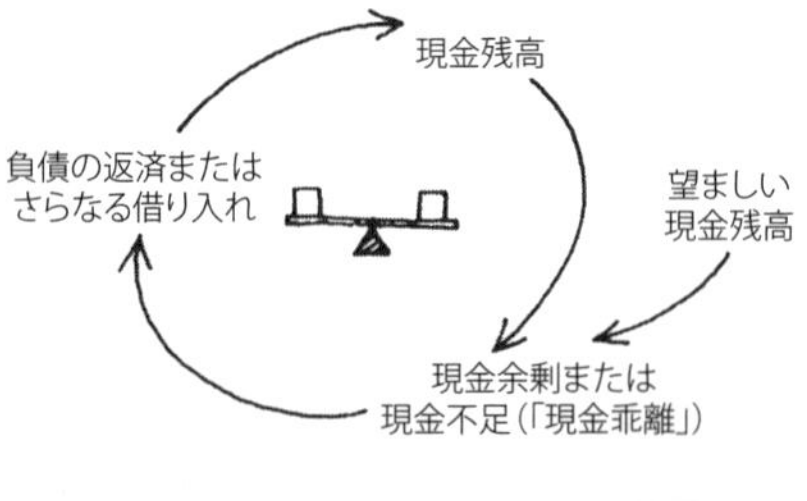

たとえ目標レベルが変動していようとも、実際の現金残高を、必要とされる残高に合わせて調節しようと働き続けるだろう。

遅れ——やがて……物事は起きる

これまで見てきたように、システムは、それ自身が意図をもつように思える。とりわけそれを実感するのが、遅れ——行動と結果との間の途切れ——がある点だ。遅れのために、目標を行き過ぎて失敗することもあるし、逆に、遅れを認識してうまく連動して動けばプラスの効果が得られることもある。

『スローン・マネジメント・レビュー』誌に掲載されたある有名な記事で、アナログ・デバイセズの前CEOであり、マサチューセッツ・ハイ・テクノロジー評議会の創設者でもあるレイ・ステイタは、こう書いている。「システムの能力を高めるための最大のレバレッジ・ポイントの一つは、システムの中の遅れを最小にすることだ」。ステイタはこの記事で、一九八〇年代後半に米国の製造業者の間で起こった、在庫方針への認識の高まりについて述べている。米国の製造業者が従来行ってきた倉庫内の在庫の厳格な管理に焦点を当てることは、日本の製造業者が行っていた、そもそも過剰在庫や過小在庫が起こらないように遅れを減らす方法よりも本質的にレバレッジが小さかったのである。このことから、次第に「時間ベースの競争」という考え方が生まれた。ボストン・コンサルティング・グループの副社長であるジョージ・ストークは、「大手企業の——生産、新製品開発、営業、流通における——時間管理方法は、競争優位を失う新たな最大の原因となる」

と言っている。やがて、遅れを縮小することがいかに重要であるかを十分に理解することが、「フレキシブル生産システム」や今日の「リーン生産方式」へと発展した(11)。

行動と結果の間の遅れは、人間のシステムのいたるところにある。私たちは遠い将来に利益を得るために今投資をする。私たちは今日ある人を雇うが、その人が十分生産性を高めるには数カ月かかるだろうし、利益を生むのは数年後と知りながら新規プロジェクトに資源を投じる。だが遅れは正しく評価されず、不安定につながることが多い。たとえば、ビール・ゲームの意思決定者は、入荷するはずなのに入荷されない原因となっていた「遅れ」の判断をつねに誤っていた。

ある変数が別の変数に影響を及ぼすのに時間がかかる場合、遅れは、システム言語の三つ目の基本構成要素となる。すべてのフィードバック・プロセスに何らかの形で遅れがあると言ってもよい。だが、その遅れが認識されないか、よく理解されないことが多いのである。これが結果的に「行き過ぎ」を招き、望ましい結果を得るのに必要なレベル以上に進んでしまうのである。食べることと満腹に感じることの間にある遅れはいつも、多くの浮かれた食事客にとって宿敵であった。食べるのをやめるべきときに私たちはまだ満腹感がなく食べ続けて、つい食べ過ぎてしまう。新規建設プロジェクトの開始とその完成との間にある遅れは、不動産市場の建物過剰を招き、次いで、淘汰が起こる。ビール・ゲームでは、ビールの注文を出してから受け取るまでの間の遅れが、繰り返し、過剰発注という結果を招く。

また、遅れが認識されていないと、とくに遅れが大きい場合に、不安定と崩壊につながることもある。たとえば、シャワーの水温が変わるまでに一〇秒の遅れがある場合、遅れが一～二秒であるときと比べて、シャワーの温度調節ははるかに難しい。

遅れの読み方

遅れを伴うバランス型プロセス――反応の遅いシャワー

ここに再び登場するのは、前述の「蛇口」のループ図である――が、今回は、配管が旧式のシャワーだ。蛇口を回してから水量が変わるまでに大きな遅れがある。二本の平行線が遅れを表す（図5-15）。

二本線が入った矢印の線は、遅れが何秒（あるいは年）間続くかを示すものではない。他の因果関係に比べて相当に遅れるとわかるのみだ。

遅れを伴う矢印をたどるときは、頭の中で語る物語に「やがて」という言葉を付け加えよう。「蛇口のハンドルを動かし、それによってやがて水量が変わった」、または「新規建設プロジェクトを開始し、やがて家が完成した」という具合だ。このプロセスをたどって読む際に、「一、二」と拍子を数えてもよいだろう。

図 5-15

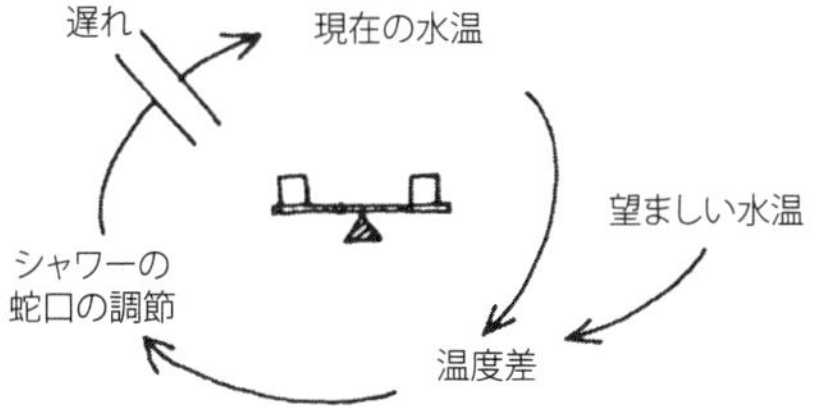

温度を上げた後の一〇秒間、水は冷たいままである。あなたは自分の行動に対する反応をまったく得られない。そこで、自分の行動は何の影響も及ぼさなかったと考える。あなたは、それに応じて温度を上げ続ける。やっとお湯が出てきたときには、蛇口から九〇度の熱湯が噴出している。あなたは飛び退き、蛇口のハンドルを逆に戻す。そして、また遅れがあって、再び冷たい水になる。あなたは延々とバランス型ループのプロセスを進んでいく。調節のそれぞれのサイクルは、前のサイクルをいくらか補正したものになっている。時系列の変化は図5-

16のようになるだろう。

あなたの行動が積極的であればあるほど——シャワーのハンドルを大きく回せば回すほど——、ちょうどよい温度に到達するまでの時間が長くなるだろう。これが、遅れを伴うバランス型ループについての教訓の一つである。その積極的な行動は往々にして、意図されていることとのちょうど反対の結果を生み出す。それは、目標により早くあなたを近づけるのではなく、不安定性と振動を生み出すのだ。

遅れは、自己強化型ループにおいてもやはり厄介である。対テロ戦争の例では、それぞれの側が、自分たちは活動を拡大することで優位を得ると考える。なぜなら、それに対する相手側の反応に遅れがあるからだ。この遅れは、次の攻撃のサイクルのための資源を集めるのに時間が必要なため、数日から数カ月、場合によっては数年にも及ぶ可能性がある。エスカレートのプロセスを動かし続けているのは、一つにはこの一時的な優位が認識されることによる。もしもそれぞれの側が相手側の増強に対して瞬時に反応することができれば、増強を続けようとする動機はなくなるだろう。

システム的な見方は通常、長期的な視点を志向する。だからこそ遅れやフィードバック・ループが非常に重要なのである。短期的には、それらは無視できる場合が多く、重要度はそれほど大きくない。しかし長期的には、遅れやフィードバック・ループの影響が現れ、あなたにつきまとうのだ。

自己強化型フィードバック、バランス型フィードバック、遅れは、どれも非常に単純である。これらは、「システム原型」——個人や仕事上の生活で何度も繰り返し起こる、より複雑な構造——の基本要素となる。

図 5-16

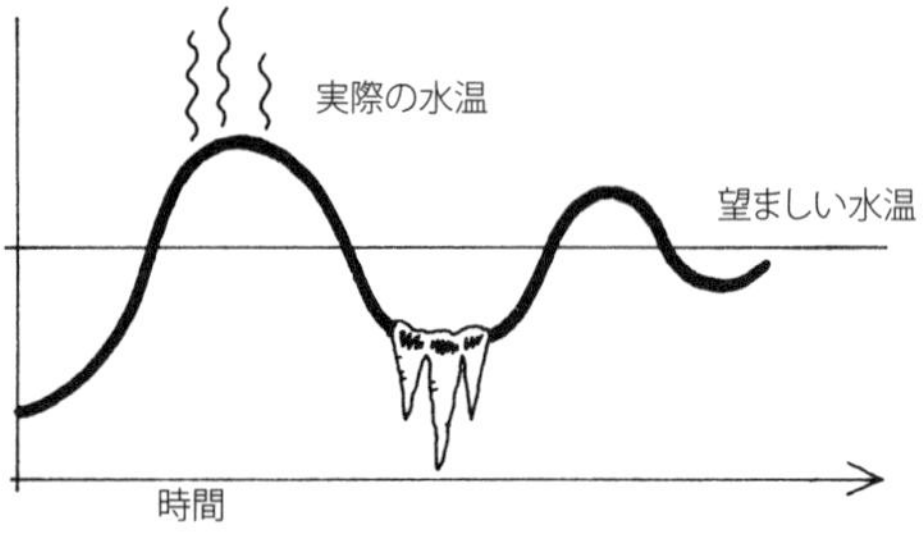

第6章 「自然」の型——出来事を制御する型を特定する

数年前の春、メイン州でカヌー旅行をしているとき、悲惨な事故を目撃した。小さなダムに近づいたため、迂回して陸上を進もうと岸にカヌーを寄せた。後から来た別のグループの、酒を飲んでいた一人の若い男性が、ゴムボートでダムを越えていくことにした。ボートはダムを越えた後に転覆し、男性は凍りつくような水の中に投げ出された。遠くて助けの手も届けられず、私たちは彼がダムの底で、激流に逆らい渦から逃れようと必死にもがいているのを、恐怖のうちに見つめていた。彼がもがき続けていたのはわずか数分だった。低体温症で亡くなったのである。彼の身体は渦巻く水の中に吸い込まれていった。その数秒後、彼の身体は、ダムの底の大渦巻きから自由になって、一〇メートルほど下流に浮かび上がった。彼が人生の最後の瞬間にやろうとしてできなかったことを、彼が死んだ数秒後に川の水流が成し遂げたのである。皮肉なことに、彼の命を奪ったのは、ダムの底で流れに逆らってもがいたことそのものだった。唯一の脱出方法は「直感に反する」ものであることを彼は知らなかったのだ。顔を水面上に出そうとせずに、水流に身を任せていれば、彼は助かっていただろう。

この悲惨な話は、まず第三章のビール・ゲームで示し、第五章冒頭の対テロ戦争のところで再び示した、システム思考の本質を物語っている。**私たちの気づかない構造が私たちを虜にするのだ。**逆に言えば、私たちの行動を取り巻くシステムの構造を見ることを学ぶことは、今まで見えていなかった力から自分自身を解放し、最終的にその力と連動したりその力を変えたりする能力を身につけるプロセスの第一歩である。

システム思考という歴史の浅い分野から得られる洞察のうち、最も重要で、最も大きな力を与えてくれる可能性のある洞察の一つは、特定の型《パターン》の構造が繰り返し、繰り返し起こるということだ。このような「システム原型」または「一般的構造」は、私たちの個人的・組織的生活にある構造を見ることを学ぶうえでのカギとなる。システム原型――その数はそれほど多くはない(1)――は、大半のマネジメントの問題は特異なものではなく、経験豊かなマネジャーなら直観的に知っているものであることを示している。

自己強化型およびバランス型のフィードバックや遅れが、システム思考の名詞や動詞のようなものだとすれば、システム原型は、基本的な文や、何度も繰り返し語られる単純な物語のようなものだ。文学には、異なる登場人物や設定で書き直された、共通のテーマや繰り返し起こるあらすじがあるように、いくつかのシステム原型が、非常にさまざまなマネジメントの状況に共通している。

システム原型を見れば、マネジメントの問題が抱える複雑性の根底にある、信じられないほどすばらしい単純さが理解できる。より多くのシステム原型の種類を見分ける方法を学ぶにつれて、困難な課題に直面した際にレバレッジがある場所をより多く見つけたり、レバレッジを他の人に説明したりできるようになる。

システム原型についての知識を深めれば、私たちの抱える最も厄介な問題の一つでありマネジャーやリーダーが絶え間なく闘っている「専門化と知識の細分化」という問題に対処するうえで役立つだろう。いろいろな意味で、システム思考に最も大きく期待できる点は、あらゆる分野にまたがる知識の統合である。こういった同じ原型が、マネジメントにおいてだけでなく、生物学や心理学、家族療法でも起こるし、経済学や政治科学、生態学でも繰り返し起こるからだ(2)。

原型が家族や生態系、ニュース記事、あるいは企業の中で起こったとき、とらえにくさゆえに、それらは見えるというよりも感じられる場合が多い。「このパターンの力を以前に見たことがある」という直観――デジャ・ブの感覚――を生み出すこともある。「ほら、まただ」と、あなたは心の中で思う。経験豊かなマネジャーはすでに、繰り返し起こる、こういったあらすじの多くを直観的に知っているが、それをどう説明したらよいかわかっていない場合が多い。システム原型はそれを説明する言語を提供する。システム原型によって、それがなければ単に「マネジメントの判断」で終わってしまうものの多くを明確化できるのだ。

システム原型を習得することによって、組織は、システム思考を実践する道を歩き出す。システム思考を信奉し、「全体像を見て、長期的な視野をもたなければならない」と言うだけでは不十分である。システム思考の法則（第四章）や、ビール・ゲーム（第三章）などのシミュレーションで明らかになったような基本的なシステムの原則を理解するだけでは足りない。（おそらくコンサルタントの助けを借りて）特定の問題の根底にある特定の構造を見るだけでも十分ではない。**それを問題解決につなげることはできるかもしれないが、そもそも問題を生み出した考え方を変えはしないからだ。**学習する組織にとって、マネジャーたちがシステム原型の観点から考えるようになって初めて、システム思考は活発で日常的な動作主となり、いかに私たちが自分たちの現実を生み出すのかを絶えず明らかにするようになる。

システム原型の目的は、働いている構造にもっと目を向け、その構造の中のレバレッジをもっと見つけることができるように、私たちの認識を修正することである。いったんシステム原型が特定できれば、レバレッジの高い変化や低い変化がどのあたりにあるかが必ずわかるだろう。現在、研究者たちによって、およそ一二のシステム原型が見つかっている。そのうちの九つを本書で紹介し、活用する（付録②に本書で用いた原型の概要を記載している）。すべての原型が、自己強化型プロセス、バランス型プロセス、遅れというシステムの基本要素からできている。以下の二つの原型は、頻繁に起こり、他の原型や、より複雑な状況を理解するための足掛かりとなるものである。

原型① 成長の限界

定義

自己強化型（増強型）のプロセスが望ましい結果を生み出すように働いている。成功の好循環を作り出すが、気づかないうちに、やがてその成功を減速させる（バランス型のプロセスで明示される）副次的な影響も生み出している。

マネジメント原則

成長を無理に加速させない。成長の制約要因を取り除く。

どんな場合に見られるか

「成長の限界」の構造は、成長が限界にぶつかるあらゆる状況を理解するのに役立つ。たとえば、組織はしばらくの間、成長を続けるが、その後成長が止まる。作業グループはしばらく改善するも

の の、やがて改善が滞る。個人はしばらくの間は進歩するが、その後、頭打ちになる。

良かれと思ってではあるが突然なされた改善の取り組みの多くが、成長の限界にぶつかる。農家は、肥料を施すことで収穫量を増やすが、やがてその地域の降水量が維持できる収穫量を超えると、収穫量の増加は止まる。急激なダイエットは、最初はうまくいって脂肪を一〜二キロ落とせるが、やがてダイエットをしている人の決意が揺らぐ。私たちは、急激に高まる約束期限の重圧を「解決する」ために、長時間労働をするかもしれない。だが、ストレスと疲労が加わることで作業の速度と質が落ち、長時間労働の効果が相殺される。

他人の批判ばかりするなどの悪癖を直そうとする人たちは、成長の限界にぶつかる。最初は努力が実を結ぶ。前ほど批判をしなくなるのだ。周りの人たちは、以前よりも助けてくれると感じ始める。周りの人たちは、肯定的な感情でそれに応え、それによってその人は気分が良くなり、さらに批判をしなくなる。これは、行動の改善、肯定的な感情、さらなる改善という自己強化型の好循環である。だが、やがて、決意が弱まる。おそらく、他人の行動が自分に大きな問題を引き起こす状況に直面し始めるだろう。「一つか二つの些細なことであれば難なく見過ごせるが、**これはかり**はまた別の話だ」といった具合に。あるいは、単に無頓着になり、自分の条件反射的な批判に対して前ほど細かく抑えようとしなくなるかもしれない。何がしかの理由で、やがて昔ながらの習慣に戻ってしまうのだ。

以前、私たちが開いたセミナーで、ある参加者が言った。「あら、ちょうど恋愛と同じね」。私はおそるおそる「どんなふうに?」と尋ねた。その女性はこう答えた。「ええと、まず二人が出会うでしょ。少しの時間をいっしょに過ごして、それがすごくすてきだった。そこでもっと長くいっしょに過ごす。で、もっとすてきだった。そのうちに、空いている時間はずっといっしょにいるようになるわ。そうして二人は互いのことをよく知るようになるの。そうすると、彼はいつもあなたのためにドアを開けてくれるわけではなくなるし、一晩おきにくる男友達からのボウリングの誘いをすっぱりとは断らなくなるの。彼は、あなたが嫉妬深い性質であるとか、短気であるとか、あまりきれい好きではないとか、そういうことに気がつくの。それが何であれ、互いの欠点が見えてくるのね」。この女性が指摘したように、互いの欠点がわかるにつれて、気持ちの大きな高まりは突然終わり――そして、逆にしぼんでいくことさえあるかもしれない。そうして、互いに対する感情は、出会ったときよりも悪くなるのだ。

構造

「成長の限界」の各例には、しばらくの間はそれ自体の力で動作する、成長や改善の自己強化型（増強型）プロセスがある。やがてそれがバランス型（平衡型）のプロセスにぶつかり、そのバランス型プロセスが作用して成長を制限する。これが起こると、改善の度合いが鈍化したり、停止したりすることさえある（図6-1）。

構造の理解とその活用

「成長の限界」の構造は、さまざまなレベルの組織で動作する。たとえば、ハイテク関連組織は、新製品導入に長けているため、急速に成長する。新製品が成長するにつれて、収益が増加し、研究開発予算が拡大し、技術スタッフや研究スタッフが増加する。やがて、この急増する技術スタッフのマネジメントがますます複雑で困難になる。幹部技術者にマ

図 6-1

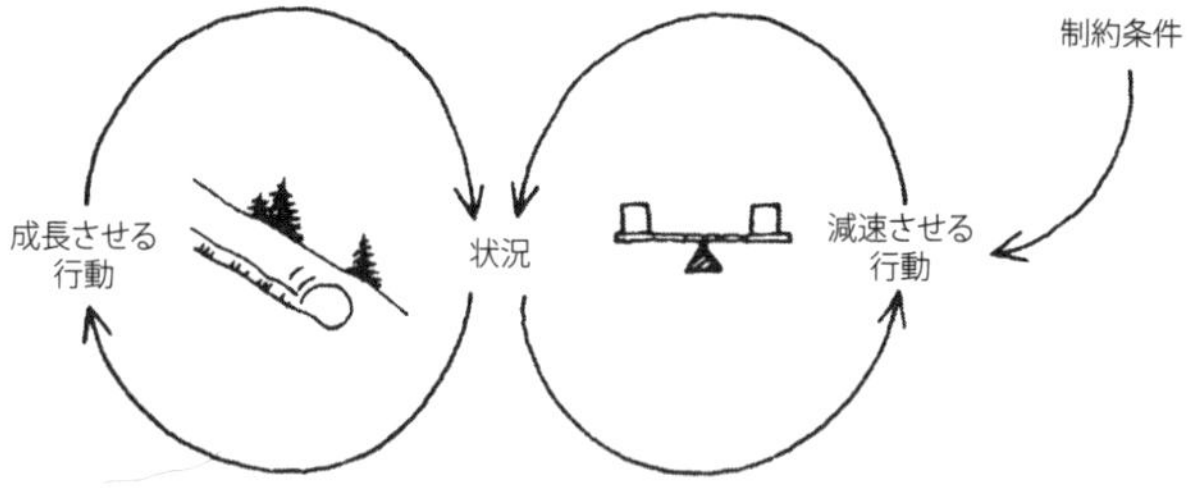

ネジメントの負担がのしかかり、技術開発の仕事には前ほど時間を割けなくなる。最も経験豊富な技術者を技術開発の仕事からマネジメントに転換することによって、製品開発にかかる時間が長くなるという結果を招き、新製品導入のスピードが鈍化する。[3]

「成長の限界」の構造になっているループ図の場合はどれも、自己強化型の成長ループから読み始めるとよい。このループは構造に最初の推進力を与える。自分でループをぐるりとたどってみよう。新製品の成長がどのように収益を生み出し、次にそれが再投資されてさらに多くの新製品を生み出すかを考えてみてほしい。だが、ある時点で、力が変化する。たとえばここでは、研究開発予算の増加はやがてマネジメントを行う幹部技術者の能力を超えた複雑性をもたらし、貴重な製品開発の時間を転用せざるを得なくなる。時間的遅れののちに（どのくらいの遅れになるかは、成長のスピード、製品の複雑さ、技術者のマネジメント技能による）、新製品の導入が鈍化し、全体の成長が減速する（図6-2）。

「成長の限界」が起こるもう一つの例は、法律事務所やコンサルタント会社などの専門組織が、小規模のときに急速に成長し、目覚ましい昇進の機会を提供する場合である。やる気が高まり、才能ある若手社員は大いに意欲的になり、一〇年以内にパートナーに昇進することを期待する。だが、会社が大きくなるにつれて、その成長は鈍化する。ニッチ市場が飽和し始めるのかもしれないし、または、共同設立者たちがこれ以上の持続的な急成長は難しいと感じる会社規模に達するのかもしれない。だが、成長率が鈍化すれば、昇進の機会が減り、若手社員の間の争いが増え、全体的にやる気が低下する。この成長の限界の構造は、図6-3のように表すことができる。[4]

図 6-2

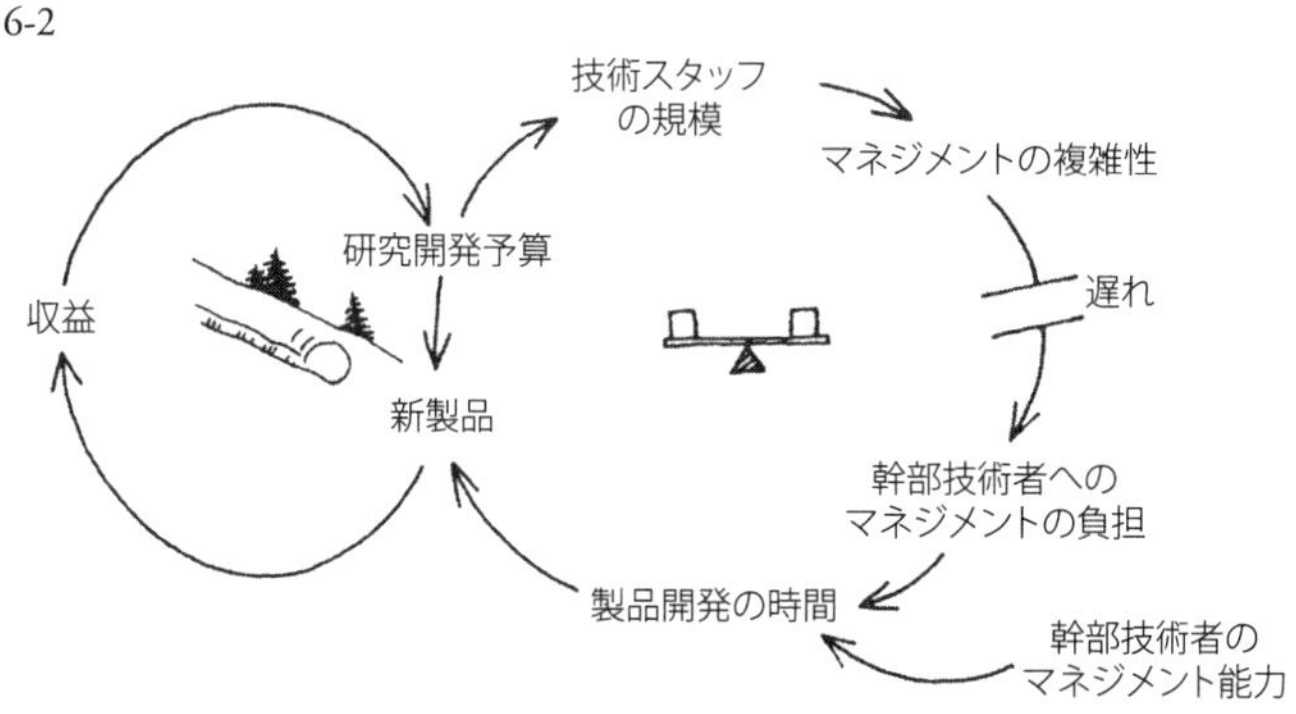

挙動のパターン

これらの構造のそれぞれで、次第に限界がより大きな力をもつようになる。当初の急上昇の後、成長はどういうわけか頭打ちになる。このハイテク企業は、画期的な新製品を開発したり急成長を生み出したりする能力を二度と取り戻すことはないかもしれない。

ついには、成長が大きく鈍化したあまり、自己強化型のスパイラルが向きを変えて、反対方向に回るかもしれない。法律事務所やコンサルティング会社は、そのニッチ市場における支配力を失う。間もなく、実際にその会社内のやる気が、反対方向に回る自己強化型ループによって引き起こされる下方スパイラルに入ってしまう（図6-4）。

「成長の限界」の構造は、組織の変化を妨げる場合が多い。その変化は当初は勢いを得ていくように思われるが、その後に失速する。たとえば、多くの変化の取り組みが、当初はある程度前進するにもかかわらず、失敗する。ある意図された変化が実行され始めると、問題解決や結果は改善し始め、それによって意図された変化への決意が強まる。だが、その変化がうまくいけばいくほど、他の人に脅威を与える可能性があり、脅かされた人たちが変化の実行を妨げ始める。『フィールドブック学習する組織「10の変革課題」[5]』の中で、私たちは、そのようなバランス型プロセスが、そうでなければ将来有望であるはずの変化の取り組みをどのようにして妨げる可能性があるか、いくつかの特

図 6-3

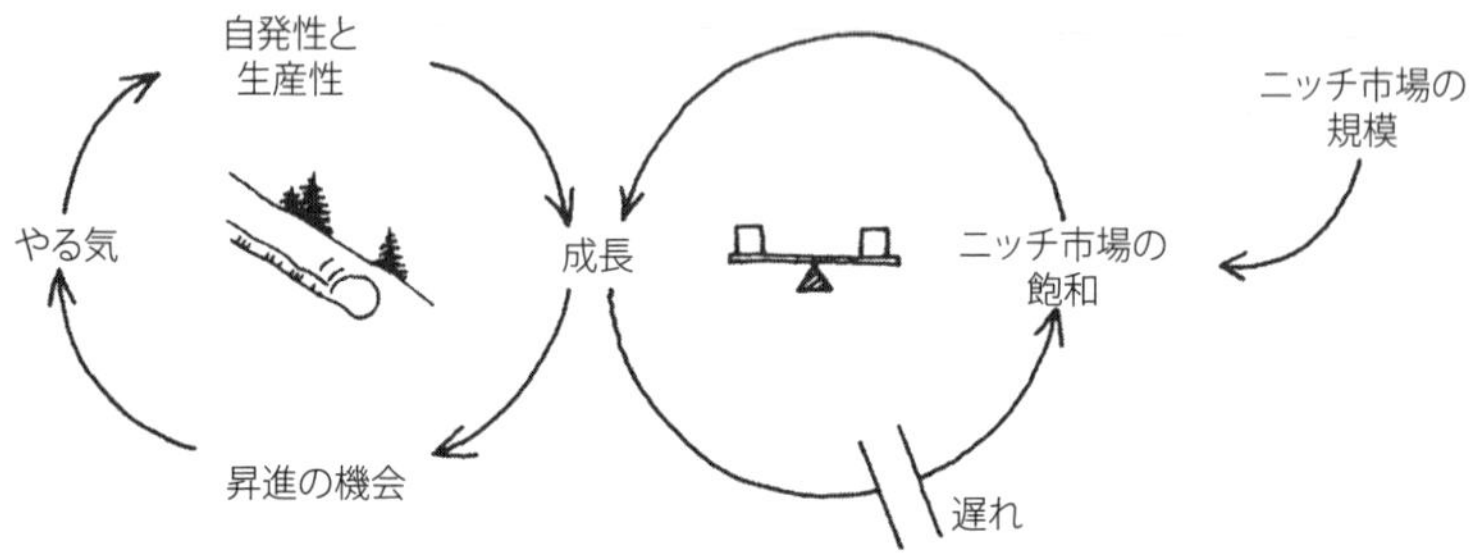

図 6-4

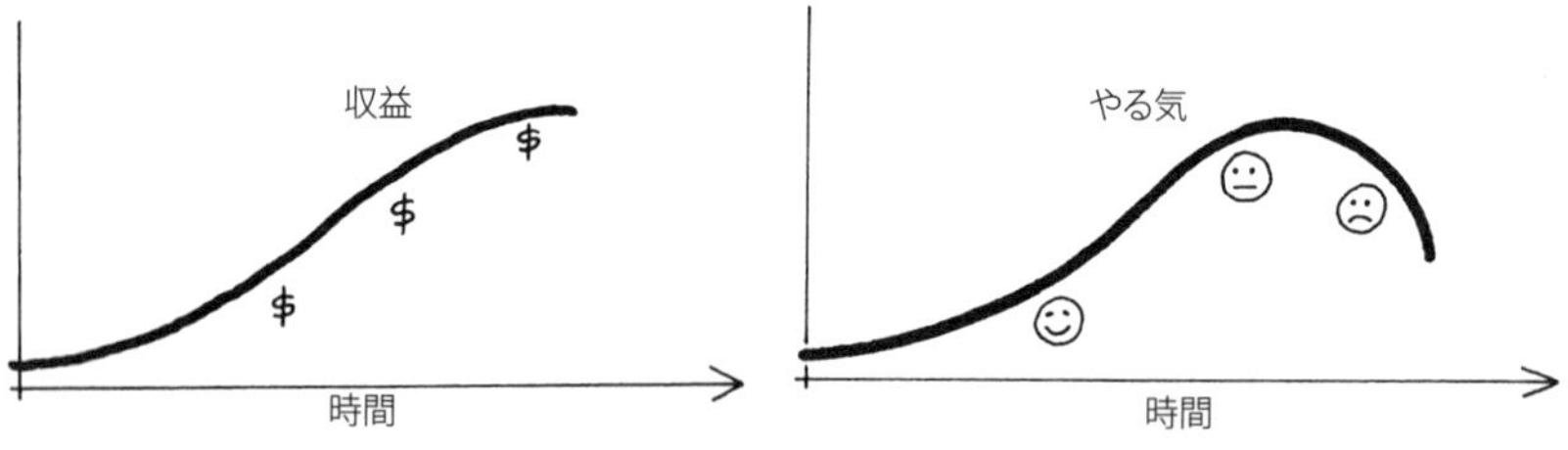

定のパターンを明らかにした。それは、（一）高まる組織の風通しのよさや率直さによって脅かされる支配志向のマネジャー、（二）変化のコストは明らかにするものの、メリットが明らかになるには時間がかかるような成果測定指標における遅れ、（三）物事の新しいやり方への転換と、主流派の文化を守ろうとする人々との間の二極分化と競争、（四）さまざまな変革者グループ間での関係構築を阻害する、分裂したマネジメント構造、などである。

　バランス型の力の結果として、しばらくの間は望ましい変化が実現するが、その後、横ばいになり、たいていは衰退する。しばしば、期待はずれの結果に対する推進派の対応が事態を悪化させる。推進派が自分たちの望む変化を積極的に推進しようとすればするほど、ますます人々は脅威を感じ、ますます多くの抵抗が起こる。

「ジャスト・イン・タイム（ＪＩＴ）」在庫管理方式や、その他のリーン生産システムやフレキシブル生産システムを行う際に、よく似たダイナミクスが見られる。これらの方式はすべて、仕入先とメーカーとの間の信頼関係に依存している。生産の柔軟性やコストが最初は改善されたとしても、それは持続しない。多くの場合、このようなシステムに組み入れられている仕入先は、一夜のうちに供給が必要となるリスクを補うために、いずれ独占的なサプライヤーになることを要求する。このことがメーカーを脅かす。メーカーは、異なる仕入先に複数の発注をしたり、入札で仕入先を互いに争わせたりすることに慣れているからだ。そして、仕入先と同じようにメーカー側も、新しい供給システムに取り組む姿勢に迷いが生じる。このようにして、複数の仕入先に複数の顧客というそれまでのやり方に固執することでリスクを回避しがちになり、それによって、ＪＩＴシステムに必要な信頼を蝕むのである[6]（図6-5）。

図 6-5

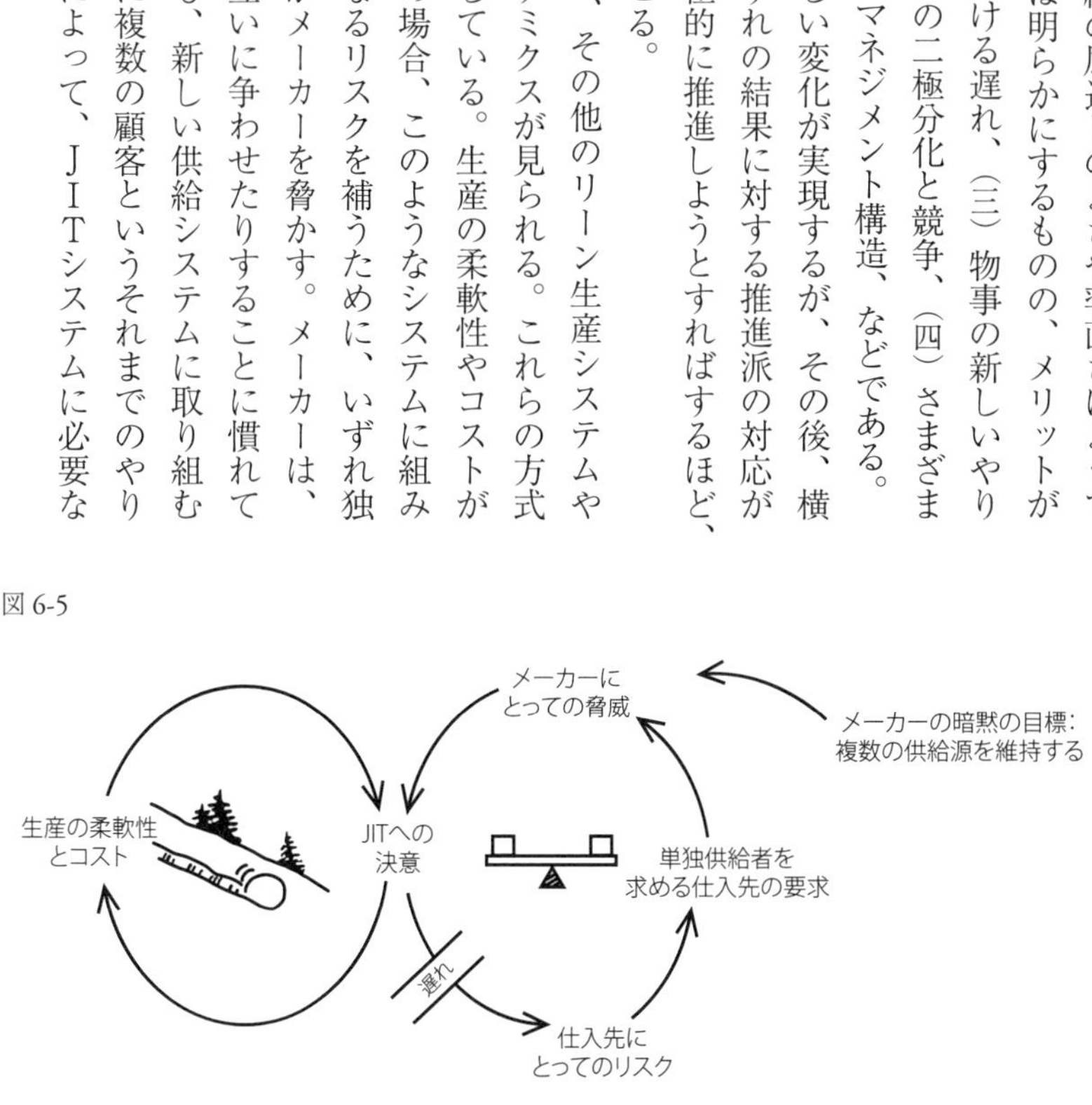

レバレッジを得る方法

概して言えば、ほとんどの人々が、成長の限界の状況に対して、「強く押そうとする」反応を示す。悪習慣を直すことができない場合、より熱心に自分自身の行動を監視するようになる。人間関係が問題を抱えている場合、より多くの時間をいっしょに過ごしたり、その関係をうまくいかせようといっそう努力をしたりする。社員が満足していない場合は、満足させるために若手社員を昇進させ続ける。新製品の流れが遅くなりつつある場合は、難航する新製品プロジェクト導入を補おうと、さらに多くのプロジェクトを開始するか、あるいは、変化の取り組みをより強く提唱する。

これは理解できる反応である。目に見えて改善が進む初期段階では、同じことをもっと多くやりたくなる——何しろそれが非常にうまくいくからだ。改善の度合いが減速すると、いっそう懸命に努力することによって補いたくなる。残念ながら、見慣れた打ち手を力強く押せば押すほど、バランス型プロセスがさらに強く抵抗し、努力がますます無駄なものになる。ときには、本来の目標をあきらめることすらある——他人の批判をやめるという目標を取り下げたり、変革プログラムの目的やリーン生産の改善をあきらめたりするのだ（あるいは、表向きは計画を維持するが、変化がうまくいった場合の本来達し得る成果には決して及ばないことが多いだろう）。

だが、成長の限界の状況に対処するもう一つの方法がある。**各状況でのレバレッジは——自己強化型ループではなく——バランス型ループの中にある。システムの挙動を変えるためには、制約要因を特定して、それを変えなければならない。**これには、それまでに考えたことがないかもしれない行動、まったく気づかなかった選択、報酬や規範の難しい見直しが必要になるかもしれない。ダイエットだけで望ましい体重に到達することは不可能かもしれず、身体の代謝速度を上げる必要がある——それには有酸素運動が必要になるだろう。愛情ある関係を維持するには、「完全なパートナー」——いかなる人間関係においても継続的な改善を制限する暗黙の目標——という理想をあきらめる必要がある。専門的な会社には、成熟するにつれ、やる気と生産性を維持するために、組織内の地位ではなく、仕事の成果を称賛する、さまざまな規範や報酬の仕組みが必要になる。また、やりがいのある仕事を、「パートナーのみ」にではなく、公平に割り振ることも必要かもしれない。効果的な製品開発プロセスを維持するためには、会社が大きくなるにつれて、ますます複雑になる研究および技術開発の組織がもたらすマネジメントの負担に対処する必要がある。これを分権化する会社もあれば、創造的な技術者のマネジメントに熟練した専門家を雇い入れる（これは簡単ではない）会社もあるし、マネジメントを行いたい技術者のためのマネジメント能力開発を行う会社もある。

驚くことではないが、リーン生産システムの導入のような変革の取り組みが成功するところでは、それをマネジメントの慣行や、従業員どうしの関係性、従業員や仕入先といった仕事上の主なパートナーとの関係性などにまで及ぶ、より幅広い変革の一部として位置づけている。具体的には、成功には組織内の権力を再分配することへの真摯な努力と、一方的な統制をやめることへの覚悟が求められる。たいてい、これは、主な仕入先と異なる質の関係性を構築し、仕入先の能力向上を支援する長期的なプロセスの一部である。一方的な統制を維持するという従来の目標の背後にある不信感を打開するためには、このような変化が必要なのである。なぜなら、そういった従来の目標が変わらなければ、世界中のあらゆる巧妙な経営への介入は、現状を維持しようとするバランス型の力の強さに打ち克つことはできないからだ。だからこそ、優れたリーン生産の取り組みの経験が豊富な人たちは必ず、これは単なる技術上の変化ではなく、「文化の変革」であると強調するのだ。

だが、成長の限界の構造から学ぶべきことはもう一つある。制約的なプロセスは必ずまだほかにもあるということだ。制約の根源を一つ取り除いたり弱めたりした場合、再び成長が始まって、やがて新たな制約源に直面する。熟練したリーダーはつねに、次なる一連の制約に焦点を当てて、その性質や、それらにどのように対処できるかを理解しようと努力している。状況によっては、生物の個体数の成長のように、成長はいずれ止まるということが根本的な教訓である場合もある。制約要因を取り除くことによって成長を拡大しようとする努力が、実は逆の効果を及ぼし、最後の審判の日を早めてしまう可能性もある。その最後の日は、自己強化型プロセスが作り出し得る変化のペースを考えると（フランスのスイレンの話を思い出してみよう）、私たちの想像以上に早いかもしれない。

自分自身の「成長の限界」物語を作り出す方法

原型を理解する最良の方法は、その原型を自分なりに図にしてみることだ。原型を積極的に使えば使うほど、原型を認識し、レバレッジを見つけることが上手になるだろう。

たいていの人の生活には、成長の限界の構造が数多くある。それを認識するための最も容易な方法は、挙動パターンによって見分ける方法だ。物事がどんどん良くなり、そしてどういうわけか改善が止まるという状況がないか？　いったんそのような状況を頭に描いたならば、自己強化型ループとバランス型ループの適切な要素があるかどうか見てみよう[7]（図6－6）。

まず、自己強化型のプロセスを見つけよう――何がだんだんよくなっていて、何が改善につながる活動の動きだろうか？（自己強化型プロセスにはつねに、改善している状況が一つ以上と、改善につながる行動が一つ以上あり、他の要素が加わることもある）。たとえば、それは組織の改善についての物語――たとえば雇用機会均等プログラム――かもしれない。成長させる行動は機会均等プログラムそのものであり、その状況は、従業員に占める女性と少数民族の割合である。たとえば、管理職に占める女性の割合が増えるにつれて、そのプログラムに対する信頼や参加意欲は高まり、女性管理職がさらに増える。

だが、どうしても制約要因――たいていは、暗黙の目標、規範、制限的な資源――がある。二番目のステップは、制約要因と、それが生み出すバランス型プロセスを見つけることである。どんな「減速させる行動」、つまり抵抗力が働き始めて、状況が改善し続けるのを妨げるのだろうか？　この例の場合、マネジャーの中には、女性や少数民族の経営幹部が何人になると「多過ぎ」なのか、何らかの考えをもつ人がいるだろう。その暗黙の数が制約要因である。その閾値に近づくと、たちまち減速行動――マネジャーの抵抗――が作動するだろう。彼らはさらなる機会均等雇用に抵抗するだけでなく、すでに配置されている女性や少数民族の採用者の仕事を妨害する可能性すらある。

いったん自分の状況を描き出したら、レバレッジを探そう。より強く押すことはレバレッジではない。それは抵抗をさらに強めるだけだ。たいていは、制約条件を弱める、または取り除くことが求められる。

最善の結果を求めるには、現実における自分の「成長の限界」物語を検証してみることだ。ほかの人に、自分の認識について話してみるとよい。まず、現実の小さな試みにおけるレバレッジについて、自分の考えを検証してみよう。たとえば、暗黙のうちに、「十分とみなす女性の数」の目標を抱いていそうな人で、なおかつ近づきやすい人を

図 6-6

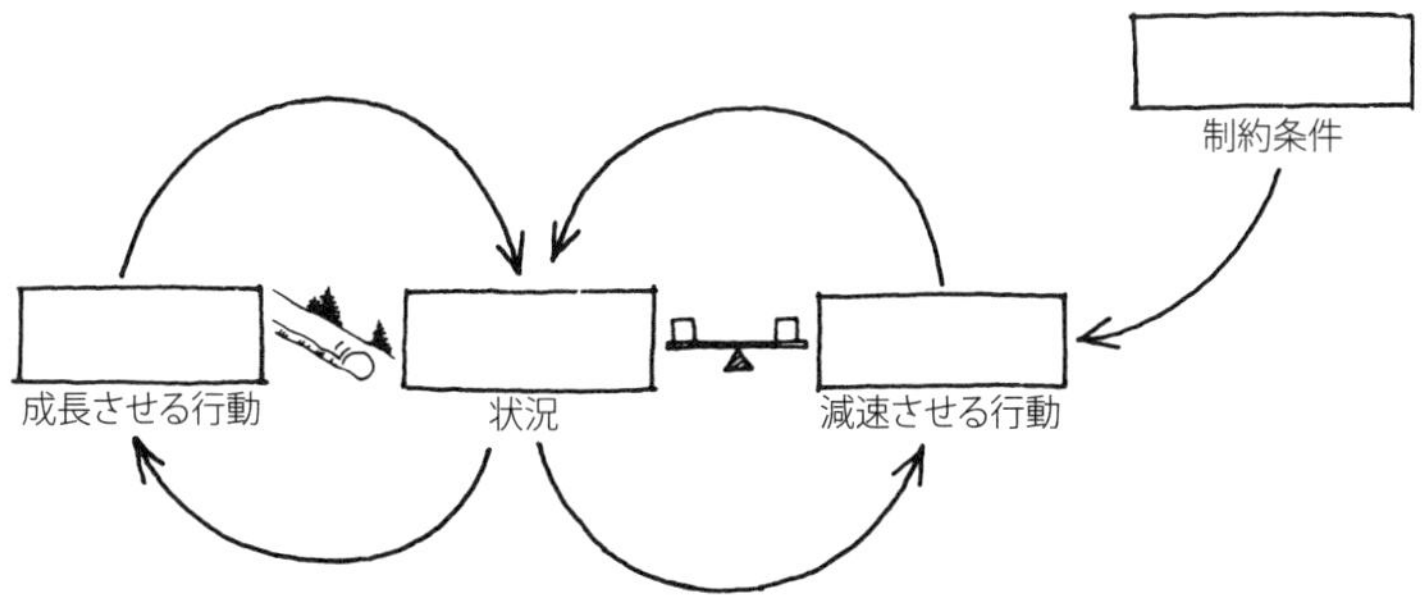

見つけて、その人に聞いてみるのもよいだろう（これを効果的に行う方法については、第九章「メンタル・モデル」にある、振り返りと探求のスキルの項を参照）。

原型② 問題のすり替わり

定義

根底にある問題が、注意を引く症状を生み出す。だが、根底にあるその問題に人々が対処するのは難しい。なぜなら、その問題が漠然としているか、または取り組むことの犠牲が大きいからである。そこで、人々は、問題の負担を他の解決策——非常に効果的に思える、善意から出た簡単な応急処置——をとることに「すり替える」。残念ながら、この、より簡単な「解決策」は症状を和らげるだけで、根底にある問題は変わらないままだ。根底にある問題は、気づかれないまま悪化する。なぜなら、見かけ上は症状が良くなり、そのシステムは、根底にある問題を解決するためにもっていた何らかの能力を失うからだ。

マネジメント原則

対症療法的な解決策に注意しよう。問題の根本的な原因ではなく症状だけに対処する解決策は、せいぜい短期的な利益をもたらすばかりだ。長期的には、問題が再び姿を現し、対症療法的な対応への圧力が高まる。一方、根本的な解決策の能力は衰えるだろう。

どんな場合に見られるか

「問題のすり替わり」の構造は、職場だけでなく、私たち個人の生活にもよく見られる。必死で注目を促す、問題の明らかな症状があり、それらの症状を少なくともしばらくの間はなくすことができる、早くて手軽な「応急処置」があるときに、この構造が作用し始める。

私たちの個人の仕事量が増えて、効果的に処理できる能力を超えたときに生じるストレスの問題を考えてみよう。私たちは、やるべきことが果てしなく続く境界のぼやけた日々の中で、仕事、家庭、地域のことを同時にやりくりする。仕事量が私たちの能力を超えて増えた場合（誰にでも起こりがちなことである）、唯一の根本的な解決策は、仕事量を制限することだ。これはつらいことかもしれない——たくさんの出張を伴う昇進機会をあきらめることになるかもしれない。市の教育委員会での地位を辞退することになるかもしれない。優先順位をつけて、選択をするということだ。だが往々にして人々は、そうする代わりに、やりくりするスピードを上げ、アルコールや麻薬、あるいはもっと害のない形の「ストレス軽減」（運動や瞑想など）でストレスを解消したくなる。だが当然ながら、飲酒は過労という問題を真に解決するわけではなく、一時的なストレス解消によって問題をごまかしているにすぎない。問題は再び姿を現し、酒を飲む必要性も再び出てくる。遮らない限りはいつの間にか、「問題のすり替わり」の構造が現代社会であまりにも見慣れた力を生み出す。これが忌避のダイナミクスであり、依存が高じた結果であり、それは究極的には中毒に至る。

効果的に働くように思えるものの、問題にあまりきちんと対処していないような不安な気持ちにさせる「解決策」があったなら、多くの場合その陰に「問題のすり替わり」の構造が潜んでいる。マネジャーは、仕事を部下に任せることが正しいと思いながら、問題の兆候が現れるや否や介入して、物事に対処する自分自身の能力に依然として頼りすぎている。そのため、部下はその仕事をするために必要な経験が決して得られない。外国の競合企業に市場シェアを奪われつつある企業は、関税による保護を求めることで、その保護なしには事業を経営できなくなるだろう。第三世界のある国は、税収レベルに合わせて政府支出を制限するという難しい選択を行うことができず、紙幣を増刷して財政赤字とインフレを引き起こす。そのうちに、インフレが日常のことになり、ますます多くの政府の支援が必要になる。慢性的な財政赤字が、必然的なものとして受け入れられるようになる。ほかに「問題のすり替わり」の構造が見られるのは、農家が作物を栽培しなくてもよいように「救済する」食料援助政策や、一時的には害虫を除去するものの、同時に自然の天敵による害虫駆除機能も排除してしまい、将来再び害虫が大発生しやすくする農薬などがある。

構造

「問題のすり替わり」の構造は、二つのバランス型（平衡型）プロセスから成る（図6-7）。二つとも、同じ問題の症状を調整または補正しようとしている。上のループは、対症療法的な介入であり、いわゆる応急処置である。問題の症状をすばやく解決するが、それは一時的な解決にすぎない。下のループには遅れがある。問題に対する、より根本的な対処であり、効果が明らかになるまでに、より長い時間がかかる。だが、根本的な解決策のほうが、はるかに効果的に働く。これが唯一の永続的な問題対処法であるかもしれない。

「問題のすり替わり」構造には、さらにもう一つ、対症療法的な解決策の「副作用」によって生み出される自己強化型（増強型）プロセスもある場合が多い（が、いつもそうと

図 6-7

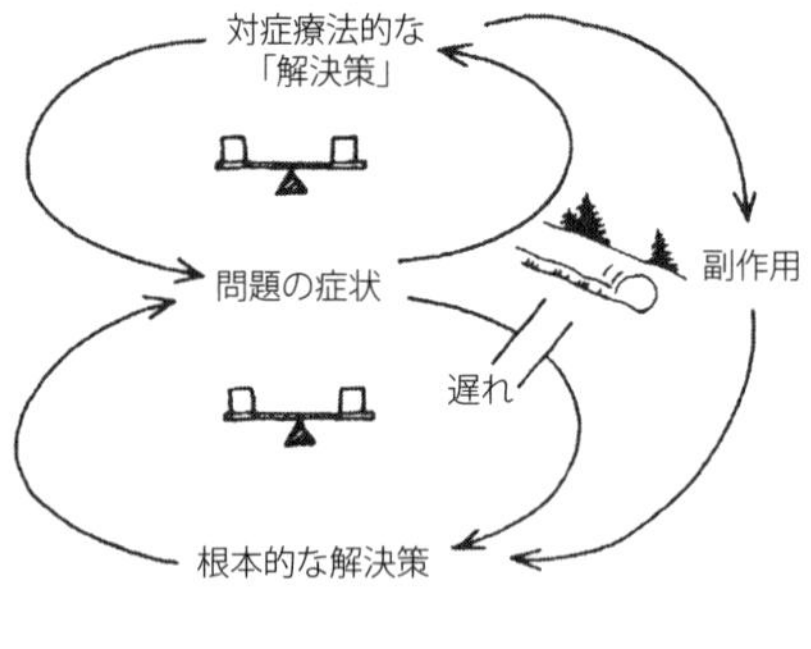

は限らない）。これが起こると、多くの場合、副作用によって、根本的な解決策を発動するのがよりいっそう難しくなる——たとえば、健康上の問題を修正するための薬の副作用だ。その問題が不健康な生活スタイル（喫煙、飲酒、食習慣、運動不足）によってそもそも引き起こされたものであるなら、唯一の根本的な解決策は、生活スタイルを変えることだ。薬（対症療法的な解決策）は症状を改善させ、より困難な自分自身が変化しなければならないという圧力を取り除く。だが、薬には、さらに多くの健康上の問題を引き起こし、健康的な生活スタイルを作り上げるのをいっそう困難にするような副作用もある。

構造の理解とその活用

良かれと思ってなされた「解決策」が実は長期的には状況を悪化させる、という挙動は、「問題のすり替わり」の構造によって説明することができる。「対症療法的な解決策」を選ぶことは魅惑的である。明らかな改善が得られる。厄介な問題について何かをしなければならないという外的または内的な圧力が取り除かれる。だが、問題の症状が和らぐと、同時に、より根本的な解決策を見つける必要性の認識が低くなる。一方、根底にある問題には対処がなされないままなので、悪化するだろう。さらに対症療法的な解決策の副作用によって、根本的な解決策を適用することがいっそう難しくなる。やがて、人々は対症療法的な解決策にますます頼るようになり、一見したところ、それが唯一の解決策と思い込む。意識的に決定する人が誰もおらず、人々は対症療法的な解決策への依存を高めることに「問題をすり替え」てしまうのだ。

企業の社員とラインのマネジャーの間の相互作用は、「問題のすり替わり」の構造を伴う。たとえば、忙しいマネジャーは、人事の問題を解決するために人事の専門家に頼りたくなるものだ。

人事の専門家は問題を解決するだろうが、関連する諸問題を解決するマネジャーの能力は向上しない。やがてほかの人事上の問題が起こり、そのマネジャーは前回同様、人事の専門家に頼ることになるだろう。以前に外部の専門家を活用してうまく行ったという事実そのものが、再び専門家に頼りやすくさせる。「また新たに一連の問題が起こった。だから人事の専門家をまた呼び寄せよう。彼らはわが社の社員やわれわれの状況を把握しているから、非常に効率がよい」。やがて、人事の専門家への需要がますます高まり、人件費は急増し、マネジャーの能力開発（と周囲からの尊敬）は低下する（図6－8）。

戦略的方向性のぐらつきや、競争優位の喪失の根底には、「問題のすり替わり」の構造がある場合が多い。ハイテク企業のある経営幹部の一団は、自社が、画期的な新製品を市場に投入していないことによる「競争力喪失」を深く懸念していた。既存の製品を改善するほうが危険は少ない。だが幹部たちは、ブレイクスルーではなく漸進主義の文化が培われていることを恐れていた。より安全かつ予測可能で、計画と組織化がより容易な、改善のプロセスがあまりにしっかり確立されていたので、幹部たちは、自社が基本的なイノベーションの能力をもはや持ち合わせていないのではないかと疑っていたのだ。

私は耳を傾けながら、ある大手消費財メーカーのマネジャーたちが話してくれた、似たような戦略のぶれを思い出した。そのメーカーは、新製品開発ではなく、広告にますます依存するようになっていた。その会社が製造している多くの製品のうち、一つの売り上げが下がるたびに、新たな広告宣伝が打たれる傾向があった。広告の文化が非常にしっかり確立していたため、過去三代のＣＥＯ（最高経営責任者）は全員、元宣伝部門の幹部で、頻繁に自ら広告のコピーを書いていた。一方、彼らのリーダーシップの下で、主要な新製

図 6-8

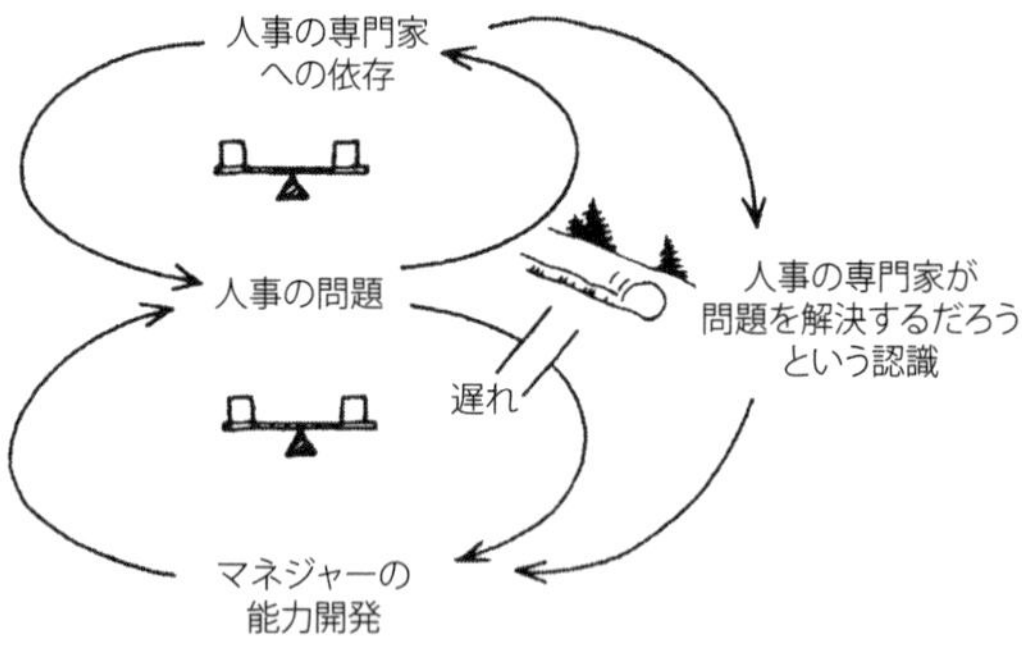

品のパイプラインは細り、ほとんど新製品は出てこなかったのだ。

驚くほど頻繁に起こる「問題のすり替わり」の特別なケースは、「目標のなし崩し」だ。私たちの目標と現在の状況との間に乖離がある場合は必ず、二種類の圧力がある。状況を改善しようとする圧力と、目標を低くしようとする圧力である。第八章で説明するように、これらの圧力にいかに対処するかが、自己マスタリーのディシプリンの要である。

社会はいつも共謀して目標のなし崩しを行う。たとえば、米国連邦政府の「完全雇用」の目標値（容認可能と考えられる失業率）は、一九六〇年代の四％から、失業率が一〇％前後で推移していた一九八〇年代前半には、六～七％へと引き上げられた（つまり、私たちは、五〇～七五％高い失業率を「自然のこと」として許容するのを厭わなかったわけである）。それと同様に、三～四％のインフレは、一九六〇年代前半には深刻な数字だと考えられていたが、一九八〇年代前半には、反インフレ政策の勝利だと考えられた。一九九二年、クリントン大統領は米国史上最大の赤字を引き継いだが、九三年包括財政調整法を成立させ、一九九〇年代の終わりまでに、二〇〇〇億ドルという記録的な財政黒字に転換した。二〇〇五年、ブッシュ政権が今では約三一八〇億ドルに上る「財政赤字との戦い」を呼びかけた。この「目標のなし崩し」の構造は、図6-9のように表すことができる。

次の二章で見ていくように、組織の中では、品質目標やイノベーション目標、個々の従業員の成長目標、組織改善目標をめぐって、同様の「目標のなし崩し」のダイナミクスが働く。事実上、私たちは皆、目標の引き下げの「中毒」になる可能性がある。私が最近目にした車のステッカーにこう書いてあった。「手を尽くしてだめなら、目標を下げよ」

図 6-9

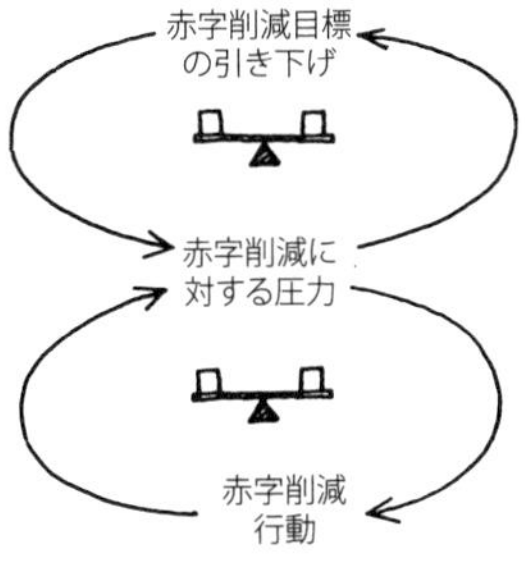

挙動のパターン

どのような対症療法的な解決策であれ、効果はあるように見受ける。たとえば、酒を飲むと、少なくともしばらくの間は、ストレスが弱まる。問題の症状が緩和される。そうでなかったら、人々は酒を飲まないだろう。だが同時に、それによって、問題が解決したような気持ちになり、その結果、根本的な問題――仕事量を抑えること――から注意がそらされる。明確な態度を打ち出さないことで、おそらく仕事量がさらに少しずつ増えていくことになるだろう。なぜなら大部分の人は、自分がやっとこなせる以上の仕事の要請に絶えず悩まされているからだ。長い間に、仕事量が徐々に増え続け、再びストレスが高まって、酒を飲みたくなる圧力が高まる。

「問題のすり替わり」構造を知らぬ間に進行させるのは、この構造によって助長され、対症療法的な解決策への依存を高める、とらえにくい自己強化型ループである。アルコール依存者は、やがて身体が中毒になる。健康を損なう。自信と判断力が失われていき、そもそもの問題である仕事量の解決がますますできなくなる。この自己強化型ループの原因を突き止めるために、相互に作用し合う二つのフィードバック・プロセスによって生み出される「八の字」を描いていると想像してみよう。ストレスがたまると、飲酒量が増える。そうすると、ストレスが和らぐ。すると仕事量を調節する必要性が認識されなくなる。それによって仕事量が増えることになり、それがストレスの増加につながる（図6-10）。

これらは、中毒の一般的なダイナミクスである。実のところ、ほぼすべての中毒の根底には、「問題のすり替わり」構造がある。どの場合にも、対症療法的な解決策の選択と、根本的な解決策に焦点を当てる能力の緩やかな低下、対症療法的な解決策への依存の高ま

図 6-10

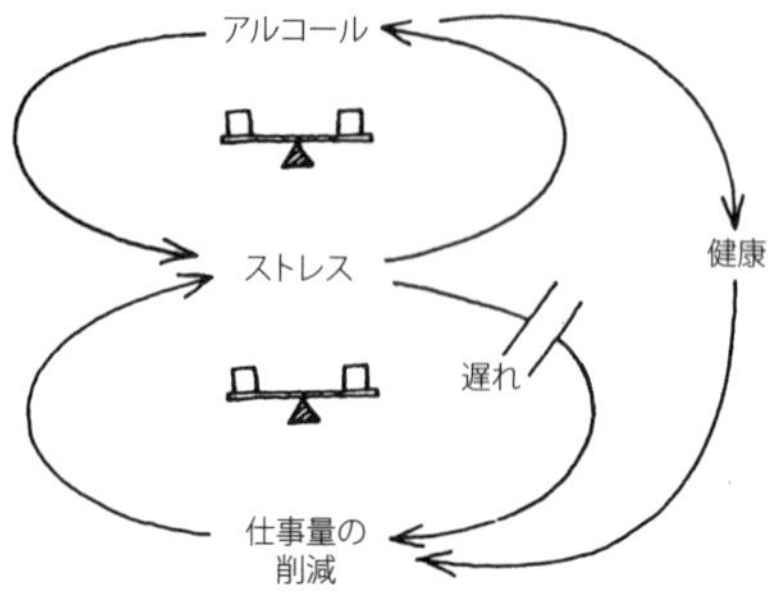

りが見られる。この定義に照らしたとき、組織や社会全体も、個人と同じように中毒に陥りやすい。

「問題のすり替わり」構造は、ストレスの症状が現れたときに、周期的に危機を生み出す傾向にある。危機は通常、さらなる対症療法的な解決策によって解決され、それによって、症状が一時的に改善する。あまり明らかにならないのが、長期的には健全性——企業の財務の健全性、または個人の身体的健康——が徐々に低下することである。問題の症状はどんどん悪化する。悪化が気づかれないままでいる期間が長ければ長いほど、人々が根本的な原因に立ち向かうのが遅れれば遅れるほど、状況を好転させるのがより難しくなる。根本的な対応が力を失う一方、対症療法的な対応がどんどん強くなる（図6－11）。

レバレッジを得る方法

「問題のすり替わり」構造に効果的に対処するには、根本的な対応を強めることと、対症療法的な対応を弱めることを組み合わせる必要がある。組織の性格は、しばしば「問題のすり替わり」構造への対処能力に（または対処能力がないことに）表れる。根本的な対応を強めるには、長期的な方向性と共有ビジョンの意識が必要である。新製品の開発による成功というビジョンがなければ、短期的な問題解決への資金投入を求める圧力は抗しがたいほどに大きくなるだろう。熟練した「人間本位の」マネジャーのビジョンがなければ、そういったスキルを育成する時間やエネルギーは得られないだろう。政府が果たすことができる役割や果たすべき役割について、そして人々が税を支払って支援するべき役割についての共有ビジョンがなければ、政府の歳入と歳出のバランスをとる長期的な解決策は生まれ

図 6-11

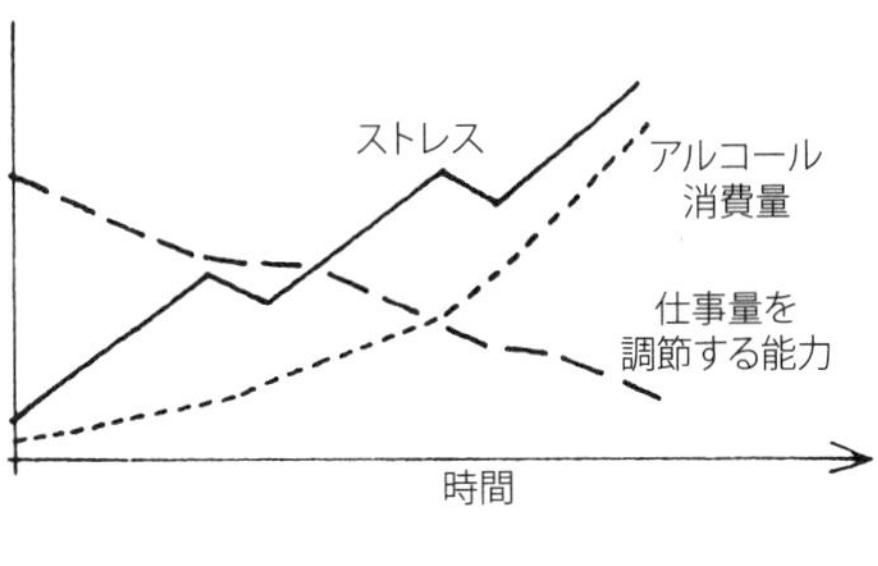

ないだろう。

対症療法的な対応を弱めるには、一時しのぎの緩和策や「見栄えの良い」解決策について、進んで真実を語る決意が必要になる。たとえば、マネジャーは、大々的な広告は競合他社から市場シェアを奪うことになるが、たいした市場拡大にはならないことはわかっているだろう。政治家は、増税に際して抵抗に直面するのは、人々が政治腐敗を認識しているからだと認めなければならない。彼らが、認識されている政治腐敗に確実に対処しない限り、増税や歳出削減を行うことはできないだろう。

「問題のすり替わり」構造におけるレバレッジの原則を見事に説明している例を、アルコール中毒および麻薬中毒の最も効果的な治療プログラムの手法に見ることができる。これらのプログラムは、人々が中毒を直視すること、そして支援グループを設けたり、社会復帰を支援する訓練を行うことを求めている。たとえば、大きな成功を収めている米国のアルコール中毒者更生組織「アルコホーリクス・アノニマス」は、力強い相互扶助を生んで、どんな問題が飲酒の原因であれ、人々がその問題に立ち向かう能力を活性化させている。問題は解決できるというビジョンを共有させるのだ。また、対症療法的な対応が密かに機能することがないように、個人個人に、「私はアルコール依存症であり、一生そうであり続けるだろう」ことを自認させる。[8]

「人事の専門家への依存を次第に高めたマネジャー」というビジネス上の例では、たとえ初期投資が大きくなっても、マネジャー自身の能力をより高めなければならない。人事の専門家は、問題解決の行為者ではなく、マネジャー自身の個人的なスキル向上を助けるコーチや指導者にならねばならない。

ときには、対症療法的な解決策が必要なこともある。たとえば、喫煙や飲酒によって引き起こされた病気に苦しんでいる人を治療する際などだ。だが、対症療法的な解決策は必ず、それが対症療法であると認識されていなければならず、「問題のすり替わり」のダイナミクスを防ぐために、**同時に**根本的な解決策の能力を回復させる戦略と組み合わされる必要がある。対症療法的な解決策が、まるでそれが根本的な解決策で**あるかのように**用いられると、根本的な解決策の探求は止まり、「問題のすり替わり」が起こるのだ。

自分自身の「問題のすり替わり」物語を作り出す方法

「問題のすり替わり」構造の存在を示す手掛かりは三つある。一つ目は長期間にわたって次第に悪化する問題があること——ただし、一時的には良くなるように思える場合が多い。二つ目は、システム全体の健全性が次第に悪化すること。三つ目は、無力感が高まっていること。人々は、初めは「問題を解決した！」という幸福感に満たされるが、最後には、まるで自分が被害者であるかのような気持ちになる。

とくに、真の問題やより深刻な問題に対してあまり効果的な対処がなされていないと感じるような、依存の状況を探してみよう。そのような状況を頭に描き、自己強化型ループとバランス型ループの適切な要素を見つけられるかどうか見てみよう（図6－12）。

まず、「問題の症状」を見つけることから始めよう。これは、注意を引きつける「きしむタイヤ」——ストレス、部下が差し迫った問題を解決できないこと、市場シェアの低下など——だろう。そして、「根本的な解決策」（一つ以上あるかもしれ

図 6-12

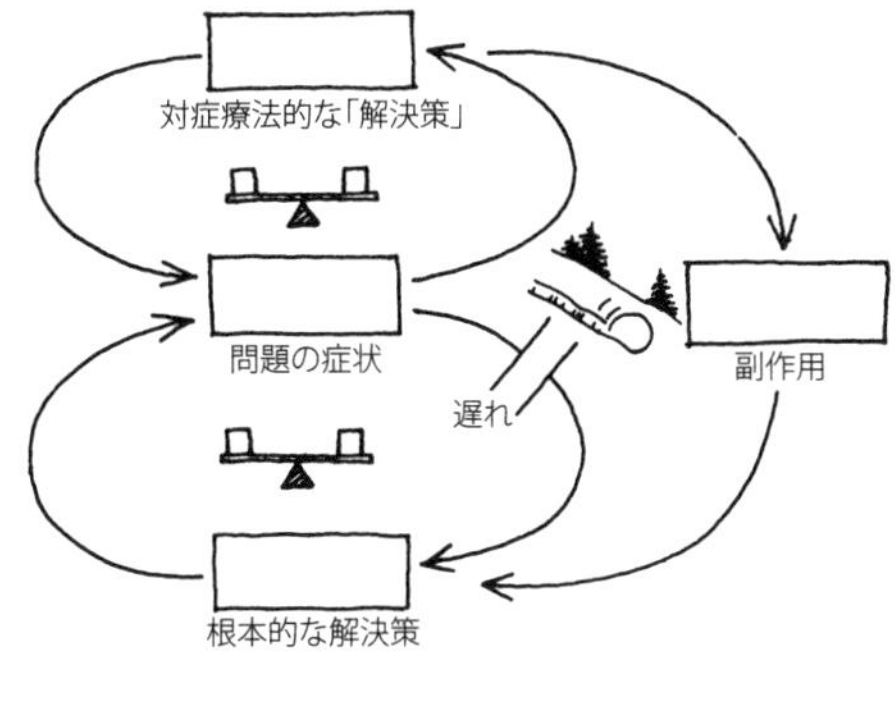

ない）——永続的な改善につながると考えられる行動方針——を見つけよう。それから、一時的に症状を改善させると思われる「対症療法的な解決策」を一つ、あるいはいくつか見つけよう。

実のところ、「根本的な解決策」と「対症療法的な解決策」は相対的な言葉であり、最も重要なことは、問題に対処することができる方法を、最も根本的なものから最も表面的なものまで、いくつか認識することである。

そして、その対症療法的な解決策によって起こり得るマイナスの「副作用」を突き止めよう。「問題のすり替わり」における主な洞察は、（一）解決策の異なる種類を見極めること、（二）いかに対症療法的な解決策への依存がさらなる依存を強化する可能性があるかを理解することから得られる。下側のループを強めること、そして（あるいは）、上側のループを弱めることは必ずレバレッジとなる。「成長の限界」同様に、ここで得られた自分の結論を小さな行動で試してみるのがいちばんよい——そして、その試みの効果が上がるだけの時間をしっかりとることだ。とくに、衰えた能力を強化するにはおそらく長い時間がかかるだろう。

「成長の限界」と「問題のすり替わり」は、基本的なシステム原型のうちの、ほんの二つにすぎない。後の章で、そのほかのいくつかの原型を紹介する（付録②に、本書で使われているすべての原型をまとめてある）。原型を習得するに従い、それらは組み合わされて、より複雑なシステムの説明に用いられる。基本的な「文章」がパラグラフになる。単純な物語が、テーマが複数あって登場人物が多く、より複雑な筋のある、より入り組んだ物語へと統合されていく。

だが、原型は、システム思考を習得するプロセスの始まりである。原型を使うことによって、私たちは、自分たちの日常の活動を取り囲む因果関係のループにますますよく目を向け始める。やがてこれが、より全体的に考え、行動することに自然とつながっていくのだ。

原型をいかに実践に用いるかを理解するため、次の章では、「成長の限界」と「問題のすり替わり」の原型が役に立ったケースについて検証する――企業が大きな成長の可能性をもちながらその可能性を実現できない事態が、いかにして起こり得るのかを理解するのだ。

第7章 自己限定的な成長か、自律的な成長か

レバレッジの**原則**には異を唱えがたい。だが、現実の大部分のシステムでは、その中にいる人たちからは、レバレッジが見えにくい。非システム的な考え方はつねに、レバレッジの低い変化に焦点を合わせるように私たちを導く。自分の行動の根底にある構造が見えていないため、私たちは、ストレスが最も大きい症状に焦点を当てるのである。私たちは症状を治し、和らげる。だがそのような努力はせいぜい短期的に事態を好転させるだけであり、長期的には悪化させることになる場合が多い。「成長の限界」や「問題のすり替わり」といったシステム原型の目的は、人々がこのような構造に目を向け、それによって、とくに現実のビジネスの場における圧力と逆流の真っただ中で、レバレッジを見出すことを支援することにある。

たとえば、私たちが繰り返し目にしてきた実際の物語を見てみよう。実際、次のケースは、同じ物語が繰り広げられたいくつかの具体例から、部分を集めてつなぎ合わせたものである(1)。

私たちが自ら「市場の限界」を生み出すとき

一九八〇年代半ば、電子メーカーのワンダーテック社が、独自のハイテク製品――新しいタイプの高性能コンピュータ――を伴って創業した。ワンダーテック社は、その工学のノウハウと特殊な技術のおかげで、そのニッチ市場では実質的な参入障壁を築いていた。同社の製品に対する需要は非常に大きく、投資家も十分にいるために財務上の制約の心配もなかった。

だが同社は、彗星のように登場したものの、創業から三年たった後はその急成長を維持することができなかった。やがて衰退して倒産したのだ。

ワンダーテック社が毎年売り上げを倍増させていた創業後の三年間は、そのような運命とは無縁に思えた。実際、売り上げがあまりにも好調で、二年目の途中から、受注残が蓄積し始めた。生産能力（新規ライン、交替制、最新技術による増強）は着実に増やしていたが、それでも需要の伸びが非常に急激だったため、納期に遅れが出ていた。当初同社は、コンピュータを八週間以内に納品することを約束しており、その納期に見合うつもりでいた。だが、経営陣は胸を張って、投資家にこう言った。「われわれのコンピュータは非常に優れた製品なので、一四週間待つのを厭わないお客さまもいます。納期の遅れはたしかに問題で、それを解決しようと努力していますが、それにもかかわらず、**依然として**、お客さまはこのマシンが届くとお喜びになり、大変満足いただいています」

経営陣は、生産能力の増強が必要であるとわかっていた。六カ月に及ぶ検討の後、製造を一交替制から二交替制に増やすと同時に、新工場建設の資金を借り入れることを決めた。確実に成長を続けるため、収益の大部分をそのまま営業活動に投入した。同社の販売チャネルは直販のみだったので、営業活動への資金投入は、営業スタッフのさらなる採用と教育を意味していた。三年目の一年間で、営業スタッフは倍増した。

にもかかわらず、三年目の終わりに売り上げは落ち込み始めた。四年目の中頃、売り上げは危機的水準にまで悪化した。ここまでの売り上げを示す曲線は図7－1のグラフのようになっていた。

このとき、新工場が稼働し始めた。製造担当副社長は言った。「こんなにたくさんの社員たちをすでに雇ってしまった。この社員たちをどうすればいいんだろう？」経営陣は、新規製造設備に大量の資金を投入した後だったから、投資家にどう説明すればよいのかと慌て始めた。あたかも、社員全員がいっせいに振り返り、ある人をじっと見つめたかのようであった。その人とは営業担当副社長である。

当然のことながら、それまでの営業担当副社長は社内の希望の星であった。副社長は、当初の売り上げ好調時には自分の営業スタッフたちがはなばなしい成績を上げていたので、昇進すら期待していた。それが今や、売り上げが落ち込んで、副社長は売り上げ好転への圧力にさらされていた。そこで彼は、最もよくありそうな行動方針をとる。営業会議を開いてスタッフを鼓舞した。メッセージはただ一つ、「売って、売って、売りまくれ！」だった。成績の悪い営業スタッフを解雇した。販売奨励金を引き上げ、特別割引を行い、刺激的な新手法で製品を描写した新たな広告を打った。

そしてたしかに売り上げは再び上昇した。営業担当副社長は、「厳しい局面に果敢に挑んだ再生の立役者」として、再びもてはやされることになった。ワンダーテック社は再び、注文の急増という幸運に恵まれた。そうするうちに再び受注残が増加し始めた。そして一年後、再び納期が長くなり始めた。最初は一〇週間に、次に一二週間に、そしてついには一六週間にまで伸びた。生産能力の増強をめぐる議論が新たに起こった。だが、経営陣は前回の出来事につい

図 7-1

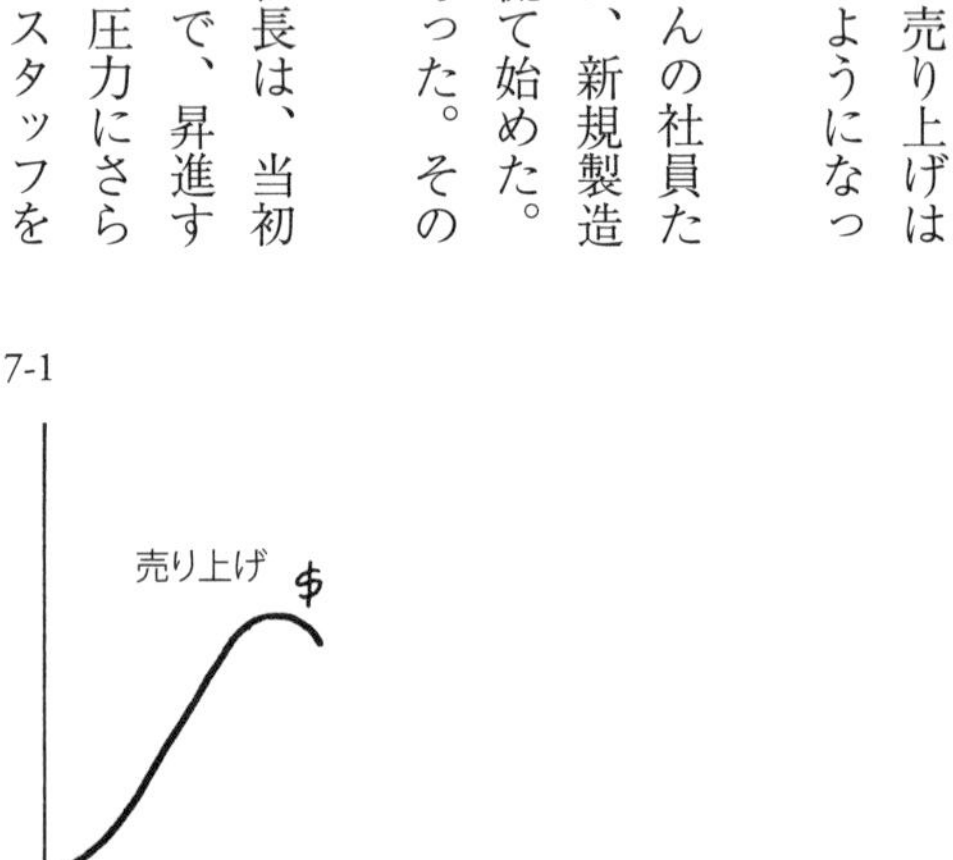

て責められていたため、今回はいっそう慎重になった。ようやく、新規工場建設の承認がおりて、その書類に署名がなされるや否や、新たな売り上げの危機が始まったのだ。売り上げの落ち込みはあまりに深刻だったため、営業担当副社長は職を失った。

その後の数年間、何代もの営業担当副社長の就任期間にわたって、同じ状況が繰り返し起こった。急激な売り上げの伸びがものすごい勢いで起こり、その後には必ず低成長またはゼロ成長の時期が訪れた。そのパターンを表したのが図7-2だ。

同社はそこそこの繁栄を見せたが、そもそもの潜在能力を十分に発揮するまでにはとうてい及ばなかった。経営陣は次第に、他社が競合製品を生産する方法を身につけるのではないかと懸念し始めた。そして、構想のない製品改良を躍起になって導入した。営業を大いにせき立て続けた。だが、売り上げは以前の成長率にまで戻ることはなかった。「奇跡《ワンダー》」はワンダーテック社から姿を消したのだ。そしてついには倒産に至る。

CEO（最高経営責任者）は、在職期間の長い経営陣に対する最後の言葉の中で、こう述べた。

「この状況でわれわれはよくやったが、何しろ需要がなかった。明らかに限られた市場だった——小さな隙間《ニッチ》をわれわれは効果的に埋めてしまったのだ」

ワンダーテック社の物語は目新しい話ではない。新興企業が一〇社あれば、半分は創業後五年以内に姿を消し、一〇年目を迎えるまで生き残るのは四社、一五年目まで生き残るのは三社だけである。(2) 会社が経営破綻すると必ず人々は、その破綻の「原因」を説明するものとして特定の出来事を挙げる。製品の問題、無能な経営陣、優秀な人材の喪失、思いもよらず激化した競争、景気後退などだ。だが、持続しない成長の、より深くにある全体的な原因は認識されないままである。システム原型を活用することで、たいていは根本の原因を理解でき、多くの

図7-2

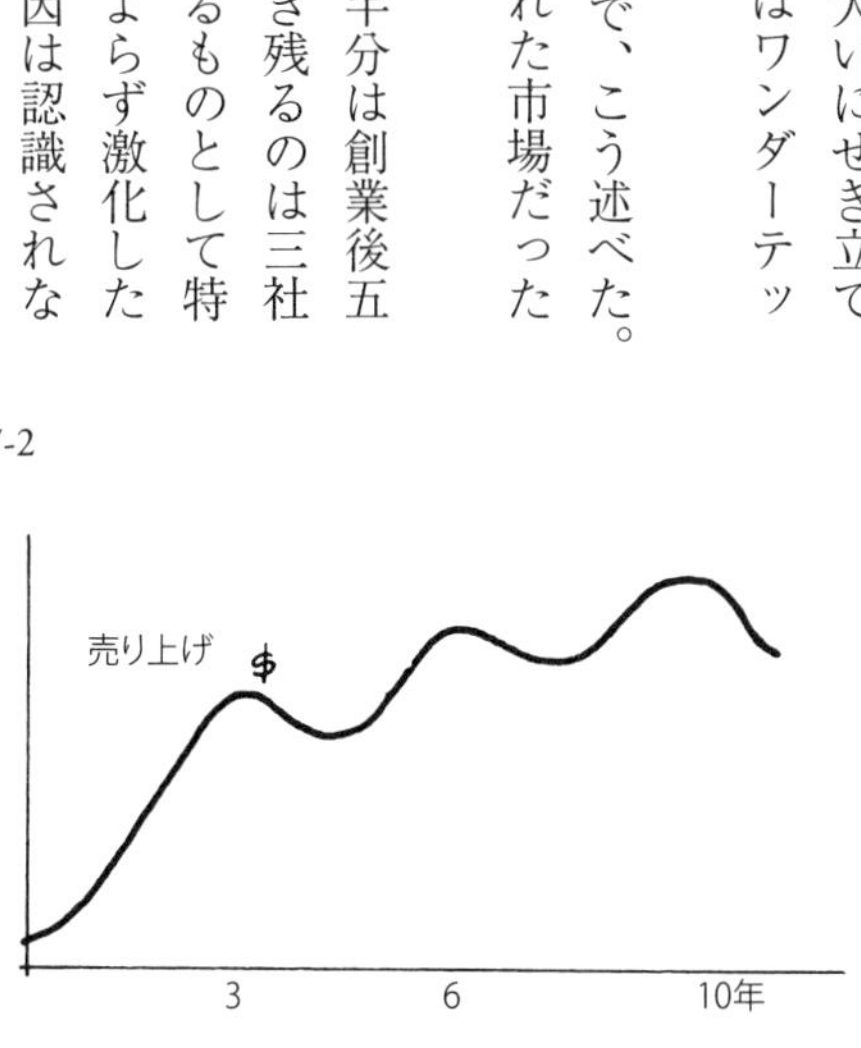

場合、成功を収める施策を策定することが可能だ。皮肉なことにワンダーテック社は、その製品と市場の潜在能力を考えると、わずか二〜三年ではなく、長期間にわたって力強い成長を続けることができてしかるべきだった。

　ワンダーテック社の経営陣には、自分たちがなぜ衰退したか、その理由が見えていなかったのだ。情報欠如がその理由ではない。彼らは、すべての重要な事実――この物語を読んだ読者が得るのと同じ事実――を手にしていた。だが、そういった事実の中で暗示されていた構造が見えていなかったのだ。

　システム思考家であれば、手掛かり――原型を暗示するかもしれない何か――を探すだろう。まずは、最も明らかな挙動パターン――最初に急激な成長を見せ、それが増幅してますます強くなった――から始めるだろう。だがその成長は次第に減速し、ついには売り上げの成長が完全に止まった。このパターンは「成長の限界」の典型的な症状である。

　ワンダーテック社が当初見せた売り上げの急成長を生み出すことができた自己強化型（増強型）プロセスはたくさん考えられる。製品への投資、広告への投資、好意的な口コミ――これらすべてによって、過去の成功が増強され、将来の成功につなげることができた。だが、ワンダーテック社の物語の中でとくに明らかなのは、収益を営業スタッフの増強に投資することで生み出された自己強化型プロセスだった。売り上げが増えれば増えるほど収益が増え、それによって営業スタッフを採用し、その結果売り上げが増加するのだ（図7-3）。

　当然ながら、どんな「成長の限界」の構造にも、もう一つの力であるバランス型（平衡型）プロセスがある。何かが売り上げの成長を鈍化させた。だが、売り上げが落ちるのは、市場が飽和したとき、競争が激化したとき、または顧客が幻滅したときでしかない。この場合、ワン

図 7-3

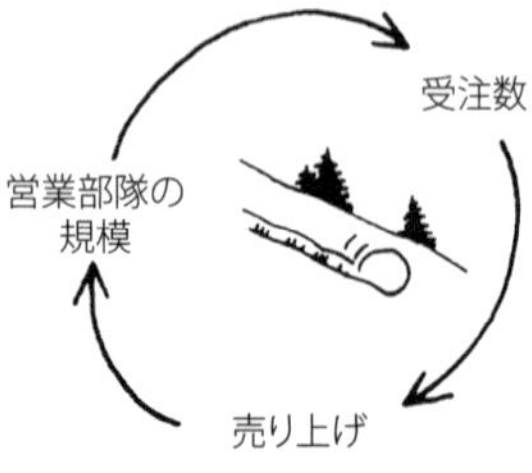

ダーテック社のコンピュータの需要は依然として強く、著しい競争はなかった。顧客をうんざりさせることになった要因が一つあった。納期の長さである。生産能力に対して受注残が増加するにつれて、納期は長くなる。納期を守れないとの悪評が積み重なって、ついにはワンダーテック社の営業スタッフがさらに売り上げを伸ばすことが難しくなった。そのとき、「成長の限界」の構造は図7‐4のようになっている。

「成長の限界」の構造において、とり得る方策のうち最悪なのは、自己強化型プロセスをさらに強く押すことである。だが、それこそまさにワンダーテック社の経営陣が行ったことだった。彼らは、販売奨励金を引き上げ、広告を打ち、軽微な製品改良を行うことで「成長のエンジン」に再点火しようとした――これらのどれにもレバレッジはなかったにもかかわらず。「成長の限界」の構造の場合、レバレッジはバランス型プロセスにある。

なぜそのバランス型プロセスに気づかなかったのか？　一つには、ワンダーテック社の財務に長けた経営陣が、自社の納期にあまり関心を払わなかったことがある。彼らは主に、売り上げ、利益、投資利益率、市場シェアを見ていた。それらが健全である限り、彼らにとって納期はどうでもいいことだった。さらに、納期が長くなっていたのは、売り上げの伸びと利益が急激に増加しているときだったため、全般的な懸念はほとんどなかった。業績が下がると、注文を増やさなければならないという圧力に変わる。通常、この頃には、注文が減りつつあるため、納期はすでに短くなり始めていた。したがって、良い時期にも悪い時期にも、経営陣は、顧客がコンピュータを入手するまでに待たなければならない時間に、ほとんど関心を払わなかったのだ。

たとえ関心を払っていたとしても、必ずしも納期が売り上げに影響を与える重要な要因で

図 7-4

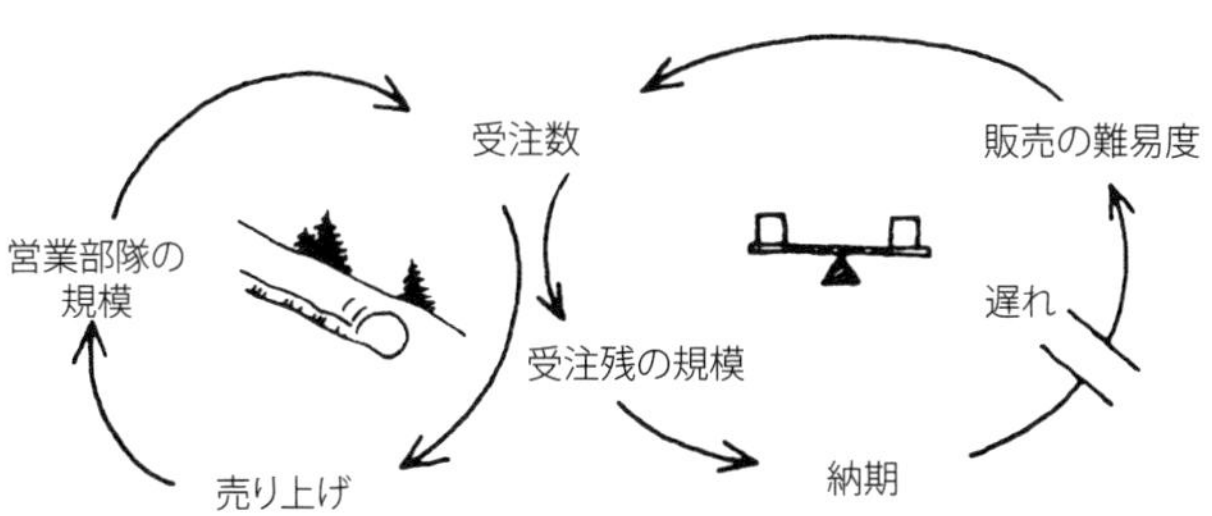

あるとは考えなかっただろう。最初の売り上げの危機に襲われるまでの一年半以上の間、納期は延び続けていた。このことが、「顧客は発送が遅れることを気にしない」という経営陣の態度を強めた。だが、その自己満足は見当違いだった。顧客は**気にしていた**のだが、システムに組み込まれた遅れのせいで、顧客の懸念がワンダーテック社の経営陣には見えにくくなっていたのだ。顧客は「八週間以内にこの商品がほしいのだが」と言う。営業担当者は「わかりました」と言う。だが九週間たっても、一〇週間、いや一二週間たっても、依然としてコンピュータは届かない。さらに数カ月後、噂が伝わってくる。だが潜在顧客の数は膨大だった。そして、その噂は、最終的に広く知れわたる評判に発展するまで、ほとんど影響を及ぼさなかったのだ。この「納期」と「販売の難易度」との間にある遅れは、六カ月またはそれ以上だったかもしれない。

ワンダーテック社の経営陣は、時間的に離れている原因と結果を突き止めることができないという典型的な学習障害の餌食となった。一般に、需要が落ち込むのを待って、**それから**納期の心配を始めたのでは手遅れだ。納期の遅れはすでに――一時的にではあるが――自己修正を始めていたのである。ワンダーテック社では、急激な成長が見られた時期の最終年である三年目には、納期が悪化していた。そして、それに続いて売り上げの下落が見られた時期に納期は改善するものの、売り上げが上昇すると納期が再び悪化した。

同社の一〇年間の歴史全体にわたって、周期的に改善する時期もあったが、全体的には納期が長くなっていくという傾向が見られた。同時に、このシステム全体の健全性は――成長の鈍化と収益の減少に見られるように――徐々に損なわれていった。同社は猛烈に収益を上げたが、売り上げが下落するたびにものすごい勢いで損失を出した。初期の成長期の幸福感は失望感へと変わり、ついには絶望感に取って代わられた。最後には、自分たちは犠牲者であるかのように感じていた。ＣＥ

Oは非公式に、「わが社は当初の販売予測に振り回された。潜在市場が莫大であるという予想だったのに、それが実現することは決してなかった」と語った。

ワンダーテック社における状況もまた、典型的な「問題のすり替わり」の構造の特性を示していることに誰ひとり気づいていなかったのだ。周期的に改善を見せるものの着実に悪化している問題症状（納期）があった。同社の全体的な健全性も着実に悪化しており、被害者意識が次第に高まっていた。システム思考家であれば、まず主な問題症状を特定し、次に、それに対する対症療法的な対応が何で、根本的な対応は何であるかを特定するだろう。この場合、根本的な対応（図7-5の下側のループ）は、納期を制御できるように生産能力を拡張することである。納期がワンダーテック社の標準納期を超えているということは、生産能力の拡張が必要であることを示す。生産能力を拡張し、それが稼働し始めれば、長期化している納期が修正されるだろう。だが、この根本的な対応がなかなか行われないと、注文の減少に見られる顧客の不満足という対症療法的な対応への「問題のすり替わり」（図7-5の上側のループ）が起こる。ワンダーテック社のマネジャーたちは、生産能力拡張による長い納期という問題をすぐには解決しなかった。そのため不満を抱いた将来の顧客は、同社に背を向けることでその問題を「解決」したのである。

図 7-5

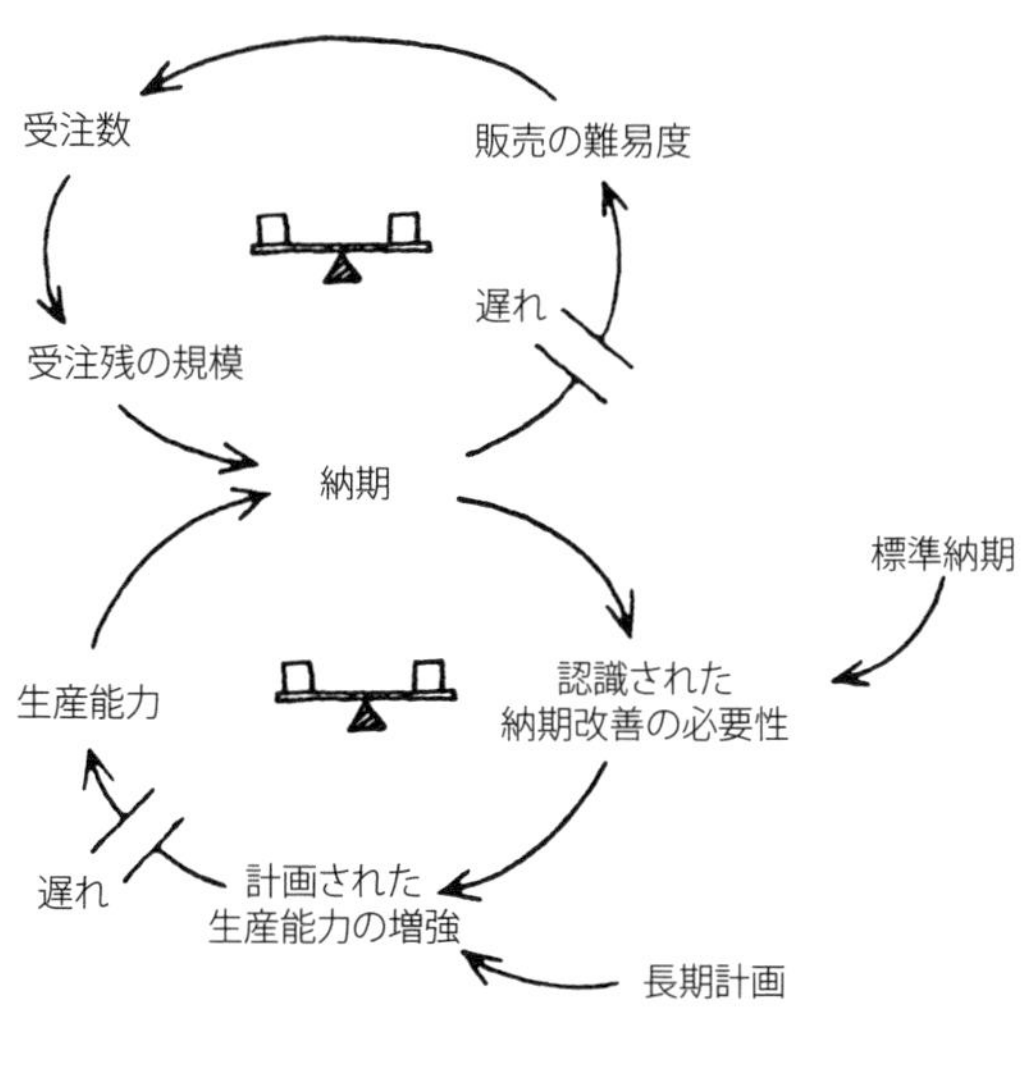

さらに、ワンダーテック社の経営陣は、不満を抱く顧客のプロセスの作用を軽視していたため、――まさに「問題のすり替わり」構造において予想されるとおりに――対症療法的な対応が次第に強まる傾向が出てきた。これが起こったのは、納期サービスの質が悪いという評判が市場全体に広がったときだった。同社の納期が再び長くなったときは必ず、噂がますます急激に広がった。一方、根本的な対応は弱くなっていった。四年目に注文が落ち込み、増強したばかりの生産能力が稼働できずに痛い目に遭ったため、経営陣は、新たな生産能力増強に応じることにますます慎重になった。それはつまり、新たな生産設備が稼働するのにますます時間がかかる――または、決して稼働することはない――ことを意味する。経営陣がついに生産能力を増強する準備ができたときには、顧客がそっぽを向くことですでに圧力を軽減していて、納期は短くなり始めており、生産能力拡大が正しいことをもはや証明できなくなっていた。「設備の新設はもう少し待って、需要があるかどうかを確認してからにしよう」と、マネジャーたちは言うのだった。

要するに、この二つの対応の間で競争が起こっていたのだ。やがて対症療法的な対応のほうが速くなり、一方の根本的な対応は遅くなった。その正味効果として、「不満を抱く顧客」の対応が次第に、より多くの負担を担っていったのであった。

ワンダーテック社の運命は逆転させることも可能だった。概して見過ごされていた根本的な構造――「八週間の納期」という同社の本来の目標――にレバレッジ・ポイントがあった。「問題のすり替わり」の構造において、システム思考家がまず探すのは、根本的な対応を弱めている可能性があるのは何かである。この場合、ワンダーテック社には「八週間」という標準納期が存在したものの、財務面のことで頭がいっぱいの経営陣にはどうでもいいことになっていたのである。

三年後、製造部門がすっかり慣れてしまった実際の標準作業基準はおよそ一〇週間になっており、急成長をしているときにはそれを満たすのにも大変苦労した。そのうちに納期の問題が再び起きると、標準納期は変動し続けた。誰ひとりそれを大事ととらえず、その最たるやが経営陣であった。

実は、**二番目**の営業担当副社長がときどき、納期の遅さに関する顧客の不満を経営陣に伝えていた。製造担当副社長は、ときには受注残の処理に遅れが出ることもあるが、それは生産能力が不十分な場合だけだと認識していた。だが、経営陣は「そうだ、それが問題なのはわかっている。需要が維持されることに確信がもてない限り、大規模な投資に走ることはできない」と答えた。彼らは、投資を行わない限り需要が維持されないことを理解していなかったのだ。

もしもワンダーテック社が、八週間の納期という当初の目標をしっかりと守り、その目標を達成するために生産設備に積極的な投資を行っていたら、何が起こっていたかを正確に知ることはできないだろう。だが、この（「成長の限界」と「問題のすり替わり」が結合した）構造や実際の売上高にもとづいたシミュレーションが行われた。このシミュレーションでは、標準納期を死守して、より積極的な生産能力の拡張を行わせる。すると、売り上げは、周期的に停滞期がやってくるものの、一〇年間にわたって急成長を続ける（図7-6）。納期は変動するが遅れることはなく、標準納期は八週間で安定する。この場合、ワンダーテック社は、自社の成長の潜在可能性を実現できるのだ。一〇年後、売り上げは実際の何倍にもなる。(3)

最初の営業担当副社長はこういった問題を直観的に理解していた。この副社長は当初から、ワンダーテック社の自社工場の生産能力についての見積もりはまったく誤っている、と

図 7-6

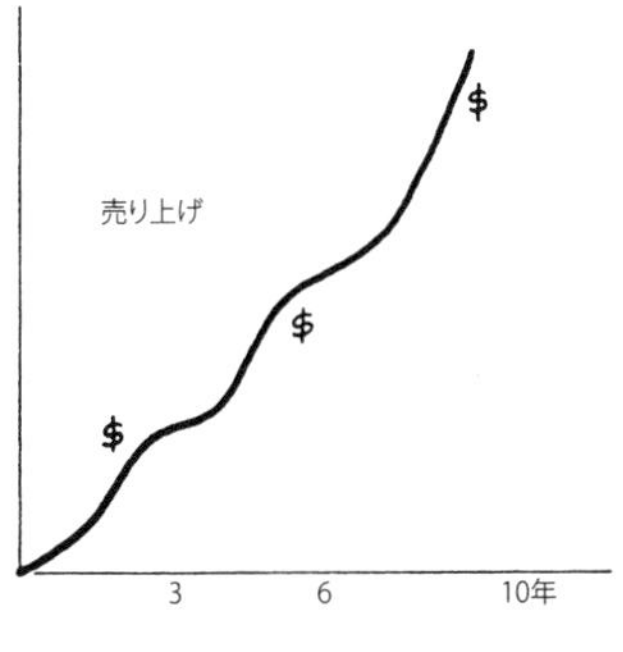

主張していた。「わが社は単に、現在の受注量と生産能力を比べている。目標納期で操業している場合に得られるであろう潜在的な受注量と比べるべきだ」と言った。残念ながらこの副社長の主張は、販売実績が振るわないことの言い訳だと解釈され、彼の洞察は見過ごされた。副社長が理論的に自分の考えを説明できなかったため、どうにもならなかった。もし彼がシステム原型について説明することができたなら、彼が直観として認識していただろうことを、おそらくもっと多くの人が理解していただろう。

事実、ワンダーテック社のとらえにくいダイナミクスは、多くの経験豊富なマネジャーたちの直観――「何が起ころうとも」重要な実施基準を守ることと、そういった基準を満たすために必要なことは何でもすることが不可欠である――を裏づけるものだ。最も重要な基準は、顧客にとって最も大事なことである。通常、それは、製品の品質（設計と製造）、納期、サービスの信頼性と質、サービス・スタッフの思いやりや気遣いなどである。ワンダーテック社のシステム構造は、この経営の直観を明白な理論へと変える。その理論とは、基準を崩したり、生産能力の増強に消極的であったりすることがいかに企業全体の成長を損なうかを示すものだ。「成長の限界」と「問題のすり替わり」を一つにまとめることによって全体を示す構造になる（図7-7）。

ここに示されているように、この二つの構造は重なり合って、一つのバランス型プロセス――納期が長いために、不満を抱いた顧客が注文を減らすというプロセス――を共有する。（「問題のすり替わり」において）生産能力の増強から

図 7-7

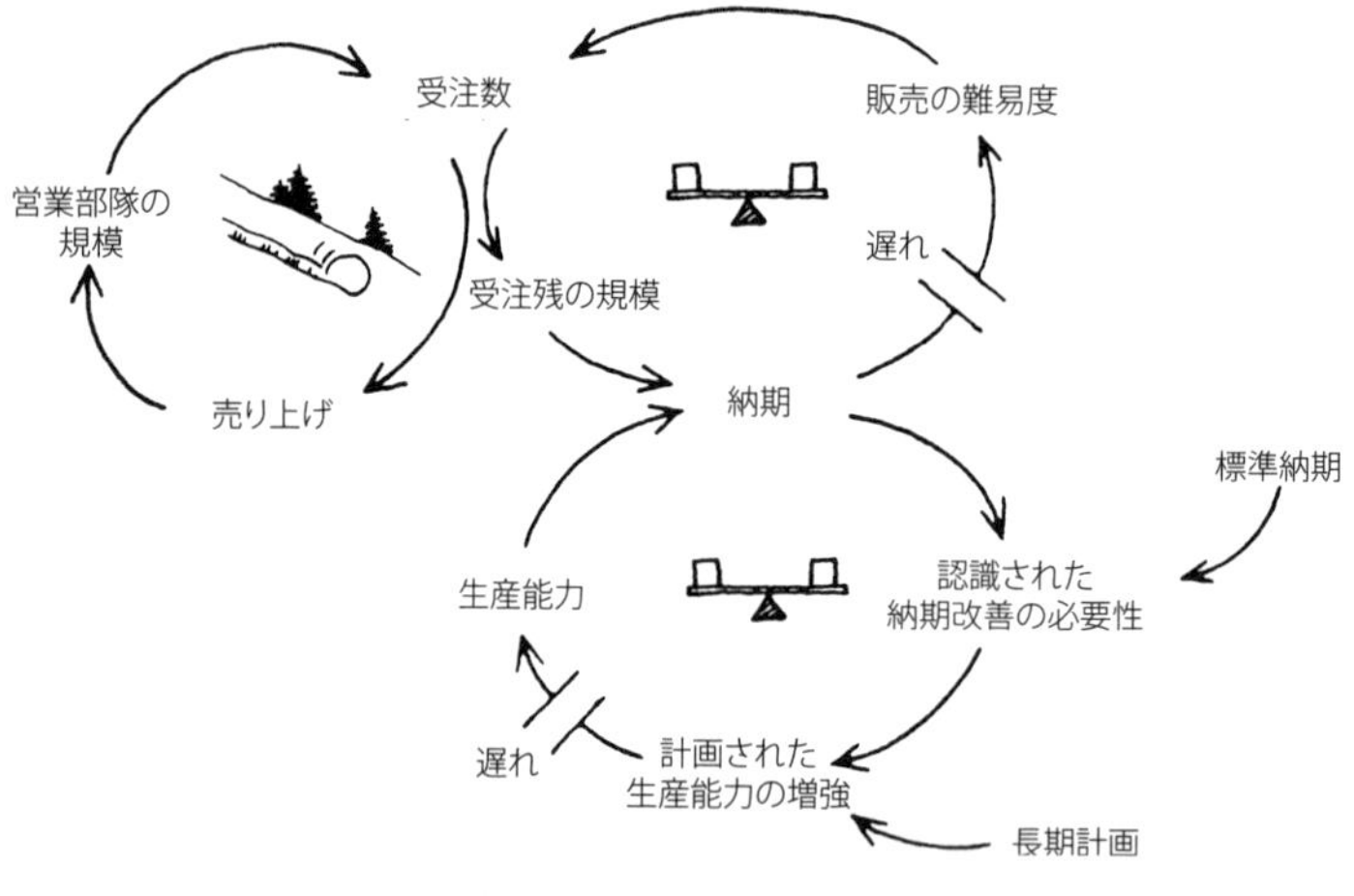

注意をそらすバランス型ループが、同時に、（「成長の限界」において）売り上げの増加を妨げるループにもなっている。不満を抱えた顧客のループが優勢になるかどうかは、納期が長くなったときに同社がどのように生産能力拡張の対応をするかによる。基準がずり落ちるのを放置すると、同社の対応は弱められ、問題は不満を抱えた顧客へとすり替えられる。つまり、同社は無意識のうちに、自社の成長を制限することの中毒に陥るのだ。

木も見て森も見る

ワンダーテック社の根底にあるシステム構造から、かつては急成長をして大成功を収めた企業——米国史上最も急成長した航空会社であったピープル・エキスプレス航空など——が不可解にも経営破綻するという複雑な状況の多くを説明することができる。実は、この構造は「成長と投資不足」と呼ばれる、前出の二つの原型よりもう少し複雑な、もう一つのシステム原型である。企業が投資不足によって自身の成長を制限するときは必ずこの原型が働いている。投資不足とは、生産設備の建設が、顧客の需要の増加に対応するために必要な規模に満たないことを意味する。企業の社員全員が多大な努力（投資不足の兆候）をしたにもかかわらずその潜在的成長を達成できないとしたら、「成長と投資不足」の構造があるとわかる。通常、絶え間ない財務上のストレスがあり、それは皮肉にも、投資不足の原因でもあり結果でもある。財務上のストレスは積極的な投資を困難またはは不可能にするが、現在の財務上のストレスは過去の投資不足が原因になって起こっている。よく見てみると、品質基準の失墜や悪化も見つかるだろう（「品質」とは、製品の品質、サービスの質、納品の信頼性など、顧客にとって重要なものすべてを意味する）。品質が損なわれたり、競争に見合った進歩ができなかったりすると、その結果、顧客のニーズに応えるために生産設備の建設に投資できなくなる（「投資」とは、物理的な生産設備の増強、業務プロセス改善、組織構造の強化、人材育成などを意味する）。そして不満を抱えた顧客が離れていく。顧客の需要が減ると、需要が満たされていないという症状や、生産能力増強に投資する必要性の認識がなくなるだけでなく、投資に必要な財源も減少する。

こういった力が――一九六〇～七〇年代に米国の鉄鋼、自動車、機械、工具、家庭用電化製品などの製造業で起こり始めたように――産業全体を苦しめると、その結果、より高い基準とより強力な投資方針をもった海外の競合企業に対して脆弱になる。こういった業界のそれぞれで、海外の競合企業に市場シェアを奪われたのは外的要因のせいだとされたが、少なくとも部分的には、顧客満足度の基準の低さ、投資不足、顧客の不満にその根本原因があった。ここでもまた、衰退は非常にゆっくりと起こるため、それはなかなか検知できず、広告の増強、割引、「リストラ」、関税による保護といった、「問題のすり替わり」の一時しのぎの手段によって隠されることが多い。

このパターンを見えにくくしているものが二つある。一つは、それが徐々に起こることだ。もしもこれがすべて一カ月以内に起こるとすれば、それを防ぐために組織や業界の全体が動員されるだろう。だが徐々に損なわれていく目標や成長の鈍化は知らず知らずのうちに進んでいく。これこそが、第二章の学習障害のところで論じた「ゆでガエル」症候群の根底にある構造である。カエルにとっての安全な水温の基準は、その状況がゆっくりと悪化するとき、徐々に損なわれていき、やがてゆであがってしまう脅威への対応能力が完全に失われてしまう。

二つ目は、この症候群のただ中にいるマネジャーたちの目には、注意を要する緊急の問題が非常に多く入ってくる――そして、より大きなパターンを見る用意ができていない。システム思考の技《アート》は、現実のあらゆる経営環境に伴うおびただしい量の細かい事柄や圧力、逆流に囲まれたワンダーテック社の構造のように、ますます（動的な）複雑さととらえにくさを増していく構造を認識する点にある。実際、マネジメントのディシプリンとしてシステム思考を習得することの本質は、他の人が出来事や力だけを見てそれに対応するような状況で、大きなパターンを見ることにある。だが、種類による複雑性と動的な複雑性の両方を見るように訓練を受けている人はほとんどいない。現在のCEOのうち、立ち上がって、ある重要な問題の全体的な原因について、また、その問題に対処するための、レバレッジの高い戦略と低い戦略について、説得力のある説明を一五分間のスピーチで明確に述べることができる人がどれほどいるだろうか。

私たちは誰でも「木を見て森を見ず」という比喩を知っている。残念ながら、私たちの大半には、「一歩下がった」ときに、数多くの木々しか見えない。自分の好きな木を一本か二本選んで、そこにすべての注意と、変えるための努力を集中させるのである。

結局、システム思考の技《アート》は、種類による複雑性を見通して、その根底にある、変化を生み出す構造を見ることにある。システム思考は、種類による複雑性を無視するわけではない。むしろ、種類による複雑性を整理して、問題の原因や、その原因をどのようにして持続的に改善することができるかを解明し得る、筋の通った物語にまとめることを意味する。たとえば、ワンダーテック社のような技術系企業では、状況の現実の把握はまず、表7－1のような細部を理解することから始まる。

現在の世界の複雑性がますます高まりつつあることで、多くのマネジャーたちは、効果的に行動するために必要な情報が足りないと思い込んでいる。マネジャーたちが直面している根本的な「情報の問題」は、情報が少なすぎることではなく、多すぎることではないだろうか。私たちに最も必要なのは、何が重要で何が重要でないか、どの変数に焦点を当て、どれにはあまり焦点を当てなくてよいかを知る方法である。そして私たちには、これを行うために、グループやチームが共通の理解を深める方法が必要である。

「成長と投資不足」のような基本原型を習得することは、木**も**見て森**も**見る――広範なパターンと詳細なパターンの**両方**に関する情報を見る――能力を開発するための第一歩である。両方を見ることによってのみ、複雑性と変化の難題に力強く対処することができる。

究極的には、システム思考の言語を習得するには、その他の補完的な学習のディシプリンも必要になる。その一つ一つが、個人やチーム、組織を、主に線形の観点から世界を見ることから、全体的に見たり行動したりすることへと転換させることができる、重要な原則やツールを与えてくれるのだ。

表 7-1

生産能力	人的資源	競争要因
生産設備能力	サービス人員数	市場の規模
シフト数	製造人員数	市場セグメント
生産システム	メンテナンス	技術トレンド
稼働スケジュール	採用者数	評判
タクトタイム（稼働時間を生産計画数で除した値）	教育	サービスの質
プロセス技術	離職者数	競合他社のサービスの質
流通チャネルと納期	勤労意欲	価格
エネルギー・コスト	生産性	人材を引きつける魅力、資本、労働生産性
競合他社の計画	経験	
保守修理	チーム・マネジメント	
	配置転換	
	従業員持ち株制度	

第III部

The Core Disciplines

Building the Learning Organization

核となるディシプリン——「学習する組織」の構築

第8章 自己マスタリー

「学習する組織」の精神

個人が学習することによってのみ組織は学習する。個人が学習したからといって必ずしも「学習する組織」になるとは限らない。が、個人の学習なくして組織の学習なし、である。

組織リーダーの中で、個人の学習に本気で取り組むには企業哲学を根本的にあらためねばならないと認識する人たちは数えるほどしかいない。ファインセラミックス技術とエレクトロニクスの分野で世界をリードする京セラの創業者であり、社長、会長を経て一九九七年から名誉会長を務める稲盛和夫は、次のように語っている。

研究開発であれ、企業経営であれ、ビジネスは何事も「人」が原動力です。そして人には自分自身の意志があり、心があり、考え方があります。もしも社員に成長や技術開発の目標に挑む意欲が不足していれば……どんな成長も生産性の向上も技術開発もありはしないでしょう。(1)

人の潜在能力を活用するには「潜在意識」「意志力」「心の働き……世の中の役に立ちたいという心からの願い」について新たな理解を得ることが必要になるだろう、と稲盛は考えている。京セラ社員に対しては、社是「敬天愛人」（天を敬い、人を愛す）に従って、「完璧」をめざしてたゆまず努力しながら、内面を見つめよと説いてきた。一方、経営者としての自身の義務は、何よりもまず「社員に物心両面の幸福を与えること」だという。

地球を半周し、まったく異なる業種に目を向けてみると、長期間にわたって成功を収めた企業を築いた人物がもう一人いる。その人物、元ハノーバー・インシュアランス社長、ビル・オブライエンが強く望んでいたものは、

……もっと人間性に調和する組織モデルである。従来の階層制組織は、人間の高次のニーズや自尊心、自己実現をもたらすようにはできていない。組織が、全従業員のために、こうしたニーズに取り組むようになって初めてマネジメントの混乱は終わるだろう。

稲盛と同じようにオブライエンも、経営者は自分の仕事を問い直さねばならないと主張した。経営者は「計画や組織化、管理などの古い定説」を捨て、「これほど多くの人々の生活に責任を負うという『神聖』の域に達すること」を理解しなければならない。オブライエンによれば、経営者の基本的な務めは、「社員が最大限豊かな人生を送れるような環境を提供すること」だという。

こうした情操が現実のビジネスからかけ離れていると思われる向きには、京セラが創業から四五年で売上高九〇億ドルの企業となり、その間ほぼ無借金経営を通し、しばしば日本企業でさえもうらやむ水準の利益を達成してきたことを指摘しておくべきだろう。ハノーバーは、オブライエン

の前任のジャック・アダムが、人をめぐる基本的な価値観や信念を中心に会社再建に着手した一九六九年には、損害責任保険業界の最底辺に位置していた。それが、一九九〇年にオブライエンが引退したときには利益額がつねに業界上位四分の一に入る優良企業になっており、過去一〇年間の成長率は業界全体の一・五倍だった。(2)

事業への鋭い眼識の源泉であった、ほかならぬヘンリー・フォードは次のように述べている。

思うに、最小不可分の現実は、知性をもっていて、私たちが手を伸ばして招き入れれば、人間の精神に利用してもらおうとじっと待っている。私たちは、神経質な手と心配性の心のせいであまりにもせっかちすぎる。結果を待ちきれないのだ。私たちに必要なのは……利用されるのを待つ、目に見えない力による精神の強化である……精神的な強さの蓄えは豊富にあるが、私たち人間は無頓着に精神的な強さとの関係を絶ってしまっている……力の源について、そして自ら何かを創造する心の領域について、私たちがいつかは十分に理解できると私は信じている……

人間はかつて精神的な物事を今日の私たちよりよくわかっていたと私は確信している。今の私たちには信じるしかないことを、かつての人間はよく知っていたのだ。(3)

「自己マスタリー」は、個人の成長と学習のディシプリンを指す表現である。高度な自己マスタリーに達した人は、人生において自分が本当に求めている結果を生み出す能力を絶えず伸ばしていく。学習する組織の精神は、こうした人々のたゆまぬ学びの探求から生まれるのだ。

マスタリーと熟達

自己マスタリーは、能力やスキルを土台にしているが、それらにとどまるものではない。精神的な成長を必要とするが、心を解き明かす、あるいはオープンであることにとどまるものでもない。それは、独創的な仕事として自分の人生に取り組み、受身的な視点ではなく、創造的な視点で生きるということなのだ。私の長年の同僚、ロバート・フリッツは次のように述べている。

歴史を通してほぼすべての文化で、美術、音楽、踊り、建築、詩、口承文学、陶芸、彫刻が生まれてきた。創造の欲求は、信仰、国籍、信条、学歴、時代によって制限されることはない。その衝動は万人に存在する……それは芸術に限らず、ありふれたことから深遠なことまで、人生のすべてを包含する衝動なのだ(4)。

自己マスタリーがディシプリン――自分の人生に一体化させて取り組む活動――の一つになれば、二つの根本的な動きが具現化する。一つは、自分にとって何が重要かを絶えず明確にすることだ。私たちは往々にして、道の途中で起こる問題に対処するのに多大な時間を費やすあまり、そもそもなぜその道にいるのかを忘れてしまう。その結果、自分にとって何が本当に重要かがぼんやりとしか見えなくなる。ぼんやりどころか、見誤ってしまうことさえある。

もう一つは、どうすれば今の現実をもっとはっきり見ることができるかを絶えず学ぶことだ。私たちは誰もが、逆効果を招く関係に陥っている人たちを見てきた。何もかもうまくいっているふりをし続けているために身動きが取れなくなっている人たちだ。あるいは、現状をありのままに見ればそうでないのが明らかなのに、全員が「計画に従って目的地に向かっている」と口をそろえる会議を見てきた。行きたい所に行くには、今どこにいるかを知ることが先決だ。

ビジョン（私たちがありたい姿）と今の現実（ありたい姿に対する現在地）のはっきりしたイメージを対置させたときに「創造的緊張」（クリエイティブ・テンション）と呼ばれるものが生まれる。創造的緊張は、ビジョンと現実を結びつける力であり、解決を求めて自然に引っ張り合う力が働くことで生まれる。自己マスタリーの本質は、自分の人生においてこの創造的緊張をどう生み出し、どう維持するかを学習することだ。

ここで述べている「学習」というのは、知識を増やすという意味ではなく、人生で本当に望んでいる結果を出す能力を伸ばすという意味だ。それは生涯つづく生成的学習である。学習する組織は、あらゆる階層でそれを実践する人がいなければ成り立たない。

残念ながら、「マスタリー」という言葉は、人や物を支配することを連想させる。だが、マスタリーは特殊なレベルの熟達も意味する。たとえば、工芸の名人《マスター・クラフツマン》と呼ばれる人は、陶芸や織物を**支配**しているわけではない。けれども名工の技能によって第一級の壺や織物が工房から生み出される。同様に、自己マスタリーも人生のあらゆる局面における――個人的にも職業上も――特殊なレベルの熟達を指す。

高度な自己マスタリーに達した人には共通の基本的な特徴がある。まず、ビジョンと目標の背後に特別な目的意識がある。**そのような人物にとって、ビジョンとは単なる良い考えではなく天命なのだ。**「今の現実」を敵ではなく味方とみなす。変化の力に抵抗するのではなく、変化の力を感じとり、それと手を組んで仕事をするにはどうすればよいかをすでに学んでいる。また、探究心が旺盛で、絶えず現実をますます正確に見つめようと努力を惜しまない。他者や生命そのものとつながっていると感じている。それでいて独自性はまったく失わない。自分はもっと大きな創造的プロセスの一部であり、そのプロセスには影響を及ぼすことはできても、一方的にコントロールすることはできないと感じている。

高度な自己マスタリーに達した人にとって、学びに終わりはない。決してどこかに「到達」することはないのだ。「自己マスタリー」のような言葉は、ときとして白か黒か明確にするという意味だと誤解されることがある。しかし、自己マスタリーは所有物ではない。それはプロセスであり、生涯にわたるディシプリンなのだ。高度な自己マスタリーに達した人は、自分の無知を、自分の能力不足を、自分の成長させるべき領域を痛感しているものだ。同時に十分に自信もある。矛盾しているだろうか？　「旅の報いは旅そのもの」と思えない人にとっては矛盾に聞こえるだろう。

ハノーバー時代、オブライエンは、「高い成熟度」に達するためには、深みのある価値観を築き上げ、それを守ること、自分自身より大きな目標に打ち込み、オープンであること、自由意志を行使すること、さらに現実を正確に把握しようと絶えず努力することを必要とすると書いている。オブライエンはこうも言い切っている。そのような人には、目先の満足を求めない度量の広さがあり、だからこそ、ほかの人なら見向きもしないような目標を達成したいと志し、「自分の選択が後の世代に及ぼす影響」を慎重に考えることまでする、と。一〇年後、オブライエンは、「心の知性」への関心を暗示する興味深い文章の中で、人間の発達に熱心に取り組まない現代社会の欠陥を次のように指摘した。

理由はどうあれ、私たちは身体的な発達や知的な発達を追い求めるほどの熱心さで感情的な発達を追い求めることはない。このことが残念でならない。感情面が十分に発達すれば、持てる

力を最大限に発揮するうえで何よりも有効なレバレッジとなるからだ。(5)

「なぜそれをめざすのか」

「社員の全人的な発達は、超優良企業になるというわが社の目標の達成に不可欠だ」とオブライエンは付け加えている。かつて、市場がビジネスに要求するモラルの水準は、ビジネス以外の諸活動に求める水準よりも低いように思われたが、「人生において徳を高めることと経済的に成功することは、根本的に矛盾しないと私たちは信じている。両方を手に入れるのは不可能ではない。それどころか、長期的に見れば、高い次元の人生の徳を実践すればするほど、経済的にも成功すると私たちは確信している」

要するに、オブライエンは、組織が自己マスタリー——社員の成長に力を入れることを表す言葉なら何でもよいのだが——を支持するようになる最も一般的な理論的根拠を、彼なりの表現で明確に述べているのである。高度な自己マスタリーに達した人ほど全力で打ち込んでいる。物事に率先して取り組むし、自分の仕事に対する責任感も広くて深い。学ぶスピードも速い。これらの理由から、社員の個人的な成長を育むという方針を採用する組織が多いが、それは、そうすれば組織が強化されると考えているからだ。

しかし、オブライエンには自己マスタリーを追求する理由がもう一つあった。今では自己マスタリーに欠かせないとみなされていることである。

われわれが社員にこの探求を奨励するもう一つの等しく重要な理由は、個人の最大限の発達が個人の幸せに与え得る影響の大きさである。人生のかなりの部分を占める仕事に費やす時間を無視して、仕事以外にのみ個人的な充足を求めるならば、幸せですべてがそろった人間になる機会はごくわずかでしかない(6)。

言い換えれば、「なぜ自己マスタリーをめざすのか?」である。めざしたいからめざすのだ。十分な数の人々がこの立場、つまり内発的な理由から自分の幸せに全力を挙げる立場をとるようになったときが、組織の進化における決定的瞬間だ。従来、組織は手段として——人が成長し、発達すれば、組織としての能力も向上するだろうと考えて——人の発達を支援してきた。オブライエンのようなリーダーたちはもう一歩先を行く。「私たちが築こうとしているタイプの組織では、人の最大限の発達は財務的な成功と同列にある」

人の発達を組織の目的達成の手段とみなしてしまうと、個人と組織の間に存在し得る関係の価値を微妙に損ねることになる。ハーマンミラー社の元CEO、マックス・デ・プリーは、従来の「契約」(「一日の誠実労働に対する見返りとして一日分の正当な報酬がもらえる」)と対比させて、組織と個人の間の「誓約」についてこう語っている。「契約は関係の一部分でしかない。完全な関係には誓約が必要だ……誓約で結ばれた関係は、関係者全員がアイディア、課題、価値観、目標、経営プロセスに熱意と責任をもって関与することに支えられている……誓約で結ばれた関係は結束と品位と安定を表している。これらは関係の神聖な性質を表現する言葉だ(7)」

日本に目を向けると、『クリスチャン・サイエンス・モニター』紙の記者が松下電器産業(現パナソニック)を取材し、「その場には、ほとんど宗教的ですらある雰囲気がある。まるで仕事そのものが何か神聖なものとみなされているかのようだ」と述べている。京セラの稲盛は、自身が自己マスタリーに力を入れるのは、そもそも日本人が伝統的に終身雇用制を約束してきたことに端を発していると語る。「当社の社員には、相手を食い物にするのではなく、それぞれが充実した人生を送れるよう互いに助け合う共同体の一員になるという合意がある」

オブライエンはこうも語っている。「社歴一〇年の人たちを見れば、システムがうまく機能していることがわかる。入社当時は、自分に自信がなく、世の中に対しても自分の機会に対しても狭い視野しかもっていなかった人が、今や十数人の部署の責任者になっている。責任を心地よく受け入れ、複雑な意見を消化し、さまざまな立場を検討し、何かを選択するときはしっかりした理論的根拠を構築する。ほかの人々はこの人の言うことにじっくり耳を傾ける。家族に対しても、会社に対しても、業界や社会に対しても、以前よりも大きな志をもっている」

真剣に自己マスタリーに取り組む組織の姿勢には、無条件の献身、ごまかしのない勇気がある。人はそれをめざしたいからめざすのだ。

抵抗

こういった自己マスタリーのメリットに対していったい誰が抵抗できるだろうか？　現実には多くの人や組織が抵抗する。社員の全人的な発達を支持する立場をとることは、従来の被雇用者と組織の契約関係から根本的に脱却することである。ある意味、それは学習する組織における従来型のビジネス慣行からの脱却の中でも最も根本的なことと言える。

企業が自己マスタリーの奨励に抵抗を示すのには明白な理由がある。自己マスタリーは「ソフト」面の手法であり、直観や個人のビジョンなど、定量化できない概念にもとづいている。自己マスタリーがどれだけ生産性や損益に貢献したかを小数点以下三位まで測定することは誰にもできないだろう。現代のような物質主義の文化では、自己マスタリーの前提について話し合うことさえ難しい。「なぜ社員がこの問題について話さなくちゃならないんだ?」と誰かが言いだすかもしれない。「わかりきったことだろ? 僕らはもう知っているじゃないか?」と。

もっと厄介な抵抗の形は、冷笑的な態度である。冷笑的な相手と闘うには、その冷笑的な考え方がどこから来ているのかを知ることが役に立つ。冷笑的な人はたいてい、一皮むけば満たされなかった理想主義者——理想をそのまま期待に置き換える過ちを犯してしまった人である。たとえば、自己マスタリーを冷たく笑う人の多くは、かつて人間に高い理想をもっていた人だ。それがやがて落胆し、傷つき、結局は苦い思いをすることになった。人々が自分の理想にかなわなかったからだ。オブライエンによれば、燃えつき症候群は働きすぎだけが原因ではないという。「教師、ソーシャルワーカー、聖職者などの中には、八〇歳まで信じられないくらいハードに働き、『燃えつき』とは無縁の人もいる——人間の本質、その可能性と限界について正確な見方をしていたからだ。人間を理想化しすぎることがないので、期待を裏切られても精神的なストレスがそう大きくはならないのだ」

最後にもう一つ、自己マスタリーは管理の行き届いた企業の確立された秩序を脅かすと懸念する人もいる。これはもっともな懸念だ。**まとまりのない組織で人に権限を与えれば逆効果になりかねない**。人々に共通のビジョンがなく、自分たちが置かれたビジネスの現実についてのメンタル・モデルも共有していないならば、人々に権限を与えても、組織のストレスを増やし、マネジメントが一貫性や方向性を維持するのを難しくするだけだろう。だからこそ、自己マスタリーのディシプリンは、必ず学習する組織のほかのディシプリンとセットで考えなければならない。組織のリーダーに現場の意思決定者の指針となる共通のビジョンとメンタル・モデルを築く能力が欠けているならば、組織を挙げて自己マスタリーに取り組むのは浅はかで的外れというものだ。

自己マスタリーのディシプリン

自己マスタリーの感覚を養うには、まず一つのディシプリンとして、つまり、役立てるために応用しなければならない一連の原則と実践として取り組むことだ。稽古を繰り返して一流の芸術家になるように、これから述べる原則と実践は、自己マスタリーのディシプリンを絶えず発展させていくための土台となる。

個人ビジョン

個人のビジョンはその人の内側から生まれるものだ。数年前、私はある若い女性と、彼女の地球に対するビジョンについて話をしていた。彼女の口からは平和や調和について、自然とバランスをとりながら生きることについて、すばらしい言葉が次々と出てきた。どれも立派な意見だったが、話しぶりは淡々として、これらは私が望むべきものとして列挙しているようであった。私は「ほかには何かある?」と聞いてみた。ひと呼吸置いてから、彼女は「緑豊かな星に住みたいの」と言って泣き出した。私の知る限り、彼女がそのように話したのは初めてだった。言葉が、まるで自分の意志をもっているかのように、彼女の口から飛び出したのである。それにもかかわらず、言葉からはっきり伝わってくるイメージは彼女にとって深い意味があった――おそらく本人にもわからない次元の意味だろうが。

たいていの大人は本当の意味でのビジョンを理解していない。ゴールや目標はあるが、それはビジョンではない。何がほしいと聞かれると、大半の大人は何から逃れたいかを答える。もっといい仕事に就きたい――つまり、今のつまらない仕事から逃れたいということだ。もっと環境のいいところに住みたい。そうすれば犯罪や子どもの学校のことを心配しなくて済む。ほかには姑が同居をやめて自分の家に帰ってくれればいいのにとか、背中の痛みが消えてほしいとか。残念ながら、たとえ大成功を収めている人たちの間であっても、こんな具合に「消極的なビジョン」が延々繰り返されるのがふつうだ。これは、生涯にわたる適応、対処、問題解決の副産物と言える。私たちの主催したプログラムに参加した一〇代の若者がこう言っていた。「大人を『グローンアップ（成長した人）』と呼ぶのはおかしい。『ギブンアップ（あきらめた人）』と呼ぶのがぴったりだ」

減退したビジョンのさらにわかりにくくなった形が、「結果ではなく手段に焦点を当てること」だ。たとえば、経営幹部の多くはビジョンの一つとして「高い市場シェア」を掲げる。だが、その理由は？「収益性の高い会社になってほしいから」。さて、高い収益それ自体が本質的な結果だという考え方もあるかもしれない。実際に一部の人にとってはそうである。しかし、利益はさらに重要な結果を達成するための一手段だとする経営者も驚くほど多い。なぜ高い年間利益をビジョンに掲げるのか？「独立した会社のままでいてほしいから。乗っ取られたりせずにね」。なぜそう望むのか？「全体性を保ちたいし、創業の目的に忠実でいたいから」。どれもまっとうな目標だが、最後の「創業の目的に忠実でいたい」は、経営幹部にとって何よりも本質的な意味がある。それ以外はすべて目的達成の手段であり、特定の状況では変わることもある。**二次的な目標だけではなく、究極の本質的な欲求に焦点を合わせる能力は、自己マスタリーに必要不可欠なものだ。**

目的という考えから切り離して本当のビジョンを理解することはできない。ここで言う目的とは、なぜ自分は生きているのかという個人にとっての意義という意味だ。人間は目的をもっているという主張は誰にも証明したり、反証したりできないかもしれない。討論しても不毛だろう。しかし、目的という考え方は、働く前提として大いに意味がある。幸せとは、自分の目的に矛盾しない生き方が最も直接的にもたらす結果かもしれない。ジョージ・バーナード・ショーは、それを鋭い言葉で表現している。

これぞ人生の真の喜びと言えるのは、偉大な目的だと自分自身が認める目的に仕えること……自然界の力となることだ。世の中が自分を幸福にするために身を捧げぬと愚痴をこぼす、熱に浮かされた、利己的でちっぽけな、病と不平不満の塊になることではない。(8)

これと同じ原則が「心から大切にしたいこと」として表現されてきた組織もある。人々が個人の目的を話すのには抵抗を感じるところでも、心から大切にしたいことについてならまったく気兼ねなく話すことができた。心から大切に思っていれば、自然と全力を投じるものだ。本当にしたいことをして、エネルギーと熱意にあふれている。欲求不満や挫折に直面しても粘り強くやり通す。どうしてもやらなければならないことをしているからだ。それは**自分の仕事**なのだ。

誰でも仕事がよどみなく流れる経験をしたことがあるだろう。仕事との相性がぴったりで、まったく無駄のない方法で仕事が進む経験だ。たとえば、自分のビジョンに呼ばれて外国に行った人は、気がつけば以前よりはるかに短い期間で新しい言語を習得しているかもしれない。自分の個人ビジョンを実現できるのは、しばしばビジョンがそのような瞬間を生み出すからだ。すべての仕事をやりがいのあるものにするのは、自分を前に引っ張ってくれる目標なのだ。

しかし、ビジョンと目的は違う。目的は方角のようなもの、全体的な進行方向だ。ビジョンは具体的な目的地、望ましい未来像である。目的は抽象的で、ビジョンは具体的なものだ。「人類の宇宙探索の能力を進歩させる」は目的、「一九六〇年代末までに人類を月面に立たせる」はビジョンである。「精いっぱいの自分になる」「卓越《エクセレンス》」なら目的になり、「一キロメートル二分三〇秒の壁を破る」ならビジョンになる。

たしかにビジョンがない限り何事も起こらない。だが、根底の目的意識や使命感が伴わないビジョンは「良い考え」にすぎないこともまた確かだ――「響きと怒りに満ちてはいるが、何を意味するわけでもない★」のだ。

逆に、ビジョンのない目的には適切な尺度の意識が抜け落ちている。オブライエンは言う。「あなたも私もテニス・ファンだとしよう。グラウンド・ストロークやバックハンドなどの技術談義や、コーナー・ショットを追いかけたり、ウィニング・ショットを決めたりするスリルの話で盛り上がる。ひとしきり話が弾んだが、その後、私は地元のテニス・クラブの試合に向けて練習しており、あなたはウィンブルドン出場をめざしているとわかる。ふたりともテニスに対する熱意やテニスを愛する気持ちは同じでも、熟達度には歴然とした差がある。どんな尺度を念頭に置いているかをはっきりさせない限り、話が通じていると思っても、実はそうではないことがある」

結局、ビジョンは内発的なものであり相対的なものではない。他人と比べて相対的にどうにかなれるからではなく、その内在する価値ゆえに望むものである。暫定的なものならば相対的ビジョンが適している場合もあるが、相対的ビジョンで偉業を成し遂げられることはめったにない。競争も何ら悪いことではない。「競争」を意味する英語の competition はラテン語の *competere* に由来し、「共に努力する」を意味して、私たち一人ひとりが互いに最高のものを引き出し合えるように人類

★　シェイクスピア悲劇『マクベス』のマクベスのセリフ

が考え出した仕組みの中で最良のものの一つである。しかし、競争が終わった後、つまりビジョンが達成された（あるいは達成されなかった）後、人をさらに先へ引っぱり、新しいビジョンを描かせるのは目的意識である。**繰り返すが、自己マスタリーが一つのディシプリンでなければならない理由はここにある。それは、人が心からめざしたいもの、すなわちビジョンに絶えず焦点を当てたり、新たに焦点を当て直したりするプロセスなのだ。**

ビジョンは多面的なものだ。どこに住みたい、銀行にどれだけ貯金したい、などの物質的な側面もあれば、健康、自由、自分に正直であることなどの個人的な側面もある。さらに他者の手助けをしたり、ある分野の学問に貢献したりする奉仕的な側面もある。すべて私たちが心から望むものの一部分だ。現代社会は、私たちの注意を物質的な側面に向けさせる傾向があるが、同時に物質的な欲望に対する罪の意識も助長している。また個人的な欲望――たとえば、盲目的にスリムで健康な外見を崇拝する人たちがいる――が重視され、世の中に貢献したいという欲望は比較的軽視されている社会でもある。実際、何かに貢献したいなどと口にすれば、世間知らず、ばかばかしいといった気分に陥りがちだ。そうだとしても、何千人もの人々と仕事をしてきた経験からはっきり言えるのは、個人ビジョンはこうしたすべての側面を含み、それ以上の範囲にも及ぶことだ。もう一つ、社会の主流からはずれるビジョンをもつには勇気が必要だということもはっきりしている。

しかし、高度な自己マスタリーに達した人とそうでない人の違いは、まさにこの自分のビジョンを守る勇気なのだ。あるいは、日本人は達人の境地を「ビジョンと行動の間に髪の毛一筋ほどの隙間もない」[9]と表現している。

ある意味、ビジョンをはっきりさせることは自己マスタリーのむしろ簡単なほうの課題と言える。もっと難しい課題を抱えるのは、多くの人にとって、今の現実に直面したときだ。

創造的緊張を維持する

自分のビジョンについて話すとなると、ビジョンが明確なときでさえ、ひどく話しづらいことが少なくない。なぜだろう？　それは自分のビジョンと現実の乖離を痛感しているからだ。「自分の会社を始めたい」、でも「資金がない」。あるいは「本当に好きな仕事に就きたい」、でも「食べていかなければならない」。こうした乖離のせいで、ビジョンが非現実的な話、または夢物語であるように思えることがある。やる気が失せたり、絶望的な気分になったりするかもしれない。しかし、ビジョンと今の現実の乖離はエネルギー源でもある。乖離がなければ、ビジョンに向かって進むための行動を起こす必要もないのだ。それどころか、乖離こそが**真の**創造的エネルギーの源である。この乖離は**「創造的緊張（クリエイティブ・テンション）」**[10]と呼ばれる。

ゴムバンドを思い浮かべてほしい。それがビジョンと現実の間にぴんと張られている（図8－1）。ゴムバンドを引き伸ばせば、引っ張り合う力が生まれる。これがビジョンと現実の間の緊張だ。緊張は何を求めるか？　解消つまり緊張からの解放だ。緊張が解消されるために取り得る方法は二つしかない。現実をビジョンに近づけるか、ビジョンを現実に近づけるかのどちらかだ。どちらが起こるかは、自分がビジョンを保持し続けるかどうかによって決まる。

創造的緊張の原則は、自己マスタリーの中心原則であり、このディシプリンの

図 8-1

全要素を統合するものだ。にもかかわらず、誤解されやすい。たとえば、「緊張《テンション》」という言葉からして不安やストレスを連想させるが、創造的緊張は特定の感情は抜きにしたものだ。それは、今の現実に反するビジョンの存在を認めた瞬間に作用し始める力である。

とはいえ、創造的緊張が悲しみ、落胆、絶望、心配など不安にまつわる気持ちや感情をもたらすことはよくある。これは頻繁に起こることなので、こうした感情と創造的緊張は混同されやすい。創造のプロセスは**そもそも不安に満ちた状態なのだ**と人は思うようになる。しかし、創造的緊張に伴って生まれる可能性のあるこういった「マイナスの」感情は創造的緊張そのものではないと理解することが重要だ。こうした感情は「感情的緊張（エモーショナル・テンション）」と呼ばれる。

感情的緊張と創造的緊張の区別ができないと、ビジョンを引き下げたくなる。実現しそうにないビジョンにすっかり気力が萎えてしまうと、その落胆の重荷を軽くしたい強い衝動に駆られるかもしれない。一つ手っ取り早い救済策がある。ビジョンを低くすればいいのだ！「まあ、ゴルフのスコアを七五で回ることはそれほど重要じゃないさ。八〇台で回っていても私は十分にゴルフを楽しんでいるんだから」という具合に。あるいは「リサイタルを開けるかどうかは、どうでもいいの。どっちにしても音楽教師として稼がなくちゃならないし。稼ぐほうに集中するわ」

感情的緊張を解消するダイナミクスには油断がならない。知らず知らずのうちに作用するからだ。感情的緊張は、創造的緊張の二極のうち自分がいつでも完全にコントロールしているほうの極――ビジョン――を調整することによって解消されるのが常だ。嫌な感情の原因である創造的緊張が緩和されるのだから、その感情も消え去ってくれる。さあ、これで目標が現実に近づいた。感情的緊張を避けるのは簡単だ。支払う代償はただ一つ、心から望んでいるもの――自分のビジョン――を捨てるだけでよい。

感情的緊張のダイナミクスは、第七章でワンダーテック社を大いに苦しめた「目標のなし崩し」のダイナミクスに酷似している。創造的緊張と感情的緊張の相互作用は、「目標のなし崩し」に似た「問題のすり替わり」のダイナミクスであり、図8－2のようになる。

今の現実と異なるビジョンをもっていれば、乖離（創造的緊張）が存在し、その乖離の解消には二つの方法がある。下のバランス型プロセスは「根本的な解決策」、つまり現実をビジョンに一致させようとする行動をとることを示す。しかし、現実を変えるには時間がかかる。そのせいで上のバランス型プロセスに示されている欲求不満や感情的緊張が生まれる。こちらはビジョンを今の現実に合わせて引き下げる「対症療法的な解決策」になる。

ところが、たいていの場合、一度ビジョンを低くすると、それだけでは済まない。遅かれ早かれ、現実を（新しい、引き下げられた）ビジョンから引き離す新しい圧力が生まれ、結局、またビジョンを引き下げようとするさらなる圧力がかかるようになる。そして典型的な「問題のすり替わり」のダイナミクスが後に続く。目標達成の失敗、欲求不満、ビジョンの引き下げ、一時的な安堵、さらにビジョンを引き下げようとする新たな圧力という気づきにくい自己強化型の悪循環にはまるのだ。次第に、ビジョンを引き下げることへと「問題のすり替わり」が起こっていく。

図 8-2

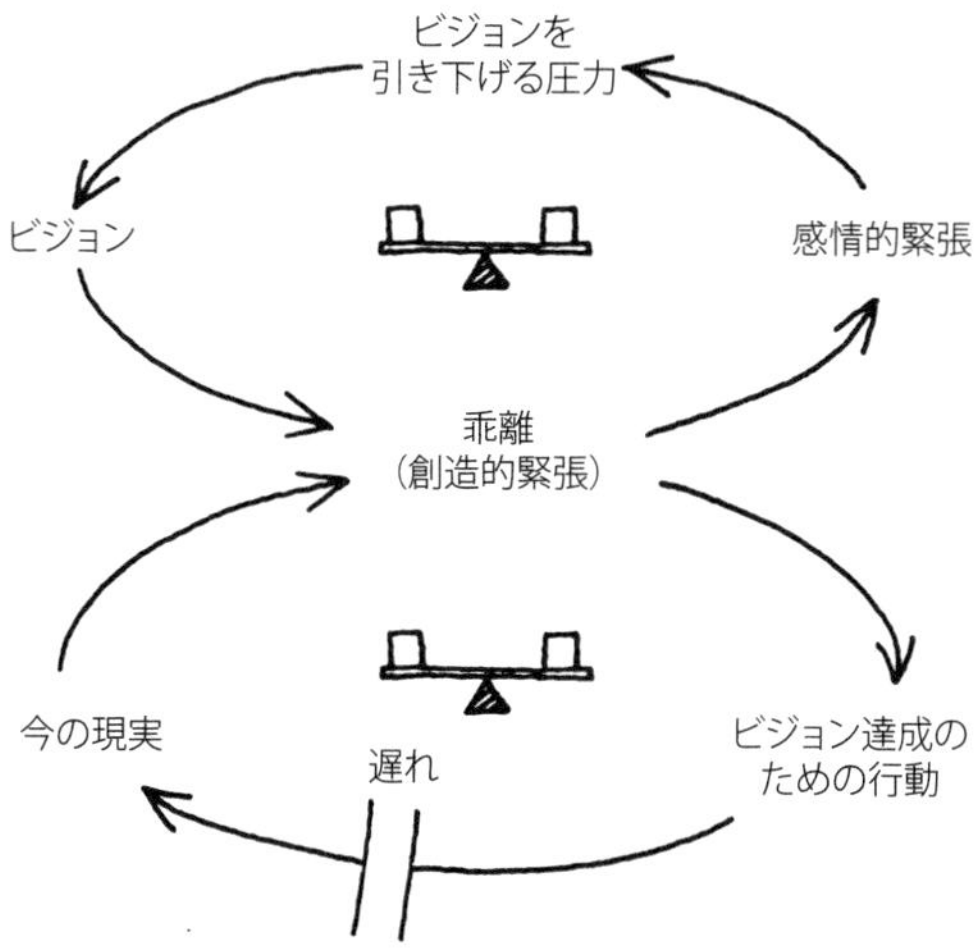

ワンダーテック社では、感情的緊張の解消が、達成できそうもない重要な納品基準の引き下げという形で起こった。徐々にはまっていったので、基準を引き下げていることに気づくのはとくに難しかった。ワンダーテック社が危機に直面するたびに、標準納期は、前の危機の後に設定した基準から少しだけ引き下げられた。個人の場合も、望ましい人間関係、やりたい仕事、住みたいと思う世の中をめざす夢をだんだんあきらめていくにつれて、目標のなし崩しが知らず知らずのうちに進んでいく。

組織の場合、目標がなし崩しになるのは、感情的緊張に対する許容度が低いからだ。誰だって悪いニュースを伝える役回りはご免だ。いちばん楽な道は悪いニュースなどないふりをするか、いっそのこと勝利を宣言することだ――判断基準を下げて悪いニュースをたいして悪くなかったことにしてしまうのだ。

感情的緊張のダイナミクスは人間活動のあらゆるレベルに存在する。それは妥協のダイナミクス、平凡をよしとする道だ。サマセット・モームが言うように、「月並みな人だけがつねに最高の自分でいられる」

感情的緊張に耐えられないとき、目標のなし崩しが起こってしまう。一方、創造的緊張を理解し、ビジョンを引き下げずに創造的緊張を作用させれば、ビジョンは活性力になる。ロバート・フリッツは「問題はどんなビジョンかではない。ビジョンで何をするかだ」と述べている。本当に創造的な人は、ビジョンと今の現実の乖離を利用して、変化のエネルギーを生み出すのだ。

たとえば、アラン・ケイは、ゼロックス・パロ・アルト研究センター（ＰＡＲＣ）で、多くの意味でパーソナル・コンピュータを誕生させることになった研究を指揮したが、実は自ら「ダイナブック」と名づけた別のコンピュータのビジョンを描いていた。これは双方向的な電子ブックになる予定だった。子どもが自分の理解度をテストしたり、ゲームで遊んだり、従来の本では動きのない活字で表現される内容を創造的に再編成したりできるはずだった。結局「ダイナブック」は現実のものにはならなかったので、ケイはある意味では失敗した。だが、このビジョンはコンピュータ産業を一変させた。ＰＡＲＣで開発された試作機は、ほぼ一〇年後にマッキントッシュに搭載されて市場に出ることになった、ウィンドウ、プルダウン・メニュー、マウス制御、アイコン表示（言葉よりもイメージ中心）などの機能を実現したのである。

全米プロバスケットボール・チームのボストン・セルティックスが一三年間に一一回優勝という歴史に残る成績を残したときの伝説的センター・プレーヤーであるビル・ラッセルは、自分の採点カードを欠かさずつけていた。毎試合後に自分を一～一〇〇点で採点したのだが、現役中、この自己採点が六五点を超えることは一度もなかった。さて、大半の人が教えられる目標についての考え方からすれば、ラッセルはみじめな落伍者ということになるだろう。かわいそうなラッセルは一二〇〇試合以上出場して、一度も自分の基準を達成できなかったのだから！　しかし、ラッセルがほぼ異論なく「史上最高」のバスケットボール選手になれたのは、その基準をめざして懸命に努力したからこそであった。(11)

問題はどんなビジョンかではない。ビジョンがどのように機能するかだ。

創造的緊張に熟達すれば、「失敗」に対する見方も一変する。失敗とは、単なる不足、ビジョンと今の現実の間に乖離があることを示すものにすぎない。失敗は学びのチャンスでもある――現実の把握が不正確であることについて、期待したほどうまくいかなかった戦略について、ビジョンの明瞭さについて学ぶチャンスなのだ。失敗したからといって、その人に価値がないとか、無能だということにはならない。ポラロイド社を創業し、数十年にわたり社長を務めた、インスタント・

カメラの発明者エドウィン・ランドは、オフィスの壁に一枚の額を掲げていた。それにはこう書かれていた。

失敗とは、その最大限のメリットがまだ強みに転じていない出来事のことである。

創造的緊張に熟達すれば、粘り強さや忍耐力がつく。私たちが開いたセミナーに参加した日本人重役がかつて私にこう言った。彼が考えるに、日本人とアメリカ人は時間に対する姿勢がまったく異なるという。「商談のために来日したアメリカ人ビジネスマンは、『日本人は曖昧でなかなか本題に入ろうとしない』と感じることがよくあります。アメリカ人は綿密に計画を立て、びっしり詰まった五日間のスケジュールを組んで来日し、ただちに仕事に入りたがります。一方、日本人は恭しい格式ある茶席で歓迎し、いっこうに本題に入りません。日がたつにつれ、日本人はあいかわらず悠長にしていますが、アメリカ人はますますじりじりしてきます。アメリカ人にとって時間は敵ですが、日本人にとって時間は味方なのです」

もっと広げて言えば、たいていの人にとって、今の現実そのものが敵である。今あるものとは戦うが、今手にしているものに対して抱いている嫌悪感に比べ、今の現実から創造したいものへ抱く関心はそれほど強くないのだ。この論理によれば、恐れが強ければ強いほど、今あるものを嫌悪すればするほど、変わろうとする「意欲」も高まるわけだ。「事態はぎりぎりまで悪くならなければならない。さもなければ人は根本的には変わらない」

こうして、根本的な変化を起こすには、生き残れるかどうかの脅威――いわゆる「足下に火がつく」状態――が**必要**だという間違った信条ができあがる。この変化の危機理論は驚くほど広く知れわたっている。しかし、これは危険な論理の飛躍でもある。ワークショップやプレゼンテーションで、私はよく「人や組織は危機があるときしか根本的に変われないとお考えの方は何人くらいいらっしゃいますか？」と質問する。まず確実に七五〜九〇％の人が手を挙げる。次に、何もかも望みどおりの人生——職場、私生活、仕事、人間関係、地域社会、一切何の問題もない——を考えてみてくださいと言う。そして「完璧に問題のない人生ならば、真っ先に何を求めますか？」と質問する。圧倒的に多いのは「変化です。何か新しいものを創造したい」という答えだ。人間は私たちが思っているよりも複雑なのである。私たちは変化を恐れてもいるが、求めてもいる。あるいは、あるベテランの組織変革コンサルタントがかつて言ったように、「人は変化に抵抗するのではない。変化させられることに抵抗するのだ」

創造的緊張に熟達すれば、現実に向き合う心構え全体が根本的に変わってくる。今の現実は敵ではなく味方になる。**鋭い洞察力で今の現実を正確に把握することは、ビジョンをはっきりさせることと同じくらい重要だ。**残念ながら、ほとんどの人に、今の現実の認識にバイアスをかけてしまう習慣がある。「私たちは、観察よりも現実についての概念に頼ることが身についている」とロバート・フリッツは書いている。「目の前にあるものを新たに観察するよりも、現実はすでに知っていることと大差ないと決めてかかるほうが好都合なのだ」[12]。自己マスタリーを追求するための第一の選択が自分のビジョンに忠実であることだとすれば、自己マスタリーを支える第二の基本的な選択は、真実に忠実であることになる。

この二つは、創造的緊張を生み出すために等しく重要で不可欠だ。フリッツはこう言っている。「本当に創造的な人は、創造とはすべて、制約がある中で仕事をすることによって成就することを知る。制約がなければ創造もない」

「構造的対立」――無力感から生まれる支配力

多くの人が――申し分のない成功を収めた人でさえも――、自己マスタリーに反する深い信条にとらわれている。こうした信条は意識レベルより深くにある場合が非常に多い。私の言いたいことを理解してもらうために、次の実験をしてほしい。大きな声でこう言うのだ。「私は人生を望みどおりに創造することができる。すべての面で――仕事も、家庭も、人間関係も、地域社会も、もっと大きな世界も」。きっぱりとこう言ってみて、あなたの心の反応はどうだろう？　あなたの背後の「小さき声」は何と言うだろうか。「冗談だろ？」「そんなこと本気で思ってはいないくせに」「『私生活や仕事での話だったらそのとおりだ……が、『地域社会』や『世界』では違うだろう」「『世界』について何も知らないではないか？」。こうした反応はすべて根深い信条の証拠だ。

フリッツは、文字どおり何万人もの創造力を育てる仕事をしてきた人物だが、その彼の結論は、私たちはほぼ全員が「自分の望みをかなえることはできないという支配的な信条」をもっているということだ。この信条はどこから来るのだろう？　フリッツによれば、それは私たちの育てられ方のほとんど避けようのない副産物だという。

子どものとき、私たちは自分の限界がどのあたりかを学ぶ。生きていくために不可欠な限界を子どもが教わるのは当然だ。しかし、この学びが一般化されてしまうことがあまりにも多い。あれはだめ、それはしてはいけないと言われてばかりいるせいで、私たちはほしいものを手に入れる能力がないと決めてかかるようになってしまう(13)。

心から望むものを創造する能力を制限する否定的な信条には二種類あって、大多数の人は、この二つのうちのどちらかをもっている。より一般的なほうは、自分は無力である――本当に関心のある物事を何ひとつ生み出す能力がない――という信条である。もう一つは、自分には価値がない――本当に望むものを手に入れるに値しない――ことを中核とする信条である。フリッツによれば、これまで出会った人たちは、ほんの一握りの人を除き、誰もがこの根底にある信条のどちらかをもっているようだという。心の奥底で信じていることを測るのは難しいゆえに、その主張を厳密に証明することは難しい。だが、それを前提として受け入れれば、心から望むものを創造しようとするのに抵抗して強力に作用するシステムの力が明らかになる。

根底にある否定的な信条が、システムとしてどのように目標達成に逆らう作用をするかを、フリッツはこんなたとえ話で説明する。あなたが目標に向かって進んでいるとしよう。一本のゴムバンド――創造的緊張を象徴する――があなたを望む方向に引っ張っている。ところが、もう一本のゴムバンドにも引っ張られていて、それは「自分は無力である」または「自分には価値がない」という信条に固定されているとしたらどうだろう？　一本目のゴムバンドがあなたを目標に向かって引っ張ろうとしているのとまったく同じように、二本目のゴムバンドはあなたを根底にある「目標などもてない」（あるいは「目標をもつに値しない」）という信条のほうに引き戻そうとする。フリッツは、私たちを目標に向かって引っ張る緊張と私たちを根底にある信条に固定する緊張の両方が作用しているシステムを「構造的対立」と呼ぶ。対立する力の構造、つまり私たちをめざすものに近づけようと引っ張ると同時にめざすものから遠ざけようと引っ張る力の構造だからだ（図8－3）。

したがって、ビジョン達成に近づけば近づくほど、二本目のゴムバンドも私たちをビジョンから遠ざけようとますます引っ張ることになる。この力はいろいろな形で姿を現し得る。エネルギーを

図 8-3

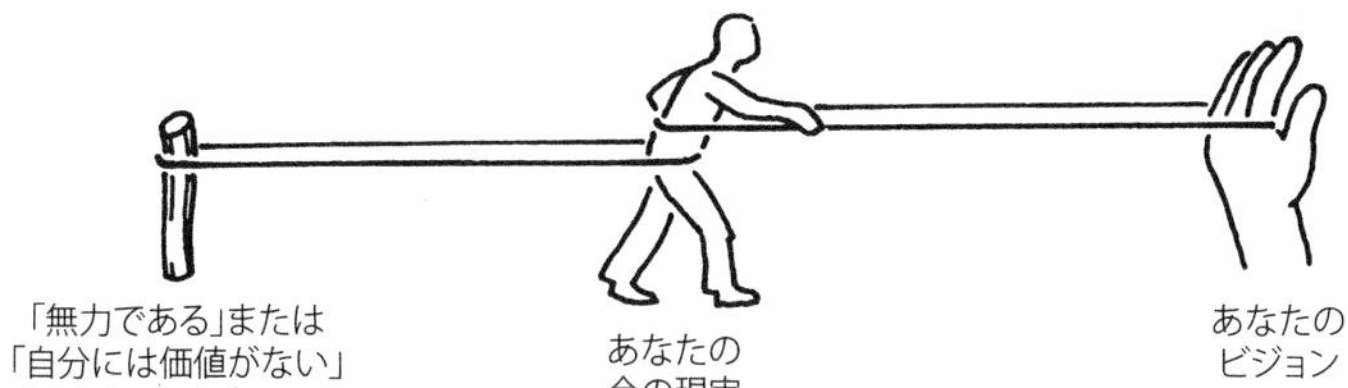

失うかもしれない。そのビジョンを本当に望んでいるのかどうかを疑問に思うかもしれない。「仕事を完成させる」のが次第に難しくなるかもしれない。予期せぬ障害が行く手に立ちはだかる。人に裏切られる。たとえ私たちがこの構造的対立のシステムに気づいていなくても、こうしたことが起こる。なぜなら、その発端は私たちがほとんど意識していない心の奥底にある信条だからだ――それどころか、意識していないことが構造的対立の力を生む一因になる。

「自分は無力である」または「自分には価値がない」信条があると、構造的対立の中では、ビジョンを求めれば**つねに**、成功させまいとするシステムの力が作用することになる。とはいえ、私たちが成功することも**現に**あるし、少なくとも人生のある領域では、目標を見定め、達成することに長けた人も多い。私たちは構造的対立の力をどのように克服するのだろうか？

フリッツは、構造的対立の力に対処するための基本戦略は三つあり、それぞれに限界があると言う[14]。まず、ビジョンが損なわれるままにするのが対処戦略の一つである。二つ目は、「対立操作」であり、これは、望まないものを避けることに専念するなど、人為的な対立をつくり出すことによって、望むものをめざして自分がいっそう努力するように自分自身を操作しようとするものだ。対立操作は、失敗を心配してばかりいる人、会社の目標を達成**できなかったら**どんなにひどい結果が待ち受けているかを指摘し、動機を与えることで意欲を起こさせようとするのが得意なマネジャー、人を恐れによって動かそうとする社会運動が好んでとる戦略である。現実に、残念ながら、ほとんどの社会運動は対立操作あるいは「否定的ビジョン」によって動いており、望むものの創造よりも、望ましくないものからの逃避が中心になっている。反ドラッグ、反核兵器、反原子力、反喫煙、反中絶、反政治汚職という具合に。

しかし、ここで多くの人が「目標達成の役に立つなら、ちょっとくらい心配したり恐れたりしたっていいじゃないか？」と疑問の声を上げる。自己マスタリーを追求している人は、シンプルにこう問うだろう。「失敗を恐れる生き方を本当に望んでいるか？」悲劇なのは、対立操作にはまる人の多くが、絶えず不安や恐れのある状態にいることで**しか**成功できないと信じるようになることだ。こうした人たちは、感情的緊張を避けるどころか、むしろ賛美するようになる。そういう人たちにとって、生きる喜びはないに等しい。目標を達成したときでさえ、すぐに手にしたものを失うのではと心配になる。

　フリッツが指摘する第三の基本戦略は、ひたすら自分にはっぱをかけ、目標達成に対するあらゆる形の抵抗を抑えようとする意志力の戦略だ。意志力の戦略の背後にあるのは、意志を強くもてば自分を動機づけることができるという単純な仮定だとフリッツは言う。意志力というのは成功者の共通項なので、意志力の特徴である、「なりふりかまわない目標への集中」、「進んで犠牲を払う意志」、「どんな反対にもめげず、どんな障害も乗り越える能力」などを「成功」の同義語と見る人は多い。

　意志力には多くの問題があるが、狭い意味での成功しか眼中にない人はまずそれらに気づかないだろう。第一に、方法に無駄が多い。システム思考の用語で言えば、レバレッジなしで行動することになる。目標を成し遂げはするが、それまでの努力は膨大であり、ときには疲労困憊し、成功しても、それだけの価値があっただろうかとの疑問が頭をもたげる。皮肉なことに、意志力の虜になっている人は、克服すべき障害、退治すべきドラゴン、征服すべき敵を実は自分から探し求めることがある――自分自身にも他者にも自分の能力を思い起こさせるために。第二に、相当の意図せぬ結果を招きがちだ。仕事では大いに成功したにもかかわらず、意志力の達人は二度も結婚と離婚を繰り返したり、子どもとの関係が最悪になったりすることがしばしばある。どういうわけか、仕事ではうまくいく断固たる決意や目的志向も家庭生活ではさっぱりうまくいかない。

さらに悪いことに、すべての対処戦略とまったく同じように、意志力は根底にある構造的対立のシステムを放置してしまう。とくに、自分は無力であるという根底にある信条が実際には変わらないままになる。大きな成功を収めた人の多くが、偉業を成し遂げたにもかかわらず、個人的な人間関係や家族との関係、あるいは心の安らぎや精神的な充足を達成する能力といった、人生のきわめて大切な領域には、依然として、たいてい口には出さない深い無力感を抱いている。

こうした対処戦略は、ある程度は、避けられない。根深い習慣のようなものであり、一夜にして変えることはできない。人は誰でも好みの戦略をもつ傾向がある。ちなみに、私の場合、身近な人たちが証言するとおり、長い間意志力の戦略を頼みにしてきた。

それでは、構造的対立に対処するときのレバレッジはどこにあるのだろう？　構造的対立が心の奥底にある信条から生まれるものならば、それを変えるにはその信条を変えるしかない。だが、心理学者たちの見解は、「自分は無力である」または「自分には価値がない」などの根本的な信条はそう簡単には変えられないことでほぼ一致している。それはごく幼いときにつくり上げられる（「いけません」「だめ」はいたるところで二歳の頃から聞いてきたのではないだろうか？）。ほとんどの人にとって、信条は新しい経験を積むにつれて――自己マスタリーが上達するにつれて――少しずつ変わるものだ。しかし、力を与えないような信条をもっている限りは自己マスタリーが深まらず、自己マスタリーが深まって初めて信条が変わるのであれば、生き方の深い構造を変えるには何から手をつければよいのだろうか？

真実に忠実であれ

まずは、構造的対立に対処する戦略としては拍子抜けするほどシンプルで、それでいて深遠なものから始めよう。それは「真実を語る」ことだ。

「真実に忠実であれ」では、物足りないと思う人が多い。「自分の行動を変えるには何をすればよいだろう?」「どうすれば自分の根底にある信条を変えられるだろう?」人はしばしば構造的対立の問題を解決するのに当てはめられる公式のような決まったやり方、技法、何か具体的なものを期待する。ところが、実は、真実に全力で取り組むことはどんな技法よりもはるかに強力な方法なのだ。

真実に忠実であることとは、絶対的な真理、つまり絶対的な最終決定や究極の原因を探し求めることではない。むしろ、自分を抑えたりだましたりしてありのままの姿を見ないようにするやり方をきっぱりやめること、なぜ物事が現状のようになっているかについての自論を絶えず疑うことを厭わない姿勢を意味する。それは自分の気づきの状態を広げ続けるということだ。ずば抜けた周辺視野をもつ一流のアスリートが競技場をもっと広く見ようとし続けるのと同じように。それはまた、今の出来事の根底にある構造への理解を絶えず深めることでもある。つまり、高度な自己マスタリーに達した人には、自分の行動の根底にある構造的対立がよく見えるのだ。

したがって、構造的対立に対処するときに真っ先に取り組むべき重要な課題は、構造的対立が作用しているときに、その構造的対立、**および**その結果生じている行動を認識することだ。こうした対処戦略を自分が展開しているときに、その戦略の存在を認識するのは非常に難しい。それはとくに、緊張と圧力を伴うことが少なくないためだ。「私があきらめようとしている理由は、誰も私を認めてくれないからだ」「私がこんなに心配している理由は、もし私が仕事をやり遂げなかったらクビになってしまうからだ」というように、自分の問題を何かや誰かのせいにしていると自覚したときは、心の中の警報を鳴らすことが助けにになる。

たとえば、私の場合、何年もの間、大きなプロジェクトの重大な局面で人々に失望させられる経験をしてきた。それが起こるたびに、私は強引に突き進み、人の不実さや無能さという障害を克服したものだ。これが繰り返し起こっているパターンで、私なりの「意志力に頼る戦略」なのだと気づくまでに何年もかかった。それは、自分は無力で他人が自分を失望させるのを変えることはできないという心の奥深くにある気持ちに根ざしていた。いつも決まって「何もかも自分でやらなければ」と感じてしまっていたのだ。

いったんこのパターンを認識してからは、そのパターンが起きると以前とは違う行動をとり始めた。まず怒る回数が減った。怒るよりも、「ほら、また例のパターンだ」と気づいてぎくりとした。そして私自身の行動がいかにしてその結果の一部になっているか——達成できるわけのない仕事をつくり出していないのか、誰かの立場を傷つけたり、ほかの人の手助けを怠っていないか——を以前より深く見つめるようになった。さらに、そのような状況を関係者と身構えずに話し合うためのスキルを向上させるように努力した。このスキルについては第九章「メンタル・モデル」で説明する。

意識の変容がなければ、これらのスキルを伸ばすことはなかっただろうし、それを実践に生かす方法もわからなかっただろう。問題を出来事という観点から見ている限り、自分の問題の原因は外にあると確信していた——「**彼らが**私をがっかりさせた」と。問題は構造が引き起こすものだという見方をするようになると、「彼らがした」ことではなく、自分ができることに目を向けるようになった。

意識していない構造は私たちを囚われの身のままにする。いったん構造に気づき、それに名前をつけてしまえば、その構造はもはや私たちに対し同じ支配力をもたなくなる。これは組織と同じように個人にも当てはまる。実際、個人の精神的問題は家族内や親密な個人的人間関係内の相互依存の構造を理解しない限り、理解することも変えることもできないという仮説にもとづき、構造的家族療法という分野全体が進化している。この分野の先駆者、デイビッド・カンターの言葉を借りれば、ひとたびこの構造が認識されると、「構造が変わり始めて、人の行動を決定していた、以前は不可解だった力から人を解放できるようになる[15]」

作用している構造を発見することは、高度な自己マスタリーに達した人に固有の技能だ。ある時はこの構造は簡単に変えられる。ある時は、構造的対立と同じように、少しずつしか変わらない。そのとき必要なのは、構造と格闘するのではなく、構造の元になっているものを受け入れながら、その構造の中でより創造的に仕事をすることだ。どちらにしても、作用している構造をいったん認識すれば、構造そのものが「今の現実」の一部になる。真実に忠実になればなるほど、今の現実の正体がもっと見えてくるので、より大きな創造的緊張が働くようになる。創造的緊張がある状況では、ビジョンが物事を生み出す力になるのとまったく同様に、真実に忠実であることは物事を生み出す力になる。

このプロセスが描かれた典型例の一つがチャールズ・ディケンズの『クリスマス・キャロル』だ。クリスマス・イブに三人の精霊の訪問を受け、守銭奴のスクルージはそれまで背を向けてきた現実を次々に見せつけられる。まず過去の現実、今まで彼自身がしてきた選択のせいで次第に思いやりの気持ちが失われ、自己中心的な人間になっていった様子を見せられる。次に今の現実、とくに、スクルージが薄給で雇っている会計助手一家の末っ子タイニー・ティムの病気など、遠ざけてきた現実を見せられる。最後に予想される未来の現実、今の生き方を続ければ訪れるだろう未来を見せられる。だが、そのときスクルージは目を覚まし、自分はこうした現実の囚われの身ではないと悟る。自分には選択の自由があると悟るのだ。そして変わることを選ぶ。

ここで意義深いのは、今の現実にはっきり気づくようになって初めて、スクルージは変わるという選択ができたという点だ。要するに、ディケンズが言いたいのは、どんなに盲目的で偏見に満ちた人間であっても、人生にはつねに真実を見るという選択肢があることだ。そして、その選択肢に応じる勇気があれば、自分自身を根本的に変える力を得られることだ。もっと古典的な宗教の教えで表現すれば、真実を通してのみ私たちは恩寵に至るのである。

真実の力、現実をできるだけありのままに見ること、認識のレンズの曇りをぬぐうこと、自ら陥った現実の誤認識から目を覚ますことは、世界中の偉大な哲学体系や宗教体系のほぼすべてにおける共通の原理を、異なった形で表したものだ。仏教徒は現実を直接見る「純粋観察」の境地に達しようと努める。ヒンドゥー教徒は精神を分離した境地で自分自身とその人生を観察する「観照」について語る。真実の力は、過去二〇〇〇年の間にキリスト教の慣習においてはその地位を失ってしまったが、初期のキリスト教思想では同様に中心的な原理であった。「イエス〔Jesus〕」のヘブライ語表記、*Yeheshua* を形成するヘブライ文字は、エホバ〔Jehovah〕を表すヘブライ文字の中央に *shin* という文字を挿入したものだ。エホバを表すヘブライ文字には「存在したもの、しているもの、これからするもの」という意味がある。*shin* が挿入されると、意味が「存在したもの、しているもの、これからするものが**救い出す**」に変わる。おそらく、これが「真理は汝を自由にする」という聖書の一節の起源だろう。

潜在意識を活かす――潜在意識をすべて理解する必要はない

高度な自己マスタリーに達した人の何よりも魅力的な点の一つは、驚くほど複雑な仕事を優雅にやすやすと成し遂げる能力である。フィギュアスケートのチャンピオンやプリマ・バレリーナの息をのむほど美しい芸術的な技巧には誰もが驚嘆する。そのスキルは長年熱心に積んできたトレーニングの賜物だということを知ってはいても、高度な技術をあれほど簡単に、涼しい顔で駆使する能力はやはり驚きである。

自己マスタリーの実践に内在するのは、頭の中にあるもう一つの領域である潜在意識だ。**人は皆、**潜在意識によって複雑性に対処する。高度な自己マスタリーに達した人の特徴は、通常の意識の領域と、潜在意識[16]と呼ばれるようになったこのもう一つの領域との間の疎通性《ラポール》を高度に発達させていることだ。たいていの人が当たり前だと思い、なんとなく利用しているものに、彼らは一つのディシプリンとして取り組む。

潜在意識がマネジメントや組織に関連するのだろうか？　京セラの稲盛は次のように語っている。

何かに焦点を合わせているとき……私は潜在意識に入る。人間の意識には顕在意識と潜在意識があり、潜在意識の能力のほうが一〇倍大きいと言われている……。「意識」の話などすると、頭がおかしいと言われかねない。それでも、私たちの未来を決定するかもしれない秘密の手がかりがそこにあるのではないかと私は思うのだ。

同じようにハノーバーのオブライエンも、かつては無視されていた精神的な能力を引き出すことが新しい組織づくりの中心になると見ている。

世界最大の未開の領域は私たちの両耳の間である。冗談抜きに、学習する組織は、誰もがもっているが今日「非凡」と呼ばれている能力を育て、何かに焦点を合わせる方法を見出すに違いないと私は思っている。

しかし、非凡なものは実は、平凡すぎてほとんど気づかない日常生活のいろいろな局面に密接に関連している。私たちの生活は無数の複雑な仕事にあふれており、私たちはかなり有能にほとんど無意識のうちにそれらをこなしている。ある実験をしてみよう。頭のてっぺんをさわってほしい。さて、**どうやって**そうしただろうか? ほとんどの人が同じように答えるはずだ。「ええと、片手を頭の上に置くと考えただけです。つまり、頭の上に私の手がある様子を思い浮かべたら、**ほうら、**もう手はそこにあったというわけです」。しかし、神経生理学のレベルでは、手を頭のてっぺんまで引き上げるというのは、並外れて複雑な活動であり、信号が脳から腕へ、腕から脳へ伝わるにつれて無数のニューロンが発火することになる。この複雑な活動はすべて私たちが意識することなく調整される。同様に、もし歩くという行為の一部始終を細かいことまで考えなければならないとしたら、困り果てることになるだろう。歩く、話す、食べる、靴を履く、自転車に乗るという行為はどれもほとんど意識的な注意を払わずに成し遂げられている——だが、実はどれも途方もなく複雑な仕事なのだ。

こうした仕事が確実に成し遂げられるのは、私たちの頭の中に複雑な物事を処理することがとても得意な領域があるからだ。ある意味、このもう一つの領域を何と呼ぼうがどうでもよい。「潜在意識」という用語は示唆に富んでいる。顕在意識の下で、あるいは背後で働くということを暗に示すからだ。「無意識」や「オートマチック・マインド」と呼ぶ人もいる。呼び名は何であれ、頭の中にこの領域がなければ、人間がどうやって複雑な仕事に習熟するのかを説明することはとてもできない。確実に言えるのは、こうした仕事は通常の意識や思考だけでは成し遂げられないということだ。

同じくらい重要なのは、潜在意識は学習にも決定的な役割を果たすことだ。人生のある時点では、誰もが歩く、話す、食べるなどの「平凡な」仕事を実行する能力がなかった。それぞれ**学ぶ**必要があったわけだ。幼い子どもは初めてのとき、スプーンをうまく口に入れられない――あるときは左肩を通り過ぎ、その次には右肩を通り過ぎ、さらには頬にぶつかったりする。少しずつしか確実に口に運ぶことは覚えられない。新しい仕事はそれが何であれ、初めのうちは意識的な注意や努力が数多く必要だ。その仕事に必要なスキルを「学んで」いくにつれて、活動全体がだんだん意識的な注意から潜在意識のコントロールに移行していく。

もう一つ例を挙げると、初めて車の運転を習ったとき、かなりの意識的な注意が必要だったはずだ。とくにマニュアル車の運転を習っているときはそうだ。助手席に座った人と会話するのも難しかったのではないだろうか。次の角で助手席の人が「スピード落として、シフトダウン、そして右へ曲がる」と指示を出そうものなら、その場で投げ出していたかもしれない。ところが、数カ月のうちに、同じ仕事をほとんど意識せず、あるいはまったく意識せずにこなせるようになる。すべてが「自動的」になるのだ。驚くことに、そう長くかからずに交通の激しい道で助手席の人と会話しながら運転できるようになる――見たところ、監視したり、反応したりしなければならない文字どおり何百もの変動要素にほとんど意識的な注意を払わずに。

ピアノなど、何か楽器を初めて習うときは、音階の練習から始める。少しずつ、簡単な曲、それから複雑な曲へとレベルを上げていき、音階はほとんど無意識に処理できる仕事として練習しなくなる。コンサート・ピアニストでさえ、弾き慣れない作品に取りかかるときは、手やペダルの位置のテクニック、リズム、テンポに集中するために半分の速さで弾くだろう。しかし、コンサートの本番では、同じピアニストだが作品を弾くテクニックには意識的な注意を一切払わない。そのおかげで意識を演奏の芸術性にだけ集中できるのだ。

私たちは皆、潜在意識を訓練することによって膨大なレパートリーのスキルを習得した。いったん身についてしまえば、すっかり当たり前になり、無意識になり、スキルを使っていることに気づきもしない。だが、ほとんどの人は、こうしたスキルを**どう**習得したのか、通常の意識と潜在意識の**疎通性**をもっともっと深めていくにはどうすればよいかをじっくり考えることはない。しかし、これこそが自己マスタリーのディシプリンにとって最大の重要事項なのだ[17]。

たとえば、自己マスタリーのレベルをたゆまず高めていくことに熱心に取り組んでいる人の多くが、何らかの形の瞑想を実践している理由はここにある。黙想的な祈りであれ、ただ意識を静める何か別の方法であれ、定期的に瞑想を実践することは、潜在意識を活用してもっと生産的に仕事をしようとするのにきわめて役に立つ。潜在意識は特定の意志の力をもたないように思える。それ自身の目標を生み出すこともなければ、それ自身の焦点を定めることもない。方向と条件づけに大きく左右される——私たちが何に注意を払うかが潜在意識にとって特別な意味をもつ。通常の活発に動いている心の状態では、潜在意識には矛盾する考えや感情が洪水のように押し寄せている。静かな心の状態で、私たちが何か特別に重要なこと、つまりビジョンの何らかの側面に焦点を合わせると、潜在意識は乱されない。

さらに、高度な自己マスタリーに達した人が焦点を合わせる方向を決めるときの特別なやり方がある。すでに述べたとおり、彼らは「プロセス」や望ましい結果を達成するために必要だと考える手段に焦点を合わせるのではなく、**望ましい結果そのものに焦点を合わせる**。

望ましい本質的な結果に焦点を合わせることは一つのスキルである。ほとんどの人にとって、初めは簡単なことではなく、このスキルを伸ばすには時間も忍耐も要る。たいていの人は、何か重要な個人目標を考えると、ほとんど即座にそれを達成するのが難しい理由――直面するだろう難問や克服しなければならないだろう障害――をあれもこれも並べ立てる。これは目標達成の代替戦略を考え抜くにはとても役に立つ反面、それはディシプリンが欠けている証左でもある。ビジョンを達成するプロセスばかり考えることが、求めている結果に焦点を合わせるのを邪魔しているのだ。本当に望んでいることと、それを達成するために必要なこととの区別を学ぶ努力が必要だ。

望ましい結果にもっと明確に焦点を合わせる方法を学ぶ練習の手始めとして効果があるのは、何でもよいから特定の目標やビジョンの一面を選ぶことだ。まず、その目標が完全に実現するところをイメージする。次に「実際にこれが実現したら、何が手に入るだろう?」と自問する。人がしばしば発見するのは、その問いの答えが目標の背後にあるもっと深い願望の姿を明らかにすることだ。実はその目標は、より重要な結果に到達するために必要だと想定される暫定的な段階なのだ。たとえば、ある人は、組織の職階のある役職まで昇進するという目標をもっているとする。「上級副社長になったら何が手に入るだろう?」と自問してみるのだ。すると「同僚の尊敬」「実行力のある立場になること」という答えが返ってくる。その地位への憧れはそのままかもしれないが、今では自分の望む結果にはもっと深いもの――今やビジョンの一部として思い描くようになった、自分が組織の職階のどの役職にいるかには無関係の結果――もあることが見えている(さらに言えば、本当に求めている「結果」をはっきりさせなければ、心に決めた目標に到達しても、上の役職に就いたのにどういうわけか満足できないことになるだろう）。

潜在意識は鮮明な焦点に敏感に反応するからこそ、このスキルがとても重要なのである。暫定的な目標とより本質的な目標の区別があいまいだと、潜在意識は優先順位をつけることも、焦点を合わせることもできない。

はっきり選択することも重要だ。何かを選択しない限り、潜在意識の能力は完全に発揮されない。実際、何かを選び、自分にとって重要な結果に焦点を合わせることは、レバレッジを最大に効かせて通常の気づきを最大限に活用するレバレッジの一つかもしれない。

真実に忠実であることも潜在意識の疎通性を発達させるために重要だ――その理由は、うそ発見器が機能する基本的な理由と同じである。うそ発見器が機能するのは、大半の人間は真実を話さないと体内のストレス・レベルが上がり、血圧、脈拍、呼吸など、数値で測定できる生理的な影響が出るからだ。だから、今の現実について自分を欺くと、潜在意識が、ビジョンに対して自分が今どこにいるかの正確な情報を受け取れないばかりか、潜在意識の気をそらすことにもなる。なぜ自分のビジョンを達成できないのかを「ぺちゃくちゃしゃべる」と気が散るのと同じことだ。創造的緊張の原則では、潜在意識が最も効果的に働くのは、ビジョンと今の現実に焦点がぴったり合っているときだと認識されている。

潜在意識の効果的に活用する技には多くのテクニックが組み込まれている。潜在意識に焦点を合わせる効果的な方法の一つは、イメージと視覚化がある。たとえば、世界的な水泳選手の間では、「自分の手は実際よりも二倍大きく、足には水かきがついている」とイメージすると実際に速く泳げるとされている。さまざまなスポーツや芸術のプロにとって、複雑な妙技の「メンタル・リハーサル」は精神的トレーニングとして当たり前になっている。

しかし、こうしたテクニックのいずれも、本当に効果が上がるかどうかは、やはり自分にとって最も重要なことは何かを知っているかどうかで決まる。自分にとって本当に重要なことを知らないまま、潜在意識と取り組む具体的な練習やメソッドを取り入れると、機械的なテクニック――単に自分を操作してより生産的な自分になるための新しい方法――に陥る危険を冒すことになる。これは根拠のない心配ではない。さまざまな宗教的しきたりでは、ほぼ例外なく、真の志についての自分の考えに絶えず磨きをかけることをせずに、精神力を鍛えるテクニックを採用することは戒められている。

結局のところ、達人の特徴である潜在意識の疎通性を発達させるうえで何よりも重要なことは、自分が望む結果を心から大切にする気持ち、つまり、それがめざすべき「正しい」目標であるという深い感情である。潜在意識は、とくに心の一段奥深くにある志や価値観に沿った目標を受け入れるようだ。いくつかの精神世界の修練法によれば、その理由は、こうした心の深いところにある志は潜在意識に直接インプットされたり、潜在意識の一部であったりするからだという。

人が自分にとって本当に重要なことを追求していくと何を成し遂げられるのか――一流投資雑誌の創刊者・編集者として大きな成功を収め、アマチュア指揮者としても有名になったギルバート・キャプランの物語がそのすばらしい一例だ。キャプランが初めてマーラーの交響曲第二番「復活」を聴いたのは一九六五年のとあるリハーサルでのことだった。「眠れなくなってしまった。演奏を聴きに戻り、別人のようになってホールを出た。それが長いロマンスの始まりだった」。正式な音楽教育を受けたことがまったくなかったにもかかわらず、キャプランは時間とエネルギーを割き、かなりの私財も投じて（オーケストラを雇わなければならなかったので）、この曲の指揮法を学び続けた。今では、キャプラン指揮の「復活」は世界中の批評家から絶賛されている。一九八八年にロンドン交響楽団を指揮してレコーディングした「復活」は、『ニューヨーク・タイムズ』紙が選ぶ、その年のクラシックCDベスト5の一つに輝き、ニューヨーク・マーラー協会の会長は「録音演奏の傑作」と評した。意識的な学習だけに完全に頼っていたのでは、この世の意志力をかき集めても、この水準の芸術性には決して達することはできなかっただろう。高度な潜在意識の疎通性に頼る必要があり、キャプランはそれを自分の新しい「ロマンス」に集中させることができたのだ。

多くの意味で、潜在意識の疎通性の点で高度に熟達するカギは、個人ビジョンを発展させるディシプリンに立ち返る。ビジョンという概念が創造的な芸術ではつねにひときわ重要な地位を占めてきた理由はここにある。ピカソはかつて次のように語っている。

> 一枚の絵が完成するまでの段階ではなく、その変態《メタモルフォーゼ》を写真に記録したらとてもおもしろいだろう。そうすれば、一人の人間がその夢を具体化していく道順がおそらくわかるだろう。だが、本当の意味できわめて重大なのは、その絵が基本的には変化しておらず、見かけが変わっても最初のビジョンはほぼ変わらずにあり続けるのを見ることなのだ[18]。

自己マスタリーとシステム思考

一人ひとりが自己マスタリーのディシプリンを実践していくと、次第に自分の中でいくつかの変化が起こる。その多くはかなり微妙な変化であり、見過ごされることもよくある。自己マスタリーを一つのディシプリンとして特徴づける構造（創造的緊張、感情的緊張、構造的対立など）を明確にすることに加え、システム思考も、自己マスタリーのよりいっそうとらえがたい面——とくに理性と直観の統合、私たちが世界とつながっていることに絶えず気づいていくこと、思いやり、全体へのコミットメント――を明らかにする。

理性と直観の統合

古代のスーフィーの物語にこういう話がある。森の中をさまよっていて道に迷った目の不自由な男がつまずいて転んだ。目の不自由な男が地面をまさぐると、足の不自由な男につまずいたのだとわかった。目の不自由な男と足の不自由な男は話を始め、自分たちの運命を哀れんだ。目の不自由な男は「おれは思い出せる限りずっとこの森をさまよっているが、目が見えないので出口が見つからない」と言った。すると足の不自由な男が「おれは思い出せる限りずっと森に横たわっているが、立ち去るにも起き上がれない」と言った。二人が話をしながらそこに座っていると、突然、足の不自由な男が「わかったぞ」と叫んだ。「おれを持ち上げておまえの肩に乗せてくれ。おれが道案内しよう。二人で力を合わせれば森から出る道を見つけられるぞ」。古代の語り部によれば、目の不自由な男は合理性の象徴であり、足の不自由な男は直観の象徴だという。私たちは両方を統合する方法を学ばない限り、森から出る道を見つけられないのだ。

マネジメントにおいて、直観は、公式には何十年にもわたって無視されてきたが、近年、次第に注目を集めており、受け入れられつつある。今では、多数の研究によって、経験豊富な経営者やリーダーが大いに直観に頼っていることが明らかになっている――そういう人たちは複雑な問題を理性一辺倒で解決するわけではないのだ。勘に頼り、パターンを認識し、ほかの一見共通点のない状況を直観的に引用し、それと比較する。[19] ビジネス・スクールには直観や創造的問題解決に関するコースまである。しかし、組織、そして社会では、直観と合理性を再統合する道のりはまだ遠い。

高度な自己マスタリーに達した人は、理性と直観を統合しようとして統合するのではない。むしろ、自然にそうなる――自分の自由になる限りの資源をめいっぱい利用することに専念した結果生まれる副産物なのだ。片脚で歩いたり、片目で見たりするのを選べないように、この人たちにとって、理性か直観か、頭か心か、そのどちらかを選べるものではない。

左右相称は高等生物の進化の基礎となる設計原理である。自然は二つ一組で設計することを学んだようだ。同じものを二つつくっただけでなく、二つなければできないことをできるようにしたのだ。二本の脚は、速く柔軟な移動には不可欠だ。両手・両腕は、よじ登り、ものを持ち上げ、操作するのに不可欠だ。目が二つあるから立体視できるのであり、左右の耳とともに、奥行感覚を与えてくれる。同じ設計原理に従って、私たちが潜在的な知性を発揮できるように、協調して働くように理性と直観を設計することは不可能だろうか？

システム思考は、理性と直観を統合するためのカギを握っているかもしれない。直観は線形の思考にはまらず、線形の思考のように時間的にも空間的にも近くにある原因と結果ばかりを重視することもない。その結果、直観のほとんどは意味をなさない――つまり、線形の論理の観点からは説明がつかないのだ。

非常によくあることだが、経験を積んだマネジャーは複雑なシステムについて豊かな直観をもっているが、それを説明することはできない。直観がこう教えるのだ。原因と結果は時間的にも空間的にも離れている。誰の目にも明らかな解決策が事態を良くするどころか、かえって悪くする。短期的な対策が長期的な問題を生む。だが、自分の考えを単純な線形の因果関係では説明できない。結局こう言うしかない。「いいからこうやって。うまくいくから」

たとえば、目標や基準をなし崩しにすることに対して危険を感じるマネジャーは多いが、それがどのようにして過小投資の悪循環や潜在的な成長率の未達といった自己達成予言に陥るかをうまく説明することはできない。あるいは、具体的で手軽に測定された業績指標ばかりを見て、より根の深い問題を隠している、いや、悪化させているとマネジャーが感じているとしよう。ところが、なぜ誤った業績指標なのか、なぜ別のやり方のほうが良い結果をもたらすのかについて、説得力のある説明ができない。どちらの直観も、根底にあるシステムの構造を理解しない限り説明できないものなのだ。

直観と線形の非システム思考の対立は、**合理性**そのものが直観に反するものであるかのような誤解の種をまいてしまった。偉大な思想家には例外なく理性と直観の相乗作用という特徴が見られることを考慮すれば、この考え方は明らかに間違っている。アインシュタインは「私は理性で何かを発見したことは一度もない」と言った。また、光に乗って動いている自分を想像することによって、どのようにして相対性理論を発見したかを回想している。だがアインシュタインは同時に、あざやかな直観をつかまえ、簡明で、合理的に検証できる説に変えることもできたのだ。

マネジャーが既存の考え方に代わるものとしてシステム思考を使いこなすことができるようになれば、自分の直観の多くが説明のつくものになると気づくだろう。最終的には、理性と直観を再統合することが、システム思考の果たす重要な貢献の一つと言えるかもしれない。

私たちが世界とつながっていることに気づく

息子のイアンが生後わずか六週間のときのことだ。そのときイアンはまだ自分の手足がわからないように見えた。手足があることには気づいているが、**自分の**手足だとは、あるいは手足の動きをコントロールできるとは明らかに気づいていないようだった。ある日、イアンはひどい自己強化型フィードバック・ループに陥ったのだ。左手で耳をつかんでしまったのだ。イアンの痛そうな表情と前にも増して体をのけぞらせていることからして、そのことで間違いなくイアンは動揺していた。しかし、動揺した結果、ますます強く引っ張った。だからますます痛くなり、そのせいでもっと動揺し、さらに強く引っ張った。かわいそうな息子は、私が耳から手を離して、あやさなかったら、こんなことをしばらく続けていたかもしれない。

実は自分で自分の手をコントロールできることを知らなかったため、イアンは自分の痛みの原因は外的な力だと考えた。どこかで聞いた話ではないだろうか？　イアンの苦境は、第三章のビール・ゲームのプレーヤー（まるで外的な力であるかのように仕入先の納期に反応していた）や第五章「意識の変容」の軍拡競争の参加者（まるでどうすることもできないかのように相手の軍備増強に反応していた）と少しも違わない。

イアンのことを考えたとき、個人の成長の無視されている側面は、「ループを閉じる」こと、つまり一見外的な力に思えるものが実際には自分自身の行動と相互に関連していることを絶えず発見していくことではないかと思い始めた。遠からず、イアンは自分の手足を認識し、その動きをコントロールすることを学ぶ。それから姿勢をコントロールできる――仰向けになっているのが不快ならば寝返りを打てることを発見する。次に発見するのは体温などの体内の状態であり、体内の状態はママやパパなどの熱源に近づいたり、遠ざかったりすることによって影響されることを理解する。ついには、ママやパパそのものを発見し、両親の行動や感情が自分に左右されることを理解する。この発達の各段階で、それに応じて、自分の中に描く現実のイメージが調整されていく。現実についてのイメージは着実に変化し、行動から生活の状態へのフィードバックをもっとたくさん取り込んでいく。

しかし、ほとんどの人にとって、どこか人生の早い段階で、このループを閉じるというプロセスが阻止されている。年をとるにつれて、発見率が低下し、自分の行動と外的な力との新しいつながりがどんどん見えなくなっていく。根本的には赤ん坊のイアンと何ら違わない世界観に縛られるようになるのだ。

幼い子どもの学習プロセスは、誰もが直面する学習の難問――気づきの状態と理解を絶えず広げていくこと、行動と現実の間にある相互依存性にもっと気づいていくこと、身の回りの世界とのつながりにもっと気づいていくこと――の見事な例である。私たちは自分の現実にさまざまな形で影響を与えているが、おそらくそれを十分に理解することは決してないだろう。しかし、その可能性を受け入れる柔軟性をもつだけで自分の思考を自由にするには十分なのだ。

アインシュタインは学習の難問をこのように表現している。

> 人間は自分自身も自分の考えや感情も、それ以外のものと切り離されたものとして経験する――意識が目の錯覚を起こしているようなものだ。この錯覚は私たちにとって一種の牢獄であり、私たちを個人の願望や、ごく近しいわずかな人への愛情に閉じ込めてしまう。私たちの仕事は、思いやりの環を生きとし生けるものに、美しい森羅万象に広げることによって、自分自身をこの牢獄から解放することにある。

アインシュタインの言う「つながりを増やしていく体験」は、自己マスタリーの最もとらえがたい側面の一つであり、システム思考から最も直接的に生じるものだ。アインシュタインの言う「思いやりの環を広げること」もそうである。

思いやり

相互関連性に目を向けるというディシプリンは、誰かを責める、自分を責めるという古い姿勢を少しずつ崩していく。そして私たちは**誰もが**構造――私たちの考え方にも、私たちが身を置いている対人関係や社会的環境にも埋め込まれた構造――の中で身動きがとれなくなっているという見方をし始める。互いの落ち度を探そうとする条件反射的な傾向は次第に消えていき、私たち皆の行動に作用している力をより深く理解するようになる。

だからといって、人がその行動を命じるシステムの単なる犠牲者だと言っているのではない。構造というのは往々にして私たち自身がつくり出すものである。ただし、そうした構造が見えないうちは、このことにはほとんど意味がない。たいていの人には、自分の行動に作用している構造が見えない。私たちは被害者でも加害者でもなく、まだ理解の仕方を学んでいない力によってコントロールされている人間なのだ。

思いやりを相手への気づかいにもとづく感情の状態だと考えることだと私たちは考えがちだ。しかし、思いやりは気づきの度合いにもとづくものでもある。私の経験では、人は、自分の行動に作用するシステムがよりよく見えるようになるにつれて、そして互いに影響を及ぼしている圧力をより明確に理解するにつれて、自然とより多くの思いやりや共感を発揮していくものだ。

全体へのコミットメント

ビル・オブライエンによれば、「真のコミットメントはつねに自分自身より大きいものを対象にする」という。稲盛は「世の中の役に立ちたいという心からの願い」に導かれるときの「心の働き」について語る。そのような働きは「偉大な力をもつ、きわめて重要なものだ」と稲盛は言う。

高度な自己マスタリーに達した人に特有のつながりや思いやりの感覚があれば、自然と視野の広いビジョンにつながる。それがなければ、この世界での潜在意識の視覚化は何もかもひどく自己中心的なもの——単に自分のほしいものを手に入れる方法——になってしまう。

私利私欲を超越したビジョンに打ち込む人は、偏狭な目標を追求しているうちには得られないエネルギーを手にすることに気づく。このレベルのコミットメントを引き出せる組織もそうなるだろう。「価値ある発見や発明をした人で、精神的な力を経験していない人がいるとは思えない」と稲盛は言い、より大きな目的に打ち込んでいる人の意志を「揺り起こされた魂の叫び」と表現する。

組織の中で自己マスタリーを育む

どんな針路にせよ個人の成長という道程を踏み出すことは、人それぞれの自由な選択であることをつねに肝に銘じなければならない。誰にも自己マスタリーを強制することはできない。強制すれば裏目に出ることは間違いない。組織がメンバーの自己マスタリーを強引に奨励すると、とても難しい状況に陥ることになるだろう。

にもかかわらず、数多くの組織が、まさにこれを試みようと、必修の社員向け個人成長研修プログラムをつくってきた。どんな善意からであっても、そのようなプログラムはおそらく、組織内で自己マスタリーへの取り組みが本当の意味で広がるのを最も確実に妨げる方法である。必修の研修、あるいは昇進したければ参加しないとまずいと思わせるような「選択」プログラムは、選択の自由と真っ向から対立する。

たとえば、熱心すぎるマネジャーが社員に自己啓発プログラムに参加するよう要求したが、社員にすれば自分自身の宗教上の信念と相容れなかった事例が多数ある。このうちの何件かは組織を相手どった訴訟に発展した[20]。

それでは、自己マスタリーの育成に熱心なリーダーにできることは何だろうか？

まず、自己マスタリーの原則が日常生活で実践される環境を整えることにたゆまず取り組むことができる。つまり、メンバーが安心してビジョンを描くことのできる組織、真実の探求や真実に忠実であることが当たり前になっている組織、現状に対して――とくに、メンバーが避けようとしている今の現実を覆い隠す側面が現状に含まれているときに――異議を唱えることが期待されている組織を築くことだ。

このような組織環境は、二つの意味で自己マスタリーを強化するだろう。そういった環境では、第一に、個人の成長が本当に尊重されているという考えが繰り返し強化されていく。第二に、一人ひとりが提供されるものに応じさえすれば、自己マスタリーを上達させるうえで欠かせない「OJT（職場内訓練）」が提供される。どのディシプリンでもそうだが、自己マスタリーも絶えることのない、現在進行形のプロセスとして発展していかなくてはならない。自己の成長に本気で取り組む人にとって、それを支える環境ほど重要なものはない。自己マスタリーに熱心な組織であれば、個人ビジョン、真実に忠実であること、そしてビジョンと現実の乖離に自ら正直に向き合うことをつねに奨励することによって理想的な環境を整えることができるだろう。

その人なりの自己マスタリーを上達に導くいちばんの近道となる実践の多くは、学習する組織を築くためのディシプリンに埋め込まれている――たとえば、システム全体を見る世界観を発達させる、暗黙の想定をじっくり考える方法を学ぶ、自分のビジョンを表現し、他者のビジョンに耳を傾ける、今の現実についてのさまざまな人の見方について共同探求する、などだ。だから、さまざまな意味で、組織が自己マスタリーを育むために最も積極的な行動をとろうとするならば、五つのディシプリンすべてを一斉に発展させる取り組みが必要になる。

リーダーシップの中核戦略は単純明快だ。「模範たれ」につきる。自分自身の自己マスタリーに本気で取り組んでほしい。自己マスタリーについて語ることで、多少は人の心を開かせることができるかもしれないが、つねに「行動は言葉よりも雄弁」だ。他人に自己マスタリーを探求させたいなら、まず自分が真剣にそうして見せることほど説得力のあることはない。そしてＭＩＴスローン経営学大学院のエドガー・シャイン教授の言葉のとおり、組織は本質的に「高圧的なシステム」であることを忘れないでほしい。

第9章 メンタル・モデル

最上の考えがうまくいかないのはなぜか

マネジメントに携わる人ならば誰でも知っていることだが、すばらしい考えなのに実行に移されないものはたくさんある。見事な戦略ではあるが行動につながらない。システム的な洞察が経営の方針に生かされない。新しいアプローチが、良い結果を生み出すことが試験的導入によって明らかになり、誰もが満足しているのに、広く採用されない。

この「あと一息というところでの失敗」は、意志の弱さやためらい、システム的な理解の不足が原因なのではなく、**メンタル・モデル**が原因なのだという認識が次第に広まっている。もっと具体的に言うと、新しい見識を実行に移すことができないのは、その見識が、世の中とはこういうものだという心に染みついたイメージ、つまり慣れ親しんだ考え方や行動に私たちを縛りつけるイメージと対立するからだ。だからこそ、メンタル・モデルを管理するディシプリン――世界はこういうものだという頭の中のイメージを浮かび上がらせ、検証し、改善する――が「学習する組織」の構築にとって画期的な大前進となる。

心の中に組織を持ち歩ける人などいない。家族や地域社会にしても持ち歩けない。頭の中にあるのはイメージ、想定、筋書きである。メンタル・モデルは何世紀も前から哲学者の考察の対象であり、少なくともプラトンの「洞窟の比喩★」にまでさかのぼれる。また、アンデルセンの童話『裸の王様』は、愚かな人々の話ではなく、メンタル・モデルに縛られた人々を描いた典型的な物語だ。王様には威厳があるというイメージのせいで、裸の王様のありのままの姿が見えなかったのだ。

ハワード・ガードナーは、認知科学の成果を概観した著書『認知革命――知の科学の誕生と展開』（佐伯胖、海保博之監訳、産業図書、一九八七年）の中で、人間行動のさまざまな局面で作用する「あるレベルの心的表象（イメージ）……を明確に立証してきたことが、私の考えでは、認知科学の大きな功績である」と書いている(1)。

「メンタル・モデル」は、私たちが世界をどう理解するかだけでなく、どう行動するかも決定する。メンタル・モデルや組織学習を四〇年間研究してきたハーバード大学のクリス・アージリスは、こう述べている。「人は（つねに）自分の信奉する理論（口で言うこと）どおりに行動するわけではなく、自分が使用する理論（メンタル・モデル）どおりに行動する(2)」

メンタル・モデルは、「人は信頼できない」というような単純な一般論である場合もあれば、たとえば、なぜ私の家族が現在のように互いに影響を与え合っているかについて私が仮定していることのように複雑な理論の場合もある。しかし、理解すべき最も重要な点は、メンタル・モデルが現に作用している――私たちの行動を決定している――ことだ。「人は信頼できない」と思っている人は、「信頼できる」と思っている人のようには行動しない。もし、息子が気弱で、かたや娘がめっぽう気が強いと私が思っているとすれば、私は二人のやりとりにしょっちゅう口を出し、娘が息子の自尊心を傷つけないようにするだろう。

★　著書『国家』の中で、身動きがとれない状態で洞窟に閉じ込められた囚人が壁に投影された現実世界の影絵を見せられて本物だと思い込む。人間の目に映るものは真実ではなく影ばかりだということを洞窟の囚人にたとえて説いた。

なぜメンタル・モデルは人の行動にこんなにも強い影響力をもっているのだろう？　理由の一つとして、メンタル・モデルは人が何を見るかに影響を与えることが挙げられる。異なるメンタル・モデルをもつ二人の人間は、同じ出来事を見ても違う説明をする可能性がある。なぜなら、それぞれ違う細部を見て、違う解釈をするからだ。あなたと私が人でいっぱいのパーティーに出席したとき、目や耳に入ってくる基本的な情報が同じだとしても、目にとまる人の顔は違ってくる。心理学者が言うように、人間は選択的に物事を見るのだ。このことは、一般の人と同様、科学者のような「客観的」観察をするとされている人にも当てはまる。アルベルト・アインシュタインの言葉どおり、「何を測定するかを決定するのは理論なのだ」。長い間、物理学者たちは古典物理学と矛盾する実験を行いながらも、それらの実験が結論として示すデータを誰も「見る」ことはなく、二〇世紀の物理学の革命的理論、量子力学と相対性理論の誕生を待つことになった[3]。

メンタル・モデルがどのように私たちの認識を形づくるかは、マネジメントにおいても負けず劣らず重要だ。二〇年以上前のことになるが、デトロイトの自動車メーカーの重役グループを訪ねたときのことは決して忘れない。その重役たちは初めて日本の自動車メーカーの工場見学をしてきたところだった。当時はちょうど、日本が自動車産業における市場シェアも利益率も着実に伸ばしているという事実に――そして、その成功要因は単に「安い」労働力や国内市場の保護だけではなく、日本的経営にありそうだということに――米国自動車メーカーがようやく目覚めつつある頃だった。話を始めて間もなく、重役たちがつまらなく感じているのを察して理由を聞くと、一人がこう答えた。「本物の工場は見せてもらえなかったんですよ」。どういうことかと私が尋ねると、こういう答えが返ってきた。「どの工場にも在庫が一切ありませんでした。私は三〇年近く製造業に携わってきましたからね、あんなものは本物の工場じゃありません。私たちの視察用にこしらえた芝居に決まっています」。今ならば、この重役たちが見たものは正真正銘の工場であり、「ジャスト・イン・タイム」在庫システムの実例だったことは誰にでもわかる。「ジャスト・イン・タイム」は、日本人が長年取り組んできた生産方式で、これによって生産システム全体の仕掛かり在庫が大幅に削減されたのだ。何年もしないうちに、そんなことを言っていた米国企業がこの製造イノベーションに追いつこうと必死で張り合うことになった……が、その夜、デトロイトの重役たちの目には自分たちに警鐘を鳴らすものは何ひとつ映らなかったのだ。

何十年もの間、デトロイトのビッグ・スリー（ゼネラル・モーターズ、フォード、クライスラー）を支配していた（そして今も多くの人がそうだと感じている）顧客に関する信条――米国の消費者はたいていスタイルを大切にする――はどうだろう？　経営コンサルタントのアイアン・ミトロフによれば、スタイルをめぐるこうした信条は、古くからある、疑う余地のない成功の前提としてゼネラル・モーターズ（ＧＭ）に浸透している考え方の一端だという。ほかには次のようなものがある。[4]

◈ＧＭのビジネスは金もうけであり、車ではない。

◈車は何よりもまず地位の象徴だ。したがって品質よりもスタイルのほうが重要である。

◈米国の自動車市場は、世界のほかの市場から隔離されている。

◈労働者が生産性や品質に重要な影響を及ぼすことはない。

◈システムの関係者一人ひとりに必要なのは、事業についての断片的で区分された理解だけである。


ここで重要なのは、ＧＭやデトロイトの業界全般が間違っていたということではない。ミトロフが指摘しているように、このような原則は長い間米国の自動車産業に良い結果をもたらしてきた。しかし、米国自動車産業はこのような原則を「どんなときでも成功できる魔法の公式として扱っていた。本当は限定されたときにだけ有効な……一定の諸条件を見つけたにすぎなかったのだが」

メンタル・モデルの問題は、それが正しいか、間違っているかにあるのではない――そもそも、モデルというのはすべて単純化されたものだ。メンタル・モデルが問題になるのは、それが暗黙の存在になるとき、つまり意識のレベルより深いところに存在しているときなのだ。デトロイトの自動車メーカーは「私たちには、『誰もがスタイルを重視する』という**メンタル・モデル**がある」とは言わなかった。「誰もがスタイルを重視する」と言ったのだ。私たちが自分のメンタル・モデルに気づかないままでいるから、そのモデルは検証されないままになる。検証されないから、モデルは変化しないままになる。世界が変化するにつれて、メンタル・モデルと現実の乖離は大きくなり、ますます逆効果の行動をとることになる(5)。

デトロイトの自動車メーカーが証明しているように、どの産業もメンタル・モデルと現実の慢性的な食い違いという症状に陥る可能性がある。ある意味では、結びつきの強い業界はとくにこの症状にかかりやすい。なぜなら、業界内のどの企業もベスト・プラクティスを求めて互いを見るからだ。

メンタル・モデルを正しく認識できないせいで、システム思考を育もうという多くの努力が無駄になってきた。ずいぶん前のことだが、権威ある調査で、米国の大手工業製品メーカーが市場シェアを着実に失っていることが判明した。この会社の経営陣は、現状を分析したいとMITのシステム・ダイナミクス専門家チームに協力を求めた。コンピュータ・モデルにもとづいてチームが出した結論は、この会社の問題の原因は、経営幹部が在庫と生産を管理する手法にあるというものだった。かさの大きい高価な商品の保管コストが非常に大きいため、生産管理の責任者は可能な限り在庫を抑えようとし、注文が減ったときには積極的に生産を減らしていた。その結果、生産能力が十分なときですら、納品が不確実で遅くなっていた。実際、チームのコンピュータ・シミュレーションの予測では、景気の良いときよりも悪いときのほうが納品はいっそう遅くなる結果が出たのだ。これは一般通念に反する予測だったが、現実に正しかった。

この結果に強く心を動かされ、同社の経営陣は分析チームの勧めにしたがって新しい方針を実行に移した。今後は、注文が減っても生産量を維持し、納期を改善するよう努めることになったのだ。翌年、景気が緩やかな後退を見せたときに、この実験は期待以上の成果を出した。納品が早くなって、満足した顧客によるリピート購入が増えたおかげで、この景気後退期の間に同社の市場シェアは上昇した。これに気を良くした生産管理の責任者たちは社内に自前のシステム・グループを立ち上げた。しかし、この新方針が真剣に受け止められることはなく、改善は一時的なものに終わった。続く景気回復期に、生産管理の責任者たちは納品サービスを気にかけるのをやめてしまった。そして四年後、もっと深刻な不況に襲われたとき、同社は大幅減産という元の方針に逆戻りした。

なぜあれほどうまくいった実験を切り捨てたのだろう？　その理由は、この会社経営の伝統に埋め込まれているメンタル・モデルだった。生産部門の責任者は全員、売れ残りの商品が倉庫に山積みになっていることの責任を負わされることは、確実に出世を台無しにすると強烈に認識していた。何代も前の経営陣からずっと、在庫管理の徹底という金科玉条が説かれ続けてきた。新しい実験を導入したものの、古いメンタル・モデルはいまだ健在だったのだ。

深く刻まれたメンタル・モデルの惰性というものは、どんなに優れたシステム的な洞察をも圧倒する可能性がある。このことは、システム思考の提唱者ばかりか、新しい経営手法を提供しようとする多くの人々にとって苦い教訓となってきた。

しかし、メンタル・モデルに学習を**妨げる**——企業や産業を時代遅れの慣行の中で硬直させる——ほどの力があるならば、逆に学習を**加速する**のにそれを利用できないだろうか？　やがて、この単純な問いは、メンタル・モデルを表面化させ、それを修正できるよう立ち向かうディシプリンの推進力になった。

新しいビジネス観の涵養

メンタル・モデルが学習に及ぼす力に最初に気づいた大企業は、おそらくロイヤル・ダッチ・シェルだろう。この話の始まりは四半世紀前にさかのぼるが、グローバルな多文化企業において合意を形成する手法を発展させてきたシェルの旅路には、今日でも教えられることは多い。この話は、石油輸出国機構（ＯＰＥＣ）設立に端を発した世界の石油ビジネス史に残る騒乱の直前に始まる。

シェルは、その始まりからして多文化企業だった。同社はそもそも一九〇七年にロイヤル・ダッチ・ペトロリアムとロンドンに本拠を置くシェル・トランスポート&トレーディング・カンパニーの「紳士協定」から設立されている。その結果、シェルの経営者は、文化の違いによる多様な視点を尊重する自称「合意方式」のマネジメントを発展させた。しかし、世界中に一〇〇社以上の現地法人を擁し、率いるマネジャーたちの文化的背景もそれに近い数になるほどに成長すると、合意を形成するために乗り越えなければならない流儀や理解の溝はさらに広大になった。

一九七二年、ＯＰＥＣの引き起こした石油危機の一年前に、シェルのシナリオ・プランニング・グループは、シェルのマネジャーたちが慣れ親しんできた、予測可能な安定した世界は変わろうとしているという結論をすでに出していた――その変容ぶりは今日でも企業戦略やグローバルな地政学に影響を及ぼしているとおりだ。石油の生産と消費の長期動向を分析した結果、シニア・プランナーのピエール・ワック率いるチームは、欧州、日本、米国がますます石油輸入に依存するようになり、その輸入先は少数の石油輸出国になると予測した。文化や政治は異なるものの、石油輸出国にはいくつか重要な共通点があった。イラン、イラク、リビア、ベネズエラは減少していく埋蔵量をますます懸念するようになっていた。一方、サウジアラビアは石油収入を生産的に投資する能力が限界に達しつつあった。言い換えれば、どの国も大産油国として経済力をつけつつあり、そしてどの国にも生産を抑制する動機があった。シェルのプランナーたちにとって、これらの動向は、これまで順調に成長してきた石油の需要と供給はいずれ慢性的な供給不足と需要過剰に転じ、石油輸出国が主導権を握る「売り手市場」になることを意味した。シェルのプランナーたちは、OPECのカルテルそのものを予測したわけではなかったが、やがてOPECがもたらすことになる変化の種類を予見していた。だが、その先に待ち受けている激変をシェルのマネジャーたちに理解させようとする試みは大部分が失敗に終わった。

基本的には、シェルの「グループ・プランニング」部門のスタッフは、目前の変化についての洞察を社内に広めるには理想的な立場にあった。グループ・プランニング部門は、企画部門の中枢であり、世界に広がる現地法人の計画立案活動を調整する責任を担っていた。当時、グループ・プランニング部門では、想定される未来の動向をまとめる実践的な手法としてシナリオ・プランニングを開発していた。シェルのプランナーたちは、来るべき激変を組み入れたシナリオを作成し始めた。しかし、観客であるシェルのマネジャーたちからすれば、新しいシナリオはどれも成長の予測に関する自分たちの長年の経験とあまりにも矛盾していたため、ほとんど見向きもしなかった。

この時点で、ワック率いるチームは、自分たちの仕事を根本的に誤っていたことを悟った。一〇年以上たってから書いた『ハーバード・ビジネス・レビュー』誌の有名な記事で、ワックはそう悟った瞬間以降のことをこう書いている。「もはや自分たちの任務は未来像を文書にして提供することではないと考えるようになった……本当のターゲットは、意思決定者という『ミクロコスモス』（小宇宙）だった……意思決定の中枢にいる人たちのメンタル・イメージ、つまり彼らが現実をどうとらえているかを動かさない限り、シナリオは何の効果もない[6]」それまでプランナーたちが、自分たちの仕事は意思決定者に情報を届けることだと考えていたのだが、その時から、マネジャーたちに世界観を考え直してもらうのが任務だということがはっきりしたのだ。とりわけ、グループ・プランニング部門のプランナーたちが一九七三年の一月と二月に作成した一連の新シナリオは、マネジャーたちの「万事丸く収まる」未来を成立させるための条件となっている前提をすべて、マネジャーたち自身に確認させることになった。その結果、それらの前提の確実性は、おとぎ話よりはほんの少し高い程度にすぎないことが明らかになった。

グループ・プランニング部門は再び一連の新シナリオを作成した。今度は、シェルのマネジャーたちが現在のメンタル・モデルから離れられるように慎重に練り上げたものだ。そして、これらのシナリオは、この新しい世界でいかにマネジメントを行わなければならないかを考え抜くことを支援し、マネジャーたちが新しいメンタル・モデルを構築するプロセスに足を踏み出すことを助けた。たとえば、原油の探査は新たな国々に広げていかなければならないだろうし、一方、製油施設の建設は、石油価格の高騰とそれに伴う需要の伸びの低下を想定し、減速しなければならないだろう。また、いっそう不安定な情勢になれば、各国の対応は一様ではなくなるだろう。自由市場の伝統がある国の中には、価格が上昇するままに放置する国もあるだろうし、市場統制の政策がある国は価格を低く抑えようとするだろう。したがって、現地事情に適応できるように、シェルの現地法人によるローカルな管理を強めなければならないだろう。

依然としてマネジャーたちの多くは懐疑的だったが、それでも新しいシナリオを真剣に受け止めた。自分たちの今の解釈では筋が通らないことがわかり始めたからだ。シナリオ演習がマネジャーたちのメンタル・モデルを氷解させ、新しい世界観を涵養し始めたのだ。

一九七三年から七四年にかけての冬に、突如ＯＰＥＣの石油輸出禁止措置が現実のものとなったとき、シェルはほかの石油メジャーとは異なる反応を示した。製油施設への投資を減らし、手に入るいかなる種類の原油でも処理できるように製油施設を設計した。競合他社に比べてつねにエネルギー需要の見通しを低く見積もり、そしてつねにより正確だった。ＯＰＥＣ諸国以外での油田開発もすぐに急ピッチで進めた。

競合他社は各部門の力を抑え、集権的管理を強化した。これが危機に対する一般的な反応だが、シェルの反応は正反対だった。このおかげで、シェルの現地法人のほうが他社に比べ機動的に動く自由度が大きかった。

シェルのマネジャーたちが他社と異なる反応をしたのは、現実の解釈が他社とは異なっていたからだ。シェルのマネジャーたちの目には、供給不足、低成長、不安定な価格という新しい時代に自分たちが入っていく姿が映っていた。一九七〇年代が騒乱の一〇年になることを予測していたため（ワックのシナリオは、この一〇年を「激流」と呼んでいた）、その動乱がその後も続くものとして反応したのだ。こうしてシェルはメンタル・モデルにうまく対処することの威力を知ることになった。

シェルの経営努力は、事業の運命を大きく変える結果をもたらした。一九七〇年時点では、シェルは七大国際石油資本《セブン・シスターズ》の中で最も弱小と見なされていた。『フォーブス』誌はシェルを「七人姉妹」

の中の「醜い妹」と評した。それが一九七九年にはおそらく最強になっていた。間違いなくシェルとエクソンが飛び抜けていた。(7) シェルの戦略立案プロセスの重要な一部となっていた。一九八六年の石油価格暴化させることは、シェルの戦略立案プロセスの重要な一部となっていた。一九八六年の石油価格暴落の約半年前に、グループ・プランニング部門は、コーディネーター役のアリー・デ・グースの指揮の下、突然の世界的な石油供給過剰に対処する石油会社について、ハーバード・ビジネス・スクール風の架空のケーススタディを行った。マネジャーたちは、この架空の石油会社の決定を批評し、そうすることで、また別の現実の激変に備えて心の準備をしなければならなかった。二年後、ソ連崩壊を想定して似たような演習が実施された。これは、その想定がまたしても現実のものとなる二年前のことだった。

BP（ブリティッシュ・ペトロリアム）は過去一五年の間に、売上高でも取引量でも（エクソンに次いで）世界第二位の国際石油資本にまで急成長したが、そのカギを握る要素はメンタル・モデルをどう取り扱うかを学ぶことだった。ただし、シェルのアプローチとはまったく異なっていた。BPの手段は、シェルのような中央の戦略立案スタッフではなく、意思決定権と権限の分散に熱心に取り組むことだった。

一九九〇年代末には、BPには世界一五〇カ所にプロフィット・センター★があり、事業部の責任者がそれまでよりもはるかに大きな権限をもつようになっていた。「私たちは皆、シェルがシナリオを用いてメンタル・モデルの問い直しを促したことはよく知っていました」とCIO（最高情報責任者）兼グループ副社長のジョン・レゲートは言う。

「しかし、シェルのように中央の戦略立案機能によって行う方法は、わが社が進みたいと思う方向には合致しませんでした。ジョン・ブラウン（一九九五〜二〇〇七年までBPのCEO）は業績を重

★　利益責任単位となる組織

視する企業文化を築くことに情熱をもっており、つまりこれは、もっと多くの社員が事業の最終的な損益に責任をもち、問題を自分で考え抜かなければならないということでした。独立採算制にすることは、わが社のように規模が大きく、統合の進んだ企業では実行するのが難しい場合がありますが、わが社は少しずつ成功しました。

権限を分散する危険は、社員がばらばらになり、そのせいで確実に会社全体で学習を起こすのが難しくなることです。わが社でそうなるのを回避できたのは、社員の結びつきを維持するために築いてきた多様なネットワーク、そしてオープンに問題を話し合い、互いの考えに異議を唱える社風のおかげです。絶えず自分自身を問い直すことはメンタル・モデルへの対処というわが社のディシプリンの基礎になりました――もっとも、わが社ではメンタル・モデルという専門用語を大々的に使ったことはありませんが」

実践におけるメンタル・モデルへの対処

シェルとBPの事例は、メンタル・モデルを浮かび上がらせ、検証する組織の能力を伸ばすために必要な三つの側面を示唆している。すなわち、個人の気づきを促し、振り返りのスキルを向上させるツール、メンタル・モデルに関する日常的な実践を根づかせる「インフラ」、そして探求と考え方の問い直しを奨励する文化である。どれがいちばん重要とは言いがたい。むしろ、何よりも大切なのは三つのつながりだ。たとえば、「オープンであれ」のような文化的規範を支持するのはいいが、それを実践するには、本気の取り組みとマネジャーの多くに欠けているスキルが必要であり、そうしたスキルを伸ばすには、日常的な実践の機会が必要だ。日常的な実践の機会は、仕事の環境に振り返りを定着させるインフラの最重要ポイントである。

「階層制という基礎疾患」の克服

驚くことではないが、CEOは企業文化の発展を強調する傾向がある。「従来の権威主義的な組織では、管理、組織化、コントロールが基本姿勢だった。学習する組織では、ビジョン、価値観、メンタル・モデルが新しい『基本姿勢』になるだろう。これからは健全な企業といえば、近い将来どんな状況に直面してもよいように、社員が協力して最善のメンタル・モデルを築き上げられるようにする方法を系統立てることのできる組織のことだ」とハノーバー元CEOのビル・オブライエンは語っている。オブライエンは、「従来の階層制という基礎疾患」とそれに必要な解毒剤という観点から文化の変容について考えていた。「まず手をつけたのは、仕事をもっと人間性に調和したものにするには組織や規律に何が必要かを見つけ出すことだった。少しずつ、実際に階層制という基礎疾患を克服する原則となる一連の基本的価値観をつきとめた」

こうした価値観のうち、とくに「開放性」と「メリット」という二つによって、ハノーバーは「メンタル・モデルに対処する」ための手法を発展させることになった。「開放性」は、「顔をつきあわせたミーティングで社員の行動を支配していたゲームの駆け引きという病気」に対する解毒剤であるとされた。「同じ問題についてであっても、朝一〇時の仕事のミーティングでは、夜七時に家庭で、あるいは友だちと一杯やりながら話すように話す人はいなかった」。「メリット」――組織の最善の利益を考えて意思決定すること――は「自分を印象づけて出世するか、すでにトップの座にいるならばそれにしがみつくことが最重要課題である官僚主義的な方針にもとづく意思決定」に対するハノーバーの解毒剤だった。[8]「開放性」と「メリット」の組み合わせは、社員がそれぞれの多様な世界観を表に出し、建設的に話し合うことができるようになれば、意思決定プロセスは変えられるという固い信念を具現化したものだった。

しかし、これらの価値観を明言することは第一歩にすぎなかった。価値観の表明と企業文化の変容とを混同する人たちもいるが、オブライエンと同僚たちには、いくらすばらしい言葉でも、それだけでは不十分だということがわかっていた。「開放性とメリットがそれほど有益ならば、なぜこんなに難しく感じるのだろう?」という疑問があったのだ。

この問いの答えを探すうちに、オブライエンは最終的にクリス・アージリスと出会う。アージリスの著作にはハノーバーの管理職の体験と共鳴するものがあった。アージリスの「行動科学」は、「私たちの行動の根底にある思考プロセス」を検証する理論と方法を示してくれた[9]。アージリスの説によれば、チームや組織はメンタル・モデルを検証させまいとする「習慣的な防御行動」にわが身を閉じ込めている。その結果、私たちは「熟練した無能」を発達させる。「学習のさまざまな状況によって生じる苦痛や脅威からわが身を守ることにきわめて熟練しているが、学び損なうのだから、本当に望む結果を生み出す能力は身につかないままになる」状態を鋭くついた矛盾語法だ。そして何よりも重要なことだが、アージリスは組織で効果を上げるように設計されたツールを開発しており、その活用法の名ファシリテーターだった。

同じ頃、私もそのことを身をもって知った。MITの研究チームのメンバー六人とともにワークショップを開催するためにアージリスを招いたときのことだった。表向きは、アージリスの方法論の学問的な発表であったが、それはすぐに、行動科学の専門家が「行動における振り返り」と呼ぶものの説得力ある実演へと発展した。まず、アージリスは参加者一人ひとりにクライアントや同僚、あるいは家族との衝突を詳しく話すよう求めた。実際に話したことだけでなく、頭で考えていたけれど口にはしなかったことも思い出さなくてはならなかった。アージリスがこうした「症例」に取りかかるや、ほぼ瞬時に明らかになったのは、私たちのそれぞれが、ほかでもない自分の思考を介してその衝突に一役買っていることだった。たとえば、全員が他者について十把ひとからげに一般論化しており、それによって何を話し、どうふるまうかが決まってしまっていた。それでいて、そんな一般論はおくびにも出さなかった。私が「ジョーに無能だと思われている」と考えたとしても、決してジョーに直接聞いたりはしないだろう。ただジョーにとって尊敬に値する人に見えるように努力するだけだ。あるいは、「ビル（私の上司）は気が短くて、急場しのぎの解決法でいいと思うタイプだ」と考えれば、それでは難しい問題の核心をつけないとわかっていても、ビルには敢えて簡単な解決策を提示するだろう。

文字どおり、ものの数分で、グループ全体の覚醒と「現在性（今ここにあること）」のレベルが一〇段階くらい上がるのを目のあたりにした――これはアージリス個人のカリスマ性のおかげというよりは、参加者一人ひとりに、自分がいかにして面倒なことに巻き込まれ、そしてそれをいかにして人のせいにするかに自分自身で気づかせる熟練した腕前のおかげだった。午後の時間が過ぎゆくにつれ、アージリスの導きで、私たちは、自分の挙動の根底にある思考プロセスのとらえにくいパターンに気づき、そしていかにそのパターンのせいで絶えず自分が行き詰まっているかに（場合によっては生まれて初めて）気づいていった。自分のメンタル・モデルの作用をこれほどドラマチックに見せられた経験を私はしたことがなかった。だが、それよりもっと興味深かったのは、適切なトレーニングを積めば、自分のメンタル・モデルとそれがどう作用するかをもっとよく認識し得るのがはっきりしたことだった。この発見は刺激的だった。

アージリスと彼の同僚のリー・ボールマンの協力を得た社内の取り組みから、オブライエンは次のように悟った。「わが社の企業理念にもかかわらず、重大な問題について、全員が望んでいるような種の開放性で建設的な話し合いができるようになるまでの道のりはまだまだ遠かった。ときとして、アージリスの力によって、私たちが受け入れるようになっていた、誰の目にも明らかなゲームの駆け引きが嫌になるほどあらわになった。アージリスは、本物の開放性について、自分自身の考えを理解したり、くだらない話をやめたりすることについて、信じられないほど高い基準をもっていた。だからといって、単に『誰にでも何でも言おう』と唱えているわけでもない――難しい問題に取り組むスキルを、全員が学べるように実例を示しながら説明していった。私たちが本当に開放性とメリットという基本的価値観どおりに生きるつもりならば、間違いなく、これは重要な新しい領域だった」

その後の数年で、ハノーバーは、アージリスのツールについての研修と、哲学者のジョン・ベケットが開発した「機械的思考の限界」に関するワークショップとを一本化した。オブライエンはこう述べている。「ベケットが言うには、東洋の文化は、それが基本的な道徳や倫理、経営管理の問題にどうアプローチするかを詳しく見れば、理にかなっている。そしてまた、西洋のこうした問題へのアプローチの方法も理にかなっているという。しかし、この二つのアプローチは正反対の結論を導き出す場合もある。これが複雑な問題の見方は一つではないという気づきにつながる。それがわが社の規律の間にある壁、異なる考え方の間にある壁を壊すのに大いに役立った」。この二つが結びついて、多くのマネジャーのメンタル・モデルの理解に深遠な影響を及ぼした。「多くの人たちが人生で初めて、手にするものはすべて仮定にすぎず、決して『真実』ではないこと、人はつねに自分のメンタル・モデルを通して世界を見ていること、メンタル・モデルはつねに不完全であり、とくに西洋の文化では慢性的に非システム的であることを理解した」

ＢＰも似たような道をたどり、対象者をより広く設定した研修を導入し、自己マスタリーとメンタル・モデル対処法の基礎を含む四日間のプログラムによって、三年間で五〇〇〇人以上の「基礎レベル・リーダー」を養成した。「当社は組織学習のツールや考え方を基本的なマネジメントの手段の一部にしてきた」とレゲートは言う。模範事例を共有し、互いに助け合い、集団で学べる製油施設マネジャーのネットワークをねらいとした「先導役プログラム」は、「国境を越えたネットワーク能力構築をめざしたわが社初の大がかりな取り組みであり、社員がこうしたツールの価値を認め、活用できることを証明した。それ以来、同様のプログラムが組織全体で導入されている」

実践を根づかせる

当然ながら、どんなに対象が幅広い研修だったとしても、入門研修の後には、日常的な実践とスキル構築の機会を設ける必要がある。振り返りとメンタル・モデルを表面化させることをマネジメント慣行の一部として根付かせるための「インフラ」を私はこれまでいくつも目にしてきた（学習インフラについては第一四章「戦略」で詳しく述べる）。

シェルのアプローチは、メンタル・モデルに対する取り組みを計画立案プロセスによって根づかせることだった。デ・グースをコーディネーターとしたグループ・プランニング部門のスタッフは、大きな制度における計画立案の役割を再考するものだ。その結論は、「完璧な計画の作成は、計画立案を利用してマネジャーたちに無理にでも自分たちの仮定を考えさせ、それによって全体としての学習を加速させることに比べれば、それほど重要ではない」であった。デ・グースによれば、長期的な成功は「経営陣が自社や市場、競合他社について共有しているメンタル・モデルを変えるプロセス」にかかっているという。「この理由から、私たちは計画立案を学習として、全社の計画立案を組織学習として考えている」

ハノーバーは「社内役員会」制度を設け、本社の上級経営幹部と支社の上級経営幹部が合同で定期的に事業部の意思決定の背景にある考え方を問い直し、膨らませることにした。その目的は、事業部レベルでビジネス上の重要問題をめぐる主な仮定事項についてオープンな検証を促し、また、役員会でそれらの問題をなれあいで処理しがちな上級経営幹部たちの活発なやりとりを促すマネジメント構造を築くことにあった。

ハーレーダビッドソン社も同じようにマネジメント構造を変えたが、ハノーバーとは根本的に異なる上層部の構造を敷いた——その一つはメンタル・モデルへの対処をマネジメント業務の一部にすることだった。多くのハーレーのマネジャーたちが、組織学習協会（ＳｏＬ）の導入ワークショップに参加して組織学習の基礎を学んでいたのと同じ頃、「サークル組織」を築き、従来の上層部の役割を、重なり合う三つの活動の輪《サークル》の観点から考え直した。その三つの活動の輪とは、「需要の創出」「製品の生産」「サポートの提供」であり、この三つの輪は意図的に従来のピラミッド型のマネジメント階層をあいまいにし、多くの「上司」が「サークル・コーチ」となる状況をつくった。

「わが社の新しい構造の非常に刺激的なイノベーションの一つは『サークル・コーチ』だった」と元ＣＥＯのリッチ・ティアリンクは語る。サークル・コーチになるのは一般的に、従来の体制ならば製品開発や製造など細分化された部門の副社長に相当する人材だ。そのコンセプトにおいて、サークル・コーチとは「伝達する、話を聞く、人に影響を与えることにかけて鋭いスキルをもち、サークルのメンバー全員からも社長からも高く評価される」人であると経営幹部たちは思い描いた。「当時は、わけのわからない専門用語のように思われたくなかったので、それを文書にはしなかった」とティアリンクは振り返る。「しかし私たちは、サークル・コーチが社員のさまざまなメンタル・モデルを見えるようにすることを促すと期待し、実際大きな成果を上げてきた」

ツールとスキル

シェル、BP、ハノーバー、ハーレーダビッドソンは、メンタル・モデルに対処する能力を向上させるためにそれぞれきわめて異なるアプローチをとったが、どの会社にも共通していたのは、大きく分けて二つのスキル領域――振り返りのスキルと探求のスキル――を伸ばすことだった。振り返りのスキルは、考えるプロセスのスピードを緩めて、自分がメンタル・モデルをどう形づくるのか、それが行動にどう影響するのかをできるだけはっきり意識することにかかわる。探求のスキルは、とくに複雑で対立のある問題に対処する際、他者との面と向かった話し合いでどうふるまうかにかかわる。二つのスキルを伸ばすツールや手法とともに、次のことがメンタル・モデルのディシプリンの中核となる。

◆「信奉理論」（口で言うこと）と「使用理論」（実際の行動に暗に示される理論）の違いに正面から向き合う。
◆「抽象化の飛躍」を認識する（観察したことから一足飛びに一般論化していることに気づく）。
◆「左側の台詞（本音）」を明らかにする（普段は言わないことをはっきり言葉にする）。

◈探求と主張のバランスをとる（効果的な共同学習のスキル）。

メンタル・モデルのディシプリン

振り返りの実践

メンタル・モデルに効果的に働きかけることは、あるレベルではきわめて個人的なことだが、実用的な側面もある。つまり、重要なビジネスの問題でカギとなっている仮定を表面化させることに密接に結びつく。これが不可欠なのは、どんな組織でも、意思決定の中枢にある人たちが共有しているメンタル・モデルこそが最も重要だからだ。そうしたモデルは、もし検証されなければ、組織の行動範囲を、慣れ親しんだ、安住を感じる範囲に限定してしまう。もう一つ言えることは、コンサルタントやアドバイザーばかりでなく、マネジャー自身も振り返りのスキルと対面で学ぶスキルを伸ばさなければならないことだ。でなければ、実際の意思決定や行動は何も変わらないだろう。

アージリスの昔からの同僚、ＭＩＴのドナルド・シェーンは、医学、建築、マネジメントなどの専門職にとって振り返りがいかに重要かを研究した。専門職に就いている人の多くは、大学院を出たとたんに学ぶことをやめてしまうようだが、生涯学び続ける人はシェーンが呼ぶところの「内省的な実践家」になる。行動しながら自分の思考をじっくり考える能力は、シェーンにとって、真に卓越した専門家かどうかを見分ける決め手である。

「機転を利かす」「ぬかりがない」「習うより慣れよ」などの表現に示唆されているのは、人は行動について考えることができるだけでなく、何かをしながらその行動について考えることができることだ……優れたジャズ・ミュージシャンが集まって即興演奏するとき……ジャズマンたちは、混然となった各パートの貢献から展開していく音楽の方向性を感じて、その新しい意味を見出し、そしてその新たな意味に合わせて演奏を調整する(10)。

振り返りの実践はメンタル・モデルのディシプリンの真髄である。マネジャーが振り返りの実践を行うには、ビジネス上のスキルに加え、振り返りと対人関係のスキルが必要になる。マネジャーは本質的に実用主義者であるゆえ、差し迫ったビジネスの問題にまったく関係ない「メンタル・モデルの構築」や「探求と主張のバランス」についての研修は拒絶しがちだろう。それを役に立たない「学問としての」能力と見なすかもしれない。振り返りや対人関係を学ぶスキルがなければ、学習は必然的に受身になり、生成的（根源から創造すること）にはならないのだ。私の経験では、生成的学習には、外部の状況に迫られる前の段階で、あらゆる階層の人々が自分のメンタル・モデルを浮き上がらせて、問い直すことが必要だ。

信奉理論vs使用理論

学習は、つまるところつねに行動に関するものである。振り返りの基本スキルは、口で言っていることと実際の行動との乖離をとらえることだ。たとえば、私が人は基本的に信頼できるという見方（信奉理論）を公言しているとしよう。ところが、絶対に友人にお金を貸さず、油断なく全財産を守っていたらどうだろうか。これではどう見ても、使用理論、つまり深層にあるメンタル・モデルと信奉理論が食い違っている。

信奉理論と使用理論との乖離によって落胆するかもしれないし、それどころか皮肉なものの見方に陥るかもしれないが、その必然はない。往々にして、乖離はビジョンの結果生じるのであって、偽善の結果ではないのだ。たとえば、人を信頼することが本当に私のビジョンの一部だとする。それならば、私のビジョンのこの側面と私の現在の行動との間にある乖離には創造的な変化の可能性があるのだ。問題は乖離にあるのではなく、第八章「自己マスタリー」で取り上げたように、乖離について真実を語らないことにある。信奉理論と現在の行動との乖離が認識されない限り、どんな学習も起こらない。

だから、信奉理論と使用理論との乖離に直面したときに発すべき第一の問いは、「私は信奉理論を本当に大切にしているのか？」「それは本当に自分のビジョンの一部なのか？」である。信奉理論に対する揺るぎない決意がないのなら、その乖離は現実とビジョンの間の緊張を表しているのではなく、現実と（おそらく人の目を気にして）推進する考え方との間の緊張なのだ。

使用理論に気づくのはとても難しいがゆえに、誰か――「徹底的に思いやりのある」パートナー――の助けを借りる必要があるだろう。振り返りのスキルを伸ばすための探求において、仲間は互いにとって何よりも貴重な存在になる。古いことわざにあるように「自分で自分の目を見ることはできない」からだ。

抽象化の飛躍。人の考えは瞬時に移り変わる。皮肉にも、このために学習のスピードが遅くなることが多い。なぜなら、すぐさま「飛躍」してたちまち一般論化してしまうため、それを検証する間もないからだ。「空中楼閣」★という言い回しが私たちの思考に当てはまることは、想像以上によくあることだ。

意識は、たくさんの具体的な細部を処理するのが苦手である。一〇〇人の写真を見せられても、たいていの人はそれぞれの顔はまず覚えられないが、その分類――背の高い男性、赤い服の女性、

★ 根拠のない物事という意味

東洋系の人、年とった人など——なら思い出せる。心理学者、ジョージ・ミラーの有名な「マジカルナンバー7±2」は、人が一度に記憶できる個別の変数は限られた数（七個前後）になる傾向があることを示したものだ。[11] 私たちの理性は、具体的な細部から「抽象化」することにかけては驚くほど器用だ——たくさんの細部を単純な概念に置き換え、その概念にもとづいて推論する。しかし、私たちが細部から一般的な概念へと飛躍することに気づいていない場合、まさにこの抽象的に概念化して推論する強みが学習を制限することにもなる。

たとえば、「ローラは人に対する気遣いがない」といった批判を耳にし、それは本当だろうかと思ったことはないだろうか？　このローラが上司か同僚であり、彼女には他者から見えるいくつかの癖があるとしよう。まず、寛大に人を褒めるようなことはめったにない。人に話しかけられているときに、宙を見つめていることがよくあり、その後「何と言いました？」と聞き返す。おまけに人が話している最中にさえぎって話し出すことがある。会社のパーティーには決して姿を見せない。さらに部下の勤務評定のときには、二つ三つ意見をつぶやいて、早々に切り上げてしまう。こうした具体的なふるまいを見て、ローラは人に対する気遣いがないと同僚たちは結論づけた。それは周知の事実になっている——もちろん、当の本人は除いて、である。ローラ自身は、自分は人をすごく気遣っていると思っているのだ。

ローラの身に起きたことは、同僚による「抽象化の飛躍」だ。いろいろな具体的なふるまいを「人に対する気遣いがない」と一般論化してしまったのだ。さらに重要なのは、この一般論が**事実**として扱われ始めていることだ。ローラが本当は人への気遣いをするのかどうかを誰も問題にしない。それは既成事実なのである。

抽象化の飛躍が起きるのは、直接観察したこと（具体的な「データ」）から、検証せずに一般論に移行するときだ。この飛躍が学習を妨げるのは、それが自明の理となってしまうからだ。かつて仮定だったものが事実として扱われるようになる。同僚たちがローラは人に対する気遣いがないということをひとたび事実として受け入れてしまうと、彼女が「気遣いがない」ことをしているときには、誰もがそのふるまいを疑いなく受け入れ、彼女がその固定観念に合致しない行動をとるときには、誰も注目しない。気遣いがないという一般論ができあがると、人は彼女にいっそう無関心になり、そのため、彼女が気遣いを見せ得る機会が奪われる。その結果、ローラと同僚は、誰も望んでいない状態にはまって身動きがとれなくなる。さらに、検証されない一般論はさらなる一般論化の基になりやすい。「ローラは職場のあの陰謀で暗躍した一人じゃないのか？　人に対する気遣いがないのだから、おそらくあの手のことをやるタイプだろう……」

ローラの同僚は、私たちの大半がそうであるように、直接観察したものと、その観察から推測して一般論化したものとを区別する訓練を受けていない。ローラが目標達成度評価に費やす平均的な時間や、会話するとき目をそらすことなどの「事実」――ローラについての観察可能なデータ――はある。しかし、「ローラはちゃんと話を聞かない」は事実ではなく一般論化したことであり、「ローラはあまり気を遣わない」も同様だ。両方とも事実にもとづいているのかもしれないが、それでも推測であることには変わりない。直接の観察と観察から推測して一般論化したこととを区別できないと、その一般論を検証してみようとも思わなくなる。だから、誰もローラに本当はどうなのか聞かなかった。もし、そうしていたならば、心の中ではとても気を遣っていることがわかったかもしれない。さらに、誰にも打ち明けたことはないが聴力に障害があり、主にそのために、人と話すときひどく気後れしてしまうことが判明したかもしれない。

抽象化の飛躍は、ビジネスの問題でもありふれた現象だ。たとえば、ある企業では、経営幹部の多くが「客は値段で製品を買うのであり、サービスの質は購買要因ではない」と確信していた。そう感じるのも不思議はない。というのは、顧客からの値引き圧力はひっきりなしだし、競合他社も絶えず価格に訴えて顧客を奪おうとしていたからだ。この会社に新しいマーケティング担当者が入り、上司にサービス向上のために投資するよう強く要求したが、やんわりと、だがきっぱりと却下された。上層部は決してその提案を検証しようとしなかった。抽象化の飛躍がすでに「事実」となっていたからだ――「客は値段でものを買うのであり、サービスの質は購買要因ではない」という事実に。最大の競合会社が今まで経験したこともないような、それゆえ要求したこともない高い質のサービスを提供して市場シェアを着々と拡大する間、この企業は手をこまねいて見ているしかなかった。

では、どのようにして抽象化の飛躍を見抜けばよいのだろう？　まず、世の中とはどういうものかについて――ビジネスの本質、人間一般、特定の個人などについて――自分は何を信じているのか自問することだ。「この一般論化の根拠になっている『データ』は何だろう？」と聞いてみる。次に「この一般論化は不正確かもしれない、誤解を招くかもしれないと考えるつもりはあるか？」と聞いてみる。とくに後者の質問を意識的にしてみることが重要だ。なぜなら、もし答えが「ノー」なら、これ以上続けても意味がないからだ。

ある一般論化を疑ってみるつもりなら、それを元になった「データ」からはっきりと切り離そう。「ベイリーズ・シューズの購入者、ポール・スミスほか数名の顧客は、一〇％値下げしない限り当社製品を買わないと私に言った」としよう。「したがって、わが社の顧客はサービスの質は気にしないというのが私の結論だ」。これで持ち札を全部テーブルに出して見せたことになり、あなたにも、ほかの人にも、それ以外の解釈と行動の選択肢を考えるよりよい機会になる。

可能な場合には、一般論化されたものを直接検証しよう。これは、しばしば互いの行動の裏にある理由を問うことにつながるだろう。そのような探求には、次に紹介するスキルが必要になる。たとえば、ローラのところに行って、「あまり人に気を遣わないの?」と単刀直入に聞いたのでは、相手はむきになって弁解するだろう。代わりに、他者に対する仮定を白状し、その仮定の根拠になったデータを列挙するなど、いくつもの方法がある。それによって、相手の防御反応を抑えるのだ。

ただし、自分が抽象化によって飛躍していることに気づかない限り、私たちは探求の必要性にさえ気づかない。だからこそ、振り返りを一つのディシプリンとして実践することがきわめて重要なのだ。行動科学にもとづく第二のテクニック、「左側の台詞」は、とくにこのディシプリンを始めるときと深めていくときのどちらにも有効である。

左側の台詞。これは、自分のメンタル・モデルが特定の状況でどう作用するかを「見る」手始めとなる強力な手法だ。この手法によって、私たちは自分が本当はどう感じ、どう考えているかに対処しなくて済むように状況を操作し、そうすることによって逆効果を招く状況の改善を妨げていることが明らかになる。

「左側の台詞」を演習してみれば、マネジャーに「たしかに自分もメンタル・モデルをもっており、そのモデルがマネジメントにおいて積極的な、しかも時にはありがたくない役割を果たしている」ことがわかってもらえるはずだ。マネジャーのグループがいったんこの演習を経験すれば、自分たちのメンタル・モデルの役割に気づくだけではなく、なぜ自分たちの仮定をもっと率直に扱うことが大切であるのかも理解できる。

「左側の台詞」は、クリス・アージリスたちが用いた一種のケースプレゼンテーションに由来する。

最初に、ある具体的な状況を選ぶ。一人もしくは数名の相手とのやりとりで、うまくいっていない――具体的には、さして学びが生まれていない、または進展がない――と自分が感じている状況だ。次に、やりとりのサンプルを脚本形式で書き出す。紙の真ん中に線を引いてその右側にそのときの台詞を書く。左側には、やりとりの段階ごとに頭では考えていたが、口には出さなかった台詞を書き出す。

たとえば、私と同僚のビルのやりとりを想像してみよう。ビルと私は同じプロジェクトを担当しており、上司に対する大事なプレゼンテーションが終わったばかりだ。私はそのプレゼンテーションに出席できなかったが、人づてに聞いたところではプレゼンテーションの評判は悪かった。

私：プレゼンはどうだった？
ビル：さあ、どうかな。どうこう言うには早すぎるさ。それに、新しい分野を開拓しているのだから。
私：まあね、これから何をすべきだと思う？　君が提示しようとしていた問題は重要だと思うけれど。
ビル：どうかな。とりあえず成り行きを見守ってみようよ。
私：それでいいかもしれないけど、ただ待っているより、もっとやるべきことがあるんじゃないかな。

私の「左側の台詞」を入れると、このやりとりはどうなるだろう？　表9－1を見てほしい。左側の台詞の演習を行うと必ず、隠れていた仮定を浮かび上がらせ、いかにその仮定が行動に影響を及ぼしているかを明らかにできる。上記の例では、私はビルについて主に二つの憶測をしている。一つは、ビルには自信が欠けている、とくにプレゼンテーションがうまくいかなかったことと向き合えていないという憶測、もう一つは、ビルには決断力が欠けているという憶測である。どちらもまったく正しくないかもしれないのに、私の心の中の台詞では、どちらも歴然としたもので、私の状況対応にも影響を及ぼしている。ビルの自信不足を確信していることは、プレゼンテーションが大失敗だったとすでに聞いているという事実を話題にするのを避けていることに表れている。はっきりそう言ったら、ビルがますます自信をなくしてしまう、あるいは、その証言に直面することはできないに違いないと恐れているのだ。だから、それとなくプレゼンテーションの話を持ち出している。ビルの決断力不足を確信していることは、次に何をすべきか話し合っているときに表れている。私が質問したにもかかわらず、ビルは何も具体的な行動の方針を示さない。私はこれをビルの怠慢さ、あるいは決断力不足の証拠だと見なす。何かどうしてもやる必要が出てくるまで、何もしないことに甘んじるつもりなのだと決めつけ、それを根拠に何らかの形でビルに圧力をかけて行動に駆り立てねばならない、さもなければ問題を自分で処理するしかないという結論を出す。

表 9-1　左側の台詞

私が考えていたこと	口に出したこと
みんなプレゼンは大失敗だったと言っているぞ。	私：プレゼンはどうだった？
どれほどひどいプレゼンだったか本当にわかっていないのだろうか？　それともそれに向き合う気がないのか？	ビル：さあ、どうかな。どうこう言うには早すぎるさ。それに、新しい分野を開拓しているのだから。
真実を認めるのが本当に怖いんだな。もっと自信さえもてば、今回のような状況から学べるだろうに。	私：まあね、これから何をすべきだと思う？　君が提示しようとしていた問題は重要だと思うけれど。
僕らが仕事を進めるのにあのプレゼンがそんなに致命的だったなんて信じられない。こいつの尻をたたく方法を見つけなくちゃ。	ビル：どうかな。とりあえず成り行きを見守ってみようよ。
	私：それでいいかもしれないけど、ただ待っているより、もっとやるべきことがあるんじゃないかな。

自分の「左側の台詞」を知ることから得られるいちばん大切な教訓は、私たちが人との摩擦状況において学習の機会をいかに台無しにしているかということだ。正面切って問題と向き合うのではなく、ビルと私は肝心な話題には触れずに話をしただけだ。問題を解決するにはどう進むべきかを決めずに、結局これからどう行動するのかはっきりしないままにやりとりを終わらせている――現実には、対処の必要な問題を明確にすることができなかったのだ。

問題があると思っていることをなぜ率直にビルに言わないのだろう？　プロジェクトを再び軌道に乗せるために必要な措置を考えなければならないとなぜ言わないのだろう？　おそらく、こうした「デリケートな」問題をどうやって前向きにもち出したらよいのかがわからないからだ。ローラの同僚と同じように、そんなことをもち出せば、弁解がましい返答を引き起こし逆効果になるだろうと想像している。今よりもっと状況が悪くなることを恐れているのだ。失礼なことをしてはいけない、批判的になりたくないという意識が働いて、問題を避けたのかもしれない。理由はどうあれ、結果的に不満の残るやりとりに終わり、ビルがもっと力強い受け答えができるように「操作する」方法を探す手段に訴えることになる。

私とビルのやりとりのような難しい状況を扱うのに、たった一つの「正しい」方法などないが、まず、いかに私自身の推論と行動が事態を悪化させる一因となり得るかを知ることは大いに役に立つ。この点で左側の台詞のテクニックがきわめて有用なのだ。私自身の仮定と私がそれをどう隠そうとしているのかが今までよりはっきりわかれば、やり方次第でもっと建設的に会話を進められる。そのためには、私自身の見方とその根拠になっている「データ」を相手と共有することが必要になる。また、ビルがその見方もデータも同じようにもってはいないかもしれない可能性に対して、そして両方とも間違っているかもしれない可能性に対してオープンになることも必要となる（結局、プレゼンテーションが最悪だったという私の情報が間違っていたこともあり得るわけだ)。要するに、私の課題は、この状況を私とビルの**両方が**学習できる場に変えることだ。そのためには、私の見方をはっきり言葉にすることと、ビルの見方についてもっと学ぶことを組み合わせる必要がある——アージリスが「探求と主張のバランスをとる」と呼ぶプロセスだ。

探求と主張のバランスをとる。マネジャーの大半は、「主張者」になるための訓練を受けている。実際、多くの企業で、有能なマネジャーであるということは、問題解決能力がある——何をすべきか理解し、それをやり遂げるために必要な支援はすべて引き出せる——ことだ。マネジャーたちが成功してきたのは、部分的には、説得力のある議論を戦わせ、他者を動かす能力があったからだ。それに対し、探求のスキルは、評価されず、報われることもない。しかし、高い地位に就くにつれて、直面する問題は個人的な経験以上に複雑で多様になる。うってかわって他者の洞察を引き出すことが必要になり、学ぶことが必要になる。そうなると、主張のスキルは逆効果になり、私たちが互いから学ぶ機会を奪う可能性もある。必要なのは、主張と探求を融合させて、協力的な学習を促すことだ。

二人の「主張者」が出会い、オープンで率直な意見のやりとりをしようとしても、たいてい学ぶことはほとんどない。二人は相手の見方に心から興味を示すかもしれないが、主張するばかりでは、異なる種類の組み立ての会話になる。次のような具合だ。

「忌憚のないご意見ありがとうございます。ただ、私の経験と判断に照らせば、少々違う結論になります。なぜあなたのご提案ではうまくいかないのか、説明させていただきたい……」

それぞれが自分の見解を理性的かつ冷静に、だがほんの少しずつ強く主張していけば、立場は少しずつ硬化していく。探求のない主張はさらなる主張を生む。実際そうなるとどうなるかを表すシステム原型がある。「エスカレート」と呼ばれ、軍拡競争と同じ構造をもつ。

Aが激しく主張すればするほど、Bに対する脅威は増していく。したがって、Bはもっと激しく主張する。そしてAはさらに激しく反論する。これを繰り返す。マネジャーはしばしばエスカレートが消耗戦だと気づき、その後は、おおっぴらに相違点に言及するのを避けるようになる。「不毛だ」と思いながら（図9-1）。

自己強化型の主張の雪崩現象は、いくつか問いを投げかけることによって食い止められる。「あなたがその立場をとるようになった理由は何ですか？」や「あなたの主張を具体的に説明してもらえますか？」（それを裏づける「データ」や経験を教えてもらえますか？）などの簡単な問いによって、話し合いに探求の要素を取り入れることができる。

私たちが学習スキルを伸ばす支援をするとき、しばしば経営陣の会議を録音する。チームがうまくいっていないことを示す指標の一つは、数時間の会議の間ほとんど質問が出ないことだ。まさかと思われるかもしれないが、質問が一つも出ないまま三時間も続く会議に数多く遭遇してきたのだ！　そんな会議で探求が活発に行われるわけがないことは「行動科学」のエキスパートでなくともわかるだろう。

ただし、探求ばかりというのも偏っている。問いを発することは、自己強化型の主張の悪循環を断ち切るために欠かせないものではあるが、チームや個人が探求と主張を融合させることができるようにならない限り、学習のスキルはきわめて限定される。探求だけで

図9-1

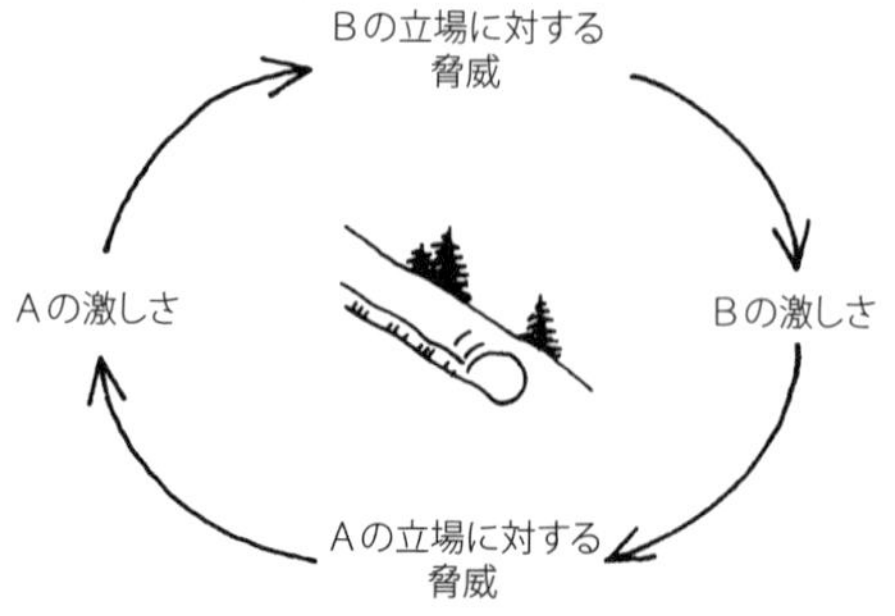

は限界があるという理由の一つは、自分の意見が唯一正しいものだと信じているかどうかは別にして、私たちは必ずといってよいほど何かしら意見は**もっている**からだ。したがって、やみくもにたくさん質問すれば、――絶え間ない質問という壁の後ろに自分自身の意見を隠すことによって――学習を避けることになり得る。

最も生産的な学習は、通常、主張と探求のスキルが融合された場合に起こる。別の言い方をすれば「相互探求」である。つまり、全員が自分の考えを明らかにし、公の検証にさらすのだ。それによって、防御的な行動に走ることなく、弱みをさらけ出せる雰囲気が生まれる。誰も自分の意見の裏にある証拠や推論を隠しだてしない、つまり誰もが綿密な検証を受けるのを避けようとせずに意見を言う状態だ。たとえば、探求と主張のバランスがとれていれば、私は他者の意見の背後にある推論について問うだけでなく、自分の仮定や推論を明らかにし、他者がそれについて尋ねるのを歓迎する言い方で自分の意見も述べるだろう。たとえば、「これが私の考えです。そしてこのようにしてそう考えるに至りました。皆さんはどう思われますか?」と。

主張一辺倒の場合、議論に勝つことが目標になる。探求と主張が融合されている場合、「議論に勝つこと」はもはや目標ではなくなり、「最善の議論を見出すこと」が目標になる。これは、データの用い方や抽象化の裏にある推論を明らかにするやり方に表れる。たとえば、主張一辺倒の場合は、データを選択的に用い、自分の立場を固めるデータだけを提示する。自分の立場の裏にある推論を説明するときは、「主張の正しさを証明する」部分だけを明らかにし、自分の主張を弱めそうな部分は避ける。これとは対照的に、主張と探求のバランスがとれている場合は、データを却下することにも、データを確認することにも抵抗感がない――なぜなら、真に関心があるのは、自分の考え方の欠点を探し出すことだからだ。同じように、自分の推論を明らかにし、その欠点を探し、さらに他者の推論を理解しようとする。

探求と主張の融合という理想は生易しいことではない。真の探求に対してオープンではない、政略的な組織にいる場合は、とくに難しくなるだろう。主張者としての長い経験をもつ立場から言うと、よりバランスのとれたアプローチをめざすには忍耐と根気が必要だとわかった。進歩は段階的に起こる。私の場合、第一段階は、賛成できない人の意見をどう探求するかを学ぶことだった。そのような意見の相違に対する私の習慣的な反応は、自分の意見をもっと強く主張することだった。たいていの場合、悪意はなく、考え抜いた末の根拠のある意見だと心底思っていたからそうしたのだった。残念ながら、話し合いは決裂するか、打ち切りという結果に終わり、本当は友好的な協力関係を望んでいるのにそれをなし得ないことが多かった。今では、見解の相違があっても、あなたの意見をもっと詳しく話してほしいとか、どうしてそう考えるようになったのか詳しく説明してほしいなどと頼めるようになっている。

探求と主張のバランスをとるディシプリンを習得するには一生かかるが、その途上で得られる報いは喜ばしいものだ。今、私は人に自分の意見を納得させようと時間を費やすことはほとんどなくなった。そして、そのほうが人生は気楽で楽しくなると正直に言える。自分が――たいていはひどくストレスがかかっているときに――一方的な主張者に逆戻りしつつあると気づくたび、私はこの事実を思い起こす。繰り返し経験するうちに、もう一つ明らかになったことは、探求と主張がそろえば、創造的な結果がはるかに生まれやすいことだ。ある意味、二人の人間が主張しかしなければ、結果は決まっているようなものだ。人物Aが勝つか、人物Bが勝つか、もっとありがちな両人ともただ自分の意見をもち続けるか、のどれかである。探求と主張がそろえば、この限界は消滅する。人物AもBも、自分自身の考え方への探求にオープンになることによって、まったく新しい考え方を発見する可能性が出てくる。
探求と主張のバランスをとるディシプリンを学ぼうとするとき、次の指針を心に留めておくとよい[12]。

自分の考えを主張する場合

◈あなたの推論を**明らかにする**（つまり、どのようにしてあなたはその考え方をたどりついたか、その根拠になっている「データ」は何かを説明する）

◈相手にあなたの考えを精査するよう**促す**（たとえば、「私の推論に何かおかしなところがありませんか？」）

◈相手に別の意見を出すよう**促す**（たとえば、「私とは違うデータや違う結論がありませんか？」）

◈相手があなたとは違う考えをもっていれば、それを積極的に**探求する**（たとえば、「あなたの考えはどうでしょうか？」「どのようにその考えにたどりついたのですか？」「私が検討したデータとは違うデータがあるでしょうか？」）

相手の考え方を探求する場合

◈もしあなたが相手の考えについて何か仮定しているなら、その仮定をはっきり述べ、それが仮定であることを認める

◈あなたの仮定の根拠になっている「データ」を提示する

◈相手の反応に本当に興味がないなら、質問する必要はない（相手への礼儀として質問したり、自分の考えの有意性を示すために質問したりしない）

袋小路にぶつかったら（もはや相手が自分の考えの探求を受け入れるようには思えない場合）

◆どんなデータや論理があれば考えが変わり得るのか聞いてみる
◆新しい情報が得られそうな実験（もしくは何かほかの探求）をいっしょに考える道があるかどうか聞いてみる

あなたか相手が自身の考えを表現したり、ほかの考え方を試したりするのをためらうなら

◆相手（もしくはあなた自身）になぜ話せないのかを話すよう促す（つまり、「オープンなやりとりを難しくしているのは、この状況のどういう点か、自分や相手のどういうところか？」）
◆もし双方がそうしたいと望むなら、協力して障壁を克服する方法を考えてみる

重要なのは、この指針に盲目的に従うことではない。指針を参考にしながら探求と主張のバランスをとる精神を心に留めておくことだ。学習のディシプリンを始めるための定則はどれもそうだが、この指針は初めて自転車に乗るときの「補助輪」として使うべきだ。補助輪をつければ、安心して練習を始められるし、自転車に乗る感覚、つまり主張しつつ探求を実践する感覚をつかめる。上達したら、補助輪ははずすことができるし、おそらくはずすべきだろう。とはいえ、でこぼこした地形に遭遇したときは補助輪つき自転車に戻れるのも悪くない。

しかし、ある状況の自分のメンタル・モデルに純粋に興味を抱き、本気で変える気がないならば、この指針は何の役に立たないことを認識しておくことが大切だ。別の言い方をすれば、探求と主張を実践することは、あなた自身の思考に限界があることを自ら進んでさらけ出す――間違うことを

践するこ とを意味するのだ。それだけの気持ちがなければ、他者が安心して探求と主張を実践することもできないだろう。

すべてのディシプリンと同じく、メンタル・モデルのディシプリンが進歩するには時間がかかり、進歩の兆候もわかりにくいものだ。ハーレーダビッドソンが組織学習のさまざまな取り組みに投資して数年たった頃、社長のジェフ・ブルースタインに「何か変化がありましたか?」と聞いたことを思い出す。彼の答えは簡潔だった。「社員がだんだんこう言うようになってきましたよ。『物事はこうなっているものだ』ではなく、『私は物事をこういうふうに見ている』とね。ささいなことに聞こえるかもしれませんが、この言い方に変わると会話の質が変わります」

合意は重要か?

メンタル・モデルのディシプリンの実践がめざすところは、必ずしも合意や意見の一致ではないことにくれぐれも注意することが重要である。いろいろなメンタル・モデルが同時に存在することもあるし、食い違うメンタル・モデルもあるだろう。

すべてのメンタル・モデルをそのときの状況に照らして熟考し、検証しなければならない。そのためには、組織全体が「真実に忠実であること」が必要であり、それは自己マスタリーから自然に生まれる。加えて、私たちには真実のすべては決してわからないのかもしれないと心得ることだ。メンタル・モデルをよくよく考えた結果、オブライエンが述べるように、「私たちは結局別々の場所に行き着くことになるかもしれない。めざすべきは、たまたまその特定の問題の当事者となった人(たち)にとって最良のメンタル・モデルである。ほかの人は皆、当事者(たち)ができ得る限り最良のメンタル・モデルを築くのを助け、その人（たち）ができる限り最善の決定ができるよう協力することに集中するのだ」

行き着く先は意見の一致でなくとも、うまく機能していれば、そのプロセスは結果を出すことにつながる。「私たちは人々の意見が大きく違うまま話し合いが終わっても気にならない」とオブライエンは言う。「皆が自分の意見を表し、その意見に賛成できなくても、よく考えた末であるから、その価値を認めることができる。『訳あって、私はあなたの方向には向かいません』と言っても構わない。ある意味、驚きなのは、このほうが無理に合意させられるよりも人のまとまりがよくなることだ」。とくに、人々が「自分がいちばんよくわかっていたのに話すチャンスが一度もなかった」と感じると決まって湧き出てくる恨み節がなくなる。結局のところ、学習プロセスがオープンで全員が誠実に行動する限り、自分の言い分を話し、それでも別の考えが実行される状況にも人は満ち足りて生きられるのだ。

オブライエンはこう語っている。「私たちには格別に重要視するようなメンタル・モデルはないが、メンタル・モデルを築く哲学がある。もし現場に行って、『これが状況23Cに対処するときの認定メンタル・モデルだ』と言い出したら、考え直したほうがよい」。同様に、好ましいメンタル・モデルを押しつけるのは、ビジョンを押しつけるのと同じで、たいていは裏目に出る。いちばん声高に主張する人、あるいはいちばん地位の高い人は、誰もが一分以内に自分のメンタル・モデルをそっくりそのまま受け入れるものと決め込みたい誘惑にかられるだろう。メンタル・モデルがたとえよりよいものでも、行うべきは全員にそれを植えつけることではなく、皆によく考えてもらうためにそれを掲げることなのだ。

合意や意見の一致に至ることをそれほど重視しないと聞いて驚く人が多い。しかし、傑出したチームの一員だった人たちからオブライエン同様の声をこれまでたびたび聞いてきた。この「徹底的に話し合えば、何をすべきかわかる」という確信は、チーム学習のディシプリンの核心、「ダイアログ」によって育まれる「合致《アラインメント》」（ベクトル合わせ・協力体制）の土台となる。

メンタル・モデルとシステム思考

メンタル・モデルの欠けたシステム思考は、空冷星型エンジン搭載のダグラスDC－3に翼のフラップがないようなものだと考えるに至った。ボーイング247の技術者たちがエンジンを小型化せざるを得なかったのは、機体にフラップが欠けていたからだ。まさにそれと同じく、メンタル・モデルのディシプリンが欠けていれば、システム思考の動力も相当小さくなる。二つのディシプリンは本来切り離せないものだ。なぜなら、重要な問題の原因を明らかにするために、一方は隠された仮定を明らかにすることに焦点を合わせ、もう一方は仮定を再構築することに焦点を合わせているからだ。

本章の初めに書いたように、システム思考から導き出された変化も、凝り固まったメンタル・モデルが妨げてしまう。マネジャーは自分の今のメンタル・モデルを振り返ることを学ばねばならない——組織にはびこっている仮定を率直に話し合わない限り、メンタル・モデルの変化を期待できないし、システム思考もほとんど無意味である。マネジャーが、自分の世界観を、一連の仮定から成り立っているものではなく、事実だと「信じる」ならば、その世界観を問い直すことに対してオープンな姿勢にはなれない。また、自分の考え方、そして他者の考え方を探求するスキルが欠けていれば、新しい考え方で協力して実験することにも限界がある。さらに、組織の中にメンタル・

モデルの哲学と理解が確立されていなければ、システム思考の目的を、メンタル・モデルの改善ではなく、現実世界の精巧な「モデル」構築のためにシステム図を描くことと誤解するだろう。

システム思考はメンタル・モデルに上手に対処することと等しく重要である。最近の研究によれば、私たちのメンタル・モデルの大半は、システム思考の観点から見れば欠陥がある場合が非常に多い。重大なフィードバック関係を見落とす、時間的遅れの判断を誤る、目に見える、あるいは目につきやすいがレバレッジが低い変数を重視しがちである、といった欠陥だ。MITのジョン・スターマンは、実験的な手法でメンタル・モデルの欠陥を示してきた。たとえば、ビール・ゲームのプレーヤーは、発注から納品までの遅れを見誤り続けてしまう。たいていのプレーヤーは、意思決定するときに重大な自己強化型フィードバックに気づかないか、それを考慮に入れない。自己強化型フィードバックはパニックになるとさらに増強されるので、ビールの発注数を増やし、そのせいで仕入先の在庫が空になり、それによって仕入先は納品の遅れがさらに大きくなって、それがさらなるパニックを呼ぶ、という悪循環に陥る。スターマンはメンタル・モデルの似たような欠陥をさまざまな実験で示してきた[13]。

こうした欠陥を理解すれば、支配的なメンタル・モデルの弱みがどこにあり、そして、効果的な決定をするためにマネジャーのメンタル・モデルを「表面化」させた後、改善する必要がどこにあるかを見出しやすくなる。

やがて、実践的なマネジメントのディシプリンとしてメンタル・モデルを促進するのは、組織全体で利用される**「一般的構造」のライブラリー**になるだろう。こうした「構造」は、第六章で紹介したシステム原型にもとづくものになるが、その組織の個別の状況――商品、市場、技術――に適したものになる。たとえば、石油会社と保険会社とでは、「問題のすり替わり」や「成長の限界」

の構造が違うはずだが、潜在する原型は共通している。そのようなライブラリーは、組織内でシステム思考を実践した結果、自然に生まれる副産物であるべきだ。

つまり、システム思考とメンタル・モデルを統合するメリットは、私たちのメンタル・モデル（自分が考えていること）が改善されるばかりか、考え方が変わることである。出来事に支配されたメンタル・モデルから、長期的な変化のパターンとそのパターンを生み出している根本的な構造を認識できるメンタル・モデルに移行するのだ。たとえば、シェルのシナリオは、同社の経営陣に来るべき変化を自覚させただけでなく、出来事中心の世界から抜け出す第一歩——変化のパターンを見ること——を踏み出させた。

今日、重大な決定に用いるメンタル・モデルの大半は「線形の思考」に支配されている。未来の学習する組織では、変化のパターンと相互関係の共通理解にもとづいて重大な決定が下されるようになるだろう。

第10章

共有ビジョン

共通の関心

『スパルタカス』という映画を覚えている人もいるだろう。紀元前七一年に奴隷軍を率いて反乱を起こしたあるローマの剣闘士（奴隷の身分）の物語を映画化したものだ。(1) 反乱軍はローマ軍を二度破ったが、長い攻囲と戦闘の末、結局はマルクス・クラッスス将軍に鎮圧される。映画では、クラッススが生き残った数千人のスパルタカス軍にこう告げる。「おまえたちは奴隷だった。再び奴隷に戻るのだ。しかし、当然の報いである磔《はりつけ》の刑はローマ軍の情けにより赦してやろう。奴隷スパルタカスを私に引き渡しさえすればよい。われわれは奴の顔を知らぬのだ」

長い間《ま》があって、（カーク・ダグラス演じる）スパルタカスが立ち上がって言う。「私がスパルタカスだ」。すると隣の男が立ち上がって言う。「私がスパルタカスだ」。その隣の男も立ち上がって言う。「いや、私がスパルタカスだ」。あっという間に、反乱軍の全員が立ち上がる。

この話の真偽のほどはさておき、ここには深遠な真実が示されている。一人ひとりが立ち上がることによって死を選んだ。だがスパルタカス軍の忠誠は、スパルタカスその人に対するものではなかった。兵士たちの忠誠は、スパルタカスが吹き込んだ共有ビジョン――自由な人間になれるという想い――に対するものだった。このビジョンにはとても説得力があったので、誰もがそれをあきらめて奴隷の身に戻るのは耐えられなかったのだ。

共有ビジョンは思想ではない。自由などの重要な思想でさえない。むしろ、人の心の中にある力、驚異的な力である。共有ビジョンは、思想にかきたてられることもあるが、ひとたび広まり始めれば――二人以上の支持を得られる説得力があれば――もはや抽象概念ではなくなる。明白なものとなり、まるで実際に存在しているかのように見え始める。人にまつわる力の中で共有ビジョンほど強力なものはまずない。

つまるところ、共有ビジョンとは「自分たちは何を創造したいのか?」という問いに対する答えである。個人ビジョンが人それぞれの頭や心の中に描くイメージであるのと同じように、共有ビジョンも組織中のあらゆる人々が思い描くイメージである。共有ビジョンは組織に浸透する共通性の意識を生み出し、多様な活動に一貫性を与える。

あるビジョンが真に共有されている状態とは、相手と自分が同じようなイメージを抱き、単にそれぞれが個人的にそのビジョンを誓約するだけでなく、そのビジョンをもつお互いに対して誓約することである。真にビジョンが共有されているとき、人々はつながり、共通の志によって団結している。個人ビジョンの力はそれぞれがそのビジョンを心から大切に思うことによってもたらされる。共有ビジョンの力は共にそれを大切に思うことからもたらされる。実のところ、人々が共有ビジョンを築こうとする理由の一つは、結束して重要な仕事に当たりたい欲求があるからと考えるべきなのだ。

共有ビジョンは「学習する組織」にとって不可欠なものだ。共有ビジョンがあることによって学習の焦点が絞られ、そして学習のエネルギーが生まれるからだ。適応学習ならばビジョンなしでも可能だが、根源から創造する生成的学習は、人々が自分たちにとって大いに意味のあることを成し遂げようと懸命に努力しているときにのみ起こる。実際、人々が心から達成したいと思うビジョンにわくわくするようにならない限り、生成的学習――創造する能力を伸ばすこと――という考えそのものが抽象的で無意味なものに思えるだろう。

今日、「ビジョン」は企業のリーダーシップではおなじみの概念である。しかし、注意深く見てみると、ほとんどの「ビジョン」は一人の人間（あるいは一つの集団）のビジョンを組織に押しつけたものだとわかる。そのようなビジョンでは、せいぜい従うことを強要するくらいであり、我がこととして責任をもって取り組むこと（コミットメント）はおぼつかない。共有ビジョンは多くの人が心から打ち込めるビジョンであり、それは共有ビジョンに自分自身の個人ビジョンが反映されているからなのだ。

なぜ共有ビジョンが重要か

AT&T、フォード、アップルが共有ビジョンなしに築き上げられることはなかっただろう。セオドア・ベイルは、実現までに五〇年かかることになった、世界中どこにでもつながる電話サービスというビジョンを抱いていた。ヘンリー・フォードは、裕福な人々だけでなく、ふつうの人々が自家用車を所有することを思い描いた。スティーブ・ジョブズとスティーブ・ウォズニアック、そしてアップルの共同創業者たちは、人間の可能性を広げるコンピュータの力を予見した。同じように、コマツ（キャタピラー社の三分の一の規模から、二〇年足らずのうちに同規模にまで成長した）、キヤノン（複写機の世界市場におけるシェアがゼロの状態から、同じく二〇年もたたないうちに、ゼロックス社に匹敵するシェアを得るに至った）、ホンダなどの日本企業が、世界的な成功というビジョンに導かれずに、急速に支配的な地位を占めるようになったとはまず考えられない。[2] 何よりも重要なのは、これらの会社内のあらゆる階層の人々の間で、彼らの個人のビジョンが真に共有されていたこと――何千人ものエネルギーを一点に集中させ、多種多様な人々の間に共通のアイデンティティを生み出したこと――である。

共有ビジョンの多くは外発的なものだ。つまり、競合他社などの外部のものと比較した何かを達成することに主眼を置いているのだ。しかし、敵を打ち負かすことに限定された目標は一時的なものだ。ひとたびそのビジョンが達成されてしまえば、「手に入れたものを守り、ナンバーワンの地位を失うまい」とする守りの姿勢に転じやすい。そのような守勢の目標が、何か新しいものを生み出す創造性や興奮を呼び起こすことはめったにない。武術の達人は、おそらく「あらゆる相手を倒す」ことよりも、自分自身の中になる内発的な「卓越」の基準のほうに意を注いでいるはずだ。ビジョンが内発的でなければならないとか、外発的でなければならないと言っているのではない。どちらの種類も共存できる。だが、ただ敵を打ち負かすことだけにもとづくビジョンに頼っていると、長期的には組織が弱体化することになる。

京セラの稲盛和夫は、社員に「内面に目を向け」、自分自身の内なる基準を見つけるよう真剣に説く。彼の主張では、会社がその業界でナンバーワンになろうと努力している間は、他社よりも「秀でる」、あるいは業界「最高」をめざす目標もあってよいという。だが、京セラはただ「最高」であることよりもつねに「完璧」をめざす、というのが彼のビジョンだ[3]（稲盛がどのように創造的緊張の原則――「どんなビジョンかは問題ではない。ビジョンが何をするかが問題なのだ」――を適用しているかに留意してほしい)。

共有ビジョン、とりわけ内発的なものは、人々の大志を高揚させる。仕事は、組織の製品やサービスに体現されている、より大きな目的――パーソナル・コンピュータによって学習を加速する、ユニバーサル電話サービスによって世界中が通信できるようにする、自家用車によって移動の自由を促進する――の追求の一環となる。また、そのより大きな目的は、組織の流儀、風土、精神に体現される場合もある。家具メーカーであるハーマンミラー社の元CEO、マックス・デ・プリーは、彼の考える同社のビジョンとは「人間の精神への贈り物となること」だと語った――このビジョンは、ハーマンミラー製品だけを言うのではなく、同社の社員や雰囲気、そして生産的で美意識の高い職場環境づくりへのさらなる献身でもある(4)。

ビジョンは胸が躍るものである。活力、つまり組織を凡庸さから引き上げる興奮を生み出す。あるマネジャーがこう述べている。「競争や社内のトラブルがどんなに厄介でも、社屋にゆっくりと歩いて入っていくと、私はいつでも元気を取り戻せる――私たちのしていることが本当に重要なことだとわかっているから」

企業において、共有ビジョンは社員と会社の関係を変化させる。もはや「あの人の会社」ではなく「自分たちの会社」となるのだ。共有ビジョンは、互いに不信感をもつ人々が協調して働けるようにする第一歩である。それは共通のアイデンティティを生み出す。もっと言うならば、一つの組織が共有する目的意識、ビジョン、経営上の価値観が最も基礎的なレベルの共通性を確立する。心理学者のアブラハム・マズローは晩年、優れた成果を上げるチームを研究した。そうしたチームの最も際立った特徴の一つは、共有されているビジョンと目的だった。マズローが傑出したチームに見たものはこうだった。

任務はもはや自己と区別がつかなかった……むしろ自己がこの任務と強く一体化しているため、その任務を抜きにして本当の自己を語ることはできなかった(5)。

共有ビジョンがあると、ごく自然に勇気が湧きあがるので、人は自分たちの勇気がどの程度か気づきさえしない。勇気とは、ビジョンを追求するために必要とあればひたすら何でもするということだ。一九六一年、ジョン・ケネディは、米国の宇宙計画に携わるリーダーたちの間で何年もかけて生まれつつあったビジョンを声明として発表した。「六〇年代末までに人類を月面に着陸させる(6)」。これが無数の勇気ある大胆な行動へとつながった。現代のスパルタカスの物語は、六〇年代半ば、MITのドレイパー研究所を舞台に繰り広げられた。この研究所は、NASAと契約している諸機関の中心的存在であり、アポロ宇宙飛行士たちを月へと導く慣性航法誘導システムを請け負っていた。プロジェクトに着手して数年後、研究室の責任者たちは、当初の設計仕様が間違っていたと確信するに至った。これは、すでに数百万ドルもの資金が費やされていたため、相当面目をつぶすであろう事態をもたらした。だが、彼らは一時しのぎの解決策で応急処置を講じようとはせず、プロジェクトを解散して一から出直すようNASAに要請したのだ。契約はもちろん、自分たちの名声をも危うくする行動だ。しかしそれ以外の行動は考えられなかった。彼らのあらゆる存在理由は一つのシンプルなビジョン――六〇年代末までに人類を月面に着陸させる――に具現化されていた。そのビジョンを実現するために必要なことならばどんなことでもする覚悟だったのだ。

一九八〇年代半ば、小型コンピュータ業界全体がこぞってIBMパーソナル・コンピュータ（PC）の下に結集していた頃、アップル・コンピュータ社は、人が直感で理解できるコンピュータ、人が自分の力で考える自由を象徴するコンピュータというビジョンをもち続けていた。その道のりで、アップルは一流「クローン」PCメーカーになるという「確実に成功する」機会を拒否した。販売量こそクローン陣営にかなわなかったものの、アップルのマッキントッシュは使いやすさ以上のものを提供する。マッキントッシュ以降、「直感性」と「楽しさ」がPCの優先条件とされるようになり、マッキントッシュは最終的にあらゆるオペレーティング・システムの概観と操作感を方向づけることになる業界標準となった。

共有ビジョンなしに学習する組織は実現できない。人々が心から成し遂げたいと思う目標へと引っ張る力がなければ、現状を支持する力のほうが優勢となるのだ。ビジョンが最も重要な目標を定めるのだ。高い目標をもてば、新しい考え方や行動様式をもたずにはいられなくなる。共有ビジョンはまた、ストレスが生じたときに学習プロセスが針路を保つ舵取り役もする。学習は困難なときもあれば、苦痛であるときすらある。共有ビジョンがあれば、自分の考え方を人目にさらしたり、心の奥深くに抱いている考え方を捨て去ったり、個人と組織の欠点を認識したりしやすい。自分たちが創り出そうとしているものの重要性と比較すれば、そうした苦労もすべて取るに足りないことに思われる。ロバート・フリッツが言うように、「大事のあるところ、小事は消え去る」。大きな夢のないところに、小事がはびこるというわけだ。

共有ビジョンはリスクを厭わない行動や実験を促す。ビジョンに没頭しているとき、どうやってたどり着くかわからないこともしばしばある。まず実験してみる。方向を変え、また別の実験をしてみる。すべてが実験だが、そこにあいまいさはない。今していることを何のためにしているのか、それは完璧にはっきりしている。「必ずうまくいくと保証してくれ」と言い出す人はいない。保証など一切ないことを誰もが知っている。それでもビジョンの実現に打ち込むのだ。

最後に、共有ビジョンは、マネジメントにおいてシステム思考を発展させる努力を妨げてきた最大の難問の一つ、「どうすれば長期的な物事へのコミットメントを育むことができるか?」にも対処する。

長年、システム思考家たちは、マネジャーたちに対して、長期的な焦点を維持していなければ将来ひどく苦労するだろうことを納得させようと努めてきた。多くの介入策の「悪くなる前に良くなる」結果と対症療法的な解決策から生じる「問題のすり替わり」のダイナミクスを盛んに説いてきたのだ。にもかかわらず、長期的なコミットメントと行動への移行が持続している例をほとんど見たことがない。個人的には、私たちの失敗は説得力や説得力のある証拠が不足しているためではないと考えるに至った。**長期的な視点をもてと理屈で人を納得させることなどできないだけなのかもしれない**。人が長期的な物事に焦点を当てないのは、そう**したい**ではなく、そう**しなければならない**と強いられるからなのだ。

人に関することで長期的な視点が実際に機能している例ではすべて、長期的なビジョンが働いている。中世の大聖堂を建てた職工たちは一生かけて働いたが、その苦労が実るのは一〇〇年先だった。日本人は、偉大な組織を築くことは木を育てることに似ており、二五年から五〇年はかかると考えている。幼い子をもつ親は、二〇年後に大人になったときに役立つような価値観や考え方の基盤を築こうとする。これらの例ではどれも、人々は長期的にしか実現がかなわないビジョンを抱いている。

戦略的計画は、企業のそうした長期的思考の砦であるべきだが、ほとんどは受身で短期的だ。現代の戦略的計画を明晰に批評する第一人者である二人、ロンドン・ビジネス・スクールのゲイリー・ハメルとミシガン大学のC・K・プラハラードは次のように述べている。

戦略的計画はより未来志向になるための一手法だとふれこまれるが、大半の経営者は、問いつめられれば、自分たちの戦略的計画が明日の機会よりも今日のたくさんの問題ばかりを明らかにしていると認めるだろう(7)。

典型的な戦略的計画では、競合他社の強みと弱み、ニッチ市場、安定した資源などの幅広い分析に重点を置くあまり、もっと長期的な行動を促すであろうこと——ハメルとプラハラードの言葉を借りれば、「コミットメントに値する目標」の設定——を成し遂げることができない。

しかし、企業の学習でこのビジョンという構成要素に全神経を集中したとしても、ビジョンはやはり不可解でコントロールできない力だと思われがちだ。ビジョンをもつリーダーはカルト的ヒーローなのだ。「いかにビジョンを見出すか」に公式など存在しないのは事実だが、共有ビジョンを築くための原則と指針はある。出現し始めたビジョンを確立するというディシプリンも、共有ビジョンに取り組むための実践的なツールもある。このディシプリンが、自己マスタリーから得る原則や洞察を、集団としての大志や共同コミットメントの世界へと広げるのだ。

共有ビジョンを築くディシプリン

個人ビジョンを奨励する

共有ビジョンは個人ビジョンから生まれる。だからこそエネルギーを発揮し、コミットメントを育むのだ。ハノーバーのビル・オブライエンが言うように、「私のビジョンはあなたにとって重要なものではない。あなたをやる気にさせる唯一のビジョンは、あなた自身のビジョンなのだ」。これは、人が個人的な私利私欲にしか関心がないと意味するのではない。それどころか、人の個人ビジョンにはたいてい家族、組織、地域社会、さらには世界にまで関係する側面が含まれている。オブライエンはむしろ、何かを大切だと思う行為は**個人的な**ものだと強調しているのだ。それは個人の価値観、関心事、大志に根ざしている。共有ビジョンを心から大切に思うという行為が個人ビジョンに根ざしている理由はここにある。この単純な事実が通じないリーダーが多くいる。明日までに（！）自分たちの組織のビジョンを策定しなければならない、と思いつきで話す人たちだ。

共有ビジョンを築くことに熱心に取り組んでいる組織は、個人ビジョンを築くようメンバーを絶えず励ます。自分自身のビジョンをもっていなければ、誰かのビジョンに「参加」するしかないからだ。その結果は追従であって、決してコミットメントではない。一方、個人として進むべき方向をはっきり意識している人々は、一丸となって「本当に望むもの」をめざす力強い相乗作用を生み出す。

この意味で、自己マスタリーは共有ビジョンを築くための基盤である。個人ビジョンのことだけを言っているのではない。真実に忠実であることと創造的緊張——自己マスタリーの特質——も含めてのことだ。共有ビジョンは、個々が安住できるレベルをはるかに上回るレベルの創造的緊張をもたらす可能性がある。高尚なビジョンの実現に最も貢献するのは、この創造的緊張を「維持」できる人々、つまりビジョンをはっきり認識し、今の現実を究明し続ける人々だろう。また、それは、未来を創造する自分たちの能力を、自らその能力を経験しているゆえに、深く信じる人々だろう。

個人ビジョンを奨励する場合、組織は個人の自由を侵害しないよう配慮せねばならない。第八章「自己マスタリー」で述べたように、誰も他人に「自分のビジョン」を与えることはできないし、ビジョンをもつように強いることさえもできない。しかし、個人ビジョンを育む気風をつくるための積極策はある。その最も直接的なものは、ビジョンに意識のあるリーダーが、皆がそれぞれのビジョンを語りたくなるような方法で個人ビジョンを伝えることである。これがビジョン・リーダーシップの技――いかにして個人ビジョンから共有ビジョンを築くか――なのだ。

個人ビジョンから共有ビジョンへ

どのように個人ビジョンが結びついて共有ビジョンを生み出すのだろうか？　わかりやすくたとえれば、相互に作用する光源によってつくられる三次元像、ホログラムのようなものだ。

ふつうの写真を半分に切ると、それぞれは全体像の一部を表すだけである。しかし、ホログラムの場合は、分割しても、それぞれが全体像をそっくりそのまま表す。ホログラムをさらに細かく分割していき、断片がどんなに小さくなっても、一つ一つはやはり全体像を表している。これと同じように、集団が組織全体のビジョンを共有するときも、一人ひとりは自分自身の最高の組織像を思い描いている。一人ひとりが、自分に関係のある部分に対してだけでなく、全体に対する責任を共有している。だが、ホログラムを構成する「断片」はまったく同じではない。それぞれが異なる観点から全体像を表す。それはまるでブラインドに開けた複数の穴からのぞき見るようなものだ。それぞれの穴から全体像を見るときの角度は一つ一つ異なる。同じように、各個人がもっている全体のビジョンもまた一人ひとり異なる。私たちはそれぞれ、より大きなビジョンに対する自分なりの見方をもっているのだ。

ホログラムの断片をつなぎ合わせても、全体像は根本的に変わらない。結局、全体像はそれぞれの断片の中にあるからだ。むしろ、より強烈で、より実物そっくりの像となる。同じように、より多くの人が共通のビジョンを共有するようになっても、ビジョンは根本的には変わらない。だが、それはもっと生き生きとしたもの、そして人々がその達成を本当に想像することのできる精神的現実という意味でより現実的なものとなる。今や彼らには「共同創造者」という仲間がいる。ビジョンはもはや自分の肩にだけかかっているのではない。当初、個人ビジョンを育んでいるうちは、人はそれを「私のビジョン」と言うかもしれない。だが共有ビジョンができあがるにつれて、それは「私のビジョン」であると同時に「私たちのビジョン」にもなっていくのだ。

共有ビジョンを築くディシプリンを習得する第一歩は、ビジョンはつねに「上」から申し渡されるもの、あるいは組織の制度化された計画立案プロセスから出てくるものだという既成概念を捨て去ることだ。

従来の階層制組織では、ビジョンがトップから発せられることを誰も疑問に思わなかった。多くの場合、会社を導く全体像は共有すらされなかった――社員が知る必要があるのは「前進命令」だけであり、それさえ知っていれば、より大きなビジョンを支える自分の任務を遂行できた。

ここ数年よく見受けられるようになった経営プロセスも、そのような従来のトップダウン型ビジョンと大差ない。経営陣は、しばしばコンサルタントの助けを借りてではあるが、ビジョン・ステートメントを書くために腰を上げる。モラルの低さや戦略的な方向性の欠如といった問題を解決するためかもしれない。また、このプロセスは主として内省的なものである場合もあれば、競合他社や市場設定、組織の強みと弱みなどの幅広い分析を含んでいる場合もある。にもかかわらず、いくつかの理由から結果は期待はずれになることが多い。

第一に、そのようなビジョンは「一回限り」のビジョン、つまり会社の戦略に包括的な方針と意義を与えようとする単発の努力であることが少なくない。ひとたび文書化されてしまえば、経営陣はこれでビジョンについては務めを果たしたと思い込む。最近のことだが、イノベーション・アソシエーツ社の同僚の一人が、私たちのグループ・ビジョンへの取り組み方を二人のマネジャーに説明していた。まだ十分説明しないうちに、そのうちの一人が「それならもうやっています。ビジョン・ステートメントも書きました」と口をはさんだ。「それはおもしろい。どんなことを考えましたか？」と同僚は尋ねた。そのマネジャーはもう一人のほうを向き、こう聞いた。「ジョー、あのビジョン・ステートメントはどこにあるんだっけ？」。ビジョン・ステートメントを書くことが、共有ビジョンを築く第一歩にならないとは言わないが、それだけでは、ビジョンが組織内で生き生きとしてくることはまずない。

ビジョン・ステートメントに走る経営陣の第二の問題点は、できあがったビジョンが、社員個人のビジョンにもとづいていないことだ。しばしば、戦略的ビジョンの追求によって、個人ビジョンはまったく無視される。あるいは公のビジョンは一人か二人の個人ビジョンしか反映していない。あらゆる階層で探求や実験が行われ、社員がビジョンを理解し、自分のものと感じる機会はほとんどない。その結果、せっかく新しい公のビジョンができても、エネルギーやコミットメントを育むことはない。まったくもって社員の気持ちをかきたてないのだ。それどころか、それをつくった経営陣の間にさえほとんど情熱が生まれない場合すらある。

最後に、ビジョンは問題への解決策ではない。そう見るならば、モラルの低さや戦略的な方向性の不明確さといった「問題」がなくなってしまえば、ビジョンを後押ししていたエネルギーも消えてしまうだろう。共有ビジョンの構築は、リーダーの日常業務の中心的要素と考えなければならない。つねに進行中であり、終わりはない。それは実際、企業の「経営理念」――ビジョンそのものだけでなく、企業の目的や基本的価値観も含めたもの――を立案し、育成するという、より大きなリーダーシップ活動の一環なのだ。
ときに、経営者は会社の戦略的計画プロセスから共有ビジョンが生まれることを期待する。しかし、ほとんどのトップダウン型ビジョン策定プロセスが失敗するのとまったく同じ理由で、戦略的計画の大半もまた、真のビジョンを育むことはできない。ハメルとプラハラードはこう記している。

創造的な戦略が、形ばかりの年次計画会議から生まれることはめったにない。来年の戦略の出発点は、ほぼ例外なく今年の戦略にある。改善はわずかだ。本当の好機がほかにあったとしても、会社は自分たちのよく知っている市場セグメントや事業領域に固執するものだ。キヤノンがパーソナル複写機事業に先駆的に参入した起動力は、海外の販売子会社から生まれたのであって、日本の企画部門からではなかった。(8)

ビジョンが経営トップから生まれることはあり得ない、と言っているのではない。しばしば、生まれている。だが、権限のある立場にない社員の個人ビジョンから生まれることもある。さまざまな階層で相互に影響し合う社員からふと「降って湧く」こともある。ビジョンがどこから生まれるかは、ビジョンが共有されるプロセスに比べれば重要度が低い。組織中のあらゆる人々の個人ビジョンと結びつくまでは、ビジョンは真の「共有ビジョン」にはなっていないのだ。
リーダー職の人々にとって何よりも重要なことは、自分のビジョンもやはり個人ビジョンなのだということを忘れないことだ。リーダー職にあるからといって、自分の個人ビジョンが**自動的に**「組織のビジョン」になるわけではない。リーダーが「私たちのビジョン」と言うのを耳にし、実はそれが「私のビジョン」を指しているのだとわかるとき、私はマーク・トウェインの名言——

公式に「私たち」を使ってよいのは「王様と、体内にサナダムシがいる人だけ」――を思い出す。

つまるところ、一心に共有ビジョンを築こうとするリーダーならば、喜んで自分の個人ビジョンを絶えず共有しなければならない。また「私についてきてくれますか?」と問う覚悟も必要だ。これはしばしば難しいことだ。目標を設定し、それをただ発表するだけの仕事に終始してきた人にとっては、支持を求めることは自分が弱いもののように感じられるのだ。

ジョン・クライスターは、ある大手家庭用品メーカーの大きな事業部の事業部長をしており、自分の事業部を業界屈指の地位に押し上げるというビジョンをもっていた。このビジョン達成のためには、優れた製品はもちろん、ほかのどの会社よりも効率的かつ効果的な体制で製品を「顧客」(食品雑貨小売業者)に供給する必要があった。クライスターは、従来の半分の期間で顧客に製品を届け、製品損耗や再出荷にかかるコストも従来の数分の一で済む、ほかに類を見ない世界的流通システムを構想した。彼はほかのマネジャー、生産ライン従業員、流通スタッフ、食品雑貨小売業者にこの計画を話し始めた。誰もが大いに乗り気な様子だったが、クライスター案の多くは親会社の伝統的方針とあまりにも矛盾するので、実現は無理だろうというのだ。

クライスターには、とくに製品流通部門を率いるハリエット・サリバンの支援が必要だった。サリバンは――会社のマトリックス組織の定義上はクライスターと対等の地位だったが――経験は一五年長かった。クライスターは、自分の新しい流通構想のメリットをサリバンに説明するために入念なプレゼンテーションを準備した。しかし、クライスターが示す裏づけデータのすべてに対して、サリバンは反論した。クライスターは疑問視する側が正しいのかもしれないと思いながら会議を後にした。

その後、クライスターは一地域の市場に限定して新しいシステムをテストする方法を思いついた。

リスクは抑えられるだろうし、この構想にとくに熱心だった地元の食品雑貨販売チェーンの協力を得ることができた。が、ハリエット・サリバンはどうすべきだろう？　直感では彼女にはただ黙っておくほうがいいような気がした。何しろ、自分には部下の流通スタッフを使って、自分で実験する権限があるのだから。とはいえ、サリバンの経験や判断力を高く評価していた。

一週間じっくり考えた後、クライスターは再びサリバンの協力を求めにいった。だが今回は、チャートやデータは持たずに出かけた。そして、なぜ自分の構想に確信があるのか、この構想がうまくいけばどのように顧客との新しいパートナーシップを築けるか、どうすれば小さいリスクでそのメリットを試せるか、ただそういう話をした。驚いたことに、その気難しい流通責任者は、試験導入の計画作成を手伝おうと言い出した。「先週私のところに来たときは、あなた、私を納得させようとしていたわね。今度は自分のアイディアを試す気になっている。私はあいかわらず間違った考えだと思うけれど、あなたの熱心さは認めるわ。ともかく、ひょっとしたら、何か得られるかもしれないでしょう」

これは何年も前の話だ。今日では、クライスターの革新的な流通システムは、同社のほぼすべての事業部門が世界中で採用している。それはコストの大幅削減を実現し、同社が小売チェーンとの間で構築し始めている幅広い戦略的提携の一部となっている。

ビジョンが組織の中間層から出てくる場合、共有したり耳を傾けたりするプロセスは、経営トップから生まれたビジョンの場合と本質的に同じである。ただし、時間はもっと長くかかるだろう。とくにそのビジョンが組織全体に影響を及ぼすものであれば、なおさらである。

組織コンサルタントのチャーリー・キーファーはこう言う。「ビジョンがもたらす高揚感に反して、共有ビジョンを築くプロセスは必ずしも魅力的なものではない。共有ビジョンづくりに長けたマネジャーは、そのプロセスについて普段の言葉づかいで話す。『自分たちのビジョンについて話す』ことが、まさに日常生活に組み込まれているのだ。芸術家というのは大半が、作品を創造する**プロセス**にはさほど刺激を感じないものである。芸術家が興奮を覚えるのはその結果なのだ」。あるいは、ビル・オブライエンの言葉を借りればこうも言える。「ビジョンをもつリーダーであることは、スピーチをしたり、部下を激励したりすることではない。私の一日の過ごし方は、どの経営幹部ともそうは違わない。ビジョンをもつリーダーとは、自分のビジョンを念頭において日常の問題を解決するリーダーである」

真に共有されるビジョンは一朝一夕には生まれない。それは個人ビジョンの相互作用の副産物として育つ。これまでの経験から、本当の意味で共有されるビジョンが生まれるには、継続的な対話が必要だ。その対話の中で個人は自分の夢を自由に表現できるだけでなく、互いの夢に耳を傾ける方法を学ぶ。この耳を傾けることから、何が可能かについての新しい洞察が次第に芽生えてくるのだ。

聴くことは、往々にして話すことよりも難しい。何が必要かについて確固とした考えをもった意志の強いマネジャーにとってはとくにそうだ。聴くという行為には、多種多様な考えを受け入れるだけの並はずれた開放性と意志が必要である。これは、「より大きな目的のために」自分のビジョンを犠牲にせよという意味ではない。むしろ、多様なビジョンの共存を許したうえで、あらゆる個人ビジョンを超越し、統合するにはどの道を進むべきかを聴きとろうと耳を澄まさなければならない、という意味だ。あるすばらしい成功を収めたCEOはそれをこう表現している。「私の仕事は、基本的に組織が言おうとしていることに耳を傾け、そして、それが確実に力強く明確に表現されているかどうかを確かめることだ」

ビジョンを普及させる——コミットメント・参画・追従[9]

現代の経営者にとって、コミットメントほど強い関心のあるテーマはない。米国の労働者の大半がコミットメントの度合いの低さを認めていることを示す研究や、海外のライバル企業の献身的な労働力の話に刺激され、経営者は「コミットメントによるマネジメント」「ハイコミットメント・ワークシステム」などのアプローチに注目するようになった。それにもかかわらず、今日の組織において真のコミットメントは依然としてまれにしか見られない。これまでの経験では、現在コミットメントとされているものの九割は追従である。

昨今、社員にビジョンを「買わせる〔buy into〕」という表現を経営者が使うのをよく耳にする。多くの人にとって、これは一方が売り込み、他方が買うという販売のプロセスを連想させるのではないだろうか。しかし、「売り込み」と「参画」の間には雲泥の差がある。一般に「売りつける」は、もしすべての事実を完全に把握していれば、しないかもしれない何かを相手にさせることを意味する。これとは対照的に、「参画《エンロールメント》」の文字通りの意味は「名前を名簿に載せること」である。参画には自由選択の余地があるが、「売りつけられる」はそうでないことが多い。

キーファーの言葉を借りれば、「参画とは自らの選択によって何かの一部となるプロセス」である。何かに「コミットしている」というのは、参画しているだけでなく、ビジョンを実現させる責任を十分に感じている状態のことだ。誰かのビジョンに徹底的に参画することはできる。そのビジョンが実現することを心から望むこともできる。しかし、それはやはり誰かのビジョンにすぎない。必要が生じれば行動を起こすだろうが、四六時中、次に何をすべきか探しているわけではない。

一例を挙げると、人はしばしば、たとえば何かの不公正が是正されるとの純粋な望みから、社会的大義に参画する。年に一度、資金集めのためのキャンペーンに協力して寄付することもあるだろう。だが、その人たちの姿勢がコミットメントならば、その「大義」は彼らを頼りにすることができる。彼らはビジョンを実現するために必要なことならば何でもするだろう。ビジョンが彼らを行動まで引っ張っていく。コミットしている人々がビジョン創造に向ける独特のエネルギーを「源になる」と表現する人もいる。

現代の組織のほとんどでは、参画している人は相対的にごく少数である――コミットしている人はさらに少ない。大多数の人は「追従《コンプライアンス》」の状態にある。「従順な」追従者はビジョンに同調する。自分に期待されることを行い、ある程度まではビジョンを支援する。だが、真に参画しているのでもコミットしているのでもない。

追従は、参画やコミットメントと混同される場合がよくある。これは一つには、大半の組織で追従が幅を利かせてきた年月が長く、私たちが真のコミットメントをどう見分ければよいかわからないために起こる。もう一つの理由は、追従にもいくつかの段階があり、その中には参画やコミットメントにそっくりな行動を導くものもあることだ。

現在、米国のほとんどの州で制限速度は時速五五～六五マイル（約八九～一〇五キロメートル）である。心から追従している人ならば、規定の制限速度以上で運転することは決してないだろう。形だけ追従している人の場合は、制限速度を五～七マイル（八～一一キロメートル）オーバーして運転することもあるだろう。ほとんどの州でこの範囲のスピードオーバーならば違反切符を切られることはないからだ。これが嫌々ながら追従している人となると、同じくらいのスピードで運転しながらも、ひっきりなしに不平不満をこぼすだろう。そして不追従のドライバーの場合は、「アクセルをいっぱいに踏み」、警官をかわすためなら何でもするだろう。一方、規定の制限速度に対する

ビジョンに対する姿勢の七段階

コミットメント：それを心から望む。あくまでもそれを実現しようとする。必要ならば、どんな「法」（構造）をも編み出す。

参画：それを心から望む。「法の精神」内でできることならば何でもする。

心からの追従：ビジョンのメリットを理解している。期待されていることはすべてするし、それ以上のこともする。「法の文言」に従う。「良き兵士」

形だけの追従：全体としては、ビジョンのメリットを理解している。期待されていることはするが、それ以上のことはしない。「そこそこ良き兵士」

嫌々ながらの追従：ビジョンのメリットを理解していない。だが、職を失いたくもない。義務だからという理由で期待されていることは一通りこなすものの、乗り気でないことを周囲に示す。

不追従：ビジョンのメリットを理解せず、期待されていることをするつもりもない。「やらないよ。無理強いはできないさ」

無関心：ビジョンに賛成でも反対でもない。興味なし。エネルギーもなし。「もう帰っていい？」

真のコミットメントがある場合、たとえ法的に制限されていなかったとしても、そのスピードで運転するだろう。

ほとんどの組織では、大半の人が組織の目標や基本原則に関して、形だけの追従、または心からの追従の状態にある。「計画」に従い、誠実に貢献しようとしている。これに対し、追従しない人や嫌々ながらの追従をしている人は、たいていあくまで抵抗する。目標や基本原則に反対し、何も行動しないか、(嫌々ながらの追従の場合は)「悪意ある服従」――「それがうまくいかないことを証明するためにやるまでさ」――によって、反対の立場を周囲にわからせようとする。組織の目標に反対であることを公然とは口にしないかもしれないが、それでも考えは周囲に伝わる(本心はトイレや飲み屋でしか語らないのがよくあるパターンだ)。

追従のさまざまな状態の違いはわかりにくい。いちばん厄介なのは、心から追従している状態である。これは参画やコミットメントと間違われることがよくある。心から追従している典型的な「良き兵士」は、自分に期待されていることは何でも進んでやるだろう。「私はビジョンを支持している人たちを信じている。必要ならどんなことでも、それ以上のことだって全力でするつもりだ」。心から追従して働いている人は、本人にしてみれば自分はコミットしていると思っている場合が多い。たしかにコミットしているのだが、「チームの一部」であることにコミットしているにすぎない。

実際、心から追従している人と参画している人あるいはコミットしている人を、その人の勤務中の**行動**から見分けるのは、とても難しい。心から追従している人々で成り立っている組織は、生産性や費用対効果の点で大半の組織よりはるかに優秀なはずだ。一度言えば何をすべきかわかってもらえるだろう。打てば響くような人たちだ。その態度や物腰は、明るく積極的だろう。少々働き蜂のようとも言えるが、必ずしもそうとは限らない。もし、この成績優秀者たちがイニシアチブをとり、先を見越して行動することを期待されれば、そうした行動を示しもするだろう。要するに、心から追従している人は、正式なルールと暗黙のルールの両方に従ってゲームをプレーするためにできることは何でもするのだ。

しかし、追従とコミットメントの間には天と地ほどの開きがある。コミットしている人がもたらすエネルギーや情熱、興奮は、たとえ心からの追従だとしても、追従しているだけの人にはとうてい生み出せないものだ。コミットしている人はゲームのルールどおりのプレーはしない。ゲームに責任はもつ。が、ゲームのルールがビジョン達成の障害になるならば、ルールを変える方法を見つけ出すだろう。共通のビジョンに真にコミットする人々の集団は恐ろしいほどの力を発揮する。

トレイシー・キダーは、ピューリッツァー賞を受賞したノンフィクション小説『超マシン誕生』（糸川洋訳、日経BP社、二〇一〇年）で、野心的な新コンピュータを開発するために有能なチーム・リーダーの下に集められたデータ・ゼネラル社の製品開発チームの物語を描いている。危機と隣り合わせの緊迫したビジネス環境をものともせず、チームは驚くほど短期間で革新的なコンピュータを開発した。後に私は本に登場したチーム・リーダー、トム・ウェストを、そしてその数年後にチームのメンバーたちを訪ね、彼らの偉業がいかにすばらしいものだったかを知った。プロジェクトのある段階で、決定的に重要なソフトウェアの開発が予定より数カ月遅れたことがあったそうだ。担当の三人のエンジニアは、ある晩オフィスにやって来て、翌朝帰宅した。誰から聞いても、その三人は二、三カ月かかる仕事をその一晩でやり遂げたという――どうやってやったのかは誰にも説明できなかった。これは、追従している人にできる芸当ではない。

では、心からの追従と参画やコミットメントとの違いは何だろう？　答えは一見やさしそうに見える。参画あるいはコミットしている人はビジョンを心底**望む**。心から追従している人はビジョンを受け入れる。別の何かを得るために――たとえば、失業しないため、ボスを喜ばせるため、昇進するために――ビジョンを望むのかもしれない。だがビジョンそのものを、自ら進んで本気で望むわけではない。それは自分のビジョンではないのだ（少なくとも、自分のビジョンだということをわかっていない）。

関係者が強く望み、一丸となってビジョンにコミットする姿勢（共同コミットメント）は、なかなか達成できない目標であろう。ある消費財メーカーの上席副社長は、新しい事業ビジョンへの共同コミットメントを生み出すことによって、旧態依然とした組織を国際的競争力のある組織に変えたいと強く望んでいた。だが一年間の努力の甲斐なく、社員はあいかわらず命令に従い、言われたことを処理するばかりだった。

このとき、彼は問題の深刻さを理解し始めた。彼の組織で働く社員は、**仕事上それまで何事にもコミットするよう求められた経験がなかった**。社員が仕事で求められてきたのは従うことだけだった。結果的に、それしか仕事のやり方を知らなかったのだ。それが社員の唯一のメンタル・モデルだった。真のビジョンをもつことや、真にコミットすることについていくら説いても、社員は追従というモデルの中でしか聞く耳をもたなかったのだから、何の効果もなかった。

このことがわかると、彼は作戦を変更した。「社員がコミットすることができそうなものは何だろう？」と自問した。そして、社員がコミットするようになるものがあるとすれば、それは本人の健康だろうと考えて「ウェルネス・プログラム」を始めた。そのうち一部の社員に効果が現れた。職場で真のコミットメントが可能であることが理解され始め、ビジョンを聞く「耳」らしきものをもってもらえるようになった。

従来の組織は参画やコミットメントには関心がなかった。命令と管理の階層制組織には追従しか必要なかった。今日でも、コミットメントによって解き放たれたエネルギーをコントロールしたり、方向付けたりできるのかどうか、多くの経営者がもっともながら、慎重である。だから、追従あたりで手を打ち、社員に追従の出世階段を上らせ、それに甘んじているのだ。

参画とコミットメントのための指針

参画とは、ビジョンに対する本物の熱意、そして進んで他者に自分自身の選択をさせることから生じる自然なプロセスである。

- あなた自身が参画すること。あなたが参画していないのに、ほかの人を参画させようとしても意味がない。それは「売りつける」ことであり、参画や意志ではない。せいぜい表面的な同意や追従という形を招くだけだ。悪くすれば、将来の禍根の種をまくことになる。
- 正直になること。メリットを誇張したり、問題を隠したりしてはいけない。ビジョンをできるかぎりわかりやすく、正直に説明すること。
- 他者に選択させること。ビジョンのメリットを「納得させる」必要はない。むしろ、「参画する」よう相手を説得すると、人を操っていると見なされ、現に参画を妨げる。進んで自由な選択をさせればさせるほど、相手は自由を感じる。これはとくに部下に対しては難しい場合もあるだろう。部下は、従わなければならないかと感じるように条件づけられているのだ。

それでも、部下が自分なりのビジョン意識を育てるための時間と安全な場をつくってやれば、部下を手助けすることはできる。

経営者が追従を必要とする場合は多い。参画やコミットメントを望む場合もあるだろうが、形だけの追従より低いレベルは容認できないはずだ。もしそうならば、それを率直に話すことを勧める。「新しい方針に心から賛成ではないだろうが、この岐路において、経営陣はこの方向に進むことにコミットする。それには君たちの支えが必要だ」と。追従してもらわなければならないことを率直に話せば、偽善は避けられる。また、そうすれば社員が自分の選択をしやすくなり、やがてその選択に参画が含まれるようになるかもしれない。

多くの経営者が直面する最も厳しい教訓は、結局のところ、**他者を参画、あるいはコミットさせるために自分ができることは一切ない**ということだ。参画やコミットメントには選択の自由が必要だ。前述の指針は、参画に最も好ましい条件を整えるにすぎず、参画を**引き起こす**わけではない。同じくコミットメントもとても個人的なものだ。無理強いしようとしても、せいぜい追従を助長するぐらいだろう。

ビジョンを一連の経営理念に定着させる

共有ビジョンを築くというのは、実際にはもっと大きな取り組み――ビジョン、目的あるいは使命、基本的価値観という企業の経営理念をつくること――の一部にすぎない。社員が日々のよりどころにしている価値観と矛盾するビジョンは、真の熱意を引き出せないばかりか、しばしばあからさまな反感を育ててしまうだろう。

経営理念とは、三つの重要な問い、「何を?」「なぜ?」「どのように?」に対する答えである。

◆ビジョンは「何を?」に相当する——自分たちが創造しようとしている未来のイメージである。

◆目的（あるいは「使命」）は「なぜ?」に相当する。「なぜ私たちは存在しているのか?」に対するその組織の答えである。優れた組織は株主や社員が必要とするものの供給を超越した、より大きな目的意識をもっており、独自の方法で世の中に貢献し、独特の価値の源泉を付加しようと努める。

◆基本的価値観は「ビジョン達成をめざす道程で、私たちはどのように、使命に矛盾せず、行動したいのか?」に対する答えである。企業の価値観は、高潔、開放性、正直、自由、機会の平等、無駄のなさ、メリット、忠誠などだろう。これらは、企業がビジョンを追求するかたわら、毎日をどう送りたいのかを表現するものである。

三つの企業理念すべてが、一つのまとまりとして、「自分たちは何を信じるのか?」の答えになる。松下電器産業（現パナソニック）の社員が会社の綱領「産業人たるの本分に徹し、社会生活の改善と向上を図り、世界文化の進展に寄与せんことを期す」を唱えるとき、それは会社の**目的**を表現している。社歌「……尽きざる生産勤《いそ》しみ励み世界の人に我等は送らむ泉の水のこんこんと絶え間なく出づる如……」★を歌うとき、それは会社の**ビジョン**を宣言している。そして「公明正大」「和親一致」「力闘向上」「礼節謙譲」「感謝報恩」などがテーマの社内研修プログラムに参加するとき、社員は会社の慎重に定められた**価値観**を学んでいる[10]（松下は実際にこれらを「七精神」と呼んで

★　昭和21～49年の社歌

いる)。

人々は気高い使命の一端を担っていることを感じたいと心から求めるものだが、使命や目的を言葉で明言するだけでは十分ではない。多くのミッション・ステートメントが、存在意義も価値も否定しようがないお題目に終わっている。人々は目的をより具体的で実感できるものにするためにビジョンを必要とする。私たちは理想の組織の「イメージを膨ませる」ことを学ばなければならない。基本的価値観は、日々の意思決定を支えるためになくてはならないものだ。目的は抽象的であり、ビジョンは長期的なものであることが多い。人には、日々、意思決定の水先案内となるための「導きの星」が必要だ。ただし、基本的価値観は具体的な行動に置き換えられなければ役に立たない。たとえば、「オープンであれ」のような価値観ならば、互いに信頼し合い、支え合うという全体的状況がある中で振り返りと探求のスキルが必要になる。

肯定的ビジョンvs否定的ビジョン

「私たちは何を望むのか」は「私たちは何を避けたいのか」とは違う。これはわかりきったことのようだが、実際には否定的ビジョンのほうが肯定的ビジョンよりも一般的だろう。多くの組織が真に協力して働くのは、その存続が脅かされているときだけだ。そんなとき組織は、人々が望まないこと——乗っ取られる、倒産する、失業する、市場シェアを失う、収益が下降する、「ライバル会社に新製品発売を出し抜かれる」——を避けることに専念する。まして社会的なリーダーシップとなると、いっそう否定的ビジョンにあふれている。社会はひっきりなしに「麻薬反対」「喫煙反対」「反戦」「反核」といったビジョンに責めたてられている。

否定的ビジョンは、次の三つの理由から抑制的なものである。第一に、新しい何かを築けるはずのエネルギーが、起きてほしくないことを「回避する」ことに向けられてしまう。第二に、否定的ビジョンが伝えるのは、遠回しだが紛れもなく「社員たちは無関心だ」というメッセージである。つまり、うちの社員はまったく無関心で、それなりの脅威がないとまとまらない、と言っているようなものなのだ。そして最後に、否定的ビジョンは短期的にならざるを得ない。脅威が存続している限りは組織のモチベーションも維持されるが、ひとたび脅威が去れば、組織のビジョンやエネルギーも消え去ってしまう。

組織のモチベーションとなる基本的なエネルギー源は二つある。恐怖と大志だ。否定的ビジョンの根底にあるのは恐怖の力である。肯定的ビジョンを動かすのは大志の力である。恐怖は短期間に驚くべき変化を生み出すこともあるが、大志は学習と成長の絶えざる源泉として持続する。

創造的緊張と真実に忠実であること

第八章で、個人ビジョンは、それだけでは、創造プロセスのエネルギーを解き放つカギにはならないと述べた。カギを握るのはビジョンと現実の間の緊張、「創造的緊張」だ。優れた結果を出せる人とは、ビジョンを「保持」しながら、今の現実をはっきり見ることに全力を投じることができる人だ。

この原則は、組織にもそっくり当てはまる。学習する組織の証は、ふわふわ宙を漂う美しいビジョンではなく、自分たちのビジョンに照らして「今どうなっているか」を徹底的に吟味しようとする積極的な姿勢だ。

たとえば、一九六〇年代初めのＩＢＭは、「既存の自社マシンを事実上すべて陳腐化させるであろうコンピュータ・シリーズ」という大胆なビジョンを追い求め、次々と異例の試みを断行した。

『フォーチュン』誌の記者の言葉を借りれば、IBMは、ある革命的な新しい構想に「自社の富、名声、コンピュータ業界のリーダーたる地位」を賭けたのだ。その構想とは、最先端の科学アプリケーションから比較的中小の企業のニーズまで、最大限に応用範囲の広い互換機シリーズだった。[11]

ジェイ・フォレスターはかつて、優れた組織の証は「悪いニュースがどれだけ早く上に届くか」だと言った。失敗を認識し、失敗から学ぶIBMの能力が決定的に重要であることがこのときに立証された。最悪の失敗の一つは、一九六〇年に売り出した「ストレッチ」という高性能マシンを開発しようとした初期の試みだった。IBMのCEO、トム・ワトソン・ジュニアは、数台のみ販売して、一九六一年五月に「ストレッチ」開発プロジェクトを事実上つぶしてしまった(ストレッチは当初一三五〇万ドルという高価格だったが、ワトソンは半額近くまで値下げし、その結果、採算がとれなくなった)。彼にとって、ほかの選択肢はないに等しかった。ストレッチは約束していた性能の七割以上を達成することができず、顧客を満足させることができなかったのだ。数日後、ワトソンはある業界団体に包み隠さずこう語った。「ストレッチの最大の失敗は、バッター・ボックスに立ってセンター・スタンドを指差したことです。バットを振ったとき、ホームランではありませんでしたが、外野への強烈な当たりのライナーでした。当社は今後、将来の約束にはもっともっと慎重になるつもりです」

IBMはたしかにそうした。ストレッチから学んだ多数の社員の指揮の下、IBMは三年後に「システム360」を発表した。これは、その後一〇年間の同社の並はずれた成長の足がかりとなったのだ。

共有ビジョンとシステム思考

なぜビジョンは途中で消えてしまうのか

多くのビジョンが本質的な価値があるにもかかわらず、定着せず、普及しないままに終わる。いくつかの「成長の限界」構造が作用して、新しいビジョンに勢いがつくのを阻止してしまうのだ。こうした構造を理解することは、ビジョンづくりのプロセスが途絶えないようにするうえで役立つだろう。

ビジョンが普及するのは、明瞭性、熱意、コミュニケーション、コミットメントが増えていく自己強化型プロセスによる。人が話題にすればするほど、ビジョンは明確になる。明確になればなるほど、ビジョンのメリットに対する熱意も高まる（図10-1）。やがて、コミュニケーションと高揚感の自己強化型の好循環の中でビジョンが普及し始める。熱意は、早い段階でビジョン追求に成功することによってもさらに強化され得る（図10-1には示されていない、もう一つの自己強化型プロセス）。

自己強化型プロセスが妨げられずに作用すれば、ますます多くの人々の間で、ビジョンの明瞭性もビジョンに対する共同コミットメントも絶えず高まっていくだろう。だがここで、何らかの制約要因が作用して好循環を減速させることがある。

かかわる人数が増え、それぞれの見解の相違から焦点がぶれ、収拾のつかない対立が生まれれば、ビジョンづくりのプロセスが衰退するかもしれない。人はそれぞれに異なる理想の未来を描く。生まれつつある共有ビジョンにすぐに同意できない人たちは、意見を変えなければならないのか？　彼らはそのビジョンを固定的でもはや動かせないものと結論付けるのか？　彼らは自分のビジョンなどどうでもいいと感じているか？　これらの問いのうち一つでも答えが

図 10-1

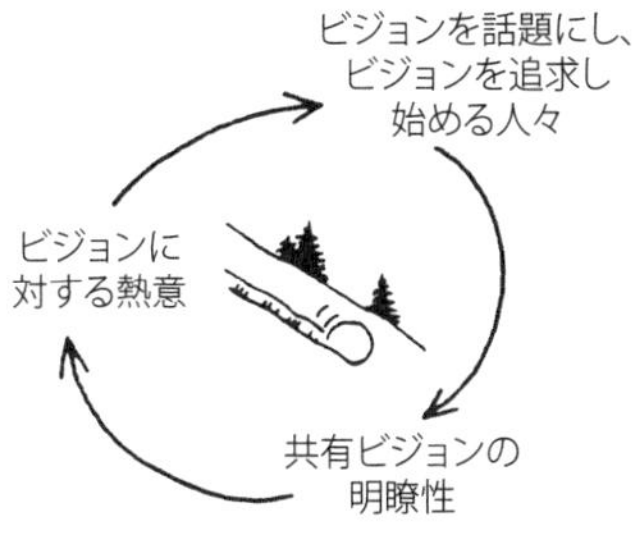

「イエス」なら、二極分化が進み、参画のプロセスはゆっくりと停止する恐れがある。

これが典型的な「成長の限界」構造だ。この構造では、ビジョンに対する熱意が高まっていく自己強化型プロセスが、多様化と二極分化が進むことによってビジョンの普及を制約するバランス型プロセスと相互に作用する。

図10－2のバランス型ループをいちばん上から時計回りに読んでみよう。熱意が高まるにつれて、ビジョンを話題にする人が増え、その分意見の多様化も進み、人々が潜在的に対立するビジョンを口にするようになる。こうした多様な意見が表現されるのを容認できない人たちがいると、二極分化が進み、共有ビジョンの明瞭性が失われ、熱意の成長も制限されることになる。

「成長の限界」構造では、レバレッジは一般に制約要因、つまりバランス型フィードバック・プロセスを動かす暗黙の目標や規範を理解することにある。この図の場合、制約要因は、より深い共通のビジョンが生まれるように多様なビジョンを探求する能力（あるいはその能力がないこと）である。ビジョンは多様化していき、いずれ多様性を「調和させる」組織の能力を超えることになる。

この限界を避けるために最も重要なスキルは、第九章「メンタル・モデル」で解説した振り返りと探求のスキルである。結局のところ、ビジョンづくりのプロセスは特殊なタイプの「探求のプロセス」である。自分たちが本当に創造しようとしている未来の探求なのだ。ビジョンづくりが、まったくの「主張のプロセス」になるならば、結果として得られるのはせいぜい追従であり、コミットメントではないだろう。

探求のプロセスとしてビジョンづくりに取り組むことは、自分の見方を捨てねばならない

図 10-2

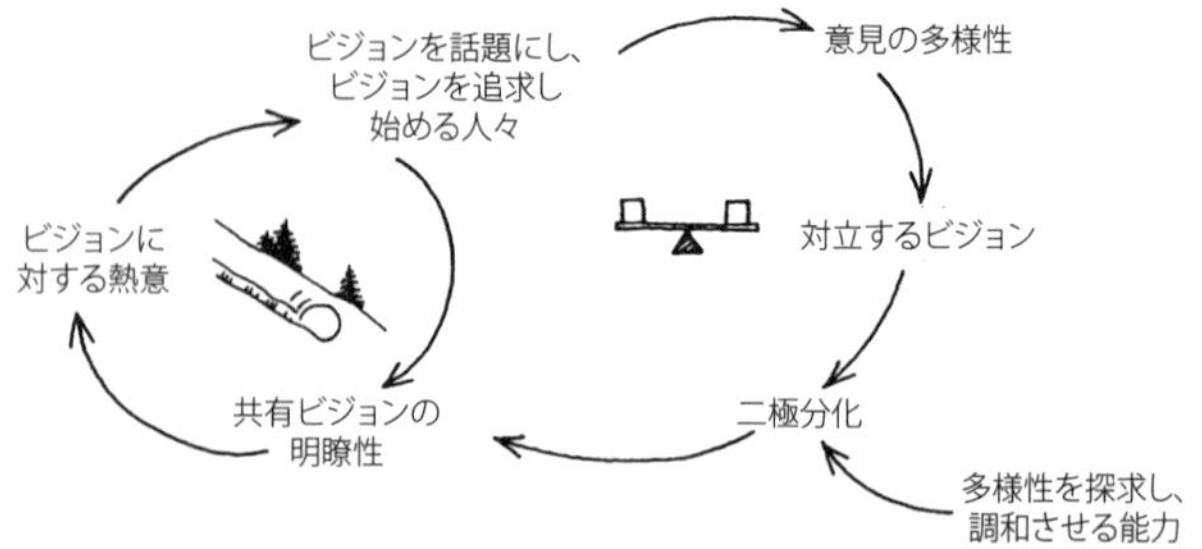

という意味ではない。それどころか、ビジョンには強力な主張者が必要だ。しかし、他者のビジョンも探求できる主張者がいると、ビジョンが進化して一人ひとりのビジョンより大きなものになる可能性が開かれる。**それこそ**が「ホログラムの原則」である。

ビジョンが消えてしまうのは、ビジョンの実現を図ることで目のあたりにする難しさに人々が意気消沈してしまうからでもある。ビジョンの本質が明瞭になるにつれて、ビジョンと今の現実との乖離もはっきり自覚されるようになる。人々は落胆し、確信がもてなくなり、ひがみさえするようになり、熱意が冷めてしまう。「組織的な失望」の「成長の限界」構造は、図10－3のようになる。

この構造の場合、制約要因は、組織のメンバーの創造的緊張、すなわち自己マスタリーの中心原則を「保持」する能力である。自己マスタリーが共有ビジョンを築く基盤だという理由はここにある――自己マスタリーを奨励しない組織は、高尚なビジョンへの持続的なコミットメントを育むのがきわめて難しくなる。

生まれかけたビジョンが消えてしまうもう一つの理由は、人々が今の現実の要求に圧倒され、ビジョンに対する集中力を失うことである。図10－4のように、制約要因はビジョンに集中するための時間とエネルギーになる。

この場合、レバレッジは、より少ない時間と労力で集中的に危機と闘い、今の現実に対処する方法を見つけるか、新しいビジョンを追求する人員を「今の現実」への対処を担当する人員から切り離すかのどちらかにあるだろう。多くの意味で、後者はいわゆる「スカンク・ワークス」、つまり組織の主流から外れて密かに新しい構想を追求する小集団を設ける戦略になる。このアプローチが必要となる場合は少なくないが、もはや相互に支え合うことの

図 10-3

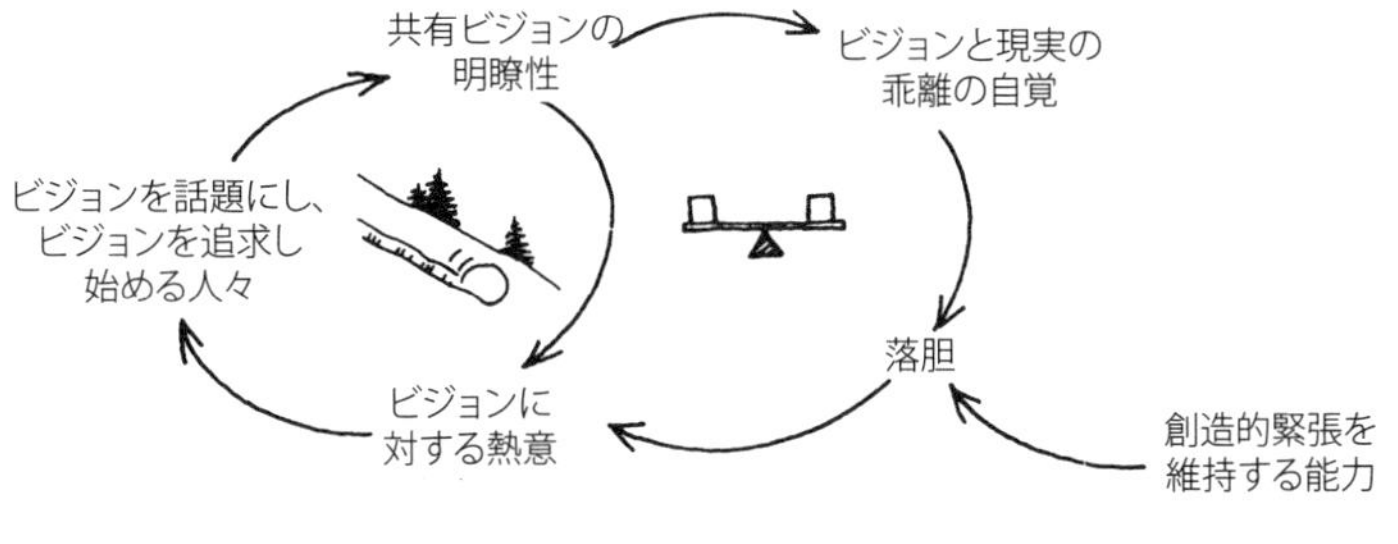

できない二つの両極「陣営」を育てることになってしまう。

最後に、人が互いのつながりを忘れてしまうとビジョンが消えてしまうことがある。これが、共同の探求としてビジョンづくりに取り組むことがとても重要だと述べた理由の一つである。「自分たちが本当に創造したいものは何か？」と問うのをやめ、形式的なビジョンを「布教」し始めれば、進行中の対話の質や、その対話を通して育まれる関係の質は低下していく。共有ビジョンの根底にある最も強い欲求の一つは、より大きな目的に結びつき、**かつ**互いに結びつきたいという欲求だ。結びつきの意識はもろい。互いに対する敬意、そして互いの考え方に対する敬意を失うたびに、それは少しずつ弱まっていく。そして内部者と外部者――ビジョンの「熱心な信者」とそうでない者――に分裂する。こうなると、図10－5のように、ビジョンづくりの対話をしても、もはやビジョンに対する真の熱意を築くことはできない。

人が布教に走り、結びつきの意識を失い始めるときの制約要因として考えられるのは、時間あるいはスキルである。新しいビジョンに「参加する」緊急度が高い場合、人は互いに心から話し合い、耳を傾け合う時間があるとはとうてい思わないだろう。また、対話が不得意な人たち、つまり布教するのではなく他者に自分のビジョンをじっくり考えさせるようなビジョンの共有が不得意な人たちの場合はとくにそうなる。

欠けている相乗効果――共有ビジョンとシステム思考

共有ビジョンを築くというディシプリンは、もしシステム思考なしに実践されれば、重大な支柱を欠くことになる。ビジョンは、私たちが創造したいものの絵を描く。システム思考は、私たちの今の現実がどのようにつくられたのかを明らかにする。

図 10-4

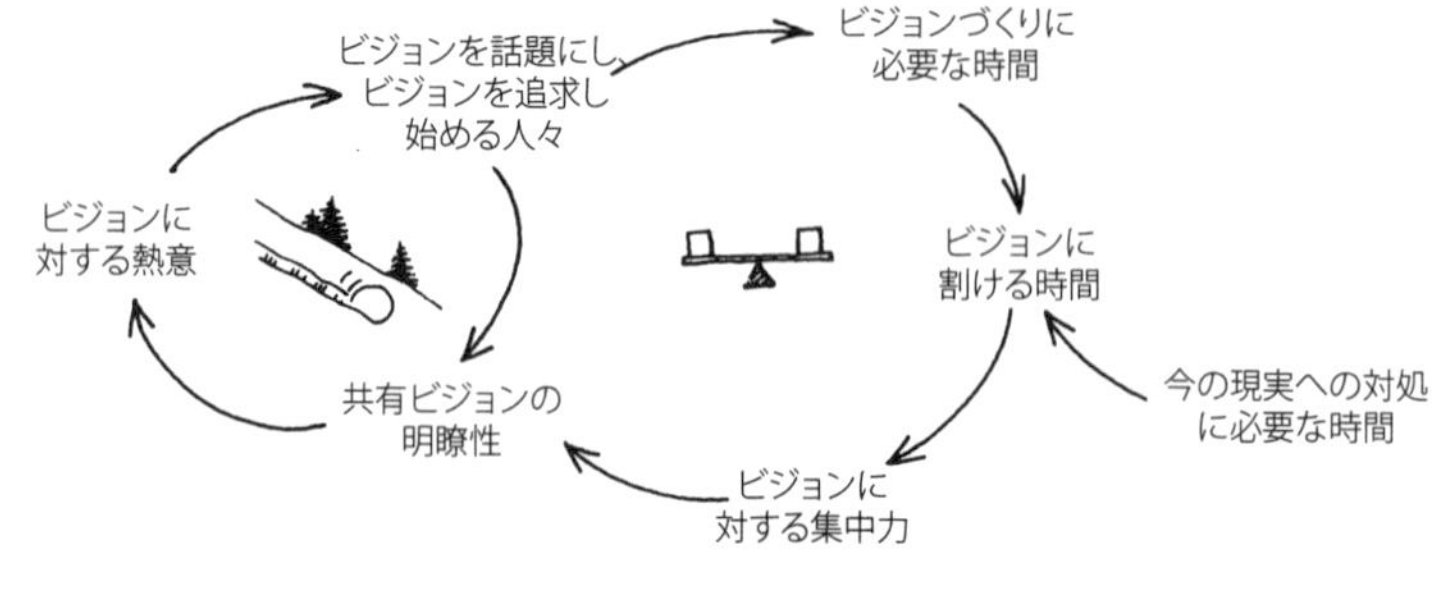

近年、多くのリーダーがビジョンをもてはやす時流に乗って、企業ビジョンやらミッション・ステートメントやらを作成するようになった。そして全社員をビジョンに参画させようと努めてきた。にもかかわらず、たいていは生産性や競争力は期待したほど向上していない。このため多くのリーダーがビジョンやビジョン策定に不満をもつようになった。一時的な熱中は冷めやり、まさに「角を矯《た》めて牛を殺す」ことになろうとしている。

慎重に練り上げられている限り、共有ビジョン自体に問題はない。問題は、今の現実に対する私たちの受身の姿勢にある。ビジョンが生きた力になるのは、人々が自分の未来は自分が形づくることができると本当に信じているときだけだ。実は、ほとんどのマネジャーが、自分の今の現実をつくっている一因は自分にあることを**体感**していない。だから、その現実を変えることに自分がどれだけ寄与できるかわからないのだ。自分の問題は「ほかのどこか」の人や自分とは無関係の「システム」が生み出したと考える。

自分たちの受身姿勢を突き止めるのは難しい。なぜならば多くの組織において「自分たちは未来を創造できない」という考えを口にするのはたいへんな脅威であるため、認知することができないからだ。優れたマネジャーやリーダーたる者は、先を見越して行動し、自らの運命の手綱を握るべきだという考え方が根強く信奉されている。組織が着手したことを達成できるかどうか公然と問う者は、たちまち「部外者」のレッテルを貼られ、問題児扱いされるのだ。

ところが、この「成せば成る」の楽観主義は、根本にある受身の考え方を覆っている薄っぺらな飾りにすぎない。なぜなら大半の組織はシステム思考ではなく、直線的思考に支配されているからだ。出来事中心の考え方が優勢になれば、肝心なのは変化を生み出すことではなく、変化に対応することだと人は考える。出来事志向は、結局は真のビジョンを追い出し、後に

図 10-5

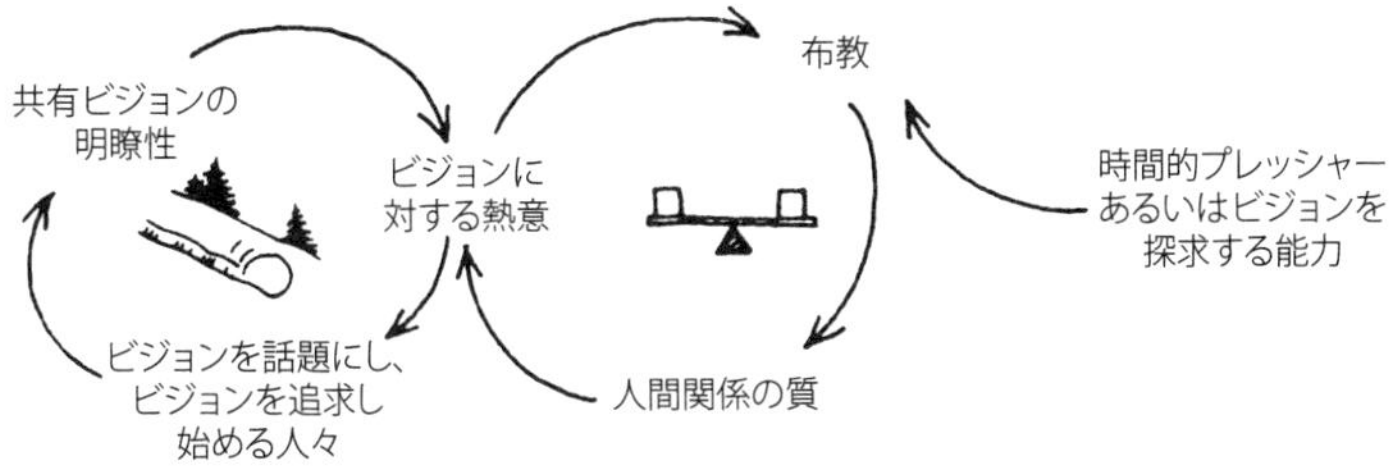

残るのは、空虚な「ビジョン・ステートメント」にある、決して心に届きはしない絵空事だけとなるだろう。

しかし、既存の方針や行動がいかに今の現実をつくり出しているかを組織にいる人々が学び始めれば、ビジョンが育ちやすい新しい土壌ができてくる。新しい自信の源泉が生まれるのだ。その源泉は、今の現実を形づくっている力をより深く理解することに根ざしており、そこは、そうした力に影響を及ぼすレバレッジのある場所だ。私たちの研究プログラムに参加した企業で開催した「マイクロワールド」コンピュータ・シミュレーション集中セッションを受講した、ある経営者のことを私は忘れないだろう。何を学んだかと聞かれて、その人はこう答えた。「私たちが手にしている現実は、可能性のあるいくつかの現実の一つにすぎないことに気づきました」

第11章

チーム学習

チームに眠る知恵

NBA（全米プロバスケットボール協会）のボストン・セルティックスの元選手、ビル・ラッセルはチームについてこう書いている。「チームのデザインにおいても才能においても、（私たちは）スペシャリスト集団だった。どの分野のスペシャリスト集団でもそうだと思うが、わがチームの成績は、個人の優秀さに加え、メンバーがどれだけ心を一つにしてプレーできるかにかかっていた。互いの得意・不得意を補い合わなければならないことを、とくに努力しなくても理解している人ばかりだった。それは自然とそうなっていて、全員が自分たちの連携をより効果的なものにするための方法を見つけようと努力していた……コートを離れると、社会の基準から見れば変わり者がほとんどで、他人に溶け込んだり、他人の期待に合わせて自分の性格を変えたりするタイプではなかったけれど[1]」

ラッセルは慎重に言葉を選びながら、自分たちのチームに特別な成果を挙げさせたのは、友情ではなく、それとは異なる種類のチームの関係だったと語る。その関係こそがラッセルに、どんな勝利をも超えた、バスケットボールの至高の瞬間をもたらしたのだという。「セルティックスの試合は時としてものすごい熱気を帯びて、身体や精神のレベルのゲームを通り越して、マジックみたいになった。その感覚は言葉にするのが難しく、私がプレー中にそれを口にすることは決してなかった。ひとたびその状態になると、私は自分のプレーがそれまでとは違うレベルに昇華するのを感じた……その感覚は私やセルティックスのチームメイトだけでなく、相手チームの選手や審判までも包み込んだ……この特別なレベルに達すると、あらゆる不思議なことが起きた。試合は白熱した競り合いとなったが、それでも私はどういうわけか競争心を感じなかった。それ自体が奇跡だ……ゲーム展開はとても速く、どのフェイント、カット、パスもあっと驚くようなプレーだったが、私はどんなプレーにも驚くことはなかった。まるでスローモーションで動いているような感じなのだ。この魔法にかかっている間は、次のプレーがどう展開するか、次のシュートはどこから出るかがほとんど直観的にわかった……私にとって、重要なことは、**両**チームが最高潮でプレーし、しかも競り合わなければならないことだった」

ラッセルのいたときのボストン・セルティックス（一三年間で一一回のNBAチャンピオン）は、人の集団が全体として機能する場合の「合致《アラインメント》」と呼ばれる現象の実例である。ほとんどのチームでは、個々のメンバーのもつエネルギーの作用が食い違っている。「個人の力」（意図した結果を達成する能力）の程度がばらばらなうえに、生き方の方向もばらばらな個人の集合としてチームを図で表せば、図11-1のようになる。[2]

相対的に足並みのそろっていないチームに必ず見られる特徴は、エネルギーを無駄にしていることだ。一人ひとりは一生懸命やっているのに、その努力が効率よくチームの成果に結びつかない。それとは対照的に、チームの足並みがそろうようになれば、共通の方向性が生まれ、一人ひとりの

図 11-1

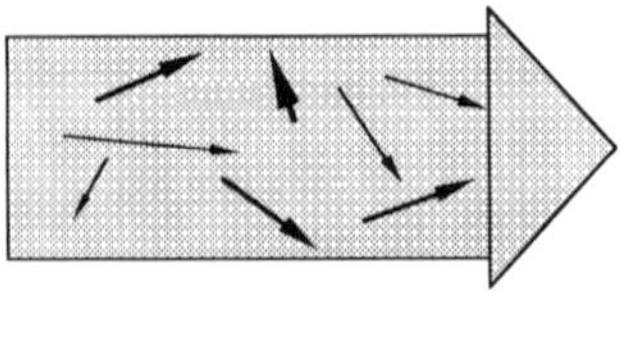

エネルギーが調和する。エネルギーの無駄が少ないのだ。いうなれば、白熱電球のまとまりのない非干渉性《インコヒーレント》の光ではなく、レーザーの「干渉性《コヒーレント》の」光のような共鳴や相乗効果が生まれるのだ。目的の共通性と共有ビジョンがあり、どうすれば互いの努力を補えるか理解しているからだ。個人がより大きなチームのビジョンのために自分の利益を犠牲にしているわけではない。むしろ、個人ビジョンの延長線上にあるのが共有ビジョンになる（図11-2）。実際は、合致《アラインメント》は、個を力づけることがチーム全体を力づけるための**必要条件**である。合致《アラインメント》の度合いが比較的低い場合に個人を力づけると、混乱が悪化し、チームのマネジメントがいっそう困難にさえなってしまうだろう（図11-3）。

ジャズ・ミュージシャンは合致《アラインメント》をよく理解している。ジャズには「グルーヴしている」という表現がある。アンサンブルが「一体になって演奏している」状態を指す。この体験は言葉で表現するのは難しい――ジャズ・ミュージシャンはグルーヴ感について、「音楽が演奏者から流れてくるのではなく、演奏者を通して流れてくる」という不可解な表現をする。だが、言葉にしにくい割には、はっきり実感できるものでもある。グルーヴ感のあるジャズ演奏と同じように卓越したレベルの力を発揮したチームのメンバーだった多くのマネジャーたちとこれまでに話をしてきた。そういう人たちはこう言うはずだ。何時間も続いたミーティングが「飛ぶように過ぎ」、「誰が何を言ったか」は思い出せないが、「票決を採らなくても実際に共通認識にいつ到達したか――自分たちが何をすべきかを理解しているところに至ったか――がわかっている」と。

チーム学習とは、メンバーが心から望む結果を出せるようにチームの能力をそろえ、伸ばしていくプロセスである。チーム学習は共有ビジョンを築くディシプリンの上に成り立つ。また、有能なチームは有能な個人の集まりなので、自己マスタリーの上に成り立つものでもある。しかし、

図11-2

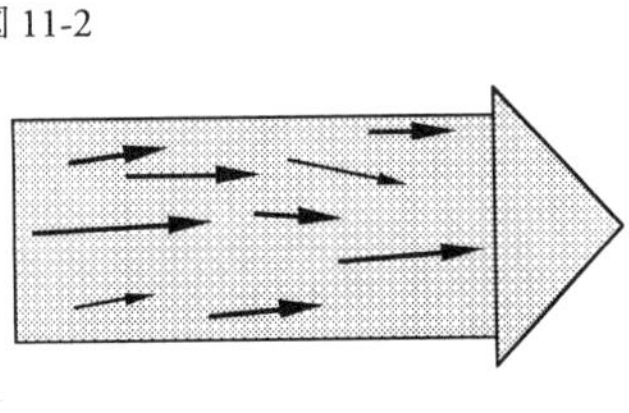

図11-3

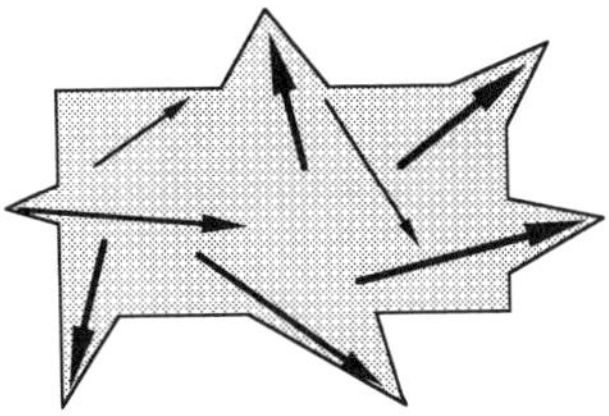

共有ビジョンがあり、メンバーが有能であるだけでは不十分だ。有能な個人の集まったチームが、しばらくビジョンを共有することはできるが学ぶことはうまくいかない、という例は世の中にいくらでもある。優れたジャズのアンサンブルには、才能があり、（たとえ話し合わなくても）共有ビジョンをもっているが、本当に大切なのはミュージシャンが心を一つにして**演奏する**術を知っていることなのだ。

今日ほど、組織においてチーム学習の習得が必要とされる時代はない。経営チームであれ、新製品開発チームであれ、部門横断的なプロジェクト・チームであれ、アリー・デ・グースが「行動するのに互いを必要とする人たち」と言い表した「チーム」こそが、組織における主要な学習単位になりつつあるのだ。というのは、今日では重要な決定はほとんどすべてチームで下されるからだ。チームが直接決定を下すときもあれば、個人が決定しても、それを実行に移すのはチームになるという間接的なときもある。個人の学習は、あるレベルでは、組織の学習と関連がない。個人がつねに学習したところで、まったく組織の学習にはならないからだ。しかし、チームが学習すれば、組織全体の学習の縮図になる。チームが得た洞察は行動に移される。チームで開発されたスキルは、ほかの個人に、ほかのチームに展開することが可能だ（実際に展開する保証はないが）。チームが成果を上げることで、より大きな組織のために協力して学ぶための方向づけと基準が確立される。

組織におけるチーム学習には三つの不可欠な側面がある。第一に、複雑な問題を深い洞察力で考える必要がある。この点で、チームは、一人で考えるよりも、大勢で考えることでより知性を高める、潜在能力を引き出す方法を学ばなければならない。言うのは簡単だが、組織には、チームの知性を個々のメンバーの知性より増やすどころか、減らそうとする強い力がいろいろ働いている。こうした力の多くは、チームのメンバーが直接コントロールできるものばかりだ。

第二に、革新的に、協調して行動する必要がある。スポーツでの優勝チームやすばらしいジャズのアンサンブルは、自発的でありながら協調的に行動することの象徴だ。組織における傑出したチームも、同じ種類の関係――チームの各メンバーがほかのメンバーをいつも意識し、互いの行動を補うように行動すると当てにできる「実践上の信頼」――を築く。

第三に、チームのメンバーがほかのチームに対して果たす役割がある。たとえば、経営チームの行動は、実際にはその他のチームによって遂行されることがほとんどである。したがって、学習するチームは、チーム学習の実践とスキルを自分たち以外にも繰り返し教えることによって、ほかの学習するチームを育てていくことになる。

チーム学習は、個人のスキルや個人が理解しなければならない領域も必要ではあるが、集団的なディシプリンである。したがって、「私」は個人としてチーム学習のディシプリンを習得しているところだと言うのは無意味である。ちょうど、「私は優れたジャズ・アンサンブルの実践を習得している」と言うのと同じように。

チーム学習のディシプリンでは、チーム対話の二つの異なる方法、ダイアログとディスカッションを習得する必要がある。ダイアログでは、複雑で微妙な問題を自由かつ創造的に探求し、互いの話にじっくり「耳を傾け」、自分の考えを保留する。対照的に、ディスカッションでは、さまざまな考えを発言したり、弁護したりして、そのときに下さなければならない決定の裏づけとなる最善の考えを追求する。ダイアログとディスカッションは、潜在的には補完し合う関係にあるが、ほとんどのチームには、両者の違いを見分け、意識して使い分ける能力が欠けている。

また、チーム学習には、仕事をするチームの生産的なダイアログやディスカッションを妨害する強い力に対して、創造的に対処する方法を学ぶことも含まれる。この妨害する強い力の最たるものは、クリス・アージリスが「習慣的な防御行動」と呼ぶものだ。これは一種の習慣的な反応で、恐れや困惑から自分や他者を守るものの、学習も妨げてしまう。たとえば、意見が衝突すると、チームのメンバーがよくやるのは、相違点を「丸くおさめる」か、無制限の「勝者総取り」的な自由討論の中で「遠慮なく意見を言う」――同僚のビル・アイザックスはこれを「抽象化戦争」と呼ぶ――かのどちらかである。しかし、まさにこの学習を妨げる習慣的な防御行動には、私たちがそのエネルギーを解き放つにはどうすればよいかを学びさえすれば、学習を促進する大きな可能性が秘められている。第九章で紹介した探求と振り返りのスキルは、このエネルギーを解放する手始めであり、そうすればダイアログやディスカッションにおいてこのエネルギーに焦点があてられる。

システム思考は、その中心に「行動が現実をつくる」という考え方があるため、とくに習慣的な防御行動の対象となりがちだ。したがって、チームは重要な問題をよりシステム的にとらえることに抵抗するかもしれない。システム的なとらえ方をすると、問題は自分たち自身の方針や戦略から――つまり「自分たち」から――生じていることがわかり、自分たちではコントロールできない外部の力のせいにできなくなってしまう。「すでにシステム的に考えている」と言うチーム、システム的な見方を支持するチームが、それを実践するためには何もしないか、「こうした問題はうまく対処するしかない」という考え方にただ固執する状況を私はたくさん見てきた。こうしたふるまいをすれば、自分たちの行動こそが問題を生み出しているという事実を真剣に検証するのを避けられる。システム思考では、ほかの分析的な枠組み以上に、複雑で意見対立のある問題を探求する能力をもつ成熟したチームが求められるのだ。

最後に、チーム学習のディシプリンには、どのディシプリンもそうだが、練習が必要だ。しかし、この練習こそが、現代の組織におけるチームに欠けている。稽古せずにすばらしい劇団や交響楽団をつくるなどあり得るだろうか？　練習せずに優勝できるスポーツ・チームなどあるだろうか？　現実には、このようなチームが学習するプロセスは、練習と本番の絶え間ない繰り返しであり、練習、本番、また練習、また本番と続く。これと同じような練習の機会を経営チームにおいてもどうすればもてるかを私たちは学習し始めたばかりなのだ――いくつかの例は後述する。

その重要性にもかかわらず、チーム学習はまだあまり理解されていない。その現象がもっとわかりやすく説明されるようにならない限り、チーム学習は「よくわからないもの」の域を出ないだろう。チームが学習すると何が起きるか（チーム内の個人の学習と対比させて）について何らかの理論をもたない限り、個人が集団の圧力に屈して順応する「集団順応思考」と集団の知性との違いを区別できないだろう。協力して学べるチームを築く確かな方法がない限り、チーム学習は偶然の産物にとどまるだろう。チーム学習の習得が「学習する組織」を築くための重要な一歩になるのは、こうした理由からなのだ。

チーム学習のディシプリン

ダイアログとディスカッション(3)

名著『部分と全体――私の生涯の偉大な出会いと対話』（山崎和夫訳、みすず書房、一九九九年）の中で、ヴェルナー・ハイゼンベルク（現代物理学の有名な「不確定性原理」を定式化した）は「科学は対話に根ざしている。さまざまな人々の協力が最も重要な科学的結果に至ることがある」と語っている。そして彼は、パウリ、アインシュタイン、ボーアをはじめ二〇世紀前半に従来の物理学を根底から覆し、つくり変えた偉大な科学者たちと対話した生涯を回想している。こうした対話は、ハイゼンベルクが「私の思考に永続的な影響を与えた」と言っているものであり、彼と親交のあった科学者たちをやがて有名にした数々の理論を文字どおり誕生させたものである。ハイゼンベルクの対話は、生き生きと詳細に感情を交えて回想されており、協力して学ぶことの驚くほど大きな可能性——集団になれば、個人的にできる以上に洞察力が深まり、知性が高まること——を示している。チームのＩＱ（知能指数）は個人のＩＱをはるかに上回る可能性があるのだ。

ハイゼンベルクの考えを踏まえれば、新しく生まれたチーム学習のディシプリンに大きく貢献したのは、現代物理学者の故デヴィッド・ボームだったことは驚くには当たらないだろう。ボームは屈指の量子論者で、集団が「より大きな知性の流れを受け入れるようになる」ときである「ダイアログ」の理論と方法を発展させるのに尽力した。そのダイアログは、古代ギリシャで尊ばれた非常に古くからある考え方であり、また、アメリカ先住民のような「原始」社会の多くで実践されていたことがわかってきた。それなのに現代社会では失われたも同然になっている。誰もがダイアログを少しは経験したことがあるはずだ——対話そのものが「命ある生き物」になったかのような特別な対話の中で、想像もしていなかった、あるいはまったく前もって計画していなかった方向に連れて行かれるという経験である。だが、こうした経験はまれで、系統立てた努力や規律ある実践の産物であるよりも事の成り行きでそうなったにすぎない。

ダイアログの理論と実践に関するボームの晩年の研究は、これまでの章で述べてきたディシプリンの根底にある二つの大きな知的な潮流の統合としてほかに類を見ないものである。潮流の一つはシステム的あるいは全体論的《ホリスティック》な自然観、もう一つは思考と内面的なモデルの間、認識と行動の間の相互作用である。ボームはこう語っている。「量子論に示唆されているのは、この宇宙は基本的に不可分の全体だということだ——たとえマクロなレベルで見れば個々の部分に分割できるように見えるとしても。とりわけ、量子論レベルの精度ともなれば、観測機器と観測対象はそれ以上縮小できない方法で互いに関係し合うということになる。したがって、このレベルで考えれば、認識と行動は切り離せないものである」

これはシステム思考の重要な特徴の一つを思い起こさせる。今起きていることがどれほど、自らの認識に左右された自らの行動の結果であるかに目を向けるというものだ。同様の問いは、ボームが一九六五年に出版した『特殊相対性理論』(4)（*Special Theory of Relativity*：未邦訳）で提唱したように、相対性理論でも提起されている。この本で、ボームはシステム思考とメンタル・モデルをより明確に結びつけ始めている。とくに、（結局、どんな科学理論もいつかは誤っていたと立証されるので）科学の目的は「知識の集積」ではなく、私たちの認識と行動を導き、形づくり、恒常的な「自然と意識の間の相互参加」をもたらす「メンタル・マップ」の創造だと主張した。

しかし、チーム学習に対する他に類を見ない考察を導く、ボームの非常に際立った貢献は、思考を「概して集団的な現象」としてとらえることにある。ボームは、粒子の集団としての性質（たとえば、「電子の海」のシステム全体の動き）と私たちの思考の働き方との間にある類似性にかなり早くから興味を示した。後にボームは、このような種類の類似性は、人生のほぼすべての局面で観察されるとおり、一般的な「思考が意図とは逆の結果を招くこと」に重要な解釈を与え得ると考えるようになった。「私たちの思考は一貫性のない《インコヒーレント》ものであり、その結果生じる意図とは逆の効果が世界の問題の根本原因である」と主張している。しかし、ボームによれば、思考はかなり集団的なものなので、私たちが個々に思考を改善することはできない。「電子を見るときと同じように、私たちは思考を、私たちが相互に作用し合ったり対話したりするやり方から生じるシステム的な現象としてとらえなければならない」

対話には、ダイアログとディスカッションという二つの基本タイプがある。どちらもチームが生成的な学習を継続していくために重要だが、その力は両者の相乗効果にあり、相乗効果は、両者の違いが理解されていない場合には表れないだろう。

ボームは、「ディスカッション」という言葉は叩打《パーカッション》や衝撃《コンカッション》と同じ語源だと指摘する。つまり、「私たちの間を球が行ったり来たりする卓球のゲーム」のようなものだという。このようなゲームでは、共通の関心事であるテーマが参加者の発言したさまざまな観点から分析され、吟味されることだろう。たしかに、これが役に立つことはある。とはいえ、ゲームの目的は通常「勝つ」ことであり、この場合の「勝つ」とは、自分の考えをその集団に認めさせることだ。自分の考えを補強するために他者の考えを部分的に受け入れることはなくもないだろうが、基本的には自分の考えを「押し通したい」わけだ。しかし、あくまでも勝つことを重視するならば、一貫性《コヒーレンス》と真実を最優先にすることとは両立しなくなる。ボームは、このように優先順位を変えるために必要なのが、これまでとは違うコミュニケーションの方法の「ダイアログ」であると提言している。

ディスカッションとは対照的に、「ダイアログ〔dialogue〕」はギリシャ語の「ディアロゴス〔*dialogos*〕」から派生した。ディア〔*dia*〕は「～を通して」という意味である。ロゴス〔*logos*〕は「言葉」という意味であり、もっと広げて「意味」ととらえることもできる。ボームは、ダイアログの本来の意味は「二つの岸の間を流れる川のように、意味が間を通り、移動していくこと――人と人の間の自由な意味の流れ」であったと述べている。(5) ボームの主張によれば、ダイアログでは、集団が、個人的にはアクセスできない、より大きな「共通の意味の集積」にアクセスするという。部分を全体に引きずり込もうとするのではなく、「全体が部分をまとめる」のだ。

ダイアログの目的は、一人の人間の理解を超えることだ。「ダイアログでは勝とうとする者はいない。ダイアログがうまくいっているなら全員が勝者だ」。ダイアログでは、各自が個人的にはとても到達できない洞察を得る。「共通の意味の発展にもとづいた新しい種類の知性が生まれ始める……人々はもはや根本的には対立せず、相互にやりとりをしているとも言えず、むしろつねに発展し、変化していく余地のある、この共通の意味の集積に参加しているのだ」

ダイアログでは、複雑で難しい問題をさまざまな観点から集団で探求する。個人は自分の前提（推測による思い込み）を保留するが、その前提を自由に話し合う。その結果、関係者の経験と思考のいちばん深い部分までを表面化させながらも、個々の考えを超えて先に進むことのできる自由な探求になる。

「ダイアログの目的は、私たちの思考にある非一貫性《インコヒーレンス》を明らかにすることだ」とボームは言う。非一貫性には三種類ある。一つは、「思考は思考そのものが参加していることを覆い隠す」。もう一つは、思考は現実を追跡するのをやめ、「演劇プログラムのようにただ動いていく」。そして思考は、そもそも自らが一因となって生じた問題を解決するための独自の思考の枠組みを確立する。

話をわかりやすくするために、偏見を例に考えてみよう。人がある特定集団の固定観念をいったん認め始めると、その「思考」が積極的な仲介役となって、その固定観念で類型化されたグループにあてはまる人とどうつきあうかを決めることに「参加」するようになる。そして今度は、その二人の相互作用のあり方が別の人の行動に影響を与えていく。偏見のある人は、自分の偏見がいかにして自分が何を「見る」か、そしてどう行動するかを決定しているのかがわからない。ある意味、自分の偏見に気づいているくらいなら、偏見をもつことはないからだ。偏見が作用するには、偏見という「思考」が偏見の持ち主にとって隠れた存在のままでなければならない。

「思考は私たちの前に**現れ**（私たちの前に立ち）、**演じ**ていないふりをする」。私たちは役を演じていることを忘れた役者のようなものだ。私たちは自分の意見という劇場に閉じ込められるようになる（「劇場〔theater〕」と「理論〔theory〕」の語源は同じ「*theoria*〔見ること〕」である）。このとき思考は、ボームの言葉を借りれば、「一貫性がなく」なり始める。「現実が変化しても、劇場は依然として変わらない」。私たちはこの劇場の中で活動しているのだ。問題を定義し、行動を起こし、「問題を解決」し、この劇場を生み出した、もっと大きな現実との接触を失いながら。

ダイアログは、人が「思考が役を演じ、参加する性質を理解し……自分の思考の非一貫性に対してもっと敏感になり、それを安心して認められるようにする」のを支える方法だ。**ダイアログでは、人は自分自身の思考の観察者になる。**

何を観察するかというと、自分の思考が活動していることをである。たとえば、ダイアログで対立が表面化すると、人々は緊張があることを実感するだろうが、その緊張は、文字どおり、私たちの意見から生じている。人々はこう言うだろう。「対立しているのは私たちの意見であり、意見に対するこだわり方であって、私たちではない」と。思考の参加する性質をわかってしまえば、人は自分自身と自分の思考を切り離して考えられるようになる。そして自分の思考に対して、より創造的で、より受身でない姿勢をとり始める。

ダイアログをしている人々は、思考の集団的な性質にも気づくようになる。ボームによれば、「ほとんどの思考はそもそも集団的なものである。一人ひとりが思考を働かせて何かする」が、全般的に見れば思考は集団的に始まるという。「たとえば、言語は完全に集団的なものである」とボームは言う。「そして言語がなければ、知ってのとおり、思考はそこに存在し得なかった」。私たちがもっている前提の大半は、文化的に容認される前提の集積から得たものだ。本当の意味で「自分で考える」ことを身につける人はほとんどいない。それを身につけた人は、エマソンがずっと昔に言ったように、必ず「誤解される」。

さらにまた、人々は継続的なプロセスとしての「思考」（考えること）とそのプロセスの結果である「意見」とは区別して、その違いを観察し始める。ボームによれば、これは、私たちの思考の非一貫性を正し始めるためにとても重要だという。

集団的思考が継続的な水の流れだとすれば、「意見」は水面を漂い、岸に打ち上げられる草木の葉のようなものだ。私たちはその葉を拾い、「意見」として体験する。私たちはその意見を自分のものだと誤解するが、それは意見を生み出した集団的思考の水の流れを見落とすからだ。

ダイアログでは、人々は岸と岸の間を流れる水の流れに気づくようになる。そして「つねに発展し、変化していく余地のある、この共通の意味の集積に参加」し始める。ボームが考えるに、私たちの通常の思考プロセスは、流れの要素のうち最も粒の粗いものだけを集める「目の粗い網」のようなものだ。ダイアログでは、慣れ親しんだもの、私たちが一般に思考だと認識しているものを超える「ある種の感受性」が発達する。この感受性は、思考の流れにあるとらえにくい意味を集めることのできる「目の細かい網」である。ボームは、真の知性の根本にはこの感受性があると確信している。

だから、ボームによれば、集団学習は人間の知性の可能性を発揮させることができるだけでなく、そのために不可欠なものでもある。「ダイアログを通して、人は互いに助け合いながら互いの意見の非一貫性《インコヒーレンス》に気づくようになれる。こうして集団的思考はますますだんだんと一貫性《コヒーレント》のあるものになっていく（コヒーレント〔coherent〕はラテン語の *cohaerere*「互いに密着する」から派生した言葉）。この一貫性《コヒーレンス》を一言で定義するのは難しく、秩序、整合性、美、調和といった感じのものと言うしかない。

しかし、何か抽象的な一貫性の理想形をめざして努力することが重要なのではない。肝心なのは、むしろ参加者全員が協力してあらゆる形の**非一貫性**に敏感になることだ。非一貫性は矛盾した言動や混乱があることも目安になるだろうが、もっと基本的には、私たちの思考が本当に望んでいることとは違う結果を生み出しているという事実によってわかる。

ボームによれば、ダイアログに必要な三つの基本条件は次のとおりである。

1 全参加者が自分の前提を「保留し（吊り下げ）」なければならない。つまり自分の前提を文字どおり「みんなの前に吊り下げるように」しておくのだ。
2 全参加者が互いを仲間と考えなければならない。
3 ダイアログの「文脈を保持」する「ファシリテーター」（進行役）がいなければならない。

これらの条件がそろえば、流れに逆らう抵抗を減らすことによって、「自由な意味の流れ」が集団を通り抜けていきやすくなる。電気回路の抵抗のせいで電流が熱を発生させる（エネルギーの無駄）のと同じように、集団も通常どおりの機能ではエネルギーを浪費してしまう。ダイアログには「超伝導体★のような冷たいエネルギー」がある。そうでなければ感情のもつれや面倒の原因になってしまいそうなテーマ、つまり「カッカとする話題」が話し合えるようになるのだ。それどころか、そうしたテーマがより深い洞察に至る入口になる。

前提を保留する（吊り下げる）。ある人の前提を「保留する」とは、「いわば、『自分の前に吊るし』、いつでも質問したり、観察したりできるように」しておくことだ。これは、前提を捨てたり、抑圧したり、表現するのを避けたりするという意味ではない。意見をもつことが「悪い」とか、主

★ 極度の低温に冷却したときに電気抵抗がゼロになる超伝導現象を示す物質

観論は排除すべきと言っているのでもない。自分の前提を自覚し、検証するために掲げるという意味なのだ。これは自分の意見を弁護していたらできないことである。また自分の前提に気づかないうちは、あるいは自分の考えが議論の余地のない事実ではなく、**前提**にもとづいていることに気づかないうちは、やはりできるものではない。

いったん誰かが「自分の立場を譲らず、それはこういうものだ」と決めつけてしまうと、ダイアログの流れはせき止められるとボームは主張する。こうなると、ボームが言うとおり、ダイアログの成否は「剣が峰」に立たされることになるが、それは「人の心というものは、前提を保留することを避け続け……そのとき弁護しなければと感じる妥協の余地のない、頑固な意見を採用したがる」からだ。

たとえば、最近、大きな成功を収めたテクノロジー会社の経営陣が参加したダイアログ・セッションで（詳しくは後述のデータクエスト・ドライブズ社の事例を参照のこと）、参加者は組織内部に、研究開発部門とその他全員の間に深い「分裂」があることに気づいた。それは同社の研究開発の役割があまりにも賛美されたために生じた分裂だった。この分裂の根本は、同社の過去三〇年にわたるイノベーションの歴史にあった。文字どおりパイオニアとしていくつもの画期的な新製品を開発し、それが業界標準になってきたという実績があったのだ。製品イノベーションは同社が得てきた高い市場評価の礎石だった。したがって、この分裂が多くの問題を引き起こしていたにせよ、それを話題にできる雰囲気ではなかった。そんなことをすれば、「技術の優位」、そして「創造性に秀でたエンジニアに自分たちの製品ビジョンを追求する自主性を与える」という、長い間大切にしてきた価値観に異議を唱えることになりかねなかった。そのうえ、ダイアログには研究開発部門のナンバーツーと言われている人物が出席していた。

すべての前提を保留にするという条件が話し合われたとき、マーケティングの責任者が「**すべて**の前提を？」と聞き返した。そうだという返事を聞くと、彼は途方に暮れた様子だった。その後、セッションが続いていくと、彼は自分が、研究開発部門は同社の「伝統の継承者」を自認しているという前提をもっていること、また、そのせいで製品開発を左右するかもしれない市場情報に疎くなっているという前提をもっていることも認めた。これを受けて、研究開発部門の責任者が自分も他部門からこういう見方をされていると思っていると発言し、そして誰もが驚いたことに、この前提によって自分や研究開発部門の能力が制限されていると感じていると打ち明けたのだ。両者はこれらの前提を証明された事実ではなく、**前提として**共有した。その結果、続くダイアログでは自由な話し合いが行われ、さまざまな見解のめざましい探求が展開した。それは同社において率直さという点でも戦略的な影響という点でも前例のないものだった。

　前提の保留は、第九章「メンタル・モデル」で解説した基本的な振り返りと探求のスキル、「抽象化という飛躍」に気づくことや「抽象化の裏にある推論を探求すること」と大差ないように見える。だがダイアログでは、前提の保留をあくまでも集団で行わなければならない。今とりあげた例では、チームが前提を保留するというディシプリンを実践したからこそ、チームのメンバーが自分自身の前提にはっきり気づくことができたのだ。それは、メンバーの前提が掲げられ、それぞれを比較することができたからだ。「思考の本質そのもの」を考えると、前提を保留することは難しいというのがボームの見解だ。思考は絶えず私たちを「それはこういうものだ」と誤解させてしまうのだ。前提を保留するというディシプリンは、その錯覚に対する防御手段なのだ。

互いを仲間と考える。ダイアログは、ある集団の人々が互いをより深い洞察と明確性を共同で探求する仲間だと考える場合にのみ成立する。思考とは参加するものであるから、互いを仲間だと考えることは重要である。互いを仲間だと考えようと意識して行動すれば、仲間としての相互作用が生まれやすくなる。単純なことのように聞こえるかもしれないが、これをするとしないではその差は歴然としている。

互いを仲間と考えることは、前向きな雰囲気を確立し、ダイアログのもろさを埋め合わせるために不可欠だ。ダイアログでは、何かを築いている、つまりより深い理解を新たに培っているかのような実感がある。互いを仲間や友人と考えるというと、簡単に聞こえるかもしれないが、きわめて重要なことがわかる。私たちは友人と話すときとそうでない人と話すときとでは違う話し方をするものだ。おもしろいことに、ダイアログが進展するにつれて、チームのメンバーはあまり共通点のない人に対してまでこの友愛の情が育っていることに気づく。ダイアログに参加するうえで必要なのは、互いを仲間と考えようとする**意欲**である。さらに、前提を保留しておくことにはある程度の脆さが伴う。互いを仲間として扱えば、共通のリスクがあることが認識され、そのリスクに直面したときの安心感が生まれる。

仲間だからといって、意見に同調したり、同じ考え方をしたりしなければならないわけではない。逆に、互いを仲間と考えることが効果を示すのは考え方の相違があるときだ。全員一致の場合に仲間意識を感じるのはたやすい。食い違いが著しいときは、そう簡単にはいかなくなる。しかし、それができたときの報いもその分大きくなる。反対者を「異なる意見をもつ仲間」と考える選択によって最大の恩恵がもたらされるのだ。

ボームは、仲間意識という条件があるため、組織におけるダイアログの実現性に疑いを表明していた。「階層制はダイアログと対極にあるものであり、組織の中で階層制から逃れるのは難しい」からだ。ボームは、「権限をもつ者が自分より低い地位にある者と本当に『同じ立場で率直に話す』

ことができるのか?」と問う。このような質問は、組織のチームに対しての運用上の含みをいくつかもっている。第一に、参加者全員が自分の地位の特権にしがみつきたいと思う以上にダイアログの恩恵を心から**望まなければならない**。いちばん高い地位に就いているからという理由で、ある人がいつも自分の考えを押し通しているなら、その特権はダイアログでは放棄しなくてはいけない。自分の地位が低いという理由で、ある人がいつも自分の意見を抑えているなら、意見を公表しないことによる身の安全は放棄しなくてはいけない。恐れや判断は脇に置いておかなくてはいけない。ダイアログには遊び心が必要だ。新しい考えと戯れ、それを検証し、試してみる意欲が必要になる。「誰が何を言ったか」や「バカなことは言わない」を気にしすぎるようになると、とたんに遊び心は消えてしまうだろう。

これらの条件はやすやすと従えるものではないが、多くの組織のチームが、全員が前もって自分に期待されることを知っていれば、終始一貫してこの難局に挑むことができることがわかった。私たちの心の底にはダイアログへの切望がある。とくに自分たちにとって最重要の問題に焦点が当たるときにはそうだ。しかし、だからといって組織の中でダイアログがいつも可能なわけではない。すべての参加者が前提の保留と仲間意識という条件に進んで従わないならば、ダイアログを行うことはできないだろう。

ダイアログの「文脈を保持する」ファシリテーター。熟練したファシリテーターがいないと、思考の癖から私たちは絶えずディスカッションのほうに引っ張られ、ダイアログから離れてしまう。チームのディシプリンとしてダイアログに取り組み始めたばかりの頃はとくにこうなりやすい。私たちは自分の考えの中に「現れる」ものを、演じているものとしてよりもありのままに受け取る。自分の意見を正しいと信じ、それを通したいと思う。自分の前提を人前で保留することにも不安を感じる。「すべての前提」を保留してしまって心理的に大丈夫なのかどうかも定かではない――「やっぱり、こだわるべき前提だってあるんじゃないだろうか？　さもなければアイデンティティを失ってしまうのではないか？」

ダイアログ・セッションのファシリテーターは、良き「プロセス・ファシリテーター」の基本的な任務の多くを遂行する。これらの任務には、参加者がダイアログのプロセスと成果をつねに自分事として考える――私たちが今起きていることに対して責任をもつ――手助けをすることが含まれる。参加者が「誰それ」のせいでこの件について話ができないという不安を抱き始めたら、それは保留されていない前提があるということだ。ファシリテーターはダイアログが滞りなく進んでいくようにもしなければならない。本当はディスカッションが求められていないときに、誰かがプロセスをディスカッションのほうへそらしたら、そのことははっきりさせておく必要があるし、ダイアログの条件がつねに満たされているかどうかグループに確かめる必要もある。ファシリテーターはつねに、今のプロセスにおいて識者であることと助言者であることを慎重に使い分け、それでいてチームのメンバーから、またメンバー自身の考えや責任から注意をそらしてしまう「専門家」や「医者」の役目はしない。(6)

しかし、ダイアログにおけるファシリテーターはこれ以上の役目も果たす。ダイアログを理解しているので、ただ参加しているだけでダイアログの流れに影響を与えられる。たとえば、誰かがある意見を述べた後に、「けれども、逆も真なりかもしれません」と言うこともできる。このようなダイアログの条件を思い出させる助言にとどまらず、ファシリテーターが参加すれば、ダイアログを実演してみせることになる。ダイアログの技の真髄は、意味の流れを体験すること、そして今言われるべきことを感じることにある。クエーカー教徒は、ただ頭に浮かんだことを何でも言うのではなく、どうしても言わずにはいられない（そのため、話し手はそれを話す必要にかられて「身震いする《クェーク》」）意見だけを述べることが課せられている。ファシリテーターもクエーカー教徒のように必要なときに必要なことだけを言う。このほうが、どんな抽象的な説明よりも参加者のダイアログに対する理解を深められるのだ。

　チームがダイアログの経験を積み、スキルを伸ばしていくにつれて、ファシリテーターの役割は決定的に重要ではなくなる。そうしたらファシリテーターは少しずつ一参加者になっていってよい。いったんチームのメンバーがスキルを伸ばし、理解を深めれば、「リーダーのいない」集団からダイアログが生まれる。ダイアログが継続的なディシプリンになっている社会では通常、任命されたファシリテーターはいない。たとえば、アメリカ先住民の部族の多くは、正式なファシリテーターなしでダイアログを高度な芸術の域にまで磨いた。シャーマンなどの賢者が特殊な役割を担ってはいたが、集団は独力でダイアログに入っていくことができた。

ダイアログとディスカッションのバランスをとる。チーム学習では、ディスカッションはダイアログと対になるものとして必要不可欠である。ディスカッションでは、さまざまな意見が提示され、弁護されるので、前に述べたとおり、全体状況の分析として役に立つ。ダイアログでも、さまざまな意見が提示されるが、それは新しい見方を発見するための手段としてのことだ。ディスカッションでは決定が下される。ダイアログでは複雑な問題が探求される。チームが合意に達しなければならないときや決定を下さなければならないときは、何らかのディスカッションが必要になる。一般に合意されている分析を基盤にして、候補案が比較され、好ましい案（もともとの候補案の一つかもしれないし、ディスカッションから生まれた新しい考え方かもしれない）が選ばれる。生産的なディスカッションならば、一つの結論や行動方針にまとまっていく。一方、ダイアログは意見の分かれるものであり、合意をめざすのではなく、複雑な問題をより深く理解することをめざす。ダイアログもディスカッションも新しい行動方針を導き出すことはできるが、ディスカッションは初めから行動に焦点を絞っていることが多いのに対し、ダイアログでは副産物として新しい行動が生まれる。

学習するチームは、ダイアログとディスカッションの間を行ったり来たりする動きを習得する。両者は基本原則も違えば、目標も違う。両者の区別を誤ると、チームはたいていダイアログも生産的なディスカッションもできなくなってしまう。

定期的にダイアログの場をもっているチーム・メンバーの間には独特の関係が育つ。ディスカッションになっても変わらない深い信頼が培われ、一人ひとりの考え方の独自性に対する理解も深まっていく。さらに、「穏やかに」自分の考え方をもつことによって、いかにしてより大きな理解が生まれるかを体験する。「自分の意見に束縛される」のではなく、一意見をもつ技術に熟練することを学ぶのだ。ある考え方を弁護するのが妥当なときは、以前よりもっと優雅に、もっと柔らかくそれを行う。つまり「勝つこと」を最優先にしないのだ。

加えて、ダイアログを成り立たせるスキルは、ディスカッションを破壊的ではなく建設的にするスキルと大部分が一致している。これらは、最初に第九章「メンタル・モデル」で説明した探求と振り返りのスキルである。実際、ダイアログがとても重要である理由の一つは、これらのスキルを磨き、そのスキルがあれば到達できる深遠な集団学習を知るための安全な環境を提供するのがダイアログだからなのだ。

振り返り、探求、そしてダイアログ。デヴィッド・ボームの考えには、第九章で取り上げた「行動科学」のアプローチと大いに共鳴し合う部分がある――すなわち、自分の意見を、影響を受けやすいものにすることの重要性、そしてメンタル・モデルと現実を混同する問題の二点である。ボームの研究の独特な点は、行動科学によって判明した障害を乗り越えた集団に起こり得ることについて「新しい」ビジョンを明確に表現している点。もう一つは、ボームのダイアログが**チームのディシプリン**であり、個人的には達成できないものだとする点である。

ダイアログのビジョンの一端は、集団だけがアクセスできる「より大きな意味の集積」という前提である。この発想は、初めは過激に聞こえるかもしれないが、集団的な探求や合意形成のよりとらえにくい側面を長い時間をかけて切り開いてきたマネジャーの直観に鋭く訴える魅力がある。

そうしたマネジャーは、早い段階で二種類の合意を見分けることを学ぶ。一つは、多様な個人的意見の中に共通項を求める「焦点を絞る」タイプの合意である。もう一つは、一人の人間の視点より大きなイメージを求める「広げる」タイプの合意である。第一のタイプの合意は、個人的意見の「内容」から形成される――私の意見のどの部分ならあなたやほかの人たちと共有できるか見つけるということだ。これは全員一致の「基本原則」である。

第二のタイプの合意は、個人の意見の内容からというよりも、私たちそれぞれがある「視点」、つまり現実のとらえ方をもっているという考え方から形成される。それぞれの視点は、より大きな現実に対するその人独自の見方である。もし私があなたの視点から「外を見る」ことができ、あなたも私の視点からそうできるなら、私たちはそれぞれ自分だけでは見られなかったはずの何かを見ることができるだろう。

もしダイアログでチーム学習の独自のビジョンが明確になるなら、振り返りと探求のスキルはそのビジョンの実現に不可欠なものとなるだろう。個人ビジョンが共有ビジョンを築く基盤になるのと同じように、振り返りと探求のスキルもダイアログとディスカッションの基盤になる。振り返りと探求のスキルに**根ざしている**ダイアログは、より信頼できるものになるだろうし、チームのメンバーどうしの相性といった細かな状況要因に左右されることも少なくなるだろう。

「今の現実」に対処する――対立と習慣的な防御行動

一般に流布している社会通念には反するが、対立がないのが優れたチームではない。それどころか、私の経験では、絶えず学習しているチームの何よりも信頼できる指標の一つは、考えの対立が目に見えることだ。優れたチームでは、対立が生産的になる。ビジョンをめぐる対立は現在もあるだろうし、今後も頻繁に起こるだろう。事実、「ビジョンづくり」のプロセスの本質は、さまざまな個人ビジョンから共有ビジョンが少しずつ生まれてくることにある。人々が共通のビジョンを共有している場合でさえ、そのビジョンをどう達成するかについては、さまざまな異なる意見があるだろう。ビジョンが高尚であればあるほど、それをどう達成するかについては確信がもてなくなる。対立する考えの自由な流れは、創造的な思考にも、誰も自分ひとりの力ではたどりつくことができない新しい解決策を探し出すのにも不可欠である。対立は、要するに、継続的なダイアログの一部になるのだ。

一方、平凡なチームでは、たいてい次の二つの状況のどちらかが対立を取り巻いている。表面的には対立などないかのように見えるか、硬直した二極分化があるかだ。「表面的には順調」なチームでは、メンバーはチームを維持していくためには自分たちの対立する意見を抑えなければならないと思い込んでいる――もし、それぞれが本音を話したら、和解しがたい不和でチームは分裂してしまうからだ。二極分化のチームでは、マネジャーたちは「自由に語る」が、対立する意見が深く根ざしている。誰もがほかの皆の立ち位置を知っており、動きはほとんどない。

四〇年以上も、クリス・アージリスとその同僚たちは、聡明で有能なマネジャーが、経営チームではなぜ効果的に学べないことが多いのかというジレンマについて研究を重ねてきた。その研究によれば、優れたチームと平凡なチームの違いは、対立をどう直視し、対立につきものの自己防衛にどう対処するかにあるという。「私たちは、習慣的な防御行動をつくり出し、それをまたさらなる習慣的な防御行動で包み隠すようにプログラミングされている……このプログラミングは、子どもの頃から始まる」とアージリスは言う。(7)

習慣的な防御行動は、第九章「メンタル・モデル」で言及したように、自分の考え方をさらけ出すのに伴う当惑や恐れからわが身を守るために染みついた習慣である。習慣的な防御行動は、心の奥底にある前提の周りに一種の防護壁をつくり、苦痛から自分を守るが、苦痛の原因について学べなくもしてしまう。アージリスによれば、習慣的な防御行動の原因は、自分の意見に信念をもっているとか、人間関係を壊したくないというような、いかにも自分自身に言い聞かせそうなことではなく、自分の見解の背後にある考えをさらけ出す恐怖だという。「自己防衛的な理由づけをすれば……自分の理屈の妥当性について知らずにいられる」(8)とアージリスは言う。たいていの人にとって、自分の理屈をさらけ出すことは、間違いを指摘されるのが心配なので、脅威である。自分の考え方をさらけ出すことで味わう脅威は、人生のごく早い時期に始まり、大半の人にとっては、着実に学校生活で強化される――先生に当てられて、「正解」を答えられなかったときのトラウマを思い出してほしい――そして大人になれば今度は仕事で強化されるのだ。

習慣的な防御行動はあまりにも多種多様でありふれたものなので、見過ごされてしまうことが多い。ある考えを真剣に受け取るつもりがないとき、私たちは「それはとてもおもしろい考えだね」と言う。ある考えを検討しなければならない事態を避けるため、わざと人と対決してその考えを拒絶する。逆に、親切を装って、誰かを批判から守るが、それと同時に面倒なことにかかわらないように自分を守る。厄介な問題が持ち上がると、話題を変えたりもする――礼儀正しい「マナー」を尊重するようなふりをして。

最近、気力にあふれたタイプのCEOが自分の会社には「本物のリーダー」がいないと嘆いていた。従順な社員ならいくらでもいるが、ビジョンをもった熱心な社員はいないというのだ。自分はコミュニケーションに長け、リスクを負うことも厭わない人物だと自負する人にとって、こういう状態はとりわけいらだたしいものだった。実際、彼は**自分の**ビジョンを表現するのが実に巧みなあまり、周囲の人を萎縮させてしまう。結果的に、彼の意見に誰かが公然と異を唱えることはめったにない。社員は彼のそばでは自分の意見やビジョンを口に出さないことを身につけている。彼は自分の力強さを自己防衛戦略だとはみなさないだろうが、注意深く見れば、まさにそのように機能していることに気づくだろう。

最も効果をもつ習慣的な防御行動は、この気力にあふれたCEOの場合のように、見てすぐそれとはわからないものだ。表向きは、このCEOは社員に自分の考えを言わせたいと望んでいた。ところが、彼の高圧的なふるまいが、社員がそうするのを確実に妨げており、それによって彼の考えが反論されないよう守っていたのだ。意識的な戦略として表現されれば、自己防衛であることが明白である。つまり「社員を萎縮させて守勢に立たせておけ。そうすれば私の考えに逆らえまい」ということだ。もし、このCEOが自分の戦略をこんなあからさまな言い方で見せつけられれば、否定するのはほぼ確実だろう。実際には隠されたままであるからこそ、彼の自己防衛は作用し続けるのだ。

習慣的な防御行動によって引き起こされる問題は、理解が不完全であったり誤っていたりすることが弱さの表れとみなされる組織では、いっそう悪化する。大半の組織では、マネジャーのメンタル・

モデルの奥底に「マネジャーたる者は何が起きているかを把握していなければならない」という信念がある。ある問題の原因を知らないかのように行動することは絶対に許されないのだ。高い地位に就いた人たちは、何が起きているかを知っているように見せる達人であり、そういう地位に就こうと余念がない人たちは、自信をもって知っているという雰囲気を身につけることを早いうちから覚える。

こうしたメンタル・モデルを内部化したマネジャーは、次の二つの苦境のどちらかに陥ることになる。まず、実際にこの自信に満ちた雰囲気を身につけ、たいていの重要問題の答えを知っていると単純に信じている人たちがいる。しかし、この信念を守るためには、別の考え方を閉め出し、影響を受けにくくしなければならない。この人たちの苦境は、自信をもち続けるにはかたくなでいなければならないことだ。一方、重要な問題の原因を知っているべきだと思っているものの、本音を言えば、自分の答えが不確かなことを自覚している人たちもいる。この人たちの苦境は、自信のあるふりをし続けるには自分の無知をあいまいにしなければならないことだ。どちらの苦境に陥っているにせよ、答えを知っていなければならないという重荷を背負うマネジャーは、意思決定の背景にある考え方を表に出さないことで有能な意思決定者としてのオーラを保つ習慣的な防御行動をきわめて巧みに操るようになる。

こうした自己防衛は組織文化の容認された一部となる。アージリスはこう言う。「なぜ組織の中で政治ゲームをするようになったのか?……と聞くたびに、それが人間の本質であり、組織の本質だからだという答えが返ってくる……私たちは習慣的な防御行動のキャリア(保菌者)であり、組織は宿主である。ひとたび組織が感染すると、組織もまたキャリアになる(9)」

チームは組織全体の縮図《ミクロコスモス》であるから、組織全体の自己防衛パターンがチームに組み込まれるようになっても不思議はない。要するに、共通のビジョンをめざす力になったはずのチームのエネルギーの流れを習慣的な防御行動がせき止めてしまうのだ。習慣的な防御行動は、それにはまったチームのメンバーにとって、さながら壁――集団学習を妨げる障害や罠――のように感じられる。

チームの習慣的な防御行動がいかにとらえにくいものなのかを理解するために、ATPの製品の事例を考えてみよう。ATPは、革新的で高度に分権化されたある企業の新しい子会社である（社名や個人名は仮名）。三三歳の子会社社長ジム・テイバーは、自由と部門の自主性という会社の価値観に深く傾倒していた。そしてATPの製品の価値を強く信じていた。それは新しいプリント基板（PCB）技術の上に成り立っていた。ジムは途方もなく熱心で、部下にとっては生まれながらのチアリーダーだった。同様に、ジム率いる経営チームのメンバーも長時間働き、部門の将来性に対するジムの熱意を共有していた。

ジムたちの努力が報われ、数年間は急成長し（年率三〇～五〇％）、一九九四年の売上高は五〇〇〇万ドルに達した。しかし、一九九五年には受注の急激な減少に見舞われた[10]。ミニコンピュータの主要メーカー二社がATPの技術に大きく信頼を寄せ、ATPの基板を採用した新型のハードウェアを投入する計画を立てていた。だが、一九九五年にミニコンピュータ業界が景気後退に見舞われると、新製品シリーズの開発を延期したため、ATPの受注高は予想の五〇％減となった。一九九六年になっても事業は回復しなかった。ジム・テイバーは、エンジニアリング・マネジャーとして残ったものの、最終的に社長を辞めさせられることになった。

ATPでは何がいけなかったのだろう？　ATP経営チームは、その意気込みのあまり、内部に矛盾を抱えた戦略に閉じ込もってしまったのだ。経営チームは積極的な成長目標を設定した。それはある程度は親会社の経営陣を喜ばせるためだったが、自分たちの製品を信頼していたからでもあった。こうした目標を満たそうと、営業陣に強い圧力がかかり、営業陣は少数の得意先と大口の取引関係を築くことでそれに応え、その得意先にＡＴＰは大きく依存するようになった。したがって、この得意先のビジネスに問題が起きたとき、ＡＴＰも消える運命にあった。

なぜＡＴＰの経営チームは自社をそれほど脆弱にする戦略を容認したのか？　なぜ親会社の指導層はこの新しい子会社の幹部たちに取引先を多様化するよう介入しなかったのか？　この問題の中心には、「問題のすり替わり」の構造に組み込まれた一連の習慣的な防御行動があった。

アージリスが言うように、習慣的な防御行動は問題に対する反応だ。この場合の問題は、知っていることと知る必要があることの間にある「学習の乖離」から生じる、学習の必要性である。「根本的な解決策」は、最終的に新しい理解と新しい行動という成果につながる探求――つまり、学ぶことだ。ところが、学習の必要性は脅威も生み出す。個人もチームもこの脅威に自己防衛的に反応する。そして「対症療法的な解決策」に走ることになる。つまり、学習の**必要性の認識**を減らすことによって学習の乖離をなくす習慣的な防御行動である（図11－4）。

ＡＴＰの中心人物たちは皆、それぞれに特有の習慣的な防御行動に陥った。ＡＴＰ幹部の何人かは、限られた取引先に依存していることについて懸念を表明していた。この問題がチームの会議で持ち上がると、それが問題だということには全員が同感だった。しかし、全員が忙しすぎたため誰も何も対処しなかった。挑戦しがいのある成長目標に駆り立てられて、ＡＴＰ幹部たちは生産能力を積極的に拡大し、

図 11-4

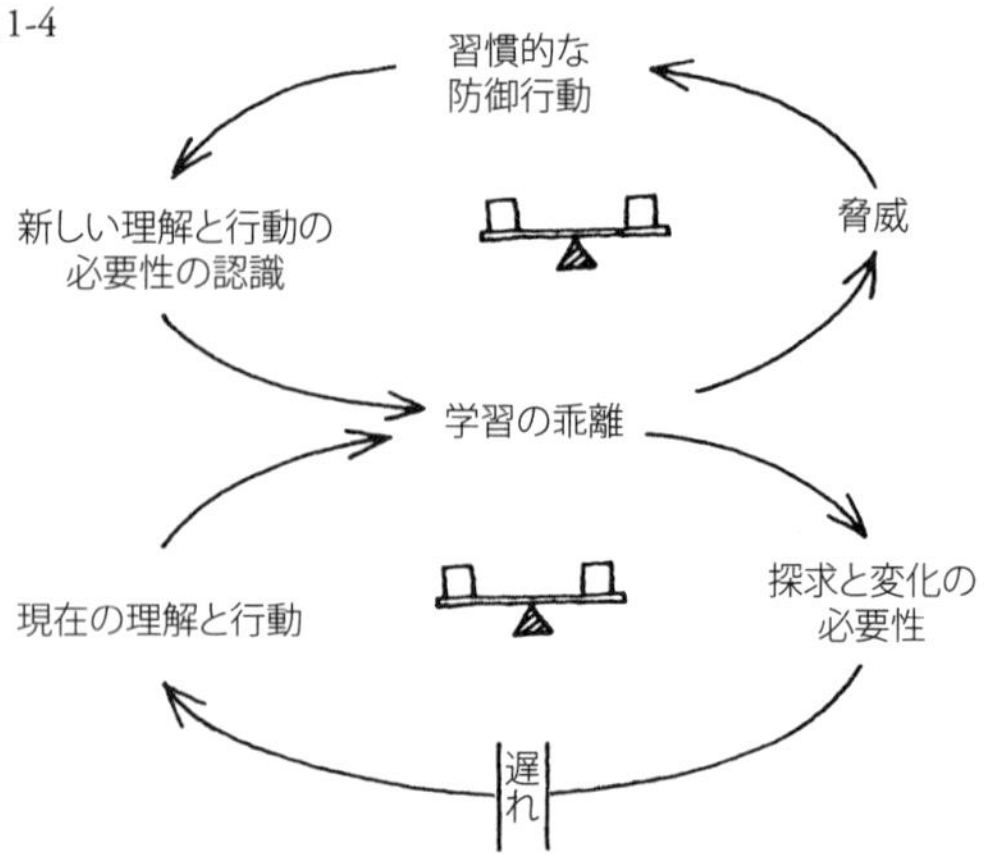

どこからでもよいから新しい注文契約をとってこいと強いプレッシャーをかけた。

テイバーの報告を受ける親会社の幹部たちも、似たような苦境に陥った。ここにもATPの取引先が限定されていることに対する懸念があった。会社の幹部の中には、内心で、テイバーに長期的な成長を成し遂げる能力があるのか疑問視する者もいた。しかし、彼らは子会社社長の経営権限を侵害しないという会社の哲学を強く信じてもいた。それに、テイバーのリーダーシップを支持していないと思われないよう注意しつつ、この懸念を持ち出すにはどうすればよいのかわからなかった。だから、遠回しに何か言うか、黙っているだけだった。

テーブルの向かい側では、ジム・テイバーが自問していた。その疑問を上司との会議で持ち出すのは気が進まなかった。彼が子会社社長になったのはこれが初めてだった。是が非でも自分の能力を証明したかった。ATPのビジネスの可能性を心から信じていたし、仲間のATP幹部に対する責任も感じていた。彼らをがっかりさせたくなかった。上司をがっかりさせたくないのと同じように。だから、ATPが設定した積極的な成長目標に関して自分が不安を感じていることを口にしなかった。

ATPの経営チーム、親会社の経営陣、そしてテイバーの間の対立は、表面的な習慣的な防御行動に覆い隠され、したがって解消されることは決してなかった。ATP経営チーム内では、基本的なビジネス戦略についての懸念が、その戦略によって課せられる目標達成のプレッシャーの中で消えてしまった。テイバーの上司たちは支援を申し出たかったが、彼を支持していないように見られたくなかった。テイバーは支援を必要としていたが、自信がないように見られたくなかった。表面的な相互支援、仲間意識、「皆は一人のために」精神の陰に隠されていた対立への対処法は、結局、全員の意図と反対の結果に終わってしまったのだ。

習慣的な防御行動が巧妙であればあるほど、根本的な問題も巧妙に隠されてしまい、根本的な問題をうやむやにすればするほど、問題は悪化の一途をたどる。本当に学習しなければならない必要性がATPから消えたわけではなかった。本当の問題――取引先をいかに拡大するか――を避けたことによって、ATP経営チームは問題を悪化させてしまった。「問題のすり替わり」構造では必ずそうだが、チームが習慣的な防御行動に頼れば頼るほど、ますます習慣的な防御行動に依存するようになってしまう。「(習慣的な防御行動は)当面の苦痛を妨げてくれるが、その苦痛のそもそもの原因を減らすにはどうすべきかを学ぶのもまた妨げてしまうという矛盾がある」とアージリスは書いている。(11)

アージリスはまた、習慣的な防御行動が「自己密封式」――自分で自分の存在を覆い隠す――だと述べている。これは大いに当たっている。というのは、正直であるべきとか、保身は悪だという社会規範があるために、自己防衛しているのが自分でわかっているときでさえ、習慣的な防御行動を認めるのが難しくなるからだ。テイバーの上司たちがその戦略をはっきり口にしたとすれば、それはこんな感じだっただろう。「私たちはジムの能力を疑うのを避けて通るつもりだ。疑うと対立するだろうが、それに直面するのは避けたいし、支持を装っておきたいからだ」。このように戦略が述べられていたなら、上司たちは間違いなくその戦略を否認しただろう。同様に、テイバーが「私は自分の経営が今のままでよいものか疑っているが、それは言わないつもりだ。軟弱だとか無能だとか思われるのではないかと心配だからだ」と言っていたなら、彼の自己防衛戦略は長続きしなかっただろう。しかし、誰もがそもそも習慣的な防御行動をとる原因になるのと同じ根本的な恐れのせいで、誰ひとりこうした気持ちを声にしなかった。

習慣的な防御行動が口にしがたいものなら、それを減らすレバレッジはどこにあるのだろう?

ほとんどの「問題のすり替わり」構造では、レバレッジの領域として次の二つが考えられる。（一）対症療法的な解決策を弱める。（二）根本的な解決策を強くする。対症療法的な解決策を弱める方法の一つは、そもそも自己防衛反応を誘発する感情的な脅威を減らすことだ。たとえば、テイバーが、自分が確信をもてないことを上司の前で抵抗なく認められていたら、あるいは上司たちが抵抗なく疑問を口に出せたら、それぞれがATPの戦略を根本的に問い直すのをそれほど避けようとはしなかっただろう。[12] 習慣的な防御行動が生じたときに、それにどう対処するか学ぶことでも対症療法的な解決策を弱められるだろう。習慣的な防御行動は**それについての話ができない状態になっている限り**その力を失わない。チームが、習慣的な防御行動などまったくない、何もかもうまくいっている、「何でも」言える、と装っているときに限って、習慣的な防御行動に陥って身動きがとれなくなるのだ。

とはいえ、習慣的な防御行動について話ができるようにするというのが難問だ。相手の習慣的な防御行動を「治そう」とすれば、逆効果になるのはほぼ確実だ。たとえば、なぜ自己防衛しているのか誰かに聞いてみよう。例外なく、最初の反応は抵抗である。「ぼくが？　自己防衛なんてしてないよ！」と。相手に注意を注ぐことによって、「対決者」はその状況に何の責任もとらなくなる。ダンスをするには**つねに**二人（以上）必要だ。習慣的な防御行動が作用しているのに気づいたら、自分もその一部だと思って間違いない。熟練したマネジャーならば、防御が防御を生むことがないように自己防衛に向き合うことを学んでいる。

そういう人たちは、まず自己開示によって、そして自分の自己防衛の原因を探求することによって、習慣的な防御行動に向き合う。たとえば、こう言うだろう。「私はこの新しい提案に心中穏やかでない。君たちもそうだろう。この不安がどこから来るのかわかるように協力してもらえないだろうか?」または「私の言っていることをわかってもらえるだろうか? この話し方のせいでこの点については人を寄せつけない頑固者に見えるだろう。だが、私たちがもっと客観的なイメージをつかめるようにみんなの考えを聞きたいのだ」(当然ながら、重要なのは言葉ではなく、発言に込められた気持ちだ)。両方とも話し手が不安を感じていることを認め、その原因を共同探求しようと誘っている。

習慣的な防御行動を緩和するスキルは、「問題のすり替わり」構造で「根本的な解決策」を強化するためのスキルと本質的に同じだ——すなわち振り返りと相互探求のスキルである。今の問題の原因をうまく探求することによって——つまり、自分の前提や推論を明らかにするような方法で探求することによって、その前提や推論が影響を受けやすくなり、ほかの人にも同様の探求を促す——習慣的な防御行動が働きにくくなる。(13)

習慣的な防御行動はチームにおいてとくに致命的になる場合があるが、一方、チームにはそれを乗り越えるチームならではの能力がある——学習に本当に責任をもって取り組んでいるならの話だが。必要なのは、やはり、ビジネスの成果という意味でも、どう協力して仕事をしたいかという意味でも、メンバーが本当に望んでいることについてのビジョンに、そして今の現実について真実を語ることに徹底して忠実であることだ。この意味で、チーム学習と共有ビジョンづくりは、姉妹関係にあるディシプリンだ。両者は自然に密接に関係し合いながらチーム内の創造的緊張を高める。

本当の意味で共有されているビジョンがあれば、習慣的な防御行動は今の現実のもう一面にすぎなくなる。第八章「自己マスタリー」で説明した構造的対立のように、習慣的な防御行動は認識されていないからこそ力をもつ。真実に忠実であるチームには、自分たちの習慣的な防御行動を表面化させ、認める独特の力がある。そのとき習慣的な防御行動は、惰性ではなく、実際にエネルギー源になる可能性があるのだ。

習慣的な防御行動は、学びが停滞しているときに信号を発することで、学習するチームの構築にとって意外な味方になる場合がある。たいていの人は、自己防衛の原因やパターンは十分に突きとめられなくても、自分がいつ自己防衛しているかはわかる。それを考慮すれば、学習するチームの最も役に立つスキルの一つは、次のような状態を認識する能力になるだろう――メンバーが自分の前提を振り返って**いない**とき、互いの考え方を探求して**いない**とき、他者に探求を促すようなやり方で自分の考え方をさらけ出して**いない**とき。自己防衛を感じているとき、問題を避けようとしているとき、誰かや自分たちを守る必要があると考えているとき――これらは学習環境を再構築するために活用できる具体的な信号である。ただし、私たちはそうした信号を認識することを学び、さらなる防衛を生まないようにしながら自己防衛を認めるにはどうすべきかを学ばなければならない。

習慣的な防御行動は、とくに難しく、とりわけ重要な問題を知らしめる信号だろう。往々にして習慣的な防御行動が強いほど、問題もそれだけ重要だということであり、それをめぐり自分の意見を弁護したり、守ったりしている人々がいるということだ。こうした意見を生産的に表に出すことができれば、互いの考え方を観察する窓になるだろう。自己開示や主張とバランスのとれた探求で自己防衛に対処するとき、チームのメンバーは互いの考え方をもっとよく理解し始める。

最後に、チームのメンバーが習慣的な防御行動に逆らうのではなく、それをうまく利用しながら仕事をする方法を学ぶと、「自分は自己防衛を超えた」という自信がつき始める。習慣的な防御行動はチームのメンバーを意気消沈させる。エネルギーを消耗させ、活力を奪う。チームが、学習を妨げてきた障害――アージリスが「組織の本質」と述べたように――多くの人が避けられないものだと感じていた障害を自らが超えるのを見るとき、自分たちの現実には多様な側面があり、自分たちにはそれを変える力があるという手ごたえのある経験をする。

中世において、錬金術は、最もありふれたもの（鉛）を最も価値あるもの（金）に変容させる象徴だった。学習するチームも、分裂を生む恐れのある対立と自己防衛を学習に変容させる特殊な錬金術を行っている。こちらの錬金術の手段はビジョンとスキルである。ダイアログを通して、チームのメンバーは、作用し得るより大きな知性について具体的な経験を積んでいく。この経験が、チームのメンバーの「自分たちはどう行動するか」というビジョンを強化する。だが、今の現実を覆い隠すのではなく、見るスキルを伸ばすこともしなければ、チームの学習能力は信頼できないものになる。また振り返りと探求のスキルがなければ、自己防衛が生じたとき針路からそれてしまう――状況に左右される学習になってしまうのだ。

学習するチームの特徴は、自己防衛がないことではなく、それにどう向き合うかにある。学習に打ち込むチームは、「そこで」、すなわちビジネスの現実において何が起こっているかだけではなく、「ここで」、すなわちチーム自体の内部で何が起こっているかについても、真実を語ることに力を注がなくてはならない。現実をできるだけはっきり見るためには、現実を隠すための戦略も見なければならないのだ。

習慣的な防御行動に適切に向き合えたときに現れ始める力や洞察力は相当のものになる。事実上、習慣的な防御行動は、集団学習に向けることのできるエネルギーを「しまい込む」金庫のようなものだ。防御の「鍵が開けられる」と、その洞察力とエネルギーが解き放たれ、共通の理解を築くために利用されるようになり、チームのメンバーが本当に創造したいものに向かっていく。

失われた部分――練習

チーム学習は「チームのスキル」だということはどんなに強調してもしすぎることはない。才能あるアスリートを集めても優れたスポーツ・チームにならないように、個々に学ぶ才能のある人を集めても必ずしも学習するチームにはならない。学習するチームは協力して学ぶ方法を学習するのだ。

どちらかと言えば、チームのスキルを伸ばすのは個人のスキルを伸ばす**よりも**難しい。だから、学習するチームには「練習の場」、集団学習のスキルを伸ばせるように協力して練習する方法が必要なのだ。意味のある練習や稽古が事実上まったくないことが、おそらく、ほとんどの経営チームが効果的な学習単位にならない最大の要因だろう。

厳密には「練習」とは何だろう？　『省察的実践とは何か――プロフェッショナルの行為と思考』（柳沢昌一、三輪建二監訳、鳳書房、二〇〇七年）でドナルド・ショーンは練習の基本原則を「仮想世界」における実験だとしている。仮想世界とは「現実世界を再設定し表現したもの」である。それは建築家のスケッチブックのように単純なものでよい。

（クイストとペトラにとって、スケッチブックに描写された世界は、行為の中の省察の手段となっている。）ここで彼らは敷地上の建物の形を表した図案のままに、空間的動きを表す言語で自分たちの手立てを描き語ることができるのである。図面は前もって想像できない特質や関係を明らかにするので、自分たちの手立ては実験として機能できることになる。（ペトラは）建物の形が斜面に合わず、教室は寸法が小さすぎること（思うように利用できないこと）を発見した。[14]

仮想世界の本質は、実験の余地がある自由だ。動作のペースをゆっくりにすることも、速めることもできる。急速に起きる現象は、スローモーションにしてもっと綿密に検討することができる。逆に非常に長い期間にわたって続く現象は、早送りにしてもっとはっきり具体的な動作の結果を見ることができる。元に戻せない動きはない。現実の環境では元に戻したりやり直したりできない動作を何度でもやり直すことができる。環境の変化は完全に除外できるか、部分的に除外できる。複雑性は、現実に組み込まれている変動要素を切り離すことによって単純化できる。

ショーンが述べている建築家をはじめとする専門的職業の仮想世界で行われている操作は、バスケットボール・チームや交響楽団が練習でしていることとまったく同じだ。動作のペースを変える――音楽のテンポを遅くすることによって、実際より遅い動きでプレーすることによって。構成要素を切り離して、複雑性を単純化する――細かく区切って演奏することによって、対戦相手なしにプレーすることによって。現実の試合や演奏会では元に戻せないものを元に戻す――同じ部分の演奏を何度も繰り返すことによって、同じプレーを何度も繰り返すことによって。

興味深いことに、少数ながらもビジネスにも長期にわたって持続的に学習するチームの例があり、そうした例ではまさに効果的な仮想世界が機能しているのと同じ環境においてである。たとえば、現代の広告業はクリエイティブ・チームという概念にもとづいており、広告代理店の営業担当責任者、アート・ディレクター、コピーライターが密接に協力しながら、しばしば何年もいっしょに仕事をする。こうしたチームはとても緊密な関係にあるので、チームを解消せずに、チームメイトがそろって別の広告代理店に移ることも珍しくない。広告業界のチームが独特なのは、彼らがバスケットボール・チームのメンバーと同じように持続的に、徹底的に練習するからだ。アイディアをブレインストーミングにかけてから、そのアイディアで実験し、さらに絵コンテや実物大模型でテストし、最後にプレゼンテーションを、初めは代理店内の上層部に対して、次は広告主に対して行う。

チーム学習にはこういう種類の日常的な練習が必要である。しかし、経営チームには一般的にそれが欠けている。たしかに、アイディアの抽象的で知的な討論はするし、チームのメンバーの多くは互いの知的な意見を知るようになる。知りすぎるほど知るようになることも多い。しかし、絵コンテやリハーサルのようなものはまったくない。チームの仕事の主な成果は特定の状況についての決定だが、大きな時間的プレッシャーのもとで討論して決定することが多く、しかも決定後、即、最終決定になる。決定に関しては何の実験もない。しかももっと悪いのは、別の決定の知恵を筋道立てて評価する機会がほとんどないことであり、チームとして、一歩下がって考え、どうすればいっしょにもっとよい決定にたどり着けたかの振り返りをする機会がほとんどないことだ。

「練習」の方法を学ぶ

今日、私が思うに、チーム学習のディシプリンは、大きく前進する準備が整っている。というのは、私たちが少しずつ「練習」の方法を学んでいるからだ。これは、チームが個人のＩＱを超えるチームのＩＱを育てる「共同スキル」を伸ばしていけるように明確な「練習の場」をつくることから始まる。これには、チームが複雑な現実のビジネスのダイナミクスをシミュレーション学習するコンピュータ支援環境、「学習ラボ」や「マイクロワールド」をつくることも必要になるだろう（練習の場と学習インフラの詳細については第一四章および第一五章参照）。

またダイアログ・セッションでは、チームが集まってダイアログを「練習」し、ダイアログに必要なスキルを伸ばすことができる。セッションの基本条件を挙げておく。

1 「チーム」（行動するのに互いを必要とする人たち）の全メンバーを集める。
2 ダイアログの基本原則を説明する。
3 前提を「保留」できていないと感じる人がいたら、チームは「ダイアログ」ではなく「ディスカッション」になっているとはっきり述べるようにして、基本原則を徹底する。
4 チームのメンバーが、チームの仕事にとって不可欠な、最も難しく、最もとらえにくく、最も摩擦のある問題を提起できるようにし、むしろそれを奨励する。

ダイアログ・セッションは、チームのスキルを育てるように設計されているものだから「練習」だと私たちは考える。しかし、実務上も大いに意義のある成果が得られる場合がある。

最近、ディスク・ドライブとコンピュータ周辺機器の一流メーカー、データクエスト・ドライブズ社（以下データクエスト）の経営チームがダイアログ・セッションを開いた。[15] 先に述べたとおり、データクエストは技術イノベーションの市場イメージが確立している企業である。研究開発が社内の花形部門であることに加え、三〇年以上データクエストのめざましい成長を率いてきたカリスマ創業者が最近引退したばかりだった。新しい経営体制になって一年、ビジネスの成功にはむらがあり、事態は困難になっていた。データクエストの新社長、ジョン・マッカーシーは、伝説的人物の後を引き継ぐという骨の折れる大仕事に直面しており、それればかりか、その伝説の人を悩ませてきたよりさらに苦しいビジネスの状況に直面し（市場全体が設備過剰状態にあった）、しかも、実力者ぞろいだが全体としてまだ機能していないチームを率いていた。

波乱の組織再編に引き続いて、マッカーシー率いる経営チームは、社長からの次の招待状を受けて二日間の会議を行うことになった。

宛先：
発信：ジョン・マッカーシー
件名：**臨時会議**

ご承知のとおり、当社は変革を急務としており、戦略と実施計画の最終決定に先立ち、皆さんのご意見をお聞きかせ願いたい。われわれが理解を深め、変革の進め方を改善する良い機会になるだろう。

今回の集まりは、重要な戦略を実施する土台となる前提や計画、責任を明確にするのに役立つような継続的なダイアログの最初の回と位置づけている。より大きな集団から意見を吸い上げない限り、一貫性のある、あいまいさのないやり方で変革や計画を実行することはできないというのがわれわれの立場である。この二日間の会議の目的は、現時点で当社が直面している重大問題を徹底的に考えることで互いの考え方を理解することにある。

この会議は、何かを決定する試みというよりも、むしろ方向とそれを裏づける前提を検討するための場である。

もう一つ目標がある。それは仲間として集い、一切の役割や役職を持ち込まないということだ。このダイアログでは、互いを、検討中の状況についての重要な情報をもっている対等者とみなすべきだ。

この会議はわれわれの間で意味ある対話を継続させることをめざした第一歩であると考える。経験からわかってきたのは、ダイアログに取り組むには練習が必要だということであり、この会議でダイアログのやり方を学ぶことになると承知しておいてほしい。いくつか大切な基本原則があるので、次のことにできるだけ従って参加いただきたい。

推奨される基本原則

1 前提の保留。一般に人はある立場をとり、それを弁護し、それに固執する。ほかの人たちが反対の立場をとると、分裂が起こる。この会議では、私たちの方向や戦略の根底にある前提を検証することをめざし、その前提を弁護しないようにしてほしい。

2 仲間として行動する。全参加者に肩書きは持ち込まないようお願いする。この会議では序列は一切ない。ただし、ファシリテーターは例外で、話し合いを順調に進めてくれることを望む。

3 探求の精神。自分の意見の背景にある考え方、心の奥底にあるかもしれない前提、その意見の裏づけとなる論拠を探求し始めてほしい。よって「どのようにしてその意見、考えになったのですか?」や「なぜこれについて質問するのですか?」などの問いを発するのが原則にかなうだろう。

二日間のうちに、以前は表沙汰にならなかった問題が顕在化し、コミュニケーションの障壁が崩れ、断絶が修復された。この組織にとって何よりも重要だったのは、研究開発部門とマーケティング・営業部門の間の対立が癒されたことだ。

研究開発の責任者であるジョー・グラウワイラーとマーケティング・営業の責任者であるチャーリー・スミスは一〇年以上、友好的ではあるものの距離を置いた関係だった。二人ともデータクエストが成し遂げてきたことに強い誇りをもっている。二人とも「参加型経営」に対する同社の真剣な姿勢とそれに関連する、人や組織についての理想を強く信じている。それにもかかわらず、二人ともデータクエストの継続的な成長を抑制する力の縮図である対立に陥っている。研究開発はアーティストであり、デザイナーであり、クリエイターでもあると見られている。マーケティングは、安く買おうとする低俗な販売業者（データクエストに忠誠をつくす気などない）やら値下げ競争やら怒った客やらを仕切る汚れ仕事をする「下々の者」を自認し、また他部門からもそう見られている。

研究開発とマーケティングという「二つの文化」は数多くの組織の対立に反映されている。たとえば、グラウワイラーもスミスもそれぞれに製品の予算をもっている。グラウワイラーの予算は新製品開発のためである。スミスの予算は、彼の目から見てデータクエスト製品ラインに厚みをつける製品をもち、市場競争力を強化できる小さな会社を買収するためである。この二部門を結びつける統合的な製品計画はない。マーケティングは、研究開発部門が幅広い顧客ニーズ全体に応えないためこの「回避策」をとらざるを得ないと感じていた。一方、研究開発部門が、重要な製品に関する決定から自分たちが除外されていると感じていたことが明らかになる。ダイアログが展開するにつれて、グラウワイラーは、一同が意外に思うような懸念を表明した。皆、研究開発部門はてっきり自部門の独立性を重んずるものと思っていたからだ。

グラウワイラー：製品戦略の問題について私の見方を話します。言いたいのは、それが一種の腕相撲だと見られていることです。われわれは、要するに、二手に分かれた製品戦略を積み上げてきました。そしてそれについてあいまいな態度をとってきました。私の論拠は、われわれが本気で組織の全能力を結集し、製品を社内開発するか外注するかを考えるときに何が本当の意味でデータクエストの意思決定になるかを理解しようとはしてこなかったことです。そういうわけで、社内には何がしかの自信をもって製品計画に金を費やしている集団が一つあり、別の視点で製品計画に金を費やしている集団がもう一つあります。そして「両者相まみえることなし」です。それは私にはばかげているとしか思えません。研究開発とマーケティングを支える、すべてに優先する一つの製品戦略があるべきです。そうしたうえで、いくらでも施策はあり……

マッカーシー：みんな基本的には同感だと思う。

グラウワイラー：そう思っているのに正反対のようにふるまっていると言っていいでしょうか？

ほかの人々：そうです。

グラウワイラー：単に製品戦略をうまくやっていない以上に事態は深刻です。われわれは正反対のことをしているとみなされているのです。

スミス：私は過去を振り返って、なぜ社内開発の決定と外注の決定が別個の切り離されたものなのか、その根本的理由を考えていました。現時点では、それはばらばらに見えます……私の見方では、一つは、問題解決、研究主導の重視です。データクエスト・ブランド……一方、データクエストが資源を振り向けてこなかった製品では、研究開発を「外注」しています。データクエストの研究以外の方法でそれを手に入れているわけです……なぜなら、そのほうが問題解決主導を基本にしているよりも市場動向に敏感に反応できるからです。それに、いわゆる、研究で自社が何をしたいかの純粋さを汚したくありません……

フィリップス（人事担当副社長）：そのせいでわれわれは対立してしまったと思う。

グラウワイラー：そのとおり！　それが問題です。それが我慢ならない速断なんだ。そのことについて意見を言う権利のある、君たちが依存している部門の社員はどうなるんだ？　それに勝手に私の純粋さを守らないでくれ。

スミス：まあ……われわれがしてきたことの根本的理由に関しては、それはそれで悪くないと思っています。もっと良い方法があるかもしれません。しかし、私はこう思うんです。わが社の歴史のある時点で、垂直ストレージ・ディスク・ファイルには投資しない、という決定があったと……革新的ではない市場が買う、ありきたりのがらくたにすぎない。それはおもしろみがない……そして限りある資源と人材を、これぞデータクエストというイメージにふさわしいもの――研究を要し、革新的で、製品本位のもの――に分配することを望みました。だからわれわれは社外から平凡なものを手に入れたのです。

フィリップス：今日そのことを無礼講で話すつもりなら、私をいつも混乱させたものは何か、言わせてもらいたい。それは、マーケティングと研究開発の両方だ。「研究主導型の製品企業」はわれわれがつねづね自らを評して言ってきたことだ。そして、その言い方をするとき、データクエストが投資するのは革新的な研究であって、それに該当しない製品はデータクエストの本業ではないと言う響きがある。ともかくも、わが社はそういう組織になり、競争に入っていった……

マッカーシー：それが研究主体の定義の一つだ。もう一つの定義がわかるだろうか？　それは、データクエストでは新製品に関することでなければ誰も研究開発しないということだ。

グラウワイラー：それも気に入りません。

フィリップス：そこが第二の論点だ。というのは、私は心の中でこう考えていたからだ……役員会が決めるとおり、最重要な戦略指針に関する声明に従うならば、君たちの決定が社内開発だろうと外注だろうと、それはやはり研究開発主導でなければならない。革新的でなければならない……。

マッカーシー：核心に近づいてきたのではないかな。今出ている話は、わが社は過去によってがんじがらめになってしまったということだ。わが社を成功に導くのは製品の研究開発だけだった。それで、われわれはこのひどい緊張を抱えてここにいるわけだ。私としては新製品を売り出すために子会社を買おうと言いたいが……君（グラウワイラー）のおかげで見えてきたジレンマは……わが社は顧客が基本的に必要としている製品なら何でも提供するべきだ。だが、そうしようとすると、反対の人たちがいてこう主張する。「しかし、データクエストの研究から生まれたものなら、データクエストのラベルをつけなければならない」と。君の言い分は、それは違うというんだね。それ（何のラベルを貼るか）は製品の市場での位置づけをどうするかにもとづくマーケティング判断であるということだね。そう言ってもらってとてもよかった……というのは、われわれの大半は、データクエスト・ブランドで売らない製品なら、君のところはそもそも開発しないと感じてきたからだ。

ヘイドリー（製造担当副社長）：しかし、そうなると、研究開発部門だけでなく、全社が研究主導であり、製品を含めた革新的なアイディアはわが社のほかの部門からも生まれる可能性があると言っていることになる。全部が全部、研究開発部門を通す必要はないということだ。

グラウワイラー：結構です。でも、なぜそんなことを言う必要があるのかわかりません。私はまったく反論するつもりはありませんよ。しかし、ここにもまた私を悩ませる推論があると思います。研究開発の過去の遺産を背負わされて重荷に感じます。そこが納得いきません。それに皮肉なことに、私が必死でわが部門を新しい現実に向かわせようとすればするほど、ますます確信をもってわれわれを過去の地点に引き止めておくなんて！　それは奇妙なジレンマです。

ヘイドリー：ひっくり返せば、ほかの立場の人間も同じことを感じている。

一同：そのとおり。

ヘイドリー：われわれは会社を前進させようとする……けれど、君たちは、イノベーションが研究開発を経由しなければ研究主導や革新的になれない、というのだから、われわれは抑えられているように思う。

グラウワイラー：そんなことは断じて言っていません！……それでは、別の言い方をしましょう。研究主導型の製品の企業という表現は正しい表現だと思います。わが社の今後の成功は、ある面……つねに製品に関するわれわれの実力に左右されると私は固く信じています。その方向性を脅かし始めるものだと私が思うものはどれも、恐ろしく不安です。あなたがたには良いもの……良いサービスや良い製品が必要です。それらをどう手に入れるかをその方向性が示唆するとは言っていません。あるいは良い製品を手に入れる唯一の方法があるとは言っていません……わが社には、その方向性を手に入れるための足並みのそろったプロセスや協力的なプロセスが敷かれておらず、そうしたプロセスをもつべきなのです。

マッカーシー：さて、もう一方はこうなるだろう——チャーリー（・スミス）がマーケティングや流通でしてきた仕事（データクエスト特約店の新しいネットワークを築く）の一端は、研究開発部門がしているのに匹敵する「研究開発活動」だと思うと。

グラウワイラー：まったくもってそのとおりです。

マッカーシー：それでもわれわれは苦しんでいる。そこで行われた投資がすぐに利益を生まなければ、会社に対する非難ごうごうだと。

グラウワイラー：それが研究開発部門というものですよ。

スミス：この対話から言いたいことが二つあります。君の部門の努力を、社外でも製造できる製品の開発に向けることができたように私には思えます……他社にライセンス供与することさえできたはずの開発の努力をどぶに捨ててきたように私には思えるのです……研究開発部門から生まれた製品を出荷するにはデータクエストのラベルを貼らなくちゃならないなんて、むちゃくちゃだといつも思ってきました。

グラウワイラー：それがずっとわれわれの活動の制約だった……

スミス：さて、もう一つの問題は、マーケティング部門と研究開発部門の間のコミュニケーションがお粗末だということです。実のところ、ますます分裂しています……顧客の総合的なニーズに取り組むつもりなら……社内のさまざまな場所でその取り組みが見られるような方法が必要です。

ヘイドリー：君たちは、なぜ研究開発と販売の間に今の緊張があるのかと問うことで始めた。製造と財務の間にも緊張がある……私に言わせれば、それは二つの言葉に帰着する。「権限委譲対コントロール」だ。われわれは全体的に非常にコントロール志向の組織になりつつある……「あいつらが牛耳っていて、俺を入れようとしないから、よそに行って、したいようにするつもりだ。無力でそれをどうにもできないからな」。これがコントロールの側面が行き着く先だと思う――われわれが必ずしもそうなりたいと望んでいるわけではないのに、会社中でそうなってしまっているんだ。

このダイアログの成果は、データクエストにとってめざましいものと言ってよい。第一に、研究開発部門とマーケティング部門の間の三〇年に及ぶ不和が修復され始めた。第二に、マーケティング部門が製品ラインに厚みをつけるために行ってきた「回避策」はもはや不要になった。研究開発部門は、一つに統合された製品計画の一環として、他社ブランドを冠して発売される可能性のある製品の開発はもちろん、企業買収の調査にも興味を示し、参画することを望んだ。神聖なデータクエスト・ブランドは、データクエストの研究開発部門によって開発される製品に限定せず、「市場の状況」にもとづいて使われることになった。研究開発の責任者は、研究開発部門だけがイノベーションの責任を担うという古い典型に納まりたくないということを明確にした。彼の見解では、プロセス、顧客ニーズの理解、そしてビジネスのマネジメントを刷新することにおいて、ほかの部門もイノベーションの対等のパートナーだったのだ。彼はむしろ古い固定観念を背負わされているくらいだと怒っていた。

チーム学習とシステム思考

システム思考の考え方とツールの両方が、チーム学習でひときわ重要な位置を占める。デヴィッド・ボームのダイアログに関する研究には、システム思考が貫かれている。実際、ボームの研究全体を貫いているのは、物理学における「全体性」という視点を進歩させ続けることだった。現代思想に対するボームの批判の核心は、すなわち、集団的思考の流れにおける「汚染」は、「断片化」つまり「物事をばらばらに切り離す考え方の傾向」であることだ。

同じように、学習するチームが習慣的な防御行動に対してとるアプローチも本質的にシステム的である。そのレバレッジは、他者の行動という観点で自己防衛を見ることにあるのではなく、習慣的な防御行動をチーム全体が生み出しているものと認識して、それを生み出し維持することに自分が果たしている役割を見出すことにある。「そこに」ある習慣的な防御行動ばかり探して、「ここに」ある行動を見落とすなら、対処しようとする努力はさらに防御を生むだけだ。

システム思考のツールも重要である。経営チームの重要な仕事――戦略の展開、ビジョンづくり、方針計画、組織構造――はほぼすべて膨大な複雑性と格闘することを必要とするからだ。そのうえ、この複雑性が「そのままでいる」ことはない。それぞれの状況が絶えず変化している。

おそらく経営チームのまさに最大の重荷は、こうした複雑で絶えず変化する現実に、単純な静的問題のために設計された言語を道具にして立ち向かうことである。経営コンサルタントのチャールズ・キーファーはこう述べている。「現実というのは、同時多発的、相互依存的で、原因が結果を呼び、それがまた原因になるという関係で成り立っている。通常の話し言葉は、この現実から、単純で直線的な原因と結果のつながりを取り出しているわけだ。これを考えれば、マネジャーがレバレッジの低い介入策ばかりにこだわってしまうのはなぜなのか納得がいく」。たとえば、製品開発に時間がかかることが問題なら、時間を削減するためにもっとエンジニアを雇う。利益が低いことが問題なら、コストを下げる。市場シェアが落ちているのが問題なら、価格を下げてシェアを押し上げる。

私たちは、世界を単純で明白な言葉でとらえているので、単純で明白な解決策を信奉するようになる。だから、単純な「応急処置」、つまり多くのマネジャーの時間を奪う仕事を必死に探し求めることになるのだ。フォード社の「プロジェクト・アルファ」のディレクター、ジョン・マヌージアンはこう述べている。「この見つけては直すという考え方をしている限り、短期的な解決策を果てしなく繰り返すことになる。この短期的な解決策は、問題を追い払ったように見えるが、問題はまた戻ってくる。そこで、私たちは出かけていって、また直す。見つけては直す名人には、永遠に出番がある」

この問題は、経営チームのような多様で部門横断的なチームの場合にはさらにひどくなる。チームのメンバーはそれぞれ圧倒的に直線的なメンタル・モデルをもっている。それぞれの人のメンタル・モデルはシステムの異なる部分に焦点を当て、異なる因果関係のつながりを重要だと考える。こうなると、チームが共有するシステムの全体像が日常会話の中で浮かび上がることは不可能に近い。生まれた戦略が、あいまいな前提にもとづく、内部矛盾に満ちた骨抜きにされた折衷案なのはよくある話で、それを組織のほかの人たちが、実行はおろか、理解もできないのは無理もないことだ。こういうチームのメンバーは、言い伝えにある三人の盲人とゾウの話とそっくりだ。それぞれが自分の触れた範囲でゾウの一部について知っており、全体は自分が触っている部分のような形をしているに違いないと思いこみ、自分の理解したことこそが正しいと思うのである。

この状況は、チームが複雑性を表現する新しい言語を共有するようにならない限り、改善されそうにもない。今日、ビジネスの共通言語といえば財務会計だけである。だが、財務会計が扱うのは「種類の複雑性」であり、「ダイナミックな複雑性」ではない。ある企業の財務状況の「スナップショット」は見せてくれるが、その状況がどう生じたかは教えてくれないのだ。現在、ビジネスの言語として従来の財務会計に代わるものとなるツールや枠組みがいくつかある。たとえば、競争環境分析、「総合的品質管理（ＴＱＣ・ＴＱＭ）」、そして普及度はずっと低いが、シェル社で発展したシナリオ手法がある。[16] しかし、こうしたツールはどれも、それ自体はダイナミックな複雑性にあまりうまく対処していないか、まったく対処していない。

システム原型は、経営チームが複雑性を生産的に処理するために使う言語の強力な拠りどころとなる。ＡＴＰのジム・テイバー率いる経営陣のようなチームが基本的なシステム原型を習得するにつれて、チームの会話は自然と問題の根底にある構造やレバレッジが中心になっていき、危機や短期的な「解決策」にとらわれることがなくなっていく。

ＡＴＰの経営チームがシステム原型の言語に堪能であったならば、月間売上目標や四半期売上目標を満たすことしか眼がいかないことが及ぼす影響は避けられただろう。とくに、**売上目標を達成するよう圧力を強めたとき**、「いざとなったら、新規顧客を開拓する高リスクの努力なんてせずに、現在の取引先にもっと買ってもらう低リスクの努力をしたほうがいいぞ」と営業陣に明確なメッセージを送ったも同然だったことに気づいただろう。そのメッセージの結果、顧客基盤を広げることから既存の取引先にもっと売ることに「問題がすり替わり」、それによって少数の顧客にますます依存することになってしまったのだ。

同じように、テイバーの上司にあたる会社の幹部たちがこの構造を見抜き、話し合うことができたならば、テイバーの経営管理についての懸念をもっとうまく表面化させることができただろう。テイバーの経営管理スキルに批判的で、彼を支持していないように見えるかもしれない問題をどうすればうまく持ち出せるか四苦八苦するのではなく、単に二つのフィードバック・プロセスを並べ、どのようにすれば、顧客基盤を拡充するという根本的な解決策が十分に考慮されていると**誰もが**より確信できるようになるかを探求できただろう。

複雑で対立する恐れのある経営管理の問題に関する話し合いでシステム原型を使うと、その話し合いは確実に「客観化」される。人格やリーダーシップのスタイルについてではなく、「構造」、つまり作用しているシステムの力について話し合われるようになる。経営陣の無能さを当てこすったり、暗に批判したりしなければ、難しい問題を持ち出すことができるだろう。逆に、人々はこう問うことになる。「顧客基盤を拡充しなくてはいけないのに、現在の取引先にもっと売ることに問題をすり替えていないか?」「もしそうなら、どうすればわかるのか?」。これこそが**複雑性のための言語**の恩恵――複雑な問題を客観的に感情に動かされずに話し合いやすくなる――である。

複雑性に対処する共通の言語がなければ、チーム学習には限界がある。ある問題をチームの誰かがほかのメンバーよりもシステム的に見たとしても、その人の見方は確実に軽視されるだろう――私たちのふつうの日常的な言語には直線的な考え方を好む内在的な偏りがあるというだけの理由で。一方、システム原型の言語に堪能になったチームの利益は計り知れず、**しかも**、チームでならこの言語を習得する難しさも実際に軽減されるのだ。デヴィッド・ボームが言うように、言語は**集団的である**。新しい言語を学ぶことは、そもそも、その言語で互いに意思疎通する方法を学ぶということだ。実際に使ってみることほど効果的な語学習得方法はない。チームがシステム思考の言語を学び始めるときにも、まったく同じことが起こるのだ。

第Ⅳ部

Reflections from Practice

実践からの振り返り

これから紹介する考え方は、「学習する組織の技法と実践」において、私がすばらしいと思う有能な主導者たちとのおよそ二〇の対話をまとめたものである。彼らの職業上のバックグラウンドは、企業、政府・非政府組織、初等・中等教育、コミュニティ組織などさまざまだ。言ってみれば、彼らは、私が長年にわたって学んだり、触発されたりしてきた、幾多あまねく組織学習実践者たちの代表である。

私は本書旧版第四部の導入部分で、「学習する組織」を創り出す道のりを表す比喩として「プロトタイプ（試作品）」について書いた。一九〇三年、ライト兄弟がキティ・ホークで空を飛んだとき、飛行機は「発明」された。その時から、商業用飛行機として最初に成功したDC－3型機が導入される一九三五年までの間、数え切れないほどの数のプロトタイプが作られた（ノウハウやインフラが普及・実用化する規模に達し、民間航空産業が主要産業になれたのは、さらに二〇年後のことだった）。旧版の導入部では、発明がなされてからそれが技術イノベーションとして実を結ぶまでの道のりは、さまざまな開発の相乗効果の探求であり、新しい何かが実現可能なものになり得るのは、さまざまな開発が合体する場合のみであることを示した。比喩を混ぜ合わせて表現するならば、これらのことが起こるとき、「プロトタイプが空に飛び立つ」のだ。そして、当時私は、五つのディシプリンがマネジメントのイノベーションにおけるこうした相乗効果の土台になる可能性があると示唆した。

一九九〇年に本書の旧版が書かれて以来、多くのことが起きているが、プロトタイプという本質的な比喩は、今なお私たちにぴったり当てはまるように思える。答えもなければ、魔法の薬もない。実験を通して学ぶこと以外に道はないのである。ベンチマーキングやベスト・プラクティスの研究では不十分だろう――なぜなら、プロトタイプを作るプロセスには、確立されたやり方に徐々に起こる変化だけでなく、抜本的な新しい考え方や実践が伴い、これらの考え方と実践が相まって新たなマネジメントの方法を創り出すからである。幸いにも以前から変わったことがあるとしたら、今では多くのさまざまな産業や文化の文脈において、実を結んだプロトタイプの例がたくさんあるということだ。

物理工学のプロトタイプはたいてい研究室という場で検証されるが、組織にかかわるプロトタイプはたちどころに厳しい現実にぶち当たる。このことは、今の時代を特徴づける「物事は良くもなり、悪くもなっている」という大いに対立する力のせいで、改善されることはまずない。一五年前に本書旧版で取り上げた基本的な考え方が広く信頼を得ている一方で、多くの実践者にとっては、組織風土は手ごわさを増しているのである。

「学習や継続的な知識創造の大切さが、主流のマネジメントに受け入れられていることは疑う余地がありません」と語ったのは、フォード社の最高情報責任者兼戦略責任者のマーブ・アダムスである。「だからといって、これらが普及し、景気の良いときも悪いときも多くの企業で一貫して実践されているかというと、そうではないのです」。かつてインテル社で国際製造部門の大部分を管轄していたデイビッド・マーシングは、「多くの組織は、文化や、文化が業績に与える役割への理解を深め、文化を認識するプロセスを意図的に設計しているが、スキルや洗練のレベルはまだ低い」と指摘した。こうした課題は、民間企業以外でもさほど違いはない。英国国民保健サービスの地域担当責任者を務めたことがあり、現在はオックスファム・イギリスの事務局長であるバーバラ・ストッキングはこう語っている。「私はつねに、進化を志向するマネジャーでした。人々が自分たちの組織の進化を手助けすることは、私にとっては当たり前のやり方だったのです。でも、長い年月の間にわかってきたことがあります。変化の一般的なモデルはトップダウン方式で目標を推し進めるもので、また、経営陣の中に、社員や組織を進化させることに関心をもつ人はほとんどいないということです」

だが、これから紹介する内容から明らかなように、こうした複雑な逆流のただ中でこそ、どういうわけか変革者たちは変化を導く活路を見出す。変革者たちの背景となっている組織環境は非常にさまざまだが、彼らは「人々が協力して仕事をするための、より人間らしく、より生産的で、そして究極的にはより創造的な方法があるはずだ」という共通の理念からインスピレーションを得ている。また、彼らはまだ経営者や組織全体のうちのごく少数であるが、「増えつつある洗練されたリーダーたちが世界のあちらこちらで、マネジメントの一般的体系の変革に着手し始めている」ことを実証しているのだ。深く根づいている前提や慣行に変化をもたらす道のりを進めるには、こうした方法をおいてほかにはないだろう。

第12章 基盤

本改訂版に際して行ったインタビューで私が最も心を動かされたのは、一九九〇年にはその多くが急進的と思われた本書の中核となる考え方が、世の中に対する人々の見方や経営慣行に深く組み入れられるようになった道筋である。これから紹介する考え方は、今では、組織学習に真剣に取り組む実践者たちの間で広く受け入れられており、将来の取り組みの新しい基盤となっているように思われる。

私たちが話をした人たちは皆、何らかの形で、ダイアログを行うことや、当たり前だと思っているメンタル・モデルに目を向けることができる、より内省的な職場環境を創り出そうと模索していた。どの物語にも、「人を育てることで組織を成長させる」という考え方が浸透していた。インタビューを受けた人の多くが、「部分を修理する」という考え方から、組織は、自ら学び、進化し、回復する能力（たいていは潜在能力）を計り知れないほどもつ「生きているシステム」だと認識する考え方への転換について語っている。

内省とより深い会話の文化を形づくる

会話を通じた変革

「BP社は業績主導型の機械のように感じることがよくあります。そして私はその機械によって教育されたのです」と語るのは、上級副社長のビビアン・コックスである。「一五年近く前に初めて事業部の責任者になったとき、私は何か新しい考えを試してみようと意気込んでいました。私と同僚のジョンとジーン（彼らはそれぞれ密接に関連する事業部の責任者であり、同時にどちらの事業部に対しても責任をもつ立場にいました）は、あるシンプルな考えをもちました――組織の境界を越えてより大きな協力関係を育み、より望ましい決定を下すことができるように情報と知識を共有したい、と考えたのです」

「私たちは、この新しい組織モデルをどのように機能させればよいかよくわかりませんでした。けれども最終的には、とにかく社員どうしが話をするようにすることがいちばん良い方法だという結論に達したのです。一人ひとりがほかの人がやっていることをもっとよく理解することができれば、可能性を感じ取れるようになり、そこからふさわしい構造や設計が生まれることになるでしょう。そこで私たちは、一連のワークショップを開きました。ほとんどが私たちの抱えるさまざまな問題や、それらに対処する選択肢に焦点を当てたものです。これらの会話から徐々に浮かび上がってきたのは、ビジネスを違ったやり方で展開するアイディアでした。これらのワークショップから生まれたアイディアが、もともと私の頭の中にあったアイディアとは違っていたことに本当に驚きました。実際、私の考えは間違っていました。より良いビジネスにつながるあらゆる可能性を生み出したのは、社員が集まって互いに話し合うというまさにその行為だったのです」

これらのグループから生まれた新しいアイディアは、実行に移すにはかなり複雑で難しいものだったが、コックスが現在運営するはるかに大きな組織の仕組みの源になっていた。「こうした会話から生まれたアイディアは、根源的かつ持続的なものであることが実証されており、当社にとってかなり大きな競争上の優位性につながっています。また、この取り組みは、私が仕事をしてきた中でいちばん楽しいものでした。ジョンとジーンと私は、互いの勇気を呼び起こし、一人だけの力では実行し得なかったであろうことを実行したのです。私たちは、文化がどのように変化をもたらし得るかについて、上から煽られて大々的に計画される文化の変革の中では決して気づかない、さまざまなことを学びました」

「BPでのその後の仕事で、強力な指揮・管理型の上司など、さまざまなタイプの上司につきました。そのおかげで、それぞれの経験による違いをじっくりと考えるようになったのです。業績目標によるマネジメントを行い、会話の中で生まれる現実の可能性をすべて否定する上司の下で働くのはどのような感じかがわかりました。もっと裁量のある新しい仕事に移ったときは、社員を集めて互いに話し合いをさせる方法について実験を重ねました」

現在、BPで最も職位の高い女性であるコックスは、主流のマネジメントにおいて、シンプルだが今なおほとんど認められていない見解を明確に打ち出している。より良いコミュニケーションについてはほとんどすべての人が支持しているが、コックスが行ったようなプロジェクトを導くのに必要となる開放性の精神は、まだ十分に理解されていないため、今でもめったに見られない。

内省的な開放性

本書旧版の第四部では、「参加的な開放性」と「内省的な開放性」の違いについて取り上げた。

参加的な開放性は、表現的な開放性と呼ばれることもあり、自分の考えについてオープンに話すことに関係する。参加的な開放性は、より学習志向の強い職場環境を創り出す重要な要素であるが、同時に、危険なほど不完全なものでもある。参加的な開放性は、「参加型経営」という理念の産物として一九八〇年代に流行り始めた。中には、オープンなコミュニケーションの正式な手順を制度化しようとした組織さえあった。だが、こうした手順も、これらを組織内で提唱した人たちも、あまり効果を発揮しなかったという単純な理由でやがて支持されなくなったのである(1)。有名な『ハーバード・ビジネス・レビュー』誌の一九九四年の記事で、クリス・アージリスは、フォーカス・グループや組織調査といった形式的なコミュニケーションの仕組みは、事実上、社員が問題への責任も、それに対処する際の役割に対する責任もいっさい担うことなく自分たちの考えを経営陣に知らせることができる仕組みだと主張し、これを「いわゆる『良いコミュニケーション』が学習を妨害する」と批判した。このような仕組みはうまくいかない。なぜなら、「これらの仕組みでは、社員は自らの仕事や行動を振り返ることをしないからだ。一人ひとりの説明責任が促されることもない。また、学習を動機づけ、真の変革をもたらすような、深くて潜在的に恐ろしい、あるいは厄介な情報のたぐいは明らかにされない」。だが、アージリスが示唆するように、参加的な開放性の枠を超えて進むことは、とりわけ支配を続けようとする管理者にとっては難しいことかもしれない。

フォード自動車で屈指の敏腕マネジャーの一人だったロジャー・サイヤンは、長年にわたり同社で組織学習の手法を用いた。彼は一九八〇年代~九〇年代のほとんどの間、北アイルランドや東欧諸国、中国、メキシコにある、困難な状況に直面している生産拠点を転々と渡り歩いた。フォードの中で業績が最低の部類に入る事業部門を、見事に最高レベルへと一変させたこともあったし、彼が立ち上げたいくつかの新しい工場が、製造の優秀さにおいて過去に類を見ないほどの最高水準に達したこともあった。彼が退社して一〇年たった今もなお、彼の在籍した多くの工場が同社でトップクラスの業績を誇る製造部門に名を連ねている。

長年にわたり、何よりもサイヤンを驚かせたのは、自分が何を成し遂げたかではなく、自分のしたことに対するフォード体制の中にいる上司たちの反応だった。「私は日頃から、会社の基本的な価値観や経営目標を尊重する限り、自分自身や、自分が大切に考えていることと、より調和する形で物事を進めていけると感じていました」とサイヤンは振り返る。「もちろん上司たちは徐々に、私がこうした成果を達成するためにこれまでと違ったやり方で社員たちとかかわっていることを把握していたでしょう。でも、彼らは決して、**どうやって**そうした成果を上げているのか聞いてきませんでした――そう、誰も**一度たりとも**聞いてこなかったのですよ。私はいつも『いったいどうしてだろう』と困惑していました。上司なら、ほかの場所でも同じような成果を上げることに関心があると思ったからです。彼らはいつも私に、『君はこれをしなくては（この新しい工場に行かなくては）ならない。君にはそこに行って、これをしてもらわなくてはいけないからだ』とか、『君がここに行けば、現状を改善できるだろう』とか言うだけでした。彼らはつねに、『いったい君は、どうやってこれをやったんだい？』という質問で会話の口火を切ることを避けていました」

「彼らは私がどのようなやり方をしたかについて、ある程度は知っていても、きちんと知りたくはなかったからだと思います。程度の差こそあれ、彼らには、それほどまでに無防備になる覚悟ができていなかったのです。自分自身に立ち向かうこと、すなわち、それほどまでにさらけ出し、それほどまでに人間らしくいることが何を意味するのか、おそらくそのことに少し恐れをなしていたのでしょう。私はなんとなく、『自分の内側にあるものとつながることができれば、オープンであることに恐れを感じないはずだ』ということを知っていました。それはリーダーとしては恐ろしいことかもしれません」

　参加的な開放性は、真の変革に必要な誓約や共通の理解を生み出すことができないため、不十分だ。ある経営幹部が不満顔で言ったように、「ここでの暗黙の前提は、あらゆる問題に対する解決策はみんながお互いの考えを分かち合うことだ」。問題の核心は、「共に学ぶことは、互いが一方的に話すだけでなく、互いの考えを分かち合うことに真に耳を傾けるときに始まる」ということである。人の言うことに耳を傾けることは簡単なことではない。内省的な開放性は心の内側に目を向けさせてくれるので、会話をすることで、自分の考え方の偏りや限界、また、自分の考えや行動がどのように問題の一因になるかをより意識できるようになるのである。

　内省的な開放性は、メンタル・モデルのディシプリンにとって不可欠なものである。頭の中に、会社や家族や国が入っている人は誰もいない。それでも、私たちの人生経験が、これらのシステムについて、多彩に入り混じった前提や感情、そしてせいぜい体裁よくまとめられたいくつかの仮説を形づくるのだ。内省的な開放性を育むことは、こうしたものの見方を絶えず検証しようという気持ちにつながる。内省的な開放性の特徴は真に心を開くことであり、これは人の話をより深く聞くことや真の会話に向けた第一歩である。言うのはたやすいが、実行するのはそう簡単なことではない――というのも、コックスやサイヤンのような熟練した実践者は知っているように、サイヤンの言葉を借りれば、内省の環境を構築することは自分自身の心を開こうという気持ち、すなわち、無防備になり、「さらけ出そう」という気持ちから始まるからだ。社員の成長を後押ししたり、内省に必要な相互関係の信頼と精神を創り出したりすることに深く打ち込んでいない組織環境では、こうしたことは起こらないだろう。

人を育てる

今振り返ってみると、五つのディシプリンの中で最も抜本的なのは自己マスタリーだった。これは、人が人間として真に成長できる組織環境を創り出すことができるという考え方である。今日ではほとんどの企業が、「社員は会社の最も重要な資産である」という理念を何らかの形で支持し、たいていは研修プログラムによる社員の育成にかなりの資金を投じている。だが、社員の成長を助けることに本気で取り組むには、研修プログラムだけではとうてい不十分だ。私は長年にわたり、ビビアン・コックスやロジャー・サイヤンのような人たちが自らの経験を話すのを聞いてきた。彼らの話の中にある思いの中核は、どんなときもぶれることはない。さまざまな人生経験を通じて、彼らは、人間の精神の解放と調和に内在する力について確固たる信念を形づくってきた――そして彼らは、これが何を意味し、これをどのように行うかを見出すために、生涯にわたる旅の途上にあるのだ。

二〇〇五年、マサチューセッツ州ウースターのある財界人グループが、「第一回ウィリアム・J・オブライエン記念講演シリーズ」を開催した。目的は、「金融資本を増やす最善の方法は、人的資本を育てることである」というオブライエンの信念を実証した実業家が年に一回講演を行うことで、オブライエンの実績をたたえ、これを広めていくことである。第一回の講演者は、かつてハーレーダビッドソン社のCEO（最高経営責任者）を務め、組織学習協会（SoL）ネットワークの創設者の一人でもあるリッチ・ティアリンクだった。「社員を育てることに本気で取り組むことは、信念の証明となる行為です」とティアリンクは言う。「社員が、大切だと考えるビジョンを追求したいと思っていること、成果に貢献しこれに責任をもちたいと考えていること、また、自分自身の行動の足りない部分を考察し、可能ならばいつでも問題を修正したいという気持ちをもっていることを肝に銘じなくてはいけません。こうした考えは、管理志向のマネジャーにとっては簡単なことではありません。社員の育成に関して『言っていること』と『やっていること』の間に依然として大きな差があるのは、そのためなのです」

献身に値する目的

社員が成長できる環境を創り出すにはまず、「社員の献身に値する目的をもつこと」である——こう語るのは、かつてスウェーデンのボルボ社とイケア・ノースアメリカ社で社長を務めた（SoLの初代理事長でもある）ヨーラン・カールステッドだ。「企業経営者たちはたいてい、社員に対して『組織の掲げた目的に真剣に取り組むように』と言います。けれども、本当に問うべきは、『組織が何に取り組むか』、そして『それは時間をかける価値があることか』ということなのです」

組織の目的に関する文書はたくさんあり、ビジョン・ステートメントや価値観を示した標語もいたるところで目にする。にもかかわらず、会社の真の方針がどこにあるかについて、社員の間には「かなりの不信感がある」とサイヤンは述べる。また、多くの混乱もある——これは、「企業の目的は言うまでもなく、投下資本に対する利益を最大化することである」という考えに端を発している。何年も前、ピーター・ドラッカーはこう述べた。「企業にとって利益を上げることは、人間にとっての酸素のようなものである。十分な利益がなければ脱落する」。言い換えれば、利益はすべての企業にとって業績の要件ではあるが、目的ではない。ドラッカーの比喩を発展させれば、利益を目的とする企業は、「人生の目的は息をすること」と考える人のようなものだ。こうした企業は、大切な何かを失いつつある。

皮肉なことに、企業の長期的な業績に関する数え切れないほどの調査が示しているように(2)、ビジネスの目的と経済的な損益とを同一視すると、企業に財務面で月並みな結果をもたらすことにもなる。働く場所や働き方について、より多くの人がより多くの選択肢をもつ世界では、組織が何を標榜しているかが重要だ。献身に値する目的を欠く企業は、献身を促すことはできない。こうした企業では、社員は、長期的な財務上の成功の礎となる情熱や想像力、リスクを負おうという意欲、忍耐、粘り強さ、意義への欲求を引き出すことが決してできない、分断された生活を送らざるを得なくなる。

「私はただ、仕事と私生活が一つの人生であることを望んだだけです」と語るのはユニリーバ社のブリジッド・タンタウィ＝モンソーだ。サプライ・チェーン管理や研究開発、事業の卓越性の分野でキャリアを積んだ後、二〇〇二年に組織学習や自己マスタリー、メンタル・モデルを学んだことで、「これまで経験してきたことがすとんと腑に落ちました。また、私は非常に分析的かつ科学的な人間なので、これは私に新しい側面、つまり『ソフトな』側面を提供してくれたのです。これらを取り入れたおかげで、組織やチームを社会システムとして理解することができることや、より統合的に問題を見る方法があることがわかりました」と彼女は言う。彼女は、システム的なものの見方は自分自身にも応用できることがわかった。「私はとりわけ、人と、その人が働く企業の目標や価値との合致、という考え方に興味をもちました。これは、新しいマネジメントの考え方であり、その合致を求める私の個人的な願望に訴えかけてきたのです」

タンタウィ＝モンソーは少しずつ、心から献身する価値のあるプロジェクトに引き込まれるようになり、組織学習のツールをユニリーバの持続可能性《サステナビリティ》の課題に応用するようになっていた。そればかりか、やがて彼女は、持続可能性に関する仕事に専念することができるように、自分の仕事を根本から見直すこともできたのである。「私は組織の内外を問わず、本当に大切な課題にもっと貢献したかったのです。組織学習のおかげで、より大きな影響を及ぼすことのできる能力を身につけることができました。これと符合するようにして、私は仕事においても、人生全体においても一歩を踏み出したのです」。だが数年前、ユニリーバの経営陣が、歴史的とも言える環境の変化が彼らのビジネスの将来を脅かしていることに気づき始めていなかったら、こうしたことは起こり得なかったであろう。世界でも有数の魚加工品（魚を原料にした食品）販売業者である同社は、ある経営幹部の言葉を借りれば、一九九〇年代半ばには「持続可能な漁業に向けた抜本的な変革がなければ、存在に値する水産事業を行うことはないだろう」ということに気づいたのである。[3] 今日タンタウィ＝モンソーは、社内で事業関連の持続可能性の取り組みに従事するほか、米国を拠点とする「ＳｏＬサステナビリティ・コンソーシアム」を展開させた「欧州ＳｏＬサステナビリティ・コンソーシアム」の主宰者でもある。彼女は言う。「私はほぼいつも楽しんで仕事をしてきましたが、今は初めて、一人の人間として自分が心から大切に思うことに取り組んでいる、と感じています」

変化を促すつながり

タンタウィ＝モンソーの話が物語っているように、人間として成長することは、心から大切だと思うことへの献身から始まる。このことは、ロカの人たちが「変化を促すつながり」のネットワークと呼ぶものの中で展開されている。

ロカ（スペイン語で「岩」を意味する）は、安全かつ健全な若者のコミュニティを構築することを目的とした組織である。ロカの本拠地であるマサチューセッツ州チェルシーは、ボストンの金融街から三キロも離れていないところにあるが、文化的には隔絶された世界である。住民の大半は、ラテンアメリカ系や東南アジア系、中央アフリカ系の移民である。「彼らは移民であるために、コミュニティの中で友人を失い、仕事を失い、規範を見失い、地位を失っています」。こう語るのは、かつてロカの街頭補導員の責任者だったセローム・フォンだ。「家族が崩壊しているのです。一般的に父親の世代は言葉がわからないので、仕事に就くことができません。もはや家族を養うことができないため、彼らは虐待者と化します。二世たちはたいてい、もっと大変な思いをします。家族が安定していない中で成長するからです。前に進むことができるという希望がもてないため、その意欲も起こりません。そうして彼らは、私がそうだったように、ギャングの仲間入りをするのです」

かつて一〇代の頃ギャングのメンバーだった人や、若い親たち、コミュニティのメンバーに呼びかけて、街で誰かの手助けをするために働いたり、コミュニティを立て直したりしながら、ロカは、警察や裁判所、学校、そしてさまざまな社会福祉機関との橋渡し役になっている。ロカの設立から一八年で、チェルシーの犯罪数や暴力は劇的に減少し、卒業率は向上している。おそらく一〇代を生き延びることができなかったであろう多くの若者が、コミュニティ・カレッジや大学に入り、仕事に就いて、充実した生活を送るようになっているのだ。「ロカが成し遂げたことには、ただただ目を見張るばかりです」と語るのは、マサチューセッツ州社会福祉局（DSS）の局長、ハリー・スペンスである。「ロカが六つあれば、州全体で私たちの仕事に大きな影響をもたらすでしょう」

私はこれまでロカの若手リーダーたちとかなりの時間をともにしてきて、「人の成長を手助けするにはどうしたらよいか」ということへの彼らの深い理解から学び続けている。街頭補導員のグループを訪ねる中で、あるとき、トゥン・クロウチは「私たちの仕事の基本は変化を促すつながりを創り出すことです」と語った。「私たちが向き合っている若者たちは、生きることに力を貸してくれるつながりを必要としています」と創設者のモリー・ボールドウィンは言う。「私たちの最初の仕事は、彼らのために姿を見せることだけです。多くの若者は、いつも変わらずにいてくれると思える人、つまり、人間として彼らのありのままの姿を丸ごと支えてくれるつながりの中で共にいてくれると思える人に、一度も出会ったことがないのです。時間がたつにつれて、今度は彼らが、互いに対してそれをするようになります」

こうした「互いのために姿を見せる」ための基本的な手法や継続的な訓練の場は、ロカが「平和維持サークル」と呼ぶもので、米国先住民の学びと癒しの伝統にもとづく、一種の集団による内省の慣習である。オマール・オルティスは言う。「私たちは輪《サークル》になって、互いの言うことに心から耳を傾けることを学びます」

マリーナ・ロドリゲスが典型的なサークルの話をする。「この間、私たちは、妊娠している一人の若い女性に出会いました。彼女は妊娠したことを母親にどう話してよいかわからなかったのです。彼女は怯えていました。よくあるケースでは、彼女は逃げ出したか、あるいは家族ぐるみの友人の誰かが取りなしたかもしれません。でも、私たちはそうするのではなく、彼女を支えるいちばん良い方法はサークルを創ることだ、という結論に達したのです。街頭補導員が彼女と良い関係を築き、彼女と母親が信頼をおく少数の人たちと小さな輪を創りました。この状況に共に向き合ったのです。二人がただ互いにわめき散らすのとは雲泥の差です。カギは、母親が娘の話に耳を傾けられ、二人が互いのことを受け入れられるような会話を創り出すことでした。根本的な趣旨は、自分の輪を広げ、自分が必要とする支えを築くことです」

「これは協働学習にほかなりません」とスーザン・ウルリッヒが補足する。「サークルによる会話は、みんなが膝を交え、何が起きているのか、自分たちがどのようにそれに対処していくかを見つけ出すことができる場です。問題が、単に一人の人の問題ではなく、みんなの問題だということに気づきます。輪の中では、私たちは対等で、みんなが問題を抱え、そしてみんなが互いに助け合いながら学ぶのです」

「ナバホ族裁判所の裁判長から学んだ格言があります」とボールドウィンは続ける。「彼は『間違った方法では望ましい場所にたどり着くことはできない』と言います。共に立ち向かわなくてはならないものが何であれ、それに立ち向かうとき、サークルはいつも私たちをつながりの中に根づかせ、来る日も来る日もコミュニティを創り出していきます[4]」

自分から始める

自らの成長に真剣に取り組むことは大切なことだ——リーダーの立場にいる人にとっては何より重要なことである。ボールドウィンは「私はどんなときも、自分自身の資質を磨くことに積極的でなくてはなりません」と言う。「警官と意見が食い違う場合、その闘いが続くことに自ら片棒を担いでいるものが何であるかに目を向ける必要があります——よっぽど外に出て行って誰かを怒鳴りつけたくなることがたくさんあります。しかし、そこで起こっていることが何であれ、冷静さを失わずに、意見の食い違いが続くことにおける自分の役割を見つめることが大事なのです」

「すべては自己マスタリーから始まります」とサイヤンは言う。「周りにいる人たちにとっていやというほど明らかな私自身の欠点を、自ら進んで理解しようという気持ちからすべてが始まるのです。組織の中の私の周りにいる人が、私よりもオープンであることや、学んだり改善したりすることに私よりも意欲的であることは期待できないのです」

生きているシステムとしての組織

現代科学においてシステム的なものの見方が出現してくるにつれ、その見方の背景に、異なる二つの知的伝統がある。システムの技術的理論は、システム原型やコンピュータ・シミュレーション・モデルのような、複雑かつ相互に依存する問題を理解するための実践的なツールを提供する。一方、「生きているシステム」を理解することは、私たちが、チームや組織、そしてそれよりも大きなシステムの、学んだり進化したりする能力を認識する助けとなる。一九九〇年の執筆当時、私は技術的な理論を重視した。というのも、フォードのマーブ・アダムスが言うように、「世の中には、リーダーたちが優れたシステム思考家ではないがゆえに取り組みが進んでいない深刻な問題が非常にたくさんある」からだ。この二つの足並みがそろえば、前に進むのに必要なツールも、リーダーシップの理念も、どちらももたらす可能性があるように私には思える。私がこのように理解するようになったのは、こうした「生きているシステム」という考え方が、ほぼすべての有能な組織学習実践者の思考にそれとなく広がっていることを、今まさに目の当たりにしているからである。[5]

機械時代の考え方

ビジネスの考え方にとって「生きているシステム」がいかに大切かという私の認識を呼び覚ましたのは、アリー・デ・グースの著書『企業生命力』[6]（堀出一郎訳、日経BP社、二〇〇二年）である。企業を生きているシステムとして考えることはひとえに、企業を人間のコミュニティとして考えることを意味する。これは、デ・グースが「私たちは企業をどのように考えるか——人間のコミュニティとして考えるか、あるいは利益を生み出す機械として考えるか？」という問いによって明らかにしている考えである。ほとんどすべての人が、利益を生み出す機械としてとらえることを非難するだろう。だが、現代の私たちの言葉や経営慣行をみると、話が違っている。

事実、機械のイメージはマネジメントに関する用語に浸透している。企業を「経営する〔run〕」経営陣がいる。これは、機械を動かす〔run〕という場合とほぼ同じ使い方である。また、企業には「所有者」がいる。機械の用語としてはこれ以上ふさわしいものはないが、人間のコミュニティに使うにはやや問題がある。そして言わずもがなだが、「変化を推進する〔drive change〕」リーダーがいる。これらのほかのイメージについても同じだが、「そもそも人は、こうした言葉を使うとき、自分が言っていることに思いを巡らせるのか」と疑問に思うことがよくある。もし思いを巡らせれば、ほんの一瞬でも立ち止まって自分に問いかけるかもしれない。いずれにしても、私たちの多くは、車を「運転する〔drive〕」。だが、配偶者や一〇代の子どもたちを「動かそう〔drive〕」とすれば、何が起きるかも知っている――たいていは、自分の意図することと反対の結果を生み出すのだ！　興味深いことに、組織の変化に必要なことを論じる場合、私たちはいとも簡単にこうした言葉に引き寄せられる。これは言うまでもなく、デ・グースの伝えたいこと、すなわち「誰もが、組織のことを生きているシステムではなく、どちらかといえば機械のように考える傾向がある」ということだ。

デ・グースは、「長寿命の企業を特徴づける要素は何か？」という非常に実践的な問いを追求した結果、企業を機械としてとらえることと、人のコミュニティとしてとらえることの違いを理解するようになった。デ・グースの指揮の下でシェル社が行った企業の持続性に関する有名な調査（第二章参照）では、フォーチュン五〇〇社の平均存続年数は四〇年足らずであることが明らかになったが、同時に、世界中で五〇〇社中およそ二〇の企業が一世紀以上にわたり存続していたこともわかった。歴史や国の文化、産業の文脈、技術の違いを超えた共通の要素を探り、調査の執筆者らは、「長寿命の企業は、自らを、利益を追求する機関としてよりも、人のコミュニティとして考える傾向がある」と結論づけた。当時のシェルの調査の言葉を借りれば、これらの企業は「『何をなすか』を超越した『何者であるか』という感覚をもち」、それによって、同時代の他の企業とは比べものにならないほど進化・適応し、つまり、学習することが可能になったのだ。

生きているシステムという考え方は、世界規模で相互のつながりや複雑性が進む今日の世界では、これまで以上の関連性を前提としつつある――これは、世界最大企業の「謎に包まれた」話が物語っているとおりである。利益はウォルマートの約一〇倍、市場価値は控え目に言ってもゼネラル・エレクトリック（GE）の二倍以上を誇るにもかかわらず、VISAはビジネスの世界で最もベールに包まれている企業の一つだ。もちろんこれは、同社の製品があまり知られていないからでも、得体が知れない産業のリーダーだからでもない。昨年、「世界人口の六分の一が当社の顧客です」と主張できた企業はほかにはほとんど見当たらない！　だが、この一〇年の間、『ビジネス・ウィーク』『フォーチュン』『フォーブス』の各誌が特集記事で取り上げた回数を見ると、マイクロソフトが一〇〇〇回をはるかに超え、GEは三五〇回を超えている――そしてVISAは、三五回程度だ。なぜだろうか？　VISAは、典型的なグローバル企業とはまったく違うからである。同社は、二万の会員組織が所有しているため株式を公開していない。また、その会員と、同社の目的や経営理念を詳細に記した規約と、専任理事会に帰属する意思決定権によって運営されるネットワークであるため、大きな本社をもっていない。さらに、同社の戦略は事実上、ネットワーク内の何千という自律的な事業体から生まれるものが多いため、戦略の舵取りをする（そして、けた外れな報酬を稼ぐ）いわゆる知名度の高いCEO（最高経営責任者）がいないのだ。

VISAが他の多くの大企業とは異なる様相を呈し、異なる形で運営されているのは、たいていの企業につきものの機械のイメージとは違うイメージから発想を得たからである。クレジットカード産業初期の過度の加熱と財政破綻のさなか、創業当時のCEOであるディー・ホックはある気づきを得た。彼は、当時すでに展開が始まっていた世界的な金融取引のネットワークを統合する能力をもつ「組織を設計することは、理性の力を超える」ということを明確に理解したのである。(7) だが同時に「自然界はいつも、まさにこれをやってのけている」ことにも気づいた。彼はあれこれ思いを巡らせた。なぜ、「人間の組織は熱帯雨林のように機能する」ことができなかったのだろうか？

なぜ、人間の組織は生物学的な考え方や手法に倣うことができなかったのだろうか？「新しい制度の仕組みについて議論することをやめ、組織を何らかの遺伝子コードをもつものとして考えるようにしたらどうなるだろうか？」要するにVISAは、私たちの「現実に対する古いものの見方や機械論的なモデル」を打ち捨て、「生きているシステム」という理念を組織の基盤として受け入れることから発想を得たのである。しかも、ホックはその後、彼が思い描く組織の形態について「カオディック★〔chaordic〕」という言葉を作った。「マネジメントにおいては、混沌とした状況が横行することを恐れるがゆえにつねに秩序を課そうとするが、自然界では、秩序は混沌と見える状況から絶えず生まれる」からである。

生物学者のグレゴリー・ベイトソンは「今日私たちが抱えるあらゆる問題は、私たちの考え方と自然界の機能のし方との間の隔たりに端を発する」と述べている。(8) 主要な組織の「DNA」の基盤にあるのは、たとえば「どのシステムも誰かが管理しなくてはならない」といった機械になぞらえた考え方である。人体や湿原のような、健全な、生きているシステムでは、管理は分散されることを私たちは知っている。だが、「誰かが管理しなくてはならない」という思考回路——私たちの内側にある「隠れニュートン主義」とホックが呼ぶもの——に慣れきっているため、真にこれに

★　混沌（chaos）と秩序（order）からなる造語

代わるものを思い描くことができないのである。しかし、こうした代替案は、私たちがその見方を学べば、私たちの周りのあちらこちらに姿を現す。

どのように仕事を行うか

「私たちはただ、仕事をどのように行うかを理解したかったんです」と語るのは、ヒューレット・パッカード社（ＨＰ）のアン・マレー・アレンである。彼女はかつて一〇年以上にわたって、同社最大にして稼ぎ頭であったインク供給事業部（ＩＳＯ）のＩＴおよび戦略担当部長を務めていた。

「いつ頃からシステム的な考え方で物事を見るようになったのか思い出せませんが、だいぶ昔にさかのぼります――私が周囲とどうつながるかのあり方なのでしょう。この本の旧版が刊行されたとき、私はむさぼるように読みました。ＨＰに来る以前も、私はすでにダイアログの実践者として、話を聴くことの力や、協力して特別なことをするには何が必要かについて顧客に教えていました。ＨＰでは、戦略、とりわけＩＴの戦略上の役割に携わったので、ＩＴの役割が大きな注目を集め始めると、おのずと知識管理《ナレッジ・マネジメント》へと進んでいきました。でも私には、『学んだ教訓』のデータベースのようなものはどれも、さほどレバレッジが高いとは思えませんでした。『知識は何らかの形で私たちの周りのいたるところに存在しており、私たちはこれを取り入れて体系化するだけでよい』という考え方そのものも、レバレッジが高いとは思えなかったのです。企業は『知識管理システム』に多額の資金を注ぎ込んだものの、その割にはほとんど成果が上がっていないことから、今ではこうした考え方はかなり少数派になっていますけどね」

「問題の発端は、知識を理解していないこと、すなわち、実践の場で知識がどのように創られ、どのように機能するかを理解していないことです――知識は社会的なものなのですから。知識は、やり方について私たちが知っていることであり、私たちはその知識をもって互いに物事を進めます。こうして仕事は行われます。協働は、知識管理の裏面です。一方を語らずしてもう一方を語ることはできません。つまり、知識を管理するには、協働や、社員の協働を後押しするツールに目を向ける必要があるのです。今日、私たちの仕事の大半は知識ネットワーク上にあり、私たちはこれを協働ネットワークとも呼びます。社員が協力して価値を生み出し、新しい価値の源を生み出すネットワークです。非常に有機的なプロセスですが、これを理解する方法や、妨げるのではなく後押しする方法があるのです」

アレンは数年前、オレゴン大学の社会的ネットワークの研究者であるデニス・サンドウと一連の調査で協力するようになった。「私たちはすぐに二つのことを学びました。さまざまな主要な技術力に関連する異なる社会的ネットワークを特定するのは可能だということ、そして人々がこうした調査に楽しんで参加しているということです。デニスのアプローチのすばらしいところは、多くの研究活動のアプローチとは異なり、人の分析を行うのではなく、技術者たちに自らがネットワークの分析者になる方法を教えたことです」

サンドウは言う。「私の真の目的は、人々が自分の仕事のやり方を振り返る手助けをすることでした。人はおのずと、自分の仕事がどのように発生するかを理解することや、自分の仕事が他者に、とりわけ、実際にどのような影響があるかを、何も理解せずに組織の改変や社員の配置転換をしたがるマネジャーに説明したくなるものです。今日、これらの技術者たちは、マネジャーとのコミュニケーションにまったく新しい言語を使っています[9]」

アレンとサンドウの取り組みは、振り返りの実践、つながりの大切さ、そして組織を「生きているシステム」として理解することをつなぐ、まったく新しい橋を築いている。「やがて私たちは、知識のネットワークは振り返りを通じて広がり、より強固なものになることを学びました」とアレンは言う。「誰と協働するかを考え、協働のプロセスについて共に振り返るとき、私たちは互いに認め合うのです」。たとえば、インク供給事業部（ＩＳＯ）は、材料化学に関する新たな理解を必要とする重大な問題に直面していた。ＩＳＯは競争力の高い二つのサプライヤーと協力して、ＨＰサプライヤー・システムの社会的ネットワークの地図★を作った。この地図は、誰が何を知っているかを明確にしただけでなく、信頼と相互依存の実感にも貢献したのである。「社員たちはわかってもらっていると感じました。そして、彼らの関心や貢献は誰の目にも一様に明らかでした。このネットワークはたった二～三週間の協働作業をすることにより、早い段階で信頼と開放性を構築して、新しいインクジェット・カートリッジの開発期間を一六週間短縮したのです。今日ではこのような事例はたくさんあります。そして、知識のネットワークに関する振り返りを促すことの実際的な価値は、だんだんと認識されつつあります」

アレンとサンドウは取り組みを振り返り、こう結論づけている。「物理科学の考え方が『産業時代』を支配したように、生命科学の考え方が『知識時代』を支配し始めている。生命科学の考え方は、知識や人や組織を生きているシステムとしてとらえる……それにより、着眼点が、（一）部分から全体へ、（二）分類から統合へ、（三）個人から相互作用へ、（四）観察者を外に置くシステムから観察者を内に含むシステムへと変化する」(10)

アレンとサンドウの社会システムに対する考え方は、チリの生物学者で、生きているシステムの認知に関する先駆的な研究で広く知られるウンベルト・マトゥラーナの影響を受けた。マトゥラーナは「知的な行動は、ネットワークのメンバーの誰もが、他のメンバーをネットワークの正当な参加者として受け入れる社会システムにおいて生み出される」と述べている。ＩＳＯの幹部は、マ

★　関係者がそれぞれどのように結びついているかのネットワークを図示したもの

トゥラーナによる二日間にわたるセミナーを二度行い、その最初のセミナーを二〇〇〇年に主催した。これは心に残る経験となった。一〇〇人を超える技術者たちが、愛は他者を正当な他人として認めることであり、「知性を広げる感情」であると語るマトゥラーナの言葉に耳を傾けたのである。私は彼の話を聞いて、アリー・デ・グースの著作の序文を執筆した際に学んだことを思い出した。英語の「company（企業）」の語源はフランス語の「*compaigne*（カンパーニュ）」である——これは「パンを分け合う」という意味で、「companion（仲間）」の語源でもある。興味深いことに、ビジネスを意味するスウェーデン語の古語「*naringsliv*」は「生命の栄養」という意味であり、ビジネスを表す中国古来文字は「人生の意味」と訳される。私たちは、「組織は生きているシステムである」ということを再発見するとき、心から大切だと思う目的に向かって力を合わせて取り組むことが、人間である私たちにとって実際にどのような意味をもつかということもまた再発見するのだろう。

第13章 推進力

学習志向の文化を構築することは、いかなる状況においても困難な仕事である。これには何カ月、何年もの年月を要する――それどころか、これは終わりのない旅である。また、これには、真の文化の変容を理解することに失敗するリスクや、逆に成功することで現状維持を望む人にとっては脅威となるリスクが伴う。学ぶことは自分自身をフル稼働させることであり、また、いつの時代も自分の居心地の良い場所にいるほうが楽なため、学習志向の文化を築くことは骨の折れる仕事なのだ。この一五年間、こうした試練に対する私の認識を弱めるものは何一つなかった。これらのことをすべて考え合わせると、いったい何が人々を駆り立てて、こうした取り組みを始めずにはいられない気持ちにさせるのだろうか?

「学習する組織」の構築という困難な取り組みに向かわせる動機には、重なりがあるものの、異なる三つのものがあるようだ。変化をマネジメントし、変化を導く方法についてより優れたモデルを探求する人もいる。また、変化に絶えず適応する組織の総合的な能力を構築しようと試みている人もいる。そして、誰もが、実際的にも人間的にも優れた取り組み、すなわち、業績を大きく改善し、かつ大半の人が心から働きたいと思うような職場を創る取り組みをマネジメントし、体系化する方法があると確信するようである。

変革への異なるアプローチ

「私は世界銀行に来る前、劇的ではあるものの、機械的とも言える変化を経験している組織にいました」。こう語るのは、途上国の民間企業への投資を行う世界銀行の一機関である国際金融公社（IFC）で、人事担当副総裁を務めるドロシー・ハマチ＝ベリーである。「たいていは新しいリーダーが登場します。そこには『足元に火が付いた状態』があり、いってみれば、すべてを打ち壊してゼロから始めなくてはならない、やむにやまれぬ事情があります。このアプローチは、私の知っているどの場所でも機能しないように思えました。一九九六年に世界銀行に初めて赴任したとき、一人の新しいリーダーがいました。世銀では、大学の経営者育成プログラムを通じて何百人もの経営幹部を送り込んでいたのです。彼らは皆、同じ変化のモデルを与えられていましたが、驚いたことに、何一つ、変化は起きていませんでした。そんな時です。『違うモデルはないのだろうか？』と私が問い始めたのは。そして私は、『これに代わるモデルは、志、ひいては世界銀行のクライアントの志を出発点にしなくてはならない』と気づいたのです」

当時、世銀は、長いことその実効性の足かせになっていた組織的な問題への対処を試みていた。たとえば、「カントリー・マネジャー（国別担当局長）」の拠点をワシントンに置くのではなく、現地国にこうした立場の人を派遣していた。マネジャーを「現場に」置くことで、クライアントのニーズや要望や目的に、より調和させるという考えである。同じ頃、世界中に張り巡らされた世銀の知識ベースを強化するため、専門家のネットワークが構築され、新たなマトリックス組織が導入された。

学習プロジェクトは一九九九年、世界銀行のメキシコチーム（当時まだ、ハマチ＝ベリーは世銀全体の人事担当副総裁だった）と保険医療・教育に取り組んでいる人材開発チームで始まった。「世銀はすばらしい国別チームを有していましたが、彼らはマトリックス組織で仕事をするという新しいやり方に四苦八苦していました」と彼女は振り返る。二日にわたる基礎的なワークショップの後、チームは、「発展したい」というクライアントの志を明確にする手助けをすることを全体の目標に掲げ、数カ月にわたりダイアログやシステム思考、自己マスタリーなどの学習ツールに取り組んだ。世銀が長い間抱えている問題の一つは、現地の革新的なプロジェクトに資金を行き渡らせるに当たって、組織内部の境界を越えて働くことができないことだった。「メキシコでは、クライアントと国別チームとネットワークのメンバーに、それまではほとんどなかった協働という新しい形で取り組んでもらいました。世銀が規範的なアプローチを用いて介入するのではなく、チームとして協力し合い、問題の解決策を考え出したのです。その結果、画期的なプロジェクトが生まれました。辺鄙《へんぴ》な山岳地帯の子どもたちに、これまでにないやり方で教育や医療サービスを届けるといった効果を目の当たりにすることができたのです。これは、世銀がプロセスを推し進めるのではなく、世銀のスタッフがクライアントと協働して、『クライアントが』自らの開発プロセスを推進できるようにすると何が起こり得るかを示す、すばらしいプロトタイプでした。そしてほどなく、『もっと多くのプロジェクトをやってほしい』という要望が私たちに寄せられたのです」

ちょうどその頃、ＩＦＣの上層部で同じような変革の機会があったことから、ハマチ＝ベリーは世界銀行からＩＦＣに移った。彼女はメキシコで学んだことを生かした。「私たちは『組織学習』といった言葉は決して使いませんでしたし、この本（本書旧版）の内容についても話しませんでした。それはあまりにも学問的に聞こえましたし、こうした考え方は彼らの力を損なうことになるからです。その代わり、志――私たちの志とクライアントの志――を立てることや、ダイアログや探求の能力について話をしました」

当初、投資責任者たちからは、学習ツールを使った取り組みに対する要望はほとんどなかった。それは、およそ彼らの仕事のやり方ではなかったのだ。「IFCの投資責任者は交渉役であり、ダイアログや探求は彼らのスタイルではありませんでした。非常に困難な状況でした。けれども、IFCのピーター・ヴォイケ長官がこうしたアプローチの価値を認めていたため、私たちは彼の経営チームと協力することに専念しました。ピーターは根気強く取り組みました。そして、二年かかりましたが、最終的には、やりとりの仕方や協働でなし得たことの中に成果を見ることができたのです。彼らは、率直であること、意見の食い違いを開示すること、そして対立に言及するのを避けるのではなく、これを意図的に表面化させることについて学びました」。最初の転機が訪れたのは、ヴォイケの直属の部下の何人かが「同じような開発プロジェクトを自分たちのチームで実施したい」と言ったときだった。「さまざまな基本的な学習の手法が、人々の働き方の中に徐々に姿を見せ始めたのです。IFCは、結果を重視する世界銀行グループの一員です。すなわち、商業的な成功と開発の効果を得ることは、どちらも重要なことです。職員たちは事業の効果を追跡することができたので、取り組みの価値は一目瞭然でした。今日、これらの取り組みは完全な需要主導型で、私たちのところには、能力構築の手助けをしてほしいという現場の責任者自身からの依頼が数多く寄せられています」

ハマチ＝ベリーと同僚たちは、ヴォイケが一年前に退職したとき、彼らの文化的な変化の取り組みの長期的な効果について別の検証を行った。「このアプローチの提唱者である長官が去ったらどうなるだろうか？　私たちは、このように大きな成功を収めた数々の変革が、その成功にもかかわらず、つぶされたり、普及しなかったりすることを知っていました。けれどもこの取り組みは、政策や戦略の変化に影響を及ぼし、ＩＦＣの事業は過去六年間で倍増しています[1]。実際に、三年連続で記録的な成長と収益を実現しているのです――当行がかつてこれほど好調だったことはありません。実に多くの現場の責任者がビジョンの精神を具現化し、学習する環境の構築にほかの人たちを参加させていることによって、この成功は大いに助けられてきたと思います。ひと握りのこうした人たちが組織の中に出てくると、勢いがつき、すべてのことがはるかに簡単になります」

「クライアントと協働して取り組む私たちの能力は、より良い投資決定につながり、これによってさらに大きな成功をもたらすビジネスの構築が進み、ひいては持続可能な発展により大きな影響を及ぼす可能性があります。こうしたビジネスと開発の成功との調和は、私たちが当初からずっとめざしていることです。振り返ってみて明らかなことは、単に誰かれかまわず『プログラムに送り込む』のではなく、自ら実例を示してリードするには真の忍耐力（変革への取り組みではとかく失われがちになるもの）と自発性が必要だということです。ピーターは世界銀行以外での幅広いマネジメントの経験によって、『探求と真の志が大切だ』ということを確信しているようでした。そのため、彼自身と自分たちのチームが自らの能力を育むのに必要な時間をかけることを厭いませんでした。そしてそのことが、職員が、実用的な結果の証拠を確かめ、自らの能力を構築したいと思えるようになるまでに必要となる忍耐力とぴったり符合したのです」

適応する組織を築く

ＩＴの未来

フォード社のマーブ・アダムスは、変化を導く手段としてだけでなく、持続的な変化に対応するより優れた能力をもつ組織、すなわち彼の言う「適応する組織」を構築する手段としての「学習する組織」の取り組みに魅了される大勢のうちの一人である。

「ＣＩＯ（最高情報責任者）の場合、ビジネス全体を見る独自の視点をもっています」とアダムスは言う。「今日、際立っているのが次の二つです。私たちが創り出している組織のつながりの驚くべき深さと、経営環境の相互依存性と不安定性です。現在フォードには、基礎となる二〇の事業部門に三〇万人を超えるＩＴユーザーがおり、二四〇〇のアプリケーション・プログラムを通じてやりとりをしています。これらのプログラムを開発した六〇〇〇人のＩＴ専門家は、一〇の異なるＩＴ開発グループに属しており、二〇〇のさまざまなＩＴベンダーと提携しています。これらはみな、携帯式・内蔵式のコンピュータ装置の急増に伴い、爆発的に増えつつあります。今や全世界の事業活動で、およそ三五〇億のマイクロコントローラー、七億五〇〇〇万のスマート・センサー、一五億のＩＴモバイル機器が使われており、その数は急激に増加しています。このように相互のつながりが深まると、不安定性や非線形型の影響が大きくなり、過去からは予測することができなかった変化が突然起こります。危険を意図的に作り出す『有害ソフト』による金融被害は、二〇〇〇年以降の四年間に世界全体で一〇倍増え、二〇〇〇億ドルを超えました」

「こうしたつながりや不安定性は、今までとはまったく異なるマネジメントが必要になることを意味します。変化のスピードについていくことは、成功には欠かせないことです。従来からのトップダウン式の管理という考えでは成功することはまず無理です。ですが、枠組みがなく、全体が混乱していても、成功はあり得ません。厳し過ぎる枠組みと緩過ぎる枠組みの間の適度なバランスを絶えず見つけることが、生き残るための適応能力を身につけるカギになるでしょう」

アダムスは、組織内のＩＴの未来は組織の適応能力の向上にこそあると確信している。「私たちは会社をつなぎ合わせるインフラに携わっています。ですから、組織が包括的な事業の運営に成功するもしないも、その強力な手段を手にしているのはＩＴの専門家たちなのです」。ＩＴの専門家の技術的な責務は今後も変わらないが、アダムスが言う「社員がパターンを見て複雑性に対処するのを手助けする」という、まったく新しい貢献の仕方が姿を現しつつある。「社員は情報に圧倒されています。これは、より優れたＩＴシステムの構築だけでは解決できません。これを解決するには、広範なコンピュータと現実に動いているシステムの文脈の中での協働とシステム思考が必要です」

アダムスは現在、これまでにないシステム思考や複雑性の科学による考え方の融合を用いて、戦略や事業運営、文化におけるさまざまな変革の課題について事業責任者たちと意見を交換する、新世代のＩＴ人材を育てている。彼らは、システム思考のツールを用いて、戦略的な変革の選択肢を組み立てる。[2] 社員がシステム全体のパターンを視覚化する手助けをする、複雑性の理論にもとづく考え方を用いてバラつきを緩和する政策を変更する、新しい「連携のパターン」を創り出すなどだ。

例を挙げよう。フォードは先頃、新たに成立した米国サーベンス・オクスリー法に関する指針の遵守に向けて、長年利用されてきたさまざまな財務管理システムを変更するという困難な仕事に取り組んだ。「サーベンス・オクスリー法は、企業が責任を問われることになる一連の財務規制について規定しています。もし企業がこれを守らなければ、サーベンス・オクスリー法による認定を受けることができず、企業の評判や投資家に対するリスクの評価に影響を与えることになります」とアダムスは言う。「企業の役員たちも、管理の欠如によって生じる問題に対して個人的な責任を問われるので、これは大変な問題です。私たちは最初の一年以内に認定を得るのは無理だろうと考えました。なぜなら、四〇年にわたりフォードで開発された数々の異なる管理システムがあるのみならず、ジャガーやボルボ、ランドローバーなどの買収した企業内に組み込まれている他のシステムが今なお残っているからです」

アダムスは異なる事業部からなる作業グループを作り、このグループが監査データを調べ、「脆弱性のパターン」を突き止めた。これらのパターンは、とくにITシステムがどのように脆弱性の一因になっているかを明らかにするシステム図やダイアログ・セッションを通じて、いっそう明確になった。たとえば、作業グループは、報告の方針のばらつきが大きすぎることが問題の原因の一つだと気づいた。そこで彼らは方針の基準を定義し、これを用いて、何十年にもわたり蓄積されてきた寄せ集めの方針の記述を差し替えた。また、同社には、資産の定義方法にも非常に大きなばらつきがあったため、作業グループは、より簡単で的を絞った評価システムと併せて、新しい簡略化した分類体系を練り上げた。その後、世界各地に分散している社員と連携して、分類の整合性をチェックし、ベスト・プラクティスを共有する「認定マスター」を養成した。これにより、今までにはなかった一連の連携を生み出したのである。やがて「世界中で共通の言語を用いる一万一〇〇〇人の社員が、管理に関するすべての課題を割り出してこれに取り組むようになり、二週間以内にその大半を見つけ出しました。自分たちをがんじがらめにしていたシステムに社員の目を向けさせただけで、変革を可能にする適度な量の枠組みが見つけ出され、エネルギーが組織全体に解き放たれたのです。それを目の当たりにしたのは、本当に驚きでした」

アダムスは続ける。「私たちは同じような手法をさまざまな問題に適用しています。また、組織が周囲の環境《エコシステム》と足並みをそろえ、願わくは周囲の環境《エコシステム》における組織の立ち位置を改善できるように能力を構築する方法を学んでいます。こうした能力を文化に組み込むには時間がかかりますが、自然界が、役に立つ基本的な手法に私たちの目を向けさせてくれます。たとえば、パターンを感じたり、見たりすること、考えを組み直すこと、そして『変異』、すなわち実験とフィードバックなどです。組織のシステムでこれらを応用したのが、システムのモデル化、協働とダイアログ、そして、変動性の過度に大きい例を探すことです。これらをすべて効果的に結びつけることができれば、イノベーションが促進されます」

変化に適応する警察

この一〇年の間、私は、世界のあちらこちらで、公的組織が、企業同様たゆみない学習と適応を必要とする業務に学習のツールや原則を取り入れていることに心を引きつけられてきた。こうした取り組みをシンガポール警察（ＳＰＦ）ほど熱心に行っているところはない。「私たちは目まぐるしい世界に暮らし、私たちの周りは、複雑で不確実性に満ちた課題でますますあふれかえっています」と語るのは警察本部長のクー・ブーン・ホイである。[3]「このところ、新しい合成麻薬や不法移民、これまでにない形の犯罪やテロが次々と生まれていることで、これらに対処する準備ができていない多くのコミュニティの治安が脅かされているのを目の当たりにしています。私たちが奉仕する国民の生活に悪影響が及ぶ前に、動向を把握し、潜在的な問題への対処能力を養わなくてはなりません。私が強く信じているのは、こうした能力は、学習を促す組織文化における知識管理によってしか生まれ得ない、ということです」

クーとＳＰＦは多くの他の組織と同様、シンガポールが「学習する国家」をめざして一〇年以上前に始めた取り組みに引き込まれた。

「シンガポール警察の指揮をとることになったとき、私は気になる傾向に気づきました。警察官の仕事はやりがいのない単調なつまらない仕事で、新世代の知識労働者にふさわしい仕事ではないと考えられていたのです。私たちは必要な人材を集めることができませんでした。また、シンガポール警察は、指揮・統制組織として運営されており、警察官たちは、標準業務手順に厳格に従わなくてはなりませんでした。指揮官の指導を求める時間がないに等しい中で迅速な意思決定をするには法と秩序が必要ですが、その法と秩序に対する脅威の本質が進化していることに、彼らは対応することができなかったことを意味します。とはいえ、人に『力を与えること《エンパワーメント》』は、口で言うほど簡単なことではありません。そこで私たちは一九九七年、ビジネス・モデルの抜本的な改革を通じた警察官の仕事のあり方の変革と、組織開発への投資による信頼と開放性をもつ組織文化をめざす改革に着手したのです。これが困難であることも、時間がかかることもわかっていたので、私たちは、組織学習協会（ＳｏＬ）のメンバーである米国企業をはじめ、こうした課題に取り組んでいる組織に足を運びました」

文化は何もない所からは築かれないが、その代わり、機能しているものを守り、改善し、機能していないものを手放すときに文化は進化する。「一九八〇年代初頭以降、私たちは地域警備の整備に成功し、管轄の地域で警察官は顔なじみの存在でした。もはや恐れられることもなく、信頼されていましたが、その地域にとって心配の種である根本的な問題を特定し、それに対処する知識やスキルについては十分に身につけていませんでした。そこで私たちは、警察官の職務範囲を拡げ、その地域を巻き込んで、自分たちの地域の治安にかかわる問題を特定し、解決するのを手伝ってもらえるようにしたのです。警察官は、地域住民たちが近隣の治安上の問題についてより大きな主体性をもつ手助けを始めました」

クーは説明する。「警察官の仕事がこれまで以上に知識を必要とするようになると、彼らは、もっと良い形で地域を未来創造型の生成的なダイアログやシステム思考による問題解決に参加させることができるように、組織学習のスキルを取り入れました。また、長期的な問題の解決に向けて利害関係者のネットワークも作らなくてはなりませんでした」。このことは、「共に思考する力を活用する」という、警察機能における同じように新しいチームワークの考え方と符合した。最終的にクーたちは、「警察官が私たちの共有ビジョンに沿って決定を下し、行動すると確信して、彼らにより大きな裁量を委ねられるように」、あらゆる階層でリーダーシップ能力を開発することと、基本的な価値観を教え込むことに重点を置いた。

警察官がさまざまな問題に対処するに当たっては、組織全体のつながりを深めることも必要だった。「警察官たちは、他の警察官や同僚の個人的な経験を含め、SPFに大量に蓄積されている知識を活用しなくてはなりませんでした。私たちは体験談や物語を活用して——重大な事件の解決にかかわった警察官一人ひとりの物語を提供して——経験にもとづく暗黙知を獲得することに着手したのです」。また、知識の移転を促すために、特別な「経験共有セッション」を開設して、現場の警察官がひと筋縄ではいかない状況や顧客への対応の仕方を学ぶ手助けをしたり、「アフター・アクション・レビュー★（行動後の振り返り、AAR）」を実施して、現場での振り返りをさらに増やしたり、システム全体に認識を広めたりした。さらに、こうした取り組みは、電子掲示板の開設にもつながった。この掲示板は、警察官であればアクセスすることができ、たいていどんなことについても考えを述べることができるものだ。「議論での一連の発言の流れが管理されず、そこに書かれていることがシンガポール警察の警察官が実際に感じ、考えていることだと知ると、多くの人は驚きます。電子掲示板を動かしているのは、実に率直に自分たちの考えを述べ、知識や経験を伝える

★ p.418 参照

のに十分な安心感と関心を抱いている警察官たちの情熱です」。最終的にクーのチームは、これまでのように杓子定規な標準業務手順（ＳＯＰ）に重点を置くやり方を改め、ＳＯＰの多くを「ベスト・プラクティスにもとづく裁量の行使を促すために、規範的な指示ではなく、原則に重点を置くように書き換えました」

こうした変革は、国際的なテロがもたらすもののような新たな課題に取り組むうえで、とりわけ重要になっている。「活用する自らの経験がほとんどないため、ＳＰＦは、知識の蓄積にひと役買ってくれそうな、できる限り多くの人や組織と関係を築かなくてはなりませんでした」。ＳＰＦは現在、世界中の警察署と協働し、彼らの経験から学んでいる。また、学界や宗教の専門家、地域リーダーのネットワークに参加し、さまざまなものの見方を習得している。「ほかの核となる問題と同じように、私たちの関心は、対処することだけでなく、地域のパートナーたちと緊密に協働することでこれらの問題の根源を突き止めることにあるのです」

「結局のところ、いかなる場合も組織の変容の原動力となるのは、そこで働く人たちです。信頼と、組織の人たちが互いにどのようにかかわり合うかに焦点を当てることが、核となる成功理論の土台を形づくるのです。つながりの質が高まるにつれて、思考の質も向上します。チームのメンバーたちが問題のより多くの側面について考え、より多くのさまざまなものの見方を共有すると、彼らの行動の質が高まり、それによって最終的には達成できる成果が増えるのです」。そして、こうした成果は勇気を与えている。現在、シンガポールの年間犯罪率は一〇万人当たりおよそ八〇〇件である――これは一九九〇年代半ばに記録された件数の三分の二に満たず、日本のおよそ三分の一だ。また、こうした取り組みによって、検挙率も、日本が二五％であるのに対し、シンガポールは現在およそ六〇％と一〇年前の三一％から劇的に向上している。さらに重要なことは、クーが言うように、

「私たちは地域社会の信頼や協力、そして敢えて言うなら、尊敬を得ることで、地域との絆を深めることができている」ことだ。現在、シンガポール警察は十分すぎるほどの高学歴の求職者を採用している。

業績と幸福

警察本部長のクーの話が、「業績は、より有意義で一人ひとりにとってやりがいのある職場環境を創り出すことに呼応して、劇的に改善する」ことを物語っているのは、偶然ではない。BPのビビアン・コックスが、複雑な組織の仕組みを見直すために社員に話し合いをさせたときの経験を振り返って言った、「この取り組みは私が仕事をしてきた中でいちばん楽しいものでもあった」という言葉を思い出してほしい。表現方法はそれぞれ異なるが、私の覚えている限り、組織学習の熟練した実践者たちの中で、同様の目的を心に抱かない者はいない。「つながりの質が身の回りの多くのことを改善します」とIFCのハマチ＝ベリーは言っている。

フォードのアダムスは、「社員たちは、かつては『システムを変える方法なんてない』と感じていた状況で、創造性や達成の満足感をより多く感じています」と語る。

「要は『生産性』、つまり、個人と組織の生産性です」と語るのはヒューレット・パッカードのアレンだ。「だからといって、社員は一日八時間ではなく一二時間働かなくてはいけない、ということではありません。つまり、社員の仕事の価値が増すと、驚くほど簡単に業績に反映されるようになるのです」

アレンの言葉は、ＳｏＬネットワークを始めた頃の心強い話を思い出させる。一九九〇年代初め、デイブ・マーシングは、インテルの「486」マイクロプロセッサの第一線の施設である「Fab9」工場立ち上げの責任者だった。これはとてつもなく困難かつストレスの多い仕事で、彼は道のりの半ばで心臓発作に倒れた。幸いにもすぐに緊急治療室に運ばれ、心臓への長期的な損傷はなかった。だが、数週間後に仕事に復帰したとき、彼には同僚たちにはっきりと伝えたいことがあったのだ。「もはやかつてのように、とんでもなく長い時間働くつもりはないことや、家族といっしょに夕飯が食べられるように仕事を切り上げるつもりだということを知ってほしかったのです。緊急時のみですが、必要な場合に備えて週末の連絡先を教えることにしました。彼らに『期限に間に合わせるために、もっと話をしたり、振り返ることに時間を使う』と言いました。誰も、私がまじめに言っているとは思わなかったでしょう。けれども次第に、彼らは私が真剣だということに気づきました」

「この変容とともに私たちが創り上げた文化は、数年後に始まった新しい『Fab11』工場の設計・開発の中心を成す価値観や原則の形成の核になりました。最終的に私たちは、『Fab11』工場の立ち上げにおいて、インテルにおけるあらゆる記録を塗り替え、最も強気な見通しよりもさらに九〜一二カ月早く工場の本格稼働を成し遂げました。会社にとっては数十億ドルの経費削減となり、そのうえ、私たちが提供する新しいチップがこれほど早く出回り、顧客向けのより多くの新商品に搭載されるという市場での成果をもたらしたのです。この工場は今でも、世界最大規模を誇り、最高の業績を上げています」

「私にとってはっきりしたのは、『私たちはより賢く働く代わりに、単にがむしゃらに働いていた』ということでした。つまり、定期的に社員が救急車で運ばれていて、それを当たり前のこととしか考えていなかったのです。私が一心不乱に働くのをやめると誓いを立てたとき、ほかの人にとっても同じように選択の余地が生まれました。その結果、私たちは、これまでとは違うやり方で協働するようになり、長時間労働と超人的な努力だけでは決して成し得なかったことを達成しました」

言うまでもなく、マーシングのような人たちが探求する幸せが、難問や困難のない人生を意味するというわけではない。むしろ人は、自分の仕事により積極的にかかわったり取り組んだりするようになると、たいてい、より困難な課題に積極的に立ち向かおうとする。また、そういう人たちは、ぬるま湯から抜け出して事を進める危険を冒すことを厭わない。それどころか、セオドア・ルーズベルトが述べた「勝利も敗北も知らない冷たく臆病な人々」のように、足りないことから目を背けて抜き差しならない状況になるくらいなら、心から大切だと思う目的を追求して失敗することも厭わないのだ。

ビル・オブライエンはかつて、幸福を「人生が正しい方向に進んでいて、自らが変化を創り出す機会をもつと概して感じていること」と定義していた。私は日ごろから、幸福を「大切なものだが、直接的な努力では達成することができない不可思議な特性をもつものの一つ」と考えてきた。皆さんは、幸せになるために働いている人に出会ったことがあるだろうか？　私の経験では、そういう人たちには一つの共通点がある。それは、彼らはあまり幸せではない、ということだ。一方で、何よりも大切なことを追い求めて生きていたり、友情を大切にしたいと思う人たちとともに働いたりしていれば、それだけで十分に幸せになるだろう。そういう意味では、幸福は単に、充実した人生を送ることの副産物にすぎない。そういう生き方をしたいと思う気持ちこそが、組織学習の実践者を突き動かしているものなのである。

第14章 戦略

以前からわかっていることだが「学習する組織」を構築できる特効薬などありはしない。公式も「三つのステップ」も「七つの方法」もない。だが、見事な結果を、しかも楽しみながら生み出す職場環境を築くことについては、これまで多くの学習がなされてきており、今なお、その学習は続いている。本書の出版に際して私たちが行ったインタビューは、熟練した実践者といっしょに、実践の最先端とその提供において核となる戦略を検証するすばらしい機会となった。本章ではまず、戦略的に考えるとはどういうことか――基本的な目的は何で、照準をどこに合わせるべきか――について概略を述べた後、人々がさまざまな状況で実践している八つの異なる戦略を挙げ、説明する。

戦略的に考え、行動する

学習する組織を構築するうえで戦略的に考え、行動するとはどういうことだろうか？『フィールドブック学習する組織「5つの能力」――企業変革を進める最強ツール』（柴田昌治、スコラ・コンサルト監訳、牧野元三訳、日本経済新聞社、二〇〇三年）の執筆に当たり、私と仲間たちは、学習する組織の構築におけるあらゆる階層での戦略的リーダーシップについて、読者の理解を助けるために簡単な枠組みを示す図を作成した。この枠組みは二種類のグループに分かれる問いに対応したものだった。一つ目のグループは「私たちの目的は何か？」「学習する文化を定義づけ、それをゆるぎないものにする成長とイノベーションの土台となる領域は何か？」、そして「そこに到達したとすれば、どうやってそれを知ることができるだろうか？」という問いである。もう一つのグループは「リーダーは学習する文化を創り上げるためにどこに意識や努力を集中させるか？」「どのようにその文化を創ることができるか？」である。私たちは前者を「深い学習サイクル」、後者を「戦略の構造」と呼ぶ。今日、この円形と三角形の図は、さまざまなリーダーたちが用いる戦略を理解するための全体的な考え方を示している[1]（図14-1）。

　この枠組みにはいくつかの要素が含まれているが、主な特質は学習に関する基本的な洞察に由来する。学習にはつねに二つの段階がある。ある次元では、図の下部に示すように、あらゆる学習は学習者が実行できること、すなわち学習者がもたらす結果によって判断される。だが、一度だけ自転車に乗れたとしても「自転車の乗り方を学んだ」とは言わないだろう。より深い次元では、学習の目的は、一定の質の結果を確実に生み出す能力を開発することである。一度だけ自転車に乗ることではなく、「自転車を乗りこなす人」になることが学習の目的であり、こうした能力は深い学習サイクルの結果として養われる。そして、この深い学習サイクルを持続するのに必要な学習環

図 14-1

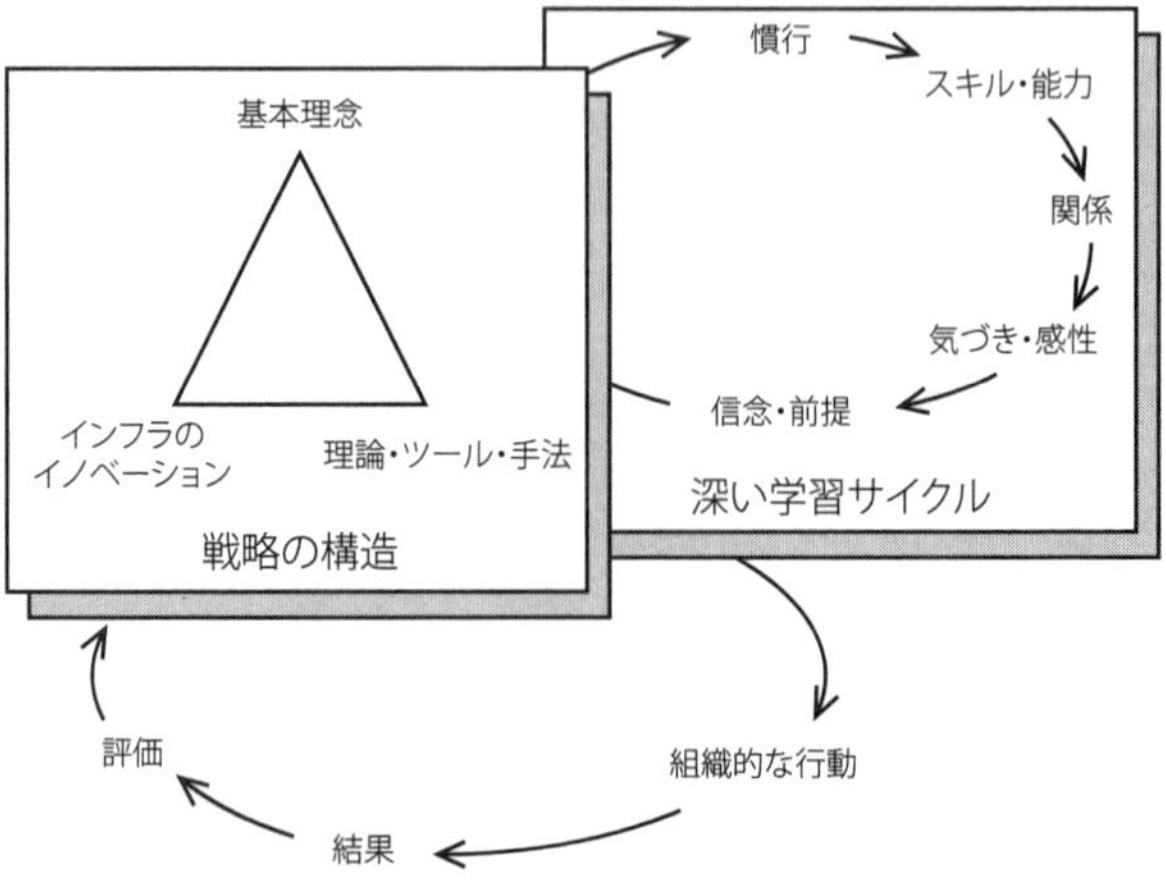

境が、「戦略の構造」の焦点である。(2)
「深い学習サイクル」には五つの要素があり、熟練したリーダーは、健全な学習する文化を築くうえでその一つ一つ、すなわち、信念と前提、慣行、スキルと能力、関係のネットワーク、気づきと感性に目を向ける。これらの五つの文化的な要素は、つねに互いに影響し合っている。信念と前提からスタートしよう(3)(サイクルのどの部分からでも始められる)。当たり前だと考えられている世界観は、そういう世界観をもつ人にとっては目に見えない場合が多いが、この世界観が組織の慣行を形づくり、人々の行動の指針となり、ひいては、そうした組織の慣行にもとづいて人々がどういうスキルや能力を身につけるかを決定づける。(4)たとえば、心から「耳を傾けること」を大切だと考えている場合は、日々の仕事において、聴き方に関する振り返りを促す「チェック・イン」のような慣行が築かれる。(5)同じように、慣行やスキルや能力は、関係のネットワークに影響を与え、気づきを形づくる。たとえば、熟練したダイアログの慣行が発展すると、自分たちが誰に依存し、誰が自分たちに依存しているかについて理解が深まるようになり、これによって社会的ネットワークが強化される。あるいは、システム原型などのシステムに関する言語に熟達してくると、それまで見えなかった相互のつながりのパターンが見えるようになる。要するに、「百聞は一見に如かず」である――経験することは、私たちの信念や前提を強化する何よりも直接的な源なのだ。

組織の文化は、単に「現在の姿」であるかのように語られることが多い。だが、変化しない文化はない。文化は、私たちが日々、互いにどのように生きるかによって絶えず強化されている。これらの五つの要素を深い学習サイクルの一環としてつなげることで、この枠組みは、「これらの要素はすべて変化する可能性があり、(たとえゆっくりであっても)間違いなく変化する」という重要な前提を表している――そしてこれらの要素は、変化する場合には共進化する傾向にある。深い学習サイクルは、今の文化のあり方を強化する場合もあれば、出現しつつあるものを強化する場合もある。私たちが互いに違うやり方で行動すると、これらの要素をすべて変える可能性にもスイッチが入る。

　私たちはおのずと、「この深い学習サイクルに影響を与えるにはどこに働きかければよいか」を知りたくなる。可能なアプローチはたくさんあるが、一貫性のある戦略には三つの要素、（一）基本理念、（二）理論・ツール・手法、（三）組織インフラにおけるイノベーションがある。「基本理念」は、組織の存在理由は何か、私たちは何を達成しようとしているか、私たちはどのように組織運営をしていくかを定義する支配的な概念や原則からなる。これは、目的、ビジョン、価値観の領域だ。「理論・ツール・手法」は、物事がどのように作用するかを明確に示す理論（たとえば、調達プロセスのシステム図や、新製品の発売にはなぜ「その場しのぎの策」が付いて回るかを示すシミュレーション・モデルなど）や、これらの理論を応用して、問題を解決し、相違点を協議して、進捗を測定する実践的な手段をいう。ツールは、深い学習のどのプロセスにも欠かせない重要なものだ。バックミンスター・フラー★は、「人の考え方を変えることはできない」が、「それを使うことでこれまでとは違う考え方へと導く」ツールを与えることはできる、とよく話していた。「組織のインフラ」（正式な役割やマネジメントの仕組みなど）は、物理的なインフラと同じように、エネルギーや資源の流れを形づくる。本章で紹介する重要なイノベーションの多くは、明確な基本理念や適切なツール・手法に呼応して、新しい学習インフラの構築の形をとっている。

　この枠組みの背景にある包括的な考え方は、社会理論では「構造化」理論、または「定められたシステム」の理論として知られている。第三章では、システム思考の中心的な原則、すなわち「構造が挙動に影響を及ぼすことと」や「出来事や挙動ではなく、根底にある構造に焦点を当てることを

★　p.118 参照

身につけると変化のレバレッジが大きくなること」を紹介した。これらの構造は、信念や前提、慣行、スキルや能力、関係のネットワーク、気づきや感性——すなわち深い学習サイクルの要素でできている。システム的なものの見方の二番目に重要な原則は、社会システムを支配する構造は、これらのシステムの中にいる当事者が取る行動の累積的な影響によって生まれることである。要するに、ウィンストン・チャーチルが言ったように、「私たちが構造を形づくり、その後は構造が私たちを形づくる」のである。

こうしたシステムの構造は、どのように変わるだろうか？　現在主流となっている構造は、「私たちが過去にどのように行動してきたか」によってつくられたものである。私たちがこれまでと違った見方で構造を見て、行動し始めれば、その構造は変わる可能性がある。これは大事なメッセージだ。そして、その信憑性を支えているのが、これまでの章やこの後の章で紹介する物語や事例などの証拠である。しかし、ある意味、このメッセージはかなり直観的でもある。

街の通りは、交通の流れを形作る物理的な構造を成している。道のない場所で車を運転するのは至難の業だ。ボストンの場合、街で最も歴史の古い場所にある道には、いっさいのパターンがない。「それは一七世紀の牛のせいだ」というジョークがある。二〇世紀の舗装道路は、一八世紀と一九世紀に形作られた荷車用の道の上に敷かれたもので、この荷車用の道は、そこからさらに一世紀さかのぼった頃、牛がいつも通って踏みならしていた小道を、聡明な荷車の運転手がたどって完成させたものなのだ。当時、おそらく牛は自分たちのたどった小道のパターンを見る能力はほとんどなかったし、たぶん、そんなことは気にもかけていなかっただろう。だが、人々はこの構造を見て、もっと改善できると判断できたはずだが、どうやらボストン市民の過去への郷愁によってその選択は排除されたらしい。

ボストンの牛と道の話を今の組織に置き換えると、二つの問いが浮かび上がる。私たちが定めている構造のパターンを見るには何が必要か？　私たちは牛に近い形で行動しているか、それとも人々に近い形で行動しているか？　すなわち、牛のように、「これまでもずっとこうしてきたのだから、これまでしてきたことを今もしている」のか、人々のように、「一歩後ろに下がり、より深いパターンを見ることを試み、そのうえで違う方法で物事を進めることを選択している」のかである。言うまでもなく、この手の概念的な枠組みはどれも抽象的であり、これらがすべてどのように機能するかについての真の理解は、具体的な経験から得なくてはならず、そして具体的な経験の代わりになる本はない。それでも、これから紹介する八つの戦略や事例を読むと、今日の実践的なノウハウがどのようなものであるかを感じ取れるはずである。

①学習と仕事を一体化させる

組織学習の取り組みを最も制限してきた要因はおそらく、断片化、つまり学習を、人々の日常の仕事の「追加的なもの」にしていることだろう。何年にもわたり、「学習する組織になる」という要請は、多くの社員にとってメンタル・モデルやシステム思考を教わる新しいプログラムを意味してきた。だが残念ながら、通常これらのツールを日々の仕事に応用する機会はほとんどなかったし、また、マネジャーたちが同様の訓練を受けても、職場環境において、振り返りや、問題に関するより深い思考、共有ビジョンの構築への道が開かれることはまずなかった。さらにまずいのは、ＣＥＯ（最高経営責任者）が「学習する組織になろう」と演説をして、取り組みの音頭をとった場合である。実際のところ、大きな文化的な変革はトップから推し進められなくてはならないという共通の前提があったゆえに、「こうした演説をするのはあまりいただけない」ことに気づくまでには何年もかかった。徐々に、こうした演説が、「流行」とか「また始まった」などと書いた大きな旗を振っているようなものだということに気づいていったのである。あるいは、ＳｏＬの企業メンバーであるハーレーダビッドソン社の経営陣は慎重に選んだ言葉である「ＡＦＰ」★（礼儀正しい人たちの間では「もう一つのすばらしいプログラム」〔another fine program〕と訳される）と名付けた。

振り返りと行動

こうした状況に見られる大きな欠陥は、学習と仕事の一体化を支援する効果的なインフラがないことである。学習と仕事の一体化を首尾よく行うには、まず、社員の仕事の現状を十分に理解し、振り返りの強化などの特定の学習アプローチが、「どこで」「どのように」実際的な変化をもたらすことができるかを見抜くことである。また、学習と仕事を一体化させることは、現場の責任者グループに対して継続的な質の高いサポートを提供する役割の人たちの助けとなる。

「振り返りと行動をつなげるディシプリンがないばかりに、振り返りはビジネスの場でいわれのない非難を受けています」と語るのは、インテル社ニューメキシコ工場の組織開発部門上級マネジャーの一人、アイリーン・ギャロウェイである。「社員たちは、『ただ座って話をするための時間などない』と言いますし、たしかにそのとおりです。でも、私たちには考える時間もないことが多いのです。私は、高度にネットワーク化され、相互につながっている職場環境で働いています。グローバルな組織では、社員たちは地球の反対側にいる仲間と真夜中に電子メールで問題を解決しながら、文字どおり二四時間態勢で働いています。でも、生理学的には、技術は、人間である私たちができることをはるかに超えてしまっている気がします。電子メールやポケベルや携帯電話の利用

★　AFP には「いいアイディアだけど、どうせまた失敗に終わる」という意味合いがある。

によってどれくらい真の理解が育まれているか、私にはよくわかりません。これらの機器は日常的な問題についてコミュニケーションをとったり、行動を起こしたりするという点ではすばらしいものです。けれども、ひと筋縄ではいかない難問が目の前に立ちはだかったとき、私たちはこれらの機器にたぶらかされて、その状況を理解したと思いこんでしまいかねません。実際には、ひと筋縄ではいかない難問には、異なるアプローチ、つまり、より深いところにある、隠れているかもしれない意味を追求し、根底にある前提を表面化させ、システム全体の各要素を結びつけることができるアプローチが必要です。そうすれば、私たちは状況を理解することができ、行動を起こす前に意味の共有を達成することができるのです」

このようなクリティカル・シンキング★の衰えに歯止めをかけようと、ギャロウェイは、ときには丸一日、あるいはそれ以上の時間をかけて定期的に、自分がサポートしているさまざまなチームの会合をもっている。「彼らに強制的に時間を確保」させなくてはならない場合もありますが、「後になると彼らはきまって、そうした機会をもててよかったと感謝します」

ギャロウェイは、こうした集まりが価値あるものになるかどうかは「その後の過程のディシプリン」にかかっているということに気づいた。つまりこういうことだ。「私たちのコンサルタントの一人はこう言いました。『ピーター・センゲはとんでもない誤解をしています。社員たちには、ただ座って話をする時間などないのです』。私はこの考えには賛成しかねます。私たちがもちあわせていないのは、『振り返りのための振り返りをする』時間です。行動に結び付かない振り返りは、社員に『そんな時間はない』と思わせてしまうのです。チームが『自分たちがどこにたどり着いているか』を理解し、全員が確実に最後までやり遂げられるようにするさらなるディシプリンの構築を手助けすることも、私の仕事の一部です。もしそれができれば、彼らは振り返りに多くのエネル

★　物事を深く探求し、「本当にそれが正しいのか」とさまざまな側面から批判的に考えることで指針を求める思考法。

ギーを振り向けます。私がいっしょに仕事をしたあるチームは、民宿に出かけ、それぞれ異なる一週間のミーティングを三つ行いました。その敷地内には列車の車掌車があり、私たちはそこで、重要な転換点を迎えることになりました。そこでの時間は、彼らにとって象徴的なものになったのです。その後、彼らは何か大切な考え事があると気づくと、私に電話でこう言います。『車掌車に行かねば』と」

インテルのギャロウェィの同僚たちは、「振り返りはすべてに同意することではない」ということも学んだ。彼女は言う。「私たちの目的は、私たちがやろうと言っていることに対する理解と誓約を真に共有することです。振り返りは、あらゆることに耳を傾けることであって、すべての人のニーズに対応する意思があることではありません。これはインテルの文化の重要な一部になっていることで、私たちはこれを『異議を唱えて誓約する』と言います。私が別の会社にいたときは、誓約したのに、自分のチームに対して『チームが実施を要請されている決定に私は賛成ではない』と言えずにいました。インテルでは、チームを代表して意思決定の場に出る場合、チームに戻ってからこう言えずにいました。『皆さん、私たちはこれについて話し合い、私は違う考え方をもっていました。彼らは私の考えに耳を傾けてくれ、そのうえで、私たちはこれを実施することに合意しました。私たちはその決定の実施に全力で努力します。ただし、これらの行動が私たちの意図する結果を達成しているかを確認するチェックポイントを私たちはもつことになるでしょう。もし、意図した結果がでていなければ、この決定と行動は振り出しに戻る可能性もあります』」

長い時間軸で学習する

行動と振り返りが一体化する文化では、社員はより望ましい意思決定にたどり着き、これに真摯た状態にある。精神的に準備が整っているということは、自分に関係する問題について多彩なものの見方をするということであり、すなわち、今日の激しく揺れ動く組織環境においては非常に大切な能力をもつことを意味する。現に、物事は予想どおりの結果にならないことがほとんどである。にもかかわらず、予期せぬ展開のもつ潜在的な価値が引き出されることはめったにない。それどころか私たちは、物事が自分たちの予想に反する結果になると、すぐさま問題解決モードに入って対応したり、「もっともっと」とひたすら頑張ろうとしたりする——じっくりと時間をかけて、この予期せぬ展開が、私たちの前提に関する何か大切なことを伝えようとしているかどうかを見極めようとはしないのだ。

「実際のところ、こうした、より準備が整っている精神状態のあるところには、より長い目で見た成果が数多く存在しています」とギャロウェイは言う。「インテルの『異議を唱えて誓約する』というディシプリンにとって不可欠な要素は、意思決定のもたらす結果を追跡する測定プロセスを確立することです」。これには明確な時間枠が必要であり、その時間枠を経て、ギャロウェイのグループの当事者たちは重要な問いに立ち返り、「物事が自分たちの考えていたように機能しているか、それとも、予想していなかった何かを私たちは学んでいるのか」を評価する。どちらにしても、異議を唱える人たちは、自分たちが、継続的な学習を形づくる有益なものの見方を備えていることを知っているのだ。

「例を挙げましょう。私たちは一九九九年に、インテルのある工場の経営陣とともに、シナリオ・プランニングのプロセスを行いました。社員の一般的なマインドセットとはかけ離れてはいるが、起こり得る将来について考えたのです。テクノロジー市場の大規模な破綻や、破壊的技術★の影響と

★　既存市場では必要な性能を持たないために受け入れられないが、新しい顧客に対して新しい価値をもたらす新製品を生み出すような技術。

いったことです。私たちは知恵を絞り、『どう対応するだろうか』をとことん考え抜きました。シナリオ・プラニングは強気市場の真っただ中で実施され、当時私たちは市場のスピードに生産能力が追いつかなかったほどでした。あらゆるシナリオを描き、全社員に行き渡らせようとしたとき、突如テクノロジー市場の崩壊が始まったのです」。インテルの経営陣は市場崩壊の可能性についてじっくり考えていたため、大きな優位性を手にしたとギャロウェイは言う。彼らは、「迅速に是正措置を取ることができたのです。その中には、配置転換の実施、より必要とされているところへの資源の移動、工場の戦略の変更など、実施が困難なものもいくつか含まれていました。私たちは、考え得る行動について振り返りをしていたため、迅速に、かつ新たな方向性に関する明確なイメージをもって対応したのです」

「私たちはこうした内省的な作業に非常に真剣に取り組みました」と彼女は付け加える。「振り返りを適切に行うことに時間と資源をかけなければ、それをやっても意味がありません。ダイアログの中には、社員がその価値を見出すのに一年かかるものもあるのです」

ギャロウェイは、絵を使って記録する「グラフィック・ファシリテーション」や、昔ながらの記録形式を用いてきちんと記録を付けておくことを学んだ――「どのようなものでも記録があれば、社員は自分たちの考えを聞いてもらったことを確認できます。今またこうした問題が起こりつつあり、社員たちは重要な考えをいくつか覚えているので、二年たって彼らに『会議の記録を見せてもらえないか?』と聞かれました。最終的にこうした記録は、彼らが本当に助けを必要とするときに助けになってくれるのです。根気強くなければなりません」

また、振り返りは仕事の遂行の一部として位置づけなくてはならない。SoLネットワークで幅広く応用されている一つのシンプルな方法が、米国陸軍で開発されたツール「行動後の振り返り

（ＡＡＲ：アフター・アクション・レビュー）」である。これは二日間におよぶ複雑な戦争ゲーム・シミュレーションを実施した後でも、一時間の会議の後でも用いることができる。最も簡単な形では、ＡＡＲは次の三つの問いから成り立っている。

◆何が起きたか？
◆何を予想していたか？
◆この乖離から学べることは何か？

行動と振り返りを結びつけるＡＡＲのようなシンプルな手順を身につけることは大切なことだが、それを支援する経営環境をもつことは絶対に欠かせないことである。ある米陸軍大将が言ったように、米陸軍では、ＡＡＲは「報告の文化から振り返りの文化」への長い道のりの一部として根づいた。「私たちは昔から上司への報告を書くのはお手のものだが、自分の経験から学ぶことは必ずしも得意ではない」。同様の経営の関与が企業にも求められている。

行動後の振り返り(6)（ＡＡＲ）

二〇〇三年八月一四日、停電が起きてから数分もたたないうちに、デトロイト・エジソン社の親会社であるＤＴＥエナジー社では、誰もが「何か大変なことが起きている」と気づいた。このわずかな時間の間に、米国とカナダに暮らす五〇〇〇万人に電力を供給する電力網に不具合が生じていたのだ。だが、ＤＴＥにとって、二〇〇三年の停電は単なる異常な出来事ではなかった。むしろ、DTEのビジネスの本質を定義する緊急時対応の究極の事例であり、これにより同社は改善の方法を学ぶことになったのである。停電の二四時間以内に、一連の「AAR」が要請され、DTEがサービス復旧のための余剰電力をいかに適切に管理し、人員を配置し、住民に伝え、基本的なインフラのニーズに対応したかについて評価を行った。こうしたレビューは、DTEでの緊急時対応においては当たり前のことになっている――できる限り迅速に、電力復旧に向けて取り組んでいるときでも、彼らは自分たちがどのように対応し、どうすれば今後もっとうまく対応できるかを考えているのだ。CEOのトニー・アーリーは言った。危機の最中にもかかわらず、「私は『AAR観察記録』という見出しのメモを持っている社員を少なくとも五人、いやおそらく一〇人は見たはずです。危機の真っ最中に、そうするように促されたわけでもないのに。社員たちはきっと、『AARが行われるだろう』と考えていたんですね。そんな光景を目の当たりにできて本当にうれしかったですよ」

同社の文化にAARを一体化させるには数年の歳月を要した。そして、この一体化を導いたのは明確な四つの戦略である（図14-2）。

1　要望と実例を示すことによるリーダーシップ。あらゆる階層のマネジャーが、一度だけの出来事やその場しのぎの解決策に比べて、深い学習や持続的なディシプリンがいかに大切であるかを理解するのを助け、また、彼らが、自分たちの優先事項や課題を振り返る学習の実践を身につけることを後押しする。

図 14-2

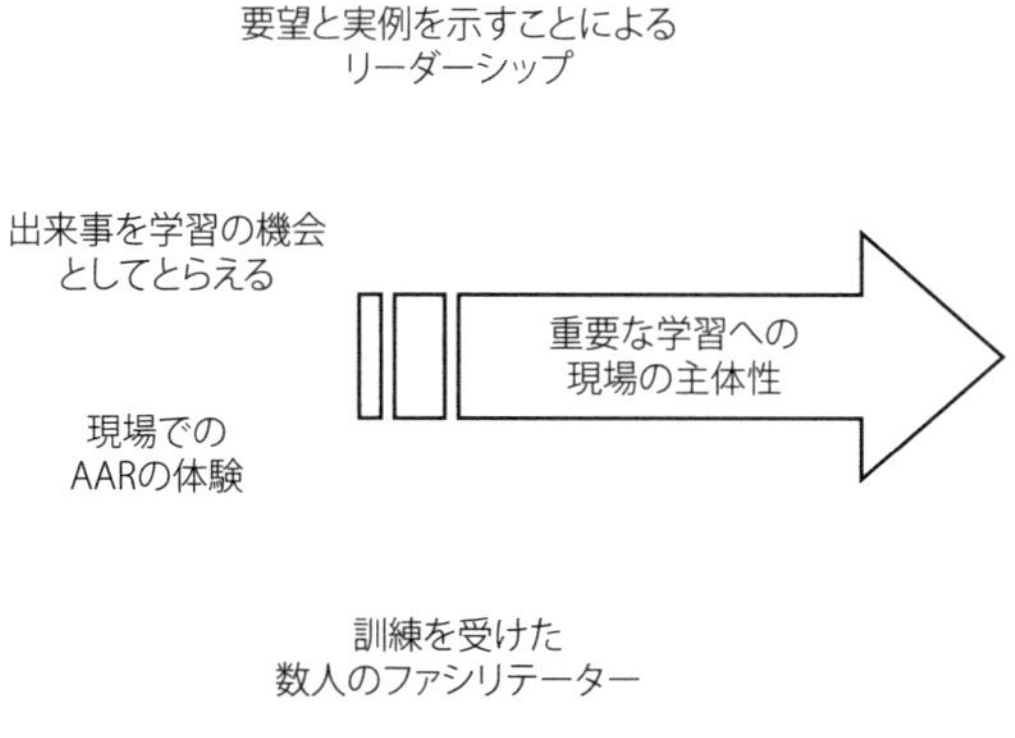

2　出来事を学習の機会としてとらえる。重大な危機はもとより、日々の出来事も学習の機会として認識するよう、上級、中間、現場の各階層で組織の能力を育む。また、チームが過去の教訓を現在の結果の改善に生かすことができるように、過去と現在を結びつける手助けをする。

3　現場でのＡＡＲの体験。チームの優先事項や課題の学習にとって、ツールが安全な環境を提供できることを明確に示しながら、チームにツールを広める。ただし、ツールの使用を義務づけてはいけないし、完璧さを強く求めてはいけない。

4　訓練を受けた数人のファシリテーター。ＡＡＲの進め方と、チームを「効果の高い」応用（投資に対する目に見えるリターン）へと導く支援方法の両方を理解する専門家を育てる。

これら四つの戦略のねらいは、重要な学習の主体性を現場にもたせることである。ほとんどの部門やチームはどの慣行を改善しなくてはならないかを知っている。「ある領域での業績を改善し、それが企業にとって大きな変化をもたらすことができるとすれば、それは何だろうか?」というシンプルな問いが、彼らを最も自然な形で現場における学習の実践へと向かわせる。知識管理《ナレッジ・マネジメント》の手法に多い「獲得して広める」方式とは大きく異なり、ＡＡＲの手法では、仕事チームが、自らの学習の最初で最良の顧客となり得る。

②そこにいる人たちとともに、自分のいる場所から始める

要するに、学習と仕事の一体化は、学習する組織を構築する人たちが用いる第一の中核戦略であり、その主な障害になるのが断片化である。断片化と密接に関係する問題が浮上するのは、社員が「経営陣の後押しがなければ自分たちにできることはほとんどない」と考えるときだ。深い学習の戦略的な枠組みは経営陣にしか当てはまらないと考えがちである。だが実際には、戦略的に考えることはあらゆる階層のリーダーに不可欠なのである。

「私はよく、『経営陣の後押しがなければ変化を起こすことなんてできない』と社員が言っているのを耳にします」と語るのはインテルのギャロウェイだ。「必要な変化についていちいち経営陣が後押ししてくれるのをただぼんやりと待っていたら、長い間待つことになるでしょう。実をいうと、このことは私にとって感情の波を呼び起こす問題の一つです。またこれは、私の育った環境とも関係しています。一九八六年に大学院に入ったとき、私は故郷に戻ってきたような感じがしました。こうした組織学習や変化への取り組みが、私の求めていたものだと気づいたのです。しかし同時に、教授たちがそろいもそろって『組織の変化は上層部から始めなくてはならない』と言い続けているのも聞いていました。アフリカ系米国人女性である私は当時、どんな組織であれ、自分が経営トップとともに仕事をすることはないだろうことがわかっていました。ですから、自分が『変化を起こすチャンスを手にするんだ』と本気で思っているかどうかについて、時間をかけて真剣に考えざるを得ませんでした。二つのことが、背中を押してくれました。一つは、米国に社会的な変化が表れ始めたことです。公民権運動や女性解放運動によって、人々の生活や国家がその姿を変えつつありました。これらは選挙で選ばれた議員たちが始めたことではなく、草の根運動だったのです。もう一つは、米国の黒人向け雑誌『エボニー』のオーナーだった故ジョン・H・ジョンソンが書いた記事を偶然目にしたことです。彼が雑誌を創刊しようとしていた一九五〇年代、白人の支配者層の人たちは『この雑誌に資金を投じる人は誰もいないだろう』と言っていました――アフリカ系米国人には中流階級も上流階級もいませんでしたし、黒人の著名人もいなかったのです。彼は雑誌の創刊に当たり、いっさい資金を得ることはできませんでした。けれども彼は、『人々の差し迫ったニーズを満たすというすばらしさを阻むことができるものなどありはしない』と言い、彼らが間違っていることを証明したのです。私はこの言葉を壁に貼っています。そして、この言葉は私の戦略になったのです」

「不可能に思えること」

ギャロウェイはこのすばらしい言葉を、学習の取り組みを行う最も才能あふれる多くのリーダーたちの指針となるもの、すなわち「社員が解決できないと考えている問題に焦点を当てる」という指針に置き換えた。「私は人々の差し迫ったニーズを見つけ出そうと心がけています。組織がこれまでに解決することをあきらめてしまったことや、社員がひたすら我慢するようになってしまったことです。私はこれらを『不可能に思えること』と呼んでいます。毎年少なくとも一つの『不可能に思えること』、いわば、どうアプローチすればよいかさえ見当がつかない、身が縮むほど恐ろしいものに取り組むようにしています。カギは、とにかく始めることです。始めてしまえば、社員たちは言います。『なんだ、簡単なことでしたね』と」

「このようなプロジェクトに多くの支持が得られないことはわかっています。支持を得られないという事実が、適切なプロジェクトであることを物語っているのです。私は、『問題を生み出したのと同じ意識では、その問題を解決することはできない』というアインシュタインの言葉を信じています。私はこうした問題に目を向け始めることを試み、こうつぶやきます。『この問題は私たちに何を伝えようとしているのか？　私はこの問題についてどんな違いに気づくことができるか？』私がこれらを見出し始めたならば、社員を巻き込むことができます。『ええ、一時間なら大丈夫です。あなたのために喜んでやります』と言ってくれる人たちと話をします。また、上司はこう言います。『これに取り組みたいというのであれば、了解した。何かできることがあれば言ってくれ』。こうしてそこから少しずつ積み上げられていくのです」

「例を挙げましょう。私たちは昨年、高度に専門的な問題解決に要する平均時間の削減に取り組み始めました。組織のリーダーたちの多くは『大幅な削減は無理だ』と考えましたが、組織開発の上級コンサルタントの一人は、『不可能なことを可能にする』機会だと考えました。彼女はある上級エンジニアとタッグを組み、より迅速な問題解決にブレーキをかけている思考や構造に立ち向かいました。検証と振り返りをもつ素早い学習サイクルを活用して、最終的には『結果を急ぐと質の低下につながる』という思い込みを払拭する新しいアプローチを適用しました。彼らが出した結果は目覚ましいものでした。解決するのに数カ月かかっていた問題が、今では四週間で解決されています」

「皮肉なことに、解決した問題の中には、もし私たちが組織の上層部で仕事をしていたら気がつかなかったであろう問題もありました。したがってこうして問題を解決しようとすることもなかったでしょう。しかし、システムのどの場所からでも変化を起こすことは可能だ、と確信するチームを作れば、ほんの小さな種からでさえも、大きな変化が芽生えるのです」

社員の、社員による

「不可能に思えること」への果敢な取り組みが実現するのは、社員の才能と、最も奥深くに潜む志を引き出すことができるときだけである。非常に困難な状況においてさえも、熟練した学習の実践者たちの「必ずできる」という信念が揺るがないことにいつも驚かされる。

一九八六年、ロジャー・サイヤンは、メキシコ・チワワ州に電子部品工場を立ち上げるための初代工場長に就任した。ここはフォード社にとって、メキシコに初めて建設された最新設備の電子部品工場だった。この仕事は、フォードにいる彼の仲間の多くが敬遠する仕事だった。ビジネス記者のアン・グラハムによれば、「(フォードの)本社では、途上国の工場が、厳しく設定された操業開始予定日に間に合わせ、なおかつ、質の高い生産を持続できると考える人はほとんどいなかった」という(7)。

だがサイヤンは、ここの社員たちが「自分たちのコミュニティをとても大切に思っていることや、こうした業務に対して実質的な責任をもつ機会をこれまで与えられたことがなかった」ことをいち早く見抜いた。また彼は、自分の仕事を困難にする伝統的な力のダイナミクスにも気づいた。彼が着任して一年がたった頃——操業開始日のわずか二カ月前——、上級技術者のグループが自分たちの指名した人物を重要な職位に据えようとしたのである。これは、サイヤンが協力し合って確立しようと取り組んできた価値体系や開かれた昇進制度に対する真っ向からの挑戦だった。メキシコ人のマネジャーの一人がサイヤンのところに来て、この状況を報告したときのことをサイヤンはこう述べている。「このことについて、私が何かするだろうと彼は期待していないことがわかりました。フォードのマネジャーたちは何年もの間、『地元の指導者たちと円滑な関係を築きたいのであれば、この手のことにうまく対処しなくてはならない』と言われ続けていたのです」

しかし、サイヤンは技術者グループの全員が自分たちのしたことを認めたとき、彼らに会社を去るよう求めた。「彼らが去るとき、私は工場の外で突っ立っていたことを決して忘れません。ほかの社員の多くが、おそらく『いったい何が起こっているんだろう』とあれこれ思いを巡らせながら、じっと見つめていました。実のところ、私は途方に暮れていました」。また、「たちまち上司たちから、あれこれくだらないことを言われるだろう」こともわかっていた。「でも、古株たちによるコネが続けば、新しい人事政策は意味がなくなってしまいます」

「何かが変化していたことに気づいたのは、およそ二カ月がたち、工場の開所式に当たって、ミシガン州ディアボーン(フォードの本拠地)からの視察を迎える準備をしていたときのことです。天気予報によれば、工場視察ツアーの前夜は激しい嵐でした。午前二時にベッドで横になっていると、雨の降る音が聞こえてきました。しかも土砂降りです。私はまだ完成していない屋根の工事のことが頭から離れず、とうとうベッドから飛び出し、工場に向かったのです。中に入ると真っ暗でしたが、雨がポタポタと、しかも結構な速さで落ちている音が聞こえました。漏れている場所を探しながらあちこち歩き始めると、人影が動くのが見えました。私はこの光景を一生忘れないでしょう。アルフェゴ・トレスが、開所式のために購入していたいくつかの大きな観葉植物を、雨漏りしている場所の下に動かして雨水を吸収させようとしていたのです。涙があふれそうになりました。彼は新しい人事制度の下で昇格した時間給労働者の一人で、以前の上司だったら決して昇格させなかったであろう人物です。私はこの瞬間、この工場の社員のコミュニティは危機的状況を脱していたことに気づきました。すでにそこは、彼らの工場だったのです」

次の日、大がかりな視察のために空はすっきりと晴れ渡った。フォードの重役たちは、完成した工場を見て初めは度肝を抜かれたが、視察は順調に進んだ。工場はブルーとピンクに塗られていたのだ。この色は、メキシコ人が愛する色であり、ほかの数々のメキシコ固有の建築や装飾の特徴とともに、このチームが選んだ色でもあった(屋外の家族活動センター、地元の学校、家庭医療施設など、それまでの同様の工場では採用されたことのない特徴もたくさんあった)。「これはフォードの工場じゃないね」と重役の一人がサイヤンに不満を漏らした。「その通りです」サイヤンは言った。「これはフォード・チワワの工場です」

サイヤンは続ける。「重役たちが歩きながら視察をしていると、私の何年も前からの知り合いである上級副社長のところに一人の時間給の組立工が歩み寄り、『タバコの火を消していただけませんか』と言いました。この副社長、チャーリーはチェーン・スモーカーで、これまで自社の工場で『ここは禁煙です』と言われたことはおそらくなかったでしょう。ところがここでは、小柄なメキシコ人女性が、一九〇センチ程もあるフォードの重役をぐっと見上げ、タバコの火を消すか、外に出るか、どちらかにしてほしい、と言ったのです。彼にどうすることができたでしょう。私たちは、すべての人のための健全かつ清潔な職場環境への誓約の一部である工場の基本原則の一つが禁煙であることに、一人残らず同意していました。彼女はただ、私たち全員が行うと同意したことを実行しただけなのです。このことがあってから、私は上司たちからあれこれ文句を言われることもほとんどなくなりました。とくに、六週間も前倒しで工場を稼働させ、ついには、電子部品工場として世界のトップに躍り出たのですから、なおさらです」。この工場は一九九四年、メキシコの最も優れた企業として大統領賞を受賞している。(8)

③二つの文化を併せもつ

サイヤンやギャロウェイなどの「連続変革者」たちを他から際立たせていると見受ける、心の持ち方やスキルといった微妙な領域は、より大きな組織環境とのかかわりを決して失わないこと――

私たちが「二つの文化を併せもつこと」と呼ぶもの——に絡む。簡単なことのように聞こえるが、より大きな環境を考慮に入れることができないと、他の多くの成功している学習の取り組みを台無しにしてしまうことが判明している。ＳｏＬネットワークが最初の一〇年で得た、最も痛みを伴う教訓の一つは、「成功は必ずしも成功につながらない」ことの発見だった。小規模な、あるいは局所的な学習ツールの適用によって多くのことを成し遂げたにもかかわらず、これがより大きな企業環境に広がっていかなかった多くの事例を私たちは経験した。それどころか、これらの成功例が、変革者たちを窮地に追い込むこともよくあったのだ。

この現象を端的に示す事例の一つが、先駆的な製品開発の取り組みを行った「オートコ社エプシロン・チーム」だった。この取り組みによって、新モデル車種の開発チームは、五年の開発サイクルを実質一年短縮し、予算配分されながら使わなかった余剰コストとして五〇〇〇万ドル以上を戻し、多くの立ち会った人たちが言うところの「会社始まって以来最もスムーズな新モデルの発売」を達成した。[9]だが、プロジェクトの終了までわずか数カ月というときに大きな組織改編が明らかになると、チームの上級リーダーたちには魅力的なポストは与えられず、一人残らず早期退職をした。これは当時、私たちの多くにとっていささかショックな出来事ではあったが、大切な気づきとなったのである。

成功しても広がっていかないイノベーションには、さまざまな歴史があることがわかっている。たとえば、アート・クライナーは著書『異端者の時代』（*The Age of Heretics*：未邦訳）で、チーム志向・プロセス志向の手法が広く受け入れられるようになる二〇年前の一九六〇年代半ばには、こうした手法の製造プロセスを早期に導入した人たちは会社から追い出された、と記している。[10]クライナーが「企業の異端者」と呼ぶ人たちは、より大きなイノベーションのパターンにおいて重要な役割を果たすかもしれないが、しばしばその取り組みによって自分自身が苦しむ。「より優れたものを作る」――「私たちのイノベーションが成功すれば、世界中が私たちのところに殺到するだろう」――という理論は、大きな組織の複雑な政治力学や、そういった組織がイノベーションにどう反応するかを何もわかってはいない。

だが、こうした運命は、避けることも可能だ。私たちは、これらの問題を理解するにつれ、問題の原因の一つが、まさに変革者自身の熱意や情熱にあることがわかったのである。[11] このような情熱がなければ、彼らは決して、真に新しい何かをすることに伴うリスクを冒したりはしないだろう。こうした情熱がなければ、成功に必要な忍耐や粘り強さを持ち合わせたりはしないだろう。また、その情熱を共有する人たちを魅了することもないだろう。だが同時に、彼らの情熱は自らを窮地に追い込む可能性がある。情熱のせいで、取り組みに参加していない人たちに自分たちがどう受け止められているかが見えなくなってしまうこともあれば、その取り組みがほかの人たちにどのような影響を及ぼすかということに配慮が至らないこともある。

業績の飛躍的な向上をもたらす抜本的なイノベーションは、ほぼ規定どおりに業務をこなしている人やチームにとっては脅威となる可能性がある。大きく異なる手法――人々にあまり理解されていない手法――でこのような改善が達成されると、その脅威は増す。また、こうした手法を支持する人たちが、専門用語が飛び交う怪しい雰囲気の中でその手法を説明すると、支持者のグループはたちまち「カルトだ」とレッテルを貼られる恐れがある。「そのチームのマネジャーたちに会うと、必ず彼らは『推論のはしご』や『システム思考』の話をしました」とオートコ社の製品開発担当副社長は語った。「私にはどれもまったく理解できませんでしたね」

「彼らは楽しみすぎていました」。別のチーム・リーダーはぶっきらぼうにこう言った。「あんなに楽しく仕事をする人たちはほかにいませんよ」。業績を評価することはどんな場合も難しいものだし、熱心な推進者というのはたいてい偏見の目で見られる。熱心な推進者は「改善しつつあること」に目が行くばかりに、冷めた見方や懐疑的な見方をする人たちからは不十分だとみなされるという、その成果の別の側面を軽視する傾向があるかもしれない。最終的に私たちは、こうした数々の問題を「狂信者症候群」と名づけ、そしてこれが、将来有望なイノベーションが往々にして普及しない第一の理由だということに気づいたのである。

第二の戦略で取り上げた「自分のいる場所から始める」こととは反対のことが、組織内の政治的な力への対処に巧みに作用するようになっている。学習や開放性という文化の構築をめざす変革者は、二つの世界——彼らが構築に取り組んでいるチームや組織のオープンな学習志向の世界と、主流の組織のより伝統的な世界——に生きているように感じることがある。私たちは、企業の免疫系の壁にぶつかった変革者の問題を理解するようになったとき、息の長いイノベーションには、二つの文化を併せもち、それぞれの基本原則を尊重しながら、二つの異なる世界を効果的に行ったり来たりするリーダーが必要だということを理解し始めたのである。

ひそかな変革

一部のリーダーにとって有効な一つの戦略は、単に経営幹部の目の届かないところでイノベーションを続けることである。インテルのデイブ・マーシングが、ＳｏＬの会合で「Ｆａｂ11」工場立ち上げ時に成し遂げた画期的な成果に関する物語を初めて語ったとき、彼はその取り組み全体を「ひそかな変革」と表現した。彼のねらいは、「本社が関心をもつようになる前に、組織の職場環境をどのように変えるか」だった。また、イノベーションを進めるに当たっては、こうした大きなシステムではうまく伝わらない専門用語や会話スタイルも避けた。「私たちは、何をしているかを隠そうとはしませんでした」と彼は述べた。「しかし同時に、大げさに騒ぎ立てることもしませんでした。社員に尋ねられれば、私たちは喜んで答え、できる限り説明をしました」

本書の刊行に際してマーシングにインタビューしたとき、彼は「ひそかな変革の戦略は今でも必要とされているような気がします」と語った。「むしろ今のほうが、私たちは政治的権力をよりいっそう心得る必要があります。それは経営幹部の権力欲が増しているからではなく、誰もが財政的に厳しい圧力にさらされているからです。私たちには、イノベーションを起こす能力は必要ですが、敵意を引き出す必要はありません。戦略は、文化の面でも言葉の面でも巧みに設計されなくてはならないのです。もし、私が今、『Ｆａｂ11』工場の立ち上げを進めているとしたら、私は今でも同じことをするでしょう。私たちは、『市場最高の業績』よりもはるかにすばらしい業績水準を示すことができました。そして、インテルのような会社の企業経営は、つねにこのような比較を探し求めています。とはいえ私は、あらゆる手を尽くして、成し遂げようとしている変化を、経営陣が理解する形で伝えるでしょう。たとえば、インテルは測定を非常に重視する文化をもっています。今日私が運営に携わる仕事をしているとしたら、私は上司と協力して、高い投資利益率（ＲＯＩ）を確保する形で、技術面での敏捷性や市場の変化に対応する能力を測定する方法に取り組むでしょう。また、こうした戦略上の考慮すべき事柄と、より流動性と柔軟性に富んだ経営環境の構築とを符合させる方法を模索するでしょう」

マーシングは、企業環境が加速度的に変化しつつあることから、こうした能力はよりいっそう重要になってくると考えている。このことは、上級管理者の離職率の増加や、「上司の再教育が継続的に必要であることに表れています。音楽のリズムが絶えまなく変化している中で、アンサンブルを組んで演奏しているようなものなのです。ビートがつねに変化している中でぴったりと合わせて演奏するのは、とてつもなく大変なことです。もし、皆さんが事業運営においてイノベーションを進めているのであれば、今日やるべきことの一つは、上司とより緊密に仕事をして連携を維持することです——たとえ、多くの変革者の本能がより自律的であることを望むものであっても、です」

経営陣の言葉で仕事をする

ロジャー・サイヤンはマーシングと同じく、次のように気づいたという。「経営陣の言葉で仕事をする必要があります。つまり、組織の公式権力がどこに存在し、その力がどのように使われるかをきわめて明確に理解することです。メキシコのようなところでは、経営陣の言葉——たいていは数字が重要だった——と、社員たちが理解する深い価値観にもとづく言葉を結びつけることが私の仕事の大半を占めていました。工場の社員たちは、フォードの経営陣が求めることに無関心だったわけではありませんが、必ずしもそれを理解し、自分たちの関心事と関連づけていませんでした。彼らにそれができたとき、私は彼らに対して単刀直入に、『経営陣が期待していることを実現すれば、私たちにとって本当に大切なことも生み出すことができる』と言うことができました。それから私は経営陣との明確な合意を形成し、完璧な透明性を確保しようと一生懸命努力したのでした。たいてい経営陣は、私たちがどのように物事を進めているかにはさほど関心がありませんでしたが、私は彼らに、『話がはっきりしない』とか、『わざと物事をはぐらかすように話している』と感じさせることを避けるようにしました」

サイヤンは上司を相手にするとき、「約束は控えめに、結果は期待以上に」をマネジメントの信条として取り入れた。これは期待をコントロールするうえで実に慎重な戦略である。「約束したことを実現することをとても大切にしています。しかし、より信頼し合う職場環境の構築に熱心に取り組む人たちは、懐疑的な人たちの反撃を招くような主張を行いがちです。私たちは、階層組織の言葉や世界観から目標を巧みに作り上げたうえで、社員たちがその目標を自分たちの言葉で理解する手助けをしてあげなくてはなりません。彼らがほかのことやより大きな難題に向かって進みたいと思うことも多いでしょう。それは現場のチームにとってはすばらしいことです。けれども、そうした目標は彼らのうちにとどめておくのがよいのです」

④練習の場を創る

学習する組織を構築する八つの戦略の四番目は、しばしばより確立した学習インフラへと進化するもので、「練習の場」を構築することである。「練習の場」の考え方は、「練習する機会がなければ何か新しいことを学ぶのは非常に難しい」という単純な事実に由来する。たいてい、「学習」という言葉を聞いてまず思い浮かべるのは授業であるが、典型的な授業は学習へのやる気や実践をさほど喚起しない。授業を受ける人はたいてい受身である。授業は、何かをするのではなく、ほとんどは聞いたり考えたりすることと関係する。多くの人にとって、授業のイメージは、「間違いを避ける」とか「『正しい答え』を出すことが重要」という強い感情を呼び起こす。これに対し、真の学習プロセスは、新しいことを試すことや、たくさんの間違いをすることによって定義される。「練習の場」や「リハーサルの場」は、従来の授業とはまるで異なる環境である。「うまくできるようになりたい」と思うことを人々が積極的に行っている。間違いをし、立ち止まり、もう一度試み、うまくいっていることとうまくいっていないことについて話し、そして、結果が重視される「本番の場」で効果的に行動するための優れた能力を徐々に築いている。だからこそ、練習の場を創り、練習と本番の一定のリズムを定着させることは、学習する組織を構築する実践者の間で共通戦略になっているのである。

キャンプと階層制

アイリーン・ギャロウェイにとっての内省的なミーティングと同じように、ロジャー・サイヤンは、組織心理学者のブルース・ギブスの取り組みにもとづくシンプルな戦略、「キャンプ」と「階層制」を取り入れ、世界中で活用している。サイヤンはまず、社員が、正式なマネジメント・システム――測定結果、公式の役割や説明責任、合意した目標――と、「時間をかけて心から話をし、互いのことをより深く知るようにする時間」とを区別することを習慣化させた。多くの社員が子どもの頃キャンプを経験していたことから、彼は「キャンプ」という言葉にたどり着いた。そして、彼らが「遊んだり、くつろいだりしながらも、同時に困難な問題や感情に向き合う」ことができる場所を見出したかった。ギャロウェイと同じように、サイヤンは「キャンプのアイディアを取り入れることは、ひと筋縄ではいかないだろう」ことに気づいた。というのも、社員たちは忙しく、最初は「仕事以外のこと」に時間を費やすのは非生産的と思われる可能性があるからだ。だが最終的には、「キャンプは私たちの経営手法の一部になっています。というのも、実際に起きていることを理解するうえで、キャンプが非常に有益なものになり得ることを社員が気づいていったからです」

たとえば、サイヤンは、地域紛争の泥沼からなかなか抜け出せない北アイルランドで工場の運営にあたったことがあった。工場長はカトリック教徒で、社員の大半はプロテスタントだった。「一〇年間ひと言も口をきいていない男性社員が二人いました。以前、一人が駐車場から出てくるのをもう一人が遮ったというのがその理由です」。こうした状況でのキャンプのプロセスは次第に、「対立の継続を超えた、彼らが大切に考えることについての真実」を明らかにする手段となった。多くの人にとって、それは子どもたちだとがわかったのだ。「私は、彼らが子どもたちの未来を望んでいることに気づいたのです。私は上司のところに戻り、工場が財務目標を達成しておらず、また当時、フォードに採用凍結の指示があったにもかかわらず、工場の社員の子どもたち二二人を雇って実習プログラムに参加させたいと言ったのです。このキャンプ・ミーティングは、信頼の行為としてこれを行う必要があることを私に確信させてくれました」。「私たちはあらゆる口論の下に隠れていた本当に大切なことにたどり着き、そのことにもとづいて行動したおかげで」、工場はやがて業績を好転させ、見事な成功を収めた。

渦巻きと火の壁

練習と本番のリズムを組織設計に組み入れている組織もある。たとえば、ハーレーダビッドソン社では、「マネジメント・システム」と「渦巻き」とがきちんと区別されている。「マネジメント・システム」には、経営目標、公式な役割や説明責任、管理が含まれる。一方、「渦巻き」は、組織全体で絶え間なく議論され、試され、検証されるさまざまな課題やアイディアをいう。この二つを分ける壁はハーレーダビッドソン流に「火の壁」と呼ばれた。火の壁をくぐり抜けたアイディアや目標は、多くの社員が「組織全体の公約として推進するにふさわしい」と確信するに足るものである。

数々の潜在的に重要なアイディアが、たとえ幹部級の支持を得ているとしても、何年もの間「渦の中」にとどまっていることもある。ハーレーダビッドソンの社長が、ＳｏＬのサステナビリティ・コンソーシアムの会議を主催している一方で、「持続可能性《サステナビリティ》は私たちの今日の経営目標に含まれていません」と述べたとき、このテーマに心血を注ぐその場にいた多くの人は「えっ」と驚いた。けれども彼の話が進むにつれ、彼が真摯に持続可能性の課題に取り組んでいることが明らかになった。戦略担当副社長が同社の持続可能性に関する「非公式」な作業部会の委員長を務めていた。彼らは多くのやるべきことを実行していたのだ。たとえば、同社の中核的な事業戦略は、単にオートバイだけでなく「ハーレーの経験」を市場に送り出すことである（これによって中古オートバイの大きな需要が生まれ、製品が機能する寿命が著しく拡大する）。また、古くなったオートバイの修理用の部品の再生を主要事業として構築している（古い部品が埋め立て地へ廃棄されるのを回避する）。さらに現在では、新しいエネルギー効率の高い製品開発センターの設置が進んでいる。

次第に「渦巻き」が、大切なビジネスであり、新しいことを育む場であり、持続的な探求と練習を正当化する手段であることが明らかになった。

ハーレーダビッドソンの社長の話の後、フォーチュン五〇社のある企業の代表者（このコンソーシアムの長年にわたるメンバーの一人）はこう言った。「もしかすると私は、経営陣に持続可能性を正式な形で受け入れてもらおうと、間違った戦略を取っているかもしれません。私たちはいくつかの目標を定め、いくつかの新しい測定基準を設けることができましたが、それはうわべだけの取り組みをもたらすにすぎないのかもしれませんね。おそらく、こうした課題が企業の将来にとってきわめて重要であることを社員たちが理解するまでは、これらの課題は『渦巻きの中に』とどまっているほうがよいのかもしれません。問題なのは、潜在的に重要ではあるが急進的な新しいアイディアの探求を正当化する手段を、今のところ何も手にしていないことです。このことが私たちにとって本当の意味での制約なのかもしれません」

練習の場は、サイヤンのキャンプ・ミーティングからギャロウェイの振り返りのための静養場、ハーレーの組織の渦巻きまで、形も規模もさまざまである。私たちはおそらく、現在フォードが開発・活用しているシミュレーション化されたマイクロワールドのような、ますます高度化される練習の場の進化の黎明期にいるのだ。私は、これらの進歩が将来の学習能力の発展のカギを握ると確信している。

だが、マネジャーたちが「練習がなければ、学びもない」という単純な法則を受け入れないことには、発展の旅は始まらない。劇団やオーケストラにとって「本番だけでリハーサルをしない」ことが考えられないのと同じで、選手が試合のためだけにしか姿を見せないとしたら、どんなスポーツ・チームでも成功はおぼつかない。だが、まさにこれこそが、多くの組織で私たちが期待していることなのだ。学習が非常に制限されているのも当然ではなかろうか？

⑤ビジネスの中核とつなげる

組織の主流派に対して敬意を払うことで、社員たちは、言葉と戦略において二つの文化を併せもとうという気になり、また、公式のマネジメントの仕組みとの対立を最小限に抑えるのに役立つ練習の場を生み出そうという気にもなれる。だが、五つ目の戦略がかかわるのは、より深いレベルでのつながりであり、このつながりは、最終的には基本理念や意図を策定するうえで非常に重要であることが判明している。急進的な新しいアイディアや手法が組織内でしっかりと根づくには、肥沃な土壌がなくてはならない。これを探し出す方法は、初めのうちはよくわからないかもしれない。広い範囲に影響を及ぼすことを意図する、学習の実践者として成功している人たちは、組織の中核と――個人や集団のアイデンティティの最も深いレベルで――いかにしてつながるか、そして、組織がいかにして最も自然な形で価値を生み出すかを学んでいる。

手始めに――自分たちが何者かを突き止める

組織の核となるアイデンティティと、組織の歴史上前例のない何かをつなげるための公式はない。だが、そのアプローチは、こうしたアイデンティティが存在すると信じることから始まる――「組織とは、利益を生み出すだけのものでもなければ、現在その組織が作っている製品や提供しているサービスを生み出すだけのものでもない」と。このアプローチには、真の発見の精神、心に導かれることを厭わない精神と、そして、ずっとそこにあるのに見えていなかったものを見る覚悟が必要なのである。

この一〇年間、ナイキ社は、製品責任者やデザイナーたちによる類まれな「環境デザイン」のネットワークを展開している。これは、同社の先端研究開発を率いていたダーシー・ウィンスローが「カッコいい製品をもう一つ作ることよりも、当社のビジネスにとってもっと大切なことがあるはずだ」と考え始めたのがきっかけだった。その頃、ナイキのヨーロッパ本社の設計を終えた環境デザイナーのマイケル・ブラウンガートとウィリアム・マクダナーは、製品の成分やプロセスの毒性に関する指標に照らし合わせ、同社のシューズの一つを調査した。ウィンスローによれば、その結果は「真に私の眼を開かせてくれるものでした。『自分たちが、そして業界全体が、作り出している製品のことを私たちは本当に理解しているのだろうか？』と考えました」という。彼女の問いが最終的には、「持続可能事業戦略担当部長」という新しい職位の創設につながった。「持続可能性はナイキの経営陣が口にし始めていたものの、依然として、労働慣行についての方針や製造提携先との協働に関する、コンプライアンスの観点によるものがほとんどでした。私は経営陣にこう言いました。『持続可能性について本当に真剣に取り組むのであれば、製品を作り出すことを通じて持続可能性が生まれなくてはなりません。製品のムダや毒性をなくす手立てを見つける必要があります。消費者は私たちの製品を通じてナイキのことを知るのです』[12]。経営陣は『すばらしい、やってみてくれ』と言いました。こうして私たちは、この新しい仕事を生み出したのです」

新たな課題に焦点を合わせた新しい取り組みに携わる多くの人の場合と同様、ウィンスローは大きな使命をもっていたが、権限はさほどもちあわせていなかった。現に、製品開発チームには彼女の直属の部下は一人もおらず、彼女は、「企業として私たちが行っていることに持続可能性を組み込むには何が必要か」「それを顧客にどう伝えるか」といった、大きくて漠然とした問いに取り組んでいた。だが、彼女は言う。持続可能性という考え方そのものが「実に深く、個人的に自分とつながりました。『このことが自分にとって大切かどうか』と頭をひねることでもありませんでした。とにかく『私たちはこれをやらなければいけないんだ』と知っていたのです。持続可能性は、私の仕事の中で最もエネルギーを与えてくれる課題であり、かつ難しい課題の一つになりました」

その頃、彼女は、マルコム・グラッドウェルの『急に売れ始めるにはワケがある——ネットワーク理論が明らかにする口コミの法則』(高橋啓訳、ソフトバンククリエイティブ、二〇〇七年)を読んだ。「グラッドウェルは、『二割の人を同じ方向に動かすことができれば、ティッピング・ポイントに到達している』と言っています。そこで私は考えていました。ナイキでは二万五〇〇〇人の二割——これは大変な仕事になるなと」。でも、彼女は一人ではなかった。会社にいる、仕事は違うが方向性を同じくする何人かの女性とともに、二〇〇人程いる同社の主要なマネジャー向けの二日間にわたる会議を催し、「持続可能性を一人ひとりの意識の中に落とし込みたい」という一心で、ブラウンガートやマクダナーのほか、持続可能性の分野で活躍する他のビジネスリーダーや著名人を招いた。「私たちの最初の取り組みに対するみんなの反応を見て、非常に勇気づけられ、この会社を愛している理由を改めて感じていました。私たちは、どの大企業にもある問題をすべて抱えています。けれども私は、ナイキが『何者』であるかを再発見したとき、『私たちはイノベーションを起こす人だ』ということに気づいたのです。この会社はイノベーションそのものです。まさにこのことが、社員を魅了しているのです。そして誰もが、持続可能性の領域のすべてが、イノベーションの未曾有の機会を提供していることを目の当たりにしていました」

変革のリーダーになりたいという人たちはたいてい、自分では認識できない二つのつかみどころのない壁に直面し、自らに限界を課している。つまり、彼らは、自分自身の中に十分に深く入り込んで、自らを真に喚起するものが何であるかを見つけ出そうとしない。また、組織の中に十分に深く入り込んで、組織が何を象徴するかを見つけ出そうとしないのである。自分自身の中に十分に深く入り込んでいかなければ、彼らは「良いアイディア」を追求しても、それによって自らの情熱を引き出すことはできない。また、会社が象徴することに十分に深く入り込んでいかなければ、そのアイディアを組織の中に「押し込もう」とするのが落ちである。

組織が「何者」であるかとか、組織が何を「象徴する」かという話をするのは不思議な試みに思えるかもしれないが、組織を人間のコミュニティとして見れば不思議なことではない。組織はコミュニティとして生まれたのである。なぜならそこには、何かを大切に思い、それを共に追い求める人がたくさんいたからだ。たとえばナイキは、走ることや、ランナーたちのためのより良いシューズを開発することに夢中なランナーたちによって生み出された。時の経過とともに、事業は走ることの枠を超えて進化した。こうした最初のビジョンに含まれながらもそれに限定されない核や本質とつながるために、より深いレベルに到達することは欠かせない。現在、ナイキには一一の行動原理がある。その最初が「われわれの本質にあるのは変革することである」というものだ。ウィンスローが持続可能性への自分の思いがまさにイノベーションそのものだと気づくことができたとき、彼女の変革に向けた戦略全体に変容が生じたのである。

フィールドワーク——組織の創造性の源を見極める

「自分たちが何者か」ということへのつながりが明確になり始めると、次なる問いが浮かび上がる。「新しいビジョンはどのように組織の創造性のプロセスを活用できるか?」「新しい価値の源はどうすれば最も自然な形で組織にもたらされるか?」である。これは、人を引きつける新しいアイディアがどのようにして最も自然な形で組織の活動や結果を形づくるかを見出す、ビジョンから現実への道筋である。

ウィンスローは、ナイキにとってのイノベーションの重要性を再発見すると、「上流部門に出向き、デザイナーや製品責任者と関係を作ることが必要だ」と心得た。同社には主要なデザイナーがおよそ三〇〇人いたので、彼女はこう自問した。「どうすれば、当社で最も影響力をもつデザイナーたちの二割と関係を作ることができるだろうか?」その答えは「出かけて行って、彼らの一人ひとりと話をすること」だった。「これは非常に有機的なことでした。私は彼らを訪ね、つながりがあれば、ひたすら深く切り込んでいきました。新たなリーダーたち、すなわち、アイディアを取り入れて、これを進めていこうとする人たちがまさに姿を現したのです」

「これはほかの持続可能性にかかわる取り組みとはまったく異なるものでした。たとえば、私たちは企業責任担当チームから『ポリ塩化ビニル(PVC)ゼロ』、つまり当社のシューズからPVC

をなくすことを命じられました(13)。でもそれは、『やめたほうがいい、できるわけがない』と受け取られたのです。この指令は、デザイナーにとっては道を閉ざすことにほかなりません。私たちは道を開きたいと思い、こう言いました。『こう考えてみてください。元来そこには、性能や美しさと妥協することなく、まったく新しい製品を生み出す計り知れない機会があります』。かなりの時間を要しましたし、彼らと話したのは一度きりではありませんでした。逆戻りしては進めていくことを繰り返さなくてはならなかったのです。しかしそれは、ダイヤモンドの原石――こうした会話をもつのをひたすら待っている人たち――を見つけるようなものでした」

「こうした会話の中で、『ナイキが本当は何者で、何がこの会社を突き動かしているか』ということ、すなわち、私たちの自己イメージの中心を成すものや、私たちを成功に導いていることの中核にあるものとつながっているように感じました」とウィンスローは言う。「このような会話をすればするほど、廃棄物や毒性をゼロにするという考え方が、私たちにとって当たり前の目標だということを理解することができました」。ナイキはまだ、持続可能性をビジネスに組み入れ、そのことを顧客に伝えるという「固い殻を破って」はいないが、大きな進歩を遂げている。「過去五年間にわたり、私たちは、『廃棄物ゼロ、毒物ゼロ、一〇〇％循環』（製造過程の副産物や製品の原材料はすべて再利用されるか、生物分解される）という持続可能性に関する長期目標を構築してきており、新製品の中には実際にこれらの目標を達成しているものもあります――使用後に解体できるように接着剤やセメントを使用せず、材料の裁断による廃棄物を生み出さないような織り方にした製品です。当社ではオーガニック・コットンの製品ラインにとりそろえています（ナイキは、オーガニック・コットンの世界市場への普及を進めるため、『オーガニック・エクスチェンジ』の創設を支援した）。また、社内の「持続可能な原材料」グループが、デザイナーに原材料の選択について情報提供したり、回収やリサイクルの取り組みを行ったりしています」。このほど、ナイキの経営目標の上位三つの一つが「持続可能な製品とイノベーションを実現すること」になった。ウィンスローは言う。「こうした内容を理解する顧客が続々と増えつつあるのは明らかです。ひょっとすると、これは私たちにとって最高のチャンスになるかもしれません。考えてみれば、ナイキは、持続可能性の要素を『カッコいい』ものにすることができる数少ない会社の一つなのです」

⑥ 学習するコミュニティを構築する

ダーシー・ウィンスローが発見したように、私たち自身の深いところにある問いや志が組織の本質とつながると、コミュニティは発展する。共通の目標や意味の共有にもとづく関係のネットワークである、新しい学習するコミュニティへの調和は、リーダーにとって戦略にもなれば成果にもなる。そして、このプロセスは必ずしもビジネスに限られるわけではない。

思いやりと意味をもつ対話

「おそらく私たちの唯一最大の発見は、単に『子どもたちにとって何が良いことだろうか?』と人々が問うことの力です」と語るのは、ウェスト・デ・モインの公立学校で一〇年間教育長を務め、現在はロング・アイランドのヒューレット・ウッドミア学区の教育長であるレス・オモタニである。「この力は、変化に向けた核となる戦略として、学習するコミュニティの構築へと徐々に進化しています」

オモタニが初めてアイオワ州のウェスト・デ・モイン市に来たとき、そこには「いたって典型的な学校システム」があった。市の郊外の発展のほとんどが西部へと広がっていたため、この地域の一部は非常に豊かだった。だが同時に、米国初等中等教育法「第一章」学校（低所得水準を理由に州の予算を受け取る学校）も三校あり、学校によって学力に大きな開きがあったのだ。また、開発にも偏りがあった。「人口の動向に合わせて新しい学校を西部に作る傾向がありましたが、私は人々が、どの学校も、どの生徒もすべてが良い方向に進むことが大切だと考えていることにも気づきました」

「定期的に地域のダイアログを開くようになると、教師や役人や親たちだけでなく、地元の企業で働く人や町の職員など、たくさんの人が集まってきました。やがて私たちは、教育の中心にいる人たちが『動かせない壁』と呼んでいるものについて、疑問をぶつけるようになりました。『学年度を一八〇日間に制限しているのはなぜか？』あと三〇日間授業を受けることで、実際に恩恵を受けることができる子どもたちは大勢います。また、『地域の最も古い地区にある学校に十分な注意を向けていないのではないか？』『子どもたちは丸一日を過ごす中から多くを得ることができるとわかっているのに、幼稚園はなぜ半日だけなのか？』といった具合です。私が自分の課題を押し通そうとしたのではありません。多少時間はかかりましたが、これらの疑問は、ないがしろにされていた類いの課題としてあくまでも自然にわき起こりました」

同じ頃、オモタニは、さまざまなアイディアの詳細について協力し合っていた教師や事務員、地域のメンバーたちから成るいくつかのチームを作った。ダイアログと実行――ここでもやはり、振り返りと行動――という二つのプロセスが並行して動き、相互に力を与えていた。「やがて私たちは、地域フォーラムを開催するに至りました。そこには、なおも具現化しつつある新しいアイディアが恐れることなく持ち込まれたのです。私たちは言いました。『確かに選択肢があるのだと言えるくらい私たちが地域の人々を信頼していることを示しましょう。西部地区にまた新たに学校を建てる必要はないのです。お金の使い道はほかにもあります。老朽化した学校を修繕することも可能です。これまでとは違う形でこうしたことをやると、どうなるでしょうか?』」

最終的に、彼らはこれまでとは違うやり方で多くのことを成し遂げた。ある「第一章」学校とその付属校は、芸術を基盤にした統合学習へのアプローチをとる「レナード・バーンスタイン・モデル」になった。「米国のあちらこちらの学校で、芸術の時間を減らしたり、完全になくしたりしているときに、『第一章』の対象となる生徒が最も多い学校で、『学力が優秀であることもさることながら、音楽や芸術は非常に大切である』と述べるのはかなり驚くべきことです」とオモタニは言う。

現在、最も新しい小学校は、街の最も古い地区にある。また、別の「第一章」学校では全面的な改装が進んでいる。この学校では、学区域内の生徒でこれを必要とする者に対して、およそ二一〇日間の延長プログラムを学校システムが提供するようになって六年目になる。

「私がここを去った後、地域は、私たちがすでに着手していた、丸一日過ごせる幼稚園を提供する幼児向け学習センターの継続に全力で取り組みました。私にとってこれは、こうしたアイディアが根づいていたことを真に示すものでした」。全体的に学力格差の多くが改善されており、生徒たちの成績は学校システム全体にわたって以前より向上している。

「これらがすべてどのように機能したかを人々に説明するのはとても難しい」とオモタニは言う。「何か一つのことが起きたためにさまざまなイノベーションも可能になったわけではありません。これらは間違いなく一連の会話の賜物でした。要は、非常に多様なグループで話し合う能力を育むこと、互いに支え合う人々による協働ネットワークを構築すること、そして、これらのことを通じて子どもたちに対する人々の深い思いやりの気持ちを引き出すことだったのです」

「私はカナダのアルバータ州で日系カナダ人として育ち、ハワイでは先住民たちとも多くの時間を過ごしました。彼らの文化では、子どもが大人たちの方に近づいてくると、その子が何を必要としているかを理解しようと、大人は必ず自分たちの会話を中断します。私が米国のこの地区に引っ越してきたときにまず気づいたことの一つは、大人が子どもを無視しがちだということでした。ここの大人たちはたいてい、ひたすら話し続けていることに私は気づいたのです」

「今も私たちは人としてそんなに違いがあるとは思いませんが、生き方にまつわる何かが、私たちを少しだけ、子どもに対する生来の思いやりの気持ちから切り離しているように思います。地域社会が、ダイアログの研究者らの言うところの『安全な器』になったとき、まさにこの生来の思いやりが以前よりも姿を現し始め、会話や思考はほかの場所で行われていたものとは大きく異なるものになりました。私たちは『地域社会であると同時に学校であり、学校であると同時に地域社会である』というシンプルなフレーズを思い出しました。これを口が酸っぱくなるほど唱えると、その意味がはっきりしてきます。人々はこれを思い出すようになり、何度も繰り返し言うようになっています」

「コミュニティは、自分たちにとって思いやりと意味をもつ問いを探求する人々から成長する」と語るのは、真のダイアログを行う場として大きな会合を組織する「ワールド・カフェ」方式の生みの親であるアニータ・ブラウンである。ダーシー・ウィンスローと同じように、レス・オモタニと彼の仲間たちは、より深い対話の場を創り出した。より深い対話の場が創られると、副産物として学習するコミュニティが生まれる。このような「社会的な場」が意識的に創り出され、継続されることは大切なことである。だが同時に、学習するコミュニティの構築が、管理や操作を必要としない自然なプロセスだということに気づくことも大切なことだ――むしろ、これを管理しようとすれば、たちまち失敗に終わるだろう。

⑦「他者」と協働する

コミュニティの影の側面は、派閥や、カルトである。それは、人が自分たちと同じような人たちや同意できる人たちばかりを引き寄せ、他者を排除する場合だ。そのため、「多様性を受け入れる」という七番目の戦略は、政治的な公正性や単なる感傷を超え、リーダーにとっては重要な基本理念になる。

長年にわたり、生きているシステムと組織について学んでいるマーガレット・ウィートリー[14]は、当時は新しかった「インターネット・コミュニティ」という現象を研究していた数年前、驚くべき見解を述べた。「これらのコミュニティは調べれば調べるほど、反コミュニティのように思えます」。私がどういう意味かと尋ねると、彼女はこう言ったのだ。「インターネットでは、退場のコストがかかりません。お互いに飽きてきたり、他人が言っていることに興味がなくなったりすれば、簡単に接続を断つことができます。それで終わり、なのです。その結果もたらされるものは、すべての人がほとんど同調し合う『コミュニティ』です。私は、真のコミュニティは、互いに離れることができない場合にのみ起こり得るものだということに気づかされました」

これまでパートナーではなかった人たちへの架け橋を築く

相違する人たちとパートナーシップを組むことは、マサチューセッツ州チェルシーにあるサービス組織「ロカ」の中核となる戦略である。ロカが焦点を当てているのは、若者たちの現実やニーズにうまく順応していないシステムに、ともすれば彼らを閉じ込めてしまう「境界に橋を架けること」だ。「私たちの仕事は一貫して、変化を促すつながりのネットワークを築くことです。そうすれば、私たちの地域の問題の背後にあるパターンを理解できるようになります」とロカのオマール・オルティスは言う。「こうしたつながりのネットワークの始まりは街にいる子どもたちですが、次第に、警察や裁判所、学校やＤＳＳ（マサチューセッツ州社会福祉局）などの他の組織へも広がっていきます。こうして、子どもたちのために機能することができる新しいシステムの構築が始まるのです」

「いつも子どもたちを守ろうとするばかりに、警察などの組織を厳しく非難したものでした」とロカを創設したモリー・ボールドウィンは言う。「私は当時、驚くべきことを発見しました。システムのまったく異なる場所にいる人たちの立場でシステムを見ると、より責任をもつようになるのです。自分たちの先入観、すなわち自分のものの見方に執着することは、実は自分自身を守る手段だったことに気づき始めます。また、違う立場から見ることは、ほかの人が自身や自らの偏見を見つめる手助けにもなります」

「ときには、小さな奇跡が起こります。警察官のピートが、私たちが行っているサークルのトレーニング・セッションの一つに顔を出しました。トレーニングの最中、誰かがヒトデの話をしました。物語はこうです。潮が引いてその場に動けなくなっている何百というヒトデに囲まれて一人の老人が浜辺に佇んでいるのを、ある人が見ています。老人が一匹のヒトデをつかまえて海に投げ返すと、その人は老人に向かって大声で叫びます。『そんなことをして何になるんだい。たったの一匹じゃないか』。すると老人は、大きな声でこう言い返します。『あのヒトデにしてみれば大切なことだったんだよ』」

ロカのスタッフのアニシャ・チャブラニは続ける。「その二日後のことです。街を歩いていると、刑事の一人にばったり出くわしました。そして彼は言いました。『君たちはピートに何をしたんだい？　彼は寝ても覚めても何やらヒトデの話をしているよ』。何ていうことでしょう。本当に驚きました。警察官のピートがですよ！　こんないい話、今まで聞いたことがありませんでした」

分野を越えてつながる

まったく異なる種類の組織の間で境界を越えて関係を構築することもまた、より大きなシステムに影響を及ぼすカギとなる戦略だ。「見解の多様性を高めるためにパートナーシップを組むことが、戦略的な変化への重要な手段であることに、私たちは気づきつつあります」と語るのは、ユニリーバ社の取締役会のメンバーであるアンドレ・ヴァン・ヘームストラである。

このほどユニリーバは、同社のインドネシアでの貧困削減の取り組みについて、オックスファム★と共同で行った歴史的な調査を終えた[15]。どちらの組織にも、大きなリスクを伴った。ユニリーバは、世界有数の消費財の多国籍企業として、また、企業責任の推進者として、途上国世界に確実に影響を及ぼす同社の取り組みに対して批判的な評価を受ける覚悟をしなくてはならなかった。オックスファムは、国際貿易ガイドラインが世界的な大企業にとって不当なまでに有利になっていることを批判した先駆的な国際NGOとして、まさにそうした企業と協働することへの攻撃を覚悟しなくてはならなかった。「私たちのような大企業は、言うまでもなく内部の多様性を高めることに懸命に取り組んでいますが、外部の多様性を高めることも必要です」とヴァン・ヘームストラは言う。「簡単なことではありません。でも、オックスファムとユニリーバが協力してできることは、それぞれが単独でできることよりもはるかに大きいのです」。オックスファム事務局長のバーバラ・ス

★　英国オックスフォードに本部を置く、貧困の克服をめざす民間国際団体

トッキングもこのプロジェクトの推進者だった。「私たちは皆、大規模な多国籍企業の抱える問題を知っていますが、単に企業を酷評するだけでなく、その先に進まなくてはなりません。私たちは現実のさまざまな問題について人々の関心を高める活動を展開していますが、一企業の活動を超えるこうした問題を解決するには不十分です。今後、より全体的な解決策を生み出すのに求められるのは、協働することなのです」

多様性の次の次元

ネットワーク化が加速する世界において、より多様で包含的なコミュニティ構築への要請は高まるばかりだろう。インテルのアイリーン・ギャロウェイは言う。「私が目の当たりにしている大きな変化の一つは、自分とはまるで異なる人々と協力して働くことの必要性です。ますますネットワーク化された方法で仕事が進められるようになっているため、多様な人たちといっしょに仕事をする能力は、以前よりもはるかに重要なのです」。また、こうも言う。社員はついこの間まで、「小さく均質な人たちの輪――同じ仕事グループや同じ場所にいる人たち――の中で働くことが多かったものですが、今やその輪には、世界中の人々が当たり前に含まれています。より大きな輪には、いろいろな意味で自分たちとは異なる人たちが含まれているのです。多くの組織の多様性への取り組みには、多様性のビジネス上のメリットを確立することや、人的資源に関するガイドラインや方針を整備すること、多様な人々を雇うことなどがあります。このような素地ができあがると、包含的な職場環境の構築に向けた真の挑戦は、社員一人ひとりに移行します。チームでいっしょに働くのに誰を選ぶのか、私たち全員が何を選択するのか、そしてこれらの選択が、仕事を成し遂げるうえで必要なものと本当に調和しているかどうかに目を向けなくてはなりません。もし、私が中国人の同僚と働くのが気まずかったり、彼が私と働くのが気まずかったりすれば、形成されるネットワークは、私たちの抱える問題に対する良い解決策を妨げるものになるかもしれません」

ギャロウェイは、多様性に対応する従来のアプローチは人々をカテゴリーに分類するものだと指摘した。「ここでの本当の課題は、たいていの企業が多様性について考えている視点よりもはるかに個人的、かつ発展的なものです。大切なのは、他者がどのように考え、対話し、かかわっているかを理解し、これを認める能力です。大切なのは、共生することなのです」

⑧学習インフラを構築する

これまで紹介してきた事例の多くを見ると、往々にして、学習インフラのイノベーションが、効果的な学習戦略の重要な要素であることがわかる。インテルやフォード、DTEエナジーやナイキのような組織は、振り返りやシステム思考をサポートするためにマネジメントの役割を創出したり、再定義したりする際に、学習インフラを構築している。また、情報を共有し、チームがもっと容易につながり合うことができるように、定期的な練習の場を確立したり、技術に投資したりする経営陣もまた、学習インフラを構築している。しかし、この領域は見過ごされることが多い——おそらくそれは、インフラのイノベーションが、新しい基本理念を明確に示すことほどドラマチックなことではないし、新しいツールや手法のように具体的なことでもないからだ。だが、資源の配分方法に沿わない「基本理念」を示してもほとんど意味がないし、社員が利用する機会がほとんどないツールや手法を導入しても何の役にも立たない。

学習インフラは、学習を成り行きに任せることはしない。日本の品質管理の取り組みが軌道に乗った経緯は、学習インフラの重要性を示す説得力のある事例である。一九五〇年代から六〇年代初めにかけて、W・エドワーズ・デミングやジョセフ・ジュランなどの専門家が、経営上層部に基本原理（指針となる考え方）を教示した。その後、多くの社員が統計的プロセス管理などの基本的なツールで訓練を受けた。だが数年後、トヨタなどの一部の企業は、現場で働く人たちにこれらのツールの訓練を行う必要があること、そして何より重要なことであるが、現場で働く人たちが自らの仕事のプロセスを分析し、改善する権限をもつように、彼らの仕事の責任を再定義する必要があることに気づいたのである。このように仕事の責任を移行させなければ、品質管理はいつまでたっても――働いている人自身ではなく――専門家の責任であり、仕事と学習は一体化しなかっただろう。

学習インフラのパイオニア

私たちは、ＳｏＬネットワークの長年にわたる戦略パートナーである米国陸軍から、学習インフラについてとても多くのことを学んでいる。この分野でこれほど洗練された団体は企業には見当たらない。

米国陸軍の学習インフラには、次のようなものがある。

◈**訓練および正規教育**：ウエスト・ポイントの陸軍士官学校のような初級レベルの訓練機関から、大佐が最高位に昇進する前に一二カ月の教育プログラムを受ける陸軍大学校までが含まれる。

◈**練習**：さまざまなタイプのシミュレーション（コンピュータ・ベースのものや物理的なもの）

を実施したり、「行動後の振り返り（ＡＡＲ）」のようなツールを用いてシミュレーション体験の報告を行ったり、そこから学んだりする場である。このカテゴリーには、数日間にわたる大規模なシミュレーションを実施するナショナル・トレーニング・センターなどの機関が含まれる。

◆**研究**：実際の戦闘や戦闘シミュレーションの調査を行い、成功あるいは失敗した手法を分析する。これには、洞察や教訓の枠を集めて、将来の教育・訓練、新しいシミュレーション手法、そして最終的にはドクトリンの構築を担う米陸軍教訓センターなどの機関が含まれる。

◆**ドクトリン**：成功する指令について中核となる前提や信念を明確に示す最高レベルの方針。最高上級司令官の一人が指揮するドクトリン局がこれを担う。

多くの点で、米国陸軍の学習インフラへの継続的な投資は、歴史の教訓を学ぶことに対する深い信念に支えられている。この数年にわたって、陸軍参謀本部はＳｏＬネットワークの企業の経営幹部を招いて、陸軍の「主任歴史研究者」のガイドによるゲティスバーグの戦い跡地での徒歩ツアーを主催した。すぐさま経営幹部たちの心を動かしたことが二つある。一つはそのような職務があるという事実、もう一つは、その職務の人が、職務創設以降しばしばそうであるように、将軍の地位にあることだ。歩きながら話をしているうちに、このグループの他の陸軍士官たちもまた、有名なゲティスバーグの戦い（米国南北戦争における転換点として広く考えられている）の詳細について深い知識をもっていることや、この戦いによる教訓を、彼らが直面している現在の課題にすぐさま関連づけできることが明らかになった。これは学問としての歴史ではなく、むしろ、人々にとって深遠な意味をもつ「口述歴史」の驚くべき事例だった。士官たちは、さまざまな小さな戦闘を主導した人たちや、それぞれの場所で負傷・死亡した人たち（三日間の戦いの末、六万人を超える人たちが命を落とした）一人ひとりについての物語を知っていた。こうした歴史は個人にまつわるものゆえに、司令官や兵士としての自らの経験や、判断や遂行の誤りによる代償、ひいては学習への要請に直接結びついたのである。

経営幹部の多くはこの経験後に、「学習には、よき意図やいくつかのツールをはるかに超えるものが必要だ」ということも痛感した。学習が真に影響を及ぼすには、学習を組織の機能の仕組みにしっかりと織り込まなくてはならない。多くの幹部はこう結論づけている。「過去の戦略や経営上の変更、リーダーシップのアプローチにおいて、何が成功し、何が失敗したかを調査することに自分たちの組織がほとんど資源を投資していないことは、まさに職務怠慢といってよい」。それどころか、彼らはさまざまな階層でリーダーを導く重要な理論をほとんどもつことなく、多かれ少なかれ「いきあたりばったりで作り上げている」。新しいＣＥＯ（最高経営責任者）がたいてい、歴史などなかったとでも言うように、自分の仕事は「まったく新しい戦略を進めることだ」と考えるのも不思議なことではないのである。

他の組織は学習インフラに本気で取り組む準備ができているか？

米陸軍にあるさまざまな種類のインフラのうち、他の組織で最も一般的なものは正規教育と訓練だが、それさえも、財政が逼迫している状況下ではたちどころに縮小されることがしばしばだ。だが、ほかの三つ――練習、研究、ドクトリン――がなければ、訓練が的を射たものになることも、効率的に業務慣行に転換されることもおそらくないだろう。また、学習インフラの重要な役割を認識する経営哲学がないうちは、変化が起こる可能性も低い。おそらく、学習インフラが依然としてほとんど理解されていない真の理由は、いまだに多くの経営者が、将来の結果に向けた能力の構築ではなく、近視眼的に目先の成果を得ることに焦点を合わせていることである。あるＣＥＯが嘆いたように、「意思決定のためのインフラはたくさんあるが、学習するためのインフラは一つもない」のである。

個人的には、徐々に気づきが起こりつつあると思う——ＤＴＥのＡＡＲへの投資や、インテルが行っているアイリーン・ギャロウェイのような内省のコーチたちへの投資を見れば明らかである。さらに、「学習する組織」という言葉がスローガンを超えるものにするには、こうした気づきがカギを握ると確信している。

フォードのマーブ・アダムスのように、少数派とはいえ、同じような見方をする経営者はますます増えつつある。「概して企業は、システム全体を見て問題を理解することが得意ではありません」とアダムスは言う。「このことは、社員が受けている時間的な制約や経営責任の断片化を考えれば、理解に難くはありません。けれども、相互依存性は飛躍的に高まりつつあります。ですから、複雑性を理解し、これに対処する能力の構築において少しでも進歩する組織は、真の優位性を手にすることになるでしょう。私たちはこれまでにも、システム全体のパターンを見て、適切かつ複合的なシステム戦略を導入することによって、本来なら扱いにくい問題に対する、知的で適応力のある解決策が成果を上げている例を数多く見てきています」

アダムスは、カギは「こうした学習する能力を組織に組み入れること」であり、一過性の学習の問題にすることではないと言う。彼はこう確信する。「次世代の学習インフラは、分散コンピューティングやシミュレーション、社内の高度なコンサルティング資源を活用することになります。道のりは長いですが、その見返りは絶大なものになるでしょう」

大切なのは中身である

私のここ数年の楽しみの一つは、人々が、より学習を志向する組織文化の構築にあたって、自らの取り組みを実にさまざまな形で表現しているのを目にすることである。フォードのマーブ・アダムスは「適応する企業」の構築について話す。ヒューーレット・パッカードのアン・マレー・アレンにとっては「実際にどのように仕事を行い、また、協働がどのように知識のネットワークを進化させるかを理解すること」が何より大切だという。シンガポール警察の本部長クーは「学習を促す文化の中で知識を管理すること」の重要性について話す。また、ドロシー・ハマチ＝ベリーは、国際金融公社（ＩＦＣ）で「志」と「探求とダイアログのスキル」に焦点を当てる。プラグ・パワー（ロジャー・サイヤンがフォードを去った後に入社した小さな燃料電池会社）のロジャー・サイヤンと同僚たちは、「学習する組織になるために学習する」（私のお気に入りの一つ）ことについて話す。レス・オモタニは多くの人の考えについてこう表現した。「子どもからお年寄りまで地域のすべての人たちの言うことに耳を傾け、注意を払うことで、私たちが関心をもち、力を尽くし、導くとき、それに何か名前をつける必要はありません。文化は、ただ人々とともに存在することを通じて、変化し始めます。なぜなら、それこそが人々が望んでいることだからです」

私たちは当初「学習する組織」という言葉を使おうと決めたとき、いくらか不安を感じた。おそらくこの言葉が一時的な流行になってしまうだろうことも、その後の流行のサイクルが比較的短いだろうこともわかっていたからだ。[16] それでも、「学習する組織」という言葉のもつシンプルなイメージが、内省や深い志、そして、システムのいたるところに存在する壁を見極め、人々が創り出したいものにもっと調和したシステムをつくろうとする思いを基盤とした組織を構築することと、符合するように思えたのだ。

デミング博士は晩年、「TQM」や「QM」、「品質管理」という言葉は価値がないと主張した。なぜなら、これらの言葉が「人々がこれらの言葉にもたせたいと思う意味ならどんなことでも」意味するようになっていたからだ。それでも、デミング博士の取り組みは、その中核では驚くほど一貫性があり、その生涯を通じて進化が止むことはなかった。

「学習する組織」の流行や、流行後の避けられない道のりを見守りながら、私は一つの結論に達した。人々は、自らの戦略やリーダーシップ慣行の構築の一環として、自らの文脈において機能する形で、自らの取り組みの真意を表現する自分自身の言葉を見つけなくてはならない。私たちが自分たちの取り組みについてどのように語るかは大事なことである。だが、そのカギは、どのような言葉を使うかではなく、私たち一人ひとりの、振り返りや実験を行い、よりオープンになるための道のりにある。大切なのは、これをどう呼ぶかではなく、どのような現実を創り出すかである。

第15章 リーダーの新しい仕事

本書旧版の第四部（及び第五部）を通じて最も広く読まれたのは、このタイトルを冠した章だった[1]。今考えれば、それは、「学習する組織」の創造に必要とされるような変化をもたらすことはとてつもなく困難な仕事であり、これには真のリーダーシップが必要だということを誰もが知っていたからだと思う。その章は、ハノーバー・インシュアランスのビル・オブライエンの次のような言葉で始まっている。「私は学習する組織や、『メタノイア（認識の転換）』について全米中の人々と話をしています。そして、その反応はきまって実に前向きです。このような組織がこんなにも幅広く望まれているのであれば、なぜ、人々はこうした組織を創らないのでしょうか？　その答えはリーダーシップにあると私は思います。人々は、こうした組織の構築にどのような取り組みが求められているかを、真には理解していないのです」

二〇〇五年に組織学習協会（ＳｏＬ）が開催した毎年恒例の「エグゼクティブ・チャンピオンズ・ワークショップ（ＥＣＷ）」でのこと。ロジャー・サイヤン（現プラグ・パワー社）と、二〇〇三年に世界銀行南アジア地域副総裁の職を退任した西水美恵子は、出席している上級管理者グループの助言者となった。世界銀行在職中、西水は、さまざまな国で行った革新的な取り組みに対してのみならず、若手リーダーの育成者としても広く尊敬されていた（現在、その何人かは同行の要職に就いている）。ワークショップの最終日、上級管理者グループから「彼ら二人がどのようにリーダーとして進化してきたかを知りたいので、別途時間を少し取ってほしい」という申し出があった。

西水の提案で、私たち三人は他の参加者の輪の真ん中にすわり、そしてサイヤンと西水はそれぞれ、それぞれの人格を形成した経験について相手に尋ね始めた。サイヤンは、メキシコや北アイルランドや中国で経験したことについて話した。これらの国では、かつて一度も発言権をもったことのなかった人たちが、優れたリーダーになったのである。西水は、経済学者として教育を受けてから、貧困の現実を受け入れるようになるまでの道のりについて語った。

途中、サイヤンが不意に「美恵子、あなたにとっての転機はいつだったのですか？」と尋ねた。私は、聞いていた多くの人が「何のことを言っているのだろう」と思っている気配を感じた。でも、彼女にはその意味がきちんとわかっていることが、彼女の向かいに座っていた私には見て取れた。西水はサイヤンをまっすぐに見つめ、こう答えた。「私はエジプトのカイロで、高級ホテルで行われた二日間にわたる世界銀行の会合に参加していました。気晴らしをしたいと思った私は、カイロ郊外にある墓地『死人の町』に足を運んだのです。そこにはホームレスの人たちが住みついていました。彼らは非常に貧しく、途上国でよく目にする、都市部の非居住者用キャンプのようなところで暮らしていました。私は、一人の女性といっしょに座っていました。彼女の幼い娘はとても具合が悪かったのです。その子はふつうの下痢からくる脱水症状でした。親子は、いっこうに届かない薬を待っていましたが、その小さな女の子には、塩分を含んだ清浄な飲料水さえあればそれで十分だったのです。私はその赤ちゃんを目にして、状況は何も変えられないのかもしれないとわかりました。『赤ちゃんを抱っこさせてください』と頼むと、母親は私の手に赤ちゃんを抱かせてくれました」。話をしている間、西水の目は涙であふれ、グループのみんなは水を打ったように静まり返った。「それから二～三分して、その幼い女の子は息を引き取ったのです」。そう言うと言葉は途切れ、少し間を置いて、こう続けた。「私には、その死はやむを得ないものではなかったということがわかっていました。この幼い女の子は、死ぬ必然などなかったのです。まさにこのときが、私の転機になりました」

「リーダー」が意味するもの

「指導者になるには、まず、人間にならなくてはならない」。二五〇〇年以上前に孔子はこう述べている。有名な儒教の経書の一つである『大学』で、孔子は、リーダーシップの育成に関する七つの「瞑想空間」について発展的な理論を展開している。これらの概念は、世界中の知恵の伝統と類似する。実際に、知恵そのものがリーダーシップに関係する最古の概念の一つなのだ。

残念ながら、リーダーシップに関するこうした考え方は、今日ではほとんど失われてしまっている。「リーダー」という言葉そのものが、「リーダーの後押しがなければ変化は起こらない」とか「ここで問題なのは当社のリーダーシップだ」と社員が言う場合のように、もっぱら職位にもとづく権限、すなわち経営者と同義語を指すようになっているのだ。こうした発言の真偽はともかく、そこにはより深いメッセージがある。これらの発言は、経営者という立場で仕事をする特定の人々のことを指しており、そういう人たちのことを「リーダー」と呼んでいる。なぜ、単に「うちの上層部」とか「うちの経営幹部」とは言わないのだろうか?　こう言えばたしかにあいまいさは薄れるだろう。だが、私たちがこうした人たちを「リーダー」と呼ぶ場合、もっと広いメッセージを暗号化しているのである。それは、「変化をもたらす力をもっているのは階層のトップにいる人たちだけであり、階層の下のほうにいる人たちはその力をもっていない」というメッセージだ。このことは深い悲劇的な混同を物語っている。第一に、このメッセージは「階層のトップにいる人たちを除けば、一人としてリーダーたる者はおらず、トップにいる人以外は変化をもたらす力をほとんどもっていない」と断言している。第二に、このメッセージは、さまざまな階層におけるリーダーの多様な役割をいかにして理解するか、根源的な変化の持続を可能にするリーダーのネットワークをいかにして構築するかといった、はるかに複雑で重要な課題を単純にとらえ過ぎている。

数年前にこうした混同を認識した私たちは、「リーダーシップの生態系」という観点や、現場のリーダー、社内のネットワーク・リーダー、幹部クラスのリーダーがこの生態系にどのように貢献するかという観点から考え始めた。SoLネットワーク内の学習する文化を構築するさまざまな取り組みを見渡してみると、これらの三つのタイプのリーダーはいずれも、それぞれ異なるものの、非常に重要であることは明らかだった。その後、私たちはこうした分散型リーダーシップという考え方を、『フィールドブック学習する組織「10の変革課題」――なぜ全社改革は失敗するのか?』（柴田昌治、スコラ・コンサルタント監訳、牧野元三訳、日本経済新聞社、二〇〇三年）に提示して、重大な変革に着手し、これを持続する際に繰り返し起こる一〇の課題と、これらの課題に取り組むリーダーたちの間の相互依存性について検証した(2)。

インテルのデイブ・マーシングや、かつてフォードにいたロジャー・サイヤンのような現場のリーダーは、革新的な慣行を日々の仕事に組み入れるためには欠かせない。つまり、システム思考のツールの有効性を検証したり、メンタル・モデルに対処したりすることや、会話を深めたり、社員の現実に結びつく共有ビジョンを打ち立てたりすること、さらには学習と仕事が一体化する職場環境を創り出すことにおいて欠かせない存在である。有能な現場のリーダーがいなければ、新しいアイディアは――どんなに魅力的なものであろうと――行動につながらないし、上層部による変革の取り組みの背景にある意図は容易にくじかれるだろう。

ユニリーバのブリジッド・タンタウィ＝モンソーやインテルのアイリーン・ギャロウェイのようなネットワーク・リーダーは、手助けしてくれる人であり、種を運ぶ人であり、つなげる人である。彼らは、現場の能力を構築したり、新たな慣行を組み入れたりする際に、現場のリーダーと緊密に協力することが少なくない。新しいアイディアや慣行を仕事グループ同士や組織間で広めたり、革新的な現場のリーダー同士をつなげたりするのに欠かせない人たちである。彼らは、より大きなネットワークを構築して、成功したイノベーションや、重要な学習や知識を広める。

ＢＰのビビアン・コックスや、かつてウェストト・デ・モイン学区に勤務していたレス・オモタニのような幹部クラスのリーダーは、イノベーションや変革に向けた環境全体を形づくる。彼らは、企業全体の目的や価値観やビジョンにまつわる基本理念の構築を主導する。基本理念を創り出すのは何も彼らに限る必要はなく、これらの考え方はさまざまな立場から生まれる可能性もある。だが、彼らは、組織において信頼できる、かつ希望に満ちた基本理念の存在を確保することに責任を負わなくてはならない。また、設計が不十分な評価システムや報奨制度などの、イノベーションに対する構造的な阻害要因への対処においても、幹部クラスのリーダーは非常に重要な存在である。さらに、価値観や志を信頼すべきものにするには、彼らは模範となってそれらを体現しなくてはならない。多くの点で、変化にとってきわめて重要でありながら最もないがしろにされているのは、階層的権力のこうした象徴的な影響である。有能な幹部クラスのリーダーは、昔からよく言われている「行動は言葉より雄弁なり」という格言を大事にしている。彼らはこの格言が、いかなる組織においても、とりわけ大きな注目を集める人たちに当てはまることを知っているのだ。

これら三つのタイプのリーダーは、それぞれ自分とは異なるタイプのリーダーを必要とする。現場のリーダーには、変化に対するより大きく全体的な障害を理解し対処するために幹部クラスのリーダーが必要だし、また、孤立を防ぎ、仲間からの学習を可能にするためにネットワーク・リーダーが必要だ。ネットワーク・リーダーには、アイディアを実践の場で検証するために現場のリーダーが必要だし、現場の気づきをより広範な組織全体の指針や基準につなげるために幹部クラスのリーダーが必要である。そして、幹部クラスのリーダーには、戦略的な目標を概念から能力へと移行させるために現場のリーダーが必要だし、学習と変化のより大きなネットワークを構築するためにネットワーク・リーダーが必要なのである。

リーダーが営むこれらの異なる組織上の立場に共通するのは、あらゆるリーダーの取り組みを特徴づける三つの基本的な役割である。本書の旧版で、私はこう書いた。「方向を定め、重要な決定を下し、社員たちを鼓舞する特別な人物という、リーダーに対する従来の私たちの考え方は、個人主義的かつ非全体的な世界観に深く根をおろしている。とくに西洋では、リーダーは英雄——危機の際に「前面に立つ」偉大な男性（ごくまれに女性）である。こうした通念が広がっている限り、リーダーは、システムの力や集団学習にではなく、目先の出来事やカリスマ的な英雄にますます目を向ける。基本的に、リーダーに対する従来の考え方の土台にあるのは、社員は無力であり、個人のビジョンに欠け、変革の力を身につけることができず、これらの欠陥を修復できるのはひと握りの偉大なリーダーだけだという前提である。

学習する組織における新しいリーダーシップに対する考え方の中心にあるのは、もっととらえにくい、それでいて重要な役割なのだ。「学習する組織において、リーダーは設計者であり、教師であり、執事《スチュワード》である」。今日、私はこれらの基本的な役割はこれまでになく重要なものだと考えているが、同時に、これらがもたらす困難や個人への難問も理解するようになった。

設計者としてのリーダー

「皆さんの組織が一隻の遠洋定期船だとしましょう。そして、皆さんがそのリーダーだと想像してみてください。さて、皆さんの役割は何でしょうか?」長年にわたり、経営者たちのグループにこの問いを投げかけたときに返ってくる答えの中で最も多かったのは「船長」だった。「針路を定める航海長」と言う人もいた。また、何人かは「実際に針路を操る操舵手」や「船の地下室で燃料を燃やしてエネルギーを供給する技術者」と答え、「必ず全員が乗船し、参加していて、コミュニケーションがうまく取れているようにするソーシャル・ディレクター」と言う人さえもわずかながらいた。これらはリーダーシップの役割としては当たり前のことであるが、もう一つ、重要性においては、多くの点でこれらのすべてをしのぐものがある。しかし、人々がそれを思い浮かべることはめったにない。

その見過ごされているリーダーシップの役割とは、「船の設計者」である。設計者ほど、船全体に影響を及ぼす者はいない。船長が「右舷に三〇度旋回せよ」と言ったところで、設計者が、左舷にしか切れない舵や、右舷に切るのに六時間もかかる舵を設計していたら、何の意味があるだろうか? 設計がお粗末な組織でリーダーを務めても何の実りももたらさない。

設計者という役割を、工学システムの文脈から社会システムの文脈に移行させることは、そう簡単なことではない。組織の文脈にいるリーダーとして、私たちは自分たちから切り離されているものを設計しようとしているわけではないのだ。「自分は設計者なんだ」と思うと、組織を一種の機械として、いわば「なんとかして設計し直さなくてはならないもの」とさえ考えたくなるかもしれない。だが、私たちはシステムに参加している者であって、部外者ではない。「生きているシステム」を設計し直すことは、自動車の設計をやり直すのとは違うのである。

組織を「生きているシステム」として理解するリーダーは、違うやり方で設計の仕事に取り組む。彼らは、新しい評価基準や、公式の役割やプロセス、イントラネットのウェブサイトや革新的な会合といった組織の所産を創り出すことができることに気づいている——だが、重要なことは、社員がこうした所産やプロセスを利用したり、会合に参加したりして何が起こるかである。

反復設計と学習インフラ

仕事と学習を効果的に一体化させる学習インフラは、完全な形では現われない。どちらかといえば、こうした学習インフラは、オープンな反復設計のプロセスを理解し、これを違和感なく受け入れるリーダーに依拠して、時間をかけて育まれる。

新しいインフラの第一歩は、「試してみよう」という気持ちから始まる。二〇〇三年、サウジアラビアの国営石油会社、サウジ・アラムコの技術・運営サービスの事業部門は、大きなビジネス会議の開催に当たり、「ワールド・カフェ」と呼ばれる画期的な新しい手法を活用することを決めた。組織内のリーダー・グループや小規模な仕事チームは数年にわたり、問題解決を改善したり、事業戦略を明確にしたりする際に、システム思考や関連する学習ツールを用いてきたが、より大きな組織を効果的に参加させることができずにいたのだ。「自分たちが行っているイノベーションのせいで、いよいよ彼らは『自分たちが孤立している』と感じ始めていたのです」と語るのは、上級副社長のサーリム・アル・アイドである。「私たちがしていたことは、会社のほかの人たちとつながっていなかったのです。私たちは調和の輪の中から外れていて、私たちの新しい考え方をさまざまな階層に組み入れることができませんでした」

二〇〇二年の春、アル・アイドは、エジプトで開かれたSoLのエグゼクティブ・チャンピオンズ・ワークショップ（ECW）に参加したとき、ワールド・カフェの手法を直接目にし、より大きな規模の学習に用いることはできないだろうかと考え始めた。長年にわたり、SoLネットワークのメンバーであるアニータ・ブラウンとデイビッド・アイザックスが考案したこのプロセスは、より多くの人を巻き込むダイアログを行うのに、簡易だが大きな力をもつ仕組みである。[3] まず、参加者たちはヨーロッパ風のカフェにあるような小さな丸テーブルに座り、彼らにとって重要な意味をもつ共通の問題やテーマに焦点を当てる。参加者たちがほかのテーブルにも順番に回るにつれて、それぞれの少人数の親密な会話が互いにつながり始める。二〜三時間かけて、参加者たちはいくつかの少人数の会話に参加しながら、同時に、より大きなグループ全体がどのように考えているかを感じ取るのである。「ワールド・カフェのプロセスは私にとって大いに助けになりました」とアル・アイドは言う。「ECWに参加して、背景も業界も異なるこうしたさまざまな人たちが、実に同じような課題に直面していることに気づきました。ワールド・カフェのプロセスのおかげで、多様なものの見方に触れることができ、理解が深まりました」

同じ頃、サウジ・アラムコの経営幹部は、サウジアラビア経済の現状に照らして事業戦略の再検討を行っていた。同国の経済は、就労年齢に達する一〇代や若年層の人口構成上の大きな膨張や、三〇％前後で推移する失業率、下落の一途をたどる人口一人当たりのGDP（一九七〇年代半ば以降、実質ベースで五〇％下落している）、石油への持続可能ではない依存といった課題に直面していた。「会社の歴史上初めてのことですが、私たちはチームとして戦略上の方向性を策定し、ダイアログによって私たちの視野を広げたのです。あらゆるビジネスの例にもれず、私たちは株主を満足させなくてはなりませんが、成長するためには地域経済も促進しなくてはなりません。『これらの課題を社員たちと話し合い、こうした考え方を組織のさまざまな階層に取り入れるにはどうすればよいだろうか?』と自問しました。多くの社員が、組織としてのわれわれの弱点の一つは、人との対話のあり方だと言うでしょう。私は、こうした弱点を克服するツールはないかとあれこれ模索してきました。そして、エジプトでのセッションがまぎれもなく、私の想像力に火をつけたのです」

二〇〇三年、アル・アイドと同僚たちは、監理技士やマネジャー、事業部長や統括責任者、そして経営幹部らおよそ六〇〇人を一つの部屋に集め、「カフェ '03」を開催した。ワールド・カフェのプロセスを活用し、「なぜ会社の戦略に変化が求められているか」を巡る、これらの大きな課題について話し合おうと試みたのだ。「私たちは彼らに、一堂に会して話し合いをし、問いを投げかけ、また、ほかの視点を浮き彫りにしたり、理解したりすることができるような機会を与えたのです」

「カフェ '03」は新しい方向に向かう一歩となったが、あくまでも最初の一歩にすぎなかった。「私たちはこの後、『カフェ '03』が実際に人々の思考や行動にどれくらい影響を及ぼしたかを見極める調査を行いました。結果は、従来の対話の試みに比べればはるかに良いものでしたが、参画の度合いはまだ満足できるものではありませんでした。結局のところ、十分な時間をかけて『これが自分にとってどんな意味があるのか』という問いの答えを出さない限り、人々はこのワールド・カフェが自分たちにどのような影響を与えるかを真に理解しないのです」

それから、アル・アイドたちは、「視界」とよぶミーティングを企画し、さまざまな組織を集めて、これらの課題が日々の仕事や行動にどのようにつながるかについて話し合った。さらに、一五

～二五人ほどが参加する一連の小規模なグループ・セッションである「視界鮮明」ミーティングを開いた。これらの取り組みを通じて、アル・アイドは、一〇〇〇人を超える社員と直接顔を合わせ、変わることの必要性について話し合ったのである。

「これらセッションはとても有益でした。あるとき、私たちは、サウジアラビアのGDPが一人当たり七三五ドル、つまり一日当たり二ドルまで落ち込みつつあることについて話をしました。そのとき、社員たちはこう尋ねました。『私たちが変わらなければ、本当に一日二ドルで生活するようになるんでしょうか？』私は答えました。『そのとおりです』。そして、なぜそうなり得ると思うかを彼らに説明したのです。『一日二ドル』というフレーズは社内で広く知られるようになりました。社員たちは口々にこう言い始めたのです。『もし私たちが、地域経済を促進しなければ、石油以外の事業を構築しなければ、地元の請負業者への外部委託を増やし、もっと雇用を生み出し、そして、より多くの地元の人たちに研修を行って彼らを雇用しなければ、私たちは一日二ドルで生活する羽目になる。子どもたちは仕事がなくなるし、私たちの生活は苦しくなるんだ』」

こうした問いや発想の転換が勢いを得るにつれて、ワールド・カフェのプロセスは進化した。「やがて私たちは理解を深め、どのようにして社員を巻き込み、どのようにして利害関係者の関心事や仕事と結びつけるかを学びました。社内でこれまでとは違う形で対話を行うことはすばらしいことでしたが、私たちを取り巻く、会社の内外の他の人たちについてはどうするのだろうかという問いに気づきました」。この問いが、社内外の顧客が一堂に会した「カフェ'04」につながった。「視界'04」や「視界鮮明'04」が行われると、アラムコの社員たちはもはや身内だけで会話することはなかった。「カフェ'05」では、このプロセスを請負業者やサービス事業者にまで広げ、一〇〇〇人を超える人たちがカフェと化した飛行機格納庫に集まったのである。「カフェを開催したのが一月の初めだったので、その年の事業計画に照らしてこれらの主要な課題について話すことができました。こうしたカフェを行う以前は、事業計画のプロセスに参加したことのある社員はほとんどいませんでした。でも、これらの主要な課題に共に取り組んでいこうというのであれば、『一つの会社として私たちがどう進んでいくつもりか』を社員が知る必要があることに私たちは気づいたのです」

この新しい学習インフラにかかわったのは、アル・アイドの技術・運営サービス事業部門とその事業パートナーのネットワークだけだったが、ほかの事業部の人たちも気づき始めた。二〇〇四年の調査では、アル・アイドの事業部の人たちは、企業戦略についての理解や、企業戦略が自分たちの仕事とどのように関連するかについての理解が、他の事業部の人たちよりもかなり上回っていることがわかった。「要するに、私たちの取り組みが機能したということだと思います。会社は、ほかの事業分野での対話を促進するために、もっと多くのことに取り組む必要があることをはっきりと認識しました。今では、カフェは会社全体に広がり始めています」

ワールド・カフェは有用な手法であるが、魔法の解決策というわけではない。同じように重要なことは、サウジ・アラムコのカフェの話が、学習インフラの「設計者」とはどういうものかについて物語っているということだ。第一に、設計者は、対話と学習の重要なニーズが満たされていないことを認識しなくてはならない。次に、設計者は、勇気と想像力をもって古い型を破り、この重要なニーズを満たすためにこれまでとはまるで違う何かをしなくてはならない。そしてその後は、達成されつつあることを厳しい目で見て、そのアプローチを修正・調整することに寛容になり、忍耐力や決断力を駆使して最後までやり抜き、また、すべてが初めからうまくいくことを期待しないことだ。最後に、設計者という役割において、リーダーは、他者が自らの状況に合わせようと学習インフラをたゆまず進化させるのを快く認めると同時に、そのプロセスをコントロールすべきだと思わないようにしなくてはいけないのである。

ＩＴインフラ

反復設計における同様のリーダーシップは、ウェブサイトやポータルサイトのような比較的よく知られているコミュニケーション・インフラに対しても効果を発揮する。長い間、これらのコミュニケーション・インフラは、その技術設計者の意図するとおりに機能するものだと考えられていた。だが、現実には反対のことが起こり得る。たとえば、初めて「グループウェア」が世に出たとき、協働の強化を模索していた企業がこれに投資した。しばしば、協働の強化という目的は、社内の競争意識に拠って立つ従来の組織文化に完全に押しつぶされてしまった。マサチューセッツ工科大学（ＭＩＴ）の同僚であるワンダ・オリコウスキーは、「ロータス・ノーツ」を導入していたコンサルタント会社の社員が、新しいクライアントの情報や技術的な情報を共有するのではなく、多くの場合、電子メールを送ったり、会議の予定を立てたりするといった、これまでやってきたことと同じことにしか使っていないことに気づいた(4)。自分が何を知っているかが地位や給料を左右する文化では、「新しいコンピュータ・インフラを導入すれば社員が協働するようになる」と考えるようでは認識が甘い。コンピュータ・インフラは、既存の文化に変化をもたらす形ではなく、既存の文化をさらに強める形で使われる傾向が強い。

ＩＴを基盤とするインフラ設計でのリーダーシップは、導入を担当するチームの構成を設計することから始まる。「私がヒューレット・パッカード（ＨＰ）のプリンタ・グループに、統合業務ソフトウェア『ＳＡＰ』の導入を主導したときのことです」とＨＰのアン・マレー・アレンは言う。

「チームの八割が実務――財務、調達、製造――出身者で、チーム全体が一カ所で仕事をしていました。誰がIT出身者で、誰が実務出身者なのかわかりませんでした。私たちは新しいツールを導入しようとしていたのではありません。仕事のやり方を変えようとしていたのです。数年後、私が、HP社員専用のポータルサイトや知識管理《ナレッジ・マネジメント》のプロジェクトを主導する仕事を引き受けたとき、私たちはこの仕事にも同じようなアプローチをとりました。基本となる戦略は、どうすれば技術によって、HPの社員全員が、互いを見出し、力を貸し合い、ひいては組織の境界を超えて知識のネットワークを構築・拡大することができるかに焦点を当てることでした。このことは、技術そのものよりもはるかに重要なことだったのです」

　同様の考え方が、マイクロワールドのような、より斬新な学習インフラの道しるべにならなくてはならない。本書の旧版を執筆したとき、私は、カギとなる将来の学習インフラとしてこうしたシミュレーション化した学習環境を思い描き、大胆にもこれを、章のサブタイトルで「学習する組織の技術」と宣言した。それ以降これまでの間、シミュレーションははるかに一般的なものになっているが、私がマイクロワールドの効果に期待していることはまだ実現されていない。問題の原因は、技術（この場合はシミュレーション・モデル）が重視されすぎていることと、真の学習と変化に主眼を置く、忍耐強い反復設計のプロセスが軽視されていることだと考えている。

「マイクロワールドという考え方は、時代の先を行っていたと思います」と語るのは、フォードのマーブ・アダムス率いるスタッフの上級メンバー、ジェレミー・セリグマンである。「とはいえ、コンピュータの普及や演算処理能力の進歩の高まりが変化をもたらし始めています。事業戦略の構築や意思決定を推進するものとして有意義なマネジメント・フライト・シミュレーターやマイクロワールドの事例がますます増えつつあります」。フォードのある工場長は、一〇〇〇人を超える社員に「工場の現場／製造・フライト・シミュレーター」を体験させた。これは、製造工程にいるあらゆるレベルの社員に、起こり得るシナリオや結果をそれらが起こる前に経験させるもので、これによって、彼らの適応力は増し、自分たちが属するシステム全体への理解は確実に深まっている。「この体験によって、現場の生産力は大幅に増加しました。ほかの工場でも同様のプロジェクトが行われるでしょう」とセリグマンは言う。「また、販売計画でも成果を上げました。あるマイクロワールドが、非常に大規模な地域ビジネスにおける上層部の考え方を一変させ、販売計画や評価基準、核となる戦略の前提に変化をもたらしたのです。不十分なデータや、起こり得る未来に対する非論理的な考え方にもとづいて延々と続く会議に比べて、マイクロワールドは大きな前進です」

「私たちは忍耐強く、社員を、彼らが本当に必要としていることにどこで、どのように従事させるか探り続けなくてはなりません。設計の理論的枠組みは、急速に進化しつつあります。組織の文脈でマイクロワールドを実施する際の重要な成功要因について、私たちは徐々に、より洗練された考え方にたどり着きつつあると考えています」。セリグマンとアダムスの継続的な実験と改良の基盤になっているのは、セリグマンが言うように、「このような学習ツールを仕事の場にいかにして組み入れるかを学ぶときには、競争の激しい今日の市場に身を置く企業にとって何が、生存か絶滅かを分けるかの重大な差異を念頭に置かなくてはいけない」という深い信念である。

基本理念

設計を「生きているシステム」の一部としてとらえることは、基本理念の「設計」といった、よりつかみどころのない設計の仕事にも当てはまる。「組織の設計は、組織図チャートの役職の箱や指揮命令系統の線をあちこち動かすことだと広く誤解されています」とビル・オブライエンはよく言っていた。「組織設計の第一の仕事は、経営理念――社員が行動の指針とする目的やビジョン、基本的価値観――を構築することです」。だが、経営チームがビジョン・ステートメントやミッション・ステートメントを作り上げるのはよくあることである一方で、こうした文言に対して社員がさまざまな形で解釈したり行動したりすることを理解したならば、戦略はまったく異なるものになる。

このことを念頭に置いて基本理念の設計に取り組むと、いくつかのことが起こる。第一に、正しい言葉を選ぶことよりも、言葉を使って人々を巻き込むことを考えるようになる。「以前は、パイを完全に焼き上げてからでなければ、コミュニティの人たちにパイを出してはいけないと考えていました」と、ロング・アイランドで教育長を務めるレス・オモタニは語った。「教師や役人やコミュニティのメンバーからなる私たちのチームが、共に学習し、協働することに慣れてくると、私たちは生焼けのアイディアやビジョンを手に、かまわず彼らを訪ねるようになりました。というのも、彼らこそが、細部を決定するうえでの協力者だったからです。私たちはやっと、ここで多少なりとも信頼を示そう、そしてコミュニティに足を運び、『私たちには選択肢がある。私たちは何に取り組むかを協力して見つける必要があるんだ』と言おう、というところまでこぎつけたのです」

第二に、基本理念の表現に時間をかける覚悟ができる。ダーシー・ウィンスローは二〇〇一年、ナイキ社で女性用製品を専門に扱う初めての部署である女性用シューズ部門のリーダーになった。彼女と彼女が率いる経営チームは、一年をかけて、顧客とどのような関係を築きたいかについて、四つの基本理念を練り上げた(5)。「大切なことは、私たちの誓約という観点から、私たちが何者であるかを表現する理念を探し求めていることでした。これらの理念を十分に理解し、これを行動の指針とするようになることが、私たちのチームを構築する中核プロセスでした。こうした理念は必ず進化していくものですが、私が別の仕事に移らなくてはならなくなった後さえも、四年間にわたってこれらは不動のものとして存在しています。今でも社員はこれらの理念を見て、『正しい理由にもとづいて意思決定を行っているか』と問うことができるのです」

第三には、ウィンスローのこの言葉が示すように、基本理念がどのように使われるかに照準を合わせるようになる。ビル・オブライエンはよく、自分の頭の中にある「うそ発見器」を使って、ビジョンや価値観の記述が真実か、あるいは単に「心地良くさせる」だけのものかを判断していた。「一日の終わりに、ただ自分にこう問うのです。『私たちのビジョンや価値観は、今日行った決定にどのような影響を与えただろうか?』もし、何の影響も与えていなかったら、これらのビジョンや価値観は、だいたいがうそっぱちなのです」。実際のところ、これが、前章で取り上げた基本理念や経営理念と、ただの良い考えとの違いである。二〇〇二年春のSoLサステナビリティ・コンソーシアムの会合で、SoLの創設者の一人であるBPのバーニー・バルキンは、買ったばかりだという新しいTシャツを私たちに見せた。その背中には四つの言葉、「尊敬」「高潔」「対話」「卓越」が書かれていた。そして彼が見せてくれたシャツの前には、「エンロン」と書かれていたのである。

この最後の点は、基本理念に関する最も基本的な誤解の一つを浮き彫りにしている。私たちは、正しい言葉を選ぶことで頭がいっぱいになっている可能性がある。「これは正しいビジョンですか?」という質問さえ間違っているのだ。正しい言葉を選ぶことに力を注げば、美しく、感激さえ与えるビジョン・ステートメントになる。だがそれは、ほとんど、あるいはまったく変化をもたらさない。一方、基本理念の分野の優れた設計者は、私の仲間のロバート・フリッツの言葉を借りれば、「どんなビジョンかは問題ではない。ビジョンが何を起こすかが問題だ」ということを知っている。彼らは、ビジョンや他の基本理念を、エネルギーを結集させ、集中させるツールとして考えているのだ。彼らは、これらがいかに聞こえがよいかではなく、どのような影響をもたらすかで判断する。そして、基本理念はつねに未完成なものであるということを、彼らは決して忘れない。

設計者への認知

リーダーの設計の仕事がもたらす影響は広範に及ぶ可能性があるが、往々にして設計者の功績になることはほとんどないことを心得ることが重要だ。だからこそ、船の設計者の仕事はリーダーシップとして認識されないのである。今日明らかになっている良い設計の成果は、大昔の取り組みの結果かもしれないし、今日行っていることは、遠い将来にその効果を表すかもしれない。良い設計の証は、危機がないことである――「リーダーは英雄である」という組織文化ではうまく注意を引くことはない。支配したい、名声を得たい、あるいは単に行動の中心にいたいという欲求からリーダーシップをとりたいと思う人は、設計のようなリーダーシップの地味な仕事にほとんど魅力を感じないだろう。「小さな成功に目を向け、ほかの人がその功績を得ても気にしなければ、組織のどのポジションにいても、たいていは多くのことを成し遂げることができます」とロジャー・サイヤンは言う。

極端な場合、巧みな設計というのはほとんど目に見えないものかもしれない。このことはおよそ二五〇〇年前に、老子が雄弁に指摘している。

邪悪な指導者は、人々に罵られる。
善い指導者は、人々に尊敬される。

偉大な指導者は、人々に「これを成し遂げたのはわれわれだ」と言わしめる。

このようなリーダーシップに報いがないわけではない。これを実践する人たちは、社員が真に大切だと考える結果を生み出すことができる組織の一員であることに、深い満足感を覚える。実際に、彼らは、従来のリーダーに与えられる権力や称賛よりも、このような報いのほうが永続的であることを知っているのである。

教師としてのリーダー

偉大なる教師の周りには学習する人がいる。偉大なる教師は学習する場を創り出し、人々をその場に招き入れる。これに対して、技量に欠ける教師は、自分が何を教えているか、どのようにそれを教えているかに目を向ける。「人を育てる人」としてのリーダーの精神については、ロバート・グリーンリーフが見事なまでに明確に表現している。グリーンリーフは一九二〇年代半ばから六〇年代半ばまで、ＡＴ＆Ｔ社で多くの有能なリーダーたちと協働しながらキャリアを積んだ後、「奉仕したい」という欲求を偉大なリーダーの中心的な原動力と認め、また、社員の成長を偉大なリーダーの主要な指標とみなし、こうした偉大なリーダーを「サーバント・リーダー」と名づけた。「サーバント・リーダーかどうかを確かめる最適の方法は、『奉仕されている人々が人間として成長しているか？』『奉仕されている人々は、より健康に、より賢く、より自由に、より自律的になり、また、自らも奉仕者になる可能性が高くなっているだろうか？』である」[6]

組織能力の乖離に気づく

実現されていない対話や連携の重要なニーズに気づくことがしばしば設計の仕事の呼び水になるように、教師としてのリーダーの仕事も、多くの場合、組織に欠けている重要な能力に気づくことから始まる。二〇〇一年、ビビアン・コックスは、BPの経営陣がその将来について共に考えることができる「サロン」を開催する準備を始めた。彼女は言う。「BPで上の立場に昇進するにつれて、私たちにとって中心的な問題は、集団としてのリーダーシップであることに気づき始めました。BPには、一人ひとりを見れば非常に優秀なリーダーがたくさんいますが、同時に、個人の説明責任を重視し、ときに社員同士の過度な競争を促進する文化もあるのです」

「まず私は、議題を設定しない一連の話し合いの場を開催しようと考えました。一日半で二〇〜三〇人を招き、どんなことにつながることでも、自分が話をしたいと思う会話をするよう促しました。これらのグループは実に多様でした。BPの社内からは、組織に入ったばかりの新卒者をはじめ、上級管理者や中級管理者といったありとあらゆるさまざまな階層の人たちが参加していました し、集まった人のおよそ三分の一は社外の人たちでした。最初のグループには、学校の校長やバレリーナ、慈善団体の人や他の業種の人たちも参加していました。ルールは、すべての人が、部屋にいる少なくとも一人の人と知り合いでなくてはならないということでした」

「ある意味、これらの会話の結果が具体的にどうなるかはどうでもよかったのです。会話そのもののほうに関心がありました。私たちが大切な方向に進めるように、実にさまざまな話題を取り上げました。グローバリゼーションをめぐる問題、経営手法について、そして私たちが世界にどのような影響を及ぼすか、といった具合です。たとえば、私たちは、『数字の暴君』についてトム・ジョンソンと話し合いの場をもちました。『数字の暴君』とは、私たちが皆、『大事なことの多くは測定することができない』ことをとてもよく知っているにもかかわらず、測定できるものに異常なまでにこだわって事業を行いがちなことを表す言葉です。(7) これは非常に興味深い対話でした。人々にとっては、自分たちが関心をもっていることを話す場を与えられたという事実が大切なことだったのです。実際に、入口となるテーマが何であるかは重要ではなく、いつも会話そのものに命が吹き込まれました」

いつの時代も、新しい能力を構築しようとするこうした取り組みの影響を評価することは難しい。成功かどうかを示す一つの指標は、単純に「人々が姿を見せるかどうか」である。コックスのサロンの場合、ＢＰの業績重視の文化と相容れないにもかかわらず、人々は足を運ぶのをやめなかった。コックスの同僚の経営幹部の一人は私に、「ビビアンのサロンにはイライラしました」と言った。だが同時に、彼はいつも、ぎっしり詰まったスケジュールの中に時間を作って、なるべく頻繁に顔を出した。コックス自身、その効果については確信をもてなかった。なぜなら、彼女が招集しなければ、サロンは自主的に続いていかなかったからだ。「私はがっくり肩を落としていましたが、やがて、サロンが、たくさんの同じ要素をもつ物事の種をまいていたことに気づいたのです。おそらく人々は、自分たちが地位の力、つまり、まさに私がしていたことをする権利をもっていると思っていなかったか、あるいは、そんな力をもちたいとは少しも思っていなかったのかもしれません。最終的に、私は、これらの話し合いに実際に影響を受けて、会合を開いたり、ワークショップを企画したり、これまでにない違ったやり方で課題を探求したりする人たちがいることに気づきました」

また、サロンはコックスに、重要な能力の乖離を埋めることができる学習環境を作り出すことについて、彼女が上級職に昇進していくにつれてとりわけ重要になった教訓を教えてくれた。「すべてのことに直接かかわりをもてない場合には、どうすればこれほどの範囲と規模をもつ組織を導くことができるでしょうか？　私の場合、その秘訣は、『注意深く考えられたごくわずかな働きかけ』と、『そのことと自らが首尾一貫する形で行動すること』に力を注ぐことです。たとえば、私たちが戦略的な会合に人々を集める際、私が管理することはただ一つ、場の構築と意図（真に必要性があると思うこと）の構築です。それ以外は管理しません。管理は、その場にいる人たちが会話と相互作用を通じて行うのです」

教師のジレンマ

本書の旧版では、人々が「今の現実に対してもっと力を与えてくれる見方」を育む手助けをすることの基本的な必要性について述べた。そこで私が言いたかったのは、どうすれば、未来を形づくることへの自信を損なうのではなく、これを強める形で現実を考えることができるかである。ほとんどの組織の多くの人が考える「現実」とは、耐えなくてはならない圧力であり、対処しなくてはならない危機であり、受け入れなくてはならない限界である。このように現実を定義するとすれば、ビジョンはたわいのない夢物語であり、悪く言えば、ひねくれた妄想であり、まったくもって達成可能な目的ではない。では、リーダーは、人々が現実を限界の源としてではなく、自分のビジョンを創り出す手段として考えられるように、どんな手助けをすべきだろうか？　これが「教師としてのリーダー」の中核的な仕事である。

一つの方法は、人々が単に目先の出来事ではなく、根底にあるシステム的な構造やメンタル・モデルという観点から問題を見るのを後押しすることだ。この方法は、現実を形づくる力と、いかに私たちがその力の一部であって、その力に影響を及ぼすことができるかを理解するのに役立つ（第三章「システムの呪縛か、私たち自身の考え方の呪縛か？」を参照）。だが、システム思考の能力を構築するには時間と忍耐が必要であり、この道に真剣に取り組むリーダーはきまってジレンマに直面する。これは、学習者が新たな難しい技術を身につけるのを手助けしようという教師なら誰でも身に覚えのあることだ。

「私たちは、いくつかの重要な問題の解決に対して、システム思考をかなりうまく応用してきました」と語るのはマーブ・アダムスである。「でも、そのやり方については限界が見えるので不安も感じています。たとえば私たちは、世界全体で三五億ドルというＩＴの予算を、一〇億ドル近く削減しなくてはなりませんでした。私たちの小人数のグループは集まって、能力を損なわずにコストを削減する、レバレッジ効果の最も高い機会を表すシステム図を一〇個描き出しました。私たちは組織に対してこれらのシステム図を示す代わりに、単に一〇の合理化プロジェクトを立ち上げて、社員が実施する介入策が、必ずこれらの一〇のシステム図から私たちが得た洞察に根ざしているようにしたのです。私たちは一〇億ドルのコスト削減に成功しましたが、私個人としては、この洞察を共有していないことや、より多くの人にシステム思考を実践してもらっていないことに悶々とした思いでした。私たちはこの手法を舞台裏で使ったのです。危うく『うまく操作できた』と思ってしまうところでした。図を見せることができるならば、私は社員に『かくかくしかじかで私たちはここに介入し、ここには介入しないのです』と説明する必要があると感じています」

アダムスは、一応うまくいった彼の介入策に二つの問題点があることに気づいた。一つは、システム的な力を見極めるために自分の能力を自ら構築しなくてはならなかった人がほとんどいなかったことである。もう一つ、彼が気づいたことは、こうした介入を首尾よく行うことができたのは、必要な変化を起こすための資源を自分が管理していたからだ、ということである。一方、ほとんどのビジネスの問題に対しては、アダムスと彼のシステム思考のスタッフは、どちらかといえば「影響を及ぼす人」として機能している。なぜなら、さまざまな人が、状況を見極める新しい方法にもとづいて異なる行動を取らなくてはならないからである。「私たちは、他者が見ることができるようにシステム思考の図を描く必要があります。あるいはもっと望ましいのは、彼らが自ら図を描くのを手助けすることです」と彼は言う。

アダムスが承知しているように、このジレンマに取り組まなければ、「問題のすり替わり」という力が生まれ、重要な問題を解決することへの圧力が、状況を分析して洞察を導き出すことができる専門家グループに転換されることになる。だが、そうすると、より広範な組織の能力を構築する必要性が薄まってしまう。さらに、人々は自分たちの問題を自分たちのために解決してくれる専門家に頼ることに慣れてしまい、自らの能力を構築しようという意欲をたちまち失う恐れがある。時間の経過とともに、圧力の強化が広がっていくと、人々はますます専門家に依存するようになる。問題は解決されるかもしれないが、組織は少しも賢くならないだろう（図15－1）。

たいていの「問題のすり替わり」の状況と同じように、成功する戦略は、より長期的な能力を構築するやり方で短期的な機会に対応すること、すなわち「出来事主導型の思考」から「発展的なシステム思考」へと結びつけることである。

図 15-1

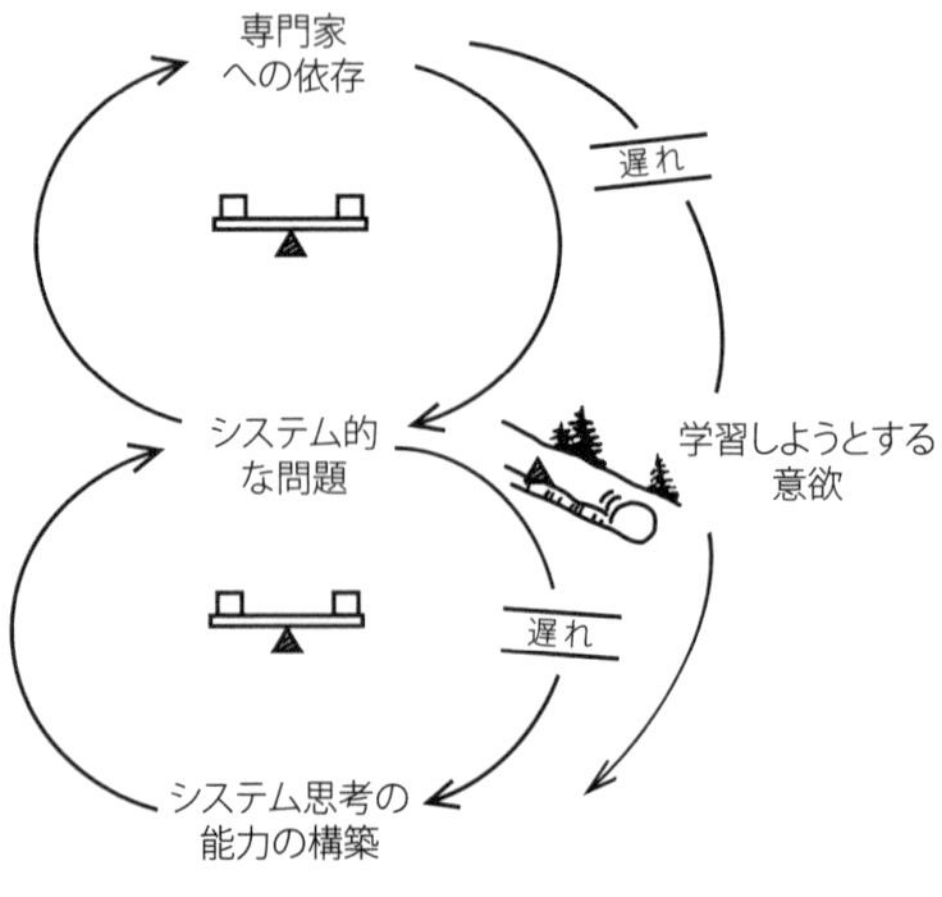

まずは学習者になる

真の教師になるためには、まず、学習者にならなくてはならない。実際に、教師自身の学習に対する情熱は、その専門家としての知識と同じくらい、生徒たちに刺激を与える。だからこそ、組織学習のツールや理念に真剣に取り組むマネジャーもまた、単なる「提唱者」や伝道者ではなく、実践者でなくてはならないのである。

これについては、グレッグ・マートンが雄弁に語っている。それは彼が、ヒューレット・パッカード（HP）のインク供給部門（長年にわたり同社最大にして稼ぎ頭でもあった部門）の統括部長兼担当副社長の職を退任して間もなくのことだった。マートンによれば、学習はまさにリーダーシップの源泉であるという。「HPでのキャリアを振り返ってみると、私の周りには非常に熟練した人々が大勢いましたが、最終的に最も有能なリーダーになった人たちは、階層や職務が何であれ、必ずや真の学習者でした。彼らは過去に何を成し遂げていようと、そのことを自らの心像に描くことはほとんどないように思われました。彼らは、『人として成長しなくてはならない』ということをつねに自覚していましたし、『学習するゲーム』では、今この場では何が有効かを見抜けるよう絶え間ない努力の必要があることを知っていました。私にとって非常に明白なことは、会社が成長したときは、重要な立場にいる多くの人がこうした学習者の姿勢をもっていたからそうなったのであり、その姿勢がない場合には私たちは四苦八苦したということです」

「リーダーは学習者でなくてはならない」というマートンの指摘は疑う余地がないように思われるが、その意味するところをきちんと理解するには時間がかかる場合もある――とりわけ非常に熱心に取り組む人たちにとっては、まさにその熱心さによって自らの学習のニーズが見えなくなる恐れがある。「私の平和維持サークルの最初の訓練には、若者や警察官や保護観察官、そしてコミュニティのメンバーや友人など、四〇人が集まりました」とロカのモリー・ボールドウィンは言う。「オープニング・セッションの半ばを過ぎた頃、私たちの何人かが、グループ全員が作った輪の真ん中に座って話をしました。三分もしないうちに、あらゆるものが一気に噴き出しました。人々は叫び、若者らは悪態をつき、誰もが口々に『ほらな！　こんなのうまくいかないに決まってるんだ！』と言っていました。私は、セッションが失敗に終わるのを目の当たりにして胸が締めつけられる思いでしたが、ようやく自分が、結束ではなく不和に力を注いでいること、調停者とは程遠い人間であることに気づきました。『私たちと彼ら』という考え方にどのような問題があり、また、個人としても組織としてもずっとそう考え続けていたことを、本能的なレベルで理解したのです。『私が正しくて、君たちが間違っている！　問題はあなたであり、私ではない。だって、私たちは高い道徳基準を維持しているのですから！』と主張し続けることが私たちの抱える問題の大きな源だったのです(8)」

執事《スチュワード》としてのリーダー

グリーンリーフは自著『サーバントリーダーシップ』（金井壽宏監訳、金井真弓訳、英治出版、二〇〇八年）で、「サーバント・リーダーはそもそも奉仕者である……奉仕したいという自然な感情から始まる……それから、意識的な選択が働き、導きたいと思うようになるのだ。そうした人物は、そもそもリーダーである人、おそらく、並々ならぬ権力への欲望を満たし、物欲を満足させる人とはまるで異なる」と述べている(9)。

「導く人々に奉仕するリーダー」という考え方は、理想主義的と思われるかもしれないが、実用的でもあると私は確信している。私はかつて、米海兵隊の大佐に「なぜ、サーバント・リーダーシップは海兵隊で幅広く受け入れられたのですか?」と尋ねた。すると彼はこう答えた。「命の危険にさらされた場合、人は間違いなく、自分たちが信頼し、心底自分たちを満ち足りた気持ちにさせてくれると感じる指揮官にしか従いません。これは戦闘で繰り返し示されていることです」

また、執事を務めること《スチュワードシップ》は、より大きな目的に奉仕することでもある。ビル・オブライエンがよく言っていたように、「真の誓約は、いかなる場合も、自分自身より大きいものを対象にする」。一九九〇年には、私は、あらゆる階層の実在するリーダーたちを導いていると思われる「目的物語」について書き、実にさまざまな人たちが「それぞれのインスピレーションを同じ源……より深い物語と目的意識、すなわち、個人のビジョンの背後にあるより大きな『生まれ出るパターン』から得ている……リーダーの立場にいる他の多くの有能な経営者は、より大きな物語をもっていないため、正確には同じ種類のリーダーではない……こうした大きな物語は、彼らをより大きな仕事へと結びつけ……そして彼らのビジョンに深遠なる意味、すなわち、個人的な夢や目的が長い旅路においての道標として際立つより大きな情景をもたらす」と解説した。

今日これらの文章を振り返ってみると、その中には二つの矛盾が隠れていることに気づく。一つは必然性と献身性、もう一つは、保全と変化である。

執事を務めること《スチュワードシップ》の矛盾

自分の「目的物語」を知っていると、「自分の人生とはいったい何か」に関する必然性の感覚や、ある種の閉鎖性さえも容易に示すことができる。逆に言えば、このような必然性に欠ける人はこうしたより大きな目的をもっておらず、それゆえ、リーダーとして限界があると結論づけられる可能性がある。

私は、目的に関する必然性、そして同じく、目標に関する必然性は、それ自身が危険をはらんでいると考えるようになった。昨今の世界で、私たちはこの危険が頻繁に露呈するのを目の当たりにしている。哲学者のエリック・ホッファーは、洞察力に富んだ分析を記した著作『大衆運動』(高根正昭訳、紀伊国屋書店、一九六九年、復刊版二〇〇三年)の中で、こう問うている。「献身的な人間と狂信的な人間とを最終的に区別するのは何か」(10)。彼の出した結論は、「必然性」である。狂信的な人間は、自分が正しいと確信している。ホッファーの定義によれば、「答えがある」と確信して行動する場合は、どのような理由であれ、私たちは必ず狂信的な人間となる。私たちの中に閉じられている部分があり、そこでは白黒はっきりした世界を見ている。一方、真の献身性は、つねに何らかの疑問や不確実性と共存する。その意味では、献身性は、強制ではなく、ある意味、まさしく選択なのである。

執事《スチュワードシップ》を務めることの二番目の矛盾である保全と変化は、「リーダーシップはつねに変化を大切にする」という事実に由来する。リーダーは、個人としても集団としても、新たな物事の道理をもたらすために働く。彼らはいつも新しいこと、すなわち、生まれ出ようとしているものに焦点を当てる。リーダーにとって深い目的意識が非常に大切なのは、一つには、その目的意識が錨《いかり》にもなるからだと私は考えている。見え始めている新しいものを追求するかたわら、リーダーは、守ろうとしているものに対する執事《スチュワード》でもあるのだ。だが皮肉なことに、守ろうとしているものは、変化を可能にするカギである。このことは、たとえば、ダーシー・ウィンスローの物語に見て取れる。彼女は変革者として、ナイキ社のアイデンティティの「核とつながる」ことを望んだ。そうすることで、彼女は変化に対するエネルギーを解き放ったのだ。また、ドロシー・ベリーが、国際金融公社(IFC)の経営陣が「成功を収めている民間企業と持続可能な開発とを調和させたい」という彼らの志とつながるのを後押ししたときや、インテルのデイブ・マーシングが、彼と同僚たちが健康な生活を本当に守りたいと考えていることに気づいたときにも、変化が顔を現した。

チリの生物学者のウンベルト・マトゥラーナは、進化は「保全から生まれる変化」のプロセスであると述べている。マトゥラーナによれば、自然界はいくつかの基本的な要素を守り、そうすることで、ほかのあらゆるものを自由に変化させているという。簡単な例が、動物界の「左右相称」(二つの目、二つの耳、四本の足など)である。だが、大切なことは、左右相称の制約の中で繰り広げられる、類まれなる進化の多様性である。変革を推進するリーダーは、「私が守ろうとしているものは何か?」という効果的な問いを発することを忘れがちだ。変化はおのずと、私たち皆の中に恐怖を引き起こす。未知のものへの恐怖、失敗することへの恐怖、新しい物事の道理で必要とされないという恐怖である。私たちが、変える必要があるものだけに異常なまでにとらわれ、守りたいものに目を向けなければ、これらの恐怖は強化される。だが、私たちが守りたいと思うものを明確にすることができれば、こうした恐怖をいくらか和らげることができるのだ。リーダーが意識してこの原理を適用すれば、たいていは、変革者としてのアイデンティティや貧困削減における協力関係、互いの心身の健康へのサポートといったアイデンティティやつながりを人々が守ろうとしていることに気づく。

権力、そして野心の本質

残念なことに、真の執事《スチュワードシップ》を務めることのこうした事例は、今日では多くの人にとってより明らかな、まるで異なるリーダーシップの現実――権力の濫用によってあらわになる、執事《スチュワードシップ》を務めることの精神の崩壊――を浮き彫りにもする。VISA社の創設者であるディー・ホックは、「私の考えでは、今日の世界における最大の悪は、かつてないほど多くの権力と富が、かつてないほど限られた人たちの手にどんどんと集まっていることです」と言う。

現在は、情報技術によっていかに権力の分散を広げることができるかが重視されている。「物理的に離れていても技術によってつながっている人々が、今では、以前は想像もできなかった規模で、ほかの多くの人々や場所から集められる情報を活用して自ら意思決定を行うことができるのである」[11]。だが、権力や権限の分散が起こり得るということは、とりわけ経営幹部の間では、より深い個人の欲望と衝突する場合が多い。HPのアン・マレー・アレンはこう言っている。「社会的ネットワークを育んだり支援したりすることは――それが起きるとすれば――製品やサービスが顧客とより直接的に結び付いている事業部門のレベルで生まれる場合がほとんどです。残念なことに私は、こうした協働ネットワークが、企業本社のレベルで、野心というネットワークに取って代わられるのをいやというほど目にしています」

オックスファムのバーバラ・ストッキングは、野心と結果、そして、伝統的な男性優位の重役室との間につながりを見る。「競争や野心に対する女性のリーダーシップの取り方が異なることを示す調査は今や数多く存在します。経営陣が、地位や立場をめぐる争いにとらわれすぎて実際に良い結果を出せないとき、女性の経営者たちは距離を置いて、こう言うでしょう。『正直に言うと、面倒くさいんですよ。私には世話をする家族があるし、これからの人生、いろいろなことをやりくりしてやっていかなくてはなりません。次々と起こる内紛に莫大な時間を費やすつもりはないのです』。これが、ほかにも責任を負うべきことをもっている女性が非常に多いからなのか、単に女性の性質だからなのかは、私にはわかりません。でも、得てして女性たちは一歩下がって、こう言います。『何か得られるものがないなら、そのことに時間を費やすつもりはありません』。概して、上級職の女性は、自らの将来やキャリアよりも、物事そのものについて野心的である傾向があります」

ストッキングの説明は、「実際には、より大きな人生を生きることは、経営者にとってはものの見方に対する感覚を保ち、より望ましい経営者になるのに役立つだろう」という極意を物語っているが、このことを理解している経営陣はまずいない。ビビアン・コックスにとって、BPの上層部に昇進することになった数年前は、ちょうど最初の子どもを産んだ頃でもあった。彼女はBPの最上席の幹部の一人のところに行き、こう言った。「ひと言申し上げておきたいのですが、私の人生においてBPはいちばん大切なものではありません。いちばん大切なのは、私の娘です。もしこのことが、新しい職務と相容れないとあなたがお考えになるのであれば、私を昇進させないほうがよいと思います」。コックスは今では、つくづくとこう思う。「私の仕事はかなりきつい仕事ですが、私自身の最優先順位が明確であることは、本当に私の力となっていますし、おそらく組織のほかの人たちにとっても助けとなっているでしょう」

持続可能な結果

今日のビジネスの世界は、節度のない個人的な野心がもたらす倫理の崩壊に明け暮れ、それによってより大切な点を見落としている。つまり、個人的な野心は、経営者による明らかな不正行為の有無にかかわらず、達成した結果をいかに損なう可能性があるかということだ。ストッキングやコックスが、長期にわたって偉大な成果を上げることができたのは偶然ではない、と私は考える。まずは、何に焦点を当てるかだ。地位による権限を手にすることで、経営者が縄張りを守ったり、広げたりすることにエネルギーを注ぐようになると、その代償として、ストッキングが言ったように「物事そのもの」、すなわち、人々が成し遂げようとしている実際の結果に焦点を当てなくなる。だが、もう一つ、時間軸の問題がある。経営者が短期的な結果にしか目を向けなければ、多くの場合、結果を持続させようと経営者が介入を続けることが正当化されてしまう。こうした介入は、意図的か否かにかかわらず、「問題のすり替わり」の力を生み出し、経営者の介入への依存が自己強化される。こうして、短期的な結果にこだわることが、権限をいっそう集中させる戦略に置き換わるのである。

「英国国民保健サービスで働いていたとき、私はこのことについていろいろと考えました」とストッキングは言う[12]。「上層部の人たちが、目の前の問題を、まるでそれが『順番待ちリストに載っている目標』であるかのように、ほかのことにはいっさい目を向けないようにして解決するのを見ていました。でもこうした問題は、システム全体がどのように機能するかを根本的に変える手立てを何も打たなければ、目を離したとたんにたちまち元の木阿弥です。『どうすれば、より望ましい結果を出し続けるシステムにすることができるか』について、時間をかけて社員たちとともに答えを見つけ出すのです。そうすれば、時間はたくさんかかるけれども、そうしたシステムを手にしてしまえば、そのシステムが私たちに背を向けることはありません。つまりこういうことです。『そこにたどり着くには多少時間はかかるかもしれませんが、そこにたどり着いた暁には、手に入れたものがより持続可能なものだとわかるのです』。こうしてやっと、私たちは、私たちの基本理念を構築しました。たとえば、病院に実際に出向いて何か介入をしなくてはならないときには、そこにいる人たちが、どうすれば将来的に自らを助けることができるかについてもっとよくわかるやり方で、働きかけを行うべきなのです。大事なことは、再度働きかけをしなくてもいいように、改善を試みることです」

「今、私はオックスファムで、同じような課題を抱えています。人道的な活動では、人道的な危機に乗り出してそれが功を奏した場合、非常に報われた気持ちになったり、称賛や個人的な満足感が得られたりします。ご存知のように、『短パンをはいた白人の男性たちが援助物資を空輸して配給する』やり方です。今、私たちがめざしているのは、国に出向いて人道援助を行わずに済むようになることです。この取り組みがうまくいったならば、現地の人々が自分たち自身で自らを救い出すことができるところまで発展するのを支援できたことになります。援助の世界では、動機づけとなっているのは、支配という意味での個人の権力ではなく、必要とされていると感じることからくる、もっととらえにくい権力意識と言えるでしょう。いずれにしても、力をもっている人へのニーズが自己強化されるというダイナミクスは同じなのです」

ビジョンの執事《スチュワード》であること

執事を務めること《スチュワードシップ》とは、ロカの若手街頭補導員の一人の言葉を借りれば、要するに「全体にとって正しいことをする」ことである。こうした献身的な姿勢は、同時に、自分と自分の個人ビジョンとの関係に変化をもたらす。個人ビジョンは、「これが私のビジョン」というような所有物ではなくなり、私たちはビジョンの執事《スチュワード》になる。ビジョンは私たちのものであるのと同じように、私たちは「ビジョンのもの」でもあるのだ。ジョージ・バーナード・ショーは、先に触れたように、この関係について「偉大な目的だと自分自身が認める目的に仕えること」だと簡潔に表現した。

語り口や着眼点は多少異なるが、喚起力では決して劣らないのが、レバノン人の詩人ハリール・ジブラーンの詩だ。彼は親と子について語る中で、ビジョンの執事《スチュワード》たるリーダーが抱く、所有なき責任感という独特な感覚を表現している。

あなたの子どもは、あなたの子どもではありません。

彼らは生命そのものが望んだ息子や娘なのです。

あなたを通ってやって来ますが、あなたからやって来るのではありません。

あなたといっしょにいますが、あなたのものではないのです。

子どもに愛を注いでもよいでしょう。でも、考えを与えてはいけません。

子どもには子どもの考えがあるからです。

あなたの家に子どもの体を住まわせてもよいでしょう。でも、その魂を住まわせてはいけません。

子どもの魂は明日の家に住んでいて、あなたは夢の中でさえ、そこに立ち入ることはできないからです。子どものようになろうと努めてもよいでしょう。でも、子どもをあなたのようにしようとしてはいけません。

生命は後戻りせず、昨日とともにとどまってもいないからです。あなたは弓です。その弓から、子どもは生きた矢となって放たれます。射手は果てしなく続く道にある的を見つめ、矢がすばやく、遠くへと飛んでいけるように、力いっぱいあなたをしならせます。

射手の手の中でしなることを喜びましょう。なぜなら、射手が、飛んでいく矢を愛しているなら、同じようにとどまる弓も愛しているのですから。(13)


どうすればこのようなリーダーを育てることができるか？

英語の「lead」（導く）という動詞は、インド・ヨーロッパ語の語根の *leith* から来ている。これは、

「敷居を超える」という意味で、ときには死と関連するイメージをもたらす。だから、西水美恵子やロジャー・サイヤンのような卓越したリーダーが、彼らの中にある何らかの古い要素が消えて、新しい要素が生まれる際に、往々にして自らの深遠な気づきの瞬間の物語をもつことは驚くことではないのだ。興味深いことに、広く使われているがきちんと理解されていない「カリスマ」という言葉が、関連する考えを伝えている。

「カリスマ的」という言葉から思い浮かべるのは、たいていは、堂々としていて、みんなをぐいぐいと引っ張り、魅力的でさえある、注目を集める人物だ。残念ながら、これは、印象的な容貌や太い声といった、その人物を「特別な」人にする何らかの特異的な要素がもたらす結果と考えられることが多い。しかし、私が知り合う機会を得た、類まれなるリーダーのほとんどは、印象的な容貌も、力強い個性ももち合わせていない。彼らを際立たせているのは、彼らの考えの明瞭さと説得力、献身の深さ、そして、絶えずさらなる学習を続けることに対する開放性の度合いである。彼らは「答えをもって」はいないが、「心の底から望む結果に到達するために学ぶ必要があることは、どんなことであれ、共に学ぶことができる」という確信を周囲の人々に植えつけているように思われる。

実際のところ、**カリスマ**という言葉はカトリック教会に由来する言葉であり、神から個人に与えられる特別な「賜物」を意味する。したがって、カリスマ的であることは、個人に与えられた賜物を開花させることにほかならない。すなわち、私たちは、真の自分自身になる限りにおいて、真のカリスマ的なリーダーとして成長するのである。ここに、真のリーダーシップ開発の秘訣がある。

私は、これがさまざまなリーダーにとって何を意味しているかに注目すると、彼らの開発の目的やアプローチが多岐にわたっていることに心を動かされた。概念的なスキルやコミュニケーション・スキルの開発に取り組む人もいれば、他者の言うことや考えに耳を傾け、これを理解しようと努力する人もいる。また、開発の枠組みとして五つのディシプリンを活用する人もいれば、他のアプローチを用いる人もいる。だが、誰もが皆、自らの開発に取り組むこと、すなわち、サイヤンの言うように「人間になろうと努力する」ことに全力を傾けている。

また、これらのリーダーの仕事や開発への取り組み方の違いを超える共通点が一つあるように思える。創造的緊張《クリエイティブ・テンション》の原則だ。ありとあらゆるさまざまな違いがあるとはいえ、真に有能なリーダーたちは、ビジョンを抱くと力と、それと同時に今の現実を深く、正直に見つめることの力について、理解を共有するにいたったように思える。意識して考えていたかどうかは別にして、私が出会った有能なリーダーで、創造的緊張の原則を認識していない人は一人もいなかった。

私たちは、組織学習の取り組みを通じて創造的緊張の原則を作ったわけではない。事実、過去に、このことについて語っている人はほかにもたくさんいた。歴史に残る人種差別反対の抗議デモに参加して、アラバマ州バーミングハムの拘置所に投獄されたマーティン・ルーサー・キング・ジュニア牧師はこう書いている。「ソクラテスは、誤解や一部しか真実のない言葉による束縛から私たち一人ひとりが立ち上がることができるように、心に緊張を生み出す必要があると感じたが……同じように私たちも……偏見や人種差別の闇の深みから人々が立ち上がる手助けをするような緊張を社会に生み出さなくてはならない(14)」。キング牧師は、平等という彼の「夢」でよく知られているが、彼のリーダーシップは、先人たるガンジーと同様、ガンジーの言葉を借りれば、「現在の状況を浮き彫りにするために」人々が今の現実を見る手助けをすることに根ざしていた。「夢」と「今の現実」という二つを並べることが、変化に向けた真の力だということを彼は知っていたのだ。

私は、「リーダー」という言葉が、概して他者が行う評価だということに気づいて驚いている。本当の意味で指導《リード》する人たちは、おおよそ自分のことをそのように考えてはいないようである。彼らが目を向けているのはつねに、何をしなくてはならないかであり、自分が活動しているより大きなシステムであり、自分が誰とともに未来を創造するかであって、「リーダー」としての自分自身ではない。実際に、もしそうでなければ、まず間違いなく問題が起こる。というのも、私の長年の同僚で共著者でもあったブライアン・スミスの言葉を借りれば、とりわけリーダーの立場にいる人にとっては、「自分の心の中での英雄」になる危険がつねにあるからだ。

自社の歴史を調査していたヒューレット・パッカードのある社員がかつて、創立者の一人であるデビッド・パッカードに「リーダーシップについてどのようにお考えですか?」と尋ねた。彼女の報告によれば、彼はしばらく間を置いてから、単にこう答えたという。「私にはリーダーシップの理論なんてわかりません。ビル(ビル・ヒューレット、もう一人の創立者)と私は、大切に思うことをやってきただけです。私たちといっしょにやりたいと思ってくれる人たちがいて、私たちは本当に幸せでした」

第16章 システム市民

二〇〇二年秋、世界銀行（当時）の西水美恵子は、第二次世界大戦後の国際金融体制「ブレトン・ウッズ協定」への日本の加盟五〇年を祝う式典の一環で、母国での基調講演を依頼された。その講演で、西水は自分が貧困の現実と向き合うようになるまでのいきさつと世界情勢に対する自分の見方を語った。講演の終わりのほうで西水が語りかけた次の言葉に、私たちが歴史上類を見ない時代に生きているのだという切実さが雄弁に言い尽くされている。

　未来は私たちにとって未知の世界に見えます。未来がこれまでの時代と決定的に異なる点は、その未来を形づくり、評価する適切な単位が地球そのものであることです。未来の命運を握るような問題はすべて基本的に地球全体にかかわっています。私たちはそこから逃れようがない、相互に影響し合う一つのネットワークに属しています。生態系の相互関係があり、情報、考え方、人、資本、モノ、サービスがより自由に行き交う相互関係があり、そして平和と安全の相互関係があります。事実、私たちは地球上でたった一枚の運命という織物に紡がれているのです。

組織学習の能力を高めようとする推進力は、従来ならば、組織変革に対するもっと有効な取り組み方はないものかと模索する人々、もっと適応力のある企業を築こうとする人々、金融資本を育てるためには人的資本や社会関係資本を育てることが必要だと考える人々から生まれてくるものだった。ところが今日、私たちが「たった一枚の運命という織物」に目覚め、社会と組織学習の深刻な問題に直面していることを認識するにつれて、新しい組み合わせによる外的な動機づけが生まれ始めている。今や私は、「学習する組織」構築の本当の可能性は、これらの変化を求める二つの力の絡み合いから生まれるのではないかと思っている。

どんな組織も、より大きなシステム、たとえば産業界、地域社会、もっと広げれば生命活動の中に存在している。ある意味、一企業の健全性が、属している業界や社会、そして依存している自然界のシステムの健全性と無関係に増大すると考えるのは愚かである。長い間、企業は、こうしたより大きなシステムを当たり前に存在するものとばかり考えていたが、今や企業は、個別にも集合的にも、こうしたシステムに影響を与えること、その関係がもたらす結果は重大さを増していることが次第に明らかになってきた。こうした影響の中には、工場が移転した結果、町の住民の半分が失業するとか、発電所が大気中に窒素酸化物や硫黄酸化物を排出するといったように、わかりやすいものもあるが、影響の多くは、依然としてほとんどの人の目には見えない、より大きな全体的なつながりから生じている。

この原稿を書いているとき、大惨事をもたらすハリケーンがまた一つ米国南部のメキシコ湾岸地域を襲った。大半の人がそうであるように、私も被災者の安全と健康を案じている――が、同時に世間が緊急の支援以上のことに関心を寄せないのではないかも気がかりだ。当面の危機が過ぎ去っても、より根本的なシステムの問題は残る。ハリケーンによって露呈した根深い貧困の写真や映像は多くの人々に衝撃を与えた。だが、事実、米国では第三世界と同様の状況に生きている人々は相当数に上る。ハリケーンによって壊滅的な被害を受けたアーカンソー、ミシシッピ、ルイジアナの各州は、貧困線以下の収入で生活している人口の比率がそれぞれ全米第一位、第三位、第五位である。[1] しかも、最近のハリケーンの季節[★1]にハリケーンの頻度と強度が増したのは単なる不運ではない。気候の専門家は、海水温が上昇すれば天候の不安定さも増すだろうと何年も前から警告している。とくに、熱帯性低気圧がこうした暖かい海水の上を通過すると、巻き込むエネルギーの威力が増大し、ますます深刻なハリケーンの発生につながると警告してきた。

経済的な繁栄と共存している気候変動と根深い貧困は、インターネットとグローバル市場と同じくらい今の時代を象徴するものだと思う。個人としても企業としても、私たちはこれまで、どんな商品を買うか、そしてどんなエネルギーを利用するかといった日常の決定が、何千キロメートルも離れた場所の住人や地球の反対側の住人に影響を与えることを心配しなければならないことはなかった。これはグローバル化の人間的側面であり、たしかに、誰にとっても未知の世界である。私たちはかつて今いるところまで足を踏み入れたことがなかった——未来は私たちをじっと見つめている。

システムを見る

システム市民[★2]になることは、私たちが形づくり、そして巡り巡って私たちを形づくるシステムを見ることから始まる。ビール・ゲームのプレーヤーが学んだように、いつもうまくいかないシステ

★1　6～11月
★2　複雑なシステムを見る能力を備えた人々

ムで立ち往生していると、不満が募り、束縛感を覚える――より大きなパターンと、そのパターンを生み出すのに自分たちも一役買っていることが見えるようになるまでは。それが見えるようになれば、新しい選択肢がはっきりしてくる。

　システムを見るには二つの基本的な観点がある。一つは相互依存性のパターンを見ること、もう一つは未来を見通すことだ。相互依存性を見る力をつけるには、システム図のようなツールが助けになるが、ストーリーや絵、歌からもその力を得られる。未来を見通すことは、今ここにあるのに、システム思考の視点がないと見過ごしてしまうような兆候を理解するにはどうすればよいかを知ることから始まる。

　それまで見えなかった相互依存性が見えるようになると、「知っていると気がつかないままに知っていたことを知る」という、独特の気づきに至る。数年前、ある大きな製品開発チーム内の二つのエンジニアリング専門グループが、あるループ図を作成した（図16-1）。作成してみてわかったのは、いかに自分たちが、そうとは知らずに互いにとっての問題をつくり出していたかということだった[(2)]。

　一方のグループ（NVH[★3]（騒音・振動・ハーシュネス[★4]）エンジニアのグループ）が、振動の問題にぶつかったときに、もう一方のグループと協力して統合的な解決策に取り組むのではなく、「補強材の追加」のような応急処置で対処すると、補強材の分だけ車両が重くなるなどの副作用が生じ、もう一方のグループにしばしば悪影響を及ぼした。そうなると、この第二の開発グループ（車両の総重量に責任を負う）も同様のことをした。つまり、NVHエンジニアたちと協働で解決することを避け、単にその重さをどこかで差し引き、自分たちの応急処置で埋め合わせたのだ。たとえば、タイヤの空気圧を高く指定して安全基準を満たすという策をとった。ところが、タイヤの空気圧

★3　NVHは自動車の快適性を評価する基準
★4　路面の凹凸によって感じる振動

を高くするとハーシュネスが増えるという副作用が生じ、今度はそれがＮＶＨエンジニアたちにとってまた新たな問題になった。両グループがこのループ図をいっしょに見たとき、エンジニアたちは自分たちを長年悩ませてきたパターンに気づいた。それは、スケジュールの重圧を感じ、統合的な解決策を考え出すために時間を割こうとしないことが原因で応急処置への依存が強化されていくパターンだった――そして、それがどのように生じたかも知った。その場に座って、首を横に振りながら、彼らはこのパターンが続けば自分たちの未来がどうなるかも理解した。敵対行為と全体的な製品設計の劣化がエスカレートしていくはずだ。やっと、誰かが口を開き、「自分で自分の首を絞めていたとは、なんてざまだろう」と言った。

　私の経験では、自分たちが生み出してきたシステムのパターンを本当に見て、それが続けば未来にどんな困難が待っているかを理解した人たちは、必ずそのパターンを変える方法を見つけ出す。このエンジニアたちの場合、パターンを変えるということは、信頼関係を育て、目標を達成するためにもっと緊密に協力して仕事をすればよいだけであり、彼らはまさにそれを実行した。ほかにもいくつか似たような気づきによって拍車がかけられ、最終的に製品開発チーム全体として、開発中だった主要車種の新型モデルを一年前倒しして完成させ、割り当てられていたが不要になった六〇〇〇万ドル以上の「予備費予算」を返上した。

地球全体の気候変動システムを見る

図 16-1　グループごとの問題解決を調整しないことによる影響

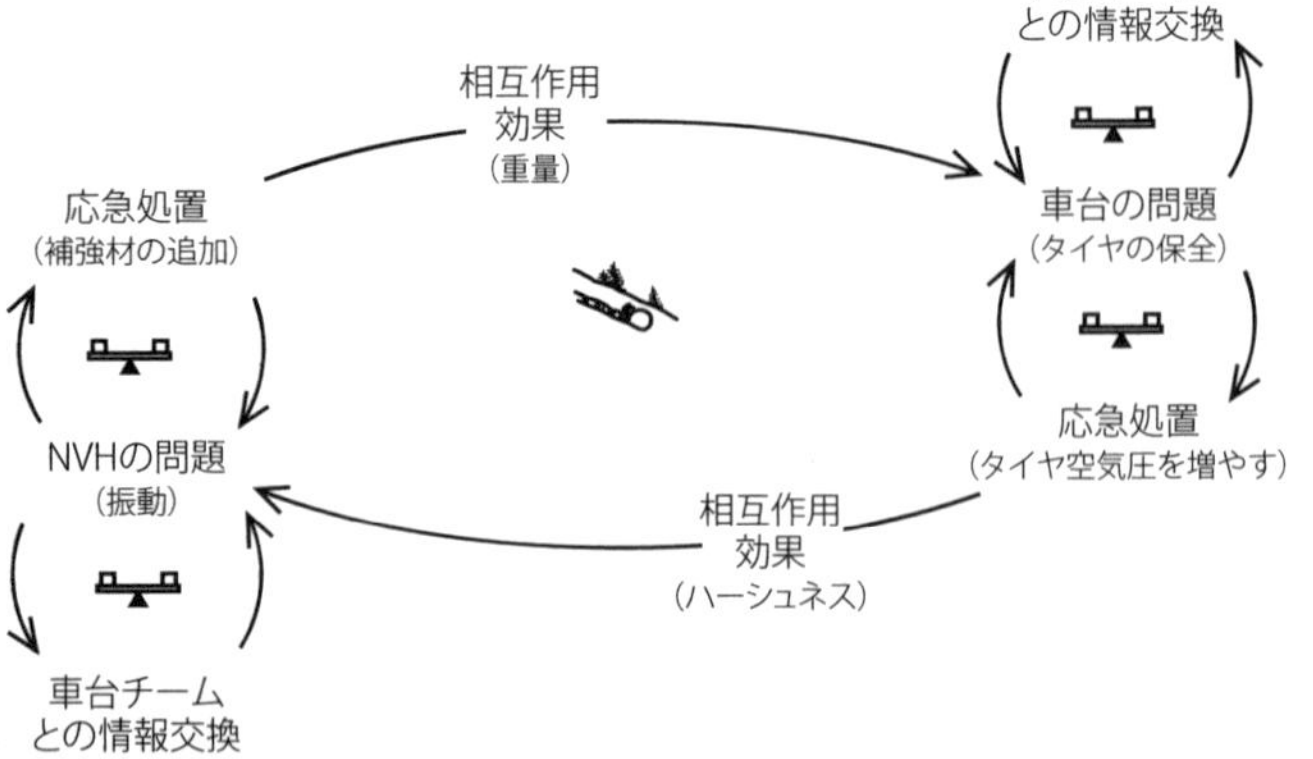

変化を促すような方法で世界全体のシステムを見るのは、さらに難しいように思われるかもしれないが、基本原則は根本的には変わらないだろう。次に示すのは、地球規模の気候変動に影響を及ぼしているシステムを目に見えやすくする単純なシステム図である[3]（図16-2）。ビール・ゲームの場合と同様に、私たちが真っ先にしなければならないのは、ただ自分の役職を管理することを超えて、個人の意識の境界を広げることだ。この図の場合は、これまで企業や社会の関心の中心は経済活動にあり、そして収入、需要、資本投資が含まれる自己強化型プロセスによる経済活動の成長にあった。ごく最近まで、私たちの目に見えていなかったのは、経済成長の物質的な副産物の一つ、すなわち大気中に放出される二酸化炭素などの温室効果ガスである。

排出された二酸化炭素は、ビール・ゲームで出された注文が納入業者の受注残に流れ込むのとまったく同じように、大気中の二酸化炭素のストック（二酸化炭素濃度）に流れ込む[4]。大気中の二酸化炭素のストックが増えるにつれて、大気中にさらに熱が封じ込められるようになる。その結果、上昇した気温が自然界のシステムに、ひいては経済活動にほとんど未知の影響を及ぼす。気候が温暖化すれば、ビジネスや経済成長にとってメリットがあるという主張も一部にはある。しかし、こうした楽観的なシナリオを疑問視する人々は多く、計り知れない不確実性――不安定な天候、熱帯病の蔓延、氷河や極地の氷が解けて海に流入する淡水が増加した場合の影響、海流の変化など――が前途に待ち受けていることはまぎれもない真実である。

図 16-2

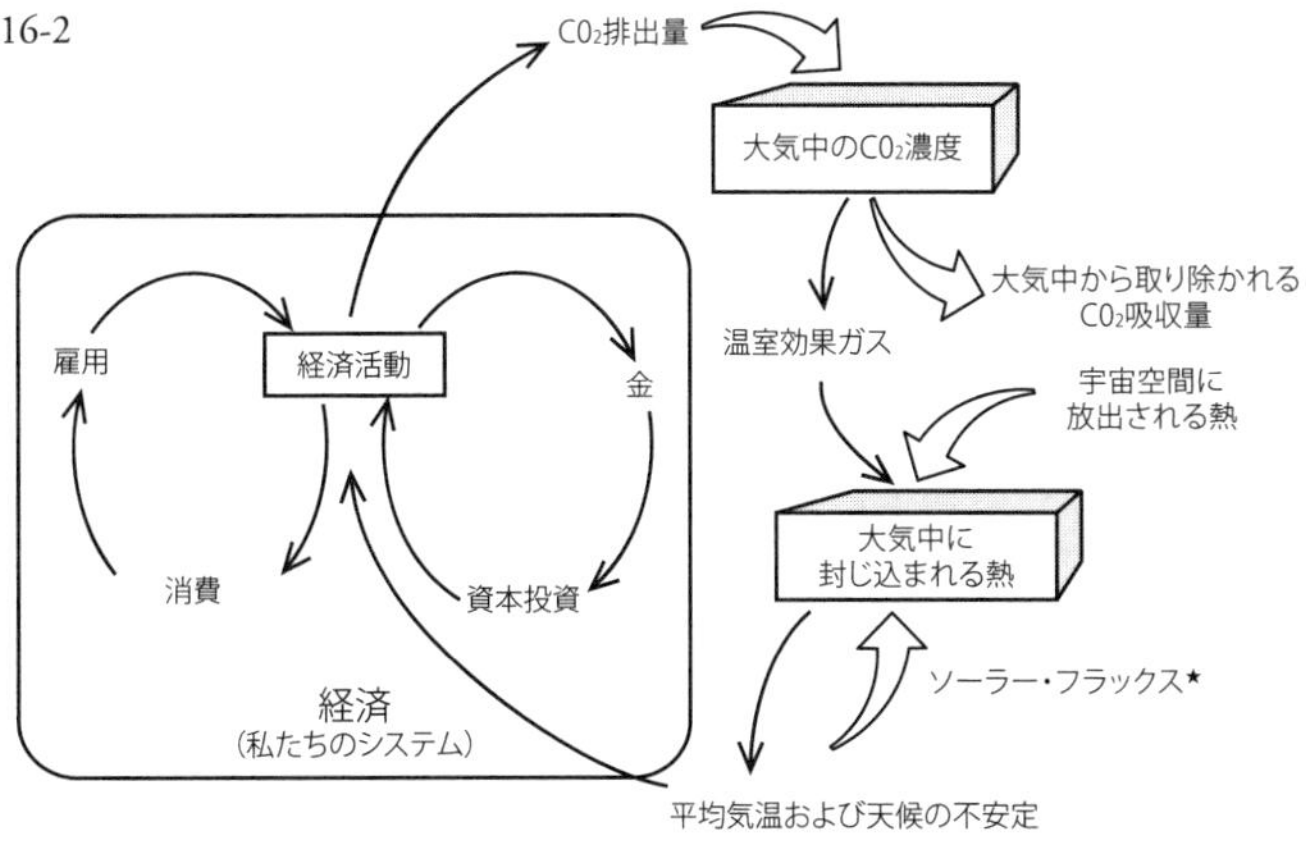

★太陽から放射されるエネルギーの強さを表す量

近年、世界中の人々にこのシステムが見え始めたが、向こう数十年間の影響については見方が真っ二つに分かれており、したがって、二酸化炭素排出量削減の緊急性についても賛否両論がある。温室効果ガスの排出削減を達成するための一九九七年の京都議定書は、最終的に発効条件を満たす数の国々が批准し、ようやく二〇〇五年に発効した。しかし、世界最大の二酸化炭素排出国である米国は参加を拒否し、中国は削減義務を負っていない。まだ少数派ではあるが、京都議定書どころかもっと積極的な行動が必要だと考えるグローバル企業のリーダーが少しずつ増えている。その一人、BP社のジョン・ブラウンは、一九九七年にスタンフォード大学で気候変動の危険性を指摘する歴史的なスピーチを行い、真っ先にほかの石油会社のCEOとは袂を分かった[5]。依然として、世界の市民の大多数は、気候変動は不安だけれども現実の問題になるのは遠い先だと考えている。先日、ある米国人の友人が私に言ったように、「そうだな、たぶん一〇〇年後くらいの人たちにとっては問題だろうな」という具合だ。

このように見解がはっきり分かれていることは、未来に対する影響まで視野に入れて今目の前にある事実を見るために、私たちが最も初歩的なシステム思考でさえ使いこなせていないという悲惨な証拠である。図16-3~5のグラフは、先に示したシステム図の構成要素である二酸化炭素排出量と平均気温に対応する過去一五〇年間の履歴データであるが[6]私たちのメンタル・モデルの中心にはない。下のグラフの曲線を見ると、年平均気温の上昇はわずかで、一℃弱だから、とくに短期的な変動は何度もあったことを考えれば、大した心配はなさそうに見える。ところが、上の二つの曲線のパターンでは、そんなあいまいさはほとんどない。大気中の二酸化炭素濃度は過去一五〇年で約三〇%増加し（中央のグラフ）、化石燃料の燃焼による二酸化炭素排出量（上のグラフ）はほぼゼロから劇的に増加しているのだ[7]。

図 16-3　人間活動に由来する全世界の排出量（単位：10 億トン／年、炭素換算）

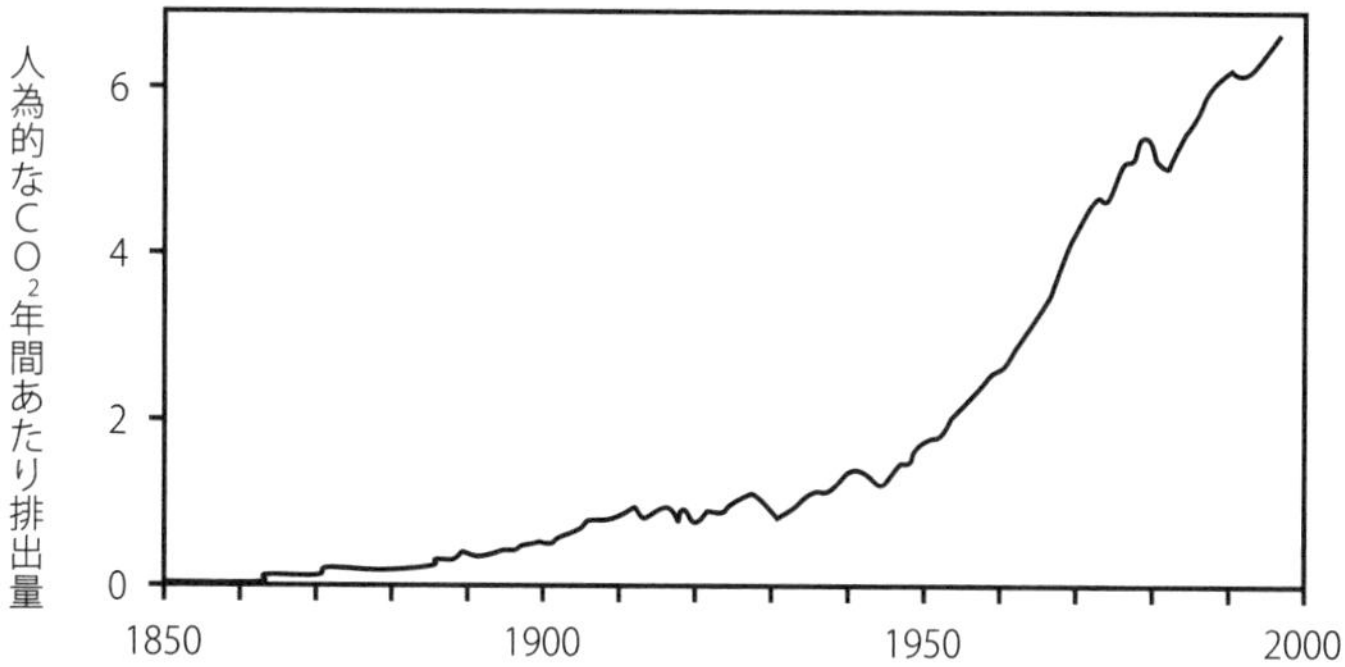

図 16-4　大気中の CO_2 濃度（単位：ppm）

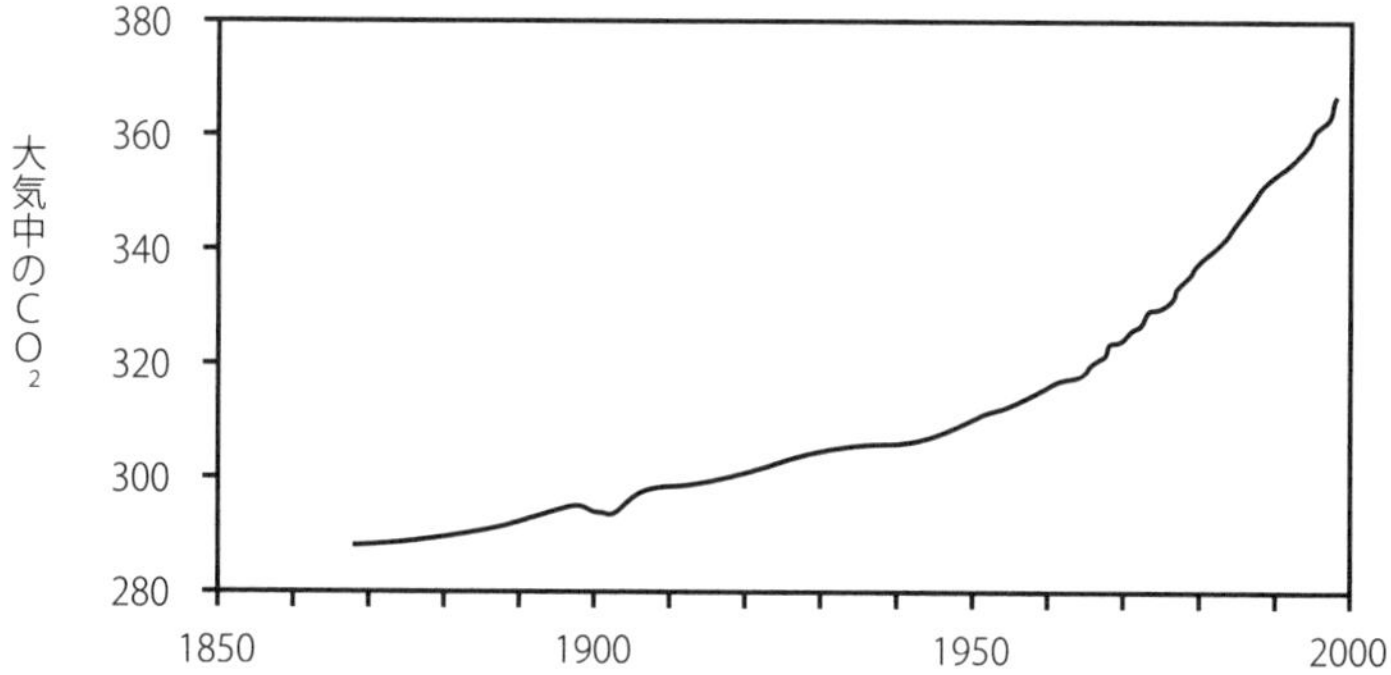

図 16-5　地球の平均地上気温（単位：℃）

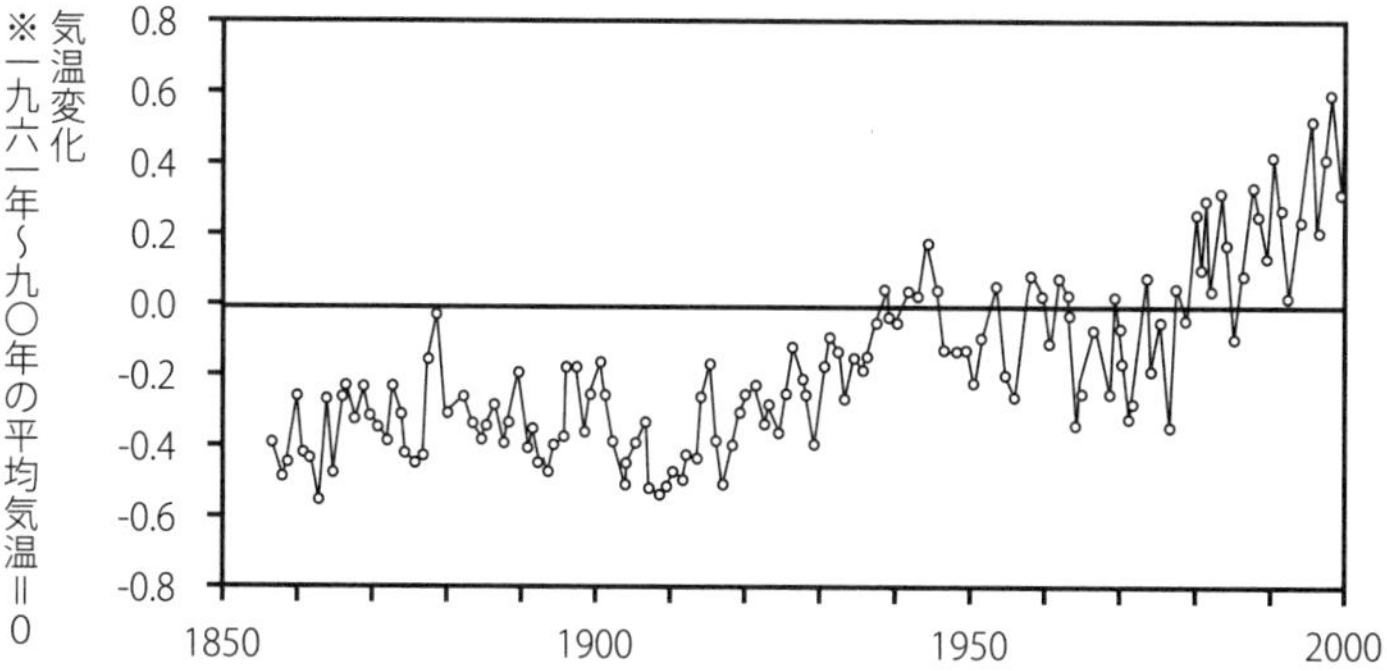

私が初めてこのグラフを使ったのは、二〇〇四年にヨーロッパで開催された持続可能な発展に関する大きなビジネス会議でのことだった。五〇〇人前後の参加者は知識が豊富で、気候変動をはじめ、数多くの持続可能性の取り組みに関与している面々だった。この人たちのシステム思考でグラフを解釈する能力を試してみたくなり、「八歳の子どもはこの状況をどう理解し、何を知りたがるでしょうか?」と質問してみた。手始めに浴槽と浴槽に流れ込む水を考えてみてはどうかとも言い添えた。二酸化炭素排出量は浴槽に流れ込む水の速度のようなものであり、二酸化炭素濃度は現在の水位のようなものだと一同はすぐに心得た。子どもはほかにどんな情報を知りたがるだろうかと質問すると、未来に流れ出る水の速度、つまり二酸化炭素が大気中から出ていく速さにもかかっているいると気づいた人が何人かいた。データのこの欠けている部分を知るのが重要だと承知していたので、この流出、すなわち「炭素隔離」の速度は排出による流入速度と比較してどの程度なのかを知っている人はいますかと聞いてみた。なんと一〇人程度の手しか挙がらずショックだった。その瞬間、なぜ私たちが厄介な状況に陥っているのか悟った。この優秀な人たちの集まりでさえ、二酸化炭素が大気中から流出する（吸収される）速度は、大気中に流入する（放出される）速度の二分の一をはるかに下回るということを知っている人がごく一部しかいないのだ![8]

少しずつ、一同にこの数字の重要性がわかってきた。なにしろ、世界のすべての国々が京都議定書による（全世界の排出量を一九九〇年の水準で安定化させる）目標を明日達成したとしても、二酸化炭素は永久に増え続けるのだ!　全世界の二酸化炭素排出量を五〇%[9]、もしくはそれ以上削減することは、最も積極的な削減計画をも上回るのだ[10]。

二酸化炭素濃度が大幅に増え続けていったとき、地球全体の気候システムがどう反応するかは誰にもわからない。さらに重要なことだが、私たちが地球の住人として排出量を削減するために何をしようと決めるかも誰にもわからない。古い中国の格言にあるとおり、「方向を変えない限り、私たちは、結局同じところに行き着く」ことははっきりしている。また、この「私たち」は私たちの子どもであり、孫であることもはっきりしている。不確実な点はあるが、私たちは気候変動の本当の影響をまだ経験していないと言って間違いない。しかし、次の世代は経験するだろう——自分たちが生み出しているシステムをよく見て、方向転換することを私たちが学ばなければ。

私たち自身がシステムであると自覚して生きる

気候変動のような地球規模の問題について考える場合、途方に暮れたり、自分にできることは何もない、それどころか誰にも手の施しようがないのではないかと感じたりしやすいものだ。だが、地球規模のシステムはただ地球規模であるばかりではない。それはすぐ足元にもあるのだ。

ここにシステム思考の世界観の秘密がある。システムというものは、「そこ」にあるだけでなく、「ここ」にもある。私たちは、より大きなシステムに行き渡るメンタル・モデルをもっているという意味で、全体の「種の運び手」である。誰もが地球規模のエネルギー・システム、地球規模の食のシステム、地球規模の産業化プロセスの行為者なのだ。現状どおりのシステムを強化するように考えて行動することもできれば、方向転換するように考えて行動することもできる。私たちの暮らしを形づくるシステムはさまざまなレベルで姿を現しているのだから、私たちもさまざまなレベルで働きかけることができる。

だからといって、誰かが個人として、あるいは単独の組織が、こうしたより大きなシステムを一義的に一夜にして変えられるというわけではない。それどころか、経験則から言って、誰であっても一義的には変えられない。米国の大統領にしろ、中国の国家主席にしろ、両国は世界最大の化石燃料使用国ではあるが、化石燃料に依存している世界の現状を変える力はない。彼らもより大きなシステムの中の行為者にすぎず、往々にして一般に想像されているよりはるかに制約がある。それでもなお、地球規模のエネルギー・システムは、人間と人間のつくった組織によって回っている。物理学の法則にもとづいているのではない。ならば、代わりとなる新しいシステムも実現することができるはずだ。

どうすれば、有意な規模でシステムの変化が起きるのかを理解することにかけては、私たちは皆が初心者みたいなものだ。しかし、過去一五年間のSoLネットワークのさまざまな人々の経験から言えるのは、十分な数の人と組織が現行のシステムとその作用に果たす自分たちの役割を見始めれば、システムの変化は始まるということだ。温室効果ガスに関しては、この気づきは多数のリーダーたちの間に、とくに本当の意味で地球規模の考え方をしなければならない大きな多国籍企業やNGOの一部のリーダーたちに広まっているようだ。ユニリーバ社のアンドレ・ヴァン・ヘームストラはこう述べている。「多くの組織が成し遂げてきたことを振り返るならば、持続可能性の意識が高まってきているのは、システム思考のおかげで、いろいろな形で、これまでより多くの相互依存性が見えやすくなっているからです。社会や環境の持続可能性を考えずに、営利の持続可能性だけを切り離して考えるのは愚かを通り越して無謀だという結論になる根拠は、その相互依存性なのです[11]」

このようなものの見方は、最終的に現行システムを維持している人々のクリティカル・マス★1に達しなければならない——私たちが「戦略的縮図《ミクロコスモス》」と呼ぶようになったものだ。一企業においては、この戦略的縮図《ミクロコスモス》は、現行システムを成り立たせている人やチームの意味ある一断面である。たと

★1　ある一定のレベルを超えると飛躍的に変化が起きる水準

えば、自動車エンジニアリング・グループの製品開発チームの例で、十分な数のマネジャーやエンジニアが、自らが生み出している機能不全のせいで自らの目標が妨げられているというパターンに気づいたときがこれに当たる。同様の戦略的縮図《ミクロコスモス》は、業界も、複雑なグローバル・サプライ・チェーン・ネットワークも、そしておそらく社会でさえも変える可能性がある。システム思考と関連する学習ディシプリンを基盤にしている組織が、変化を生み出せるのは、この点だ。つまり、集団的な再考とイノベーションを育み、より大きなシステムの縮図《ミクロコスモス》の召集役を務めることによって変化を実現するのである。

インキュベーターとしての企業――新しいエネルギー・システムの種

企業として、私たちは、世の中で変化を望むなら、自らその変化を体現しなければならない。それは、ほとんどすべてのことを変えることを意味する。製品も、プロセスも、ビジネス・モデルも、管理や指導のやり方も、人間関係も。少しだけ、一部分だけをいじっても、全体を変えることはできないだろう。

――ロジャー・サイヤン（プラグ・パワー社）

バックミンスター・フラー[★2]が好んで口にしていた言葉は、私たちは「エネルギー収入」、つまり太陽から確実に得られるエネルギーで社会を営む方法を学ばなければならず、「エネルギー資本」、つまり太陽の光が何億年以上をかけて育んだ生物から形成された地殻の貯金を取り崩してはいけないということだった。現代社会のニーズを満たしながら、そのような化石燃料に依存しないエネルギー・システムを築くには、さまざまな新しい科学技術が必要になる。そのうちの一つはおそらく

★2　p.118 参照

新世代の燃料電池になるだろう。燃料電池は、水素と酸素を用いて電気化学反応を起こし、電気を発生させる発電装置であり、副産物は熱と水だけである。環境にやさしいエネルギー・システムの主力として称賛されて久しいが、商業利用にふさわしい競争力のある価格と信頼性のレベルには未だ達していない[12]。

ロジャー・サイヤンは、この点はすべて納得ずくで、フォード・モーター社からのスピンオフで設立されたビステオン社を辞めて、三〇年間勤めた自動車業界に別れを告げ、小さな燃料電池メーカーのCEOになった。社員約五〇〇人（それまでの部下の数の二〇分の一以下）のまだ一度たりとも利益を出していない会社であり、しかも、いわゆるドットコム株式市場の暴落で株価は一株一五〇ドルから一〇ドル以下に転落、そのせいで社員の大半は個人資産がすっかり目減りするという憂き目を見ていた。しかし、博士号取得者であり、博士課程修了後に四年間化学研究に取り組んだサイヤンは、水素経済への移行について昨日や今日考え始めたわけではなく、それが世界の現状にとってどれだけ重要なものになるか十分理解していた。さらにまた、前評判が高すぎることやマネジメント・スキルの不足がしばしば足かせになっていた産業に、自分の組織学習や世界屈指のメーカーでの生産管理の経験を注ぐことになるのもよくわかっていた。

プラグ・パワーのCEOになってみると、社員の士気が下がっていることばかりか、社員の間になぜ自分たちの仕事が重要かという大局的な展望がないことが気にかかった。同社はハイテク企業だけに、社員は、実用化に耐えられる燃料電池の設計開発上の技術的な問題に専念していた。だが、より大きな問題である持続可能性について、学習志向の労働文化を築くことについてはほとんど考えたことがなかったのだ。「技術イノベーションと、社員どうしが相手をどう扱うかということにおけるイノベーション、そして会社を取り巻く広い世界にかかわるイノベーションとを調和させようなんて、社員は考えもしませんでした」と、あるエンジニアが振り返る。しかし、間もなく、幹部社員だけでなく、エンジニアや現場のマネジャーも参加するリーダーシップ・グループが発足した。このグループは、「組織の基盤として学習する組織の原則を持続可能性の原則とともに実行することを通じて」、世界一経営のうまくいっている燃料電池会社をつくろうと乗り出したのだ。

今では、プラグ・パワーには、全社員で決めた「自分たちは何者であるか」を提示するステートメントがある。その冒頭はこうなっている。「プラグ・パワーは、トリプル・ボトムライン、すなわち社会〔People〕・環境〔Planet〕・経済〔Profit〕の三分野で結果を出すという共通の目標に情熱を傾ける緊密な結びつきのコミュニティである。われわれの成功は、エネルギー産業を変革しようとする意欲、コミュニティへのかかわり、家族への愛のバランスを礎としている。われわれは模範を示し、並々ならぬ決意と断固たる意志をもって仕事に取り組む」

サイヤン着任から五年で、プラグ・パワーは「燃料電池会社として成功する」という目標に大きく近づいた(13)。それに負けず劣らず重要なのは、同社が、巣立ったばかりの燃料電池業界の方向を定める持続可能な「埋め立てごみゼロ」の製品設計基準の制定に向けて動いていることだ。「完全にリユースできる燃料電池を設計することは、技術的に可能であり、経済的にも有利であることを当社が実証できると私たちは信じています」と上級技術責任者のジョン・エルターは語る（エルターは、ゼロックス社で有名な「レイクス」チームを率いた功績によってアメリカ国家技術賞候補になった人物。同チームは、一九九〇年代末に、九四％再製造可能で九六％リサイクル可能な革命とも言えるほど新しい複写機プラットフォームを開発した）。「将来、燃料電池を購入した顧客は耐用年数が過ぎたらメーカーに返すのが当然だと思うようになるでしょうし、メーカーも、部品が埋め立て処分するわけにはいかないほど貴重なものになるので、ユーザーからの返却を望むようになるはずです(14)」

米国のエネルギー浪費には批判の声が多いが、サイヤンは米国には意義あるリーダーシップを発揮する機会があると見ている。「米国人は世界のエネルギーの二五％を消費し、だいたい同じ比率の温室効果ガスを排出していますが、人口は世界の五％にすぎません。私たちがいかに製品を設計し、生産するかが世界の基準になるわけですが、現在、私たちの製造モデルが原因で、米国人一人につき年間約四五〇トン、一日一トン以上の原料を浪費しています。米国は西側文化の中心勢力であり、西側文化は世界の中心勢力です。この世界に占める影響力と優位性を私たちがどれだけ責任をもって行使するかが、自分たちのめざす変化を大いに促しもすれば、妨げもするのです」

サイヤンの「物事をどう変えるか」という意識は、彼が世界中で得た教訓から形成されている。「メキシコ中北部、北アイルランド、東欧、アジアに住んで仕事をした経験から、客人であるとはどういうことかについて、多くのことを学びました。あらゆる関係の中で、地域社会の中で、そして地球環境の中で私たちは良き客人になることを学ばなくてはいけないと思います。私たちは精神性を高め、科学技術の進歩に追いつく必要があるのです。私たちには強靭な心があるのですから、ビジョンを決め、そのビジョンに引っ張ってもらって前に進む力量が備わっています。けれども、まずは、私たち人間が地球規模のシステムの一部にすぎないということを見つめ、それに応じて役割を果たすことが先決です[15]」

持続可能な製品やプロセスに移行しようとする企業を多数研究してきたＳｏＬの研究者、カトリン・カウファーは、次のように述べている。「プラグ・パワーは、これまで研究してきた中で、持続可能な会社になることと学習する組織になることが不可分になっている唯一の企業です。社員に会社やそれぞれの仕事について聞き取り調査をしたとき、『持続可能性』と『学習する組織になることを学ぶ』がほぼ同じ意味で使われていました。学習する文化を築かずして持続可能な企業は築けないという考え方を、社員が自分のものとして吸収しているようです」

サプライ・チェーン・ネットワーク――自らを見つめるシステム

大きな影響力をもつイノベーションは、経済システムはもちろん、社会システムや生態系の長期的な存続を守ることを軸にバリュー・チェーン（価値連鎖）全体を統合するものになるだろう。

――ダーシー・ウィンスロー（ナイキ社）

今日の企業は、しばしば世界全体に及ぶ複雑なサプライ・チェーン・ネットワークの中に存在している。近年、リーダーたちは、効率改善、コスト削減、対応力向上のためにサプライ・チェーンの管理に力を注ぐようになってきた。しかし、これらは、将来も存続し続ける、本当の意味で持続可能なサプライ・チェーン・ネットワークを築くために必要な変化に比べれば、小さな前進にすぎない。そのようなネットワークを築くには、サプライ・チェーン全体の関係組織をくまなく引き込み、自分たちが生み出しているより大きなシステムを見つめ、協力して新しい運営方法を導入することが必要になる。

地球規模のサプライ・チェーン・ネットワークの中でも食に関するネットワークほど大勢の人に影響を及ぼすものはない。食料の生産と流通は世界最大の産業であり、その労働人口は一〇億人を超える。経済的に豊かな先進国に住んでいる人々の大半にとっては、地球規模の食料システムはうまく回っているように見えるだろう。なにしろ、ニューヨークやパリの消費者ならば、真冬でもメロンを一ドル五〇セントで買える。だが、豊かな消費者が手頃な値段でいつでも買える生活を享受している陰には、貧困、政治や経済の不安定、各地の環境破壊をもたらす世界で最も強力なシステムの一つが存在している。

過去五〇年間で、大豆、とうもろこし、小麦、綿花、じゃがいもなどの農産品の価格は六〇〜八〇％下落し、一方、同じ作物の生産は二〜一〇倍増えた。価格が下がれば、豊かな消費者にとってはありがたいかもしれないが、農業収入に頼るしかない世界中の農家にとっては悲劇だ。たとえば、現在、コーヒーの平均販売価格は、コーヒー生産者の生産コストの約半分である。[16] 要するに、今日の地球規模の食料システムは、富める者に安い食べ物を、貧しい者に高い食べ物を生産しており、この状況に目を向けるグローバル企業が次第に増えている。[17] ユニリーバ・ヨーロッパのマーケティング担当副社長、クリス・ポムフレットは、広告業界の重役が集まる会議のスピーチでこのように述べている。「地球規模の食のサプライ・チェーンの安全保障は、われわれのビジネスの未来にとって絶対に不可欠です。『持続可能性が商売になるか？』という問いは間違っています。本当の問いは『われわれのような企業が持続可能性を抜きにして長期的に生き残れるだろうか？』なのです[18]」

システムをともに見る。依然、地球規模の食料システムを本気で見ようとする人や主導的組織の数はあまりにも少なく、あまりにもまとまりがなく、大きな変化は起こせていない。ユニリーバは世界最大の食品会社の一つに数えられるが、単独行動でできることはたかが知れている。「持続可能な農業について何かするには、ふだんは協力しない関係者を集める必要があります」とヴァン・ヘームストラは言う。つまり、地球規模の農業のようなシステムの場合、さまざまな企業だけでなく、政府機関やNGOもともに手を携えてシステムを見ることを学ばなくてはならないということである。

二〇〇四年、ユニリーバとオックスファムは、三〇社以上の多国籍食品会社、国際的NGOや各地のNGO、大手財団、オランダや欧州委員会、ブラジルの政府代表者と連携してサステナブル・フード・ラボ（SFL）と呼ばれる新しい実験的プロジェクトに加わった。SFLの目的は「持続可能な食のサプライ・チェーンを社会の本流に」することであり、サプライ・チェーン全体にまたがる共同学習を育む新しいプロセスで活動に取り組んでいる。[19]

SFLプロジェクトの進展とともに、参加者の間で現行システムの相互依存性に対するさまざまな解釈や、現行システムが行き着く先の痛ましいイメージを共有していることが明らかになった。本人たちの言葉を借りれば、彼らは「底辺への競争★」に陥っており、坂を転げ落ちるように誰も望まない場所に向かっていた。相互に影響し合う三組の自己強化型ループの力がこの競争を駆り立て続けている[20]（図16-6）。

1　生産量が増えて収益が増え、それが資本投資につながり、さらに生産能力が拡張することでもたらされる、供給の自己強化型成長。（食料生産者）

2　供給が増えると、価格が下がって、手に入りやすくなり、生産者が新しい市場機会を見つけるにつれさらに供給が増えることでもたらされる需要の自己強化型成長。（食品会社、小売業者、消費者）

3　価格が下落すると、農業収入を維持しようとして効率化と土地の有効利用に対する投資に拍車がかかることによる生産能力のさらなる増大。（地元の食料生産者と大規模食料生産者）

一組目と二組目の力は、食料に限らず、さまざまな産業の生産能力、生産量、需要を増大させる。

★　国家が多国籍企業の誘致や産業育成のために、労働基準や環境基準の緩和などを競うことで、労働環境や自然環境、社会福祉などが最低水準へと向かうこと。自由貿易やグローバリズムの弊害とされている。

この力は、金融資本と先端技術を投入できる大きな多国籍企業が参入し、産業を支配するようになると、いっそう強まる。しかし、食料生産には、こうした基本的な経済の力を問題のあるものにする新しい特徴が少なくとも二つある。一般に、生産量が増え、価格が下がると、製品はコモディティ化（普及品化）するため、生産者は生産コストを下げる方法を探り、ついには利益があまりにも低くなって、事業をそれ以上拡張する動機がなくなる。ところが、価格の下落に直面している貧しい国々の農民や小さな農産品会社は、利益ゼロか、むしろ赤字になる場合でさえ生産を続けることが多い。さもなければ、農地と伝統的な生活を捨てて都市に移り住み、よりいっそう当てにならない未来を追うしか選択肢がないからだ。そこで、肥料や農薬を使うなどして効率を上げて生産量を増やすか、限界耕作地（生産力の低い土地）にも作付することによって、なんとか収入を維持しようとするわけだ（三組目の自己強化型の力）。一言で言えば、私たちの食料システムの現実は、景気が悪化しても、生産量が増え続け、価格が下がり続けるということだ。あるいは、SFLのメンバーの言葉どおり、「収入が増えれば、生産量が増え、収入が減っても、生産量が増える」のである。

　この結果、食料システムに特有のもう一つの現実にぶつかる。生産量を無制限に増やしていけば、環境面で持続可能な収量を超えてしま

図 16-6

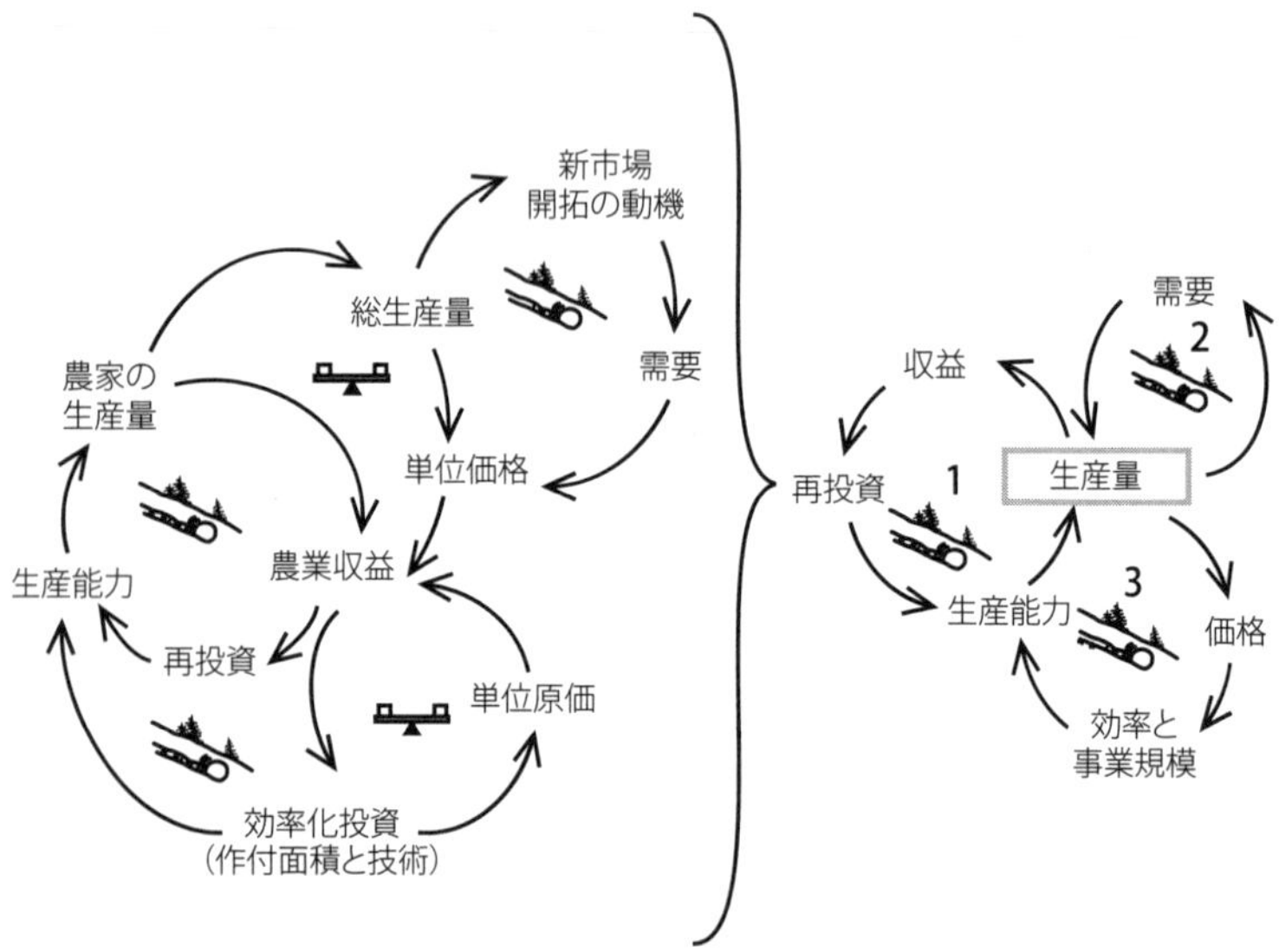

うということだ。どこまでも生産量を増やすしかない農民は、短期的な増産を追求すれば、長期的な地力が弱まり、生産量と収入を維持するためにさらに窮余の策に出るしかなくなるという悪循環に陥っている。世界的な過剰生産の傾向によって、過去五〇年間で一〇億ヘクタール以上（中国とインドを合わせた面積に相当）の表土が失われた。

　このシステムを動かしているのは、さまざまな対立するメンタル・モデルである。「地球規模の食料生産は制御不能なシステムの典型例です」とサステナビリティ研究所のディレクターであり、ＳＦＬプロジェクトの共同ディレクターでもあるハル・ハミルトンは言う。「誰も持続不可能なシステムにしようと思って何かを決定しているわけではありません。一人ひとりはできる限り最善の決定をするのですが、きわめて深刻に断片化しているシステムの中でそうしているわけです。ほとんどの企業が、科学技術の力で生産性を上げることが解決策だと考えています。一方、道の反対側では、大勢の活動家が、現地の農村社会や生態系を破壊していると見なされる大企業と闘うことに身を捧げています。そして政府は、企業の増産圧力と価格の下落によって土地を追われた農民が増えるという政情不安との間で板ばさみになっています。経済的に豊かな国の政府ならば、農業補助金に年間五〇〇〇億ドル費やして対応できますが、貧しい国の政府にはこの選択肢はありません。欠けているものは、これらの集団がすべて、長期的な共通の利害のためにいっしょに考える何らかの方法なのです」

　ＳＦＬは、共同の「感じる」「プレゼンシング」「実現する」――多様な利害関係者《ステークホルダー》がからむ複雑な問題のためにさまざまな学習ディシプリンを一つにまとめる特別な方法（付録③参照）――によって、この欠けているパズルのピースを提供しようとしている。

　共に感じる（「共感知」）には、外に目を向けることと内に目を向けることが必要である。ＳＦＬ

チームの場合は、外に目を向けることはシステム図などの概念ツールから始まったが、ブラジルの農村で「学びの旅《ラーニング・ジャーニー》」も実施した。それは、ほとんどのメンバーが食料システムの中でそれまで見たことのなかった部分をじかに体験するためだった。私たち全員が一端を担ってできあがったシステムの現実に直面すると、力強い変化の力が生まれる可能性がある――この現実の意味を私たちの習慣的な考え方や感じ方に浸透させ、それに刺激されて、個人的にも集団的にも、より意義深いビジョンが生まれるようにする時間をとるならば。システムの力を概念的に理解し、さらに学びの旅を通してシステムをもっと本能的に見ることで、SFLメンバーは、「底辺への競争」は勝者のいない悲劇的な競争だと知った(21)。「農業システム全体が病んでいるのはどう見ても明らかです」と企業から参加しているメンバーが言う。

学びの旅の二カ月後に行われた六日間のリトリート★で、メンバーは大自然の中で二昼夜を一人で過ごしてみる「ソロ」という体験をした。日常の思考回路から静かに抜け出して、新しいビジョンを育てるという大昔からある方法の一つだ。違いの著しい個人ビジョンを無理に一つの共有ビジョンにまとめるのではなく、チームのメンバーは、それぞれに独自のものの見方や影響力をもつ分野を反映した多彩な「試作品《プロトタイプ》」となる取り組みを考え出した。それは、特定のサプライ・チェーンに焦点を当てることから、システム全体の現実をどう消費者に伝えるかを研究すること、すべての農産品に影響を及ぼす業界ルールを変え得るような食料ビジネスの広範な企業連盟を立ち上げることまで、多岐に渡った(22)。

より大きなシステムを変え得る共有ビジョンを築く。こうした具体的な取り組みの効果を評価するには時期尚早ではあるが、ほかの人々がより大きなシステムを見て、変えようとするときに参考になる四つの重要な教訓がそこから読み取れるだろう。

★　日常から離れて自分を見つめ直す静修

第一に、きわめて解決しにくいシステムの問題は地理的に広くまたがり、組織の境界を越えているゆえに、システムに対処するために必要な戦略的縮図《ミクロコスモス》も同様に企業、政府、市民団体を代表するセクター横断的な集団でなければならない。ただ互いに非難し合うのではなく、協働しようとする人々を異分野から集めてグループを結成することは、それ自体が大仕事になり得る。ＳＦＬの場合も、ユニリーバとオックスファムが提携するという約束から、最初のグループが発足するまでに二年以上かかっている。

第二に、集団でシステムを見ることは必然的に、考えること、感じることの多面的な旅になる。人々が誰かのせいにするのを乗り越えて、誰もが問題の一部なのだと気づき始めたとき、システムが見えてくると実感するだろう。地球規模の食料システムを動かしているのは次の三つである。（一）農家や農村社会、環境システムへの影響をほとんど顧みずに「これまでどおりのビジネス」モデルを追求する企業、（二）生産を増やし続けなければならないという重圧を緩和できない農民、（三）その食べ物がどこから来たのかをろくに考えずに、できるだけ安い食べ物を買おうとする消費者としての私たち全員。

第三の教訓は、集団で見ることの質と、その結果生じ得る共同の約束《コミットメント》は、集団の構成員がつくる人間関係の質によって決まるということだ。より大きなシステムの変容は、ほとんどの企業や政府、ＮＧＯの活動の特徴である取引的な関係からは起こらない。「いつもの境界を越えたリーダーたちの人間関係は、何かを大きく変えるためには何よりも欠かせない材料かもしれません」とハミルトンは言う。ＳＦＬのメンバーの間には、いつのまにか深いつながり、信頼、仲間に対する尊敬が育っていた――そしてチームとしての強みがメンバーの共通点にあるのはもちろん、それに負けず劣らず相違点も強みなのだという認識もできあがっていた。

最後の教訓は、新しいシステムを実現することは、「唯一の答え」を見つけることではないということだ。それは、現在のシステムについての共通認識と新しいシステムを創造しようという誓約によって導かれる、熱心で人を信じる人々のネットワークを築くことだ。「私が何かを学んだとすれば……それは、システム全体の変革を成功させるには、システムのありとあらゆる部分に取り組む必要があるという考え方です」とSFLチームのメンバーの一人は振り返る。レス・オモタニの大きな学校システムの変革に対する意見にも通じることを別のメンバーが付け加えている。「何かを始めるには、問題を解決するためにやらなくてはならないことすべての答えを知っている必要はありません。実際、すべての答えを手にしていたとしても、それがベストな答えとは限りませんから」

私たちが大きな地球全体にかかわるシステムを見る能力を鍛えれば鍛えるほど、より深遠なパターンがはっきりしてくるだろう。MITで開催された、国際的な製造業をテーマにした一日がかりのセッションに出席したとき、労働者の権利を守る有名なNGOの代表者が多国籍衣料品メーカーの問題について話すのを聞いたが、地球規模の食料生産の問題に驚くほどそっくりな話だった――価格の下落、飽くなき拡張、最低生活できる賃金以下の雇用状況などだ。さらに私が驚いたのは、一度ならず何度も、そのNGO代表者が地球規模の衣料品製造業界の「底辺への競争」を口にしたことだった。SFLは食に限ったことではないのかもしれない、ほかにもたくさんの地球規模のサプライ・チェーンを誰も望まない場所に向かわせている力をどう変えるかを学ぶことが必要なのかもしれない、という思いを胸にしながら私は会場を後にした。

社会――垣根を越えて話し合う

今こそわれわれ皆が一つにまとまって、創造したい未来について考えるときだ。何もしなければ、われわれの子どもたちは一日二ドルで生きていくことになりかねない。

——サーリム・アル・アイド

相互依存の度合いが高まっていく世界で、多くの社会がますます断片化し、二極化していくのは皮肉なことだ。ある意味、これはもっともなことでもある。人が大きな不安をもたらす複雑な問題に直面しているとき、特定のイデオロギー、すなわち唯一の正しい答えに逃げ込めるほうが安心だ。しかし、ある集団のイデオロギーがほかの集団と共有されることはめったになく、その結果、集団間に壁ができる。そのうち、イデオロギーはアイデンティティと化し、二極化が自己強化していくようになる。

私たちの生きる、相互に結びついた世界は、ともに話し合い、ともに生きる能力を回復せよとあらゆる社会に命じている。その関心がどこよりも高いのは中東だ。二〇〇四年秋、サウジ・アラムコ社は、ダイアログ全般、とくにワールド・カフェのプロセスに関して蓄積してきた同社のノウハウを生かし、異例の連続集会の第一回目として、バーレーンのハワールでダイアログの集いを開催した。それは、いろいろな意味で、アラムコがサウジ社会の直面する中心的な問題に関しての戦略的ダイアログを、主要なビジネス・パートナーにも広げ始めた過程で当然あるべき次の一歩だった。しかし、参加者の陣容はさらに大きく広がることになった。それは、SoLネットワークの一つで、湾岸地域全体（サウジアラビアに加えてクウェート、ドバイ、アラブ首長国連邦、バーレーン）の二〇社以上が参加する「ガルフSoL」によって招集されたのである。今回のグループは、平均して、それ以前のミーティングの参加者より年長者が多く、会社の社長や創業者多数に加えて、影響力のあるＮＧＯや学校の創設者、第一線で活躍する思想家や学者という顔ぶれだった。また、男性も女性も参加していた――大半の人にとって、このような男女両方が出席するミーティングに参加するのは人生初の体験だった。

アラムコが開催した過去のセッションもそうだったように、このダイアログも、湾岸地域諸国の現在の経済情勢を概観するプレゼンテーションから始まった。これらの国々はほぼ例外なく、サウジアラビアが直面しているのと同じ重大な問題を抱えていた。若者の失業者数が多く、しかも急増していること、一人当たりのＧＤＰ（国内総生産）の停滞もしくは下落、過度に石油に依存した経済などの問題である。このプレゼンテーションが触媒となって、それから二日間、この地域の伝統文化、学校、石油に依存した経済、変化の可能性について熱い話し合いが続いた。

私の経験では、関係者が自分たちにとって大いに重要なテーマに関する話し合いに本気で参加することができれば、未知の領域に足を踏み入れるエネルギーや勇気、やる気は際限ないほど湧いてくるものだ。この集まりの休憩時間には、民族衣装に身を包んだアラブ人紳士たちが、当惑から不安までさまざまな心境で次々に私のところにやって来ては、「これまでの人生で、このような話題を女性と話したことはありませんでした」といったことを口にした。私には、ある意味、女性陣のほうが真剣なダイアログの覚悟ができていると感じた。湾岸諸国の多くでは、女性は法によって職業活動を制限されているため、彼女たちはネットワークをつくり、互いに助言し合い、支え合っている。締め出されていた集団がやっと話し合いのテーブルに招かれたときの例にもれず、彼女たちはこの日を待ち続けていたのだから、おとなしく引っ込んでいるわけはなかった。熱意と確信をもって話し、自分たちの社会が直面している差し迫った問題について明確に意見を述べ、変化の可能性についてどこまでも肯定的だった。

話を聞きながら、私には参加者が取り組んでいる問題の普遍性も見えてきた。彼らの問いの根幹はどこの人々にも共通するものだった。いかに伝統の本当に大切にしたい部分を保全しながら、現代の世界と調和するように進化させていくか？　どうすれば子どもたちの世代に責任をもち、子どもたちが正統なアラブ人のアイデンティティを保ちつつ、グローバル化していく社会で繁栄していけるか？　健全な二一世紀のイスラム湾岸社会とはどのようなものか？

ハワールのダイアログと似たような二回目の集まりが六カ月後に開かれ、この本を書いている今、三回目が計画されている。いくつかの取り組みも具体化し始めている――サウジの若者のための新卒就業を支援する職業訓練センター、ビジネス界の成功したリーダーと若者をつなぐ全国的なメンターのネットワーク、変えるべき重要な領域だと広く認識されている既存の学校システムに革新をもたらすことになる各種の教育構想などだ。たくさんの若きリーダーたちが対話に参加している。たとえば、ある参加者はサウジアラビアのジッダに女子大学を創設した。それは、従来の大学とは異なり、サウジ企業と緊密に連携して、社会の変化や革新に本当に必要なことを教える学校だ。

ハワールのダイアログの結びに輪をつくって対話の席に座っていたとき、サウジ女性の多くにとってメンター的存在の年配の女性が、今回のダイアログが自分にとってどういう意味があったか一人ずつ発表するのを聞きながら、私のほうに身を乗り出して「これは歴史的なことです」とささやいた。私はうなずくばかりだった――その言葉が真実のものであるとわかっていたし、本人にとって、円陣のほかの女性たちにとって、ほかの参加者にとって本当は何を意味しているのか、私にはぼんやりとしか理解できていないこともまたわかっていた。

その女性の言葉を聞いて、二つの考えが頭に浮かんだ。「政治〔politics〕」という言葉は、ギリシャ語の**ポリス**〔*polis*〕が起源である。市民が集まってきてその時代の問題について話す場所という意味だ。私がハワールで見たもの、SFLのようなプロジェクトで起こるのを目の当たりにしたものは、ポリス――つまり再び人々が集まり、違いによって切り離されるのではなく、違いを乗り越えて、互いに手を差し伸べること――の再生だった。この地球での今の私たちの共存のあり方に見られる数々のアンバランスには、この対話の能力を取り戻すことなしにうまく対処できるとは考えにくい。

もう一つ頭に浮かんだのは、強い既視感のようなものであった。突然、一五年前に南アフリカにいたときのことを思い出した。親友であり仕事仲間であるアダム・カヘンは、南アフリカやグアテマラをはじめ、世界各地で市民対話の活動を成功に導いてきたが[23]、イスラエルとパレスチナでは対話が成功する可能性は見えないとかつて言ったことがある。彼の見方によれば、「双方がまだ、今までどおりの物事のやり方に固執できると考えている。自分たちの考え方や戦略を変えなければ未来はない、ということが彼らにはまだ納得できていない」からだ。対照的に、一九八〇年代半ば、南アフリカでは文化の二極対立に変化の兆しが見えるようになっていた。人々が未来を見通し始めたのだ――現在の道は誰も望まない方向に向かっているという純然たる事実に気づき始めたのである。ある社会がこういう段階に到達すると、対立してきた人々が、締め出されていた人々も、本流にいた人々も、互いに話をするようになる――共通の運命をもつ市民として。相互依存性を抜きにして別な未来を築けないことを、新しい変化の力が解き放たれたことを知るのだ。

企業は、ある意味、今日の世界で最もグローバルな組織であるという厄介な立場に置かれている。BP、ユニリーバ、サウジ・アラムコのような大きな多国籍企業は、たいていの国の政府よりも、経済や文化、環境の地球規模的な動向について巨視的に見ていることはおそらく間違いない。それゆえ、こうした企業は、人々を呼び集めて国境を越えた大きなシステムを見たり、政治的な党派意識が場合によっては覆い隠してしまう深刻な問題と向き合ったりするうえで、主軸となる役割を果たすことが可能だ。企業がその役割を最も効果的に果たせるのは、全体の健全さを擁護し、そして自社の問題を解決するために検証し、改良してきた集団としての探求やシステム思考、共有ビジョン構築の手法を用いる場合だろう——実際、そのような手法に関する企業の実践的な経験こそが、企業の最大の貢献の一つかもしれない。断片化や二極化、不信に支配されている政治情勢において、最適なリーダーは、内省的な対話の力について実践的な経験があり、関係性の変容がいかにして複雑な問題を解決できるかを理解している人々だ。これらの理由から、近い将来、「これまでどおりのビジネス」が大きく変わることを期待している。

二一世紀のための教育

真のシステム市民はたいてい二〇歳以下である。今成長している子どもたちの中には、かつては見られなかった、世界を全体としてとらえる視点や意識をもつ子どもたちがどんどん増えている。これまでのどの世代よりも、今の子どもたちは世界中で起きていることを目にしており、これまでとは違って外国の人々や文化に自然と共感を寄せている。そして自分たちの未来についても深い関心を寄せている。

数年前から、ＳｏＬのダイアログには子どもや若者も含めるようになった。とくに教育や地球規模のシステムの問題の未来について話し合うときにはそうするようになった。こうしたセッションの一つで、ある一二歳の女の子がまったく事もなげに四五歳の重役に向かってこう言ったのを私は決して忘れないだろう。「大人たちは自分たちのジュースを飲んじゃって、さらに私たちの分まで飲んじゃったようなものね」

学校は、未来についての若者の関心を、建設的なシステム市民の土台に変容させる中核的な役割を果たすことができるだろう。もし、学校がこれを自らの役割だと認識し、自らを地球規模のシステムの一部だと考えるならの話だが。元MIT工学部の学部長で、晩年は学校教育におけるシステム思考の普及に尽力したゴードン・ブラウンは、よくこう言っていた。「教師になることは預言者になるということです。教師は子どもたちにこれまでどおりの世界で生きていく準備をさせるのではなく、大人には想像もつかないような未来で生きていく準備をさせているのです」。残念ながら、世界中どこの学校も、次第に緊張にさらされるようになってきた既存システムを維持せよという圧力を受けて、イノベーションを起こせぬままだ。だから、せっかく現代の子どもたちがシステム市民となる本能を備えて育っているのに、子どもたちのこの才覚をほとんど伸ばせないのが現状だ。

子どもたちは生まれながらのシステム思考家だという証左が増していることを考えると、これはとりわけ皮肉なことだ。この天賦の才能を育てるチャンスがあれば、高度な批判的思考のスキルを予想以上に短期間で伸ばすことができるはずだ。システム思考がカリキュラム全体に織り込まれており、生徒と教師が、受身の聞き手と何でも知っている専門家としてではなく、学び手と助言者としていっしょに活動する学校ならば、この生来のスキルが真に開花する可能性がある。学習者中心の、システム思考ベースの教育システムへの移行がうまくいけば、システム市民が広がることはまったくもって難しいことではないとわかる――そして既存の教室中心、教師中心の学習モデルがいかに役に立たないかもわかる――と私は考えている。(24)

また私は、この変化のカギの一つは、教育に必要なイノベーションは、教育関係者が単独でできるような仕事ではないということを受け入れることだろうとも考えている。それは、企業や生徒自身も巻き込んで、システム全体の縮図《ミクロコスモス》によって共創していくものなのだ。ロング・アイランドのヒューレット・ウッドミア学区の教育長、レス・オモタニからこのような話を聞いた。

「本物の学習するコミュニティになることについて、住民に生き生きと考えてもらういちばん確かな方法の一つは、生徒の発言権を広げ、話し合いや計画、意思決定における生徒の役割を大きくすることだとわかりました。たとえば、去年、私たちは生徒たちといっしょに『ウェルネス・カフェ』をやりました——ワールド・カフェ方式のウェルネス（健康）をテーマにした大きな集いです。五〇人の生徒が自発的に各テーブルでのホストやファシリテーターとなり、教職員も含め、コミュニティから二〇〇人の住民がやって来ました。ここの子どもたちは、このようなもっと責任のある、積極的なリーダーシップを発揮する役割に飢えています。これは国全体の動きに発展するのではないかとも思っています。私たちの学校は無力化しています。ストレス過剰の教師や管理者が、不満足な企業経営者や不安な親からのプレッシャーを必死でかわそうとしています。一方で、私たちは皆、二一世紀の教育は一九世紀や二〇世紀の教育から根本的に変わらなければならないと知っています。そのためには、ただ成績を上げろとプレッシャーをかけるのではなく、イノベーションの空間が必要です。若者はこれを鋭く感じています。若者は自分たちが世界の市民として成長する必要があると知っているのです。世界の問題を理解する必要があり、それに建設的に取り組むにはどうすべきかを知る必要があるのです。このニーズへの対処を誤る学校は、ますます取り残された存在となり、子どもたちにとって見当違いのものになるでしょう。さらに、若者はこの教育のイノベーションの一部になることを強く望んでいます。本当の問いは、『私たち大人はそれを望んでいるだろうか？』なのです」

第17章 「学習する組織」の最前線

私たちは、マネジメントの一般的体系をつくり変える最前線に立っている。何世紀もかかって発展してきたものを一年や二年で方向転換させることはできない。新しいものが古いものに着実にとって代わる、と楽観視できる根拠もない。思考や行動に染みついた習慣が経営の仕組みを動かしている。その結果、経営者はコントロールの維持が必要だと感じ、投資家は、どんな犠牲を払ってでもビジネスが成長することを求め、民間セクターのシステム全体は、しばしば利益を「私物化」しつつ、環境や社会関係資本の悪化というコストを「社会化」する事業経営を行っているのだ。それにもかかわらず、力強い変化の力が作用しているのもまた事実である。たとえば、インターネットは既存の情報独占を打ち壊しているし、ネットワーク化が進んでいく組織をトップがコントロールするのは不可能であり、また地球規模の産業発展パターンがもたらす代償への意識も高まっている。

これまでの章で、世界中で、そしてさまざまな組織環境のいたるところで生まれつつあるイノベーションを紹介してきた。とくに、学習する文化の基本的要素が企業や学校、政府機関、ＮＧＯ、コミュニティ組織にどう統合されているかを含め、すでに起きたことに重点を置いてきた。これらをすべてまとめて見てみると、私には何かまったく新しいものが、一五年前、本書旧版が出版されたときにはつかめなかった何かが、生まれつつあるように思える。

自然界のパターンを発見し、体現する

長年、SoLネットワーク内で共有している学習の定義は、「学習とは、個人として、集団として、学習者（たち）が心から創り出したい結果を実現するための能力を向上させるプロセスである」であった。この定義は、誤解されかねない、学習に関する二つの決定的な特徴を強調している点が有益だ。（一）知的理解の偏重ではなく、成果につながる行動の能力を築くこと、（二）この能力は時間をかけて、それもしばしばかなり長い時間をかけてできあがるという事実。ほかの定義も多数検討したが、これより簡潔で役に立つものは見つからなかった。だから、一二、三年前、私がまったく異なる学習の定義、SoLのものよりも簡潔な定義に出会ったときは驚いた。

この新しい定義の出所は、世界屈指の会計学者の一人、H・トーマス・ジョンソンだった。ジョンソンは、活動基準原価計算（ABC）の共同考案者であり、『ハーバード・ビジネス・レビュー』誌によって過去七五年で最も大きな影響力をもつ経営書の一冊と評価された『レレバンス・ロスト――管理会計の盛衰』[1]（H・T・ジョンソン、R・S・キャプラン著、鳥居宏史訳、白桃書房、一九九二年）の共著者である。ABCは大きな貢献だとみなされたが、ジョンソン自身は、業績管理を抜本的に再考する第一歩にすぎないと考えており、その後一〇年間、業界をリードする一握りの企業の徹底的な研究に専念した。その一つがトヨタであり、同社のコスト管理の手法を詳説した『トヨタはなぜ強いのか――自然生命システム経営の真髄』[2]（H・トーマス・ジョンソン、アンデルス・ブルムズ著、河田信訳、日本経済

新聞社、二〇〇二年）は、トヨタの稀有な長期的成功の一因は業績指標による経営判断を慎重に制限していることだと主張する異色の本だ。とくにジョンソンが主張したのは、業績指標が経営階層の上層に報告されると、どうしても経営者はそれを基準に数値目標を設定し、その目標を達成しようとしてしまうことだ——W・エドワーズ・デミングが「干渉」と呼んだものである。ジョンソンは、デミングのように、継続的な学習も優れた業績も、実は指標や目標設定を現場の詳細なプロセスの知識に結びつけることにかかっていると考えていた。

これは、経営者の多くが自分の第一の仕事だと思っていること——数値目標を設定し、結果を出させる——の正反対であり、そこにトヨタの長期的な業績に太刀打ちできる競合会社がこれほど少ない理由があるのかもしれない(3)。

ところが、局所的に感知し、行動するというのは、まさに自然界の複雑な生命システムがやっていることだ——実際、ジョンソンも生命体のシステムを研究することによってトヨタのコスト管理の手法を理解するようになった。森には「責任者」などいない。人の体は指の切り傷に血液凝固因子を流すのに脳からの命令を待ったりしない。自然界の「中央集権化」されたコントロールは、局所的なコントロールの複雑なネットワークがあるからこそ存在できるのだ。私たちは、どうやって歩いているかなど考えもしないが、いったんこの「身体知」（経験知）が発達すれば、体は私たちの意識的な命令に反応するようになる。その身体知を抜きにしては、この世のどんな中央の命令も無力だろう。ジョンソンは、トヨタの業績管理の手法は生命システムの本質を体現していると心得た。トヨタの経営は、現場に欠かせないノウハウを絶えず構築し、効果的に利用しながら、最前線の労働者にコスト・パフォーマンス（単位原価当たり性能）の管理や改善を任せることだったのだ。要するに、トヨタの現場に分散させた業績管理の手法は、自然のパターンを発見し、体現することにほかならず、トヨタのチームが優れた学習者だった理由もそこにある。

このシンプルな学習の定義は、職場での協働のあり方から産業システムの全体としての本質まで、社会システムに幅広い深遠な変化が起こる潜在可能性に光を当てる。たとえば、プラグ・パワー社の燃料電池製造の「埋め立てごみゼロ」ビジョンは、生命システムの卓越した法則、廃棄物ゼロからひらめきを得ている。別の言い方をすれば、「ごみイコール食べ物」である。ある生命活動のあらゆる副産物は別の生命活動の養分になる。私は中国を訪問したばかりだが、中国では今や国家主席や首相がこの原則にもとづいた「循環型経済」をつねに話題にしている。あらゆる製品の設計、パッケージ、製造プロセスを廃棄物ゼロに対応させることは、工業経済の重大な変容を象徴するものになるだろう。そしてこのビジョンを志すならば、どの国の前途にも長い道のりが待ち受けている。だが、循環型経済の基本的な概念は明確であり、過去二〇〇年間発展してきた工業経済との違いもまたはっきりしている[4]（図17-1）。

さまざまな意味で、自然と調和しようとする同じ学習の精神はサステナブル・フード・ラボ（SFL）の指針でもある――この場合は地球規模の調和である。SFLのメンバーは、自らが依存する社会システムや自然環境システムを体系的に破壊する経済システムは生き残れないと理解している。食料の生産と流通をどう組織化するかは、人類最初のシステムと言えるかもしれない。従って、食料システムは、私たちが社会や自然環境の現実との調和を取り戻すべき最初のグローバル・システムとしてもふさわしい。

自然のパターンを発見し、体現するものとしてのこの学習の精神は、これまでの章で論じてきたほかのあらゆるイノベーションに絶妙に浸透している。経営者が会社を成長させるために社員の成長に真剣に取り組むとき、あるいは変化の中核的プロセスとして会話を活用することに真剣に取り組むとき、その実践は人間性――私たちが生まれながらにもっている人間として成長したい、他者とつながりたいという欲求――に対する洞察を反映している。同様に、自己創造型の社会的ネットワークを、組織化――アン・マレー・アレンが言った「実際にどのように仕事が行われるのか」――の自然なパターンとして新しく解釈することを考えてみてほしい。またＶＩＳＡの革新的な分散化された経営構造を生んだディー・ホックの生成的な問いを思い出してほしい。「なぜ人間の組織は熱帯雨林のように機能することができなかったのだろうか？」

　最終的に、Ｈ・トーマス・ジョンソンの学習の定義を知った私は、組織学習の取り組みの根底にある第一原則は、ひとえに自然と矛盾しない――人間性、そして私たちがつねに身を置いているより大きな社会や自然界のシステムと矛盾しない――マネジメントの体系を開発することだと悟った。中国出身の若い女性と本書の旧版がなぜ中国でそれほど人気を得たのかについて初めて話したときのことを思い出す。その女性は驚いたように答えた。「中国人はこの本

図 17-1　なぜ産業からごみが出るのか

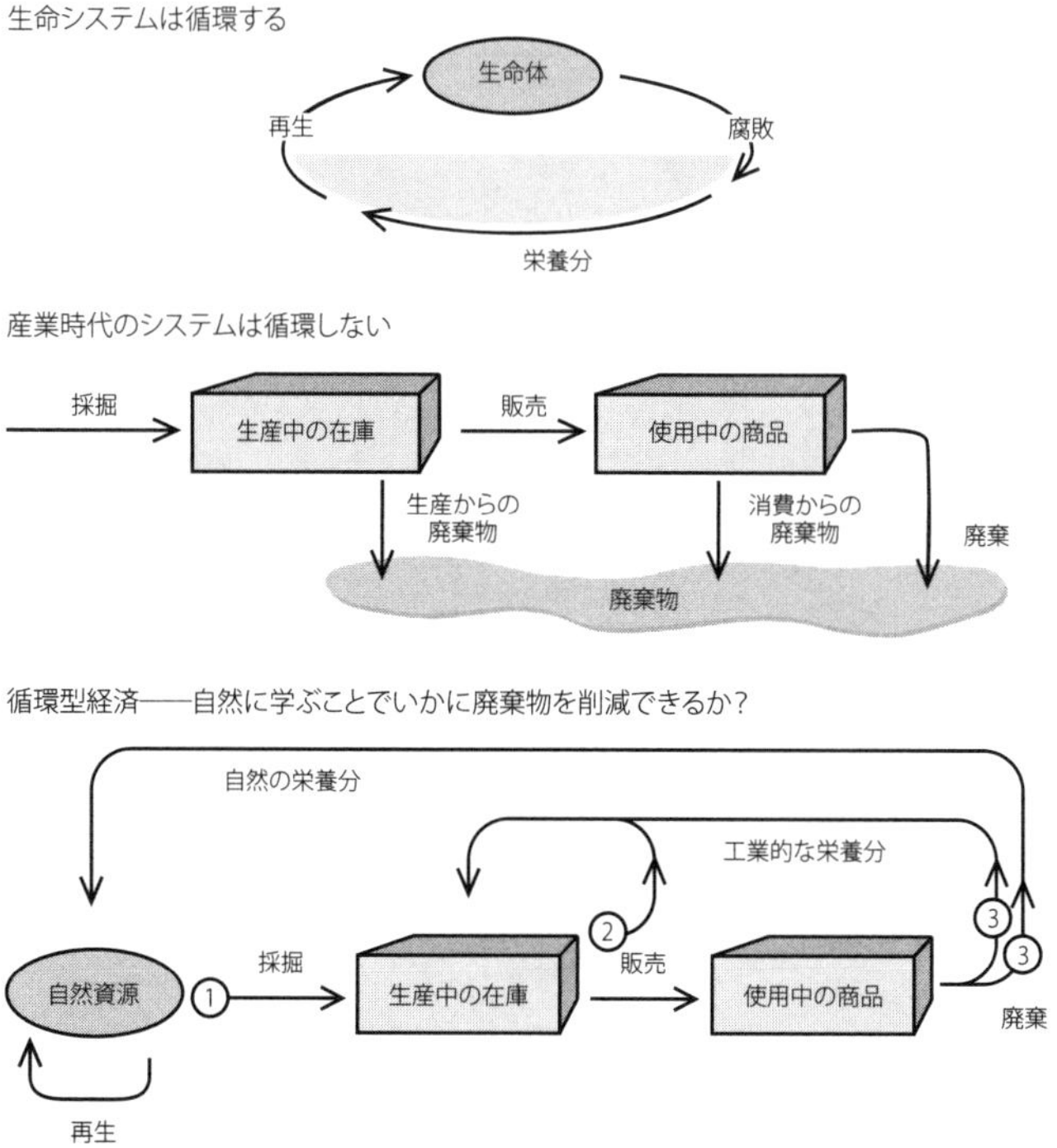

を自己啓発の本だと思っています。西洋の経営論の大多数は、人間としての最も根源的な本質を発達させることを大切にする中国人の基本的な信念に反します。あなたの本はこの信念に説得力を与え、その信念は成功する組織を築くことと両立し得るのだという希望を私たちに与えてくれるのです」。人類学者のエドワード・ホールは、学習の衝動を「人類の最も基本的な衝動」と呼ぶ。生活のあらゆる局面で自然のパターンを発見し体現しようとする、生まれつき備わった個人の探求のほかには、何がこの学習の原動力になるだろうか？

次世代のリーダー

今私がもう一つ確信していることは、今後数十年で最も重要なリーダーたちの多くは、これまで私たちが想定してきたような人たちではなくなることだ。物事の新たな秩序は、新しいリーダーの秩序によって前進するに違いない。新しいマネジメントの体系が根づき始めているところならばどこでも、リーダーが周辺層から生まれてくるのは何ら驚くことではない――既存の力の中心からではなく文化、経済、人口統計の辺縁、つまり女性、貧困層、若者から生まれるリーダーだ。

女性として指導する女性

さまざまなリーダーの地位についている女性の割合はここ数十年間で上昇してきている。しかし、高い地位についている女性の第一世代ないし第二世代は、いまだに支配的な男らしさという尺度によって「本当のリーダー」だと証明するために、しばしば「男以上に男らしく」なければならない。反対に、研究者のジョイス・フレッチャーの言葉を借りれば、「女性として」リードする女性は、往々にして「チーム・プレーに徹する人」とか、もっと悪くすれば、「いい人」とのレッテルが貼られ、昇進の決定においては命取りとなる。フレッチャーによれば、ほとんどの組織で、女性のリーダーはごく自然に仕事をしていたのでは同僚や男性志向のリーダーシップ・モデルの目に留まらないという。(5)

この点から考えると、SoLサステナビリティ・コンソーシアムで展開されている最も興味深いプロジェクトの一つは、「持続可能性《サステナビリティ》をリードする女性たち」という取り組みである。(6) このプロジェクトの発端は、コンソーシアム内のきわめて影響力の大きい取り組みの圧倒的多数が、ナイキのダーシー・ウィンスロー、オックスファムのバーバラ・ストッキング、ユニリーバのブリジッド・タンタウィ＝モンソー、世界銀行のドロシー・ハマチ＝ベリーと西水美恵子など、女性が始めたものだと気づいたことだった。そこから明白な問いが浮かび上がった。「持続可能性の課題に関して、女性を前進させてきた女性ならではの感受性とは何だろうか？　女性が成果を出してきたリーダーとしての仕事のやり方とは何だろうか？」

この問いに対する答えは、これまでの章でもいろいろと示唆されている。バーバラ・ストッキングは自身を「進化を志向するマネジャー」だと表現し、女性には会社内の駆け引きや内輪もめにかまけている時間がないと語った。また女性は個人的な出世にはあまり野心がなく、「物事そのものに」野心的であるとも付け加えた。アイリーン・ギャロウェイが大学院で、黒人女性として、自分が「組織の幹部としての仕事に就くことはないだろう」と悟ったとき、ネットワーク志向の組織の内部ネットワークのリーダーという特色のある力を見つけ出す旅に出た――彼女が信頼される理由は、その地位ではなく、その知識と誠実さなのだ。

もう一つはっきり言えることは、女性は、持続可能性のような、ほとんどの企業の関心の中心からはずれたところにある長期的な問題に引き寄せられ、それに対して、解決策と計画ではなく、協力と発見の観点から取り組むことだ。たとえば、国際的な油田サービス会社、シュルンベルジェで財務部門の要職についていたシモーン・アンバーは、今ではインターネットをベースにした教育構想をコーディネートしている（教育発展におけるシュルンベルジェ・エクセレンス：略称SEED）。これは、約一五〇〇人のシュルンベルジェ・ボランティアが発展途上国三五カ国の二〇万人以上の子どもに助言する取り組みだ。正式な権限もなく、（当初は）予算もない一人の女性がどうやってここまでこぎつけたのだろう？　これは、同社の価値観と、事業を行う現地の地域社会に積極的に関与する伝統の真髄に共感することによって、また子どもたちの生活にもっと直接的にかかわりたいという人々の意欲を引き出すことによって、成し遂げられたことだ。SEEDの最高水準のウェブサイト（主要七カ国語すべてに対応）はすばらしいが、このプロジェクトが成功しているのは、並はずれたSEEDのボランティア・ネットワークがあるからだ。[7]「企業にはまだ活用されずに眠っている善意があります。それは駆け引きや社内の競り合いを避けて、人の心の趣く方に向けることで引き出せるのです」とアンバーは言う。

経済の周縁部から生まれるリーダー

経済の周縁部から生まれた数えきれないほどのリーダーたちが、既成組織の世界でリーダーたちが採用しているのと同じ学習の原則や手法を応用している。こうしたコミュニティのリーダーたちは、現地の状況にビジョンを持ち込み、深く耳を傾けて、大きな組織には介入できないシステム的な変化が起ころうとする力を引き起こす。ロカのサイラ・ピントはこう語る。「リーダーとして仕える私の能力の本質は、コミュニティの人々が私も彼らの一員だということをわかってくれていることです。みんなが歩んできた道を私も歩んできたし、みんなが感じている恐怖を私も感じていたことを、そしてみんなが本当は頭が切れ、有能だということを私がちゃんと知っているということを彼らはわかってくれているのです」

私が知っている最古参のコミュニティ・リーダーは、おそらくムワリム・ムシェシェであろう。彼は、一九八〇年代初めに学習の原則と実践を取り入れて、農村の発展を促そうという着想で「ウガンダ農業振興・訓練（URDT）」プロジェクトを始めた人物である。[8] ムシェシェと仲間は、ウガンダで当時最貧地域の一つだった場所で働きながら、自分のビジョンをもち、共有ビジョンを築くにはどうすればよいか、進歩を妨げるメンタル・モデルに気づき、互いの話に耳を傾けることによって見解の相違を解消するにはどうすればよいか、村をシステムとして考えるにはどうすればよいかを住民に教えた。ムシェシェたちは、これをすべてひとまとめにして、より良い井戸を掘る、よりしっかりした穀物倉を建てるなどの実際に役に立つ実地プロジェクトに結びつけた。「何よりもやらなければならなかったのは、親から子へと受け継がれてきた運命論的な意識を捨て去るのを手助けすることでした」とムシェシェは振り返る。「未来はどうすることもできないという態度は、事実上最大の障壁でした」。現在、ムシェシェたちが努力を注いできた地域は、ウガンダで最も豊かな農村地域の一つになっている。さらにURDTはウガンダ初となる女子大学の開校準備も進めている。高等教育を受けていないために機会を制限されてきた女性が、もっと大きな規模でリーダーシップを発揮する機会をもてるようにするのが目的だ。

ピントやムシェシェのようなリーダーたちは、現地のリーダーシップの能力を引き出し、育てることによって、永続する発展のための基盤を確立する。それは、これまでさんざん行われてきた、経済的に豊かな先進国の貧困国援助からは得られなかったものだ。ジンバブエの持続可能な農業に貢献することをめざすモデル村であり学習ネットワークでもある「クファンダ・ラーニング・ビレッジ」の創設者、マリアンヌ・クヌースは「開発セクターはいまだ大規模な機械論的で階層的なアプローチで貧困やいわゆる低開発の問題に対処している」と書いている。(9)「物質的発展の名のもとに、村やコミュニティは連帯感に乏しい人間関係を強いられる。開発の名のもとに、コミュニティ自体が開発構想の主体者となる必要性が認識されないままに、コミュニティのために問題解決がなされる……そして大規模な開発構想の大半は短期的には問題を解決しても、何年かたてば元の木阿弥になるだけ、ということばかりだ(打ち捨てられた試掘用の穴、壊れたトイレ、介入者が去れば持ち主のいなくなる共同ポンプなど)」

興味深いことに、クヌースはクファンダが何か珍しいことをしているとは考えていない。「私たちのしていることは、世界中にまだまだたくさんある実験、つまり教育、ビジネス、デザイン、建築などの分野で高まりつつある人や組織の運動の一つ」であり、「どうすればもっと生き生きした働き方に回帰できるかをめぐる共同の探求」を行っているのだと彼女は言う。

若者のリーダーシップ

システムの変化に必要なリーダーシップは、若者から生まれることが徐々に増えている。リーダーとしては無視されることが多いが、一〇代の若者やヤングアダルト層は未来に強い関心をもっており、その関心はおそらくどの年代よりも強いのではないだろうか。過去のしがらみも最も少ないため、現在のメンタル・モデルや組織のパターンの欠陥を見る独特の能力と何か新しいものを創造する勇気がある。若者が基本的なリーダーシップや協働学習のスキルを伸ばせば、変化の恐ろしいほどの力となり得る。

マリアンヌ・クヌースは長い間活動家として生きてきた。ヨーロッパで教育を受けるために一六歳でジンバブエを離れ（父親がデンマーク人）、一〇年後、若いリーダーの世界的なネットワーク、「パイオニアズ・フォー・チェンジ（変化のパイオニアたち）」を共同で設立した。彼女たちの表現によれば、それは、「自分自身であること、意味のあることをすること、今始めること、他者とかかわること、問いを発するのを決してやめないこと」に打ち込むネットワークだ。ここ数年、私は大勢のこうした若者と知り合い、その静かなひたむきさ、困難な問題に向き合うときの想像力、そして、彼らが成し遂げたことに深く心を動かされてきた。

最近、私はスウェーデンで開催された地球変動に関する大きな会議でパイオニアズ・フォー・チェンジのメンバー数名といっしょになった。会議の参加者はほとんどが企業や政府の要職にある人やさまざまな地球の問題に関する第一線の専門家だった。私の要望で、主催者側の同意を得て、パイオニアズが大規模な組織変革のリーダーシップに対する自分たちのアプローチについて話す特別セッションを設けることになった――パイオニアズの若いリーダーたちともっと経験豊富なリーダーたちとの興味深い相違点がはっきりする話し合いになった。

第一に、この若者たちは自分たちの知識不足を財産だと見ていた。「私たちはあまり物事を知りません。だからたくさん疑問をもつことが簡単にできるのです」とパイオニアズのネットワーク共同創設者であるクリステル・ショルテンは述べた。彼女は、オランダの大手銀行であるＡＢＮアムロ銀行で持続可能な開発に関する大きなプログラムの設立に貢献し、現在は同プログラムの責任者となっている。このプログラムは、人々が重要性に気づくまでショルテンが絶えず課題を提起することから生まれた。特別セッションで話し合ったとき、会議に参加していたもっと経験豊富な組織幹部の多くが、過去の知識や成果は、実は変化をリードするうえでは障害になりかねないということに気づき始めた。そのうちの一人は、知識があるせいで自分の考えが偏ってしまうばかりか、「ほかの人々も、『私が問題をこう見ている』という期待にもとづいて私とつきあうことになりかねず、いつのまにか、私がそれほど強く関心がないかもしれない意見まで弁護している」と実感した。対照的に、若いリーダーたちは、オープンな姿勢を貫くことができ、真剣な探求を通して、頑固な主張を持っていたらなし得ないような理解や熱意の共有ができていることが多かった。

第二に、この若いリーダーたちは、驚くほど世界中でつながり合っている。困ったことにぶつかると、バングラデシュ、インド、南アフリカ、フィリピン、クロアチアのパートナーに相談することもある。絶えず話し合い、助け合うことにより、幅広い問題の見方を発達させ、すばらしい変化の力を引き出せるのだ。たとえば、ショルテンは、銀行での新しい仕事と格闘していたとき、アジアやヨーロッパの国際金融で働くパイオニアズの仲間に励まされ、助けられた。

最後に、この若者たちは自分たちの考えに中立であり続ける努力をしている。数年前、パイオニアズのあるグループが「偽善者クラブ」を結成した。クヌースによればこんなクラブだ。「どういうものかというと、集まるたびに、ちょっとした競争をするんです。各自が、自分の信念を断念したときのこととか、それを裏切ったり、屈服してしまったときのことを話します――対立を避けたり、その場を丸くおさめたりするためにそうしたとか、考えと行動が違ってしまったときのことです。ずっと私に重くのしかかっていたのかもしれないこともあれば、当時はほとんど気づかなかっただろうこともあります。でも、話せば笑い話になり、夢中になって話すようになる頃には、みんな競い合うように自分が誰よりも偽善者であると示そうとします。楽しい夜になるんですよ」

三つの入り口

さて、もう一つ疑問が残っている。四半世紀の間、さまざまな環境にいる多くの人々がビジョンや目的意識、より深い対話や内省、システム思考を育むためのツールや原則に取り組むのを見てきた。めざましい成果を出す人もいれば、ほとんど何も達成できない人もいるのは明らかだ。これはなぜだろうか？　その違いは知力にあるとも思わないし、熱意でさえもないと私は考えている。肩書きや権力から違いが生まれるわけではないのは間違いない。しかし、その人がどこから「来るのか」に関係があるようだ。ビル・オブライエンの晩年の言葉どおり、「介入の結果を左右する最大の決定要因は介入者の心のあり方である」。

私の仕事仲間で『出現する未来』（野中郁次郎監訳、高遠裕子訳、講談社、二〇〇六年）をいっしょに執筆したオットー・シャーマーは、三つの「敷居」から生まれてくる方向や目的の変化を説明している。この敷居は、深遠な変化を導きだすにあたって必ず通り抜けなければならない入り口で、思考を開くこと、心を開くこと、意志を開くことだ[10]。

第一の敷居は、自分を解放して、目の前にありながら今まで見ることができなかったものを見たり、聞いたりすることだ。これが「保留」――過去のものの見方を形づくってきた、当たり前だと思っている前提を保留すること――の敷居である。第二の敷居は、心で見ること、つまり心を開いて身の回りにあるもの、喜びはもちろん、痛み、苦しみ、問題と自分との関係を見ることだ。ここで私たちは、うまくいっていないことを外の力や誰かのせいにする都合のいい話を乗り越えて、自分もまた問題の一部であると知る。第三の敷居は、シャーマーが「小文字の『s』の自己〔self〕」と呼ぶものの最後の名残を手放し、何であれ生まれつつあるものが私たちを通して生まれ出るのを助けることだ。ここで私たちは「自分を通って生まれ出る未来に、そしてここでしなければならないことに」つながる。この第三の敷居を通過するというのは、生きる意味についてのすべての問いの答えが突然わかるという意味ではなく、「この問いの中心で生きており、それが私たちを前に進ませる」という意味だ。

現在の深刻な問題に直面して、この三つの敷居を認識し始めているリーダーがあらゆる分野で増えていると私は信じている。そういうリーダーは、私たちが直面している深刻な問題について新しい意識をもっている——フォード社のマーブ・アダムスが言うように、「加速する相互依存性と、組織がシステム的に考えたり行動したりできないこととの乖離」が大きくなっているという意識をもっているのだ。しかし、この新しい意識は具体的な経験からも生まれている。たとえば、メンタル・モデルに対処し、変化をめざしてもっと探求志向の対話を育もうとしている人が増えるほど、心を開くことがもたらす力がはっきりしてくる。「当社がより深い、より生産的なレベルの対話に移行し始めているとわかるのは、社員が自分の意見を事実と考えたがる傾向が減っていると気づくときです」とBP社のビビアン・コックスは言う。「押しの強さがなくなる。物事を決めつけなくなる。ユーモアのセンスをもつようになる。物腰が柔らかくなる。ぴりぴりしなくなる。深刻な議題を話し合っているときでさえ、深刻さが和らぎ、もっと楽しく、探求心に富むようになる。本当の探求の意識が育っているとわかるのはそういうときなのです」

シャーマーの第二と第三の変化は、経験的な事実認識にもとづいて、感情的に見ることによって、また心の奥深くにある志とつながることによって生み出される。サーリム・アル・アイドは、ガルフSoLネットワークのダイアログを毎回子どもたちの写真と彼自身の孫の話で始める。このようにすれば、その後で参加者が地域経済の見通しを見るとき、数字だけを見ることはしなくなり、自分の子どもや孫の将来の暮らしを想像するようになる。「私たちが本当に創造したい未来について、そして必要になるだろう変化についていっしょに真剣に話し合うことは、心を開かずして始められませんし、これを抜きにして必要な行動にとりかかることも決してないでしょう」と彼は言う。

この「心を開くこと」は、無防備になる覚悟にかかっている。伝統的に、経営者がまず養うことのなかった特性だ。ロジャー・サイヤンは、フォードで一九八〇年代および九〇年代にめざましい再建の数々を成し遂げたキャリアを振り返って、上司からどうやって結果を出したかを一度も聞かれたことがないと言った。彼の結論によれば、その理由は、それを聞くにはある程度の無防備さ、人間らしくあることが必要になり、それは決して居心地の良いものではないということを上司たちがなんとなくわかっており、ほとんどの上司は丸裸にされたような気持ちになる覚悟ができていなかったからだという。

第三の入り口を通り抜けると、自ら進んで自身の行動計画や従前の目標を手放し、目的や戦略が個人の意志より大きな力によって形づくられるのに任せることができるようになる。これは三つの中で抽象的に話すのが最も難しいが、実際に起きればきわめてわかりやすい。

三つの入り口の全体的な経過は、マリアンヌ・クヌースのクファンダ・ラーニング・ビレッジについての振り返りが見事な一例になっている。「私たちはジンバブエ全土から地域のまとめ役の人たちを定期的に集め、お互いから学び、進歩を妨げることもある無意識の思い込み（遺伝的なものと文化的なものの両方）や、どうすればそれに取り組めるかをもっと意識してもらうようにしています。ただし、彼ら同様に私たち自身もオープンになって、私たちは答えをもっていないこと、彼らがその夢を実現するためにするべきことを知らない、ということを知ることによってしか、実施できないのです」

心を開くことから始まる力は「お互いにつながるという不思議な力」によって強まる、とクヌースは言う。「私はすぐ泣きます。実際、それでしょっちゅう恥ずかしい思いをします。けれども、涙は私が何か本質的なもの――深い喜びであれ、同情、悲しみ、インスピレーションであれ――とつながっているという指標だと実感するようになりました。時には、そうした感情は私自身のもので、何かを教えてくれます。またあるときは、私の心に届き、強く胸を打つ誰かの喜びや苦痛です。もしスピーチをするとき泣いてしまっても、かまわないんだということも実感しました――それどころか、涙は、私が話しかけている人たちをもっと私のそばに近づけてくれることがよくあります。私たちは別の場所で出会います――単なる知性の外で。私たちは……頭の扉ではなく、心の扉を通り抜けて出会うのです」

第三の入り口は、クヌースの場合、デンマークで教育を受けた後ジンバブエに帰国したときに開き始めた。これといった計画もなく、ただそれが「どうしても従わなければならない使命だ」とわかっているだけだった。その使命とは「世界中から貧しい、路頭に迷っていると見られている国と大陸の真ん中で、健全で活気のあるコミュニティをどうすれば築けるか――再生できるか」だった。「私たち一人ひとり理由があってここにいると信じています。それを見つけ、受け入れるとき、心は歓喜するでしょう。そして人生が自分に望むことに従う限り、人生に身を任せて前に進めるでしょう」

どんなレベル、どんな境遇のリーダーでも、この三つの入り口を通り抜ければ、可能なことにはほとんど限界はない。サイヤンはこう述べている。「何かするときに本当に無心になることができれば、つまり、それを自分自身のために主張しようとせず、その結果で認められようともせずに本当に微々たる存在になること――一筋縄ではいかないことですが――ができれば恩恵がもたらされます。それは影響力、強さ、意志、目的意識、エネルギーという形をとるかもしれませんし、大義の実現を助けるあらゆる種類の物事が起きるという形をとるのかもしれません。人々がそれを自分自身の中に見出すことができるとき、誰もが存在に気づく何かにつながることができるとき、その見方に到達できるとき、それが最大の恩恵の一つです。それこそが奇跡が生まれる場所なのです」

自分の道のりを振り返り、クヌースは飾らずにこう述べる。「初めに出会いあり……人とどう出会うかがほかのすべてを左右します。相手に対してできる限り最善のことを想定して人と出会うか？　つながろうとしている人間の奇跡に好奇心をもって一人ひとりと出会うか？　それとも援助しようとしている貧しい人として出会うか？」

「昨日、クファンダ・ネットワークの地域まとめ役の一人、アンナ・マルンダに再会しました。四六歳の未亡人です。一カ月二ドルの夫の遺族年金で暮らしていますが、子どもの学費に三カ月ごとに二〇ドル払わなければなりません。去年一年で、アンナは女性のかぎ針編みの協同組合を立ち上げました。それから最近、担当地区の女性に編み物を教え始めたほか、自宅のコンポスト・トイレを作り、ほかの人たちにも作り方を教えています。さらにＡＩＤＳ（エイズ）問題のダイアログ・グループを運営しており、以前からＡＩＤＳ患者に在宅看護を提供しています。私たちは、アンナがこの一年に自分について発見した驚きについて話しました。彼女はこう言っていました。『うちのコミュニティにとって、私は夫に先立たれた女がつらい苦労を乗り越えた見本なんだとわかったの。自分が強い女だと知ったし、自分自身の中に心の安らぎがあることも知ったわ。それから私は聞き上手で、信頼できる人間で、だから人が私のところにやって来て、ほかのコミュニティの組織化に加わってほしいと頼まれるんだということもね』」

「こうしたことがすべてどうやって起きているのか私にはわかりません。でも、私たちが賢い女性としてのアンナに出会ったことはわかります。貧しい女性としてではなく」

クヌースは日記に簡潔な言葉を残している。「人生は神聖なもの。だからそのように出会うべきだ」。そしてこう付け加えている。「それはただ私たちの身の回りにある美しさを心から味わうゆとりをもつ経験なのではないだろうか――夕空の見事な色、牛の群れの穏やかな美しさ、若木が大地から伸びる奇跡、ジンバブエの田舎の風物である巨大な花崗岩に腰をおろすという地に足のついた体験、喜びも悲しみもほかの人間と深く共感し合う不思議……こうした一見シンプルな、創造という行為の奇跡に気づき、そのすばらしさを味わうたびに、人生は無限に豊かで不思議な力と愛に満ちているという確信と、そしてその感覚を失わないでいようとする人間はそうでない人間より豊かだという確信もまた深まる(11)」

ロジャー・サイヤンやマリアンヌ・クヌースの文章を読むと深く感動せずにはいられない。間違いなく、私が伝えるのに最も苦労しているのは、人がこのように心を開いたときに何が可能になるかについての、事実にもとづく知識である。私は実にたくさんの奇跡を見てきた――不可能な問題がどういうわけか解決できたという状況を。私は実にたくさんの人々が本当の自分に成長し、もっと軽やかに、もっと喜びにあふれて、次の困難な問題に立ち向かうのを見てきた。そして、その道のりを通して、自分自身にも、互いにも、人生にもより近づくのだ。

この仕事の真髄を表現する方法は、それに取り組んでいる人の数だけある。それは自然や人間性、より大きな生命活動の本質と矛盾しないマネジメントの体系であり、また最も高い志を実現するように協働することであり、さらには、私たちが変化を生み出そうとしているとき自らがその変化になることである。あるいは、マリアンヌ・クヌースが鮮やかに言い当てているように、つながることを決してやめなかった存在とつながり続けることなのだ。

第V部

Coda

結び

第18章 分かたれることのない全体

若い頃、私はずっと宇宙飛行士になりたいと夢見ていた。そのために大学で航空宇宙工学を学んだほどだ。だが、それから「システム理論」に夢中になり、地に足をつけた職業人生が生まれた。しかし私は今でも「宇宙に行く」という体験に深く魅了されたままである。アポロが最初に撮った地球の写真によって高められた強い興味は変わらない。だから、数年前に私たちのリーダーシップ研修に参加した宇宙飛行士のラスティ・シュワイカートと遅まきながら知り合いになる機会を得たことは、とても興味深い出来事だった。

私はラスティから聞いて、多くの宇宙飛行士が地球に戻った後、自分の住む星の上に浮かぶということがその人自身にとってどんなことを意味するのか、その気持ちを言葉にしようと葛藤していることを知った。ラスティが五年間、葛藤を続けた後（ラスティが搭乗したアポロ九号は、一九六九年三月に地球軌道上で月着陸船のテストを行った）、その任務にふさわしい言葉が形になり始めた。

一九七四年の夏、ラスティは、ニューヨーク州ロング・アイランドの精神的共同体であるリンディスファーンで開かれた「惑星の文化」についての会合に講演者として招かれた。自分の経験を共有する方法をあれこれ考えてはやめるのを繰り返した後、ラスティはその経験を自分の物語として語ることはできないと気づいた。なぜなら、それは私たちの物語だからだ。ラスティによれば、自分たち宇宙飛行士は「人類の感覚器官が広がったことを、象徴している」と気づいたのだという。「そう、私は私の目で外を眺め、私の感覚で感じてはいましたが、それは同時に私たちの目であり、私たちの感覚でした。地球を離れ、振り返ってその地球を見た初めての人間だった私たちは、全人類の代わりに振り返ったのです。そこには私たち三人しかいませんでしたが、自分たちが経験したことを、帰って報告するのが私たちの責務でした」。ラスティはこのことに気づき、それがどんな感じだったかを――まるで、聞いている私たちもそこにいるかのように――ただ語ることにした。(1)

宇宙では、一時間半ごとに地球を一周し、それを何回も何回も繰り返します。皆さんはふつう朝になると目が覚めます。そして周回軌道が進むとおりに、中東の上を回っているときに目が覚め、北アフリカの上を通ります。朝食を食べながら窓の外に目をやると、ちょうど地中海地域のギリシャやローマが見え、北アフリカ、そしてシナイ半島全体が見えます。そして皆さんは、一目見ただけで、そこで見ているものは、長い年月にわたる人間の全歴史になっているもの――文明の揺りかご――だと気づきます。そしてその風景を見つめながら、想像できるすべての歴史に思いを馳せるのです。

そして、北アフリカを過ぎて、インド洋の上に出ます。そこを通り過ぎながら上を見ると、大きなインド亜大陸が皆さんのほうに向いていています。そしてその横のセイロン、ビルマ、東南アジア、フィリピンの上を通り、途方もなく広大な水域である太平洋を横切るのです――生まれて初めて、太平洋がどれだけ広いかを実感したわけです。そしてとうとうカリフォルニア沿岸までやってきて、なじみ深い都市を探します。ロサンゼルス、フェニックス、エル・パソを過ぎ、そしてヒューストンが見え、故郷があり、そして見れば思ったとおりにアストロドームがあります。そして懐かしく思うわけです。何というか——愛着ですね。

そしてニューオリンズまで来て、南を見ると、フロリダ半島がその全容を見せています。そのルートを何百時間も飛行しましたが、眼下の大気圏に見えるそれらすべては、何度見ても親しみを覚えるのです。そして大西洋へ出て、またアフリカに戻ってきます。

そして、その一体感というのは——ヒューストンに愛着を覚え、それからロサンゼルスに、そしてフェニックス、ニューオリンズに、そしてすべてに親しみを覚えるようになります。そして次にあなたが自分の中で、自分が北アフリカに親近感をもっていることに気づくのです。北アフリカが見えるのを楽しみにし、心待ちにします。そして、ほらあった、となるのです。このプロセス全体によって、あなたが親しみを抱くものが変わり始めます。一時間半かけて地球を一周すると、あなたの感じる親しみの対象は地球全体であることに気づき始めるのです。そしてそれが変化を起こします。

地球を見下ろしても、いくつの国境や境界線を繰り返し越えたのかはわかりません。国境など見えさえしないのです。あの目覚めの風景である中東では、何百人もの人々が、あなたには見えない想像上の線をめぐって殺し合っていることをあなたは知っています。あなたが見ているその場所から見れば、それは一つの全体であり、非常に美しい姿をしています。そしてあなたは、両方の側から一人ずつの手をとり、こう言うことができたらいいのに、と思うのです。「この視点から見てごらんなさい。ほら、見て。大事なことは何ですか?」

そこで少しすると、あなたの友だちが——またあの同じ隣人が——月へ行きます。そして今度は彼が振り返って地球を見るわけです。でも彼は、地球を「美しい細部まで見える大きな何か」としてではなく、「あそこにある小さなもの」として見ます。そして、クリスマスツリーに飾るボールのような鮮やかな青と白の球と、無限の宇宙である漆黒の空とのコントラストが本当にはっきりと表れてくるのです。

その大きさといい、その意義といい、地球はどちらにもなります。とても小さくてとてももろいものにもなるし、親指で隠してしまえるくらいの、宇宙の中の非常に貴重な小さな点にもなるのです。そしてあなたは、その小さな点の上では、その小さな青と白のものが、あなたにとって大事なすべてであるということに気づきます。歴史や音楽のすべて、詩や芸術、戦争、死と生、愛、涙、喜び、ゲーム、このすべてが、親指で隠すことができる、あそこにあるあの小さな点の上にあるのです。

そしてあなたは、あの視点に……あなたが変わったこと、そこに何か新しいものがあることに気づきます。その関係はもはや以前のそれとは違います。宇宙船外活動（ＥＶＡ）で船外にいたときのことや、カメラの調子が悪かったため、何が起こっているのかを考えた瞬間のことを振り返ります。そして、あそこで、目の前を過ぎていく光景をじっと見つめていたことを思い出すのです。もう今のあなたは、窓のある何かの中から外の写真を見ているのではなく、その外にいるのであり、地球がガラス鉢のような存在なのだということを理解しています。そして境界線はありません。枠組みもないし、境界線もないのです。

ラスティは宇宙を漂いながら、システム思考の基本原則を見出した。しかし、その方法は大部分の人とは違っていた――論理的または知的レベルで見つけるのではなく、直接的な経験というレベルで理解したのだ。地球は分かたれることのない全体であり、それは私たち一人ひとりが分かたれることのない全体であるのと同じである。（私たちも含めた）自然は、全体の中にある部分でできあがっているわけではない。全体の中の全体でできているのだ。すべての境界線は、国境も含めて、基本的に恣意的なものである。私たちがそれを作り出し、そして皮肉なことに、自分たちがそれにとらわれて身動きできなくなっているのだ。

だが、それだけではなかった。リンディスファーンで最初に講演を行った後の数年間にラスティは、まったく新しい一連の洞察と個人的な変化に引き込まれていた。新しい仕事に引き込まれていたのだ。ラスティは、カリフォルニア州エネルギー委員会の委員としての地位を離れ、米国の宇宙飛行士《アストロノート》とソビエトの宇宙飛行士《コスモノート》が参画する共同事業に、より積極的に取り組むようになった。[2]ラスティは耳を傾け、ほかの人の経験について学んだ。自分の新たな理解にぴったり合うように思われた活動にかかわり始めたのである。

とくに影響を受けたのが、「ガイア」理論――地球上のすべての生命である生物圏はそれ自身が生命体であるという理論――について学んだことだった。[3]この考え方は、アメリカ先住民の文化など、工業化以前の文化の多くに起源を発するもので、「私の心に響くものがありました」とラスティは言っている。「ガイア理論は、私が自分自身に対してさえ明確に表現することができなかった宇宙での経験の諸相についてどう語ればよいかを、初めて私の中の科学者に教えてくれました。私は、どう言い表せばよいのかわからないような形で地球を経験しました。地球が――地球全体が――生きているということを経験したのです」

リーダーシップ研修の最後に、誰からともなく質問が浮かびあがった。「ラスティ、その体験はどんな感じでしたか?」ラスティは長いこと黙っていた。ようやく口を開いたラスティは、一つだけ、こう言った。「それは、まさに今生まれようとしている赤ん坊を見ているような感じでした」

何か新しいことが起ころうとしている。そして、それはすべてと――全体と――つながっている。

付録① 学習のディシプリン

五つの学習のディシプリンは、その一つ一つを、以下に挙げる三つの別個のレベルで考えることができる。

- **実践**：自身の行動

- **原則**：従うべき考え方および洞察

- **真髄**：そのディシプリンにおいて高いレベルの熟達に至っている人の状態

実践は、ディシプリンを実践する者が自分の時間とエネルギーを集中させる活動である。たとえば、システム思考では、複雑な状況の根底にある構造を見抜くために「システム原型」を用いることが必要とされる。自己マスタリーでは、「個人ビジョンを明確にすること」と「創造的緊張を維持すること」が必要とされる。ビジョンと今の現実に焦点を合わせることと、この両者の間の緊張によってビジョンの達成に向けたエネルギーを生み出すことを同時に行うのだ。メンタル・モデルに対処するには、経験という直接的なデータと、そのデータにもとづいて形成する一般化ないし抽象化した推論とを区別することが必要だ。

実践は、どのディシプリンにおいても最も目に見えやすい側面である。実践は、個人や集団がディシプリンを学び始めるときに、初めに焦点を当てるところでもある。初心者は、実践の型に従うことがまだ習性になっていないため、意識的な一貫性のある取り組みという意味の「ディシプリン」が必要となる。メンタル・モデルに取り組み始めたばかりの人は、白熱した議論の最中に、自分が抱いている前提や、なぜその前提を抱いているのかを明らかにしようと懸命に努力しなければならないだろう。ディシプリンにおける初心者の努力は、時間の遅れの特徴をもっている場合が多い。議論の後になって初めて、自分の前提が明確にわかり、その前提と、その基盤となっている「データ」や推論とを区別できるのである。だが、ゆくゆくは、ディシプリンの実践は、「即時」で次第に無意識かつ活発に行われるようになる。差し迫った問題に直面しながら、システム原型を考えること、自分のビジョンを再創造する（思い出すとは違う）こと、自分の前提が作用し始めたらそれを認識することを同時に行っている自分に気づく。

同様にどのディシプリンでも中心となるのが、根底にある原則である。それぞれのディシプリン実践の背後にある理論のことだ。たとえば、システム思考の根底にある中心的な原則は、「構造が挙動に影響を与える」である。同様に、複雑なシステムはその挙動を変えようとする試みに抵抗する傾向があるという「システムの抵抗」も原則である。前者は、挙動と出来事を支配している構造に目を向けることによって現実を変化させることができることを意味している。後者は、小手先の操作で——たとえば、都市に住む恵まれない人々のための新規住宅建設といった善意の政策によって——挙動を変えようとする試みは、短期的には事態を改善させるものの、長期的にはさらなる問題を引き起こす場合が多いことを意味する。同様に、「ビジョン」の力は自己マスタリーの原則であり、「創造的緊張」と「感情的緊張」の区別もそうだ。

ディシプリンの背後にある原則は、初心者にとっても、熟達した人にとっても重要である。初心者の場合、ディシプリンの背後にある理論的根拠を理解するうえで、また、ディシプリンの実践の意味を理解するうえで役に立つ。熟達した人の場合、原則は、ディシプリンの実践に継続的に磨きをかけるうえで、また、ほかの人たちにそれを説明するうえで助けとなる参照ポイントになるのだ。

どのディシプリンを習得するにも、原則を理解するレベルと実践するレベルの両方で努力が必要と認識することが重要である。ある原則を理解しただけで、そのディシプリンについて「学習した」と思いたくなるものだ。これが、知的理解と学習との混同という、よく見られる落とし穴である。学習には必ず、新しい理解と新しい挙動、新しい「考え」と「行動」を伴う。だからこそ原則と実践を区別するのだ。そのどちらも欠かせないものである。

三つ目のレベルである、ディシプリンの「真髄」は類を異にする。ディシプリンの学習において、こういった真髄に意識的な注意や努力を集中させても意味がないのは、愛や喜びや心の平静を経験しようと努力しても意味がないのと同じである。ディシプリンの真髄とは、ディシプリンに高いレベルで熟達する個人や集団によって自然に経験される**あり方の状態**である。こういった真髄は、言葉で表現するのは難しいのだが、各ディシプリンの意味や目的を十分に理解するために不可欠のものだ。各ディシプリンは、ある種の非常に根本的な意味で、その実践家を変化させる。だからこそ、私たちは真髄を、たとえそれが協力し合って実践されなければならないものであったとしても、個人のディシプリンと呼ぶのだ。

たとえば、システム思考は、生命の相互のつながりをますます多く感じとったり、部分ではなく全体を見たりすることにつながる。家庭内や組織内で、いつ問題が起ころうとも、システム思考に熟達している人は自動的に、その問題の原因は、個人の誤りや悪意ではなく、その根底にある構造だと考えるようになる。同様に、自己マスタリーは、「あり方」の感覚、つまり、今この瞬間に対する認識、私たちの内と外の両方で何が起こりつつあるのかの認識が高まることにつながり、「生成」の経験、つまり私たちの命を形づくっている創造的な力の一部になるという経験を高めることにつながる。

真髄のレベルでは、ディシプリンは一つにまとまり始める。各ディシプリンを一体化させる共通の感性――本質的に相互依存的な世界における学習者であるという感性――がある。たしかに、依然として各ディシプリンの間には相違がある。だが、その相違はますますとらえにくいものとなる。たとえば、「相互関連性」(システム思考)と「(根源との)つながり」(自己マスタリー)とは、その違いが微妙だ。前者は、物事が互いにどのように関連し合っているかについての認識を扱い、後者は、世界と切り離されているのではなく、その一部であるという認識を扱う。同様に、「目的の共通性」(共有ビジョン)と「合致」(チーム学習)との区別も微妙である。前者が共通の方向性と存在理由を扱うのに対し、後者は、私たちが実際に協力して働くときに「全体として機能すること」を扱う。これらの区別は、微妙だけれども重要だ。ワイン通の人に素人にはわからない違いがわかるように、ディシプリンにおいて高いレベルで熟達した個人や集団も、初心者にはわかりにくいであろう違いがわかるのである。

最後に、共有ビジョンの構築とチーム学習というディシプリンは、もともと本質的に集団的であるという点で、他の三つのディシプリンと異なっている。その実践は集団が従事する活動である。その原則は集団によって理解されなければならない。そして、その真髄は集団的に経験される状態でなければならない。

一つのディシプリンを一度にすべて習得することはできない。だれもが経る明確な学習の段階がある。ダイアナ・スミスは、すべての学習ディシプリンに取り組む際に役立つ、新たな能力を高める連続する三段階を考案した。

第一段階◆新たな認知能力、言語能力

新しいものを見て、新たな言語を話すことができる。これによって、自分自身および他者の前提と行動、その両方の結果がよりはっきりと見えるようになる。概して、こういった新しい認知能力ならびに言語能力を根本的に新しい行動に変えるのは難しいと感じる。そのふるまいは変わってくるかもしれないが、基本的なルール、前提、価値観は変わらない。

第二段階◆新たな行動のルール

第一段階の認知的洞察に応じて古い前提が「緩む」につれ、新たな前提にもとづく行動のルールを試み、それがどんな結果をもたらすかを知るようになる。新たな行動を生み出すには新たな言

語に頼る必要があるかもしれない。また、ストレスを受けていると、新しいルールを適用したりつなぎ合わせたりするのが難しいと感じるだろう。

第三段階◆新たな価値観と作用する前提

新たな行動原則と作用する前提を反映したルールをつなぎ合わせることができる。ストレスがあってあいまいな状況でも、人々はこういったルールを定め、自分たち自身の学習と他者の学習を継続的に助けることができる。この段階では、人々はそのルールを自分たち自身のモデルに適合させ、自分たち自身の声で語るようになっているだろう。

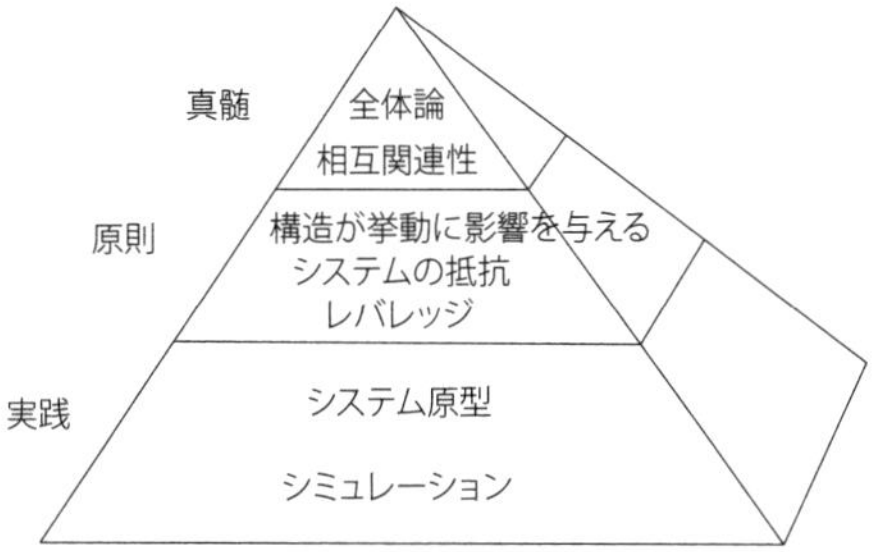

システム思考

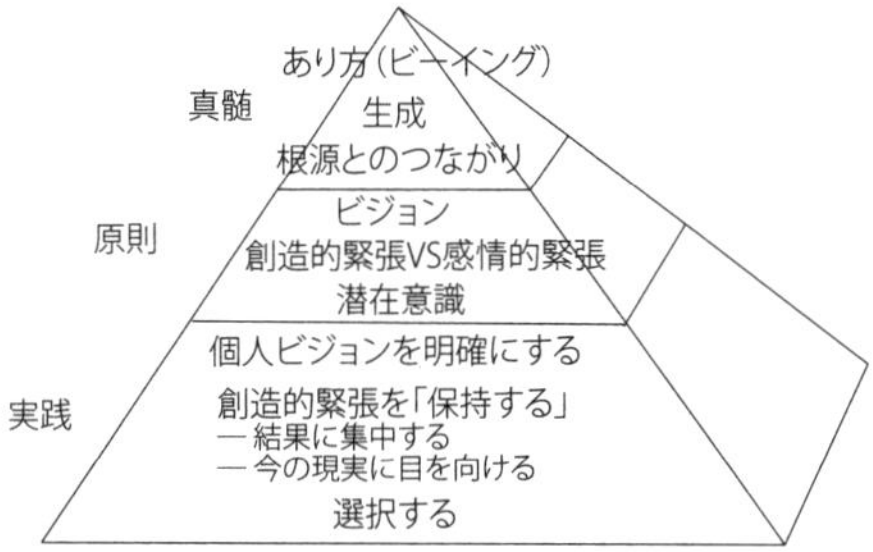

自己マスタリー

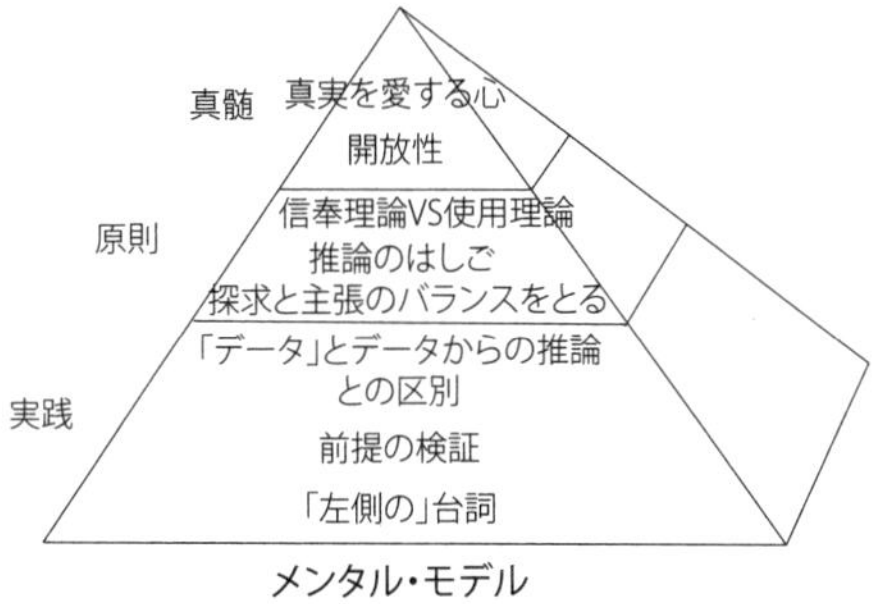

メンタル・モデル

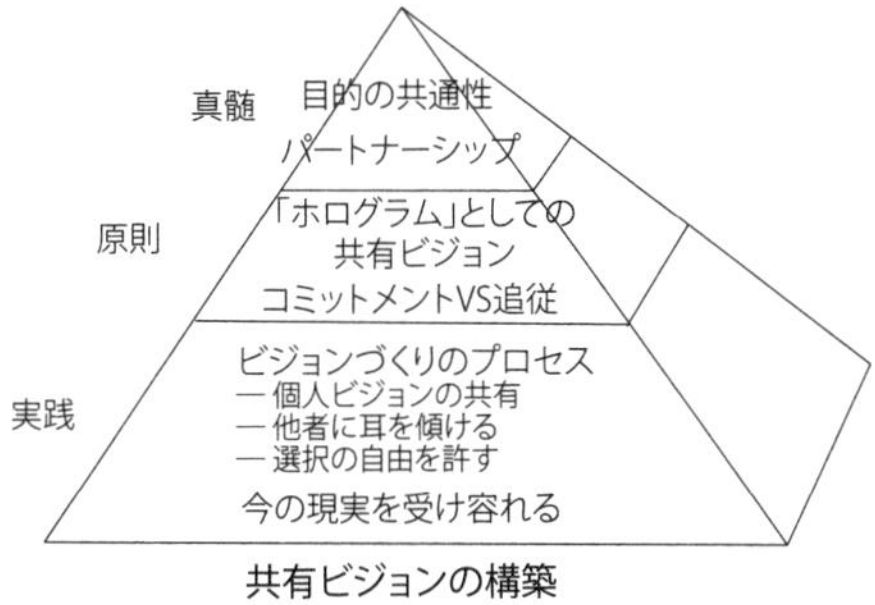

共有ビジョンの構築

付録② システム原型（1）

遅れを伴うバランス型プロセス

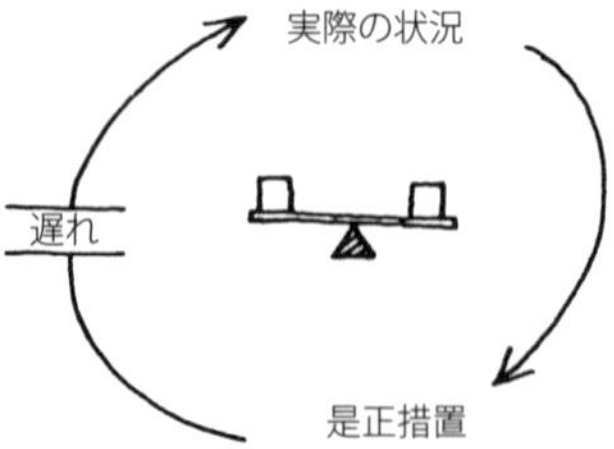

［解説］ 目標に向かっている人、集団、または組織が、遅れのあるフィードバックに対応して、自身の行動を調整する。遅れを意識していないと、必要以上の是正措置をとることになるか、まったく進展が見られないためあきらめてしまうことになる（こともある）。

［こんな症状が見られたら要注意］「ちょうどよいと思ったのに、やり過ぎだった」（その後、逆方向に再びやり過ぎることもあり得る）

［対処の原則］ 反応の鈍いシステムでは、積極的な行動が不安定を生む。辛抱強く待つ、ないしシステムの感応性を高めること。

［ビジネスでの事例］ 不動産開発業者が新規の不動産建設を続け、やがて市場の相場が下がり始める――だがそのときには、すでに、供給過剰になるのが間違いないほどの不動産がさらになお建設中のパイプラインにある。

［その他の例］ 蛇口栓の開き具合の調整に対してお湯の出の反応が鈍いシャワー。（ビール・ゲームで起こったような）生産・流通での供給過剰と不足の循環サイクル。製造のサイクル・タイムが長いことが原因で起こる生産量と仕掛品在庫の循環サイクル。天安門広場の虐殺――抗議行動に対して当初政府の対応は見られなかったが、その後、思いがけなく厳しい弾圧が起こった。行き過ぎた株式市場が急騰し、暴落する。

成長の限界

［解説］ あるプロセスが自らを糧として加速的な成長や拡大を生み出す。その後、成長が（往々にしてシステムの参加者にとっては不可解にも）

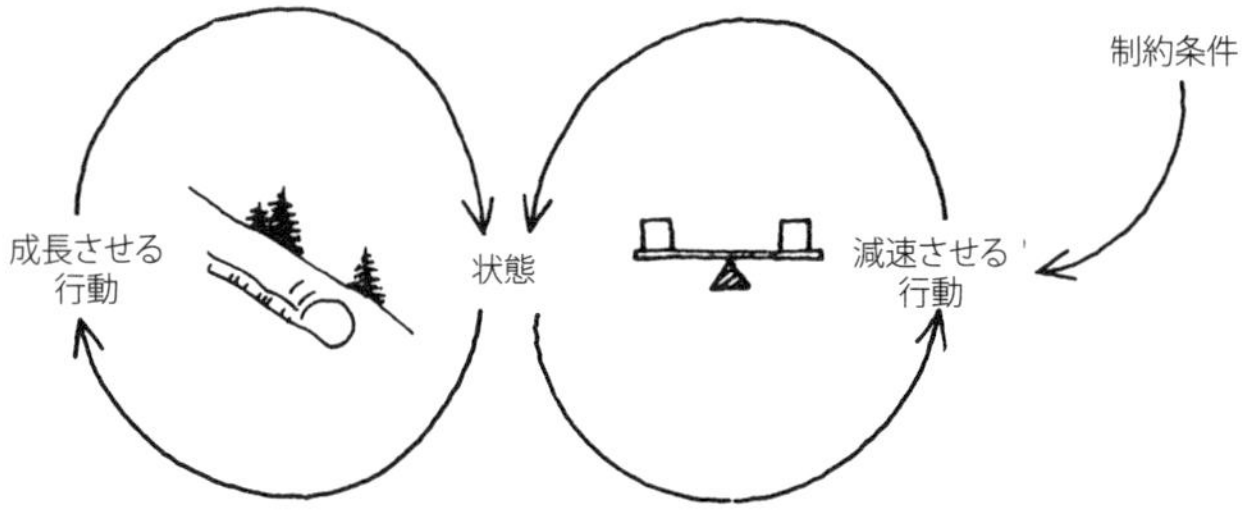

減速を始め、ついには止まってしまう。時として成長が逆転して、加速的な崩壊が始まることさえある。

成長の段階は、（一つ、または複数の）自己強化型のフィードバック・ループによって引き起こされる。その減速は、「制約」として働き始めるバランス型プロセスによって起こる。この制約は、資源の制約かもしれないし、成長に対する外部または内部の反応かもしれない。加速的な崩壊（が起こる場合、それ）は、自己強化型プロセスが逆に作用しどんどん縮小していくことで起こる。

【こんな症状が見られたら要注意】
「まだ起こってもいない問題のことをどうして心配しなきゃいけないんだ？　私たちはこんなに成長しているのだから」。その後間もなく、「たしかにいくつか問題はある。だが私たちがすべきことは、以前のうまく機能していた状態に戻ることだ」。さらにその後、「懸命に走っても走っても、ずっと同じ場所にとどまっているように思える」。

【対処の原則】自己強化型の（成長）プロセスを推し進めないで、制約の源を取り除く（または弱める）こと。

【ビジネスでの事例】ある企業が、差別是正措置プログラムを設けた。同プログラムの対象となる少数民族の従業員をうまく作業チームに導入するにつれて、そのプログラムへの支援と活動が増加した。ところが、ついには抵抗が現われる。新しい従業員は、他の有望な志望者に比べて「見劣りする」と思われていた。個々のチームが新しいメンバーを受け入れるよう圧力を受ければ受けるほど、チームの抵抗は大きくなった。

【その他の例】テニスの技術など、新しいスキルを学習すると、当初は能力と自信がつくにつれ、急速に上達する。ところがその後、最初は「それほど簡単には身につかない」新しい技術を身につけない限り乗り越えることのできない、もって生まれた能力の限界にぶつかり始める。

新興企業が急成長を続けるが、やがて、より専門的な経営スキルや制度の整った組織を必要とする規模に達する。新製品チームが見事に成果を出すが、やがてその成功によって、設立当初からのメンバーの仕事スタイルも価値観も共有しない新メンバーが増えすぎることになる。着実な成長を続ける都市が、やがて利用できる土地がなくなり、住宅価格高騰を引き起こす。拡大を続ける社会運動が、やがて「非改宗者」による抵抗の高まりに直面する。ある動物が、その天敵がいなくなると生息数が急激に増加するが、結果的にその生息範囲の草を食べ過ぎることとなり、飢餓によって生息数が減少する。

問題のすり替わり

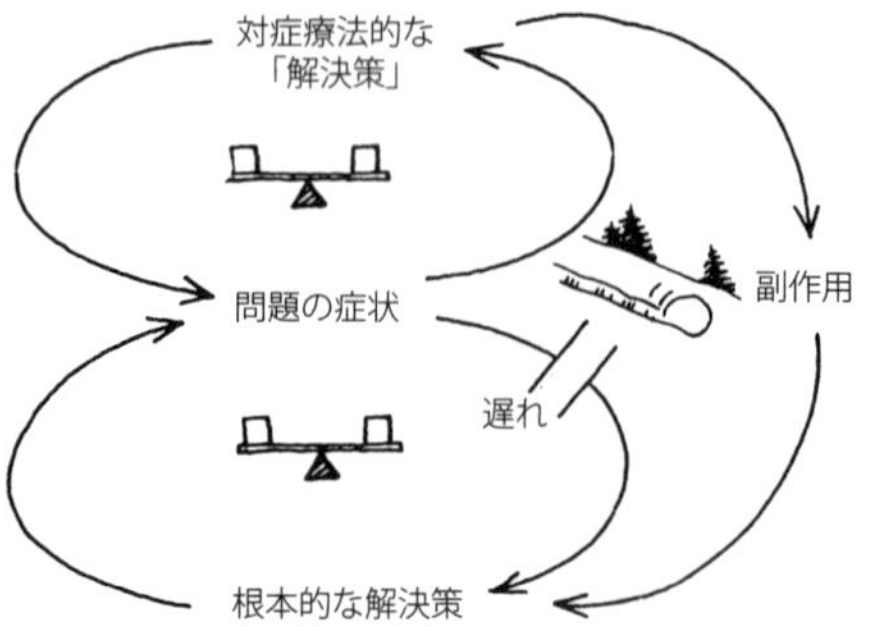

【解説】問題を是正するために、表面的には即効性があってよい結果をもたらすように見える、短期的な「解決策」が用いられる。この短期的な「解決策」が多く用いられれば用いられるほど、より根本的な長期的解決策がますます手つかずになる。そのうちに、根本的な解決策の遂行能力が衰えたり、機能しなくなったりして、対症療法的な解決策にますます頼るようになる。

【こんな症状が見られたら要注意】「見ての通り、今この解決策、うまくいってるじゃないか！　そのうちにうまくいかなくなるって、どういうこと？」

【対処の原則】根本的な解決策に徹すること。（根本的な解決策に遅れがあるため）対症療法的な解決策が避けられない場合は、根本的な解決策に取り組んでいる間の時間稼ぎとして使うこと。

【ビジネスでの事例】新しい回路基板の飛躍的な技術は、多くの新製品に応用でき独自の機能性やコスト節減効果を生み出すが、同時に、普及型製品に用いられる既存の基板の代替にもなる。営業部隊は、その技術特性の良さを理解する「スペシャルティ製品の製造メーカー」に販売し、ゆくゆくはその基板を十二分に活用した新製品開発（根本的な解決策）を試みることもできるし、その特性に関心のない「汎用品の製造メーカー」に販売し、単に従来の基板の代替品にする（対症療法的な解決策）こともできる。四半期ごとの売上目標を達成しなければならない経営上の圧力を考えると、営業部隊は、誰であってもすぐに買ってくれる顧客に売る。たいていは汎用品メーカーである。汎用品メーカーのほうが数も多いし、販売に要する期間（時間的遅れ）が短くて済むからだ。そのうちに、画期的な新技術は、いつも贔屓にしてくれる顧客基盤の構築に失敗し、汎用品につきものの価格と利ざやの低下圧力にさらされるようになる。

［その他の例］ 顧客基盤を拡大するのではなく、むしろ既存の顧客に多く販売する（第一一章のATPの事例）。収入の範囲内に支出を収める財政規律を守る代わりに借り入れによって支払いを済ませる。アルコールや麻薬、あるいは運動など、より害のない何かで仕事のストレスを解消し、それによって仕事量そのものの削減の必要性に取り組まない。あらゆるところで起こる、あらゆるものに対する中毒。

特別な原型――介入者への問題のすり替わり

［解説］ 問題のすり替わりの構造が頻繁に見られ、その害が大きいため、特筆に値する原型がある。それは、外部の「介入者」が問題解決を援助する場合だ。介入者は、明らかな問題症状を改善しようと試み、それが非常にうまくいくので、システム内部の人たちは自分たちで問題に対処する方法を決して学ばない。

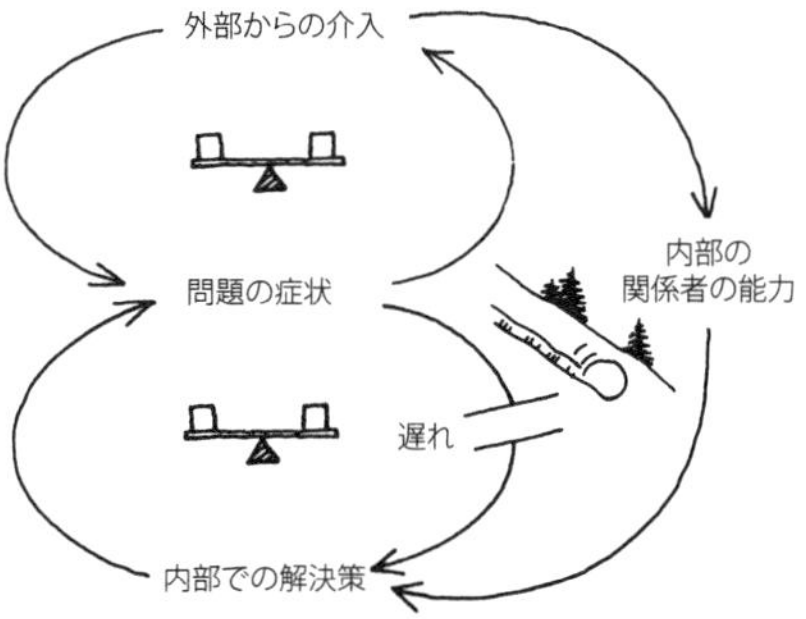

［対処の原則］「魚を与えるのではなく、魚を釣る方法を教えよ」。「当事者」の問題解決能力を高めることに徹する。外部の助けが必要ならば、「援助者」は、介入を何があっても一度限りに限定する（そして、そのことを全員が前もって知る）か、人々が将来的に能力を高められるよう、彼らのスキルや資源やインフラの構築を支援するべきである。

［ビジネスでの事例］ ある革新的な保険会社は、「地方の支店の自立」という理念実現を宣言し、支店が本店のスタッフに応援を頼むのは、一時的なものに限るとしていた。当初、この理念はうまく機能していたが、やがて業界が危機に遭遇した。突然の深刻な損失に直面して、支店は、より経験のある本社のマネジャーたちに、保険料体系の見直し――その過程には数カ月を要する――の支援を求めた。一方、支店のマネジャーたちは、危機への対処に注力していた。危機は乗り切ったが、料金体系が再び問題となったとき、支店の自信はおぼつかなかった。「保険」として、本店のマネジャーたちに応援を求めた。このような行動を数年間続けた後、気づけば支店には、独力で料金体系の改定を行える保険引受人がもはや一人もいなくなってしまった。

［その他の例］ 自社のスタッフを訓練する代わりに外部の請負業者

に依存する。差し迫った問題を解決しようとするあらゆる形の政府援助が、結果的には、依存心と、ますます多くの援助の要求を助長することになる。ひとり親家庭を助長するような福祉制度。最も魅力ある政策をとっている都市に貧しい人々を引き寄せるような住宅計画あるいは職業訓練計画。死亡率を低下させ、人口を増加させるが供給能力向上につながらない発展途上国向けの食料援助。個人の貯蓄を減少させ、核家族化を助長するような社会保障制度。

目標のなし崩し

［解説］ 短期的な解決策として、長期的な根本的目標を下げさせる問題のすり替わりの構造の一種。

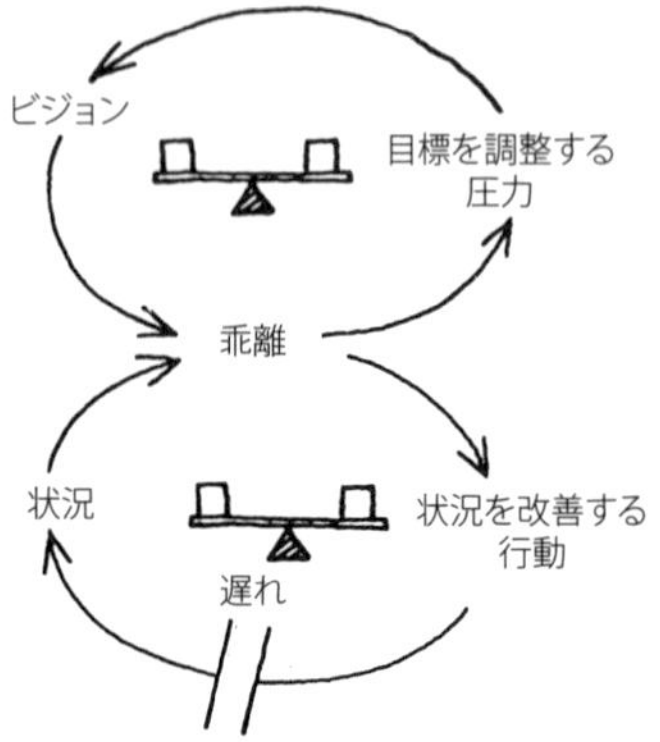

［こんな症状が見られたら要注意］「危機が過ぎ去るまでの間だけ、目標達成基準を少しぐらい下げてもだいじょうぶだろう」

［対処の原則］ ビジョンを堅持すること。

［ビジネスでの事例］ あるハイテク製品メーカーが、すばらしい製品と継続的な改善にもかかわらず、気がつくと市場シェアを失いつつあった。この会社は、設計の「卓越性」を志向しており、生産計画を管理できた試しがなかった。外部の市場調査から、納期の遅れに顧客がますます不満を募らせ、代わりに、競合他社に切り替えていることが明らかになった。そのメーカーは自社の記録から、「わが社はつねに、顧客に約束した納期の達成率九〇％を維持してきた」と主張し、ほかのところにばかり問題を探した。しかし、納期に遅れが出るたびに、この会社は顧客に約束する納期を少しずつ長くすることで対処していたのだ。こうして、顧客に約束する納期が徐々に長くなり、また長くなり、さらに長くなって……

［その他の例］ 成功を収めている人々が、自分自身に対する期待を低くし、次第にたいした成果を出さなくなっていく。会社が、終始品質へのあくなきこだわりを主張しながら、より高質の新しい（そしておそらく、より低コストの）方法の開発に投資せず、予算を削

減することによって気づかぬうちに品質基準を引き下げていく。

政府が「完全雇用」や連邦赤字削減の目標を引き下げていく。危険な汚染物質の規制や、絶滅危惧種保護の目標を引き下げていく。

エスカレート

[解説] 二人または二つの組織がそれぞれ、自身の繁栄は、相手に対して相対的にどれくらい優位かによって左右されるものだと考えている。一方が優位になると、もう一方は脅かされ、そのため、再び自分の優位を確立しようとより攻撃的に行動することになり、また元の一方が脅かされ、その攻撃の行動量を高め、それがまた繰り返される。それぞれが自分自身の攻撃的な行動は、相手の攻撃性に対する防御反応だと考えている。だが、それぞれが「防御として」行動することが、それぞれが望むレベルをはるかに超えるところまでエスカレートさせる結果につながる。

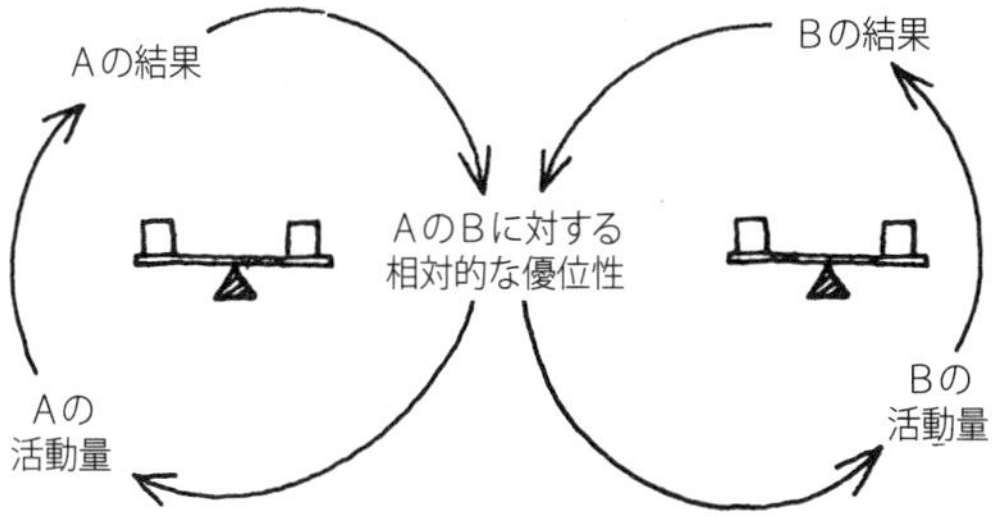

[こんな症状が見られたら要注意]「敵が手を休めてくれさえすれば、われわれもこの闘いをやめて、もっとほかのことをやり遂げることができるのに」

[対処の原則] 双方が「勝つ」――つまり自分の目的を達成する――方法を見つける。多くの場合、一方が、他方に脅威を感じなくさせる、明らかに積極的な「平和的」行動をとることによって、悪循環を一義的に反転させることができる。

[ビジネスでの事例] ある企業が、三人の幼児を一度に乗せられるのに軽くて移動しやすい、独創的デザインのベビーカーを考案した。それは、幼い子どもが何人もいる家族の間でたちまち人気になった。ほぼ同時に、ある競合企業が類似製品を携えて市場参入した。数年後、先発企業は、競合企業の市場シェアをうらやみ、価格を二〇％下げた。二番手の企業も売り上げが減少していると感じ、価格を下げた。すると、依然として市場シェアの押し上げをめざす先発企業は、さらに価格を下げた。二番手の企業は、利益が圧迫され始めていたが、仕方なく同じように値下げをした。数年後、両社ともかろうじて損益分岐点上にあったが、三人乗りベビーカー供給の存続は疑わしいものとなっていた。

［その他の例］ 広告合戦。争いの解決を、ますます弁護士に依存するようになること。暴力団どうしの抗争。結婚の破局。予算見積もりの膨張――一部のグループが予算申請額を増やすと、他のグループも「自分たちの取り分」をもらおうと、同様に予算申請額を増やす。それによって皆が自分の予算見積もりをさらに増やすことになる。会社の社長に「耳を傾けてもらう」ための争い。そしてもちろん、軍拡競争とテロ戦争。

強者はますます強く

［解説］ 限られた支援や資源をめぐって二者または二つの活動が競う。一方が成功すればするほど、入手できる支援が多くなり、もう一方への支援を欠乏させる。

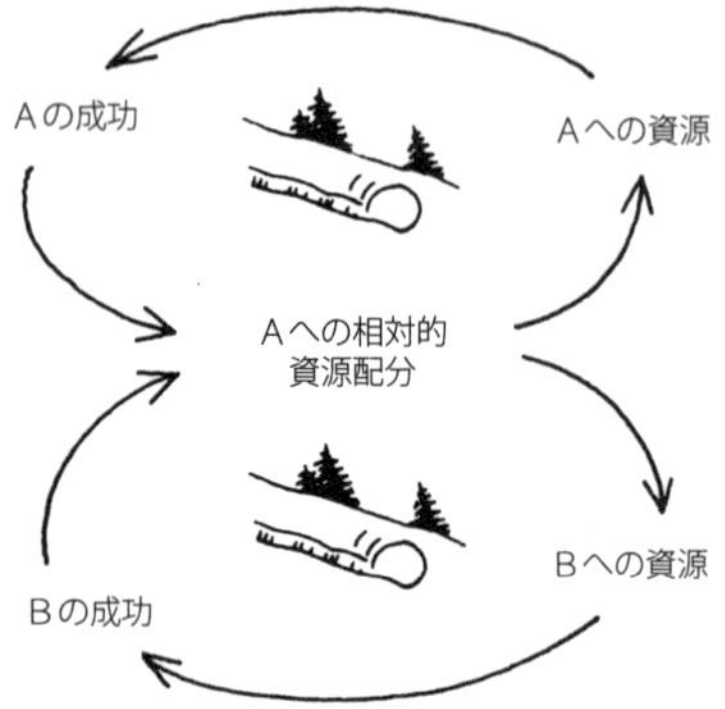

［こんな症状が見られたら要注意］ 相互に関連する二つの活動、集団または個人のうちの一方が非常に成功し始めていて、もう一方が苦しんでいる。

［対処の原則］ 両者ともバランスよく目標達成させる包括的な目標を見つける。場合によっては、二者間の結合を切り離す、または弱めること。そうすれば、同一の限られた資源をめぐって争うことはない（これは、二者の結合が偶発的なもので、資源をめぐる不健全な競争を生み出す場合に望ましい）。

［ビジネスでの事例］ あるマネジャーには二人の部下がいて、二人とも同じように会社の仕事に熱意を抱いている。ところが、二人のうちの一人が優遇されることになる。もう一人が病気で一週間休んだためだ。この二人目が仕事に復帰すると、マネジャーは気がとがめてその人を避け、一人目のほうになおさら多くの機会を与える。一人目は、評価されていると感じて活躍し、それによってさらに多くの機会を得る。二人目は不安を感じ、仕事の成果があまり上がらず、二人はそもそも同じ能力をもっていたにもかかわらず、二人目の得る機会がさらに少なくなる。とうとう二人目は会社を辞めてしまう。

［その他の例］ 家庭と仕事のバランスをとる――非常に長時間の残業を余儀なくされ家庭での関係が悪化しているため、家に帰るのがますます「苦痛」になり、そのことが、自然と、将来にわたって家庭生活を軽視する傾向をさらに強める。二つの製品が社内の

限られた財源と経営資源をめぐって争う――一つは市場ですぐに人気を博し、より多くの投資を得るが、それによって、もう一つの製品が利用できる資源が使い尽くされる。こうして、一つ目の製品の成長を増幅させ、二つ目の製品から資金を奪う自己強化型のスパイラルが動きだす。内気な生徒はスタートでつまづき（情緒面の問題のせいか、あるいは見つかっていない学習障害があるせいかもしれない）、「覚えが悪い生徒」と烙印を押されて、より社交的な生徒たちに比べて、励ましや関心を得ることがますます少なくなる。

共有地の悲劇

【解説】 個人が、多くの人が共有する限りある資源を、個人のニーズにのみもとづいて利用する。最初は、それを利用することで利益を得るが、次第に、得られる利益が少なくなり、そのために努力を強化する。結局、資源が激減するか、損なわれるか、完全に枯渇するかのいずれかとなる。

【こんな症状が見られたら要注意】 「以前はそれぞれに十分な量があったんだが、今は状況が厳しくなりつつある。今年、ここから利益をあげられるには、前よりも頑張って働かなくてはならない」

【対処の原則】 全員に教育をするか、自主規制とその遵守への仲間同士の圧力をつくり出すか、または公的な規制の仕組みが公的な規制の仕組み――関係者によって設計されるのが望ましい――によって「共有地」を管理すること。

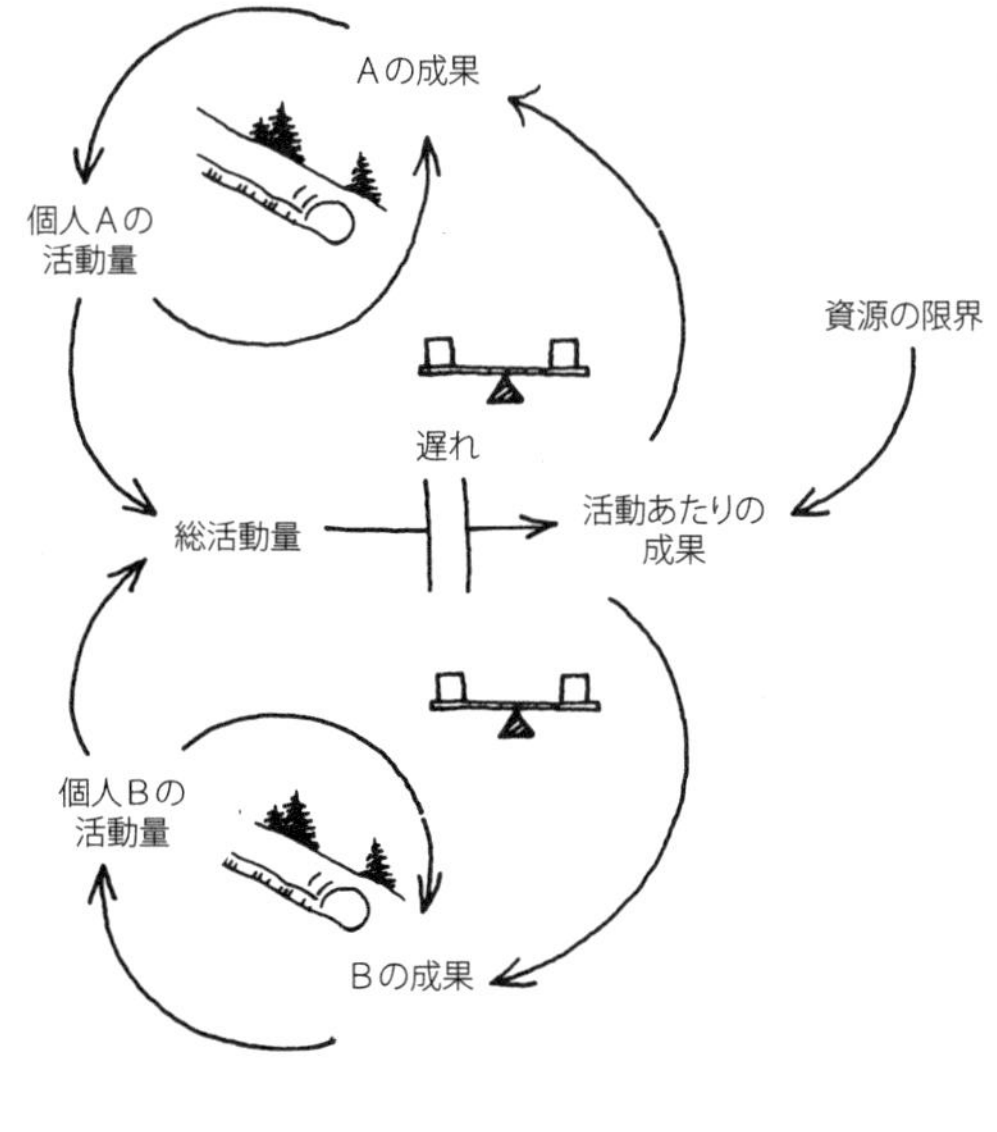

【ビジネスでの事例】 ある会社の複数の部門が小売向け販売部隊を共有することになった。各部門のマネジャーはそれぞれ当初、共通の販売部隊は自部門の事業にあまり精を出さず、売り上げが

減少するのではないかと懸念していた。とくに積極的なあるマネジャーが、すべての販売担当者たちに、実際に必要なレベルよりも高い販売目標を設定するよう求めた。そうすれば、販売部隊は必要な最低限の支援は少なくともしてくれるだろうと期待したのだ。この部門が追加の仕事を強く求めているのを見た別の部門が、同じ戦略を採用することにした。新しい販売部隊を率いるマネジャーたちは、すべての「(社内)顧客」に取り入れられたかったので、そうした部門から出されるより高い要求を受け入れ続けた。その結果、仕事の負荷がとてつもなく増大し、成果があがらず、退職者が増えていった。間もなく、小売販売部門に志願する人は、傭兵部隊への志願者よりほんの少しましなレベルまで落ち込んで、各部門が自分たちで販売員を抱える形に逆戻りせざるを得なくなった。

[その他の例] 共有秘書室の疲弊。同じ会社の六つの異なる部門で競合し合う製品を販売していて、顧客は、同じ会社からの六人の異なる販売員の訪問を受けて、それぞれから話を聞かなければならなかったため、顧客サービスの評判が悪化した(この場合、「共有資源」は、この会社への顧客からの良い評判)。非常に成功を収めている小売りチェーンに、共同販促キャンペーンを求める熱心なメーカーが殺到した後、この小売りチェーンはメーカーにはほとんど利益がない共同事業の条件を定めるようになり、共同販促キャンペーンは実施されなくなった。競って採掘する企業による鉱物天然資源の枯渇。そしてもちろん、酸性雨からオゾン層の破壊、「温室効果」まで、あらゆる種類の公害問題。

うまくいかない解決策

[解説] 短期的には効果を上げる解決策が、長期的には予期しない結果をもたらし、その結果によって、同じ解決策をさらに用いる必要がでてくる。

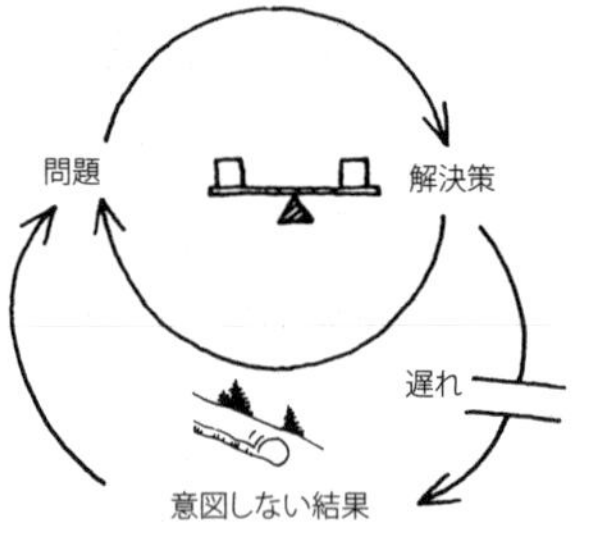

[こんな症状が見られたら要注意]
「以前はいつもうまくいっていたのだが、どうして今はうまくいかないのだろう?」

[対処の原則] 長期に焦点を置くこと。可能であれば、短期的な「解決策」はやめるか、長期的な改善策に取り組んでいる間の「時間稼ぎ」としてのみ用いること。

[ビジネスでの事例] あるメーカーが新しい高性能部品シリーズ

を発売し、当初、非常に販売好調だった。ところが、CEO（最高経営責任者）は会社の投資収益率を最大化することに駆られていたため、高価な製造装置の発注を据え置いた。製造品質に影響が出て、それが「品質が低い」という評判につながった。その翌年には顧客需要が激減し、それによるリターンの低下からCEOはますます新しい製造装置への投資をする気が起こらなくなった。

【その他の例】 借り入れの利子を支払うためにまた別の借り入れをする人や組織――そうすると、必ず後でさらに多くの利子を支払わなければならなくなる。コスト節約のための保全計画を縮小する――その結果、さらに故障が増えてコストが膨らみ、さらなるコスト削減の圧力が生まれる。

成長と投資不足

【解説】 成長は限界に近づくが、会社または個人が「生産能力」の増強に投資すれば、その限界をなくすか、先送りにすることができる。だが、その投資は、成長の減速を未然に防ぐに十分な積極性と迅速性を伴わなければならない。さもないと失敗に終わるだろう。往々にして、投資を行わないことを正当化するために、主要な目標や業績達成基準が引き下げられる。こうなると、目標の引き下げは期待の低下につながる「自己達成予言」となる。この期待の低下は、投資不足が引き起こす業績低迷によって生み出されるのである（これは、第七章で説明したワンダーテック社の構造である）。

【こんな症状が見られたら要注意】「われわれはかつて一番だったし、再び一番に返り咲くつもりだ。だが、今は資源を貯え、過剰投資を控えなければならない」

【対処の原則】 真に成長の可能性があるなら、需要創出のための戦略として、需要に先駆けて生産能力を構築すること。とくに、主要な業績達成基準を評価し、潜在需要を満たす生産能力が十分にあるかを判断するにあたり、将来ビジョンを保つこと。

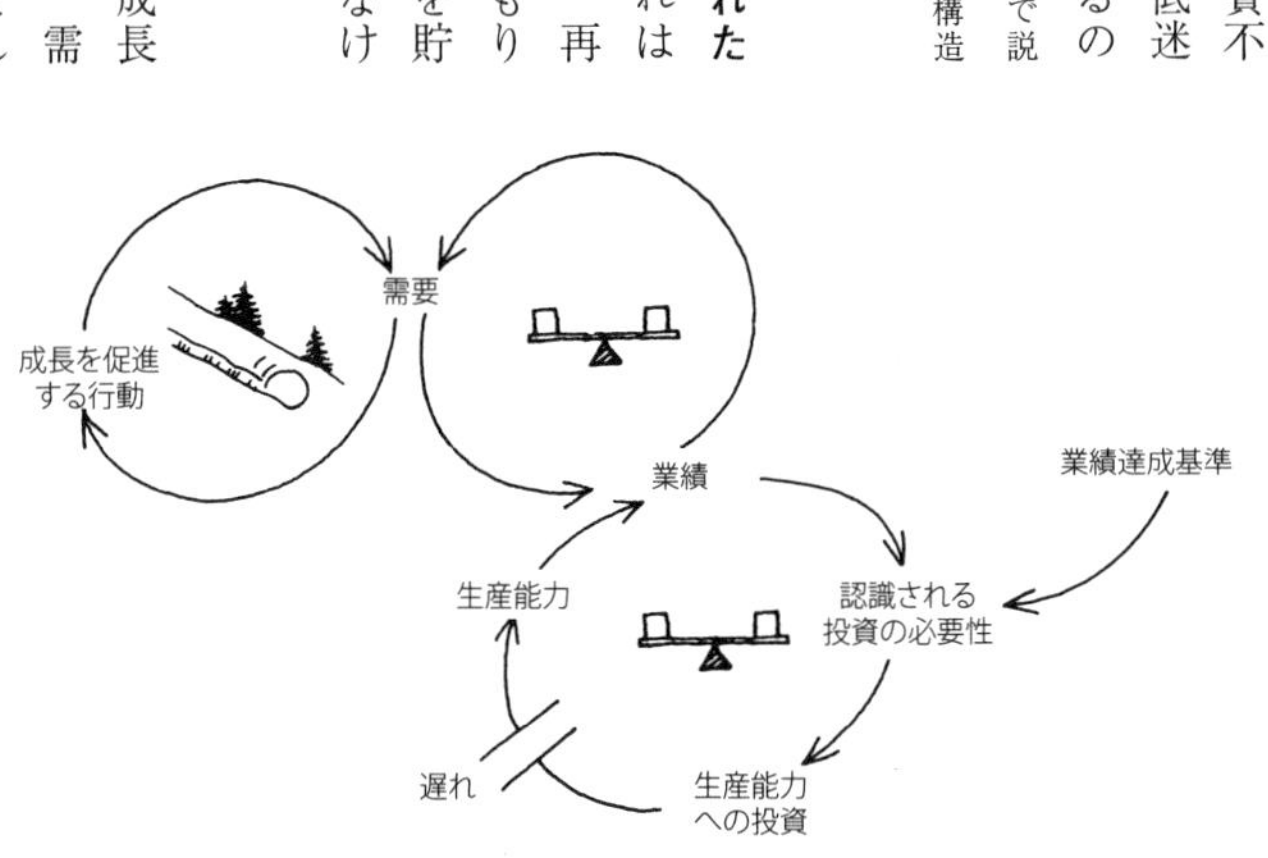

［ビジネスでの事例］ ピープル・エキスプレス航空★は、急増する需要に見合ったサービス能力の構築をすることができなかった。同社は、より多くの資源を訓練に投下することもなく、（たとえば、価格を上げるなどして）成長の速度を落とすこともなく、問題を乗り越えるためにさらにビジネスの拡大を図った。その結果、サービスの質が低下し、競争が激しくなる一方で、社員のやる気が低下した。継続的なストレスに対応するため、同社は、サービス能力への投資を控える「解決策」にますます依存するようになり、ついに、顧客はピープル・エキスプレス航空に乗ることに魅力を感じなくなった。

［その他の例］ 何らかのサービスや製品の質が低下するままに放置しながら、競争のせいにしたり、販売部門の押しが足りないために売り上げを維持できないと非難したりする企業。壮大なビジョンをもちながら、そのビジョンを実現するために注ぎ込まなければならない時間と努力について、現実的な評価をまったくしない人たち。

★ p.60 参照

付録③ Uプロセス

Uプロセスは、深遠な集団学習のプロセスを設計し、導くための手法として、オットー・シャーマー、ジョセフ・ジャウォースキー、アダム・カヘンと、彼らの多くの同僚によって開発された(1)。事実上、Uプロセスは、五つのディシプリンを時間の経過とともにどのように用いるかを整理する枠組みを提供する(図参照)。

Uプロセスによって、グループは協力しながら以下の三つの段階に取り組む。

①**感知**：自身の色眼鏡は外して現実をありのままに見ることによって、自身のメンタル・モデルを深く探求する。

②**プレゼンシング**★：そこから、個人および集団で、目的やビジョンと結びつける深遠なプロセスへと移行する。

③**実現**：そして、ビジョンをフィードバックを集めてさらに調整できる具体的な作業モデルに転換するため、迅速なプロトタイプ作りへと進む。

五つのディシプリンは、このUプロセスのすべての段階で利用可能だが、自然と、異なるディシプリンがそれぞれ段階で強調される。「Uの字に沿って下りていく」段階ではとくに、押し固まったメンタル・モデルを保留し、対象のシステムからの直接的体験と、現実に関するさまざまな視点を伴うダイアログにもとづき、集団としての探求プロセスに携わる。個人ビジョンと共有ビジョンの構築が、Uプロセスの底の段階の中核をなし、チーム学習と、メンタル・モデルとビジョンの継続的な振り返りは、「Uの字に沿って上がっていく」段階に位置

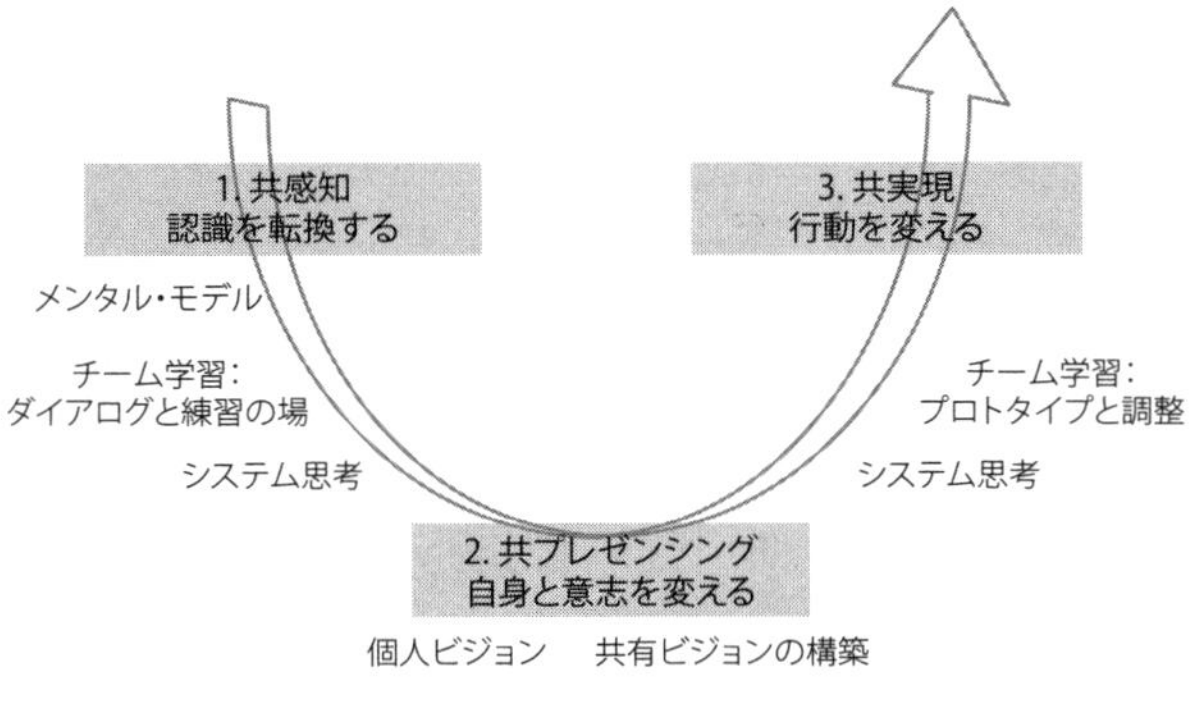

★ プレゼンシングは、「今（present）」と「感じる（sense）」を組み合わせた造語

づけられる。

たとえば、サステナブル・フード・ラボ[★1]（ＳＦＬ）のメンバーにとって、「感知」のプロセスでは、世界の食料システムについての個々の見方を振り返ることに加えて、ブラジルへの五日間の学びの旅も含まれていた。つまり、苦闘する農家やその家族、農業協同組合、多国籍企業のメーカー、環境ＮＧＯ、政府関係機関と直接対話をしたのだ。この経験は、「現場の」実際のシステムを直接目にしたことのない企業の人たちにはとくに有効であった。

「中南米の大部分では、農家は開発の主体者であることをやめ、今では『顧客』、つまり貧困削減計画の被援助者になっている」と、一人のメンバーが言った。別の人は、「私たちは、（伝統的な農村地域から移動させられた）将来のない若者たちについて何をするべきだろうか」と問うた。同じ現実を目の当たりにした異なる人たちが、いかにまったく異なる解釈をするかを知るうえでも、この経験は力強いものであった。小さな農業協同組合を訪問した後にこのチームが挙げた意見には次のようなものがあった――勤勉、非常に政治的、持続可能でない、非常に持続可能である、近代化の必要がある、成熟する時間が必要、優れたモデル。「私たちが同じものを見ているのに、まったく違った見方をすることに驚きました……ほかの人たちの見方について、私がまだ理解していないことがたくさんあるということです」と、ＳＦＬのメンバーの一人は言った。

Ｕの底の部分には、静寂があり、出現しようとしているものに、そして新しいものを創造する私たち自身の役割に耳を傾ける。五つのディシプリンに関して、Ｕプロセスは、長い「感知」プロセスの後、Ｕの底にビジョン構築プロセスを置くことによって、ビジョンづくりに対する独特のアプローチを提供する。まず、この順序づけによって、自らの状況の現実に深く根ざすこと――他の人にはほかの現実があることを認識することも含む――が確保される。次に、ビジョン作りが、より大きな目的の意識に根ざすようになる。当初のビジョンはプロセス全体の動機づけにとって重要であろうが、「感じる」段階の後、ビジョンはつねに進化し、さらなる深さと意義をもつようになる。これは、今の現実を見極めることからどうにかして自身のビジョンを「引き出す」というわけではない。まったく逆である。Ｕの底では、静かで深い真の振り返りの時間をとることで、真の思いやりと天命のような感覚が呼び覚まされやすい。創造的緊張の原則から見ると、今の現実と強く結びつけて考えることによって、私たちが本当に望んでいることは何かについて真実を語る新しい選択ができるようになるのだ。

ＳＦＬの中核チームのメンバー三〇人は、六日間のリトリート[★2]によって、学びの旅の経験を統合し、代替するシステムを創り出すための自分たちの目的意識を深め、最初のプロトタイプ作りを進展させることができた。二日間原野で一人きりになって過ごす

★1　p.511 参照　　★2　p.514 参照

「ソロ」プログラムによって、静かに、より直接的にネイチャー――彼らが座っていた周囲の生命システムとしての自然《ネイチャー》と、彼ら自身の本質《ネイチャー》の両方――とつながることができた。経済学者のブライアン・アーサーは、チームのメンバーの「ソロ」プログラムの準備を手伝い、「ソロ」から彼らが戻ってきたときに協働した。そして、メンバーの中のエネルギーが「静寂と善良さ」に移行していることに気づいた。この静寂から、以前には誰も思いつかなかったプロトタイプ作りの取り組みにつながった、高い質の創造性が生まれたのである。

　Uの右側を上がっていくのにも同じようにすべてのディシプリンが含まれるが、チーム学習はとりわけ重要である。なぜなら、集団は、複雑なシステムが作用する、実際的でもあり革新的でもある代替戦略を生み出す方法をいっしょに学習しているからだ。「実現」プロセスでは「感知」と「プレゼンシング」の段階を継続的に繰り返すため、システム思考、メンタル・モデルへの対処、ビジョン構築が全体に行き渡る。その理由は二つあり、(一)新しいメンバーがプロトタイプ作りの取り組みに参加する(そして、彼ら自身の「感知」と「プレゼンシング」を経験しなければならない)ため、(二)人々は、変化をもたらそうと試み、自分のビジョンに何度も立ち戻ることによって、システムの現実に関する新たな事実を発見し、ビジョンが変わったことに気づくかもしれないためである。創造的緊張の原則と同じく、Uを上がりながらビジョンを変えることは、感情的緊張を小さくするために「ビジョンを低くする」のではなく、人々が真に生み出したいものは何かをありのままに見ることを意味する。

　それゆえ、「実現」段階は、現在のシステムに対してうまくいく代替を生み出すだけでなく、共通の理解を絶えず深め、ビジョンを明確にすることでもある。代替システムを理解しようとする取り組みは、うまくいくものもあるだろうし、うまくいかないものもあるだろう。うまくいく人たちは往々にして、誰も予想しなかった方法で成功したり、思いがけない新しい方法に発展させたりする。Uを上がっていく真のねらい、およびUプロセス全体のねらいは、大きく多様なコミュニティにおいて、「ありのままの姿」を見て、新たな社会システムをつくりだす能力を構築することだ。それは、複雑な組織内および組織間のネットワークにとっての学び方を学ぶことである。SFLの主要スポンサーであるケロッグ財団の農業プログラム担当役員オラン・ヘスターマンはこう述べた。「私はこのようなプロセスをかつて経験したことがありません。非常に多様なグループが、互いにつながり、そして私たちがこの世界に存在する目的と深くつながる場へと導いてくれるのですから」

念の詳細については, Seymour Papert, *Mindstorm* (New York: Basic Books), 1980　S・パパート著『マインドストーム――子供, コンピュータ, そして強力なアイデア』(奥村貴世子訳, 未来社, 1982年) および Michael Resnick, "Lifelong Kindergarten" in Ed. David Aspin, *International Handbook of Lifelong Learning* (New York: Springer), 2001 を参照. .

8. ウェブサイト www.urdt.net 参照.
9. ウェブサイト www.kufunda.org 参照.
10. Peter Senge, C. Otto Scharmer, Joseph Jaworski, Betty Sue Flowers, *Presence: An Exploration of Profound Change in People, Organizations, and Society* (New York: Doubleday/Currency), 2005(ピーター・センゲ, C・オットー・シャーマー, ジョセフ・ジャウォースキー, ベティー・スー・フラワーズ著『出現する未来』野中郁次郎監訳, 高遠裕子訳, 講談社, 2006年). C. Otto Scharmer, *Theory U: Leading from the Future as It Emerges* (Cambridge, Mass.: SoL), 2006. C・オットー・シャーマー著『U理論――過去や偏見にとらわれず、本当に必要な「変化」を生み出す技術』(中土井僚, 由佐美加子訳, 英治出版, 2010年) も参照.
11. クヌースの体験にもとづく記事は, "Stories from An African Learning Village," *Reflections, the SoL Journal*, vol6.no.8-10. ウェブサイト www.solonline.org を参照. www.kufunda.org も参照.

第18章　分かたれることのない全体

1. この後の部分は, *The Next Whole Earth Catalog*, Stewartbrand, editor (New York: Point Foundation / Random House), 1980. の中の Russell Schweickart, "Whose Earth" から許可を得て再掲している.
2. 最近のその産物の一つが, 多くの米ソの宇宙飛行士による回想と写真を載せた, ケヴィン・ケリー編集の美しい本 Kevin Kelly, *The Home Planet*『地球／母なる星』(竹内均監修, 小学館, 1988年) である. 1988年のクリスマスに発売されたこの本は, 米国 (Reading, Mass.: Addison-Wesley) とソ連で同時出版された最初の本となった.
3. この仮説は何人かの科学者が発展させてきた. この考えの入門書および参考資料として, 以下を参照. Jay Lovelock, *Gaia: A New View of Life on Earth* (New York: Oxford University Press), 1979『地球生命圏――ガイアの科学』(スワミ・プレム・プラブッダ訳, 工作舎, 1985年).

付録② システム原型

1. システム・ダイナミクス分野の多くの人が,これらの原型――または「一般的構造」(と呼ばれることも多い)――の発見とモデル化に寄与してきた. とくに, ジェニファー・ケメニー, マイケル・グッドマン, アーンスト・ディール, クリスチャン・カンプマン, ダニエル・キム, ジャック・ネビソン, ジョン・スターマンの貢献に感謝したい.

付録③ Uプロセス

1. Senge, et al, *Presence: An Exploration of Profound Change in People, Organizations, and Society* (New York: Doubleday/Currency). 2005 ピーター・センゲ, C・オットー・シャーマー, ジョセフ・ジャウォースキー, ベティー・スー・フラワーズ著『出現する未来』(野中郁次郎監訳, 高遠裕子訳, 講談社, 2006年), Adam Kahane, *Solving Tough Problems* (San Francisco: Berrett-Koehler), 2005. アダム・カヘン著『手ごわい問題は、対話で解決する――アパルトヘイトを解決に導いたファシリテーターの物語』(ヒューマンバリュー訳, ヒューマンバリュー, 2008年), C. Otto Scharmer, *Theory U* (Cambridge, Mass.: SoL), 2006. C・オットー・シャーマー著『U理論――過去や偏見にとらわれず、本当に必要な「変化」を生み出す技術』(中土井僚, 由佐美加子訳, 英治出版, 2010年).

続可能な農業プロジェクトの大口出資者であるケロッグ財団は，SFL の最初の出資者であり参加団体でもあった．www.glifood.org および www.sustainer.org の The Sustainable Food Laboratory: a multi-stakeholder, multi-continent project to create sustainable food supply chains を参照．

20. サステナビリティ研究所により，グローバルな農産品に関する 40 年間のシステム研究にもとづき，この理論は "Commodity System Challenges: Moving Sustainability into the Mainstream of Natural Resource Economics," Sustainability Institute Report, April, 2003 で詳細に展開されている．www.sustainer.org で閲覧可能．
21. 真の勝者は，安い商品を買える消費者と持続不可能な事業拡大の中で金を稼ぎ，収益が完全に悪化する前に投資を換金する投資家だとする意見もあるだろう．しかし，持続不可能な食のサプライ・チェーンは例外なく人々を苦しめ，結果的に社会や環境が受ける損害もまた貧富にかかわらず悪影響を及ぼすだろう．
22. 最初の「試作品」的取り組みとしては，次のものがあった．「枠組みを変える」（大半の市民が持続可能な農業という価値観に共感できるような新しい方法を展開する），「小規模漁業」（持続可能な水産養殖を営んでいる責任ある小規模漁民の市場アクセスを改善する），「責任ある商品と投資」（投資家やバイヤーの審査を改善して社会や環境にとってより良い慣行が国際的に採用されるのを推進する），「小規模農民アクセス」（中南米の家族経営生産者の暮らしを革新的な市場構造とインフラ投資によって改善する），「学校および病院への地産地消による食料供給」（特定の施設における食の質を改善するために地域ネットワークを構築する），「サプライ・チェーン・プロジェクト」（特定のサプライ・チェーンの生産慣行と資金フローの透明性を高める），「ビジネス同盟」（もっと持続可能な商慣行を経済的な安定をもたらすような方法で推進する企業グループ）．
23. Adam Kahane, *Solving Tough Problems* (San Francisco: Berrett-Koehler), 2005. アダム·カヘン著『手ごわい問題は、対話で解決する――アパルトヘイトを解決に導いたファシリテーターの物語』（ヒューマンバリュー訳，ヒューマンバリュー，2008 年）．
24. 教育にシステム思考を採用しようとする動きは，今では数百校数千人の教育者がかかわっている．詳細な資料リストについては www.solonline.org，クリエイティブ・ラーニング・エクスチェンジ（Creative Learning Exchange）のウェブサイト www.clex.org，およびウォーターズ財団（Waters Foundation）のウェブサイト www.watersfoundation.org を参照．

第 17 章 「学習する組織」の最前線

1. H. Thomas Johnson, *Relevance Lost: The Rise and Fall of Management Accounting* (Boston: Harvard Business School Press),1991. H・T・ジョンソン，R・S・キャプラン著『レレバンス・ロスト――管理会計の盛衰』（鳥居宏史訳，白桃書房，1992 年）．
2. H. Thomas Johnson and Anders Broms, *Profit Beyond Measure* (New York: Free Press), 2000. H·トーマス·ジョンソン，アンデルス·ブルムズ著『トヨタはなぜ強いのか――自然生命システム経営の真髄』（河田信訳，日本経済新聞社，2002 年）．
3. トヨタの株式時価総額は，過去 20 年間で「ビッグ・スリー」（GM，フォード，ダイムラー・クライスラー）の合計と同等に迫るようになり，時にはそれをしのぐようになった（Johnson, 2000 より）．
4. Peter Senge and Goren Carstedt, "Innovating Our Way to the Next Industrial Revolution," *Sloan Management Review*, Winter, 2001. 利用と再利用の絶え間ない循環において流れる「工業的な養分（technical nutrients）」「生物的な養分（biological nutrients）」という用語は，Mcdounoughand Braungart, *Cradle to Cradle*（マクダナー,ブラウンガート著『サスティナブルなものづくり』）から引用した．中国の工業計画にこの考え方が採用されているという解説を含む資料リストが www.solonline.org で入手可能．
5. Joyce Fletcher, *Disappearing Acts: Gender, Power, and Relational Practice at Work* (Cambridge, Mass.: MIT Press), 1999.
6. 「サステナビリティをリードする女性たち（Women Leading Sustainability）」プロジェクトおよび SoL サステナビリティ・コンソーシアムの詳細については www.solonline.org を参照．
7. SEED プロジェクトの詳細については www.seed.slb.com を参照．このプロジェクトの背景にある教育理れていなかった．どうやら，いっしょにするほど重要だと考える人はいなかったようだ．

9. 科学者の多くは，CO2 濃度を安定化するには 70%以上の排出削減が必要になると主張している．なぜなら，炭素を隔離する炭素吸収源（カーボンシンク）は，大気中の濃度が異常に高いためにすでに飽和状態にあるからだ．排出量の高位推計と低位推計が示されている *Scientific American* (September, 2005, 47) の図を参照．
10. このヨーロッパで行われたセッションの終わりに，ある女性から自分の 8 歳の息子なら「浴槽はどれくらい大きいの?」と聞くだろうと言われた．私はこの質問を仕事仲間のジョン・スターマンに取り次いだ．彼は数年来一般の人の気候変動に関する認識を調査している．彼が言うには，NASA の氷床コアから大気中ガスの長期変動を調べる研究に当たれば最も正確な答えがわかるのではないかということだった．調べてみたところ,1850 年に CO2 はすでに周期的なピーク,約 5 万年ごとに達する濃度に近づいていた．現在，CO2 濃度は過去 45 万年のどの時点よりも 30%高い．ということは，私たちはもう歴史的な「浴槽のサイズ」を優に超えてしまっているのだ．
11. 世界最大の消費財メーカーの 1 つ，ユニリーバは，持続可能な農業，持続可能な漁業，水を戦略的構想に位置づけ，社内で，また外部組織と提携して多様なプロジェクトに取り組んできた．ウェブサイト www.unilever.com を参照．
12. この非効率性が原因の一部となって,燃料電池を動作させるのに十分な量の水素はほとんどが化石燃料（主として天然ガス）内の炭化水素から取り出される．そのプロセスは，石炭や天然ガスを燃焼させる場合よりも量は少ないとはいえ，やはり CO2 を排出することになる．燃料電池の長期的な潜在可能性を現実のものにするために，もっと効率的な燃料電池にすれば，非化石燃料源（風力，地熱，太陽熱，原子力など）からのエネルギーを利用して，水分子を分解して得られる水素を利用できるはずだ．そのようなシステムでは，水素はエネルギー源というより「担体（キャリヤー）」であり，太陽熱から生み出された潜在的なエネルギーを利用するまで蓄えることができる．
13. サイヤンの CEO 就任から 5 年間で，プラグ・パワー社の主力製品の単位原価は 82%下がった．燃料電池業界全体の 2005 年の調査では，総経済価値に占める同社の割合は，2000 年の 4%から 2005 年の 24%に上昇し，公開された市場データによれば，業界第 5 位から 1 位になった．
14. プラグ・パワー社の主要製品は PEM（プロトン交換膜）燃料電池〔訳注：固体高分子形燃料電池（PEFC）に同じ〕である．これは，現在市場に出ている 3 種類の基本的な燃料電池設計のうち最も売れているものだ．プラグ・パワーは，自社の手法を広く共有することで，埋め立てごみゼロの設計原則は業界全体の利益になると実証することをめざしている．実際，すでに業界団体の米国燃料電池協会に働きかけ，持続可能な原則を採用させている．
15. ロジャー・サイヤン，2004 年 10 月 5 日ボードン大学（米国メイン州）での講演．
16. "Mugged: Poverty in Your Coffee Cup," Oxfam International, September 2002, http://www.oxfam.org.uk/resources/papers/mugged.html でダウンロード可能．
17. 安く，豊富な食べ物から恩恵を受けている人々にとってさえも，未来の食料生産は危険な状態にある．1945 年以来，全世界での土壌劣化は，中国とインドを合わせた面積に匹敵する 12 億ヘクタールの農地に及んでいる．世界の耕地は毎年約 1,000 万ヘクタールずつ失われ続けている．食料生産のための灌漑用水は，人間が利用する淡水系から取水量の 70%に相当する．そのうち，下流で再利用されるのはわずか 30 ～ 60%だけであるから，灌漑は全世界で最大の淡水の最終利用者ということになる．Jason Clay, "World Agriculture and the Environment: acommodity-by-commodity guide to impacts and practices," Washington, D. C.: Island Press, 2004 および Stanley Wood, Kate Sebastian, and Sara J. Scherr, "Pilot Analysis of Global Ecosystems: Agroecosystems" (Washington, D. C.: World Resources Institute), 2000 を参照．
18. クリス・ポムフレット，2002 年 5 月 IPA Sustainability Conference（広告代理店協会持続可能性会議）でのスピーチ．
19. SFL の最初の参加企業は，ゼネラル・ミルズ（米国の大手食品メーカー），ニュートレコ（オランダ本拠の世界最大の養殖漁業会社），サディア（ブラジルの数少ない多国籍食品会社の 1 社），シスコ（米国本拠の世界最大の食品流通会社）ほか 15 社だった．NGO は，世界自然保護基金（WWF），ザ・ネイチャー・コンサーバンシー，オックスファムほか各国内で活動する NGO6 組織だった．米国内の持

口大輔訳，ヒューマンバリュー，2007 年）.

4. Wanda Orlikowski, "Learning from Notes," *The Information Society*, 9, 1993, 237-250.
5. 4 つの理念は次のとおり．女性たちを元気で活動的な気持ちにさせること，女性たちのすべてのライフステージを讃えること，女性たちとつながること，未来のために生き，働くこと．
6. Robert Greenleaf, *Servant Leadership: A Journey into the Nature of Legitimate Power and Greatness* (New York: Paulist Press), 1977, 13. ロバート・K・グリーンリーフ著『サーバントリーダーシップ』（金井壽宏監訳，金井真弓訳，英治出版，2008 年）.
7. H・トーマス・ジョンソンは世界的に有名な会計理論家で，活動基準会計の考案者の一人でもあり，*Profit Beyond Measure* (2002)『トヨタはなぜ強いのか』（河田信訳，日本経済新聞社，2002 年）の共著者でもある．本著書では，製造業における伝統的なコスト集中管理システムの代わりに，コスト・パフォーマンスとコスト革新のために現場レベルの会計責任を採用するトヨタなどの企業における業績管理の急進的な革新について説明している．
8. Sayra Pinto, Jaason Guevera, Molly Baldwin, "Living the Change You Seek: Roca's Core Curriculum for Human Development," 前掲（12 章注 4 参照）.
9. ロバート・グリーンリーフ前掲（注 6）13 頁．Peter Block, *Stewardship* (San Francisco: Berrett-Koehler), 1996 も参照．
10. Eric Hoffer, *The True Believer* (New York: Harper Perennial), 2002. エリック・ホッファー著『大衆運動』（高根正昭訳，紀伊国屋書店，1969 年，復刊版 2003 年）.
11. Thomas Malone, *The Future of Work: How the New Order of Business will Shape Your Organization, Your Management Style, and Your Life* (Boston: Harvard Business School Press), 2004, 4. トマス・マローン著『フューチャー・オブ・ワーク』（高橋則明訳，武田ランダムハウスジャパン，2004 年）．マローンは，IT の潜在能力を理解するかどうかは，人を「育てる」姿勢を有する経営陣次第でもあると主張する．
12. ストッキングは，地域統括責任者として，病院やコミュニティ・サービスを含む 75 の委託機関の責任者であり，およそ 18 万人の医療・管理スタッフの責任者だった．
13. Kahlil Gibran, *The Prophet* (New York: Knopf), 1923, 15. カリール・ジブラン著『預言者』（佐久間彪訳，至光社，2005 年）.
14. Martin Luther King, "Letter from a Birmingham Jail," *American Visions*, January/February, 1986, 52-59.

第 16 章　システム市民

1. ウェブサイト www.usccb.org/cchd/povertyusa/povfacts.shtml を参照．
2. George Roth, Art Kleiner, *Car Launch* (New York: Oxford University Press), 1999 から翻案．
3. この図は，専門家ではない人々の気候変動の基本に関する理解度を調べ，改善するために開発された，さまざまな比較的単純なシステム・ダイナミクス・モデルやシミュレーション学習ツールにもとづいている．John Sterman, Linda Booth Sweeney, "Cloudy Skies: Assessing Public Understanding of Global Warming," *System Dynamics Review*, John Wiley and Sons, (18), 207-240 および http://web.mit.edu/jsterman/www/cloudy_skies.html を参照．
4. 大気中の CO_2 が増加する原因としては，人間を含め，あらゆる生命体が呼吸することによって CO_2 を産生することもある．地球のバイオマス（ある領域に存在する生物体の総量）の総量が増えるにつれて，CO_2 の量も増えることになる．
5. John Browne, "Rethinking Corporate Responsibility," *Reflections, the SoL Journal*, vol.1, no.4, 48-53. 最近では，ブラウンは，以下に示すような，CO_2 排出量の劇的な削減を必要とする目標「炭素（濃度）安定化」を最初に支持した経営者の一人である．
6. 2001 年国連気候変動に関する政府間パネル「気候変動 2001　科学的根拠・政策決定者向けの要約」気候変動に関する政府間パネルの第一作業部会報告書，IPCC 第 3 次評価報告書．www.ipcc.ch で公開されている．
7. CO_2 濃度と気温のデータは，実際には大気の下層部と海洋の表層部で計測されたデータである．
8. このデータは，グラフの出典である国連の報告書にもあるが，CO_2 排出に関するデータといっしょには示さ意味では，逆の流れもまた真実である.

5. 「チェック・イン」は，会合が始まる前にグループのメンバー一人ひとりに，各自が「心にあること」について振り返り，共有する機会を与えるもの．Peter Senge, et al., *The Dance of Change*, 192. ピーター・センゲ他著『フィールドブック学習する組織「10の変革課題」——なぜ全社改革は失敗するのか？』（柴田昌治，スコラ・コンサルト監訳，牧野元三訳，日本経済新聞社，2003年）を参照.
6. 以下より改作. Marilyn Darling, David Meador, and Shawn Patterson, "Cultivating a Learning Economy," *Reflections, the SoL Journal*, vol.5, no.2.
7. Ann Graham, "The Learning Organization: Managing Knowledge for Business Success," Economist Intelligence Unit, New York, 1996.
8. 同書.
9. George Roth and Art Kleiner, *Car Launch: The Human Side of Managing Change* (New York: Oxford University Press), 1999.
10. Art Kleiner, *The Age of Heretics* (New York: Currency), 1996.
11. Peter Senge, et al, *The Dance of Change: The Challenges to Sustaining Momentum in Learning Organizations* (New York: Doubleday/Currency), 1999. ピーター・センゲほか著『フィールドブック学習する組織「10の変革課題」——なぜ全社改革は失敗するのか？』（柴田昌治,スコラ·コンサルト監訳，牧野元三訳，日本経済新聞社，2003年）.
12. William McDonough and Michael Braungart, *Cradle to Cradle: Remaking the Way We Make Things* (New York: North Point Press), 2002. ウィリアム・マクダナー，マイケル・ブラウンガート著『サステイナブルなものづくり——ゆりかごからゆりかごへ』（岡山慶子，吉村英子監訳，山本聡，山崎正人訳，人間と歴史社，2009年）．毒性学的評価についてさらに具体的な情報を知りたい場合は，www.greenblue.org や著者らのウェブサイト www.mbdc.com を参照.
13. ポリ塩化ビニル (PVC) は通常，靴底などの製品においては不活性かつ無害だと考えられているが，一部の製造工程や焼却処分過程において有毒ガスを放出する可能性がある.
14. マーガレット・ウィートリーのウェブサイトは www.margaretwheatley.com. 最新著書は *Finding Our Way* (San Francisco: Berrett-Koehler), 2005. *Leadership and the New Science* (San Francisco: Berrett-Koehler), 1999. マーガレット・ウィートリー著『リーダーシップとニューサイエンス』（東出顕子訳，英治出版，2009年）も参照.
15. J. Clay, "Exploring the Links Between International Business and Poverty Reduction," Oxfam GB, Novib, Unilever, and Unilever Indonesia joint research project report, 2005. レポートのダウンロードは http://www.oxfam.org.uk を参照.
16. この言葉は，システム思考や個人・共有ビジョン，メンタル・モデルを実際の仕事環境に組み入れることをめざす取り組みの最初の10年間は使われなかった. J. Adams, *Transforming Work* (Alexandria, Va: Miles River Press), 1984. の中の Charles Kiefer and Peter Senge, "Metanoic Organizations".

第15章　リーダーの新しい仕事

1. 関連する論文 "The Leader's New Work" は，*MIT Sloan Management Review*（MITスローン・マネジメント・レビュー誌）の最もよく読まれている論文の一つとなった. Reprint 3211: Fall 1990, vol.32, no.1, 7-23.
2. Frances Hesselbein, Marshall Goldsmith, and Richard Beckhard, *The Leader of The Future: New Visions, Strategies, and Practices for the Next Era* (San Francisco, CA: Jossey-Bass, Publishers), 1996. フランシス・ヘッセルバイン，マーシャル・ゴールドスミス，リチャード・ベックハード著『企業の未来像——成功する組織の条件』（小坂恵理訳，トッパン，1998年）所収の Peter Senge, "Leading Learning Organizations: The Bold, the Powerful, and the Invisible,", Ed. Subir Chuwdhury, *Management in the 21st Century* (London: Financial Times Publishing), 2000. 所収の Peter Senge and Katrin Kaeufer, "Communities of Leaders or No Leadership at All" も参照.
3. Juanita Brown and David Isaacs, *The World Cafe* (San Francisco: Berrett-Koehler), 2005. アニータ・ブラウン，デイビッド・アイザックス著『ワールド・カフェ——カフェ的会話が未来を創る』（香取一昭，川

ラス著『ビジョナリー・カンパニー――時代を超える生存の原則』（山岡洋一訳，日経 BP 社，1995 年）.
3. ユニリーバ社は，他の企業や政府・非政府組織に呼びかけ，持続可能な漁業の世界的な認証プロセスである「海洋管理協議会（MSC）」を設立した．また同社は，持続可能な農業や水保全を柱とした関連する取り組みも始めている．www.unilever.com を参照.
4. Sayra Pinto, Jasson Guevera, and Molly Baldwin, "Living the Change You Seek: Roca's Core Curriculum for Human Development," *Reflections, the SoL Journal*, vol.5, no.4. ロカの詳しい情報は www.roca.org. を参照.
5. ここでこのような表現を用いているが，読者の皆さんは「ツールのユーザー」でもあり，「組織学習の実践者」でもある.
6. Arie de Geus, *The Living Company* (Boston: Harvard Business School Press), 2002. アリー・デ・グース著『企業生命力』（堀出一郎訳，日経 BP 社，2002 年）.
7. Dee Hock, *One From Many; Visa and the Rise of Chaordic Organizations* (San Francisco: Berrett-Koehler), 2005.
8. Gregory Bateson, *Steps To and Ecology of Mind* (New York: Ballantine), 1972. グレゴリー・ベイトソン著『精神の生態学』（佐藤良明訳，新思索社，改訂 2 版，2000 年）.
9. Anne Murray Allen and Dennis Sandow, "The Nature of Social Collaboration," *Reflections, the SoL Journal*, vol.6,no.2.
10. Murray Allen and Sandow, 前掲 1.

第 13 章　推進力

1. たとえば,IFC は,最終損益の枠にとらわれずにプロジェクトの影響力を高めること――企業統治や,環境面,社会面での持続可能な方針を含めるようにすること――は事業として有意義であるという信念にもとづき，2002 年，持続可能性について初めて明確な目標を策定した.
2. Robert Axelrod and Michael Cohen, *Harnessing Complexity: Organizational Implications of a Scientific Frontier* (New York: Basic Books), 2000. ロバート・アクセルロッド，マイケル・コーエン著『複雑系組織論――多様性・相互作用・淘汰のメカニズム』（高木晴夫監訳，寺野隆雄訳，ダイヤモンド社，2003 年）.
3. 次の発言やさらにその後の会話はともに，2004 年 11 月 2 日に開催された Knowledge Management Asia 会議でのクー・ブーン・ホイの講演にもとづくもの.

第 14 章　戦略

1. この図は *The Fifth Discipline Fieldbook* ピーター・センゲ他著『フィールドブック学習する組織「5 つの能力」――企業変革をチームで進める最強ツール』（柴田昌治，スコラ・コンサルト監訳，牧野元三訳，日本経済新聞社，2003 年）で初めて紹介されて以降，基本的な特質は変わらないが，何回か書き換えられている.
2. 三角形と円形のシンボルが示していることは，はっきりと目に見えることと，あまり明確ではないこと，すなわち，「表面に現れている」ことと,「下に隠れている」ことである．熟練した教師と同様,熟練した組織のリーダーは，「教師が生徒に学習させることができないのと同じで，深い学習サイクルを変化させることはできない」ことを知っている．彼らができることは，学習が生まれやすい環境を創り出すことである．戦略的な構図の意図はここにある.
3. 当たり前だと考えられている前提は，エドガー・シャインによると文化の最も深いレベルとみなされている．シャインの枠組みの残りの2つのレベルは,作り事（服装,スピーチ,会合のスタイルなど）と表明される価値（公式な使命記述書など）で，どちらも，根底にある前提より変化しやすい．Edgar Schein, *The Corporate Culture Survival Guide* (San Francisco: Jossey-Bass), 1999. エドガー・シャイン著『企業文化――生き残りの指針』（金井寿宏監訳，尾川丈一，片山佳代子訳，白桃書房，2004 年）を参照.
4. 深い学習サイクルが示す基本的なつながりは，これらの要素の間に存在する多くのフィードバックの相互作用を単純化している．たとえば，慣行は，特定のスキルを繰り返し学習する機会を提供するため，スキルと能力を形成するが，私たちが現在もっているスキルが，慣行，すなわち得意なことを決定づけるという

3. この項の執筆にあたり，とくにビル・アイザックスとデヴィッド・ボームとの意見交換から得るところが大きかった．またボームはその見解の多くを引用することを快諾してくれた．William Isaacs, *Dialogue and the ArtofThinking Together* (New York: Currency), 1999も参照．
4. David Bohm, *The Special Theory of Relativity* (New York: W. A. Benjamin), 1965.
5. ここに含まれているデヴィッド・ボームの主張の多くは，ボームがケンブリッジほかで長年にわたり参加した一連の「ダイアログ」から引用した．マーク・エドワーズとの共著，仮題 *Thought, the Hidden Challenge to Humanity* (San Francisco: Harper & Row) からの引用とともに，ボームが本書に掲載することを許可してくれたことに深く感謝する．その他の参考文献としては，*Wholeness and the Implicate Order* (New York: Ark Paperbacks), 1983.『全体性と内蔵秩序』（井上忠，伊藤笏康，佐野正博訳，青土社，2005年）やF. D. Peatとの共著，*Science, Order, and Creativity* (New York: Bantam), 1987などがある．
6. たとえば，E. Schein, *Process Consultation*, vol.2 (Reading, Mass.: Addison Wesley), 1987を参照．邦訳は，E·H·シャイン著『プロセス·コンサルテーション――援助関係を築くこと』（稲葉元吉，尾川丈一訳，白桃書房，2002年）．
7. C. Argyris, *Strategy, Change, and Defensive Routines* (Boston: Pitman), 1985.
8. 同書．
9. 同書．
10. たとえば，D. C. Wise and G. C. Lewis, "A Fire Sale in Personal Computers," *Business Week*, March 25, 1985, 289や"Rocky Times for Micros," *Marketing Media Decisions*, July 1985を参照．
11. Argyris, *Strategy, Change, and Defensive Routines*.
12. おもしろいことに，「ダイアログ·セッション」では，まさしく微妙な問題について話すときの脅威が減る．たとえば，「正しい」見方か「間違った」見方かに対する不安がすぐに解消するような基本原則が設定されるからだ．ダイアログ・セッションがチームの協働の日常的な一部になれば，チームのメンバーが感じるそのような脅威は全体的に減るだろう．
13. 防御行動を乗り越えるためには，人々がもっとオープンになることに対するためらいを率直に探求できる学習環境――マイクロワールド――をつくることが役に立つ．そのような環境でためらいを表面化させれば，不安に直面したときに少しずつ新しい行動の仕方を試してみるのを支援する小さな実験を考案できるようになる．
14. Donald Schon, *The Reflective Practitioner: How Professionals Think in Action* (New York: Basic Books), 1983. ドナルド·A·ショーン著『省察的実践とは何か――プロフェッショナルの行為と思考』（柳沢昌一,三輪建二監訳，鳳書房，2007年）．
15. この事例の固有名詞などの細部は架空のものだが，ダイアログ自体，およびダイアログのテーマとなった組織の問題の背景事情は事実にもとづく．このダイアログは，実際のミーティングの記録から再現している（チーム学習に関する私たちの研究に共通の特色）．ダイアログ自体の実感を失わないようにするために，短くはしたが編集は加えていない．この資料をまとめるのを助けてくれたビル・アイザックスに感謝する．
16. Michael Porter, *Competitive Advantage: Creating and Sustaining Superior Performance* (New York: Free Press), 1985. M・E・ポーター著『競争優位の戦略――いかに高業績を持続させるか』（土岐坤ほか訳，ダイヤモンド社，1985年），Michael Porter, *Competitive Strategy: Techniques for Analyzing Industries and Competitors* (New York: Free Press), 1980. 同『競争の戦略』（土岐坤ほか訳，ダイヤモンド社，1995年）．

第12章　基盤

1. Chris Argyris, "Good Communication That Blocks Learning," *Harvard Business Review*, July-August, 1994, 77-85.『組織能力の経営論――学び続ける企業のベスト·プラクティス』（DIAMONDハーバード·ビジネス·レビュー編集部編訳，ダイヤモンド社，2007年）第5章クリス・アージリス「学習する組織へのブレークスルー」．
2. Jay Bragdon, *Profits for Life: How Capitalism Excels* (Cambridge, Mass.: SoL), 2006 (forthcoming); Jim Collins, *Built to Last* (New York: HarperCollins), 1997. ジェームズ・C・コリンズ，ジェリー・I・ポ

Macmillan), 1987.

8. ハノーバーの基本的価値観には，「開放性」「メリット」のほかに「分権化」（絶対に必要でない限り，上位の階層が下位の階層に代わって意思決定を行うべきではない）と「無駄のなさ」（できるだけ少ない資源でできるだけ質の高い結果をできるだけ多く生み出す能力をつねに向上させる）がある．
9. C. Argyris and D. Schon, *Organizational Learning: A Theory of Action Perspective* (Reading, Mass.: Addison-Wesley), 1978; C. Argyris, R. Putnam, and D. Smith, *Action Science* (San Francisco: Jossey-Bass), 1985; C. Argyris, *Strategy, Change, and Defensive Routines* (Boston: Pitman), 1985.
10. Donald Schon, *The Reflective Practitioner: How Professionals Think in Action* (New York: Basic Books), 1983. ドナルド・A・ショーン著『省察的実践とは何か――プロフェッショナルの行為と思考』（柳沢昌一，三輪建二監訳，鳳書房，2007 年）．
11. G. A. Miller, "The magical number seven plus or minus two: Some limits on our capacity for processing information," *Psychological Review*, vol.63, 1956, 81-97.
12. この指針はダイアナ・スミスの快諾を得て掲載した．
13. John Sterman, "Misperceptions of Feedback in Dynamic Decisionmaking," Cambridge, Mass.: MIT Sloan School of Management Working Paper WP-1933-87, 1987.

第 10 章　共有ビジョン

1. スパルタカスについては，Edith Simon 訳による Arthur Koestler の小説 *The Gladiator* の著者あとがきを参考にした．(New York: Macmilan), 1939.
2. こうした企業ビジョンの事例は，G. Hamel and C. K. Prahalad, "Strategic Intent, "*Harvard Business Review*, May-June,1989 で分析されている.邦訳には『戦略論 1957～1993』（DIAMOND ハーバード・ビジネス・レビュー編集部編訳，ダイヤモンド社，2010 年）に所収のC・Kプラハラッド，ゲイリー・ハメル著「ストラテジック・インテント」ほか，ダイヤモンド・ハーバード・ビジネス・ライブラリー（オンデマンドサービス）の『【1989 年度マッキンゼー賞受賞論文】ストラテジック・インテント――「組織の志」こそ競争力の源』（2008 年 4 月発行）などがある．
3. Kazuo Inamori, "The Perfect Company: Goal for Productivity." 1985 年 6 月 5 日ケース・ウェスタン・リザーブ大学（米国オハイオ州クリーブランド）での講演．
4. Max dePree, *Leadership is an Art* (New York: Doubleday/Currency), 1989. マックス・デプリー著『リーダーシップの真髄』（福原義春監訳，経済界，1999 年）．
5. A. Maslow, *Eupsychian Management* (Homewood, Ill.: Richard Invinand Dorsey Press), 1965. アブラハム・H・マズロー著『自己実現の経営――経営の心理的側面』（原年広訳，産業能率短期大学出版部，1967 年）．
6. William Manchester, *The Glory and the Dream* (Boston: Little, Brown and Company), 1974. ウィリアム・マンチェスター著『栄光と夢　アメリカ現代史 4（1961 ～ 1968 年）』（鈴木主税訳，草思社，1978 年）および『同 5（1969 ～ 1972 年）』．
7. G. Hamel and C. K. Prahalad, "Strategic Intent."（注 2 参照）
8. 同上．
9. この項の考え方は，イノベーション・アソシエーツ社の同僚たち，とくにチャールズ・キーファー，アラン・ゴティエ，シャーロット・ロバーツ，リック・ロス，ブライアン・スミスとの長時間に及ぶ討論から生まれた．
10. M. Moskowitz, *The Global Marketplace* (New York: Macmillan Publishing Company), 1987.
11. "IBM's $5,000,000,000 Gamble," *Fortune*, September 1966, and "The Rocky Road to the Marketplace," *Fortune*, October 1966（二部作）．

第 11 章　チーム学習

1. W. Russell and T. Branch, *Second Wind: Memoirs of an Opinionated Man* (New York: Random House), 1979.
2. この図の原典は，J. Adams, editor, *Transforming Work* (Alexandria Va.: Miles Riler Press), 1984 に所収の C. Kiefer and P. Stroh, "A New Paradigm for Developing Organizations" である．

ム思考で使われる「構造」との混乱を避けるため呼び方を変更した.

11. Bill Russell and Taylor Branch, *Second Wind: The Memoirs of an Opinionated Man* (New York: Random House), 1979.
12. フリッツの *Path of Least Resistance*（注 4 に同じ）にこの習慣の背景にある理由が詳しく考察されている.
13. 同書.
14. 同書.
15. David Kantor and William Lehr, *Inside the Family: Toward a Theory of Family Process* (San Francisco: Jossey-Bass), 1975. D·カンター,W·レアー著『家族の内側——家族システム理論入門』(野々山久也訳, 垣内出版, 1988 年).
16. 「潜在意識」という用語は, フロイトやユングをはじめ, 多くの人によって使われてきたが, ここで論じているのとはやや違う現象を表すことが多い.
17. 次の概略的な論考は, キリスト教の教理発展から禅まで, さまざまな宗教的伝統を参考にしているが, とくにロバート・フリッツ（注 4 参照）の研究に負うところが大きい. こうした伝統に関する参考文献としては, *Finding Grace at the Center*, editor Thomas Keating et al. (Still River, Mass.: St. Bede Publications), 1978; Shunryu Suzuki Roshi, *Zen Mind, Beginner's Mind* (New York and Tokyo: Weatherhill), 1975. 鈴木俊隆著『禅へのいざない』（紀野一義訳, PHP 研究所, 1998 年）などがある.
18. Fritz, *The Path of Least Resistance*（注 4 に同じ）に引用されている.
19. Weston Agor, *Intuitive Management: Integrating Left and Right Brain Management Skills* (Englewood Cliffs, N. J.: Prentice-Hall), 1984. ウェストン・H・エイゴー著『成功を確実につかむヒラメキ脳の研究』（田中孝顕訳, 騎虎書房, 1997 年）, Henry Mintzberg, "Planning on the Left Side and Managing on the Right," *Harvard Business Review* (July/August 1976): 49-58; Daniel Isenberg, "How Top Managers Think," *Harvard Business Review* (July/August 1976): 49.
20. Karen Cook, "Scenario for a New Age; Can American Industry Find Renewal in Management Theories Born of Counterculture?," *New York Times Magazine*, September 25, 1988; Robert Lindsey, "Gurus Hired to Motivate Workers are Raising Fears of Mind Control," *New York Times*, April 17, 1987.

第 9 章　メンタル・モデル

1. H. Gardner, *The Mind's New Science* (New York: Basic Books), 1984, 1985. ハワード・ガードナー著『認知革命——知の科学の誕生と展開』（佐伯胖, 海保博之監訳, 産業図書, 1987 年）.
2. C. Argyris, Reasoning, *Learning and Action: Individual and Organizational* (San Francisco: Jossey-Bass), 1982.
3. Thomas S. Kuhn, *The Structure of Scientific Revolutions* (Chicago: University of Chicago Press), 1962, 1970. トーマス・クーン著『科学革命の構造』（中山茂訳, みすず書房, 1971 年）.
4. Ian Mitroff, *Break-Away Thinking* (New York: John Wiley), 1988.
5. デトロイトの事例には, 産業界全体がメンタル・モデルと現実の慢性的な食い違いという症状に陥りかねないことが示唆されている. ある意味, 産業というものは, とくにこの症状にかかりやすい. 業界のメンバーである各社がこぞって, 優れた経営事例があれば取り入れようと互いを当てにしているからだ. 最終的に目を覚ますには, 外国の競合会社など, メンタル・モデルの異なる「システムの外部」の誰かが必要になることもある.
6. Pierre Wack, "Scenarios: Uncharted Waters Ahead," *Harvard Business Review* (September/October 1985), 72. ピエール・ワック著『シェルは不確実の事業環境にどう対応したか——シナリオ：海図なき航海の道しるべ』（DIAMOND ハーバード・ビジネス・レビューベスト・セレクション, 1986 年）, "Scenarios: Shooting the Rapids," *Harvard Business Review* (November/December 1985), 139.
7. 「中東および北アフリカ諸国が自国の権利を主張し, 石油の支配権を握るようになると, シェルの地位は上昇した. シェルは拡大した勢力を享受し, エクソンをしのぎ世界最大の石油会社になるというディターディング（創業者）の目標に近づいた」——Milton Moskowitz, *The Global Marketplace* (New York:

サルタンティング会社に実質的に固有の病状であることを見つけた．また，急激に成長した後に，終身在職権のある教授陣で頭でっかちの組織になる大学は言うまでもない．

5. Peter Senge, Art Kleiner, Charlotte Roberts, George Roth, Rick Ross, Bryan Smith, *The Dance of Change: The Challenges to Sustaining Momentum in Learning Organizations* (New York: Doubleday/ Currency), 1999. ピーター・センゲ他著『フィールドブック学習する組織「10の変革課題」——なぜ全社改革は失敗するのか？』（柴田昌治,スコラ・コンサルト監訳,牧野元三訳,日本経済新聞社,2003年）.
6. *Factson File 1990* (New York: Factson File).
7. これらの「システム原型」のテンプレートは，イノベーション・アソシエーツの許可を得て掲載されている．イノベーション・アソシエーツでは，「リーダーシップとマスタリー」や「ビジネス思考——システム・アプローチ」というワークショップで，それらのテンプレートが用いられている．
8. アルコホーリクス・アノニマスについての情報は，以下の書籍を参照．*Alcoholics Anonymous*, 1976; *Living Sober*, 1975; *Twelve Steps and Twelve Traditions*, 1953; all published by Alcoholics Anonymous World Services, Inc., P. O. Box 459, Grand Central Station, New York, NY 10163.

第7章　自己限定的な成長か、自律的な成長か

1. 開発された以下のモデルは,企業の成長に関するジェイ・フォレスター独自の研究にもとづいている.Jay W. Forrester, "Modeling the Dynamic Processes of Corporate Growth," IBM Scientific Computing Symposium on Simulation Models and Gaming (December 1964); J. W. Forrester, "Market Growth as Influenced by Capital Investment," *Industrial Management Review*, 1968, 83-105.
2. David Birch, *Job Creation in America* (New York: The Free Press), 1987, 18.
3. この数字は標準納期を一定にしてワンダーテック社の構造の相互関係をコンピュータでシミュレーションすることによって得られる．このシミュレーションには，無限の可能性がある市場という単純化した前提が組み込まれているが，その前提はワールドテック社の初期には実質正しかった．もし，潜在的な市場に対して現実的な限界を組み入れたにしても，標準納期を一定にすると業績は大幅に改善する．このシミュレーションは，ハイ・パフォーマンス・システムズ社で入手可能な，システム思考のモデル構築・シミュレーションプログラムであるSTELLAを用いて行われた．使用される実際のシミュレーション・モデルは，Jay Forrester, 1968, P. Senge, "Systems Principles for Leadership," in *Transforming Leadership*, J. Adams, editor (Alexandria, Va.: Miles River Press), 1984に示されている．

第8章　自己マスタリー

1. K. Inamori, "The Perfect Company: Goal for Productivity." 1985年6月5日ケース·ウェスタン·リザーブ大学（米国オハイオ州クリーブランド）での講演
2. マッキンゼー&カンパニーが1978～1993年に行った「The Journey」と題する調査によれば，損害責任保険業界で調査期間中連続して上位4分の1にランキングされたのはわずか2社で,その1社がハノーバーだった．ステート·ミューチュアル社が仕掛けた敵対的買収の結果，オブライエンは引退することになった．同社はこの期間終始ハノーバーの所有権（株式）の過半数を所有していた．
3. Henry Ford, *Detroit News*, February 7, 1926.
4. Robert Fritz, *The Path of Least Resistance* (New York: Fawcett-Columbine), 1989.
5. William O'Brien, *Character and the Corporation* (Cambridge, MA: SoL), 2006.
6. 同書.
7. M. dePree, *Leadership is an Art* (New York: Doubleday), 1989. マックス・デプリー著『リーダーシップの真髄』（福原義春監訳，経済界，1999年）．
8. George Bernard Shaw, *Man and Superman*, Preface (Penguin, 1950). バーナード·ショー著『人と超人』（喜志哲雄訳，白水社，1993年）．
9. Pierre Wack, "Scenarios: Uncharted Ahead," *Harvard Business Review* (September/ October 1985): 73-89. ピエール・ワック著『シェルは不確実の事業環境にどう対応したか——シナリオ：海図なき航海の道しるべ』（DIAMONDハーバード・ビジネス・レビューベスト・セレクション，1986年）．
10. この原則はロバート・フリッツの研究にもとづいている．フリッツは「構造的緊張」と呼んでいるが，システ

他のすべての政府機関にいるアナリストを合わせた数よりも多い．この分野では，ソビエトのほうがシステム理論の先駆者であった．過去 40 年間，ソビエトの数学者たちによる理論的な貢献は，他のどの国による貢献よりも大きかったようだ．一つに，ソビエト連邦政府は，国民経済の国家統制を行うための精巧なコンピュータ・ツールを用いるという壮大な夢を抱いていたため，システム研究の資金援助を行った．

4. 以下を参照．Nancy Roberts, "Teaching Dynamic Feedback Systems Thinking: An Elementary View," *Management Science* (April 1978), 836-843; Nancy Roberts, "Testing the World with Simulations," *Classroom Computer News*, January/February 1983, 28.
5. システム思考の原則とツールは，物理学，工学，生物学，数学などさまざまな起源から生まれた．とくに本章で紹介するツールは，MIT のジェイ・フォレスターが先駆けとなって開発した「システム・ダイナミクス」に由来する．たとえば以下を参照．*Industrial Dynamics* (Cambridge, Mass.: MIT Press), 1961; *Urban Dynamics* (Cambridge, Mass.: MIT Press), 1969. ジェイ・W・フォレスター著『アーバン・ダイナミクス』（小玉陽一訳，日本経営出版会，1970 年），"The Counterintuitive Behavior of Social Systems," *Technology Review* (January 1971), 52-68. とくにこの部分については，ドネラ・メドウズに特別な恩義がある．彼女が以前に書いた "Whole Earth Models and Systems," *Co-Evolution Quarterly* (Summer 1982), 98-108. がその開発のモデルとインスピレーションを与えてくれた．
6. 対照的に，中国語や日本語など「東洋」の言語の多くは，主語 - 動詞 - 目的語という線形的順序では構成されていない．David Crystal, *The Cambridge Encyclopedia of Language* (New York: Cambridge University Press), 1987.
7. The Bhagavad-Gita, or "The Lord's Song," translated by Annie Besant, reprinted in Robert O. Ballou, *The Bible of the World* (New York: Viking), 1939.『神の詩――バガヴァッド・ギーター』（田中嫺玉訳，TAOLABBOOKS，2008 年）．
8. Robert K. Merton, "The Self-Fulfilling Prophecy," in Robert K. Merton, editor, *Social Theory and Social Structure* (New York: Free Press), 1968.『社会理論と社会構造』（森東吾，森好夫，金沢実，中島竜太郎訳，みすず書房，1961 年）．
9. R. Rosenthal, "Teacher Expectation and Pupil Learning"; and R. D. Strom, editor, *Teachers and the Learning Process* (Englewood Cliffs, N. J.: Prentice-Hall); R. Rosenthal, "The Pygmalion Effect Lives," *Psychology Today*, September 1973.
10. これは，現代社会に必要とされるあらゆる均衡と制御は自由市場の力のみで十分だということではない――遅れ，不十分な情報，非現実的な期待，独占的な力などの歪みもまた「自由市場」の効率を悪化させる．
11. リーン生産方式についての詳細は，リーン・エンタープライズ（the Lean Enterprise）のウェブサイトを参照（www.lean.org.）．

第 6 章　「自然」の型――出来事を制御する型を特定する

1. 二つの原型については詳しく後述する．本書では全部で 8 つ使われている．これは，システム思考の専門家が「頭の中に持ちあわせている」原型のおよそ半分である．
2. 一般的構造を土台にした初期カリキュラムが開発されている．以下を参照．Mark Paich, "Generic Structures," *System Dynamics Review*, vol.1, no.1 (Summer 1985): 126-32; Alan Graham, "Generic Models as a Basis for Computer-Based Case Studies" (Cambridge, Mass.: System Dynamics Group Working Paper D-3947), 1988; Barry Richmond et al., *An Academic User's Guide to STELLA*, Chapters 8, 9 (Lyme, N. H.: High Performance Systems), 1987; David Kreutzer, "Introduction to Systems Thinking and Computer Simulation," Lesley College Graduate Course Comp 6100, 1987.
3. この場合，バランス型のフィードバック・プロセスは，研究開発予算から，図の外側に円を描き，マネジメントの複雑性の高まり，製品開発時間の長期化へとつながり，新製品導入スピードが鈍り，最後に研究開発予算の減少へと戻ってくる．
4. 私の知る限り，バリー・リッチモンドがこの構造を最初に分析し，その後私たちは，この構造が，経営コンなれば，ビール・ゲームは「縮図（ミクロコスモス）」になるだろう．

18. このゲームは通常，異なる役割の人とつねに連絡を取れる状態では行われないため，プレーヤーたちがどのように事を運ぶかを，直接顔を合わせて観察する機会はほとんどない．しかしながら，これまでのチームがそうであったように，大半のチームのメンバーは，自分たちの問題を互いのせいにし合うようになる．ほかにも，チーム学習のダイナミクスをより直接的に扱うように設計された意思決定シミュレーションがある．
19. ビジネスの挙動パターンを見る一般的な例は，会社が人口動態の傾向や消費者動向の変化に最大限に対応できるようにするための「傾向（トレンド）分析」である．
20. William Manchester, *The Glory and the Dream* (Boston: Little, Brown), 1974, 80-81. ウィリアム・マンチェスター著『栄光と夢　1』（鈴木主税訳，草思社，1976 年）．
21. このゲームが初回実施時にプレーヤーは実施することはできないものの，ゲームの物理的構造を設計し直すことも可能だ．たとえば，情報システムを再設計して，小売業者だけでなく卸売業者と工場も，小売り販売量についての最新情報をもつようにすることもできるだろう．または，中間業者を全部なくし，工場が小売業者に直接供給するようにすることもできる．物流システム（商品や人やモノの物理的な流れ，情報，報酬など個々の意思決定者の即時制御の外側にあるその他の要因）の再設計は，実際のビジネスにおいて重要なリーダーシップの機能である．だが，その成功もリーダーのシステムの理解にかかっている．ちょうど個人の発注のしかたを変えられるかどうかはシステムの理解にかかっているのと同じように．したがって，システムを理解することは最重要の任務であり，それによって，行動方針と同様，物理的システムの再設計を図ることもできる．

第 4 章　システム思考の法則

1. これらの法則は，システム分野の多くの著者の研究を基に導きだされている．Garrett Hardin, *Nature and Man's Fate* (New York: New American Library), 1961; Jay Forrester, *Urban Dynamics*, Chapter 6 (Cambridge, Mass.: MIT Press), 1969. ジェイ・W・フォレスター著『アーバン・ダイナミクス』（小玉陽一訳，日本経営出版会，1970 年），Jay Forrester, "The Counterintuitive Behavior of Social Systems," *Technology Review* (January 1971, pp.52-68; Donella H. Meadows, "Whole Earth Models and Systems," *Co-Evolution Quarterly* (Summer1982): 98-108; Draper Kauffman, Jr., *Systems I: An Introduction to Systems Thinking* (Minneapolis: Future Systems Inc.), 1980.（以下から入手可能 Innovation Associates, P. O. Box 2008, Framingham, MA 01701）
2. この話や，その他多くのスーフィーの物語は，イドリース・シャーの著作で読むことができる．たとえば，*Tales of the Dervishes* (New York: Dutton), 1970. イドリース・シャー著『スーフィーの物語』（美沢真之介訳，平河出版社，1996 年），*World Tales* (New York: Harcourt Brace Jovanovich), 1979.
3. George Orwell, *Animal Farm* (New York: Harcourt Brace), 1954. ジョージ・オーウェル『動物農場』（川端康雄訳，岩波書店，2009 年）．
4. D. H. Meadows, "Whole Earth Models and Systems."（注 1 参照）
5. Lewis Thomas, *The Medusaand the Snail* (New York: Bantam Books), 1980. ルイス・トマス著『歴史から学ぶ医学』（大橋洋一訳，思索社，1986 年）．
6. Charles Hampden Turner, *Charting The Corporate Mind: Graphic Solutions to Business Conflicts* (New York: Free Press), 1990.

第 5 章　意識の変容

1. 社会科学における「サイバネティックス」や「サーボ機構」学派の包括的な概略は，以下の書籍を参照のこと．George Richardson, *Feedback Thought in Social Science and Systems Theory* (Philadelphia: University of Pennsylvania Press), 1990.
2. 「テロリスト」がもつ信念の支援者の多くが自分たちは自由のために戦っていると主張するように，この言葉の使い方にもある考え方が反映されている．私がこの言葉を使っているのは，単に，中東の大部分を含む幅広い政治的スペクトラムを超えて広く行きわたっている「市民への組織的な攻撃はこう呼ばれて当然だ」という考え方をその言葉が反映しているからである．
3. 米国の国防総省と国家安全保障局，中央情報局（CIA）にいる自称「システム・アナリスト」の数はおそらく，

を試みてきた．ときには，本書の話のようにプレーヤーを三人にしてみた．通常は四人だ．過剰在庫や受注残に課す罰金を変えてみた．コンピュータ・シミュレーションを使って計算をすることもあるが，たいていの場合，長いテーブルの上に大きなゲーム盤をセットし，四角い枠から枠へとチップを動かして，ビールの配送を表す．プレーヤーに予め与える，小売業者が予想できる消費者の需要の範囲についての情報量をさまざまに変えてみた．消費者の需要のパターンもいろいろ試してみた．こういった変化によって，危機がわずかに大きくなったこともあれば，わずかに小さくなったこともある．だが，危機の全体的なパターンに影響を与えたものは一つもなかった．

4. U. S. Congress Office of Technology Assessment: *Technology and the American Economic Transition: Choices for the Future* (Washington: U. S. Government Printing Office), 1988, 324.
5. Steven Burke, "Chip Manufacturers Find a Pot of Gold in DRAM Shortage," *PC Week*, May 31, 1988, 107; Steven Burke and Ken Sieg-mann, "Memory-Board Prices Surging in the Wake of Growing Chip Shortage," *PC Week*, March 1, 1988, 1.
6. J. Rhea "Profits Peak as Semiconductor Sales Boom," *Electronic News* 18:1 (August 6, 1973); "Boom Times Again for Semiconductors," *Business Weekly*, April 20, 1974, 65-68; "Semiconductors Take a Sudden Plunge," Business Week, November 16, 1974, 64-65; F. Pollare, "Inventory Buildup: Semiconductor Distress Sales Emerge," *Electronic News* 20:45 (February 10, 1975).
7. Joseph B. White and Bradley A. Stertz, "Auto Industry Battens Down for a Slump," *Wall Street Journal*, May 30, 1989, sec. A.
8. "MacNeil-Lehrer Newshour,"「マクニール·レーラー·ニュースアワー」. 1989 年 11 月に放送された,ビール・ゲームと景気循環についてのビデオ・ドキュメンタリー（MIT でのジョン・スターマンへのインタビュー）. Public Broadcasting System.
9. Donella H. Meadows, "Whole Earth Models and Systems," *Co-Evolution Quarterly* (Summer 1982): 98-108.
10. Leo Tolstoy, *War and Peace* (Constance Garnetttranslation). トルストイ著『戦争と平和』（藤沼貴訳，岩波書店，2006 年）.
11. 同書.
12. Janice T. Gibson and Mika Haritos-Fatouros, "The Education of a Torturer," *Psychology Today*, November 1986, 50. Also: "The Mind is a Formidable Liar: A Pirandellian Prison," *New York Times Magazine*, April 8, 1973.
13. 現実の景気循環の特徴として同様の増幅が見られる．その場合，素材産業では通常，小売業やサービス業よりも変動がはるかに大きい．以下参照．Gottfried Haberler, *Prosperity and Depression* (London: Alien & Unwin), 1964. G·ハーバラー著『景気変動論〈上〉〈下〉』（松本達治訳,東洋経済新報社，1966 年），Alvin H. Hansen, *Business Cycles and National Income* (New York: Norton), 1951.
14. John Sterman, "Modeling Managerial Behavior: Misperceptions of Feedback in a Dynamic Decisionmaking Experiment," *Management Science*, vol.35, no.3 (March 1989): 335.
15. コンピュータ・シミュレーションによると，「無手」戦略の結果，小売業者の受注残が最も大きくなる．小売業者のところでは，仕入先の受注残がなくなって初めて，注文分のビールがすべて入荷するようになるからだ．つまり，この戦略のもとでは小売業者がとくに脆弱であるということだ——このことこそ，現実の世界で大半の小売業者が大量発注をする理由である．
16. このシミュレーション・ゲームでは，受注残 1 単位につき毎週 1 ドルのコスト，在庫 1 単位につき毎週 0.5 ドルのコストを科し，各役割が生み出したコストを合わせて，全チームの総コストを計算する．サプライ・チェーンを4段階にして 35 週まで行った場合の平均コストは 2,028 ドルである（Sterman, "Modeling Managerial Behavior," 331-39,）のに対して，3 段階で 30 週まで行った場合のコストは約 1,270 ドルである．「無手」戦略をとった場合の全チームの総コストは約 825 ドルである．
17. もしかすると，このゲームのプレーヤーは，現実の生産・流通システムにいる人が学習することができない形で——ゲームを繰り返し行って,より大きなシステムの中で自分たちの決定がどのように相互に作用し合っているかを，協力し合って理解することができれば——経験から学習することができるかもしれない．そう

原注

改訂版によせて

1. このリストは，組織学習協会（SoL）及びハーバード教育大学院のチェンジ・リーダーシップ・グループが主催したビジネス界と教育界の変革者たちによって作成された（Booth Sweeney, Senge, Wagner, 2002）.

第１章「われに支点を与えよ。さらば片手で世界を動かさん」

1. Daniel Yankelovich, *New Rules: Searching for Self-fulfillmentina World Turned Upside Down* (New York: RandomHouse), 1981. ダニエル・ヤンケロビッチ著『ニュールール』（板坂元訳，三笠書房，1982 年）.
2. 基本的なイノベーションはさまざまな技術が新たな1つの集合体に一体化されることによって起こる，という考察については，MIT の同僚であるアラン・グラハムに負うところが大きい．以下を参照．A. K. Graham, "Software Design: Breaking the Bottleneck," *IEEE Spectrum* (March 1982): 43-50, A. K. Graham and P. Senge, "A Long-Wave Hypothesis of Innovation," *Technological Forecasting and Social Change* (1980): 283-311.
3. Ariede Geus, "Planning as Learning," *Harvard Business Review* (March/April 1988): 70-74.
4. ゆくゆくはインテルやマイクロソフトのような半導体やソフトウェアのメーカーがコンピュータ業界を財務面で支配するようになったものの，アップルは「グラフィカル・ユーザー・インターフェース（GUI）」の商品化を他に先駆けて行った企業であり，これによって，大多数の大衆にとって使いやすくて簡単なコンピュータがもたらされた．
5. Edward Hall, *Beyond Culture* (New York: Anchor), 2007, 207. エドワード・ホール著『文化を超えて』（安西徹雄訳，研究社出版，2003 年）.

第２章　あなたの組織は学習障害を抱えていないか？

1. Ariede Geus, "Planning as Learning, "*Harvard Business Review* (March/April 1988): 70-74.
2. これらの数字の出典は米国商務省 U. S. Industrial Outlook, in 1962 (pp.58-59), 1970 (p.355), 1975 (p.355), 1979 (p.287), 1981 (p.320), and 1989 (pp.34-35)，および米国議会技術アセスメント局 *Technology and the American Economic Transition: Choices for the Future Washington*: (U. S. Government Printing Office), 1988 (p.326).
3. Draper Kauffman, Jr., *Systems 1: An Introduction to Systems Thinking* (Minneapolis: Future Systems Inc.), 1980 (available through Innovation Associates, P. O. Box 2008, Framingham, MA 01701).
4. Chris Argyris, *Overcoming Organizational Defenses* (New York: Prentice-Hall), 1990.
5. Barbara Tuchman, *The March of Folly: From Troy to Vietnam* (New York: Knopf), 1984. バーバラ・W･タックマン著『愚行の世界史――トロイアからベトナムまで』（大社淑子訳，中央公論新社，2009 年）.
6. 同ページ．
7. Jared Diamond, *Collapse: How Societies Choose to Fail or Succeed* (New York: Penguin), 2004. ジャレド・ダイアモンド著『文明崩壊――滅亡と存続の命運を分けるもの』（楡井浩一訳，草思社，2005 年）.

第３章　システムの呪縛か，私たち自身の考え方の呪縛か？

1. この双方向型ゲームの使用説明書の入手先は，the System Dynamics Group at MIT Sloan School of Management, Cambridge MA 02139. http://www.systemdynamics.org/Beer.htm.
2. 実際のビールゲームのシミュレーションでは４つの役割があるが，話を単純化するために役割の1つ（流通業者）は省いてある．このままでも十分に複雑な物語だ．
3. だがもちろん，どんなシミュレーションも単純化されたものである．このゲームの細部を少し変えただけで結果も違ってくるのではないかと思うかもしれない．私たちも同じように考えて，何年にもわたっていろいろ実験

● 著者

ピーター・M・センゲ　Peter M. Senge

マサチューセッツ工科大学（MIT）経営大学院上級講師、組織学習協会（SoL）創設者。MIT スローンビジネススクールの博士課程を修了。旧来の階層的なマネジメント・パラダイムの限界を指摘し、自律的で柔軟に変化しつづける「学習する組織」の理論を提唱。20 世紀のビジネス戦略に最も大きな影響を与えた 1 人と評される。その活動は理論構築のみにとどまらず、ビジネス・教育・医療・政府の世界中のリーダーたちとさまざまな分野で協働し、学習コミュニティづくりを通じて組織・社会の課題解決に取り組んでいる。

● 訳者

枝廣 淳子　Junko Edahiro

㈲チェンジ・エージェント会長。東京大学大学院教育心理学専攻修士課程修了。心理学を活かし、「自分や人を変える」技術を構築。講演、研修、執筆、テレビ出演などのほか、企業の変革に向けて企業の社会的責任（CSR）などのテーマで企業のコンサルティングを実施している。デニス・メドウズ氏をはじめとする世界のシステム思考家とのネットワークを築き、システム・ダイナミクスを用いたデニス・メドウズ著『成長の限界　人類の選択』（ダイヤモンド社）、ジョン・D・スターマン著『システム思考』（東洋経済新報社）を翻訳、またシステム思考の入門書『なぜあの人の解決策はいつもうまくいくのか』（東洋経済新報社）、『入門！ システム思考』（講談社）を共同執筆。NGO ジャパン・フォー・サステナビリティの共同設立者兼代表や東京大学客員研究員としての活動等を通じ、福田・麻生内閣「地球温暖化に関する懇談会」などのメンバーを務め、日本の低炭素社会ビジョン策定やコミュニケーション戦略に関わっている。

小田 理一郎　Riichiro Oda

㈲チェンジ・エージェント代表取締役社長兼 CEO。オレゴン大学経営学修士（MBA）修了。多国籍企業経営を専攻し、米国企業で 10 年間、製品責任者・経営企画室長として、営業、生産、サプライ・チェーン、開発の業務変革・組織変革に取り組む。2002 年より独立して企業の社会的使命の追求と非営利組織マネジメントの強化のためのコンサルティング活動を展開。MIT、ウースター工科大学などでシステム思考を学び、システム思考によるプロセス・ファシリテーション、研修、執筆を行う。SoL ジャパン事務局代表などを務め、日本でシステム思考やダイアログ、U 理論などの普及に務める。共著に『なぜあの人の解決策はいつもうまくいくのか』『もっと使いこなす！「システム思考」教本』（以上、東洋経済新報社）『企業のためのやさしくわかる生物多様性』（技術評論社）、共訳にジョン・D・スターマン著『システム思考』（東洋経済新報社）。

中小路 佳代子　Kayoko Nakakoji

㈲チェンジ・エージェント講師。津田塾大学学芸学部英文学科修了。システム思考の第一人者、デニス・メドウズ氏より直接、システム思考インストラクター養成教育を受け、その後、日本でのシステム思考セミナー講師として活動中。経済・環境分野の翻訳を多く手がけ、主な翻訳書はデヴィッド・スズキ著『グッド・ニュース』（ナチュラル・スピリット）、リーアン・アイスラー著『ゼロから考える経済学』（英治出版）、エリック・シュローサー他著『フード・インク』（武田ランダムハウスジャパン）など。

※㈲チェンジ・エージェント　http://change-agent.jp

● Special Thanks

本書の発行にあたり、一般財団クマヒラセキュリティ財団専務理事・熊平美香様に多大なご協力をいただきました。心からお礼申し上げます。

（英治出版）

● 英治出版からのお知らせ

本書に関するご意見・ご感想を E-mail（editor@eijipress.co.jp）で受け付けています。

また、英治出版ではメールマガジン、ブログ、ツイッターなどで新刊情報やイベント情報を配信しております。

ぜひ一度、アクセスしてみてください。

メールマガジン ：会員登録はホームページにて
ブログ ：www.eijipress.co.jp/blog/
ツイッター ID ：@eijipress
フェイスブック ：www.facebook.com/eijipress

学習する組織
システム思考で未来を創造する

発行日	2011 年 6 月 30 日 第 1 版 第 1 刷
	2017 年 6 月 22 日 第 1 版 第 12 刷
著者	ピーター・M・センゲ
訳者	枝廣淳子（えだひろ・じゅんこ）
	小田理一郎（おだ・りいちろう）
	中小路佳代子（なかこうじ・かよこ）
発行人	原田英治
発行	英治出版株式会社
	〒 150-0022 東京都渋谷区恵比寿南 1-9-12 ピトレスクビル 4F
	電話 03-5773-0193 FAX 03-5773-0194
	http://www.eijipress.co.jp/
プロデューサー	高野達成
スタッフ	原田涼子 藤竹賢一郎 山下智也 鈴木美穂 下田理
	田中三枝 山見玲加 安村侑希子 平野貴裕 上村悠也
	山本有子 渡邊吏佐子 中西さおり 瀬頭絵真
印刷・製本	大日本印刷株式会社
装丁	英治出版デザイン室

ISBN978-4-86276-101-9 C0034 Printed in Japan